Die Klinik der entschädigungspflichtigen Berufskrankheiten

Von

Harald Taeger
Dozent für innere Medizin an der
Universität München
Oberarzt an der II. Med. Univ.-Klinik

Mit 58 Abbildungen

Berlin
Springer-Verlag
1941

ISBN-13: 978-3-642-94115-3 e-ISBN-13: 978-3-642-94515-1
DOI: 10.1007/978-3-642-94515-1

Vorwort.

Die seit dem 16. XII. 1936 gültige III. Verordnung über die Ausdehnung der Unfallversicherung auf Berufskrankheiten erlaubt es den staatlichen Gewerbeärzten, ihnen geeignet erscheinende Stellen wie Kliniken, Fachärzte, Pathologen in das Verfahren einzuschalten, ihnen die Erhebung des Krankheits- oder Sektionsbefundes zu übertragen sowie sie zur fachlichen Stellungnahme aufzufordern. Von dieser Möglichkeit wurde in den letzten Jahren in steigendem Maße Gebrauch gemacht. Auch der praktische Arzt ist bei dem ganzen Verfahren an entscheidender Stelle eingeschaltet und nach der III. Verordnung schon bei begründetem Verdacht verpflichtet, Anzeige zu erstatten. In den meisten Fällen handelt es sich um toxikologische und internistische Fragen, die oft genug auch dem Kliniker, dem Facharzt wie auch vor allem dem praktischen Arzt ziemlich fernliegen. Dies macht sich dann häufig in der Art der Untersuchungsführung und in der Stellungnahme bei Begutachtungen und bei der Berichterstattung unliebsam bemerkbar. Die Spezialliteratur ist weit verstreut, nicht überall zugänglich und das Nachsuchen zeitraubend. Die zusammenfassenden Bücher sind entweder veraltet oder, wie z. B. das Handbuch von F. Koelsch, zu umfangreich. Sie enthalten vor allem auch Dinge, die für den praktischen Arzt wie für den Kliniker für die Erkennung der Krankheiten weniger wichtig sind. Dafür kommt der für die Diagnose wichtige klinische Befund zu kurz. Die vorhandenen Bücher sind meist von Gewerbeärzten oder Toxikologen geschrieben. Dies macht sich oft in einem Fehlen von Angaben bemerkbar, auf die der Kliniker und praktische Arzt mit seinem ganz anderen Blickwinkel Wert legt, da sie vom gesamten klinischen Bild auf die richtige Diagnose kommen müssen. Diese Lücke soll das vorliegende Buch schließen. Vorgeschichte und Symptomenbild sind es im wesentlichen, auf die sich die klinische Diagnose aufbaut. Diesen Punkten wurde daher bei der Darstellung besonderer Raum gewidmet, die Schilderung des Symptomenbildes besonders eingehend gestaltet. Die ausführliche, wenn auch nicht erschöpfende Wiedergabe der Vergiftungsmöglichkeiten soll es auch den mit den Betriebsverhältnissen und den industriellen Gewinnungsverfahren weniger vertrauten Ärzten erleichtern, sich über die Einwirkungsmöglichkeiten der in der Industrie benutzten schädigenden Stoffe klarzuwerden. Von den Nachweismethoden für Gifte und von den Untersuchungsmethoden wurden nur diejenigen wiedergegeben, die mit relativ einfachen Mitteln auszuführen sind und keiner allzu umfangreichen Laboratoriumseinrichtung bedürfen. Da die Begutachtung in den meisten Fällen Sache des Gewerbearztes ist, wurden die sich dabei ergebenden Probleme und die gesetzlichen Bestimmungen absichtlich nur insoweit berücksichtigt, als dies für den Kliniker und für den praktischen Arzt und sein Handeln unumgänglich notwendig erschien. Das beigegebene Literaturverzeichnis stellt trotz seines Umfanges keine vollständige Wiedergabe der gesamten vorhandenen Literatur dar, doch dürfte es genügen, dem an Einzelheiten Interessierten den Weg zur genaueren Einarbeitung in ein Problem zu erleichtern. Es umfaßt im wesentlichen nur Literatur der letzten 10 Jahre. Dieses letzte Jahrzehnt hat unendlich viel neue Erkenntnisse gerade auf dem Gebiete der entschädigungspflichtigen Berufskrankheiten gebracht. Die Schilderungen der Krankheitsbilder sind auf der Kasuistik der letzten 10 Jahre aufgebaut; nur dann, wenn z. B. bei seltenen Vergiftungen nur wenige Berichte vorlagen, wurde auch auf die ältere Literatur zurückgegriffen. Trotz aller Mühewaltung halte ich es für nicht unwahrscheinlich, daß in einzelnen Punkten die Erfahrungen der Praktiker, insbesondere der Betriebsärzte, von den Krankheitsbildern abweichen, wie sie in dem Buch geschildert werden. Für entsprechende Hinweise wäre ich besonders dankbar. Dem Verlag gebührt für sein großes Entgegenkommen in der Ausstattung und die Ermöglichung der Drucklegung auch während des Krieges besonderer Dank.

München, im September 1941.

H. Taeger.

Inhaltsverzeichnis.

Einleitung.

Die wichtigsten gesetzlichen Bestimmungen.

Im Rahmen des vorliegenden Buches sollen nur die Bestimmungen und Vorschriften aufgenommen werden, deren Kenntnis für das unmittelbare Handeln des Arztes und seine Sorge, den Patienten gegebenenfalls in den Genuß der ihm gesetzlich zustehenden Versicherungsleistungen zu setzen, unerläßlich ist. Eine Kommentierung der gesetzlichen Bestimmungen kann hier nicht erfolgen. Es sei daher auf die sich eingehend mit diesen Fragen beschäftigende Spezialliteratur verwiesen (F. KOELSCH: Handbuch der Berufskrankheiten Bd. 2, Abschnitt VI usw.; HEBESTREIT-BARTSCH: Die Berufskrankheiten in der Unfallversicherung. Berlin-Lichterfelde, Langewort 1937 u. a. m.). Bezüglich der sich bei Begutachtungen ergebenden Fragestellungen, die für den, der am Gutachtenverfahren im allgemeinen nicht beteiligt ist, ebenfalls nur ein beschränktes Interesse haben, muß gleichfalls auf die umfangreiche Fachliteratur verwiesen werden.

Nötig für den Arzt ist vor allem die genaue Kenntnis der wichtigsten versicherungsmedizinischen Begriffe — Unfall und Berufskrankheit — sowie die Kenntnis der Sonderbestimmungen, vor allem über die *Anmeldung* der Berufskrankheiten, in zweiter Linie auch der Art der zu erwartenden Entschädigung. In jedem einzelnen Falle sollte man sich grundsätzlich *vor* Erstattung der Anzeige im Rahmen des Möglichen diagnostisch soweit als angängig klar zu werden und von vorneherein abzuschätzen versuchen, ob wirklich eine entschädigungspflichtige Berufskrankheit vorliegt und ob die Schädigung so schwer ist, daß eine Entschädigung auch zu erwarten ist. Auf diese Weise wird den an sich schon stark belasteten zuständigen Stellen die Bearbeitung der von Beginn an zur Ablehnung verurteilten Fälle erspart und viel überflüssige Schreiberei vermieden. „Immer muß sich der anzeigende Arzt bewußt sein, daß er mit seiner Anzeige ein Rechtsverfahren in Bewegung setzt, welches, einmal in Gang gesetzt, von selber weitergeht, unter Umständen durch drei Instanzen durchgeführt wird, erhebliche Arbeit und Kosten verursacht und bei dem Erkrankten oder Krankheitsverdächtigen seelische Umstimmungen verursachen kann, von denen er möglicherweise zeitlebens nicht mehr frei wird“ (KOELSCH).

Berufliche Schädigungen der Gesundheit können durch einmalige oder sich wiederholende Einwirkungen von Schädlichkeiten auf den Organismus, durch plötzlich einsetzende, kurz dauernde oder über längere Zeiträume (Monate, Jahre) einwirkende Noxen eintreten. Man unterscheidet daher versicherungsmedizinisch die Begriffe *Unfall* und *Berufskrankheit* (ausführliche Definition siehe bei KOELSCH l. c.).

Unter einem *Unfall* versteht man ein einmaliges, plötzlich eintretendes, zeitlich und örtlich eng begrenztes Ereignis, das die Dauer einer Arbeitsschicht nicht überschreiten darf und das eine die Arbeitsfähigkeit vermindernde, einen materiellen Schaden herbeiführende Wirkung auf den Organismus hat. Die Schädigung des Körpers muß bis zu einem gewissen Grade *erheblich* sein. Steht das Ereignis mit dem Betrieb in ursächlichem Zusammenhang, so spricht man von Betriebsunfall. Auch wenn eigenes Verschulden, Leichtsinn, verbotswidriges Handeln vorliegen, ist die Annahme eines Betriebsunfalles zu bejahen, sofern die Handlung bei der Betriebstätigkeit begangen wurde. Ein Betriebsunfall ist jedoch *nicht* anzunehmen, wenn der Betreffende bei der Verfolgung *betriebsfremder* Zwecke zu Schaden kam. Wenn sich der Unfall im Betrieb beim Begehen einer strafbaren Handlung ereignet, so kann die Entschädigung ganz oder teilweise versagt werden. Wurde der Unfall erwiesenermaßen *vorsätzlich* herbeigeführt, so besteht kein Rechtsanspruch auf eine Entschädigung. Wenn ein bereits *vor* dem Unfallereignis bestehendes Leiden durch den Unfall mittelbar oder unmittelbar ausgelöst oder verschlimmert wurde, so besteht ein Anspruch auf Entschädigung so lange, wie die Einwirkung des Unfalls andauert.

Bei der Unfallversicherung erstreckt sich der Versicherungsschutz auf den Ersatz des Schadens, der durch die Körperverletzung oder den Tod des Verletzten verursacht wurde. Der Versicherungsträger gewährt daher Sterbegeld und Hinterbliebenenrente, freie ärztliche Behandlung, Arzneimittel, Heil- und sonstige Hilfsmittel und für die Dauer der Erwerbsunfähigkeit oder Erwerbsbeschränkung eine Unfallrente, deren Höhe vom Grad der durch den Unfall und seine Folgen bedingten Erwerbsminderung abhängig ist.

Unter dem Begriff *Berufskrankheit* versteht man versicherungsrechtlich eine „Schädigung, die durch eine wiederholte, längere Zeit einwirkende Schädlichkeit entstanden ist. Der schädliche Reiz muß also *häufig* und *schleichend* eingewirkt haben, ohne jedesmal eine merkbare Störung verursacht zu haben; erst die Häufung der Reize in kürzerer oder längerer Zeit bewirkt dann die Entstehung des Krankheitszustandes. Dabei muß die Berufsarbeit für die Entstehung der Krankheit ausschlaggebend gewesen sein; die krankmachenden Reize müssen unmittelbar aus der Ausübung der Tätigkeit entspringen und während der Tätigkeitsleistung einwirken" (KOELSCH).

Dieser versicherungsrechtliche Begriff deckt sich natürlich nicht mit den sonstigen Definitionen des Begriffes Berufskrankheit. Manche Autoren wollen darunter gewisse, einzelnen Berufen oder Gewerben eigentümliche Krankheiten oder Krankheitsformen verstanden wissen, welche gewisse Berufsgruppen mit besonderer Häufigkeit befallen; andere wieder definieren so, daß nur Krankheiten gemeint seien, die durch die besondere Art der Beschäftigung verursacht oder das Endergebnis einer längeren Einwirkung *bestimmter* Noxen sind.

Die Feststellung einer Berufskrankheit beinhaltet jedoch noch nicht, daß eine Entschädigungspflicht des Versicherungsträgers besteht. Die Berufskrankheiten, welche entschädigungspflichtig sind, wurden vom Gesetzgeber in zur Zeit 26 listenmäßig aufgeführten Punkten genau bezeichnet (vgl. unten).

Welches sind nun die wichtigsten Bestimmungen, die die Entschädigungspflicht gewisser Berufskrankheiten gesetzlich verankern?

Im Anfang dieses Jahrhunderts wurde, der dringenden Notwendigkeit einer gesetzlichen Regelung folgend, in die Reichsversicherungsordnung ein Paragraph aufgenommen, der bestimmte, daß die Vorschriften der Unfallversicherung auf Beschluß des Bundesrates auch auf bestimmte gewerbliche Berufskrankheiten ausgedehnt werden könnten. Zunächst blieb diese Möglichkeit ungenutzt. Erst am 12. V. 1925 wurde die „Erste Verordnung über die Ausdehnung der Unfallversicherung auf gewerbliche Berufskrankheiten“ erlassen, der am 1. II. 1929 eine zweite Verordnung folgte, welche die Liste der entschädigungspflichtigen Berufskrankheiten von 11 auf 21 erweiterte. Am 16. XII. 1936 wurde nun eine dritte, heute noch geltende Verordnung erlassen, die als wesentliches Neues die Liste der entschädigungspflichtigen Berufskrankheiten auf insgesamt 26 erweiterte, die Meldebestimmungen verschärfte, das Verfahren beschleunigte und die Möglichkeit der Gewährung einer Übergangsrente bei evtl. notwendig werdender Umschulung in einen anderen, weniger gefährdenden Beruf schuf. Die jetzt gültige Verordnung sei nachstehend im Wortlaut wiedergegeben.

Dritte Verordnung über die Ausdehnung der Unfallversicherung auf Berufskrankheiten. Vom 16. XII. 1936.

Auf Grund der §§ 547, 929, 1057a der Reichsversicherungsordnung in der Fassung des Dritten Gesetzes über Änderungen in der Unfallversicherung vom 20. XII. 1928 (RGBl. I S. 405) wird verordnet:

§ 1.

Berufskrankheiten i. S. der Unfallversicherung sind die Krankheiten in Spalte II der Anlage, wenn sie durch berufliche Beschäftigung in einem in Spalte III der Anlage neben der Krankheit bezeichneten Betriebe verursacht sind.

§ 2.

Was die Verordnung für Betriebe vorschreibt, gilt entsprechend für Tätigkeiten und Einrichtungen, die unter die Unfallversicherung fallen.

§ 3.

(1) Bei Anwendung der Vorschriften über die Unfallversicherung auf Berufskrankheiten steht der Körperverletzung durch Unfall die Erkrankung an einer Berufskrankheit und der Tötung durch Unfall der Tod infolge einer Berufskrankheit gleich.

(2) Als Zeitpunkt des Unfalls gilt der Beginn der Krankheit i. S. der Krankenversicherung oder, wenn dies für den Versicherten günstiger ist, der Beginn der Erwerbsunfähigkeit i. S. der Unfallversicherung. Beginnt die Krankheit oder die Erwerbsunfähigkeit während der Beschäftigung des Versicherten in dem der Versicherung unterliegenden Betriebe, so gilt für die Anwendung der §§ 1546, 1547 der RVO. das Ende der Beschäftigung als Zeitpunkt des Unfalls.

(3) Bei Staublungenerkrankungen (Nr. 17 der Anlage) gilt für die Berechnung des Jahresarbeitsverdienstes sowie für die Minderung der Renten (Notverordnung vom 12. VI. 1932, Erster Teil, Kapitel II, Artikel 4, § 1 — RGBl. I S. 273, 275 — und VO. zur Ergänzung von sozialen Leistungen vom 19. X. 1932, Artikel 3 — RGBl. I S. 499, 500) als Zeitpunkt des Unfalls der letzte Tag, an dem der Versicherte in einem der in Spalte III der Anlage aufgeführten Betriebe Arbeiten verrichtet hat, die ihrer Art nach geeignet sind, die Berufskrankheit zu verursachen. Läßt sich der Jahresarbeitsverdienst des Versicherten nicht feststellen, so ist der Berechnung der Verdienst zugrunde zu legen, den ein Versicherter der gleichen Art im Betrieb oder in einem möglichst benachbarten Betrieb gleicher oder ähn-

licher Art in dem Jahre vor dem bezeichneten Zeitpunkt bezogen hat. Der durchschnittliche Verdienst des Versicherten für den vollen Arbeitstag ist mit der in diesem Jahr betriebsüblich gewesenen Zahl von Arbeitstagen zu vervielfältigen. Die §§ 567—569a, 570—572 der RVO. sowie die Vorschriften über die Umrechnung von Renten nach dem Zweiten Gesetz über Änderungen in der Unfallversicherung vom 14. VII. 1925 (RGBl. I S. 97) sind entsprechend anwendbar. Die Vollrente (§ 559a der RVO.) beträgt zwei Drittel des hiernach ermittelten Jahresarbeitsverdienstes.

(4) Das Reichsversicherungsamt kann bestimmen, daß die Vorschriften des Abs. 3 auch auf andere Berufskrankheiten Anwendung finden.

§ 4.

Bei Tropenkrankheiten, Fleckfieber und Skorbut (Nr. 25 der Anlage) wird den in Betrieben der Seeschiffahrt Versicherten Entschädigung auch dann gewährt, wenn sie sich die Krankheit zugezogen haben, während sie in eigener Sache an Land beurlaubt waren. Das gilt nicht, wenn die Versicherten die Krankheit selbst verschuldet haben.

§ 5.

(1) Besteht für einen Versicherten bei einer Weiterbeschäftigung im Betriebe die Gefahr, daß eine Berufskrankheit entstehen, wiederentstehen oder sich verschlimmern wird, so soll ihn der Versicherungsträger zur Unterlassung der Beschäftigung anhalten und ihm zum Ausgleich einer hierdurch verursachten Minderung seines Verdienstes oder sonstiger wirtschaftlicher Nachteile eine Übergangsrente bis zur Hälfte der Vollrente oder ein Übergangsgeld bis zur Höhe des Betrages der halben Jahresvollrente gewähren.

(2) Die Rente wegen Erwerbsunfähigkeit ist neben der Übergangsrente zu gewähren.

§ 6.

(1) Die Vorschriften über die Unfallsanzeige in der gewerblichen und landwirtschaftlichen Unfallversicherung (§§ 1552—1558 der RVO.) gelten bei Berufskrankheiten entsprechend. Die Ortspolizeibehörde hat bei ihr eingehende Anzeigen über Berufskrankheiten unverzüglich an den zuständigen Versicherungsträger weiterzuleiten.

(2) Der Versicherungsträger hat binnen 2 Tagen nach Eingang der Anzeige über eine Berufskrankheit die Urschrift dem für den Arbeitsort des Versicherten zuständigen staatlichen Gewerbearzt und eine Abschrift dem für den Arbeitsort zuständigen Gewerbeaufsichtsbeamten zu übersenden.

(3) Der Gewerbearzt hat den Erkrankten unverzüglich zu untersuchen oder auf Kosten des Versicherungsträgers durch einen beauftragten Arzt untersuchen zu lassen und dem Versicherungsträger ein Gutachten zu erstatten. Er kann den Versicherungsträger um Vornahme von Ermittlungen ersuchen; diesem Ersuchen ist zu entsprechen. Betreffen die Ermittlungen die Vernehmungen von Zeugen oder Sachverständigen, Augenscheinseinnahme oder ähnliche Maßnahmen, so hat der Versicherungsträger dem Gewerbearzt rechtzeitig Kenntnis von Ort und Zeit der Ermittlungen zu geben. Stellt der Versicherungsträger von sich aus Ermittlungen an, bevor der Gewerbearzt sein Gutachten erstattet hat, so hat er ihn vorher von den geplanten Maßnahmen zu unterrichten und ihm nach ihrer Durchführung von dem Ergebnis Mitteilung zu machen.

(4) Für die Seeunfallversicherung kann das Reichsversicherungsamt das Verfahren bei der Unfallanzeige abweichend von den Vorschriften der §§ 1745—1752 der VO. regeln.

§ 7.

(1) Ein Arzt, der bei einem Versicherten eine Berufskrankheit oder Krankheitserscheinungen feststellt, die den begründeten Verdacht einer Berufskrankheit rechtfertigen, hat diese Feststellung dem Versicherungsträger oder dem Gewerbearzt unverzüglich anzuzeigen. Das Reichsversicherungsamt stellt das Muster für die Anzeige fest.

(2) Wird eine Berufskrankheit dem nach § 6 Abs. 2 zuständigen Gewerbearzt unmittelbar angezeigt, so übersendet er Abschrift der Anzeige dem zuständigen

Versicherungsträger und verfährt im übrigen nach § 6 Abs. 3. Erfolgt die Anzeige an einen unzuständigen Gewerbearzt, so übersendet dieser die Anzeige dem zuständigen Gewerbearzt oder dem zuständigen Versicherungsträger.

(3) Wenn ein Arzt die Anzeige gar nicht oder nicht rechtzeitig erstattet, so kann der Gewerbearzt oder der Versicherungsträger eine Bestrafung des Arztes bei der zuständigen Ärztekammer beantragen.

(4) Der Arzt hat für die Anzeige Anspruch auf eine Gebühr gegen den Versicherungsträger. Für die Höhe der Gebühr gilt § 80 Abs. 2 der Reichsgewerbeordnung.

§ 8.

(1) Der Reichsarbeitsminister kann mit der Durchführung der nach dieser Verordnung dem Gewerbearzt obliegenden Aufgaben ausnahmsweise andere beamtete Stellen betrauen.

(2) Er bestimmt Näheres über die den Gewerbeärzten oder den nach Abs. 1 beauftragten Stellen für die Tätigkeit nach dieser Verordnung zu gewährende Vergütung.

§ 9.

Der Rekurs ist immer zulässig, wenn streitig ist, ob ein kranker Zustand ganz oder teilweise Berufskrankheit i. S. dieser Verordnung ist, oder wenn der Anspruch sonst dem Grunde nach streitig ist.

§ 10.

Das Reichsversicherungsamt kann Bestimmungen zur Durchführung der Verordnung erlassen.

§ 11.

(1) Die VO. tritt am 1. IV. 1937 in Kraft. Mit dem gleichen Zeitpunkt tritt die Zweite VO. über Ausdehnung der Unfallversicherung auf Berufskrankheiten vom 11. II. 1929 (RGBl. I S. 27) außer Kraft. Auf Grund der §§ 12 und 13 der Zweiten VO. anhängige Verfahren werden nach den Vorschriften der Zweiten VO. zu Ende geführt.

(2) Auf Verfahren, die am 1. IV. 1937 bei dem Versicherungsamt oder dem geeigneten Arzt (§ 6 Abs. 3 der Zweiten VO. vom 11. II. 1929) anhängig sind, finden die Vorschriften der §§ 6 und 7 keine Anwendung.

§ 12.

Leidet ein Versicherter zur Zeit des Inkrafttretens dieser Verordnung an einer Berufskrankheit, die nicht schon auf Grund der Zweiten VO. über Ausdehnung der Unfallversicherung auf Berufskrankheiten vom 11. II. 1929 (RGBl. I S. 27) zu entschädigen ist, so wird die Entschädigung nach den vorstehenden Vorschriften gewährt, wenn der Versicherungsfall (§ 3 Abs. 2 Satz 1) nach dem 30. I. 1933 eingetreten ist. Rechtskräftige Entscheidungen stehen entgegen. Die Entschädigung wird frühestens vom Inkrafttreten dieser VO. an gewährt.

Berlin, den 16. Dezember 1936.

Der Reichsarbeitsminister.

Auf eine ausführliche Kommentierung muß hier verzichtet werden[1]. Einige wissenswerte Ergänzungen sind nachstehend zusammengestellt:

Die in Frage kommende physikalische, chemische oder parasitäre Schädlichkeit ist in der Liste namentlich genannt, zumindest aus der Art der Krankheit zu entnehmen. *Entschädigungspflichtige*, damit *anerkannte* Berufskrankheiten sind mithin nur die, welche in der Liste ausdrücklich angeführt sind. Es gibt noch eine unendliche Zahl anderer

[1] Ausführliche Angaben finden sich bei F. Koelsch: Handbuch der Berufskrankheiten **2**, 1115ff.; M. Bauer: Reichsarb.bl. **1936**, Nr 36, Teil IV u. **1937**, S. II, 9ff., S. II, 30ff.; Hebestreit u. Bartsch: Die Berufskrankheiten in der Unfallversicherung, l. c.

Anlage (*Liste*).

I.	Berufskrankheiten II.	Betriebe und Tätigkeiten III.
1	Erkrankungen durch Blei oder seine Verbindungen	Zu 1—18: Betriebe, Tätigkeiten und Einrichtungen, die der Unfallversicherung unterliegen.
2	Erkrankungen durch Phosphor oder seine Verbindungen	
3	Erkrankungen durch Quecksilber oder seine Verbindungen	
4	Erkrankungen durch Arsen oder seine Verbindungen	
5	Erkrankungen durch Mangan oder seine Verbindungen	
6	Erkrankungen durch Benzol oder seine Homologen	
7	Erkrankungen durch Nitro- und Amidoverbindungen des Benzols oder seiner Homologen und deren Abkömmlinge	
8	Erkrankungen durch Halogen-Kohlenwasserstoffe der Fettreihe	
9	Erkrankungen durch Schwefelkohlenstoff	
10	Erkrankungen durch Schwefelwasserstoff	
11	Erkrankungen durch Kohlenoxyd	
12	Erkrankungen durch Röntgenstrahlen und radioaktive Stoffe	
13	Erkrankungen an Hautkrebs oder zur Krebsbildung neigenden Hautveränderungen durch Ruß, Paraffin, Teer, Anthrazen, Pech und ähnliche Stoffe	
14	Erkrankungen an Krebs oder anderen Neubildungen sowie Schleimhautveränderungen der Harnwege durch aromatische Amine	
15	Schwere oder wiederholt rückfällige berufliche Hauterkrankungen, die zum Wechsel des Berufes oder zur Aufgabe jeder Erwerbsarbeit zwingen	
16	Erkrankungen der Muskeln, Knochen und Gelenke durch Arbeit mit Preßluftwerkzeugen	
17	a) schwere Staublungenerkrankung (Silikose) b) Staublungenerkrankung (Silikose) in Verbindung mit Lungentuberkulose, wenn die Gesamterkrankung schwer ist und die Staublungenveränderungen einen aktiven fortschreitenden Verlauf der Tbc. wesentlich verursacht haben	
18	Schwere Asbeststaublungenerkrankung (Asbestose)	
19	Erkrankungen an Lungenkrebs	Betriebe der Chromaterzeugung.
20	Erkrankungen der tieferen Luftwege und der Lunge durch Thomasschlackenmehl	Thomasschlackenmühlen, Düngemittelmischereien und Betriebe, die Thomasschlackenmehl lagern und befördern.
21	Schneeberger Lungenkrankheit	Betriebe des Erzbergbaues im Gebiete von Schneeberg (Sachsen).
22	Durch Lärm verursachte Taubheit oder an Taubheit grenzende Schwerhörigkeit	Betriebe der Metallbearbeitung und -verarbeitung.

Anlage (*Liste*).

I.	Berufskrankheiten II.	Betriebe und Tätigkeiten III.
23	Grauer Star	Betriebe zur Herstellung, Bearbeitung und Verarbeitung von Glas, Eisenhütten, Metallschmelzereien.
24	Wurmkrankheit der Bergleute	Betriebe des Bergbaues.
25	Tropenkrankheiten, Fleckfieber, Skorbut	Betriebe der Seeschiffahrt und der Luftfahrt, Beschäftigung im Ausland.
26	Infektionskrankheiten	Krankenhäuser, Heil- und Pflegeanstalten, Entbindungsheime und sonstige Anstalten, die Personen zur Kur und Pflege aufnehmen, ferner Einrichtungen und Tätigkeiten in der öffentlichen und freien Wohlfahrtspflege und im Gesundheitsdienste sowie Laboratorien für naturwissenschaftliche und medizinische Untersuchungen und Versuche.

beruflicher Schädigungen, die *nicht* in der Liste zu finden, damit nicht — jedenfalls nicht auf Grund der III. VO. — entschädigungspflichtig sind, was nicht besagen will, daß nicht je nach Lage des Einzelfalles eine Entschädigung, z. B. einer bei der Schädlingsbekämpfung entstehenden akuten Nikotinvergiftung, nach den Bestimmungen der Unfallversicherung möglich wäre.

Was die sog. Listenstoffe betrifft, so ist nicht nur die chronische, sondern auch die akute Vergiftung, z. B. durch Blei, Quecksilber, Arsen usw., entschädigungspflichtig, wenn das auch der versicherungsmedizinischen Definition des Begriffes „Berufskrankheit" offenbar widerspricht. Wichtig ist, festzustellen, daß eine Entschädigungspflicht nur dann vorliegt, wenn die Krankheit durch eine Tätigkeit in einem der in Spalte III ausdrücklich genannten Betriebe verursacht wurde. Eine Infektionskrankheit z. B. bei einem Bergmann, ein Lungenkrebs bei einer Pflegeperson in einem Krankenhaus usw. sind damit i. S. der VO. *nicht entschädigungspflichtig.*

Versichert sind alle Arbeiter, Gehilfen, Lehrlinge und Angestellten in den versicherten Betrieben. Sind Unternehmer selbst oder ihre Ehegatten in ihrem eigenen Betrieb tätig und fällt dieser Betrieb unter die Versicherungsbestimmungen, so sind auch sie gegen Berufskrankheiten versichert, gleichgültig, ob sie diese Unfallversicherung zwangsweise oder freiwillig eingegangen sind. Dies hat auch für Betriebsfremde Geltung. Alle anderen Personen fallen nicht in den Kreis der Versicherung. Das heißt also z. B., daß ein frei praktizierender Arzt, der nicht versicherungspflichtig ist und der sich nicht bei der *Reichsunfallver-*

sicherung versichern kann, wenn er sich bei der Ausübung seiner ärztlichen Tätigkeit infiziert, nicht in der Lage ist, Ansprüche geltend zu machen. Die ganzen, in der III. VO. niedergelegten Bestimmungen gelten nur für die bei der Reichsunfallversicherung Versicherten, nicht also für Personen, die bei einer privaten Gesellschaft versichert sind. Der Versicherungsfall ist gegeben, wenn die Berufskrankheit bei der beruflichen Beschäftigung im Betrieb erworben und ein schädigendes Betriebsereignis nachzuweisen ist, mit dem die erwiesene Gesundheitsschädigung in ursächlichen Zusammenhang zu bringen ist.

Bei Vorliegen eines Versicherungsfalles sorgt die Versicherung für die Beseitigung der Krankheit, für die Wiederherstellung der Erwerbsfähigkeit und die Wiedereingliederung in den Arbeitsprozeß. Ist eine Wiederherstellung nicht möglich, so wird der Versicherte mit einer Geldrente entschädigt, deren Höhe sich nach dem Grade der Erwerbsbeschränkung bemißt. Wenn anzunehmen ist, daß der Versicherte bei der Wiederaufnahme seiner alten Arbeit erneut erkrankt oder seine bereits bestehende Berufskrankheit sich durch die weitere Beschäftigung in seinem bisherigen Beruf etwa weiter verschlimmern könnte, so daß seine Beschäftigung in einem anderen, weniger gefährdeten Betriebsteil, evtl. nach Umschulung, notwendig erscheint, so kann eine Übergangsrente gewährt werden auch in den Fällen, in denen eine Heilung der bereits bestehenden Berufskrankheit nicht mehr möglich ist. Die Übergangsrente stellt damit *nicht* eine Entschädigungsleistung dar; sie ist unabhängig vom Grade der Erwerbsminderung und kann damit auch an eine Person gegeben werden, die zur Zeit voll arbeitsfähig ist. Sie kann neben der Entschädigungsrente gegeben werden. Sie darf die Hälfte des Betrages der Vollrente nicht überschreiten und wird so lange gewährt, wie der Versicherte die Arbeit in dem für ihn gefährlichen Betrieb oder Betriebsteil unterläßt bzw. bis er in die neuen Arbeitsbedingungen voll eingegliedert ist.

Stellt der behandelnde Arzt bei einem Versicherten eine in der Liste aufgeführte Berufskrankheit fest oder besteht der begründete Verdacht, daß es sich um eine solche handelt, so hat er „unverzüglich" auf dem vorgeschriebenen Formblatt (s. unten) an den Versicherungsträger, d. h. die zustehende Berufsgenossenschaft oder Ausführungsbehörde, *oder* aber an den zuständigen Gewerbearzt Anzeige zu erstatten. Die Dienstsitze, Geschäftsbereiche und Anschriften der staatlichen Gewerbeärzte in Deutschland sind aus der nebenstehenden Tabelle ersichtlich.

Die Anzeigepflicht besteht stets, gleichgültig, ob es sich um akute oder chronische, schwere oder leichte Fälle, vorübergehende oder dauernde Schäden handelt und wie die Prognose zu stellen ist. In Krankenhäusern ist der behandelnde Arzt oder aber die Krankenhausverwaltung zur Anzeige verpflichtet. Auch alle anderen Ärzte außer dem behandelnden Arzt (Amtsarzt, Versorgungsarzt, Fürsorge-, Bezirks-, Vertrauensarzt, Pathologe usw.) sind zur Anzeige verpflichtet. Um eine mehrfache Anzeigeerstattung über ein und denselben Fall zu vermeiden, dürfte es zweckmäßig sein, sich in jedem Fall mit den mitbehandelnden Ärzten über die Anzeige zu verständigen bzw. vom Patienten zu erfragen, ob

Vorläufiges Verzeichnis der Staatlichen Gewerbeärzte.

Nr.	Dienstsitz	Geschäftsbereich	Anschrift
		I. Preußen (Regierungsbezirke usw.).	
1	Düsseldorf . . .	Aachen, Köln, Düsseldorf	Der Staatliche Gewerbearzt Düsseldorf, Regierung.
2	Münster i. W. .	Arnsberg, Minden, Münster i. W.	Der Staatliche Gewerbearzt Münster i. W., Regierung
3	Wiesbaden . . .	Kassel, Koblenz, Trier, Wiesbaden, Sigmaringen	Der Staatliche Gewerbearzt Wiesbaden, Regierung.
4	Magdeburg . . .	Magdeburg, Erfurt, Merseburg	Der Staatliche Gewerbearzt Magdeburg, Regierung.
5	Breslau	Breslau, Liegnitz, Oppeln	Der Staatliche Gewerbearzt Breslau, Regierung.
6	Berlin	Berlin, Potsdam	Der Staatliche Gewerbearzt Berlin, Polizeipräsidium.
7	Hannover . . .	Hannover, Hildesheim, Lüneburg, Stade, Aurich, Osnabrück, Schleswig	Der Staatliche Gewerbearzt Hannover, Regierung.
8	Frankfurt (Oder)	Frankfurt (Oder), Stettin, Köslin, Schneidemühl, Königsberg (Pr.), Gumbinnen, Allenstein, Marienwerder	Der Staatliche Gewerbearzt Frankfurt (Oder), Regierung.
		II. Bayern.	
9	München	Land Bayern	Landesgewerbearzt München, Ludwigstr. 22b.
		III. Sachsen.	
10	Dresden	Kreishauptmannschaften Dresden und Bautzen	Landesgewerbearzt, Gewerbeaufsichtsamt Dresden, Wettinerstr. 67.
11	Chemnitz . . .	Kreishauptmannschaften Chemnitz und Zwickau	Der Staatliche Gewerbearzt, Gewerbeaufsichtsamt Chemnitz, Schloßstr. 27.
12	Leipzig	Kreishauptmannschaft Leipzig	Der Staatliche Gewerbearzt, Gewerbeaufsichtsamt Leipzig, Thomasiusstr. 2.
		IV. Württemberg.	
13	Stuttgart . . .	Land Württemberg	Landesgewerbearzt beim Württembergischen Gewerbe- und Handelsaufsichtsamt, Stuttgart, Kanzleistr. 26.
		V. Baden.	
14	Karlsruhe . . .	Land Baden	Landesgewerbearzt beim Badischen Landesgewerbeaufsichtsamt, Karlsruhe, Schloßplatz 20.
		VI. Thüringen.	
15	Jena	Land Thüringen	Landesgewerbearzt Jena, Bachstraße.
		VII. Hessen	
16	Darmstadt . . .	Land Hessen	Der Staatliche Gewerbearzt beim Reichsstatthalter in Hessen, (Landesregierung) Darmstadt, Neckarstr. 7.
		VIII. Hamburg.	
17	Hamburg . . .	Land Hamburg	Vorläufig: Staatliches Gesundheitsamt, Hamburg.

Nr.	Dienstsitz	Geschäftsbereich	Anschrift
		IX. Mecklenburg	
18	Schwerin . . .	Land Schwerin	Staatlicher Gewerbearzt, Staatliches Gewerbeaufsichtsamt, Schwerin.
		X. Oldenburg	
19	Oldenburg . . .	Land Oldenburg	Landesarzt in Oldenburg (Oldbg.).
		XI. Braunschweig	
20	Braunschweig .	Land Braunschweig	Landesgewerbearzt, Gewerbeaufsichtsamt Braunschweig, An der Martinikirche 6/7.
		XII. Anhalt	
21	Magdeburg . . .	Land Anhalt	Der Staatliche Gewerbearzt Magdeburg, Regierung.
		XIII. Bremen	
22	Bremen	Land Bremen	Vorläufig: Staatliches Gesundheitsamt, Bremen.
		XIV. Lippe-Detmold	
23	Detmold	Land Lippe	Vorläufig: Staatliches Gesundheitsamt, Detmold.
		XV. Schaumburg-Lippe	
24	Münster i. W. .	Land Schaumburg-Lippe	Der Staatliche Gewerbearzt Münster i. W., Regierung.
		XVI. Saarland	
25	Saarbrücken . .	Saarland	Der Staatliche Gewerbearzt Saarbrücken, Richard-Wagner-Str. 2.

bereits von einem andern Arzt Anzeige erstattet worden ist. Die Forderung einer *unverzüglichen* Anzeigeerstattung schließt eine einige Tage dauernde Beobachtung nicht aus, wenn dadurch Klarheit über Art und Wesen der Krankheit gewonnen werden kann. Auch der begründete *Verdacht* ist meldepflichtig.

Für die Ausfüllung des Formblattes zur Anzeige einer entschädigungspflichtigen Berufskrankheit bei einem Versicherten hat der anzeigende Arzt Anspruch auf die Zahlung einer Gebühr durch den Versicherungsträger, auch wenn seine Diagnose sich später nicht bestätigen sollte, sofern nicht grob fahrlässiges Verhalten vorliegt oder die Anzeige erwiesenermaßen wider besseres Wissen erstattet wurde. Fahrlässigkeit liegt nicht vor, wenn der Arzt trotz aller Sorgfalt, zu der er verpflichtet ist, die vorliegende Krankheit nicht richtig erkannte. Die Versäumnis der Anzeigepflicht kann bestraft werden. Das vorgeschriebene grüne Formblatt ist vom zuständigen Versicherungsträger zu beziehen und so genau wie möglich auszufüllen.

Muster B.

Ärztliche Anzeige über eine Berufskrankheit.

(§ 7 der Dritten VO. über Ausdehnung der Unfallversicherung auf Berufskrankheiten vom 16. XII. 1936 — RGBl. I S. 1117 — Amtl. Nachr. 1936 S. IV 353 —.)

Vorbemerkung: Durch die VO. vom 16. XII. 1936 sind die in der anliegenden Liste aufgeführten Krankheiten als Berufskrankheiten i. S. der Unfallversicherung bezeichnet worden. Nach § 7 der VO. hat ein Arzt, der bei einem Versicherten eine Berufskrankheit oder Krankheitserscheinungen feststellt, die den begründeten Verdacht einer Berufskrankheit rechtfertigen, dies dem für den Betrieb zuständigen

1. Ruf- und Familienname:	
2. Wohnort und Anschrift:	
3. Gegenwärtiger Aufenthalt:	
4. Geburtstag und -jahr:	
5. Familienstand:	
6. Beschäftigt bei $\frac{\text{Firma}}{\text{Betriebsteil}}$: Bei welchem Versicherungsträger (Berufsgenossenschaft usw.) ist der Betrieb versichert?	
7. Genaue Beschreibung der Beschäftigung: (Angaben wie „Arbeiter" u. dgl. genügen nicht)	
8. Dauer der Beschäftigung zu 7:	vom .... bis zum ....
9. Frühere Beschäftigungen ähnlicher Art: (Firma, Ort)	
10. Zeitpunkt: a) der ersten ärztlichen Untersuchung: b) des Beginns der ärztlichen Behandlung: c) des Todes:	 a) b) c)
11. a) Arbeitsunfähig seit: b) Krankenhausbehandlung: (Ort, seit wann?)	a) b)
12. Kurzer Untersuchungsbefund: (soweit erforderlich, auch Untersuchung des Urins, Blutes usw.)	
13. a) Welcher Krankheitszustand liegt vor? (Nr. der Liste) b) Auf welche kennzeichnenden Krankheitserscheinungen stützt sich diese Annahme?	a) b)
14. Handelt es sich um den Rückfall einer früheren gleichen oder ähnlichen Erkrankung?	
15. Im Falle des Todes: Hat eine Leichenöffnung stattgefunden? (Wann, durch wen?)	
16. Bemerkungen:	

(Ort) .... den .... 19..

Anschrift: ....

$\frac{\text{Postscheck-}}{\text{Bank-}}$ Konto ....

Unterschrift des Arztes.

(Beidruck des Namenstempels oder Wiederholung des Namens in Schreibmaschinenschrift erforderlich)

Träger der Unfallversicherung (Berufsgenossenschaft usw.) oder dem Staatlichen Gewerbearzt unverzüglich anzuzeigen. Die Anschriften der Staatlichen Gewerbeärzte sind in der Anlage aufgeführt.

Anzuzeigen sind die in der Spalte II der Liste angegebenen Berufskrankheiten, wenn sie nach Ansicht des Arztes durch berufliche Beschäftigung in einem in Spalte III neben der Krankheit bezeichneten Betriebe verursacht worden sind. Den Betrieben stehen die Tätigkeiten und Einrichtungen gleich, die der Unfallversicherung unterliegen. Die Anzeige ist auch dann zu erstatten, wenn die Berufskrankheit durch eine plötzliche Einwirkung (Unfall) verursacht worden ist.

Wird die Anzeige mit der Schreibmaschine angefertigt, so ist ein Durchschlag beizufügen.

Der Arzt hat gegen den Versicherungsträger Anspruch auf eine Gebühr für die Anzeige. Erstattet der Arzt die Anzeige nicht oder nicht rechtzeitig, so kann der Gewerbearzt oder der Versicherungsträger seine Bestrafung bei der zuständigen Ärztekammer beantragen.

Vor allem muß die Art der Beschäftigung bis ins einzelne gehend geschildert werden, da diese Angaben für den Gutachter (Staatlicher Gewerbearzt) von entscheidender Bedeutung sein können. Besondere eigene Nachforschungen in dem betreffenden Betrieb, in welchem der Kranke beschäftigt ist, braucht der anzeigende Arzt nicht vorzunehmen. Die Beantwortung der in dem Fragebogen gestellten Fragen einschließlich des Untersuchungsbefundes verlangt lediglich die Anwendung der in der Allgemeinpraxis üblichen Untersuchungsmethoden, keine komplizierten klinischen oder Spezialuntersuchungen; letztere sind Sache des geschulten Gewerbearztes oder seines Beauftragten, nicht des praktischen Arztes. Die Erstattung des Gutachtens ist Angelegenheit des zuständigen Gewerbearztes allein.

Dem Lernenden und dem Praktiker, die vom *klinischen Bild her* die Berufskrankheit erkennen und damit ihre schwierige und verantwortungsvolle Arbeit leisten müssen, bei dieser wichtigen Tätigkeit zu helfen und ihnen ihre schwere Aufgabe zu erleichtern, sie über das vielfältige Symptomenbild der Berufskrankheiten, die wichtigsten Vergiftungsmöglichkeiten usw. zu unterrichten, ist die Aufgabe der nachstehenden Kapitel.

I. Erkrankungen durch Blei oder seine Verbindungen.

1. Schäden durch anorganische Verbindungen.

Die Bleivergiftung durch anorganische Verbindungen ist eine der am häufigsten zu beobachtenden Vergiftungen überhaupt. Neben den Schädigungen durch Kohlenoxyd und Silicium steht das Blei tatsächlich an erster Stelle unter den gewerblich bedeutsamen Giften. In den Jahren 1926—1933 wurde in 19325 Fällen Anzeige wegen Bleivergiftung erstattet. In der Mehrzahl der angezeigten Fälle handelte es sich um *chronische* Bleivergiftungen. Akute Bleivergiftungen kommen nur ausnahmsweise vor; sie unterscheiden sich im übrigen nur durch die Intensität und Häufung der Symptome sowie durch den schnellen Verlauf von der chronischen Form. Nicht alle gemeldeten Vergiftungen wurden entschädigt.

	Gemeldet	Erstmalig entschädigt
1934	1393	102
1935	1294	94

Die außerordentlich niedrige Zahl der tatsächlichen Entschädigungen beruht nun nicht etwa auf diagnostischen Irrtümern. Man muß nämlich zwischen wirklicher Bleivergiftung und vermehrter Bleiaufnahme unterscheiden. Letztere wird, wenn nicht deutliche, die Arbeitsfähigkeit stark beeinträchtigende Krankheitserscheinungen bestehen, nicht entschädigt. Eine vermehrte Bleiaufnahme wird z. B. dann anzunehmen sein, wenn Bleisaum, Vermehrung der basophil punktierten Erythrocyten und erhöhte Kot-, Urin- und Blutbleiwerte nachweisbar sind, sonstige klinische Symptome der Bleivergiftung jedoch fehlen.

Auch bei Ausschluß aller sonstigen vielfältigen Möglichkeiten, die zu Bleivergiftungen führen können, ist die Zahl der gewerblichen Betriebe, in denen Bleivergiftungen vorkommen, infolge der verbreiteten industriellen Verwendungsmöglichkeiten dieses Metalls sehr groß und kaum mit Vollständigkeit anzugeben. Die nachstehende Zusammenstellung erfaßt durchaus nicht alle Betriebe und Arbeitsgänge, bei denen Blei zu Gesundheitsstörungen führen kann. Wichtig erscheint es, darauf hinzuweisen, daß auch außerhalb dieser Betriebszweige die Möglichkeit der Entstehung von Bleivergiftungen durch Bleiaufnahme, z. B. mit dem Trinkwasser, im Bereich der Möglichkeit liegt. Beim Verdacht des Vorliegens einer Bleivergiftung darf man also nicht versäumen, durch genaueste Erhebung der Anamnese über die Arbeitsbedingungen und Arbeitsvorgänge sich ein klares Bild über die Vergiftungsmöglichkeiten zu machen.

Die etwas veraltete, aber immer noch weitverbreitete Auffassung, daß Maler, Lackierer und Buchdrucker besonders bleigefährdet seien, bedarf einer Revision. Selbst Schriftgießer und Handsetzer in kleinen Betrieben sind bei den heutigen modernisierten Verfahren nur noch in den seltensten Fällen gefährdet. Auch die Bewertung *einzelner* Kardinalsymptome der Bleivergiftung ist heute anders als früher. Am meisten gefährdet dürfte der in der Bleifarbenindustrie beschäftigte Personenkreis sein. Trotz vielfacher Verbesserungen der Arbeitsbedingungen liefert auch heute noch die Bleifarbenindustrie die meisten Bleivergifteten (Koelsch). Hauptsächlich bei der Herstellung von Bleiglätte, Mennige, Bleiweiß (basisches Bleicarbonat) kommt es zu Vergiftungen. In Akkumulatorenfabriken sind vor allem die sog. Pastierer, nicht so sehr selten auch die mit der Aufstellung der Batterien und mit dem Zusammenschweißen der großen Bleiplatten beschäftigten Arbeiter (Monteure) gefährdet. In Blei- und Zinkhüttenbetrieben wirken die beim Schmelzen entstehenden Bleidämpfe schädigend. Auch in Flaschenkapselfabriken, bei der mechanischen Verarbeitung von metallischem Blei, bei der Verwendung bleihaltiger Farben im Spritzverfahren, in der chemischen Industrie bei der Herstellung von Bleiverbindungen, bei der Herstellung von Ethylfluid bzw. Bleibenzin, bei der Fabrikation von keramischen Farben, in der Töpferei, in der Emaillefabrikation und Glasherstellung (Flußmittel) werden gehäuft Bleivergiftungen beobachtet. Beim Löten mit stark bleihaltigen Loten, beim Homogenverbleien und Schweißen bleihaltiger Metalle, beim Abwracken mit Mennige gestrichener

Schiffe und Eisenbahnwagen, beim Entrosten von Brücken sind Schädigungen durch anorganische Bleiverbindungen nicht so sehr selten.

Bei der Überlegung, ob durch die betrieblich gegebenen Verhältnisse eine Bleischädigung möglich erscheint, müssen die Löslichkeitsverhältnisse der Verbindungen, mit denen gearbeitet wird, berücksichtigt werden.

Vergiftungsmechanismus: Das Blei ist wie jedes andere Schwermetall in erster Linie ein Zellgift und zwar ein Gift für *jede* Zelle des Organismus; es tritt mit allen ihren Bestandteilen in Reaktion. Es ist daher unmöglich, das Bild der Bleivergiftung mit der Schädigung einer bestimmten Zellart, eines einzelnen Organs oder eines einzelnen Organsystems zu erklären. Die von vielen Autoren immer wieder betonte allgemein gefäßschädigende Wirkung des Bleis und die Erklärung der mannigfaltigen klinischen Zustandsbilder *lediglich* auf der Basis von Gefäßschäden ist daher sicher abzulehnen. Das Blei teilt mit allen anderen Schwermetallen den allgemeinen pharmakologischen Grundcharakter der *universellen* Schädigung des Protoplasmas.

Die wichtigsten Bleiverbindungen, welche technisch am häufigsten zu gewerblichen Erkrankungen Anlaß geben, sind das Bleioxyd (Bleiglätte), die Mennige, das Bleiacetat, Bleinitrat, Bleicarbonat und das Bleichlorid. Für die Resorption, d. h. die Voraussetzung einer Giftwirkung überhaupt, wichtig ist die Löslichkeit der Verbindungen nicht nur im Wasser, sondern auch in den Körperflüssigkeiten. In Wasser sehr leicht löslich sind Bleiacetat und Bleinitrat. Bleicarbonat (= Bleiweiß), Bleichlorid und die Bleioxyde sind schwer löslich in reinem Wasser, gut löslich in verdünnten Säuren und Alkalien, daher auch im Magen-Darm- und Pankreassaft, die Bleioxyde vor allem im Blut.

Aufnahme, Verteilung und Ausscheidung: Die Aufnahme kann erfolgen durch den Verdauungskanal, durch die Atemwege und durch die Haut. Andere Wege spielen gewerbemedizinisch keine Rolle. Am wichtigsten ist die Aufnahme durch die Lunge infolge Einatmung von Bleidämpfen bzw. Bleistaub. Im Magen-Darm-Kanal erfolgt die Resorption hauptsächlich in den Dünndarmabschnitten; sie verläuft im allgemeinen langsam. Die Vergiftungserscheinungen treten zudem, da die Leber als entgiftendes Organ bei der Resorption vom Darm aus wirksam wird, verlangsamt auf. Trotz zahlreicher experimenteller Versuche ist die Verteilung des Bleis nach *chronischer* peroraler Aufnahme noch nicht völlig geklärt. Auffällig hohe Mengen finden sich stets in Leber, Milz, Nieren, nach länger dauernder Aufnahme vor allem in den Knochen. Im Gehirn wurden meist nur sehr geringe Mengen gefunden. Viel schneller treten Vergiftungserscheinungen nach Einatmung von Bleidämpfen und Bleistaub auf, wobei ein beträchtlicher Teil des so in den Organismus gelangten Bleis zweifellos durch Verschlucken von Schleim auch in den Verdauungstrakt gelangt. Das Blei tritt aus der Lunge ohne weiteres in den Blutkreislauf über, überschwemmt als sekundäres Bleiphosphat ziemlich gleichmäßig, bis zu einem gewissen Grade abhängig vom Durchblutungsgrad der einzelnen Organe, den ganzen Organismus, bis es schließlich als tertiäres Bleiphosphat im Knochen abgelagert wird. Die

Aufnahme anorganischer Bleiverbindungen durch die unverletzte Haut ist bis heute noch nicht ganz sicher erwiesen und spielt gewerbemedizinisch kaum eine Rolle. Dabei muß darauf hingewiesen werden, daß eine Beschmutzung der Hände mit Bleiverbindungen bei der Arbeit durchaus nicht gleichbedeutend ist mit einer Bleiaufnahme durch die Haut; in diesen Fällen ist eine perorale Aufnahme viel häufiger die Ursache einer sich etwa entwickelnden Bleivergiftung.

Das in den Körper gelangte Blei kreist im Blut als kolloidales sekundäres Bleiphosphat und wird, zum Teil sehr schnell, als tertiäres Bleiphosphat im Knochen abgelagert. Diese Verbindung ähnelt in ihrem Verhalten im Organismus sehr der entsprechenden Calciumverbindung. Sie ist außerordentlich schwer löslich, geht aber bei p_H-Verschiebung sowohl nach der sauren wie nach der alkalischen Seite (Fieber, alimentäre Einflüsse usw.) in das etwa hundertmal leichter lösliche sekundäre Bleiphosphat über. Wahrscheinlich hängt damit der eigentümliche intermittierende klinische Verlauf der chronischen Bleivergiftung zusammen. Aus diesem Verhalten erklärt sich auch die mobilisierende Wirkung der verschiedensten in den Stoffwechsel eingreifenden Maßnahmen (Jodkaligaben, Säuerung, Alkalisierung), die vom Organismus mit vermehrter Bleiausscheidung und Erhöhung des Blutbleispiegels beantwortet werden.

Die Ablagerung des tertiären Bleiphosphats erfolgt an denjenigen Stellen im Körper, an denen man die mobilisierbaren Calciumdepots annimmt: vorwiegend subepiphysär und in den subperiostalen Zonen der langen Röhrenknochen und der Rippen, in der Knochenknorpelgrenze der Rippen, den Randzonen der Sternalsegmente, subperiostal in den Schädelknochen. Bei der Ablagerung des Bleis in den Knochen wird offenbar ein Teil des normalerweise dort liegenden Calciums verdrängt (BISCHOFF und MAXWELL, BROCKS und JOWETT). Jedenfalls wurde auch klinisch bei Bleivergifteten eine Calciumverarmung des Organismus festgestellt (SCHMITT und TAEGER). Nach den Vorstellungen von P. SCHMIDT wirkt nur das frei im Körper kreisende Blei, das mit dem Blutstrom an alle Körperzellen herangetragen wird, schädigend, während das in den Knochen liegende sog. Depotblei unschädlich ist.

Die Ausscheidung des Bleis erfolgt vorwiegend in den unteren Darmabschnitten, zum kleineren Teil auch durch den Urin. Der größte Teil des einverleibten Bleis wird zunächst als Depotblei im Knochen abgelagert und auch nach Abstoppen weiterer Bleizufuhr erst im Verlauf längerer Zeit ausgeschieden.

Klinisches Bild. Eine gesonderte Darstellung des klinischen Bildes der akuten Bleivergiftung erübrigt sich, da sich die Vergiftungserscheinungen weitgehend mit denen der chronischen Vergiftung decken. Bei der akuten Vergiftung beschränken sich die Krankheitserscheinungen nahezu ausschließlich auf den Magen-Darm-Trakt. Die Kranken klagen über süßlichen metallischen Geschmack im Munde, leiden an Speichelfluß, Erbrechen, Magenkrämpfen; die Haut ist schweißbedeckt, oft tritt ein Kollaps ein. Die für die chronische Vergiftung so typischen nervösen Symptome fehlen.

Das klinische Bild der chronischen Bleivergiftung ist außerordentlich verwirrend und vielgestaltig. Bei weitem nicht in allen Fällen sind *sämtliche* klassischen Kardinalsymptome nachzuweisen. Die Krankheitserscheinungen sind zuweilen so atypisch, daß es erst nach genauester Aufnahme der Anamnese in allen ihren Einzelheiten möglich wird, die Diagnose „Bleivergiftung" überhaupt in den Bereich der Überlegungen einzubeziehen. Meist treten einzelne, bestimmte Symptomenkomplexe bei den erkrankten Individuen in den Vordergrund des ganzen klinischen Erscheinungsbildes. Warum sich bei dem einen Patienten vorwiegend Magen-Darm-Störungen, beim anderen eine Bleiencephalopathie, Nervenlähmungen oder Gelenkerscheinungen ausbilden, ist unbekannt. Möglicherweise spielen dabei konstitutionell-dispositionelle Faktoren genau so eine Rolle, wie beim Zustandekommen der auffälligen, bisher aber ebenfalls noch nicht geklärten Tatsache, daß von einer größeren Zahl in ihrem Allgemeinzustand vergleichbarer, unter ganz gleichen Arbeits- und Gefahrenbedingungen arbeitender Einzelpersonen immer nur ein Teil an chronischer Bleivergiftung erkrankt, die anderen jedoch völlig gesund bleiben. Jugendliche, Kränkliche, Magenkranke, Tuberkulöse, Alkoholiker und Luiker sollen leichter an Bleivergiftung erkranken. Frauen erleiden leichter eine Vergiftung als Männer.

Symptomatologie: Als *Kardinalsymptome* der Bleivergiftung gelten: Bleikolorit, Bleisaum, Bleikolik, Anämie, basophile Punktierung der Erythrocyten, Porphyrinurie, vermehrte Bleiausscheidung im Urin und Kot, Erhöhung des Blutbleispiegels und Streckerlähmung. Wenn auch nicht in allen Fällen der Bleivergiftung *sämtliche* Kardinalsymptome nachzuweisen sind, so findet man bei Anwendung genügend feiner Methoden und bei sehr genauer Untersuchung wenigstens einen großen Teil von ihnen in *jedem* Erkrankungsfall.

Im klinischen Verlauf jeder Bleivergiftung läßt sich im allgemeinen das *Vorstadium* von der eigentlichen Bleierkrankung abgrenzen.

Das **Vorstadium** beginnt meist mit recht vagen, uncharakteristischen Symptomen, wie Appetitlosigkeit, Magen-Darm-Störungen dyspeptischer Art, leichtem Gewichtsverlust, Schwindel, Kopfschmerzen, erhöhter Reizbarkeit, Schwäche und Schweregefühl in den Gliedern, Erscheinungen, die gelegentlich unter dem Stichwort „Bleineurasthenie" zusammengefaßt werden. Die Höhe des Blutbleispiegels und der Urinbleiausscheidung ist in diesem Stadium, dessen Länge von der Größe und Schnelligkeit der Bleiaufnahme abhängt, meist gesteigert. Auch finden sich manchmal geringe und flüchtige Blutdruckschwankungen.

Aus diesen an sich uncharakteristischen und vieldeutigen Symptomen, die nach Aufhören weiterer Bleizufuhr wieder verschwinden können, entwickelt sich, manchmal schleichend, seltener akut einsetzend, das volle Bild der chronischen Bleivergiftung. Das langsame bzw. das akute Einsetzen schwerer Vergiftungssymptome ist von inneren und äußeren Faktoren abhängig. Größe und Intensität der Bleiaufnahme, individuelle Reaktion auf das Gift, Ernährungszustand, Ernährungsform und Lebensführung können das Einsetzen schwerer Erscheinungen beschleunigen oder hintanhalten. Plötzliche Änderungen in der gewohnten

Kost z. B. können zur Ausschüttung von Blei aus den Depots führen, damit das Einsetzen ernsterer Krankheitserscheinungen unmittelbar herbeiführen.

Es ist außerordentlich schwierig, ein allgemeingültiges typisches Krankheitsbild mit charakteristischem Symptomenkomplex und genau definiertem Verlauf herauszuarbeiten, ohne dem Krankheitsgeschehen Gewalt anzutun, da im Einzelfalle wechselnd bald dieses, bald jenes Symptom im Vordergrund steht. Immerhin läßt sich im *Verlauf* der eigentlichen Bleierkrankung eine schwerer verlaufende Form mit schwerer Verstopfung, schweren Koliken, evtl. mit Auftreten ausgeprägter zentralnervöser Erscheinungen in Form der sog. Encephalopathia saturnina abgrenzen von einem mehr protrahierten Verlauf, bei dem sich zu den Symptomen des Vorstadiums allmählich Lähmungen als Dauerschädigungen gesellen, sowie schließlich eine an sich fragliche sog. Spätform, die trotz der Vielgestaltigkeit ihrer Symptome bei genauer Analyse auf mehr oder weniger schleichende Dauerschäden vorwiegend des Gefäßsystems zurückzuführen sein soll (cerebrale Atheromatose, Bleiniere usw.). Im folgenden seien die vielfältigen Symptome besprochen, deren jedes im Verlauf der Krankheit mehr oder weniger, wenigstens für eine gewisse Zeit, in den Vordergrund rücken kann.

Magen-Darm-Kanal. Die krankhaften Veränderungen am Magen-Darm-Kanal sind wohl die ersten, häufigsten und konstantesten Symptome der Bleivergiftung. Im Vorstadium finden sich nicht selten Störungen der Magensekretion und des Magenchemismus, Hyperacidität, noch häufiger Subacidität — gelegentlich begleitet von röntgenologisch nachweisbaren Schleimhautvergröberungen, wie man sie bei Gastritis sieht. Auch nervöse Störungen der Darmmotilität, die unter dem Bild der Colica mucosa verlaufen können, kommen vor. Erst neuerdings wurde von G. STRAUBE darauf hingewiesen, daß bei Bleikranken Magenerkrankungen — meist handelt es sich um Gastritiden — sehr viel häufiger zu beobachten sind als sonst. Eine spezifische oder chronische Bleierkrankung am Magen darf man dabei nicht annehmen. Keinesfalls darf etwa eine Magenerkrankung als Frühsymptom einer Bleivergiftung angesprochen werden, sofern sonstige Zeichen einer Bleivergiftung fehlen. Die subjektiven Beschwerden von seiten des Magen-Darm-Kanals bestehen in Appetitlosigkeit, Ekel vor Speisen, Übelkeit, Neigung zum Erbrechen; häufig wird als Ausdruck einer Störung der Geschmacksempfindung über einen süßlichen Metallgeschmack im Munde geklagt. Manche Bleikranke verbreiten einen eigentümlich süßlichen Mundgeruch, doch ist dieses Symptom beim Vorhandensein einer mehr oder minder starken Stomatitis, Gingivitis oder Alveolarpyorrhöe, Erscheinungen, zu denen Bleikranke neigen, häufig diagnostisch nicht verwertbar. Entzündungen der Mund- oder Ohrspeicheldrüsen als Ausdruck einer Bleischädigung sind selten.

Mundhöhle. Wichtig ist der Nachweis des sog. *Bleisaumes.* Er stellt eine 1—2 mm breite, stumpf graubläulich schimmernde Linie dar, die sich am oberen Rande des Zahnfleisches innen und außen, den Zahnhals umfassend, hinzieht. Die Linie ist häufig unterbrochen. Seltener sind Verfärbungen des ganzen Zahnfleisches, übergreifend auf die Wangenschleimhaut, bzw. diffuse, schiefergraue und braune Flecken. Der Bleisaum entsteht völlig unabhängig von der Art und vom Ort des Eindringens des Bleis in den Körper und zwar durch Ausscheidung von Blei in Form von Bleisulfid in die Mundhöhle, das meist durch Fäulnisvorgänge in der Mundhöhle, bei denen Schwefelwasserstoff entsteht, ausgefällt wird. Er ist ins Zahnfleisch eingelagert, daher nicht wegwischbar. Eine leichte allgemeine Stomatitis kann dem Sichtbarwerden des Bleisaums vorausgehen. Die Entscheidung, ob es sich wirklich um einen Bleisaum handelt, ist gerade in den recht häufigen Fällen, in denen eine ausgeprägte Alveolarpyorrhöe besteht, nicht so ganz leicht, um so mehr, als gerade bei der Alveolarpyorrhöe gelegentlich leicht bläuliche Verfärbungen des Zahnfleischrandes zu beobachten sind, die allerdings, wenn man mit dem Spatel am Zahnfleischrand auf den Zahnhals drückt, verschwinden. Eine sachgemäße Untersuchung auf das Bestehen eines Bleisaums sollte stets mit einer Lupe vorgenommen werden, da sich nur so Einzelheiten erkennen lassen.

Es gibt auch Bleivergiftungen ohne Bleisaum, der lediglich als Beweis für die stattgehabte vermehrte Bleiaufnahme, nicht aber für das Bestehen einer Bleivergiftung diagnostisch verwertet werden kann. Bei zahnlosen Kiefern pflegt er zu fehlen. Er bleibt auch nach Unterbrechung weiterer Bleizufuhr oft noch monatelang bestehen. Prädilektionsstellen sind die unteren Schneide- und Eckzähne. Man versäume niemals, auch den inneren Zahnfleischrand eingehend zu inspizieren. Verwechslungen können vorkommen mit dem Wismutsaum bei Wismutvergiftungen, mit dem Quecksilbersaum, der mehr bläulich gefärbt ist, mit den bei Antimonvergiftung, gelegentlich auch bei Arsenvergiftung auftretenden Säumen, welch letzterer mehr violett verfärbt ist, sowie mit abwischbaren Auflagerungen von Zahnstein, Kohle- und Metallstaubteilchen.

Magen. Die chronische Bleivergiftung setzt sehr häufig auch am Magen Schädigungen, die in der überwiegenden Zahl der Fälle in Motilitäts- und Sekretionsstörungen bestehen, welche die von den Bleikranken geklagten Magenbeschwerden zwanglos erklären. Am häufigsten finden sich Hypermotilität und Subacidität, die gewöhnlich unter dem Bild der subaciden Gastritis auftreten. Wahrscheinlich handelt es sich um eine sog. Ausscheidungsgastritis. Hypersekretion und Hyperacidität sind weit seltener. Pathologisch-anatomisch wurden entzündlich-atrophische und degenerative Veränderungen am Magen festgestellt, die in entsprechenden Röntgenbefunden ihren Ausdruck finden. Die Motilität ist meist im Sinne einer Überfunktion gestört, gelegentlich gesteigert bis zum Cardiospasmus. Die Frage des gehäuften Auftretens von Ulcerationen der Magenschleimhaut bei Bleikranken, die immer wieder behauptet wird, ist nicht endgültig geklärt, aber wenig wahrscheinlich. Jedenfalls wird man einen Zusammenhang nur mit größter Vorsicht und nach Ausschluß aller anderen ätiologisch möglichen Momente annehmen dürfen.

Bleikolik. Das bekannteste und wohl auch häufigste Symptom der schweren Form der Bleivergiftung ist die Bleikolik, die als Kardinalsymptom am längsten bekannt ist. Sie ist vor allem bei schweren und heftigeren Verlaufsformen der Bleivergiftung festzustellen. Häufig gehen dem Einsetzen schwerer Kolikerscheinungen, die sich entweder langsam steigern oder auch ganz plötzlich entwickeln können, als Prodromalsymptom Defäkationsbeschwerden im Sinne einer spastischen Obstipation voraus. Der abgesetzte Kot ist kleinknollig, hart und trocken. Nach mehr oder minder hartnäckiger spastischer Verstopfung, die nicht so sehr selten von Hämorrhoidalbeschwerden begleitet ist, kommt es, manchmal unvermittelt während der Arbeit einsetzend, zu stärksten, krampfartig ziehenden Schmerzen, die meist in die Nabelgegend lokalisiert werden und die so stark sein können, daß die Befallenen sich mit verzerrtem, blassem Gesicht und schweißbedeckter Haut vor Schmerzen buchstäblich zusammenkrümmen. Die Magengegend ist schmerz- und druckempfindlich. Bei liegenden Patienten ist der Bauch tief kahnförmig eingezogen; bei dünnen Bauchdecken ist der spastisch zusammengezogene Dünndarm und Dickdarm als harter, wurstförmiger Strang zu fühlen (sog. Darmsteifung). Die Dünndarmschlingen treten manchmal bei der bloßen Inspektion deutlich kontrahiert unter den dünnen Bauchdecken hervor. Je nach der Schwere der Spasmen erscheinen einzelne luftgeblähte Dünndarmschlingen zwischen den harten, stark kontrahierten Darmabschnitten. Häufig besteht Harnverhaltung. *Während* des Kolikanfalles kann der Blutdruck nicht unerheblich, manchmal bis zu extremen Werten erhöht sein. Der Puls ist dann hart und drahtig. Die Bleikolik, die in wechselnder Intensität 2—8 Tage, manchmal auch 2 bis 3 Wochen dauern kann, tritt zusammen mit der hartnäckigen Obstipation mitunter ganz in den Vordergrund des gesamten Vergiftungsbildes. Der unangenehme Zustand wird von schubartig auftretenden, längere oder kürzere Zeit dauernden schweren Schmerzattacken begleitet. Häufig besteht gleichzeitig Brechreiz oder Erbrechen. Gelegentlich strahlen die Schmerzen aus der Nabelgegend in die Oberschenkel aus, so daß man an das Bild einer Nierensteinkolik erinnert wird. Zwischen den einzelnen Schmerzanfällen klagen die Kranken über ein „wehes Gefühl" im Bauch. Meist werden beim Betasten des Abdomens diffuse Schmerzen geäußert. Manchmal wird Druck auf den Leib auch als wohltuend empfunden: die Patienten legen sich dann spontan auf den Bauch. Fast immer besteht während der Dauer der Schmerzanfälle schwerste Verstopfung. Über eine Woche und länger wird kein Kot abgesetzt. Typisch sind starke, Stuhldrang hervorrufende Tenesmen, wobei die Defäkationsversuche erfolglos bleiben und Hämorrhoidalblutungen auftreten. Nicht selten ist eine leichte gelbliche Verfärbung der Haut und der Skleren mit einer leichten Erhöhung des Bilirubinspiegels im Blut und verstärkter Urobilinogenurie (Kältealdehydreaktion +) nachweisbar. Die axillare Temperatur kann bis zu 38° C steigen. Ausgeprägtes Durstgefühl, deutliche Bradykardie, gelegentlich auch Albuminurie, können das alarmierende, zuweilen an eine Peritonitis erinnernde Bild vervollständigen. Durchfälle sind selten und atypisch, differentialdiagnostisch eher *gegen* die Feststellung einer Bleikolik zu verwerten.

Die *Ursache der Bleikolik* ist in schweren Dünndarmspasmen zu suchen. Hier finden sich schwere spastische Veränderungen, die sich röntgenologisch als starke Kontraktionen bzw. segmentäre Dünndarmabschnürungen nachweisen lassen. Gelegentlich können diese Spasmen bis zum klassischen Bild des Dünndarmileus gesteigert sein. Als differentialdiagnostisches Zeichen wird angegeben, daß im Gegensatz zu allen anderen Ileusarten beim Bleiileus das Ileum an *mehreren Stellen* gleichzeitig bis fingerlange Kontraktionen zwischen den gasgefüllten, überblähten und Spiegelbildungen zeigenden Dünndarmabschnitten aufweist. Dieser an sich seltene Befund eines spastisch-atonischen Ileus ist jedoch nur bei besonders schweren Vergiftungsformen zu finden. Dabei ist darauf hinzuweisen, daß der kontrahierte Dünndarm durchaus nicht in allen Fällen als harter Strang fühlbar sein muß, vor allem dann, wenn sich über die kontrahierten Darmabschnitte gasgeblähte Dünndarmschlingen legen, welche die spastisch zusammengezogenen Abschnitte dem palpatorischen Nachweis entziehen.

Der Theorien über den Mechanismus und die Ursache der Bleikolik sind viele. Eindeutige Beweise für die Richtigkeit der einen oder anderen Auffassung sind bisher noch nicht erbracht. Während die einen die Bleikolik als Ursache einer Nervenreizung (Vagusreizung bzw. Sympathicuslähmung oder Ganglienschädigung) erklären, halten andere eine direkte Wirkung auf die glatte Muskulatur des Darmes für wahrscheinlicher. Andere wieder erklären das ganze Symptomenbild der Bleikolik als Folge eines toxischen Krampfes der Splanchnicusgefäße. Massa war bei der Ähnlichkeit der Bleikolikanfälle und der Porphyrin-Bauchkrisen geneigt, die Bleikolik ausschließlich als Ausdruck einer typischen Porphyrinwirkung auf den Darm zu deuten. Keine dieser Erklärungen befriedigt voll; zudem wurde schon einleitend darauf hingewiesen, daß es nicht angeht, einzelne Symptomengruppen der Bleivergiftung isoliert zu betrachten, daß dies vielmehr unter Berücksichtigung des *gesamten* Krankheitsbildes geschehen muß.

Differentialdiagnostisch sind vor allem Gallen- und Nierensteinkoliken durch entsprechende Untersuchungen auszuschließen, weiterhin Appendicitis, eingeklemmte innere und epigastrische Hernien, Bauchbrüche, Perityphilitis, Embolie der Mesenterialgefäße, Darminfarkte, gastrische Krisen sowie Pankreaserkrankungen. Rezidive sind nicht selten. Sie können ausgelöst sein durch Diätfehler, unregelmäßigen Stuhlgang, übermäßigen Alkoholgenuß, interkurrente fieberhafte Erkrankungen und alle anderen Ursachen, die zu einer Ausschüttung von Depotblei führen, d. h. also auch dann, wenn eine weitere Bleiaufnahme unterbunden wurde.

Oft bleiben im Anschluß an die Bleikolik diffuse Beschwerden, wie gelegentliche Leibschmerzen, unregelmäßiger, vorwiegend angehaltener Stuhlgang usw., bestehen. Als Spätsymptom gilt eine häufig nach langer Zeit noch nachweisbare vermehrte spastische Haustrierung des Colons, vor allen Dingen im absteigenden Teil. Der ganze Dickdarm bleibt mehr oder weniger druckempfindlich. Der Blutcalciumspiegel ist während der Kolikanfälle nicht selten erniedrigt, der Blutbleispiegel regelmäßig erhöht.

Leberschäden. Obwohl der größte Teil des vom Magen-Darm-Kanal aus resorbierten Bleis die Leber passieren muß und dort zum Teil wohl auch zurückgehalten bzw. durch die Galle wieder ausgeschieden wird, spielen Leberaffektionen im klinischen Bilde der Bleivergiftung nur eine untergeordnete Rolle. Möglicherweise kommt dies daher, daß bei dem überwiegenden Teil der gewerblich Bleivergifteten die Aufnahme des Bleis durch Einatmung erfolgt, die Leber daher der schädigenden Wirkung des Bleis nur vom großen Kreislauf, also von den Leberarterien her, ausgesetzt ist. Dabei muß darauf hingewiesen werden, daß die bei Bleivergifteten nicht selten beobachtete leicht gelbliche Verfärbung fälschlich einfach als „subikterisch" bezeichnet wurde. Genauere Untersuchungen derartiger Fälle zeigen aber keine Erhöhung des direkt bestimmten Bilirubins im Serum; auch im Harn ist kein Bilirubin zu finden. Die üblichen Leberfunktionsprüfungen fallen meist normal aus. Die nicht ganz selten vermehrte Ausscheidung von Urobilinogen und Urobilin im Harn darf nicht ohne weiteres und immer als Zeichen einer toxischen Leberschädigung gedeutet werden. Die Leber ist in solchen Fällen nicht vergrößert, auch nicht druckempfindlich. Nach neueren Untersuchungen leiden Bleivergiftete nicht häufiger an Lebererkrankungen als Nichtbleikranke; d. h. also, daß das Blei nicht besonders oft Leberschäden verursacht. Die TAKATA-ARA-Reaktion ist in der überwiegenden Zahl der Fälle negativ. In den Fällen, bei denen es zu Leberschädigungen kommt, welche letztere man nur bei gleichzeitigem Vorhandensein einer Reihe anderer sicherer Bleivergiftungssymptome und bei gleichzeitigem Fehlen sonstiger ätiologischer Anhaltspunkte wird anerkennen dürfen, entspricht die Symptomatologie dieser Leberschädigungen denen, die wir von dem sog. toxischen Ikterus (BRUGSCH) kennen. Die Gelbfärbung der Haut und Skleren ist dann sehr ausgeprägt; Bilirubin ist direkt positiv, indirekt ebenfalls stark vermehrt. Nicht immer ist im Harn Bilirubin, stets aber vermehrt Urobilinogen und Urobilin nachzuweisen. Nur in ganz vereinzelten Fällen ist die toxische Leberschädigung so schwer, daß es zum Bilde der akuten bzw. subakuten gelben Leberatrophie kommt. Als Endzustand derartiger toxischer Schädigungen kann sich das Bild der Lebercirrhose bzw. Leberfibrose entwickeln. Nach den wenigen bisher gesicherten Befunden handelt es sich um eine interlobäre atrophische Cirrhose mit fettiger Degeneration der Leberzellen und umschriebenen Blutungen. Derartige Leberschäden sind allerdings bisher ausschließlich nach *peroraler* Aufnahme von Blei beobachtet worden; sie spielen bei der gewerblichen Bleivergiftung keine Rolle und sind durchaus keine für die chronische Bleivergiftung typische Erkrankungsform.

Kreislauf und Gefäßsystem. Gröbere, für Blei spezifische Störungen am Kreislauf pflegen bei der chronischen Bleivergiftung zu fehlen. Daß die Gefäße durch die Wirkung des einverleibten Bleis beeinflußt werden, steht nach den klinischen Befunden außer jedem Zweifel. Manche Autoren sind überhaupt geneigt, das vielfältige Erscheinungsbild der Bleivergiftung auf den Generalnenner „Gefäßschädigungen" zu bringen. Gegen diese Auffassung lassen sich jedoch gewichtige Gegengründe geltend machen. Nachfolgend seien nur die klinisch besonders eindrucksvollen Zeichen der Bleieinwirkung auf das Gefäßsystem beschrieben.

Bleikolorit. In vielen Fällen, wenn auch durchaus nicht in allen, fällt von vornherein die schiefrig-fahle, ein wenig ins Gelblich spielende Gesichtsfarbe der Bleikranken auf. Die Skleren zeigen dann ebenfalls eine leicht gelbliche Färbung. Bei diesem Erscheinungsbild, das als „Bleikolorit" bezeichnet wird und häufig von einer Verminderung des Turgors der Haut begleitet ist, erkennt man gelegentlich als Rest der früheren normalen frischen Gesichtsfarbe hektisch-rote Flecken auf den Backenknochen. Menschen, die im Freien arbeiten und der Wirkung der Sonne und den Witterungseinflüssen ausgesetzt sind, lassen häufig dieses Kardinalsymptom vermissen. Das Bleikolorit beruht, wenigstens zum großen Teil, auf einer starken Kontraktion der Hautgefäße, wobei, je nach dem Grad ihrer Ausprägung, die Bleianämie zweifellos auch am Zustandekommen der auffälligen Blässe mitbeteiligt ist. Auch Pigmentablagerungen sollen dabei eine Rolle spielen.

Auch das übrige Gefäßsystem läßt funktionelle und organische Schädigungen erkennen. Zu den funktionellen Schäden dürften die wahrscheinlich durch Gefäßspasmen bedingten Kopfschmerzen der Bleikranken, schließlich auch die Angina pectoris-artigen Herzschmerzen bei normalem Elektrokardiogrammbefund zu zählen sein. Dabei wird man einen Zusammenhang zwischen Bleiwirkung und Angina pectoris nur dann annehmen dürfen, wenn andere Ursachen (CO, Nicotinabusus usw.) sicher ausgeschlossen werden können. Auffälligerweise betreffen die meisten bisher bekannten Fälle junge Menschen unter 30 Jahren. Hierher gehören auch die am Auge beobachteten Gefäßveränderungen (vgl. Sinnesorgane). Das Blei scheint auf die glatten Muskelfasern der Gefäße kontrahierend zu wirken. Immer wieder wird betont, daß Raynaud-artige Symptome in abgemilderter Form bei genügend genauer Untersuchung bei Bleikranken bisweilen nachzuweisen seien. Bleiarbeiter klagen öfters über das Gefühl abgestorbener Finger oder Hände.

Eine wesentlich größere Rolle spielen die organisch bedingten Gefäßveränderungen. Sie sind meist endarteriitischer oder arteriosklerotischer Natur.

Bleigangrän: Bei Bleiexponierten ist tatsächlich, vor allem, wenn das Blei durch die Lungen in den Organismus eindringt, das Auftreten von Gangrän häufiger anzutreffen als bei Nichtbleigefährdeten. Die Bleigangrän tritt in den Jahren zwischen 45 und 55 bevorzugt auf. Im allgemeinen nimmt man an, daß die Gangrängefahr mit der Höhe der Bleizufuhr, der Dauer und Exponiertheit der Bleiarbeit zunimmt. Dabei werden sonstige Bleivergiftungssymptome häufig vermißt. Zur Diagnose wird man anamnestisch eine sich über mehrere Jahre erstreckende Bleiexposition nachweisen, gleichzeitig andere ätiologische Ursachen (Altersbrand, diabetische Gangrän, Nicotingangrän, angiosklerotische Veränderungen, echte RAYNAUDsche Gangrän, BÜRGERsche Krankheit, Ergotismus) sicher ausschließen müssen, ehe man die Diagnose „Bleigangrän" stellt. Bei ihrem Zustandekommen dürften anlagebedingte, gefäßneurotische Faktoren nicht unbeteiligt sein. In den schwersten Fällen kann es dabei zum klassischen Bild der Endarteriitis obliterans, in anderen Fällen sogar zur Gangrän ganzer Gewebsbezirke kommen (BAADER). Auffälligerweise sind die unteren Extremitäten (Unterschenkel und Zehen) genau so bevorzugt wie beim Diabetes und den anderen Formen der Gefäßerkrankungen. Möglicherweise spielt dabei die Tatsache eine Rolle, daß beim stehenden Arbeiter die Durchblutung der Beine schlechter ist.

Bleisklerose: Unter den sehr vielfältigen organischen Gefäßschäden spielen die Erscheinungsbilder der sog. *Bleisklerose* und der *Bleischrumpfniere* eine besondere Rolle. Zwar werden bei der Bleisklerose grundsätzliche Unterschiede im Gegensatz zur generalisierten Arteriosklerose anderer Ätiologie, insbesondere zu den tastbaren arteriosklerotischen Veränderungen der großen Gefäße (Verhärtung und Schlängelung) angenommen, doch besteht im rein klinischen Befund kein wesentlicher Unterschied. Bevor man die Erscheinungen einer Arteriosklerose einer gleichzeitig bestehenden bzw. weiter zurückliegenden Bleieinwirkung zurechnet, müssen alle anderen ursächlichen Faktoren mit höchstmöglicher Sicherheit ausgeschlossen werden, insbesondere Alkoholismus, Lues, sonstige schwere Infektionen und andere Gifteinwirkungen. Arteriosklerotische Erkrankungen, die jenseits des 50. bis 60. Lebensjahrs auftreten, dürften von vornherein eher als Abnutzungserscheinungen anzusehen sein, wie sie in diesem Lebensalter an sich gehäuft vorkommen. Je früher derartige Erscheinungen auftreten und je sicherer eine jahrelange Bleieinwirkung, früher durchgemachte Bleivergiftungen oder einwandfrei als Bleischäden zu deutende Erscheinungen anamnestisch gesichert werden können, desto eher ist es möglich, sklerotische Veränderungen mit der Bleieinwirkung ursächlich zu verknüpfen. *Grundsätzlich* wird man sich *dabei größte Zurückhaltung* auferlegen müssen, da einerseits gerade auf diesem Gebiet in oft allzu leichtfertiger Weise ursächliche Beziehungen als feststehend angenommen werden, was dann zu ausgedehnten Kontroversen bei Begutachtungen, nicht gerade zum Nutzen des Geschädigten, führt; andererseits besteht zweifellos die Möglichkeit der Entstehung einer Gefäßsklerose in relativ jungen Jahren bei länger dauernder Bleieinwirkung (Schäden an den Hirngefäßen siehe Zentralnervensystem).

Das gleiche gilt für die klinische Diagnose der sog. *Bleiniere*, die außerordentlich selten vorkommt, nichtsdestoweniger recht häufig diagnostiziert wurde.

Die typische Bleiniere, die sich *nur* bei der chronischen Bleivergiftung finden soll, entspricht pathologisch-anatomisch der sekundären Schrumpfniere. Dies nimmt nicht weiter wunder, wenn man sich vor Augen hält, daß nach der allgemein vorherrschenden Meinung *direkte* Zusammenhänge zwischen Bleivergiftung und Nierenschädigung als nicht erwiesen gelten, beim Zustandekommen der Bleiniere vielmehr *sekundäre* Einflüsse angeblich eine Rolle spielen. Auch der histologische Aufbau der Bleiniere läßt keine von der Schrumpfniere unterschiedliche Genese bzw. Unterschiede in typischen Punkten oder besonders hervortretende Abweichungen erkennen. Wichtig ist die Feststellung, daß die Entwicklung einer Bleischrumpfniere *sehr lange Jahre* braucht, ehe sie diagnostisch überhaupt faßbar wird oder Krankheitserscheinungen den Patienten zum Arzt führen. Die Bleiniere entsteht nach der heutigen Auffassung ähnlich wie andere sekundäre Schrumpfnieren auf dem Boden einer primären Erkrankung des arteriellen Gefäßsystems. Blutdruckerhöhung, Retention harnpflichtiger Substanzen im Blut, Verminderung der Konzentrations- und Verdünnungsfähigkeit der erkrankten Nieren finden sich genau so wie bei der arteriosklerotischen oder sekundären Schrumpfniere. Wahrscheinlich kommt es zunächst nur rein funktionell durch Gefäßspasmen zu Durchblutungsstörungen des Nierenparenchyms, erst später zu reaktiven Wucherungen des Gefäßendothels mit dem Endresultat der endarteriitischen Form der sekundären Schrumpfniere. Daher sind die oben geschilderten Veränderungen lediglich als typische Zeichen einer Schrumpfniere, nicht aber als direkte Bleischädigung der

Niere zu deuten. Auch das klinische Bild entspricht in allen Einzelheiten dem der primären (malignen) Schrumpfniere, so daß sich eine ausführliche Darstellung der Symptomatologie erübrigt. Kopfschmerzen, Hypertonie mit nachfolgender Herzhypertrophie, mehr oder minder starke Albuminurie, Cylindrurie, geringe Hämaturie, reichliche Entleerung eines niedrig gestellten, isothenurischen Harns, Netzhautblutungen und Retinitis angiospastica beherrschen das Krankheitsbild, das dann schließlich, wie andere Schrumpfnieren auch, unter den Zeichen der Urämie und der Herzschwäche zum Tode führt. Die Schwierigkeiten bei der Diagnose „Bleischrumpfniere" sind bei dem fast völligen Übereinstimmen des klinischen und anatomischen Zustandsbildes mit Schrumpfnieren anderer Genese ganz außerordentlich. Eine sichere Abgrenzung an Hand der klinischen und anatomischen Veränderungen dürfte deshalb kaum möglich sein, die *Diagnose in fast allen Fällen* mehr oder minder *stets eine Wahrscheinlichkeitsdiagnose bleiben.* Die Tatsache, daß ein Mensch im Laufe seines Lebens mit Blei in Berührung gekommen ist, genügt keinesfalls zur Sicherung der Diagnose. Wichtig ist, festzuhalten, daß anamnestisch die Möglichkeit einer *jahrelangen und erheblichen* Bleiaufnahme vorgelegen haben muß. Dabei müssen *typische* Bleierkrankungen in den früheren Jahren nicht unbedingt vorgelegen haben. Auch wird man das gleichzeitige Vorliegen anderer sicherer Bleisymptome nicht verlangen, eher sogar *gegen* die Diagnose Bleiniere verwerten können, da sich dieselbe erst nach sehr langer Zeit und nach Ablauf vieler Jahre nach der letzten Berührung mit Blei klinisch nachweisen läßt. In der Zwischenzeit aber sind alle sicheren Symptome einer Bleivergiftung abgeklungen. Auch die chemische Untersuchung von Blut, Stuhl und Urin hilft hier diagnostisch nicht weiter. Am weitesten dürfte eine differentialdiagnostische Klärung zu treiben sein, wenn alle anderen Möglichkeiten ausgeschlossen werden können. Als solche kommen in Frage: Schrumpfniere nach Nephritis, durch Arteriosklerose, Nierenschäden bei Gicht, Diabetes, Alkohol- und Nicotinabusus, Infektionskrankheiten und Lues.

Es sei ausdrücklich darauf hingewiesen, daß nach den bisherigen klinischen Erfahrungen die direkte Giftwirkung des Bleis auf das Nierenparenchym, jedenfalls in der Konzentration, wie sie bei der chronischen Bleivergiftung in Frage kommt, nur sehr gering ist (FLURY). Ob sich künftig der Begriff der Bleischrumpfniere überhaupt wird halten lassen können, erscheint mir nach Lage der Dinge und bei Berücksichtigung der Tendenz, wie sie sich heute bei der Urteilsbildung bei Begutachtungen erkennen läßt, mehr als zweifelhaft. Wahrscheinlich dürfte dieser Begriff im Laufe der Zeit ganz und gar verschwinden.

Vom Bilde der Bleischrumpfniere exakt zu trennen sind die Nierenerscheinungen, die im Laufe der akuten Anfälle, besonders bei der Bleikolik, in Form von Albuminurie, vorübergehender Glykosurie (= renale Schädigung), Hämaturie und Hämoglobinurie beobachtet werden können. Schwere Reizerscheinungen der Nieren sind selbst dann beim Menschen äußerst selten (FLURY), während leichtere Nierenreizungen, wie Albuminurie und Cylindrurie, bei Bleiarbeitern häufiger beschrieben worden sind. Dabei ist in zahlreichen Fällen eine sog. vasculäre Nykturie mit Nierengefäßverengerung und geringer Urinausscheidung tagsüber, vermehrter Harnsekretion in den Nachtstunden beobachtet worden, ohne daß sonstige Nieren- oder Kreislaufschäden nachweisbar waren. Klinisch findet man dann bei der Nierenfunktionsprüfung eine leichte Verzögerung der Wasserausscheidung und eine Verminderung der Konzentrationsfähigkeit der Niere (STARTSCHENKO). Alle diese Erscheinungen, die mehr oder weniger deutlich auftreten können und öfter schon recht frühzeitig, aber stets nur vorübergehend festzustellen sind, beruhen offenbar auf einer Reizung bzw. einer leichten reversiblen Schädigung des *tubulären* Apparates der Niere. Sie haben mit der sog. Bleischrumpfniere nichts zu tun. Sie sind vor allem durchaus nicht spezifisch für Blei und werden nach Einverleibung anderer Schwermetalle oder ätzender Gifte ebenfalls beobachtet.

Bei der akuten tödlichen Bleivergiftung sind die Nieren genau wie bei der parenteralen schweren Vergiftung vergrößert, fettig degeneriert, die Epithelien der gewundenen Kanälchen trüb geschwollen, die BOWMANNschen Kapseln verdickt; es finden sich interstitielle Blutungen, leukocytäre Infiltrationen an den Gefäßen und in der Nierenkapsel. Abgesehen von den tubulären Veränderungen findet sich eine mehr oder weniger tiefgreifende Zerstörung der Parenchymzellen mit Atrophie der Glomeruli und hyaliner Degeneration.

Während der Krisen der Bleivergiftung ist der *Blutdruck* als Teilerscheinung eines allgemeinen Kollapszustandes im allgemeinen *herabgesetzt*. Die sich trotz zahlreicher gegenteiliger Hinweise immer noch hartnäckig haltende Auffassung von einer typischen Blutdruckerhöhung bei der Bleivergiftung beruht offenbar auf der Beobachtung, daß während der Kolikanfälle erhöhte Blutdruckwerte gefunden werden. Sie besteht zweifellos nicht zu Recht. „Die Bleihypertonie ist eine Legende, die aus einer unrichtigen Verallgemeinerung der vorübergehenden hypertonischen Zustände bei Bleikoliken entstand" (GELMANN). Tatsächlich ist es so, daß in den meisten Fällen von einer eindeutigen Beeinflussung des Blutdrucks in Richtung einer Hypertonie nicht gesprochen werden kann. Auch neueste, sich auf ein großes Untersuchungsmaterial und langdauernde Beobachtungszeit erstreckende Reihenuntersuchungen stützen diese Auffassung (BELKNAP). Vorübergehende Tonussteigerungen des Sympathicus, Einflüsse der Nebenniere, der Schilddrüse, Erbfaktoren, konstitutionelle und exogene Einflüsse, wie Alkohol und Nicotin, spielen beim Zustandekommen derartiger Blutdrucksteigerungen meist eine sehr viel wesentlichere Rolle als das Blei. Darnach dürfte also eine bei einer Bleivergiftung zufällig zu beobachtende Blutdrucksteigerung nicht als unmittelbare Folge der Bleiwirkung aufzufassen sein. Viel eher ist bei Bleivergifteten eine gewisse Tendenz zur Blutdrucksenkung festzustellen, die sich allerdings immer in mäßigen Grenzen hält.

Die bei der Bleikolik auftretende Blutdruckerhöhung wird als Ergebnis der kumulativen Wirkung des Bleis auf die Bauchganglien des Sympathicus gedeutet, infolge deren es zu lang dauernden, ischämischen Spasmen der Darmwände mit Erregung der pheripheren Nerven kommt. Letztere bewirken durch Erregung der vasomotorischen Zentren eine Veränderung des Tonus des gesamten Gefäßsystems, dadurch eine Blutdruckerhöhung, die sich zu der durch den Spasmus der Splanchnicusgefäße allein hervorgerufenen Blutdrucksteigerung noch hinzuaddiert.

Blut. Die chronische Einwirkung des Bleis auf das Blut äußert sich in vielfältigen, klinisch zum Teil recht einfach erfaßbaren Veränderungen. Am stärksten beteiligt ist das erythropoetische System. Anämie und basophile Punktierung der roten Blutkörperchen sind die allgemein bekanntesten Symptome. Die Anämie bei der Bleivergiftung ist ein so regelmäßiges Symptom, daß PFEIL den lapidaren Satz prägte: ohne Anämie gibt es keine Bleivergiftung. Die Frage der Einordnung der Bleianämie, die zu den hypochromen Anämien gehört und nur in den seltensten, atypischen Fällen stärkere Grade erreicht, ist umstritten.

Teils wird die Entstehung auf gesteigerten Blutzerfall, von anderen wieder auf gestörte Regenerationsvorgänge infolge einer toxischen Wirkung des Bleis auf das Knochenmark (P. SCHMIDT) zurückgeführt. Zu diesen Vorstellungen passen die tierexperimentellen Untersuchungsergebnisse CACURRIS, der feststellte, daß der Sauerstoffverbrauch des Knochenmarks bei bleivergifteten Meerschweinchen erheblich erhöht ist. Dabei ergeben sich interessante Beziehungen zwischen Sauerstoffverbrauch und erythroblastischer Tätigkeit des Knochenmarks: je ausgeprägter die Erythroblastose, um so höher ist der Sauerstoffverbrauch. KLIMA und SEYFRIED vertreten auf Grund eingehender Studien an Tieren und bleivergifteten Menschen die Auffassung, daß die Bleianämie zu den *hämolytischen Anämien* zu rechnen ist. Dies findet in einer raschen Verminderung der Erythrocyten- und Hämoglobinwerte, in schwerer Hämosiderose und Erythrophagocytose deutlich Ausdruck. Erythropoese und Hämoglobinstoffwechsel sind stark erhöht. Von einer einfachen hämolytischen Anämie unterscheidet sich die Bleianämie durch den abwegigen Auf- und Abbau des Blutfarbstoffes, wobei es zur Bildung von Porphyrin kommt (vgl. hierzu S. 32), zum Teil auch durch einen im Sternalmark erkennbaren Rückfall in embryonale Blutbildungsmechanismen; der damit verbundene Blutfarbstoffmangel wird in der Hypochromie der Erythrocyten sichtbar. Diese besondere Markreaktion findet im Auftreten vital-granulierter, polychromer und kernhaltiger Erythrocyten, in Veränderungen an den Leukocyten und im Auftreten basophiler Punktierung der roten Blutkörperchen auch im Mark ihren sinnfälligen Ausdruck. Dauert die Bleieinwirkung zu lange an, so kommt es schließlich zum allmählichen Umbau und zur Erschöpfung des Marks, d. h. zu einer therapierefraktären Knochenmarksinsuffizienz. SCHILLING dagegen vertritt wie P. SCHMIDT die Ansicht, daß die Bleianämie im wesentlichen nur auf einer Knochenmarksschädigung beruht.

Die Resistenz der roten Blutkörperchen wurde zwar von den verschiedensten Untersuchern, wenigstens vorübergehend, erhöht gefunden. Andererseits finden sich im Blutbild Veränderungen, wie Erythrocytentrümmer, zu Hämolyse führende Schädigungen und Veränderungen der Erythrocytenoberfläche, wie Stechapfelform, Oberflächenschrumpfung, Einbuße der Elastizität usw., welche, übereinstimmend mit der oben wiedergegebenen Auffassung über das Wesen der Bleianämie, die Annahme eines vermehrten Zerfalls der Erythrocyten wahrscheinlich machen. Das vermehrte Auftreten von Urobilin in Harn und Kot und die zuweilen auftretende Bilirubinämie wären dann wohl ebenfalls als Ausdruck eines gesteigerten Blutzerfalls zu werten. Hierzu würde auch die Beobachtung passen, daß, besonders bei hochgradiger Bleianämie, die Milz recht erheblich vergrößert sein kann, die dann auch Zeichen eines verstärkten Blutabbaues histologisch erkennen läßt.

Über die Veränderungen des menschlichen *Knochenmarks* bei der chronischen Bleivergiftung ist bisher nur wenig bekannt. Im Tierversuch finden sich zunächst Zeichen gesteigerter und überstürzter Neubildung von Blutzellen mit Ausschüttung zuerst reifer, dann auch unreifer Formelemente des Bluts. Daraus wäre zu schließen, daß das

Blei zunächst das Knochenmark reizt, dann aber bei längerer Einwirkung zu einer Schädigung des Marks führt. K. MOHR untersuchte das Knochenmark an fünf bleivergifteten Menschen mit allerdings nur gering ausgeprägter Anämie. Die Erythroblastenzahlen bewegten sich innerhalb normaler Grenzen. Hingegen fanden sich zweimal deutliche Karyorhexis und oft reichlich basophile Punktierung schon in den pyknotischen Erythroblasten. Diese Beobachtungen weisen darauf hin, daß neben der neuerdings wieder von KLIMA und SEYFRIED in den Vordergrund geschobenen Anschauung der hämolytischen Genese der Bleianämie doch noch eine direkte toxische Einwirkung auf das Knochenmark angenommen werden muß. Die Frage bedarf weiterer Klärung. Im Mark finden sich basophil getüpfelte Erythrocyten auch dann, wenn diese im strömenden Blut fehlen (HENNING und KEILHACK).

Die Hämoglobinwerte sinken zumeist nicht viel unter 70%, die Zahl der Erythrocyten selten unter 3,5—4 Millionen (Männer). Dieser Abnahme kann gelegentlich eine vorübergehende Zunahme der Hämoglobin- und Erythrocytenwerte vorausgehen. Der Grad der Anämie kann nicht ohne weiteres als Gradmesser für die Schwere der Vergiftung verwertet werden. Zuerst pflegt eine Verminderung des Hämoglobins einzutreten; erst etwas später verringert sich auch die Zahl der Erythrocyten. Eine Parallelität zwischen der Abnahme des Blutfarbstoffes und der Verminderung der Erythrocyten ist im allgemeinen nicht zu beobachten. Gewöhnlich sinkt das Hämoglobin stärker als die Zahl der roten Blutkörperchen. Im Blut Bleivergifteter findet sich nicht selten als Frühsymptom *Polychromasie* als Zeichen einer regenerativen Knochenmarkstätigkeit. Das gleiche gilt für das Auftreten der Vitalgranulierung (Reticulocyten), die wie nach anderen Giften auch in gewissen Stadien der Bleivergiftung vermehrt im Blut gefunden werden. Der Vermehrung der Vitalgranulierten über 8‰ wird neuerdings auch bei der Bleivergiftung besondere Bedeutung beigemessen (TACCANI und MINOPRIA). Ihr Auftreten ist jedenfalls genau so wenig für Blei charakteristisch, wie die bei Bleivergiftung beobachtete *Mikro- und Makrocytose, Anisocytose, Poikilocytose* sowie die *basophile Punktierung* der Erythrocyten. Auf ihre Genese, die nach wie vor umstritten ist, soll hier nicht im einzelnen eingegangen werden. Nach SCHILLING ist die basophile Punktierung nur eine Erscheinungsform einer als eine Polychromasie oder vitale Netzstruktur in jungen Erythrocyten vorhandenen basophilen Substanz und nicht spezifisch für Bleischäden. Sie ist nicht einfach in der Blutbahn schon vorhanden, sondern *bildet sich erst größtenteils bei der Blutentnahme* und während des Ausstreichens in den geschädigten Jugendformen als Ausfällungsprodukt (SCHILLING, BRÜCKNER). Deshalb ist ihre Erscheinungsform in prozentualer Häufigkeit sehr abhängig von der angewandten Technik der Darstellung dieser Gebilde. Langsames Eintrocknen, Stehenlassen des Blutes auf Paraffin oder in der feuchten Kammer erhöhen die Prozentzahlen der basophilen Punktierung und verleihen ihr eine gröbere Form. Durch rasches Fixieren und schnelles Eintrocknen vermindert sich ihre Zahl erheblich. Es handelt sich jedenfalls um eine pathologische Entwicklungsform der Erythrocyten, die bereits im Mark entsteht. Früher galt die basophile Punktierung als pathognomonisch für die Bleivergiftung. Diese Auffassung läßt sich heute nicht mehr aufrechterhalten. Wir wissen, daß diese basophilen Granula in den Erythrocyten auch durch andere Gifte — Sublimat, Arsen, Schwefelkohlenstoff, Anilin, Nitrobenzol, Teerbestandteile u. a. m., bei Zementarbeiten — bei vielen anderen Anämien mit niedrigem Hämoglobingehalt, bei Perniciosa, Malaria, Krebskachexie, Tuberkulose, nach starkem Blutverlust, im Verlauf akuter und chronischer Infektionen usw. auftreten können. Diese Erkenntnis mindert natürlich den diagnostischen Wert der basophilen Punktierung für die Bleivergiftung. Immerhin ist zuzugeben, daß sie bei Bleieinwirkung schon recht frühzeitig und zweifellos stärker auftritt als sonst. Im *Gesamtbild* der Bleivergiftung wird man dieses Symptom damit durchaus in positivem Sinne mitverwenden dürfen.

Ihre zahlenmäßige Bewertung muß mit größter Vorsicht geschehen; die Ansichten gehen gerade in diesem Punkt weit auseinander. Zahlen über 300—500 basophil Punktierte pro Million Erythrocyten dürften im allgemeinen den Verdacht auf das Bestehen einer Bleivergiftung stützen, vor allem dann, wenn andere Ursachen hierfür als unwahrscheinlich ausgeschlossen werden können. PFEIL lehnt die Angabe von Grenzwerten ab und stellt fest, daß es keine Grenzzahlen gibt, welche die Abtrennung des gesunden, arbeitsfähigen Bleiträgers vom besonders gefährdeten Arbeiter erlauben. Nach meinen eigenen Beobachtungen ist die basophile Punktierung vor allem in den Anfangsstadien der Vergiftung bzw. bei plötzlicher Einwirkung massiver Bleimengen besonders ausgeprägt zu finden, um dann bei länger dauernder Bleieinwirkung wieder zu verschwinden. Auch KOELSCH beobachtete die basophile Punktierung besonders ausgeprägt nach Aufnahme relativ großer Mengen von Blei in den Körper. Damit soll nicht gesagt sein, daß sie nicht auch bei chronischer Bleivergiftung, insbesondere nach Mobilisierung von Bleidepots infolge irgendwelcher *exogener* Einflüsse (Nahrung) zeitweilig ebenfalls vermehrt nachweisbar ist. Bei den schwersten Formen der Bleivergiftung mit sehr stark ausgeprägter Anämie wird sie jedoch sehr häufig ganz vermißt. Wahrscheinlich handelt es sich in derartigen Fällen um eine völlige Erschöpfung und Reaktionsunfähigkeit des Knochenmarks.

Zum Nachweis der basophilen Punktierung bedient man sich verschiedener Färbemethoden, von denen die wichtigsten wenigstens dem Namen nach genannt seien; es sind dies die Methode von HAMEL mit Methylenblau, die Färbung mit Azur II-Giemsa nach P. SCHMIDT, die Färbung mit Borax-Methylenblau nach MANSON, die von SCHWARZ und LITTEN-SÜSSMANN modifiziert worden ist. Die Färbemethoden von HAMEL und MANSON sind im Bleimerkblatt des Reichsgesundheitsamtes aufgenommen.

Jede dieser Methoden ist kritisiert worden, hat ihre Vor- und Nachteile und ihre Fehlerquellen; jede von ihnen erfordert eine gewisse Übung und Erfahrung. Da der Nachweis von basophil punktierten Erythrocyten heute durch die moderneren und sichereren quantitativen

Bleibestimmungsverfahren im Blut und in den Ausscheidungen und durch die Vieldeutigkeit des Symptoms an diagnostischer Bedeutung zweifellos eingebüßt hat — eine Zeitlang genügte der Nachweis basophiler Punktierung als Beweis für das Bestehen einer Bleivergiftung —, dürfte sich ein ausführlicheres Eingehen auf den Streit über den Wert der einzelnen Färbemethoden erübrigen. Zu der auch von SCHILLING empfohlenen einfachen alkalischen Manson-Borax-Methylenblaufärbung braucht man in der Modifikation nach SCHWARZ und HEFKE zwei Lösungen. Lösung I enthält in 100 ccm Aqua dest. 2 g Borax und 1 g Methylenblau im Jenaer Kolben heiß gelöst, Lösung II 0,28 g NaOH fest in 100,0 ccm Aqua dest. 6 Tropfen der Lösung I und 8 Tropfen der Lösung II werden im Meßzylinder mit Aqua dest. auf 10,0 ccm aufgefüllt. Die Färbedauer beträgt 5 Sekunden.

Im Gegensatz zum roten Blutbild ist das *Differentialblutbild* bei der Bleivergiftung durchaus nicht in typischer Weise verändert. Die Gesamtleukocytenzahl kann bei schweren akuten Vergiftungen in mäßigen Grenzen gesteigert sein. Auch eine Verminderung der Leukocytenzahl kommt vor. Insgesamt ist jedoch die Gesamtleukocytenzahl weder in der einen noch in der anderen Richtung eindeutig verändert (BAADER, GELMANN). Im Differentialblutbild findet sich nicht so sehr selten schon frühzeitig eine relative Lymphocytose. Diagnostisch ist dieselbe jedoch kaum irgendwie zu verwerten, da nach unseren heutigen klinischen Erfahrungen auch eine langdauernde Lymphocytose ein zu häufiges Symptom ist, als daß aus ihrem Bestehen allein irgendwelche bindenden Schlüsse auf die ihr zugrunde liegenden Ursachen gezogen werden könnten. Die Monocyten können bei der Bleivergiftung gelegentlich degenerative Veränderungen aufweisen (SEIFFERT und ARNOLD).

Die *Senkungsgeschwindigkeit* der Erythrocyten ist nicht eindeutig verändert, meist normal, selten gering beschleunigt. Der Bilirubingehalt des Blutserums ist, namentlich bei stärkeren Graden der Anämie, mäßig erhöht (L. SCHMIDT-KEHL, GELMANN, PAWLENKO u. a.). Der Reststickstoff zeigt während der Bleikolik mäßig erhöhte Werte. Der Lipoidgehalt des Blutes wird manchmal erhöht gefunden. Calcium und Phosphor sind im Serum nicht wesentlich verändert. Wird Calcium in Plasma und Erythrocyten getrennt bestimmt, so findet man in den Erythrocyten stark verminderte Werte (SCHMITT und TAEGER).

Eine steigende Bedeutung hat in den letzten Jahren die quantitative *Bestimmung des Blutbleispiegels* gewonnen. Die heute in der ganzen Welt *gebräuchlichsten* chemischen Bestimmungsverfahren verwenden zur Endbestimmung fast ausschließlich Diphenylthiocarbazon (= Dithizon). Auch die Spektrographie und die Polarographie liefern bei genügender Übung sehr exakte Ergebnisse. Alle diese Verfahren müssen jedoch darauf eingearbeiteten Laboratorien vorbehalten bleiben, da ihre Durchführung besondere Erfahrung erfordert.

Bisher hat man die Höhe des Blutbleispiegels für außerordentlich konstant gehalten. Diese Auffassung muß nach neueren Untersuchungen revidiert werden. Abgesehen von der Tatsache, daß exogene Einflüsse (saure bzw. alkalische Stoffwechsellage, hoher oder niedriger Calciumgehalt der Nahrung usw.) recht beträchtliche Schwankungen des Blutbleispiegels herbeiführen können (SCHMITT und TAEGER, SCHMITT und BASSE, SCHMITT und RÖTTGER, HADJIOLOFF), schwankt der Blutbleispiegel auch ohne besondere exogene Einflüsse im Verlauf des Tages erheblich (SCHMITT und BASSE, TEISINGER). Morgens ist er im allgemeinen am höchsten. Derartige Schwankungen des Blutbleispiegels werden aus der nachstehenden Tabelle ersichtlich:

Tabelle der Schwankungen des Blutbleispiegels bei normalen Menschen bei Normalkost (nach SCHMITT und BASSE) Blut Pbγ%.

Entnahmezeit	Fall 1	Fall 2
7.00	43	58
10.00	28	34
13.00	20	22
16.00	16	28
19.00	10	24

Die *Blutabnahme zu diagnostischen Zwecken* sollte daher stets früh nüchtern unter absolut bleisterilen Verhältnissen erfolgen. Man wird um so mehr auf einer nüchternen Blutabnahme bestehen müssen, als auch der Genuß von Getränken den Blutbleispiegel gewaltig verändern kann.

Blutbleispiegel bei normalen Menschen nach Genuß von 1 l schwarzem Tee. Blut Pb γ% (nach SCHMITT und BASSE).

Entnahmezeit	Fall 1	Fall 2	Fall 3
7.00	16	60	28
10.00	40	240	128
13.00	183	150	112
16.00	12	116	66
19.00	—	53	24

Für die Höhe des Blutbleispiegels läßt sich danach, sofern die Untersuchungsverhältnisse nicht sehr genau definiert sind, eine allgemeingültige Normalzahl nicht angeben. Durchschnittlich dürfte sie etwa bei 60 γ% liegen, doch kommen bei Normalen auch Werte bis zu 100 γ% öfter vor [TAEGER und SCHMITT (1935), TEISINGER (1936), BLUMBERG und SCOTT (1937), TOMPSETT und ANDERSON (1939)]. In Zweifelsfällen sollten stets mehrfache Bestimmungen ausgeführt werden. Die Höhe des Blutspiegels allein erlaubt daher auch bei erhöhtem Wert die Diagnose Bleivergiftung nicht. Die Bewertung des Analysenergebnisses darf nur im Zusammenhang mit den sonstigen klinischen Befunden erfolgen.

Die Höhe des Blutbleispiegels geht der Höhe der Urinbleiausscheidung nicht ohne weiteres parallel. Auch bei Bleivergiftungen mit klinisch eindeutigen Symptomen wird der Blutbleispiegel vor allen Dingen nach längerem Aufhören weiterer Bleizufuhr gar nicht so selten normal gefunden. Während der Bleikolik und während der sog. „Bleikrisen" zeigt der Blutbleispiegel jedoch immer stark erhöhte Werte; Bleimengen über 450 γ% sind selten, über 750 γ% überhaupt noch nicht gefunden worden.

Ähnliches gilt für die *Bleiwerte im Urin und Kot.* Auch nach den neuesten Untersuchungsergebnissen läßt sich für die sog. normale Harnbleiausscheidung eine allgemeingültige feste Zahl kaum angeben. Werte über 50 bis 100 γ Pb/Liter dürften als erhöht gelten. Örtliche und exogene Faktoren (Nahrungszusammensetzung, Flüssigkeitsaufnahme usw.) verändern die Urinbleiwerte erheblich. Eindeutiger erscheint die Menge des tatsächlich ausgeschiedenen Bleis innerhalb einer gewissen Zeitspanne. Immerhin fehlen dafür noch umfangreichere Untersuchungsreihen, so daß sich auch da eine feste allgemeingültige Zahl nicht angeben läßt. Einzelne Urinbleibestimmungen sind daher diagnostisch kaum verwertbar. Eine Parallelität zwischen der Menge des im Urin ausgeschiedenen Bleis und der Schwere des klinischen Zustandsbildes besteht nicht. Es muß ausdrücklich vermerkt werden, daß gelegentlich auch bei deutlichen klinischen Vergiftungssymptomen eine vermehrte Urinbleiausscheidung, jedenfalls für gewisse Zeiten, vermißt und erst bei längerer, fortlaufender Kontrolle bemerkt wird.

Das gleiche gilt für die *Kotbleiwerte.* Hier tritt der Einfluß exogen mit der täglichen Nahrung zugeführten Bleis als ständig, örtlich und zeitlich, schwankender Faktor besonders in Erscheinung. In fast allen Nahrungsmitteln ist Blei in sehr stark wechselnder Menge enthalten, das je nach den Verhältnissen des Magenchemismus und der Art der vorliegenden Bleiverbindung (Chlorid, Sulfid, Sulfat usw.) mehr oder weniger stark resorbiert wird, zum Teil aber unverändert den Darm passiert. Dies macht die diagnostische Verwertung der Kotbleiwerte, denen in Amerika besondere Bedeutung zugemessen wird, sehr schwierig, wenn nicht genaue Nahrungsmittelanalysen, die täglich wiederholt werden müssen, vorgenommen werden. Werte über 1000 γ in der täglichen Kotmenge können unter Umständen für die Diagnose „Bleivergiftung“ verwertet werden. Wichtig ist, daß *extrem hohe Kotbleiwerte über 4 mg Blei in 100 g Kot 4 Wochen nach Beendigung der bleigefährdenden Berufsarbeit als Beweis für Betrugsmanöver (Bleiessen) angesehen werden müssen* (Baader). Eine Zusammenstellung der Kotbleiwerte bringt die nachfolgende Tabelle (nach Taeger):

Tabelle der Kotbleiwerte.

Autor	Methode	Pb in der tägl. Kotmenge γ	Bemerkungen
Fairhall	Chromatmethode	bis 620	bei Normalen
Kehoe u. Mitarbeiter	s-Diphenylcarbazid	250—380	bei normalen Amerikanern
		50—2220	bei normalen amerikanischen Kindern
		0—279	bei mexikanischen Kindern
		1000	äußerste Grenze der Norm
Tompsett u. Anderson	Dithizon	190—590	bei normalen Menschen
		140—2530	bei Bleivergifteten
Taeger u. Schmitt	Dithizon	meist bis 500	bei Normalen
		500—1400	seltener bei Normalen, auch bei Bleivergifteten

Nach Baader spricht ein besonders hartnäckiger und langwieriger Verlauf der Bleivergiftung mit schwer erklärlichen Rückfällen, der Nachweis von Metallschatten im Darm bei der Röntgenleerdurchleuchtung, ein Bleigehalt des Stuhls über 4 mg 4 Wochen nach Beendigung der bleigefährdenden Arbeit und der Nachweis anderer Metalle im Stuhl außer Blei für eine zu Täuschungszwecken beabsichtigte Selbstvergiftung.

Über den Bleigehalt des *Liquors* liegen bisher nur wenig Erfahrungen vor. Bei Normalpersonen werden Durchschnittswerte zwischen 15 und 38 γ%, bei Bleivergifteten Werte zwischen 80 und 493 γ% angegeben (Schmitt und Basse).

Auch verschiedene *Stoffwechselvorgänge* sind bei der Bleivergiftung gestört. Diese Störungen sind allerdings klinisch nur von geringerer Bedeutung, da sie diagnostisch kaum in genügender Weise erfaßbar sind, um sie bei der Erkennung der Erkrankung verwerten zu können. Auf Störungen im Bereich des Wasserhaushalts weisen zahlreiche klinische Beobachtungen über eine Verminderung der Urinausscheidung hin. Die Kranken klagen dann über das Gefühl der Schwere und Gedunsenheit, besonders in Armen und Beinen.

Der *Mineralstoffwechsel* zeigt auffällige Veränderungen. Die Zusammenhänge zwischen Blei- und Calciumstoffwechsel sind bereits einleitend erörtert worden. Störungen des Fettstoffwechsels finden ihren Ausdruck in einer gelegentlich auftretenden Lipämie.

Diagnostische Bedeutung hat die **Störung des Pigmentstoffwechsels,** welche schon sehr frühzeitig in der Ausscheidung von Koproporphyrin III durch den Urin, welcher dann eine burgunderrote Farbe zeigt, klinisch und diagnostisch verwertbar zum Ausdruck kommt. Die Ausscheidung des Porphyrins wurde ursprünglich als Zeichen einer Störung des Hämoglobinabbaues bzw. einer Leberschädigung gedeutet (MASSA, P. SCHMIDT). Heute sieht man in der Porphyrinausscheidung ein Zeichen für eine Störung des Hämoglobinaufbaues, vielleicht in Verbindung mit einem durch Leberschädigung gehinderten Porphyrinabbau.

Im einzelnen nimmt man an, daß die Hämatinsynthese im Knochenmark ungenügend ist, der Organismus also einen Rückschlag in embryonale Zustände mit Porphyrinbildung im Knochenmark erfährt. Es handelt sich damit um eine typisch regenerative Reaktion im Knochenmark im Stadium der Blutregeneration. Bildungsstätte des Porphyrins ist sicher das Knochenmark. VIGLIANI lehnt auf Grund eigener umfangreicher Untersuchungen die These völlig ab, nach der die Porphyrinbildung das Ergebnis einer Leberschädigung sei. Auch die Ansicht von HIRSCHHORN, SIGMUND und ROBITSCHECK, die Porphyrine entständen beim Erythrocytenzerfall, ist nicht mehr haltbar. Sie schlossen das nämlich aus der Tatsache, daß im Urin neben Porphyrin auch noch Eisen vermehrt auftrete. Nach BORST ist dies aber nicht im Sinne eines vermehrten Hämoglobinabbaues, sondern als Zeichen einer Verdrängung des Blutfarbstoffes aus den Erythrocyten durch das Porphyrin zu deuten.

Im Gegensatz zu anderen Porphyrinen handelt es sich bei der Bleivergiftung um Ausscheidung von Koproporphyrin III, das im Urin erscheint, während im Kot vorwiegend Protoporphyrin, Koproporphyrin dagegen nur in kleinen Mengen zu finden ist. Im Blutplasma findet sich stets Koproporphyrin III, in den Erythrocyten dagegen Protoporphyrin. Die Porphyrinurie tritt bei der Bleivergiftung schon sehr frühzeitig auf und hält lange an. Sie ist am stärksten, wenn der sonstige klinische Befund eine Besserung zeigt; sie ist weiterhin hoch während der Dauer der Bleikoliken und erreicht ihren Höhepunkt am Ende derselben.

Meist wird die Porphyrinurie heute quantitativ nach der Methode von FIKENTSCHER und FRANKE bestimmt (Klin. Wschr. **1934**, 285 u. 992). 60 γ/Liter Harn gelten als normal. Bei der Bleivergiftung finden sich Werte zwischen 500 und 3000 γ täglich. Der höchste bisher gefundene Wert betrug 4300 γ (VIGLIANI). PFEIL hält Werte zwischen 500 und 700 γ, auch wenn sie gelegentlich auf 1000—2000 γ/Liter steigen, besonders bei langjährigen Bleiarbeitern noch für durchaus ungefährlich. Sie seien keine Veranlassung, den betreffenden Arbeiter von der Bleiarbeit auszuschließen, selbst dann nicht, wenn gleichzeitig basophil punktierte Erythrocyten nachzuweisen sind. Die diagnostische Bedeutung der Porphyrinurie ist natürlich beschränkt, wenn sie isoliert auftritt. Im Rahmen des klinischen Gesamtbildes gilt sie als wichtiges Zeichen. Auf die Harnfarbe allein sollte man sich nie verlassen. Auch andere Substanzen (Senna, Istizin, Prontosil u. a. m.) führen zur Rotfärbung des Urins und können Anlaß zu Täuschungen geben.

Erwähnt sei hier noch der sog. **Blei-Basedow** (Vigliani, Baader); mitunter soll es im Verlauf der chronischen Bleivergiftung auch zur Ausbildung von Symptomen kommen, wie man sie bei Überfunktion der Schilddrüse sieht und die daher als Blei-Basedow bezeichnet wurden. Ob es sich hier um eine direkte Schädigung der Schilddrüsenzellen durch das Blei oder aber um den Ausdruck einer Schädigung des vegetativen Nervensystems handelt, ist noch nicht entschieden. Vigliani möchte die Schilddrüsenveränderungen durch Blei als toxische Thyreoiditis auffassen, wogegen sich allerdings schwerwiegende Bedenken geltend machen lassen.

Im engen Zusammenhang mit den Stoffwechselstörungen steht die sehr selten vorkommende **Bleigicht** (= Arthralgia saturnina). Es handelt sich da um Störungen im Harnstoffwechsel mit nicht unbeträchtlichen Erhöhungen der Harnsäurewerte im Blut. Tatsächlich findet sich auch bei leicht Bleivergifteten kurz vor dem Kolikanfall regelmäßig die Tendenz, Harnsäure zu retinieren. Überhaupt ist beim chronisch Bleivergifteten oft eine leichte Erhöhung des Harnsäurespiegels im Blut festzustellen. Inwieweit Zusammenhänge zwischen verminderter Nierenfunktion und Erhöhung der Harnsäurewerte im Blut im einzelnen bestehen, ist unklar (Michetti und Molfino). Auch die Zusammenhänge mit der gewöhnlichen gichtischen Diathese sind noch keineswegs eindeutig geklärt. Ob sich der Begriff der Bleigicht, die heute eigentlich kaum noch zu beobachten ist, überhaupt wird halten lassen, ist recht zweifelhaft. Erst jüngst hat Holstein nach eingehender kritischer Analyse der in der Literatur mitgeteilten Fälle von Bleigicht recht schwerwiegende Bedenken geltend gemacht und den Begriff der Bleigicht ganz abgelehnt. Bisher mußte nach klinischer Erfahrung ihrem Auftreten eine längere Zeit der Bleiarbeit vorausgehen, im Durchschnitt etwa 20 Jahre (Grenzen 6—35 Jahre). Die Differentialdiagnose gegenüber der gewöhnlichen Gicht war schon immer schwierig. Immerhin ergeben sich eine Reihe wichtiger klinischer Punkte, die differentialdiagnostischen Wert besitzen; die ersten Erscheinungen setzen nämlich schon in relativ jugendlichem Alter (35—40 Jahre) ein. Der Verlauf der Bleigicht ist schneller und schwerer, ihre Lokalisation atypisch. Befallen sind vor allem die größeren Gelenke, im Gegensatz zur gewöhnlichen Gicht. Tophi treten zahlreicher und häufiger auf. Verwechslungen sind möglich mit der atypischen echten Gicht, die nicht mit typischen Anfällen, sondern mehr mit intermittierenden Gelenk- und Muskelschmerzen, Neuralgien und allgemeinen neurasthenischen Symptomen verläuft. Hier kann die genaue Erhebung der Anamnese und der sichere Nachweis einer länger dauernden Bleiberührung zur Klärung beweisend beitragen.

Als *Arthralgien* werden vorwiegend nachts auftretende, ziehende und bohrende Schmerzen bezeichnet, die selbständig oder im Anschluß an Kolikanfälle auftreten können. Die Gelenke sind dabei rot und geschwollen. Gleichzeitig bestehen Myalgien und Parästhesien. Die Harnsäurewerte im Blut sind während der Schmerzanfälle normal. Ihre Ursache ist noch nicht geklärt. Sympathicus- und auch Gefäßläsionen werden dafür verantwortlich gemacht.

Auch das **Zentralnervensystem** ist bei der chronischen Bleivergiftung in eindrucksvoller Weise gestört. Im Frühstadium fehlen neurologische Abweichungen fast ganz. Lediglich allgemeinnervöse Störungen sind zu beobachten, die in ihrer Gesamtheit meist als „Bleineurasthenie" bezeichnet werden. Sie bestehen in recht vieldeutigen Erscheinungen, wie Mattigkeit, Müdigkeit, Kopfschmerzen, Schwindel, leichtem Händezittern, Verstimmtheit, leichter Verstimmbarkeit, Zuständen einer reizbaren Schwäche. Diese Erscheinungen sind jedoch *nicht* als Zeichen einer unmittelbaren toxischen Wirkung des Bleis auf die Nerven zu deuten, vielmehr als Ausdruck einer allgemeinschädigenden Wirkung des Giftes aufzufassen.

Erscheinungen am Zentralnervensystem. Die klinisch wohl am meisten ins Auge springende Schädigung des Zentralnervensystems ist die sog. **Encephalopathia saturnina,** die allerdings nicht mit dem ebenfalls unter schwersten cerebralen Erscheinungen verlaufenden Vergiftungsbild beim Eindringen *organischer* Bleiverbindungen in den Körper identifiziert werden darf.

Die jetzt immer seltener vorkommende Bleiencephalopathie tritt nur noch vereinzelt bei sehr schweren Vergiftungen mit hohen Dosen anorganischen Bleis als Frühsymptom, sonst aber fast immer als typisches *Spätsymptom* auf. Es handelt sich um pathogenetisch sehr kompliziert strukturierte Krankheitsbilder, bei denen die unmittelbare Giftwirkung auf das Gehirn offenbar nur eine untergeordnete Rolle spielt. Die Ursache ihres Zustandekommens ist noch nicht eindeutig geklärt; die Meinungen sind geteilt. Von manchen werden das bei der Sektion recht häufig anzutreffende Hirnödem und primäre Erkrankungen der Hirnhäute (OLIVA, CALLUS, AUB und Mitarbeiter), von anderen unmittelbare Wirkungen des Bleis auf die Hirnzelle, wieder von anderen aber vasculäre Störungen im Strombahnbereich des Gehirns (BUMKE und KRAPF, QUENSEL) mit Druckerhöhung in der Schädelhöhle ursächlich für das Zustandekommen der bunten klinischen Symptome angeschuldigt; dabei kommt der vasculären Komponente zweifellos eine wesentliche ursächliche Rolle zu. Auch an Schädigungen des Plexus chorioideus hat man gedacht. Die Ausdrucksform der Bleiencephalopathie ähnelt häufig sehr den Störungen, wie man sie bei Hypertonie und Cerebralsklerose beobachtet. Die histologisch nachweisbaren Veränderungen spielen sich hauptsächlich am Gefäßapparat ab. So sind gefäßabhängige Herdbildungen mit Blutungen und Erweichungen (RÜHL) beobachtet worden. Die Ganglienzellen zeigen degenerative, vereinzelt auch entzündliche Reaktionen (BUMKE und KRAPF). Das Gehirn ist häufig ödematös geschwollen; die Hirnwindungen sind abgeflacht.

Früher hat man mit GRISOLLE drei verschiedene Verlaufsformen unterschieden: 1. eine epileptiforme, mit Krämpfen einhergehende, 2. eine komatöse und 3. eine durch Delirien gekennzeichnete Form. Nach den Anschauungen unserer modernen Neurologie ist diese Dreiteilung jedoch ohne Zwang kaum aufrechtzuerhalten. Zweckmäßiger unterscheidet man eine akute und eine mehr chronisch verlaufende Form.

Die *akute Form* kann allmählich oder auch scheinbar aus vollster Gesundheit heraus auftreten. Bei langsamem Einsetzen treten als Prodromalsymptome Kopfschmerzen, Schwindel, Ohrensausen, Unruhe, Schlaflosigkeit, Zittern und Zuckungen der Gesichtsmuskeln auf. Bei anderen Kranken wieder setzen die Krankheitserscheinungen unvermittelt mit schwersten cerebralen Störungen ein. Meist verläuft die Bleiencephalopathie in Form kurzer, wenige Stunden bis Tage dauernder Anfälle, häufig gleichzeitig mit Bleikoliken, unter einem außerordentlich wechselnden Symptomenbild: Intelligenzstörungen, Bewußtseinstrübungen, Halluzinationen, Sehstörungen, Delirien, epileptiforme Anfälle, flüchtige, zentral bedingte Lähmungen und Hemianopsien, vorübergehende aphasische, apraktische, agnostische und sensible Störungen werden beobachtet. In unmittelbarem Anschluß an derartige Fälle oder aber auch unabhängig davon können sich ausgesprochene Psychosen, meist mit tiefer Bewußtseinstrübung, starkem Angstgefühl, psychomotorischen Erregungszuständen, lebhaften, vor allem optischen Sinnestäuschungen sowie katatonieartige oder mehr epileptiforme Dämmerzustände ausbilden. Manchmal eintretende apoplektiforme Herdstörungen, zentral bedingte Lähmungen und Hemianopsien können auch nach den Anfällen für dauernd bestehen bleiben. Meist verringert sich im Lauf der Zeit die Zahl der Anfälle, die schließlich immer schwächer werden und fortschreitende geistige Schwäche oder sonstige, manchmal an Intensität noch zunehmende cerebrale Ausfallserscheinungen hinterlassen. Diese letzten Erscheinungen leiten bereits über zur sog.

chronischen Form, die sich durch vorwiegend psychische Veränderungen, Psychosen, Manien, Melancholie, gelegentlich Delirien, eklampsieartige bzw. epileptiforme Anfälle, Störungen im Bereich der Sinnesorgane, der Hirnnerven und der Reflexe auszeichnet. Pathologisch-anatomisch finden sich bei der chronischen Form fast stets mehr oder minder ausgeprägte arteriosklerotische Veränderungen der Hirngefäße (Rawkin). Bei den vor allem in der älteren Literatur beschriebenen paralyseartigen Bildern ist es nicht ganz sicher, ob nicht luische Folgezustände vorgelegen haben. Der Liquordruck ist gewöhnlich leicht erhöht, der Gesamteiweißgehalt, besonders das Globulin, ist vermehrt, der Zellgehalt ebenfalls, wenn auch geringer. Nicht sosehr selten wird eine Lymphocytose im Liquor beobachtet. Der Liquorbleigehalt ist meistens erhöht. Die Goldsol- und Mastixkurven zeigen meningeale Zacken (Spühler). Die bei der chronischen Form zu beobachtenden epileptiformen Zustandsbilder kommen wahrscheinlich *nicht* durch direkte Bleiwirkung zustande. Die Erklärungsversuche gehen dahin, daß durch das Blei eine arterielle Hypertonie entstehe, durch die bei dazu disponierten Individuen eine Erkrankung in Gang kommt, die auch nach Aufhören der toxischen Bleieinwirkung bestehen bleibt bzw. sich noch weiter entwickelt (Bumke und Krapf). Es gibt auch Formen, bei denen ataktische Störungen im Vordergrund des klinischen Zustandsbildes stehen, die offenbar auf Kleinhirnschäden beruhen. Manche Störungen weisen auf eine Mitbeteiligung des Rückenmarks hin; sie bestehen in Steigerung oder Abschwächung der Reflexe, die auch völlig erlöschen können, Schäden im Bereiche der Pyramidenbahnen, wie sie u. a. von Holstein beschrieben wurden und die sich dann unter dem Bilde der spastischen Spinalparalyse darbieten. Differentialdiagnostisch wird man vor allem eine Poliomyelitis anterior, amyotrophische Lateralsklerose, spastische Paraplegie, Tabes dorsalis und Pseudotabes ausschließen müssen.

Im engen Zusammenhang mit der Bleiencephalopathie und der chronischen Bleivergiftung stehen pathogenetisch offenbar als *neuritisch aufzufassende Prozesse an den Hirnnervenstämmen.* Vor allem an den Augen finden sich Schäden, wie Amblyopien, zentrales Skotom, Stauungspapille, Amaurose, Opticusatrophie, Papillenhyperämie, akute Neuroretinitis, „Retinitis saturnina", schließlich auch Keratitis. Bei der sog. Bleiretinitis können die Veränderungen sowohl in der Peripherie als in der Maculagegend sitzen; sie sind als weiße, meist punktförmige, zum Teil auch große konfluierende Flecken zu sehen. Dazwischen können kleinere Netzhautblutungen eingelagert sein. In vereinzelten Fällen wurden auch im Glaskörper flottierende Trübungen, ebenso leichte Verschleierungen in den hinteren Schichten der Linse gefunden. Die Sehschärfe beider Augen ist vermindert. Zum Teil werden intrakranielle Drucksteigerung und Gefäßveränderungen als Ursache angesehen, welch letztere vor allem bei der Opticusatrophie sehr ausgeprägt sein können. In der Netzhaut finden sich herdförmige Ödeme, Exsudate, Pigmentierungen und Extravasate; die Chorioidea kann ebenfalls Veränderungen zeigen, vor allem Verengerung der Arterien. Klinisch lassen sich zwei Typen der Augenschädigungen unterscheiden: einmal die plötzlich auftretenden Amaurosen ohne Augenhintergrundsveränderungen, die rasch vorübergehen und keine Folgen zu hinterlassen pflegen; zum anderen die langsamer, unter dem Bild der Neuritis verlaufenden Formen, die seltener aufzutreten pflegen und mit Opticusatrophie und vollständiger Erblindung enden. Gefäßschäden und Zirkulationsstörungen spielen hier wohl die wichtigste Rolle.

Auch die inneren und äußeren Augenmuskeln zeigen Störungen; sie können unter dem Bilde der Abducenslähmung, der vollständigen Ophthalmoplegie oder der Oculomotoriuslähmung verlaufen. Auch Störungen der Akkommodationsmuskulatur und Nystagmus wurden beobachtet. Trochlearisschäden sind ausgesprochen selten.

Relativ selten sind bleibedingte Schwerhörigkeit und Taubheit (Bayer, Westphal, Rohrer u. a. m.), die durch Schädigungen des Acusticus und auch des Cochlearis zustande kommen. Es handelt sich da um seröse Exsudate im Nerven, Sklerose der Paukenhöhle und ähnliche Veränderungen. Vereinzelt sind auch atrophische Lähmungen der Zungenmuskulatur (Erbein) und der Kehlkopfmuskeln (Remak) beschrieben worden.

Typisch sind vor allem die peripheren Lähmungen; eines der klassischen Kardinalsymptome ist die sog. *Streckerschwäche,* deren diagnostischer Wert allerdings umstritten ist. Sie gilt als Frühsymptom (Teleky) und leitet die im Laufe von Monaten oder Jahren sich entwickelnde spätere Lähmung ein. Man versteht darunter die Unfähigkeit, z. B. die Hand aktiv zu überstrecken. Die Lähmungen treten im allgemeinen allmählich und nach langer Zeit ein. Als Prodromalsymptome gelten Anzeichen einer gesteigerten sensiblen und motorischen Erregbarkeit, welche letztere vor allem bei der chronaximetrischen Messung zahlenmäßig erfaßbar wird. Zuckungen und Krämpfe in den später von der Lähmung erfaßten Muskeln mit Hyperästhesien in den benachbarten Hautbezirken können auf die sonst klinisch noch nicht ins Auge fallende beginnende Schädigung aufmerksam machen. Starkes Zittern und Schmerzen gelten als unmittelbare Vorboten der drohenden Lähmung. Chronaximetrisch läßt sich nun schon eine meßbare Untererregbarkeit der Muskulatur nachweisen. Die eigentliche *Bleilähmung* lokalisiert sich vorwiegend an bestimmten typischen Stellen. Die wichtigsten Typen sind folgende:

1. *Unterarmtyp* (Typus DEJÉRINE-KLUMPKE-REMAK). Er ist die häufigste Form und betrifft die vom Nervus radialis versorgte Muskulatur, vor allem die Strecker der einzelnen Finger und der Handgelenke und zwar in folgender Reihenfolge: Zuerst werden gewöhnlich die Strecker der 3. und 4. Finger, dann die Strecker der übrigen Finger, die Handstrecker, schließlich auch der Abductor longus befallen, während der Brachioradialis fast immer frei bleibt. In typischen Fällen bietet sich das Bild der sog. *Fallhand*. Der rechte Arm ist häufiger von der Lähmung ergriffen als der linke.

2. Beim *Oberarmtyp* (Brachialtyp, REMAKscher Typ) sind vor allem der Deltoideus, der Biceps und die Brachialmuskeln befallen. Der Arm hängt schlaff gelähmt herab; er kann weder gehoben noch gebeugt werden.

3. *Typus* ARAN-DUCHÊSNE. Hier sind vor allem die Muskeln der Handballen und die Interossei betroffen. Sie werden zunehmend atrophisch. Dieser Typ fand sich vor allem bei bleigefährdeten Feilenhauern.

4. *Peroneus-Typ*. Er findet sich vor allem bei jugendlichen Personen. Gelähmt sind die Peronei und die Fußzehenstrecker, während der Tibialis anterior meist verschont bleibt. Der Gang ist unsicher; der Fuß kann nicht gehoben werden, die Zehen schleifen und beim Gehen wird die Außenkante des Fußes aufgesetzt; das Treppensteigen ist erschwert.

Nur sehr selten kommt es zu totalen Lähmungen, bei denen die Muskulatur eines ganzen Armes oder Beines, die gesamte Rumpfmuskulatur usw. gelähmt ist. Lähmungen des Facialis, der Larynxnerven (Aphonia saturnina) usw. sind äußerst selten.

Offensichtlich bestehen Beziehungen zwischen der Lokalisation der Lähmungen und der Stärke der Beanspruchung der befallenen Muskulatur: Je mehr ein Muskel benutzt wird, um so leichter stellt sich an ihm nach der Aufbrauchstheorie von MÖBIUS und EDINGER eine Bleilähmung ein. Jeder Bleiberuf weist seine besondere Lieblingsvariante auf (TELEKY), die mit der Verschiedenartigkeit der Hantierungen der einzelnen Berufe zusammenhängt. Der Entstehungsmechanismus der Bleilähmung ist noch ungeklärt. Die dabei gelegentlich auftretenden Parästhesien dürften als Beweis dafür gelten, daß bei diesen ganz überwiegend motorischen Lähmungen auch die sensiblen Nerven geschädigt werden können. Den Angriffspunkt des Bleis hat man in Schädigungen der Vorderhörner, unmittelbar am peripheren Nerven selbst und auch an der Muskulatur gesucht. Andere wieder waren geneigt, die Lähmungen auf vasomotorische Störungen der Nervenversorgung ursächlich zurückzuführen. Ein schlüssiger Beweis für die eine oder andere Theorie ist bisher noch nicht erbracht worden.

Der **Verlauf der chronischen Bleivergiftung** ist außerordentlich wechselnd und vielgestaltig; er ist von der Menge des aufgenommenen Bleis, wie auch vor allem von der individuellen Disposition, von der Konstitution und dem Vergiftungsmodus abhängig, so daß sich eine allgemeingültige Beschreibung kaum geben läßt. Auf eine besondere Eigentümlichkeit sei jedoch hingewiesen, nämlich auf die sog. *Bleikrisen*. Sie sind für die chronische Bleivergiftung überaus typisch und treten auch noch längere Zeit nach Aufhören der Bleizufuhr oft ganz unvermutet und plötzlich in Form von Koliken, schweren Schmerzen in Muskeln und Gelenken, Sehstörungen, peripheren Lähmungen und mehr oder minder schweren zentralnervösen Erscheinungen auf. Ihre Ursache dürfte mit gewisser Wahrscheinlichkeit in Gefäßkrämpfen infolge plötzlicher Mobilisation von Depotblei durch die verschiedenartigsten exogenen Faktoren (Nahrung, Änderung der Lebensgewohnheiten) zu erblicken seien. Bei zu energisch durchgeführten therapeutischen Mobilisationsversuchen treten die gleichen Erscheinungen auf. Der Blutbleispiegel und die Urinbleiausscheidung sind während der Krisen eindeutig erhöht, der schädigende Bleistrom mithin verstärkt.

Wesentlichster Punkt jeden **therapeutischen Handelns** muß die Sorge sein, wenn schon einmal Vergiftungserscheinungen aufgetreten sind, eine weitere Zufuhr von Blei strikt zu unterbinden. Bei den gewerblichen Vergiftungen wird man vor allem für einen Wechsel des Arbeitsplatzes, evtl. sogar für Übergang in einen anderen Beruf sorgen müssen. Alle therapeutischen Bemühungen müssen von dem Gedanken getragen sein, den schädigenden Bleistrom zu vermindern und die im Körper liegenden Bleidepots *allmählich* zu beseitigen. Darauf gerichtete Maßnahmen haben natürlich während der Dauer schwerer Vergiftungssymptome (Koliken, Encephalopathie, Lähmungen usw.) strikt zu unterbleiben. Hier ist zunächst eine rein symptomatische Behandlung durchzuführen. Bei Koliken wird man durch hohe Einläufe, Gaben von Atropin, Papaverin und andere Spasmolytica, durch heiße Leibwickel den schweren Darmspasmen entgegenzuwirken versuchen. Bei Hirndruckerscheinungen wird man durch Infusien hochkonzentrierter Traubenzuckerlösungen (Entquellung des Gewebes), Lumbalpunktionen, evtl. auch durch gefäßerweiternde Mittel die lebensbedrohlichen Erscheinungen bekämpfen. Lähmungen werden mit Massage, Elektrisieren, aktiven und passiven Bewegungsübungen behandelt werden müssen. Art und Intensität der Behandlung werden dabei vom Grade der bestehenden Schäden abhängen. Unter Umständen wird man auch eine Verminderung des kreisenden Bleis durch Überführung in schwerlösliches Bleisulfid mittels intravenöser Injektionen von S-Hydril (stabilisiertes Natrium-Thiosulfat, 10 ccm mehrmals täglich) versuchen (SCHMITT und LOSSIE).

An dem Gedanken der Entleerung der Bleidepots wird man sicher festhalten müssen, um so mehr, als bei überfüllten Depots einmal ein gehäuftes Auftreten von Bleikrisen, bei neuer Zufuhr auch geringer Bleimengen zudem ein schnelleres Auftreten schwerster Vergiftungserscheinungen zu befürchten ist. Die früher geübten Verfahren — energische Säuerung oder Alkalisierung, Darreichung von Jodkali usw. — wird man als zu robust und zu wenig steuerbar ablehnen müssen. Die auf den Gedankengängen von AUB und Mitarbeiter beruhende Zufuhr von Kalk scheint hierzu geeignet. Neuere Untersuchungen (SCHMITT und TAEGER, SCHMITT und BASSE) ergaben nämlich, daß der Organismus des Bleikranken kalkverarmt ist. Andererseits erwiesen sich die Vorstellungen von AUB, daß nämlich durch Kalkmedikation eine Bleifixierung in den Depots möglich sei, als nicht mehr haltbar. Im Gegenteil: durch die Kalkdarreichung wird Blei aus den Depots gedrängt und aus dem Körper entfernt (SCHMITT und TAEGER, SCHMITT und BASSE, SCHULER, HADJIOLOFF). Intravenöse Kalkinjektionen sind, da sie zu stoßartig wirken und damit das Auftreten von Bleikrisen auslösen können, ganz zu vermeiden. Zudem erscheint eine einseitige

Kalkdarreichung nicht geeignet, eine Ablagerung dieser Verbindung in den Knochen zu begünstigen. Mehr Erfolg dürfte eine langsam steigende *perorale* Darreichung von Kalk in Form von leicht resorbierbaren Kalk-Phosphor-Verbindungen haben, wie sie z. B. in der Milch vorliegen, welche Calcium und Phosphate in wohl ausgewogenen Mengen enthält. Bei der therapeutischen Anwendung der Milch wird man am besten so vorgehen, daß man zunächst eine Tagesmenge von etwa 200 ccm neben einer Kost gibt, welche der von dem Patienten bisher genossenen weitgehend angeglichen werden soll, um plötzliche Umstellungen in der Nahrungszusammensetzung und stärkere Aciditätsschwankungen innerhalb des Organismus zu vermeiden. Allmählich wird man dann die Milchgaben um jeweils 100 ccm täglich steigern, die Gesamtmenge schließlich auf höchstens 1 l täglich begrenzen. Lediglich der Gehalt der Milch an Mineralstoffen spielt bei diesem therapeutischen Vorgehen eine Rolle, nicht ihr Fettgehalt. Gegebenenfalls können noch zusätzlich Kalk-Phosphor-Präparate verabfolgt bzw. bei Unverträglichkeit der Milch ein Teil dieser durch derartige Präparate ersetzt werden. Wenn unter dieser schonenden Behandlung, bei der die Bleiausschüttung aus den Depots in vorsichtiger Weise erfolgt, trotzdem noch Bleikrisen auftreten, so sollte die Kalkdarreichung nicht plötzlich unterbrochen werden, da hierdurch nur noch mehr Blei aus den Depots ins Blut geschwemmt wird. Besser ist es, lediglich von einer weiteren Steigerung der bisher verabreichten Milch- bzw. Kalkpräparatmenge bis zum Abklingen der akuten Erscheinungen abzusehen, diese aber nur symptomatisch zu bekämpfen.

Bei neu in die klinische Behandlung eintretenden, chronisch bleivergifteten Kranken, die direkt aus dem bleigefährdeten Milieu kommen, empfiehlt es sich, sofern bedrohliche Erscheinungen fehlen, sich zunächst jeden stärkeren Eingriffs in das Krankheitsgeschehen zu enthalten und die Kost derjenigen anzupassen, an die der Betreffende seither gewöhnt war, um eine Verschiebung im Säurebasengleichgewicht und in der mineralischen Zusammensetzung der Nahrung zu vermeiden. Erst ganz allmählich wird man dann zu einer mehr laktovegetabilischen Ernährungsform mit Milch- und Kalkzulage übergehen dürfen. Ein brüskes Vorgehen ist in jedem Fall zu vermeiden.

Diagnose: Die Diagnose „Bleivergiftung“ soll nur dann gestellt werden, wenn wenigstens der größte Teil der vorbeschriebenen Kardinalsymptome bei genauer Untersuchung nachzuweisen ist und die genaueste Erhebung der Berufsanamnese ergeben hat, daß wirklich die Möglichkeit einer vermehrten Bleiaufnahme vorhanden war. Häufig ist die diagnostische Erkennung erst nach länger dauernder stationärer Untersuchung möglich. Vor allem in den unter leichtesten Erscheinungen verlaufenden Fällen kann die Diagnose bei der Vieldeutigkeit der Symptome außerordentlich schwierig sein und ist erst nach länger dauernder Beobachtung zu stellen.

Prognose: Die Prognose ist im allgemeinen, von wenigen, heutzutage nur noch sehr selten zu beobachtenden, besonders schweren Fällen abgesehen, günstig.

2. Vergiftungen durch organische Bleiverbindungen (Bleitetraäthyl).

Von den zahlreichen organischen Bleiverbindungen kommt für gewerbliche Vergiftungen, wenn auch nur für einen sehr beschränkten Personenkreis, praktisch nur das Bleitetraäthyl ($Pb(C_2H_5)_4$) in Frage. Das Bleitetraäthyl kommt in Form des sog. „Ethylfluids" in den Handel. Das Ethylfluid wird in Mischanlagen gewöhnlichem Benzin an Stelle von Benzol in kleinen Mengen als Antiklopfmittel zugesetzt. USA., Frankreich, Dänemark, England usw. benutzen das Ethylfluid schon seit über 10 Jahren. In Deutschland wird es seit 1935 den Fliegertreibstoffen, seit Mai 1939 auch den Autotreibstoffen zugesetzt. Das Ethylfluid enthält nur zu etwa 62% reines Bleitetraäthyl. 1 l Treibstoff enthält etwa 0,8 ccm Ethylfluid. Die Bleitetraäthylkonzentration im Treibstoff liegt damit unter 0,1%. Die toxische Wirkung des *reinen* Bleitetraäthyl ist durch den hohen Benzinzusatz wesentlich verändert.

Wirkungsmechanismus: Das wichtigste Charakteristicum des reinen Bleitetraäthyls ist seine ausgezeichnete Löslichkeit in Fetten und Ölen, mit denen es sich in jedem Verhältnis mischen läßt. Dies und seine wenn auch nicht sehr große Flüchtigkeit erklären das eigenartige akute, mit dem durch anorganische Bleiverbindungen hervorgerufenen nicht einfach vergleichbare Vergiftungsbild. Bei Zimmertemperatur gesättigte Luft enthält etwa 5 mg Bleitetraäthyl/1000 ccm. Trotz der relativ geringen Flüchtigkeit ist die Einatmung der Dämpfe des reinen Bleitetraäthyls außerordentlich gefährlich. Auch wird der reine Stoff sehr leicht durch die Haut resorbiert. Die anfängliche Verteilung des Bleis in den Geweben nach sehr rascher Bleitetraäthylresorption entspricht der eines öllöslichen Stoffes. Im Gewebe, auch in der Haut, wird das Bleitetraäthyl sehr rasch zersetzt, so daß nach 3—14 Tagen die Verteilung des Bleis im Organismus genau die gleiche ist wie nach der Einverleibung einer anorganischen wasserlöslichen Bleiverbindung. Das Tempo des Abbaues scheint von der einverleibten Menge, der Art der Einverleibung und von der Reaktion des Organismus abhängig zu sein. Hierdurch würde es verständlich, daß nach fortgesetzter Einatmung kleinster, nicht zu akuter Vergiftung führender Bleitetraäthylmengen sich schließlich ein Zustandsbild entwickelt, das dem der chronischen Bleivergiftung durch anorganische Bleivergiftung entspricht (vgl. hierzu S. 12ff.).

Gefährdet durch *reines* Bleitetraäthyl sind nur die Personen, die im *organischen* Teil der Bleitetraäthylfabrikation tätig, resp. mit der Abfüllung der Fässer und beim Mischen des Bleitetraäthyls mit dem Treibstoff beschäftigt sind. Der Verbraucherkreis des mit Bleitetraäthyl versetzten Treibstoffes ist bei sachgemäßem Umgang nicht gefährdet. Natürlich darf das sog. Bleibenzin nicht ohne weiteres zum Waschen von Motorenteilen, verölten Kleidungsstücken usw. verwendet werden. Andernfalls besteht durchaus die Möglichkeit zu Vergiftungen.

Das **klinische Vergiftungsbild** der akuten Bleitetraäthylvergiftung ist bisher fast nur in Amerika beobachtet worden. Nach den bis 1923 zurückreichenden Erfahrungen der Amerikaner ist eine *chronische* Bleitetraäthylvergiftung bisher *nicht* bekannt. Das Gesamtbild der akuten Vergiftung ist charakteristisch und, da es sich nur um einen ganz beschränkten Personenkreis handelt, der gefährdet ist, nicht sosehr schwierig zu erkennen. Während der Zeit des Eindringens des Bleitetraäthyls in den Körper sind im allgemeinen keine besonders ins Auge fallenden Symptome nachweisbar. Manchmal tritt ein leichter Brechreiz infolge des süßlichen Geruches des reinen Bleitetraäthyls auf. Erst nach 1—3, manchmal auch erst nach 12 Stunden treten die ersten Symptome auf. Stets geht ein *Prodromalstadium* dem Ausbruch schwerer akuter Vergiftungserscheinungen voraus, das hinsichtlich seiner Symptomatologie dem abgeschwächten Bild der akuten Vergiftung entspricht. Die Dauer dieses Prodromalstadiums schwankt zwischen 18 Stunden und 8 Tagen.

Eines der frühesten und am meisten störenden Symptome ist die schwere Schlaflosigkeit, die zuzeiten tagelang bestehen bleiben kann oder aber auch in ständigem Aufwachen während des Schlafes besteht. Zuckungen während des Schlafes, unruhiges Hin- und Herwerfen, nächtliches Aufschreien werden beobachtet. Die Patienten klagen, daß sie zu hell wach seien, um schlafen zu können. Manche wieder erleben wilde Schreckträume, die sie geängstigt aus dem Schlaf emporfahren lassen. „Der Versuch, zu schlafen, strengt mehr an als der Entschluß, wach und regsam zu bleiben“ (KEHOE). Während des Wachzustandes fällt eine starke Gesichtsblässe auf, die nichts mit dem typischen Bleikolorit zu tun hat, sondern auf schlechter allgemeiner Durchblutung bei *niedrigem* Blutdruck beruht (KEHOE).

Übelkeit, Appetitlosigkeit und Erbrechen, vor allem morgens, gelegentlich Schwindel und dumpfe Kopfschmerzen, Hautjucken sowie allgemeine Muskelschwäche, besonders in den Beinen, vervollständigen die Zahl der vorgebrachten Klagen. Objektive Zeichen bestehen in Blässe, Hypotonie, Gewichtsverlust, uncharakteristischen abdominellen Erscheinungen und Tremor.

Die Blutdrucksenkung setzt frühzeitig ein und ist ein recht sicheres diagnostisches Zeichen. Von vorher normalen Werten sinkt der Blutdruck auf Werte von 80/50 mm Hg und tiefer. Die Pulsfrequenz sinkt ebenfalls bis auf Werte zwischen 50 und 60/Minute. Der Pulsdruck liegt zwischen 50 und 70 mm Hg. Die Atemtätigkeit ist meistens erregt. Die Körpertemperatur liegt vor allem in den frühen Morgenstunden sehr niedrig, um 35,5° C, und steigt auch unter Tags kaum über 36,1° C. Gewichtsverlust ist stets festzustellen. Er schwankt und kann bis zu 7 kg in 2—3 Wochen betragen. Störungen von seiten des Magen-Darm-Kanals spielen keine erhebliche Rolle. Die Verdauung ist häufig unregelmäßig; kolikartige Schmerzen sind jedoch niemals beobachtet worden.

Am meisten fällt der starke Tremor ins Auge, der ständig besteht, ausgesprochen grobschlägig ist und sich meist auf die Extremitäten, vor allem die Arme, beschränkt; labialer und lingualer Tremor sind nur sehr selten beobachtet. Der Tremor erinnert an den Intentionstyp. Anstrengungen, ungewohnte Bewegungen, Bemühungen, ihn zu unterdrücken, verstärken ihn. Der Tremor ruht während des Schlafes; dafür treten Zuckungen, choreiforme und lokalisierte Krampfbewegungen der Extremitätenmuskulatur auf. Die Reflexe sind gleichzeitig erhöht, ja übersteigert; Kloni und Pyramidenzeichen wurden niemals beobachtet; periphere Neuritiden mit Lähmungen werden vermißt. Der *Blutbefund* ist im Gegensatz zu den Vergiftungen mit anorganischen Bleiverbindungen *nicht typisch verändert.* Der Hämoglobin- und Erythrocytengehalt ist normal; basophile Punktierung, Polychromasie usw. fehlen bei der akuten Vergiftung. Bei langsamer Aufnahme durch Monate hindurch treten diese Veränderungen ebenfalls auf, wenn auch viel spärlicher als bei der chronischen Vergiftung durch anorganische Verbindungen. Der Bleisaum ist kein häufiger Befund und wird nur in vereinzelten Fällen beobachtet. Er ist kein Frühsymptom und für die Diagnose kaum zu verwerten.

Im Urin liegen die Bleiwerte auffällig hoch. Der Urin ist ständig stark sauer; er enthält kein Porphyrin, auch bei schwersten Vergiftungen kein Eiweiß, nur gelegentlich etwas Zucker.

In mild verlaufenden Vergiftungsfällen, bei denen die Aufnahme von Bleitetraäthyl nur gering war, werden lediglich die oben beschriebenen Symptome des Prodromalstadiums beobachtet. Bei monatelanger Einwirkung des Bleitetraäthyls wird die Wahrscheinlichkeit größer, die oben angedeuteten Blutbildveränderungen, evtl. auch einen Bleisaum zu finden. Dabei bleibt der Hämoglobin- und Erythrocytengehalt des Blutes auffälligerweise unverändert normal. Die Gesamtleukocytenzahl ist meist um 1000—2000 über das Normale erhöht. Die Veränderungen des Blutbildes schwinden sehr rasch, sobald therapeutisch eingegriffen und eine weitere Aufnahme von Bleitetraäthyl unterbunden wird.

Im unmittelbaren Anschluß an das Prodromalstadium treten bei schwerer Vergiftung die Veränderungen am Zentralnervensystem auf, die dann das klinische Erscheinungsbild ganz beherrschen. Meist lassen sich drei verschiedene Symptomenkomplextypen unterscheiden: ein deliröses, ein manisches und ein schizophrenes Zustandsbild. Wenn auch diese Einteilung bis zu einem gewissen Grade willkürlich ist und in manchen Fällen ein Übergehen des einen Typs in den andern beobachtet werden kann, so zeigt im allgemeinen doch jeder einzelne Patient nur einen bzw. *vorwiegend* einen dieser Typen, der offenbar von seiner psychischen Veranlagung abhängig ist.

Der *deliröse Komplex* entspricht im großen und ganzen den Erscheinungen bei toxischen Delirien anderer Genese. Die Kranken sind psychisch deprimiert, offensichtlich krank, das Bewußtsein ist getrübt. Der Tremor ist ausgeprägt, die Gemütsstimmung ist von Furcht und Besorgnis beherrscht und erinnert, wenn auch abgeschwächt, an das Delirium tremens. Die Verbindung mit der Umgebung ist verlorengegangen. Die Aufmerksamkeit ist vermindert; Fragen werden bezugslos und abirrend beantwortet; es besteht eine auffällige Amnesie für kurz vorhergegangene Ereignisse. Schreckhafte Traumerlebnisse werden als real bewertet. Auch Halluzinationen treten auf. Es besteht örtliche Desorientiertheit; gut bekannte Personen werden von den Kranken nicht wiedererkannt. Plötzliche Schreckanfälle veranlassen den Kranken zu gewaltsamen Fluchtversuchen, die den Arzt zwingen, die Patienten einzuschließen und zu überwachen. Trotz der psychischen und motorischen Erregung ist der Puls relativ langsam (unter 100/Minute), die Temperatur normal oder unternormal. Die Haut ist schweißbedeckt. Die Dauer der delirösen Anfälle schwankt zwischen wenigen Stunden und 4—5 Tagen. Gelegentlich sind kurze klonische Zuckungen zu beobachten.

Die *manischen Anfälle* sind von den Delirien mit manischer Stimmungslage schwer zu unterscheiden. In typischen Fällen ist das Bewußtsein leicht getrübt, jedoch weniger als beim delirösen Typ. Auffällig ist die ausgeprägte Gedankenflucht; die Gedanken sind völlig zusammenhangslos; vorübergehend treten Halluzinationen auf. Es besteht eine starke psychomotorische Übererregbarkeit. Meist neigen die Kranken dabei zu Depressionszuständen, verbunden mit großer Ruhelosigkeit. Die Manie kann sich mit der Zunahme aller sonstigen Symptome so steigern, daß die Kranken eingeschlossen werden müssen. Die sonstigen somatischen Symptome sind die gleichen wie beim delirösen Bild. Nicht sosehr selten gehen Verwirrungszustände den manischen Anfällen voraus, folgen ihnen oder unterbrechen sie. Ruhelosigkeit, Schlafstörungen oder Schlaflosigkeit, hochgradige motorische Unruhe, Muskelzuckungen und Reflexsteigerungen, Halluzinationen und irre Äußerungen können das Bild abrunden. Lichte Momente von wenigen Minuten bis zur mehrstündigen Dauer können für gewisse Zeit Orientierung und Einsichtigkeit verbessern. Die Amnesie für jüngstvergangene Ereignisse ändert sich jedoch kaum.

Bei beiden Typen sind 3—8 Stunden vor dem Ausbruch der akuten Symptome langsam zunehmende cerebrale Reizerscheinungen zu beobachten; wachsende motorische Unruhe, zunehmende Schlaflosigkeit und ängstlicher Gesichtsausdruck steigern sich während dieser Zeit.

Der *schizophrene Typ* ist der verwirrendste. Er wurde bisher allerdings nur zweimal und bei Individuen beobachtet, die dazu veranlagt waren, so daß es zweifelhaft erscheint, ob die Schizophrenie nicht früher oder später auch ohne die Bleitetraäthylvergiftung aufgetreten wäre. Die Anfangssymptome und die sonstige Symptomatologie entsprechen den bei den anderen beiden Typen beobachteten. Im Verlauf von 1 bis 2 Wochen nehmen die typischen Allgemeinerscheinungen an Intensität zu, bis akut die psychische Verstörung eintritt. Die anfangs auftretenden katatonischen Erscheinungen ähneln denen bei Dementia praecox. Die psychisch-motorische Erregbarkeit nimmt zu; die Kranken sind unruhig, lärmend und gesprächig und zerschlagen alles um sich herum. Es bestehen Schlaflosigkeit, Inkohärenz, Halluzinationen und Wahnvorstellungen; letztere können sehr gut formuliert und organisiert sein (Machle). Auch periodisch wechselnde, deliroide Erregungen und symptomatische paranoide Ideen, begleitet von Verfolgungswahn und Gehörshalluzinationen, können auftreten. Ein grober Tremor, leerer, stumpfer Gesichtsausdruck, Verminderung des Erkennungsvermögens und der Urteilskraft, Gemütsarmut und Mangel an Anpassungsvermögen runden das Bild ab. Der bisher nur in wenigen Fällen untersuchte Liquor zeigte keinerlei typische, diagnostisch verwertbare Veränderungen.

Bei leichteren Fällen mit kurz dauernden mentalen Störungen wurden Komplikationen bisher nicht beobachtet. Bei schweren, sich schnell entwickelnden Formen können als Folgeerscheinungen von Kreislaufschwäche und Erschöpfung akute Herzerweiterung, Hirnödem und Lungenödem auftreten.

In leichten Fällen schwinden die Symptome bereits nach wenigen Tagen; es können aber auch 2—3 Wochen bis zur völligen Wiederherstellung vergehen. Schlaflosigkeit, schreckhafte Träume und Muskelschwäche sind die hartnäckigsten Symptome. Nach längstens 6 bis 10 Wochen trat bisher stets volle Wiederherstellung ein.

Sektionsbefund: Spezifische, dem Bleitetraäthyl zur Last zu legende Veränderungen sind nicht zu finden. Auffällig sind lediglich schwere Stauungen, Ödeme und Blutungen, die vor allem in Hirn und Lungen lokalisiert sind. Im Gehirn ist vor allem die weiße Hirnsubstanz betroffen. Die Gefäße sind überfüllt, manchmal durch Erythrocytenanhäufungen geradezu blockiert. Die eosinophile Färbbarkeit der Erythrocyten scheint vermindert zu sein. Die Lunge zeigt vor allem schwere Stauungserscheinungen, gelegentlich freie Blutungen und Ödeme verschiedenen Grades. Im interstitiellen Gewebe finden sich vereinzelt hyaline Thromben mit reichlicher Anhäufung von hyaliner Substanz.

Die übrigen inneren Organe sind stark blutüberfüllt mit Ausnahme der Leber, welche vereinzelt degenerative Veränderungen erkennen ließ. Auch an den Nierentubuli finden sich Degenerationszeichen verschiedenen Grades. Die Glomeruli sind gestaut. Diese Erscheinungen findet man jedoch nach Einwirkungen der verschiedensten schädlichen Stoffe; sie sind nicht spezifisch. Im allgemeinen wird man aus dem Sektionsbefund allein keine zwingenden Rückschlüsse auf das Vorliegen einer Bleitetraäthylvergiftung ziehen können.

Therapie: In leichten Fällen kommt man mit symptomatischer Behandlung aus. Entfernung aus dem gefährdenden Milieu, leichte Freiluftbewegung, normale reichliche Kost mit größerer Flüssigkeitszufuhr in Form von Fruchtsäften und Wasser, evtl. kleine Dosen von Paraldehyd oder Luminal zur Bekämpfung der Schlaflosigkeit und Regelung des Stuhlgangs durch salinische Abführmittel dürften im allgemeinen genügen. In schweren Fällen muß, besonders bei delirösen Zuständen, vor allem für reichliche Flüssigkeitszufuhr gesorgt werden. Die freiwillige Flüssigkeitsaufnahme ist gering, der Flüssigkeitsverlust sehr groß. Empfohlen werden Infusionen von 500—1000 ccm physiologischer Kochsalzlösung, evtl. mit einem 5proz. Zusatz von Traubenzucker alle 8 Stunden. Die delirösen Zustände können durch intravenöse Injektionen von 2—4 g Magnesiumsulfat in 2proz. Lösung, kombiniert mit peroralen Gaben von Luminal bis zu insgesamt 1 g täglich, gemildert werden. Vor der Anwendung von Opiumverbindungen und Chloralhydrat wird ausdrücklich gewarnt. Manchmal können Bleibeklystiere mit 120—180 ccm einer gesättigten Magnesiumsulfatlösung günstig wirken. Die perorale Verabreichung von 20—30 g einer Mischung von doppeltkohlensaurem Natron oder Natriumcitrat, Magnesiumoxyd und Calciumcarbonat neutralisiert den stark sauren Urin und entfaltet eine günstige Wirkung. In der Rekonvaleszenz hat die Behandlung nach den Grundsätzen zu erfolgen, wie sie bei der chronischen Bleivergiftung dargelegt wurden.

Schädigungen durch Bleibenzin. Bekanntlich sind für den Umgang mit Benzin, das durch einen Zusatz von Bleitetraäthyl in Form von Ethylfluid klopffest gemacht ist (sog. Bleibenzin), besondere Sicherheitsvorschriften erlassen, welche verhindern sollen, daß der *Verbraucher* des fertigen Gemisches irgendwelche Schädigungen erleidet. Trotz der Hinweise auf die bei *unsachgemäßem* Umgang mit Bleibenzin drohenden Gefahren werden, wie Veröffentlichungen aus den letzten Jahren zeigen (vgl. z. B. die Fälle von STÖRRING), diese Sicherheitsvorschriften gröblich mißachtet. Die Gefahren des *sachgemäßen* Umganges mit Bleibenzin werden sowohl in Laienkreisen wie auch bei mit diesen Fragen nicht besonders vertrauten Ärzten oft genug überschätzt; dies äußert sich darin, daß sehr viele, an sich uncharakteristische Beschwerden einfach als Bleibenzinschädigungen oder gar als Bleitetraäthylvergiftung bezeichnet werden. Beide Begriffe dürfen jedoch nicht miteinander identifiziert werden und sind streng voneinander zu trennen. Hiervon abzutrennen sind weiterhin diejenigen Vergiftungen, die bei Personen entstehen, welche mit dem Reinigen von mit Bleibenzin betriebenen Motoren beschäftigt sind. Zum besseren Verständnis dieser etwas verwickelten Fragen seien einige technische Vorbemerkungen vorausgeschickt:

Die Herstellung des Bleitetraäthyls bzw. des Ethylfluids erfolgt in besonderen Fabriken; das Ethylfluid wird in besonders eingerichteten, der Allgemeinheit nicht zugänglichen und ärztlich scharf überwachten sog. *Mischanlagen* zugesetzt, für deren Betrieb gesonderte Vorschriften erlassen sind. Der Zusatz erfolgt als Ethylfluid, dessen Zusammensetzung die folgende ist:

Zusammensetzung von Ethylfluid.

	1-T-Fluid für Fliegerkraftstoff Gew.-%	Q-Fluid für Autotreibstoffe Gew.-%
Bleitetraäthyl (TEL) rein, 100%	61,42	63,30
Äthylendibromid	35,68	25,75
Äthylendichlorid	—	8,72
Farbstoffe, Petroleum usw.	2,90	2,23
Spez. Gew. bei 20° C	1,755	1,671

Nach den bisher vorliegenden und veröffentlichten Angaben werden von dem Ethylfluid nur 0,8 ccm/Liter Kraftstoff zugesetzt. 1 l Bleibenzin enthält damit 0,49—0,50 ccm reines Bleitetraäthyl. Die im Ethylfluid enthaltenen Halogenkohlenwasserstoffe (Äthylendibromid und Äthylendichlorid) sollen ein Verbleien des Motors verhindern. Bei der Verbrennung der verbleiten Kraftstoffe im Motor werden die vier Äthylgruppen des Bleitetraäthyls unter Bildung von Wasser, Kohlensäure und Kohlenoxyd verbrannt; der anorganische Molekülrest, das Pb, würde ohne die Anwesenheit der Halogenträger vor allem zu Bleioxyd oxydiert werden bzw. in Bleicarbonat umgewandelt und in dieser anorganischen Form zum größten Teil im Motor verbleiben. Die Halogenkohlenwasserstoffe zersetzen sich jedoch bei der Verbrennung ebenfalls, wobei Brom- bzw. Chlorwasserstoffsäure entsteht, die auf das gleichzeitig sich bildende Bleioxyd bzw. -carbonat einwirken, so daß Bleichlorid und Bleibromid entstehen, die bei den im Motorinnern herrschenden Temperaturen verdampft größtenteils den Auspuff erreichen.

Trotzdem bleibt ein Teil dieser *anorganischen Verbrennungsprodukte des Bleibenzins* an den Zylinderwandungen, Ventilen und im Auspuff in Form eines ziemlich harten, spröden Niederschlages haften, der bei der Reinigung und Überholung der Motoren entfernt werden muß. Bei unvorsichtigem Arbeiten entsteht stark bleihaltiger Staub, der eingeatmet wird, so daß bei Motorenschlossern, Monteuren und sonstigen in Motorreparaturwerkstätten tätigen Personen, zuweilen schon nach kurzer Zeit, eine typische chronische Bleivergiftung durch anorganische Verbindungen entsteht, die jedoch von den eigentlichen Bleibenzinschäden abgegrenzt werden muß und die auch nichts mit einer Bleitetraäthylvergiftung zu tun hat. Derartige chronische Bleivergiftungen sind mir selbst im Laufe der letzten Jahre wiederholt bekanntgeworden.

Die Frage der Bleibenzinschädigung wird im allgemeinen in Fachkreisen mit Recht ziemlich einheitlich abgelehnt. Dies ist jedoch nur dann berechtigt, wenn der Umgang mit Bleibenzin *sachgemäß* erfolgt, d. h. wenn die Vorschriften eingehalten werden, die für den Umgang mit Bleibenzin erlassen worden sind und sofern Bleibenzin nicht etwa zum Reinigen verschmutzter Kleidung, von Motorteilen und zu ähnlichen Zwecken benutzt wird. In der Praxis werden diese Vorschriften zuweilen, wie bereits angedeutet, gröblichst mißachtet. So wurden z. B. noch heiße, verölte Motorhauben von Flugzeugen in Hangars mit Bleibenzin abgewaschen. Daß unter diesen Umständen die unter Zugrundelegung *normaler* Betriebsverhältnisse angestellten Überlegungen keine Geltung mehr haben können, ist einleuchtend.

Nach dem, was über das Verhalten des Bleitetraäthyls im Organismus (S. 40) gesagt wurde, muß angenommen werden, daß an sich unterschwellige, zur Hervorrufung *akuter* Vergiftungserscheinungen nicht ausreichende Bleitetraäthylmengen im Laufe der Zeit doch zu einer Ansammlung des anorganischen Molekülrestes, d. h. metallischen Bleis, im Organismus führen, die dann aller Wahrscheinlichkeit nach Symptome hervorrufen müssen, die denen einer chronischen Bleivergiftung durch anorganische Bleisalze entsprechen. Ähnliche Vorgänge sind ja z. B. auch bei längerer Einwirkung subtoxischer Dosen von organischen Arsenverbindungen bekannt, welche das Bild einer chronischen Arsenvergiftung hervorrufen können. Infolge des relativ schnellen Zerfalls des Bleitetraäthylmoleküls in den Zellen kann es kaum zur Anreicherung von *Bleitetraäthyl* kommen; vermutlich liegen die anorganischen Molekülreste, abweichend von den Vorgängen bei der chronischen Vergiftung durch anorganisches Blei, zunächst hauptsächlich in den lipoidhaltigen Zellen des Organismus. Möglicherweise könnte durch diese durch die Eigenschaften des gesamten Bleitetraäthylmoleküls bedingten Verhältnisse das Auftreten vorwiegend *cerebraler* Symptome zu erwarten sein, wie sie bei der chronischen Bleivergiftung heute nur noch selten und nach Einwirkung sehr hoher Bleimengen zu beobachten sind. *Die Entscheidung über diese noch schwebenden Fragen muß durch entsprechende Beobachtungen der Klinik bzw. der Praxis erst noch gefällt werden.*

Die Gefahr der Schädigung durch *unsachgemäßen* Umgang mit Bleibenzin wird in Fachkreisen vielleicht doch etwas unterschätzt und bedarf noch besonders eingehender Untersuchungen. Berechnet man nämlich nur überschlagsmäßig die Bleimengen, die bei leichtfertiger Verwendung von Bleibenzin wirksam werden, so kommt man zu folgendem Ergebnis: Im Liter Bleibenzin sind 0,49—0,50 ccm, d. h. 0,846—0,862 g Bleitetraäthyl enthalten; das entspricht einer Menge von 515—520 mg metallischem Blei im Liter Kraftstoff. Nimmt man nun an, daß in der Einatmungsluft nur die von LEHMANN und FLURY als höchste zulässige Benzinmenge in Arbeitsräumen genannte Benzinkonzentration von 1 mg Benzin im Liter Luft enthalten ist, so läßt sich errechnen, daß pro Liter Luft 0,585 γ metallisches Blei enthalten sind. Nimmt man bei einem arbeitenden Menschen einen durchschnittlichen stündlichen Luftwechsel von 600 l an, was sicher nicht zu hoch ist, so werden bei achtstündiger Arbeitszeit insgesamt 4800 l Luft verbraucht, welche 2,8 mg metallisches Blei enthalten, die vom Organismus aufgenommen werden können. In Wirklichkeit dürften die angesetzten Zahlen eher zu niedrig sein: ein Teil der Hochleistungskraftstoffe enthält mehr Ethylfluid; die für den Luftverbrauch eines arbeitenden Menschen angesetzten Zahlen sind Mindestzahlen; wenn dann noch die verbleiten Treibstoffe vorschriftswidrig zum Abwaschen *noch warmer* Motorverkleidungen benutzt werden, so wird der Arbeitende, der sich ja mit dem Gesicht in unmittelbarer Nähe der Verdampfungsfläche befindet, wahrscheinlich eine viel höhere Konzentration als 1 mg Bleibenzin in 1 l Luft einatmen, ohne daß es zu Krankheitserscheinungen zu kommen braucht, die etwa einer Benzinvergiftung zuzuordnen wären. Nach LEHMANN-HESS wurden Konzentrationen von 10 mg Benzin im Liter Luft 6 Stunden lang noch ohne wesentliche Symptome ertragen. Theoretisch erscheinen Bleibenzinschädigungen auf diesem Wege durchaus möglich (d. h. also Schäden, die unter den Erscheinungen einer chronischen Bleivergiftung verlaufen), um so mehr, als Bleimengen in der gleichen Größenordnung als toxische Dosen bei Einatmung anorganischer Bleiverbindungen angenommen werden (1 mg Pb tgl., TELEKY; 2 mg tgl., LEGGE-GOADBY, SAYERS und Mitarbeiter). Man wird auf derartige Fälle, die nichts mit einer Bleitetraäthylvergiftung zu tun haben, in der Praxis besonders achten müssen; auch wäre es nötig, durch Luftanalysen unter den oben angegebenen vorschriftswidrigen Betriebsverhältnissen die bei der Berechnung angesetzten Zahlen zu kontrollieren.

II. Erkrankungen durch Phosphor und seine Verbindungen.

Nachdem die Verwendung des *weißen* Phosphors in der Zündholzindustrie zur Herstellung von Streichhölzern in Deutschland seit 1907 gesetzlich verboten worden ist, spielt die gewerbliche Phosphorvergiftung heute nur noch eine untergeordnete Rolle. In dem Zeitraum zwischen 1926 und 1937 wurden insgesamt 44 Erkrankungsfälle angezeigt, davon nur zwei erstmalig entschädigt.

Nur der gelbe (= weiße) Phosphor verursacht Vergiftungen. Immerhin verdient festgehalten zu werden, daß auch der allgemein als ungiftig geltende rote Phosphor, der heutzutage zur Zündholzkopfherstellung benutzt wird, wie auch das Phosphorsesquisulfid (P_3S_3), welches zur Herstellung der Reibflächen an Streichholzschachteln Verwendung findet, bis zu $1^0/_{00}$ und mehr mit gelbem Phosphor verunreinigt sein kann, so daß es unter ungünstigen Umständen evtl. auch einmal bei Umgang mit rotem Phosphor zu Gesundheitsstörungen kommen kann.

Der *gelbe* Phosphor ist bei Zimmertemperatur eine wachsweiche schneidbare Masse, die in frischem Zustand farblos, gealtert schwach gelblich aussieht und die in der Kälte spröde und kristallinisch wird. Der weiße Phosphor ist unlöslich in Wasser, wenig löslich in Äther und Alkohol, leicht löslich in Fetten, Ölen und Schwefelkohlenstoff. Er verflüchtigt sich bereits bei Zimmertemperatur, wobei weiße Nebel auftreten, die elementaren Phosphor nur in Spuren, dafür aber reichliche Mengen Phosphorsäure und Phosphorigsäureanhydrid enthalten, welch letztere jedoch keine toxikologische Bedeutung haben. Der Fp. liegt bei 44,5° C. Infolge des niedrigen Fp. kann der Phosphor sich schon an der freien Luft entzünden. Auch kann die Zündung schon bei ganz geringer Reibung erfolgen, so daß die Aufbewahrung elementaren weißen Phosphors unter Wasser erfolgen muß. Beim Umgang mit elementarem Phosphor kann es zu recht schmerzhaften *Phosphorverbrennungen* kommen. Bei der Verbrennung entwickeln sich ebenfalls Phosphornebel (s. oben).

Vergiftungsmöglichkeiten bestehen bei der Verwendung des weißen Phosphors als Zusatz zum Bronze- und Eisenguß (der Umgang mit fertiger Phosphorbronze ist jedoch ungefährlich, da hier das P nicht mehr elementar, sondern in einer unschädlichen Verbindung vorliegt, während sich bei der Herstellung der Phosphorbronze sehr wohl giftige Dämpfe entwickeln können), bei der elektrolytischen Gewinnung elementaren Phosphors in chemischen Betrieben, bei der Herstellung von Rauch- und Brandbomben, bei der Herstellung medizinischer Phosphorpräparate, von Rattengift (Phosphorlatwerge) sowie bei der Herstellung von Zündbändern, die zum Entzünden von Grubensicherheitslampen benutzt werden.

Die **Aufnahme** des Phosphors erfolgt bei gewerblichen Vergiftungen wohl ausschließlich in Dampfform, wobei kleinste Phosphorpartikelchen in feinsten Wasserdampf eingehüllt durch Einatmen in die Lungen und von dort in den Kreislauf gelangen; die Aufnahme per os ist selten. Über das Schicksal des in den Körper gelangten elementaren Phosphors ist nicht allzuviel bekannt. Es gilt heute als sicher, daß nur der *elementare* Phosphor toxisch wirksam ist und daß seine Oxydationsstufen mehr oder minder unschädlich sind, wenigstens was die Herbeiführung einer Allgemeinvergiftung betrifft. Aus Tierversuchen kann geschlossen werden, daß der elementare Phosphor zunächst eine Zeitlang im Blut kreisen kann, ohne zu oxydieren. Er soll die intracellulären Oxydationen hemmen; erst allmählich wird er dann in oxydierte Phosphorverbindungen umgewandelt.

FISCHLER faßt die Giftwirkung des Phosphors als ausschließlich auf die Leber gerichtet auf. Die Glykogenneubildung in der Leber werde durch den Phosphor gehemmt, die normalen fermentativen Leberfunktionen würden gelähmt. Die autolytischen Vorgänge jedoch gingen weiter, wobei toxisch wirksame Zerfallsprodukte aufträten. Vitamin F bewirke bei der Phosphorvergiftung eine erneute Glykogenbildung in der Leber.

Gewerbliche *akute* Vergiftungen durch Einatmung von Phosphordämpfen sind beim Menschen bisher zwar noch nicht bekanntgeworden, theoretisch aber durchaus vorstellbar. Von einer ausführlichen Darstellung der *akuten* Phosphorvergiftung kann daher im folgenden abgesehen werden. Die im letzten Jahrzehnt bekanntgewordenen akuten Phosphorvergiftungen entstanden alle nach peroraler Phosphoraufnahme in Selbstmordabsicht oder aber durch medizinische Phosphoranwendung. Die dabei erhobenen wichtigeren neueren Befunde seien nachstehend kurz mitgeteilt.

a) Die akute Phosphorvergiftung.

Die peroral tödliche Dosis wird nicht ganz gleich mit 0,05—0,1 g (LIEBSCHER), 0,2—0,4 g (KOCH), 0,2—0,5 g (STARKENSTEIN), die kleinste toxisch wirksame Dosis mit 0,098 g (STARKENSTEIN) angegeben.

Das klinische Bild ist im allgemeinen ziemlich einheitlich. Abgesehen von den nach Einnahme großer Phosphormengen sehr schnell tödlich verlaufenden Fällen, bei denen es infolge der Überschwemmung des Blutes mit Phosphor zur primären Lähmung des Herzens, dann innerhalb weniger Stunden unter heftigen allgemeinen Krämpfen und unter dem Bilde eines Komas zum Eintritt des Todes kommt, bietet sich ein recht typisches Bild.

Nach der Einnahme des Giftes vergeht meist erst ein symptomenfreies Intervall, das 6—48 Stunden dauern kann, ehe als erstes Symptom ziemlich regelmäßig Erbrechen einsetzt, das von allgemeinem Krankheitsgefühl, Mattigkeit, Kopfschmerzen, Übelkeit, Frösteln, Durst, Leibschmerzen, Durchfällen, Schläfrigkeit, manchmal auch Fieber begleitet ist. Das Erbrochene kann, wenn es frühzeitig genug entleert wird und der Mageninhalt noch elementaren Phosphor enthält, im Dunkeln aufleuchten. Nicht in allen Fällen weist der typische, an Knoblauch erinnernde Geruch, der mitunter auch in der Ausatmungsluft wahrnehmbar ist, unmittelbar auf die Diagnose hin. Erst der Ausbruch der Krankheitssymptome veranlaßt die Vergifteten, einen Arzt aufzusuchen. Meist sind die Kranken dann blaß, zuweilen etwas benommen. Die Haut ist kühl, von Schweiß bedeckt; Atmung und Puls sind beschleunigt, die Temperatur oft etwas erhöht. Nach 24—48 Stunden, mitunter noch später, entwickelt sich das für die akute Phosphorvergiftung so typische, das ganze Krankheitsgeschehen beherrschende Syndrom der in den meisten Fällen zum Tode führenden schweren *Parenchymschädigung* der *Leber*. Die Leber vergrößert sich schnell und ragt als glattes weiches Gebilde unter dem rechten Rippenbogen hervor. Auch die Milz wird tastbar. Zuweilen tritt schon frühzeitig als Ausdruck der schweren Leberparenchymschädigung und der damit verbundenen Störung des Kohlehydratstoffwechsels der Leber eine schwere Hypoglykämie mit Blutzuckerwerten zwischen 35 und 40 mg% auf, die dann unter allgemeinen schweren Krämpfen und Cyanose noch vor Entwicklung des typischen Leberkomas mit Gelbsucht zum Tode führen kann. Allmählich entwickelt sich als Zeichen der Leberschädigung ein an Intensität immer mehr zunehmender

Ikterus. Infolge der deletären Wirkung des Giftes auf das Leberparenchym, die zunächst lediglich in einer Reizung, später aber in einer Nekrose der Leberzellen besteht, kommt es zu den schwersten Störungen des Fett-, Kohlehydrat- und Eiweißstoffwechsels in der Leber, die dem Phosphor die Bezeichnung als Stoffwechselgift eingetragen hat und die neben dem sonstigen klinischen Befund vor allem in sehr erheblichen Veränderungen des Blutchemismus ihren Ausdruck findet. Zuerst tritt meist eine Störung der Leberglykolyse auf. Der Blutzucker liegt an der unteren Grenze der Norm oder aber weit darunter und zeigt ständig eine Neigung, zu sinken. Sehr bald kommt es dann auch zu dem für schwere Leberparenchymschädigungen so typischen Estersturz. Kurze Zeit nach Einsetzen der Symptome sind die Cholesterinester nur noch in Spuren nachweisbar. Auch das Gesamtcholesterin verringert sich erheblich. In günstig verlaufenden Fällen wird jedoch die Cholesterinverminderung innerhalb weniger Tage wieder ausgeglichen. Die TAKATA-ARA-Reaktion wird positiv. Albumin und Globulin zeigen im Serum auch bei schweren Störungen lange Zeit keine eindeutigen Veränderungen. Infolge der schweren Leberschädigung ist der Eiweißzerfall sekundär als Folge einer Störung der intermediären Kohlehydratsynthese gesteigert, die Stickstoffausscheidung, insbesondere die Ammoniakausscheidung, als Folge einer Säuerung des Organismus erhöht. Die Oxydationen werden dabei vermindert. Infolge dieser Oxydationshemmung treten, wie bei der akuten gelben Leberatrophie, im Urin Leucin und Thyrosin auf. Infolge der Erhöhung des Serumbilirubins kommt es zu einem starken Ikterus, damit auch zu einer vermehrten Ausscheidung der Gallenfarbstoffe im Urin, der meist auch Spuren von Eiweiß enthält. Im Sediment des bierbraun verfärbten Urins finden sich oft einige Zylinder und Erythrocyten, wie das vom Leberkoma anderer Genese ebenfalls bekannt ist. Der anorganische Phosphorblutspiegel ist meist, entgegen der ursprünglichen Erwartung, von neueren Untersuchern stets erniedrigt gefunden worden (2,2 mg%, BLUMENTHAL und ESSER; 3,4 mg%, MAKINTOSH; 2,7 mg%, McLEAN). Der Calciumspiegel wurde im Blut mit 10—11 mg% meist normal gefunden (BLUMENTHAL und ESSER).

In schweren Fällen kommt es unter den klassischen Zeichen des Leberkomas im Verlauf weniger Tage bis einiger Wochen zum Exitus. In günstig verlaufenden Fällen entwickelt sich meist eine mäßige hypochrome Anämie; allmählich kommt es dann zum Rückgang des Ikterus und unter langsamem Gewichtsanstieg zur Heilung. Leber und Milz bleiben noch mehrere Monate lang vergrößert. Erst nach längerer Zeit, etwa nach 6 Monaten, sind beim *wachsenden* Organismus (bis etwa zum 30. Lebensjahr) in den Wachstumszonen der Knochen typische Phosphorlinien infolge der Verkalkung der Epiphysen festzustellen.

Der **pathologisch-anatomische Befund** ist im wesentlichen durch schwerste Verfettungen der inneren Organe, insbesondere der Leber, der Nieren, des Herzens und der quergestreiften Skeletmuskulatur, der Gefäßendothelien und Ganglienzellen charakterisiert.

Therapeutisch ist die Verabreichung von Milch, Öl und ähnlichen Fetten streng kontraindiziert. Excitation des Kreislaufs, massive Zufuhr von Traubenzucker in Form großer, über lange Zeit fortgeführter isotonischer Traubenzuckerinfusionen hat sich nach neueren Erfahrungen bestens bewährt. Nach den Erfahrungen der Amerikaner muß die Infusionsbehandlung mehrere Wochen lang fortgesetzt und darf nicht vorzeitig abgebrochen werden, da eine frühzeitige Unterbrechung zu einer plötzlichen Verschlechterung des Zustandes führen kann. Die Kost soll fett- und eiweißfrei sein und aus leicht assimilierbaren Kohlehydraten bestehen. Sofern die perorale Giftaufnahme nicht länger als 3 Stunden zurückliegt, kann man versuchen, durch perorale Gaben von Kupfersulfat den Phosphor in unlösliches Cu_3P_2 umzuwandeln. Auch werden Magenspülungen mit Kaliumpermanganat oder einer 0,2proz. Dichloraminlösung empfohlen, um eine Oxydation des Phosphors herbeizuführen. FISCHLER empfiehlt hohe Dosen von Vitamin F.

b) Die chronische Phosphorvergiftung.

Nur sie spielte bei gewerblichen Vergiftungen eine Rolle. Ihr Leitsymptom besteht in einer chronischen Knochenatrophie sowie einer heute nur noch sehr selten zu beobachtenden Nekrose der Knochen (sog. Phosphornekrose), die durch eine Infektion des Knochens auf dem Boden der Knochenatrophie, welche eine Vorschädigung bedeutet, zustande kommt. Infolge der geringen praktischen Bedeutung, welche die chronische, gewerbliche Phosphorvergiftung heute noch besitzt, sind im letzten Jahrzehnt nur sehr wenige Arbeiten erschienen, die sich mit dem Problem befassen. Fortdauernde und regelmäßige Zufuhr von etwa 8 mg Phosphor täglich soll eine chronische Phosphorvergiftung hervorrufen (RODENACKER).

Die **Initialsymptome** bestehen meist in Appetitlosigkeit, Mattigkeit, Arbeitsunlust, allmählicher Gewichtsverminderung, erhöhter Ermüdbarkeit. Es entwickeln sich uncharakteristische dyspeptische Beschwerden. Zuweilen wird die Haut durchsichtig; ihr Turgor ist vermindert, die Venen treten hervor. Trotz der auffallenden Blässe ist das Blutbild zunächst noch normal. Die Skleren sind zuweilen subikterisch verfärbt. Vereinzelt beschriebene kleine Schleimhautblutungen, Netzhautblutungen und Albuminurie sind seltene, nicht gerade sehr kennzeichnende Befunde.

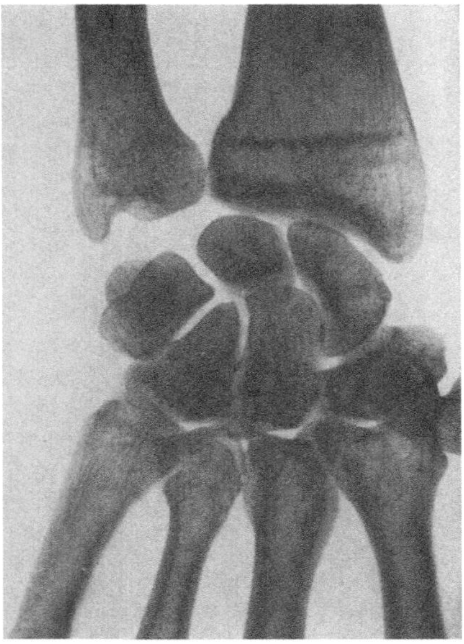

Abb. 1. Knochenveränderungen bei chronischer Phosphorvergiftung. 1. Stadium. Verbreiterung der Epiphyse. [Aus P. MICHAELIS: Arch. Gew. Path. Bd. 7 (1936).]

Volles Vergiftungsbild: Allmählich, oft erst lange nach Beendigung der Phosphorarbeit (Phosphornekrosen sind noch 18 Jahre nach der letzten beruflichen Berührung mit P beobachtet worden) wird die Knochenschädigung bemerkbar. Zuweilen decken erst Spontanbrüche mit sehr schlechter Heilungstendenz, die dann eine Röntgenuntersuchung veranlassen, den Tatbestand auf.

Klinisch ist das erste Zeichen die — allerdings nur am *wachsenden* Knochen, bis etwa zum 30. Lebensjahr — auftretende *Verbreiterung* der Epiphysenlinien. Dieser liegt eine Apposition von Kalksalzen an den Epiphysen zugrunde. Allerdings ist diese Verbreiterung röntgenologisch nicht bei allen Erkrankten festzustellen. Nach den Feststellungen von MICHAELIS zeigen manche Arbeiter in diesem Stadium überhaupt noch keine röntgenologisch faßbaren Erscheinungen; bei anderen ist lediglich eine angedeutete Schattenlinie, bei einem Teil eine sehr deutliche und breite Ausprägung der Epiphysenstreifen im Röntgenbild wahrnehmbar. Diesem ersten Stadium der Apposition folgt ein röntgenologisch allerdings nicht nachweisbares zweites, in welchem die Epiphysenstreifen im Röntgenbild unverändert bleiben und in welchem die Resorption beginnt, die Appositionsvorgänge jedoch noch nicht aufhören und beide Vorgänge sich etwa die Waage halten. Dauert die einseitige Überschwemmung des Organismus mit Phosphor fort, so schreitet die Kalkresorption im Knochen weiter, ergreift das ganze Knochensystem und es entwickelt sich in einem dritten Stadium der Resorption eine allgemeine Knochenatrophie, die sich röntgenologisch in einer vermehrten Lichtdurchlässigkeit der Knochensubstanz und in einem Wiederauftreten der Epiphysennarben zu erkennen gibt, die sich nun als feine Querstreifung des Knochens abzeichnen. Diese Veränderungen sind am deutlichsten am Unterschenkel, weniger ausgeprägt auch an Radius und Ulna. Es sei nicht verschwiegen, daß gegen diese Befunde auch Bedenken erhoben wurden (KOELSCH, mündliche Mitteilung). Die bisher geltende Auffassung (v. STUBENRAUCH u. a.) sah das Wesentliche der chronischen Phosphoreinwirkung in einer Schädigung der *Marksubstanz* des Knochens, an welche sich eine rarefizierende Ostitis (Osteoporose) anschließen sollte, in der man die Ursache der Weichheit, Brüchigkeit und des Elastizitätsverlustes der Knochen sah und an die sich ossifizierend-ostitische und osteosklerotische Veränderungen anschließen.

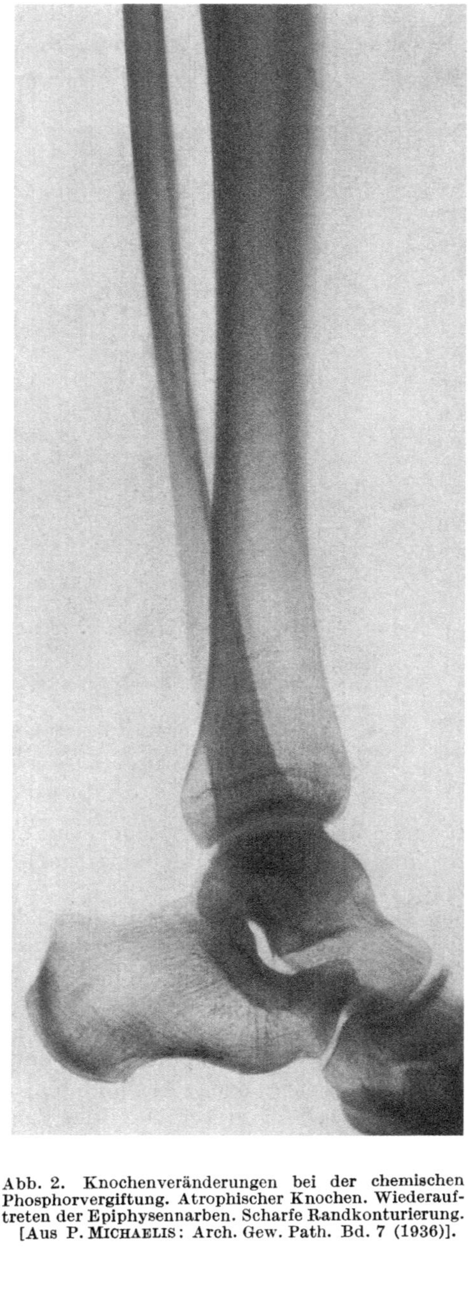

Abb. 2. Knochenveränderungen bei der chemischen Phosphorvergiftung. Atrophischer Knochen. Wiederauftreten der Epiphysennarben. Scharfe Randkonturierung. [Aus P. MICHAELIS: Arch. Gew. Path. Bd. 7 (1936)].

Die Beobachtungen von MICHAELIS bedürfen noch einer Bestätigung. Immerhin bedeuten seine Untersuchungsergebnisse einen

Fortschritt für die frühzeitige Erkennung der chronischen Phosphorvergiftung und MICHAELIS fordert beim röntgenologischen Nachweis einer *Apophysitis atrophicans* und beim Wiederauftreten der Epiphysennarben den unverzüglichen Arbeitsplatzwechsel und ein Ausscheiden aus der Phosphorarbeit.

Die *Phosphornekrose* der Knochen, die grundsätzlich an allen Knochen auftreten kann und sich nur infolge der besonderen anatomischen Verhältnisse (Zähne, Nähe der Mundhöhle) fast immer am Kieferknochen entwickelt, entsteht nach der Auffassung von MICHAELIS auf dem Boden der chronischen Knochenatrophie, welche die Grundlage für das Auftreten der Nekrose darstellt. Zu dieser tritt nämlich eine Infektion von außen, welche in dem durch die chronische Knochenatrophie bereits vorgeschädigten Knochen besonders leicht angeht und welche sich infolge der häufigen Zahnerkrankungen (Caries, Zahnhalserkrankungen, Zahnfacheiterungen) und der Nähe der von infektiösen Erregern wimmelnden Mundhöhle gerade an den Kieferknochen besonders häufig lokalisiert. Im Gegensatz zu der früheren Anschauung, der zufolge die Phosphornekrose der Kiefer auf einer *lokal* schädigenden Wirkung des Phosphors auf die nur von einer dünnen Zahnfleischschicht bedeckten Knochen beruhen sollte und die als Charakteristicum die diffuse und schnelle Ausbreitung des zerstörenden Prozesses ansah, erblickt MICHAELIS das wichtigste Moment für das Zustandekommen der Phosphornekrose in dem geschwächten *Allgemeinzustand* des durch den Phosphor geschädigten Knochens, dessen verminderte vitale Widerstandskraft für das Ausmaß der Ausbreitung des nekrotischen Prozesses entscheidend sei. Zur Stützung seiner Ansicht führt er eigene Beobachtungen an, nach denen die nekrotischen Zerfallsherde begrenzt bleiben und in manchen Fällen nicht in die Umgebung weitergriffen.

Klinisch begünstigen Verletzungen des Zahnfleisches, Zahnextraktionswunden und ausgebreitete Zahnfäule die Entstehung der Phosphornekrose der Kiefer, wobei der Unterkiefer häufiger befallen ist als der Oberkiefer, an welchem infolge der engen Nachbarschaft zu empfindlichen Teilen des Schädels (Nebenhöhlen, Augenhöhlen, Schädelbasis) sich die nekrotische Zerstörung unter Umständen viel schneller ausbreitet und dabei zu schwersten, lebensbedrohlichen Allgemeininfektionen führen kann, während die Prozesse am Unterkiefer, der mehr isoliert liegt, eher auf diesen beschränkt bleiben. Die klinischen Erscheinungen beginnen meist mit Zahnschmerzen, Anschwellen des Zahnfleisches, der Mundschleimhaut und eitriger Entzündung des Gewebes mit Auftreibung der erkrankten Knochen, wobei das Zahnfleisch atrophiert, sich zurückzieht und der Kieferknochen sichtbar wird, dessen Oberfläche rauh und verfärbt erscheint. Es kommt zur Demarkation und Knochennekrose, wobei um die Sequester herum eine Neubildung von Knochen (Totenladenbildung) stattfindet. Die umgebenden Weichteile des Kiefers werden meist infiziert. Beim Übergreifen der eitrig-jauchigen Prozesse auf größere Teile der Umgebung (Mundbodenphlegmone) kann es zu schweren, zuweilen tödlich endenden septischen Allgemeinwirkungen kommen, die dann von Fieber, Schüttelfrösten und

Blutbilderveränderungen begleitet sind. Letztere sind allerdings dann nicht mehr als Ausdruck einer spezifischen Phosphorwirkung, sondern als Folge der sekundären Allgemeininfektion aufzufassen.

Der Gesamtphosphorgehalt des Blutes soll bei Phosphorarbeitern bis auf das Doppelte der Norm erhöht sein, ebenso der Phosphorgehalt des Urins. Die fortgesetzte Zufuhr von Phosphor soll zu Störungen im Muskelstoffwechsel führen. In der Erholungsphase des Muskels sei der Aufbau des Lactacidogens und der Kreatininphosphorsäure durch den Phosphor gehemmt, was sich klinisch durch eine Veränderung der chronaximetrisch meßbaren Geschwindigkeit der Extremitätenmuskelkontraktion erkennen lassen soll. Da nicht nur der Aufbau des Muskel-, sondern auch des Leberglykogens gestört sei, soll es zu Hyperglykämie und Glykosurie kommen. Zunächst soll die chronische Phosphoraufnahme zu einem Gewichtsanstieg, zur Hämoglobin- und Erythrocytenvermehrung führen. Diese Vorgänge sind aber nur im Anfang nachweisbar: dann erfolgt ein Umschlag, das Gewicht nimmt ab, eine Anämie stellt sich ein. In den polynucleären Leukocyten kann man mit der Sudanfärbung einen erhöhten Fettgehalt nachweisen (Biardi).

Die **Therapie** hat eine operative zu sein und muß ein Umsichgreifen der nekrotisierenden Prozesse zu verhindern suchen.

Die Phosphorwasserstoffvergiftung.

Noch in der Zweiten VO. über die Ausdehnung der Unfallversicherung auf die Berufskrankheiten erstreckte sich der Versicherungsschutz auf die Schädigungen durch Phosphor allein, nicht aber auf seine Verbindungen. Dieser Mangel ist in der Dritten VO. von 1936 durch den Zusatz „und seine Verbindungen“ beseitigt worden, so daß heute auch Vergiftungen durch Phosphorwasserstoff entschädigt werden. Wenngleich praktisch die Möglichkeiten für das Zustandekommen einer Phosphorwasserstoffvergiftung im gewerblichen Leben viel größer sind als für das Entstehen einer akuten oder chronischen Phosphorvergiftung, so ist die Zahl der bekanntgewordenen Fälle doch außerordentlich gering. Im letzten Jahrzehnt sind nur vereinzelte Vergiftungen bekannt geworden, die unser Wissen um die PH_3-Vergiftung jedoch nicht in entscheidender Weise bereichert haben.

Von den drei Verbindungen des Phosphors mit Wasserstoff: P_4H_2 (fest), P_2H_3 (flüssig, selbstentzündlich) und PH_3 (gasförmig), ist nur der letztere toxikologisch interessant. Er ist ein farbloses Gas, dessen Geruch bald mehr als knoblauchartig, an faule Fische erinnernd, oder aber als süßlich oder carbidartig bezeichnet wird.

Vergiftungsmöglichkeiten bestehen einmal bei der Herstellung von elementarem gelben Phosphor und Phosphorsesquichlorid, weiterhin in der Acetylenindustrie, wenn das Acetylen aus technischem, d. h. mit Phosphorcalcium verunreinigtem Calciumcarbid entwickelt wird (Lewin, Straub); bei Reparaturen am Acetylenentwickler eines autogenen Schweißapparates (Straub), bei Verwendung mit Carbid verunreinigten Kalkstickstoffs, in Rückständen und Schlammen chemischer Betriebe, beim Feuchtwerden von phosphorhaltigem Ferrosilicium (Dold und Harris u. a.) kamen Phosphorwasserstoffvergiftungen zustande. Neuerdings entstanden durch Anwendung des neuen „Delicia“-Schädlingsbekämpfungsmittels zur Kornkäferbekämpfung (Aluminiumphosphid) Vergiftungen, die vielleicht auch einmal gewerblich von Bedeutung werden können. Durch die Luftfeuchtigkeit wird nämlich aus dem Aluminiumphosphid Phosphorwasserstoff frei ($2\,AlP + 3\,H_2O = 2\,PH_3 + Al_2O_3$).

Die von NOELDECKE sowie MUNTSCH auf Untersee- und Torpedobooten beobachteten Unglücksfälle sind als Vergiftungsquellen gewerblich von geringerer Bedeutung. Durch Verletzung der Phosphorcalcium enthaltenden Leuchtspitze entwickelte sich beim Bewässern der Torpedorohre Phosphorwasserstoff, der dann durch das Rohr in das Bootsinnere zurückschlug.

Häufig tritt Phosphorwasserstoff gemeinsam mit Arsenwasserstoff auf (s. S. 103ff.), so daß bei jeder Arsenwasserstoffvergiftung an die Möglichkeit der Mitwirkung von Phosphorwasserstoff gedacht werden muß.

Der **Wirkungsmechanismus** und das Schicksal des Phosphorwasserstoffs im Körper sind noch nicht geklärt. Veränderungen des Blutes wurden bei den neueren Beobachtungen nie festgestellt. Es gelang im Blut Phosphorwasserstoffvergifteter nicht, Phosphorwasserstoff oder phosphorige Säure nachzuweisen. Hämolytische Veränderungen treten bei genügender Sauerstoffzufuhr nur bei Konzentrationen auf, wie sie bei Vergiftungen am Menschen noch niemals wirksam geworden sind. Die Affinität der drei Blutbestandteile Blutfarbstoff, Serum und Stroma zum Phosphorwasserstoff ist etwa gleich groß (MEISSNER). Über die Höhe der schädlichen Konzentrationen und ihre Wirkungen sind in der spärlichen Vergiftungskasuistik seit 1930 für den Menschen keine neuen Angaben gemacht.

Wirkung des Phosphorwasserscoffs auf den Menschen.
(Nach FLURY-ZERNIK, S. 170.)

	mg/Liter	Teile in 1 Mill. cm^3/m^3 etwa
Rasch tödlich (RAMBOUSEK)	2,8	2000
In 30—60 Minuten sofort oder später tödlich (LEHMANN)	0,56—0,84	400—600
In 30—60 Minuten lebensgefährlich (HESS)	0,4—0,6	290—430
In 30—60 Minuten ohne sofortige oder spätere Folgen ertragen (LEHMANN)	0,14—0,26	100—190
Nach mehrstündiger Einwirkung wirksam bereits [nach 6 Stdn. noch Todesfall beobachtet (HESS)]	0,01	7
Grenze der Wahrnehmbarkeit	0,002—0,004	1,4—2,8

Nach FLURY reichen 0,01 mg/Liter Luft bei sechstündiger Einwirkung aus, einen Menschen tödlich zu vergiften.

Praktisch wichtig, besonders im Hinblick auf die Entstehung subakuter und chronischer Phosphorwasserstoffvergiftungen, ist die auf Tierversuche gestützte Feststellung von W. MÜLLER, daß an sich ungefährliche Mengen von Phosphorwasserstoff bei wiederholter Einatmung deutlich kumulative Wirkungen zeigen. Phosphorwasserstoff gilt als ein Gift, das auf die Nerven und den Stoffwechsel, dann auch erweiternd auf die Gefäße wirkt, die sogar zuweilen thrombosiert sein können.

a) Die akute Phosphorwasserstoffvergiftung.

Die **Initialsymptome** bestehen in Übelkeit, lang dauerndem und heftigem Erbrechen sowie Schwindelgefühl, Erscheinungen, die je nach Höhe der einwirkenden Konzentration sofort oder auch erst Stunden später auftreten. Zuweilen bestehen Kopf- und Magenschmerzen. Nach wiederholter Einatmung nicht unmittelbar tödlich wirkender Konzentrationen beginnen die Krankheitserscheinungen mit Beklemmungsgefühl auf der Brust, Angstgefühl und Atemnot. Mitunter tritt der Tod sehr schnell, gleich nach Einsetzen der ersten Beschwerden und ganz unmittelbar auf. Sehr hohe Konzentrationen führen unter akut einsetzenden asphyktischen Erscheinungen blitzartig zum Tod (Eulenburg).

Zuweilen bestehen zunächst nur Mattigkeit, Müdigkeit und Angstgefühl bis zu 48 Stunden, ehe schwere Vergiftungserscheinungen eintreten (Straub). Nach Einatmung ganz geringer Konzentrationen, die nur leichtere Vergiftungen verursachen, beschränken sich die klinischen Symptome lediglich auf geringe katarrhalische Erscheinungen; die Gesichtsfarbe ist zuweilen auffällig wachsbleich.

Das **volle Vergiftungsbild** ist nicht so überaus charakteristisch, sondern vielgestaltig, wenn auch die letzthin von Gessner mitgeteilten, unter gleichen äußeren Bedingungen entstandenen Vergiftungen ein ziemlich einheitliches Bild boten, bei dem Erscheinungen des Magen-Darm-Kanals im Vordergrund standen. Die Zunge kann belegt sein; heftiges, ständig zunehmendes Erbrechen, starker Durst, Durchfälle waren die eindrucksvollsten Symptome, genau wie bei den von Dold und Harris beschriebenen Vergiftungen. Biweilen wurde Tachykardie und Temperatursteigerung, Cyanose und schwere Herzschwäche beobachtet; in anderen Fällen wieder standen Angst und Druckgefühl auf der Brust, hochgradige Kurzatmigkeit mit erschwertem Inspirium (Gessner), stechende, brennende Schmerzen hinter dem Brustbein, trockener Husten ohne Auswurf, Schmerzen in der Zwerchfellgegend, die nach dem Rücken ziehen, mehr im Vordergrund des Krankheitsgeschehens.

In anderen Fällen wieder beherrschten Symptome, welche mehr auf eine Einwirkung des Phosphorwasserstoffs auf das *Zentralnervensystem* hindeuteten, das klinische Bild: Ohnmachtsanfälle, Druck- und Benommenheitsgefühl im Kopf, dumpfe Kopfschmerzen, Schwindel und Ohrensausen (Dietz), Kälte- und Frostgefühl am ganzen Körper, Taumeln und Gangunsicherheit, Schweißausbrüche und Anfälle kurz dauernder heftiger Erregung sowie Bewußtlosigkeit, die mitunter schon sehr frühzeitig einsetzte und zu völliger Betäubung führte, in anderen Fällen aber sich erst allmählich mehr und mehr steigerte (Dold und Harris); in schwersten Fällen wurden Zuckungen der Arme und Beine, an tetanische Krämpfe erinnernde Streckerkrämpfe mit Muskelschmerzen und Muskelsteifigkeit beobachtet (Straub), Symptome, die das klinische Bild prägten. Die bisher beschriebenen Todesfälle traten unter tiefster Bewußtlosigkeit mit maximal erweiterten Pupillen und unter den Zeichen eines Lungenödems ein. Abgesehen von den schwersten, blitzartig zum Tode führenden Fällen tritt der Tod 24—48 Stunden nach der Giftaufnahme ein.

Der **Sektionsbefund** ist spärlich und uncharakteristisch. Zuweilen wurden pathologisch-anatomisch erkennbare Schäden überhaupt vermißt. Lungenödem, Erweiterung des Herzens, Blutüberfüllung in Leber und Nieren (GESSNER) sind die recht vieldeutigen Befunde, die bisher erhoben wurden. Das Blut ist meist dunkel und flüssig. Auch im Tierversuch (W. MÜLLER) wurden außer Hyperämie der Lungen, der Trachea, der Nieren und des Gehirns nur gelegentlich kleine Blutungen im Myokard und trübe Schwellung der gewundenen Nierenkanälchen, sonst aber keine weiteren typischen Veränderungen gefunden.

Die **Therapie** besteht lediglich in der Anwendung symptomatischer Maßnahmen. Eine spezifische Therapie fehlt. Empfohlen werden Injektionen von Natriumthiosulfat, Calcium, Ascorbinsäure, Analepticis, Traubenzucker sowie Sauerstoffzufuhr.

b) Die chronische Phosphorwasserstoffvergiftung.

Ob es eine *chronische Phosphorwasserstoffvergiftung* gibt, ist nach der bisher am Menschen beobachteten Kasuistik durchaus unentschieden. Eindeutige und sichere chronische Vergiftungen wurden bisher noch nicht beschrieben. Nach HENDERSON-HAGGARD sollen sich die klinischen Symptome der chronischen Phosphorwasserstoffvergiftung mit denen der chronischen Phosphorvergiftung decken. In dem nicht ganz eindeutigen, von EICHLER beschriebenen Fall werden als Vergiftungssymptome auffallende Blässe, eine hypochrome Anämie, Schwellungen der Augenlider, Beschleunigung der Herztätigkeit, Meteorismus, Leibschmerzen, Druckempfindlichkeit des Abdomens, Verstopfung, Schwächegefühl, Schwindel und bronchitische Erscheinungen genannt, wobei ein sicherer Zusammenhang zwischen den genannten Krankheitserscheinungen und der möglichen chronischen Phosphorwasserstoffeinwirkung nicht klar bewiesen werden konnte; ein ziemlich großflächiges Magengeschwür unklarer Genese erschwerte in diesem Fall die Entscheidung, welche Symptome der Vergiftung und welche dem Magengeschwür zuzuordnen sind, noch weiter. In dem von LEWIN mitgeteilten Fall, bei welchem Sehstörungen, vor allem Akkommodationsstörungen, Sprach- und Gehstörungen sowie hochgradiger Zellzerfall das klinische Bild beherrschten, ist es unklar, ob es sich um reine Phosphorwasserstoffwirkung handelte (FLURY und ZERNIK).

Die sonst noch in Frage kommenden Phosphorverbindungen, das *Phosphortrichlorid* (PCl_3), das *Phosphorpentachlorid* (PCl_5) sowie das *Phosphoroxychlorid* ($POCl_3$), sind in ihrer Wirkung ziemlich einheitlich gekennzeichnet durch ein Vergiftungsbild, wie man es nach der Einwirkung von Reizgasen zu sehen gewohnt ist und das sich vorwiegend auf Reizerscheinungen an den Luftwegen beschränkt. Von den genannten Verbindungen ist vor allem das Phosphortrichlorid schon in sehr kleinen Konzentrationen wirksam. Die Wirkung des Phosphoroxychlorids erinnert an die des Phosgens. Klinisch steht ein hochgradiger Reizzustand der oberen Luftwege mit Hustenreiz, Niesen, Augenbindehautentzündung, brennenden Schmerzen in der Nase, im Hals und hinter dem Brustbein, Schluckbeschwerden, Druckgefühl auf der Brust, in ernsteren Fällen Erstickungsgefühl, Entleerung eines schaumig-blutigen Auswurfs, Herzdekompensation, Extrasystolen, Anämie,

Leberschwellung (Stauung?) und Albuminurie sowie Lungenemphysem im Vordergrunde des Vergiftungsbildes. Vergiftungsmöglichkeiten bestehen vor allem bei Arbeiten in chemischen Laboratorien. Die *Therapie* ist im wesentlichen die gleiche wie bei Reizgasvergiftungen, vorwiegend symptomatisch. Sie muß vor allem zu verhindern suchen, daß ein Lungenödem entsteht und das Herz versagt.

Phosphorsesquichlorid, das bei der Herstellung der Reibfläche von Zündholzschachteln benutzt wird, kann ein Ekzem als Ausdruck einer allergischen Hautreaktion hervorrufen (sog. Streichholzschachtelekzem am Oberschenkel unter der Hosentasche).

III. Erkrankungen durch Quecksilber oder seine Verbindungen.

Trotz der vielfältigen gewerblichen Verwendung des Quecksilbers und der zahlreichen Vergiftungsmöglichkeiten ist die Zahl der den Berufsgenossenschaften gemeldeten Vergiftungen im Vergleich zu anderen gewerblich wirksamen Giften gering. Von 1926—1937 wurden insgesamt 731 Erkrankungen gemeldet; davon waren erstmalig geschädigt 89. Seine große chemische Beständigkeit, seine Unveränderlichkeit an der Luft und hohe Dichte, sein gutes elektrisches Leitvermögen und die flüssige Form, die leichte Verdampfbarkeit, das gute Lösungsvermögen für andere Metalle und die starke katalytische Wirksamkeit machen das Quecksilber in der Technik völlig unentbehrlich.

Quecksilber ist ein silberglänzendes, bei Zimmertemperatur flüssiges und verdampfendes, an der Luft unveränderliches Metall mit einem spezifischen Gewicht von 13,6. Es siedet bei 357° C und erstarrt bei —39,4° C. Außer Eisen, Nickel und Platin löst es praktisch alle Metalle und geht mit ihnen Verbindungen ein, die zum Teil fest, zum Teil dickflüssig sind und als sog. *Amalgame* bezeichnet werden. Wie auch sonst ist die Löslichkeit der Verbindungen sehr wesentlich für das Zustandekommen von Vergiftungen. Beim Quecksilber liegen insofern noch besondere Umstände vor, als das an sich relativ unschädliche Metall durch seinen so niedrig liegenden Verdampfungspunkt als Dampf in den Organismus eindringen kann und dadurch Vergiftungen, akute wie chronische, verursacht. Es verdampft auch durch zentimeterdicke Schichten von Wasser, Kohlenwasserstoffen und anderen Flüssigkeiten hindurch (PÜTTER und HIRSCH).

1 cbm mit Quecksilberdampf gesättigte Luft enthält etwa 15 mg Quecksilber bei Zimmertemperatur. Eine annähernde Vorstellung von der Sättigung der Luft, d. h. ihrem Höchstgehalt an Hg bei verschiedenen Temperaturen, vermittelt die nachstehende Tabelle (nach FLURY-ZERNIK, S. 232):

t° C	Dampfdruck d. Hg mm	Konzentration der mit Hg gesättigten Luft	
		mg/Liter	Teile Dampf in 1 Mill.
20	0,0013	0,0152	1,84
30	0,0029	0,0339	4,10
40	0,0060	0,0700	8,50
60	0,0300	0,3500	42,50
100	0,2800	3,2600	396,00
200	18,3000	213,0000	25800,00
300	246,0000	2879,0000	348000,00

Quecksilberdampf ist völlig geschmack- und geruchlos. Die Dampfkonzentration in der Luft ist nicht nur abhängig von der Temperatur, sondern auch von der Größe der verdampfenden Oberfläche und der Bewegung der über dieser stehenden Luft (vgl. hierzu S. 61).

Von den zahlreichen Quecksilberverbindungen haben vor allem die nachstehend aufgeführten besondere gewerbliche Bedeutung: *salpetersaures Quecksilberoxydul* wird bei der Herstellung von Haarbeizen gebraucht. *Quecksilbernitrat* ($HgNO_3$), *gelbes* und *rotes Mercurioxyd* (HgO) werden zur Herstellung anderer Quecksilberpräparate, als Oxydationsmittel und Katalysatoren, zur Entschwefelung organischer Stoffe, zum Verdünnen des Goldes in der Porzellanmalerei, als Schutz gegen Veralgung eiserner Schiffsböden und zur Herstellung von Quecksilbersalben benutzt. *Quecksilberchlorür* (= *Calomel*, $HgCl$) wird als Arzneimittel, zum „Verquicken" von Vergoldungen und in gleicher Weise wie die Oxyde in der Porzellanmalerei, weiter zur Herstellung von Feuerwerkskörpern (zu diesen auch Hg-Rhodanid [sog. Pharaoschlangen]) und bei der Anfertigung von Normalelementen gebraucht. Die am meisten benutzte Quecksilberverbindung ist das *Mercurichlorid* (= *Sublimat*, $HgCl_2$), das neben *Quecksilberbromür* zur Verstärkung in der Photographie, in Kattundruckereien, als Katalysator, zum Ätzen und Brünieren von Stahl, zum Füllen von Trockenelementen, für Streichmassen in der Akkumulatorenindustrie, als Desinfektions- und Ungeziefervertilgungsmittel, in Saatbeizen und zur Holzkonservierung (Kyanisierung) Verwendung findet. *Organische Quecksilberverbindungen* werden als Arzneimittel (Diuretica), weiterhin vor allem zum Beizen von Saatgut und zur Herstellung von kosmetischen Quecksilberseifen (Sublamin, Äthylendiaminquecksilbersulfat, Quecksilbercyanid, Quecksilberfettsäuren, oxyquecksilberölsaures Natrium, oxy- und dioxyquecksilberphenol-Natrium = Providolseife, oxyquecksilber-o-toluolsaures Natrium = Afridolseife) benutzt. *Knallquecksilber* [= *Quecksilberfulminat*, $Hg(CNO)_2$] wird zur Herstellung von Momentzündschnüren, Zündhütchen und anderen Zündern in der Sprengstoffindustrie verwendet. Bei der Herstellung des Knallquecksilbers entstehen neben anderen gesundheitsschädlichen Gasen und Dämpfen (Salpetersäure, nitrose Gase, Blausäure) Quecksilberdiäthyl- und Quecksilberäthylnitrat. *Zinnober* (*Hg-Sulfid*), das u. a. als Farbstoff benutzt wird, ist infolge seiner geringen Löslichkeit praktisch ungiftig, doch kann es bei der Herstellung und beim Erhitzen von Zinnober zu Vergiftungen kommen.

Die **Vergiftungsmöglichkeiten** sind infolge der vielfältigen Verwendung außerordentlich zahlreich. In Bergwerken, in denen Zinnober und andere quecksilberführende Erze gefördert werden (in Deutschland ist seit 1935 nur ein einziges Hg-Bergwerk in Obermoschel in Betrieb), besteht vor allem da, wo freies Quecksilber (sog. Jungfernquecksilber) in größeren Mengen zwischen Zinnober und anderen Hg-haltigen Erzen auftritt, eine Gefahr. Derartige Vorkommen gibt es allerdings nur in den spanischen Gruben. In Quecksilberhütten wird das Erz zur Reduktion erhitzt und das Metall überdestilliert, wobei Quecksilberstaub und vor allem Dämpfe in gesundheitsschädigenden Konzentrationen entstehen. Infolge der hohen einwirkenden Dampfkonzentrationen kommen hier unter Umständen schon nach sehr kurzer Zeit akute gewerbliche Vergiftungen zustande. Die früher bei der

Feuervergoldung relativ häufig beobachteten akuten Vergiftungen sind jetzt sehr viel seltener geworden, da man heute zur Silberspiegelherstellung übergegangen ist. Weitere akute gewerbliche Vergiftungen ereignen sich beim Platzen von Quecksilberdampflampen, bei Knallquecksilberexplosionen in geschlossenen Räumen, beim Reinigen, Schweißen und Ausbessern von Kesseln, die vorher Quecksilber enthielten oder in denen damit gearbeitet worden war. Bei der Verwendung von quecksilberhaltigen Schädlingsbekämpfungsmitteln und Saatgutbeizen (Fungolit, Fusariol, Fusatin, Germisan, Segetan, Subliform, Tillantin R, Uspulun, Ceresan u. a. m.), die zwischen 4 und 16% Hg enthalten, können akute gewerbliche Vergiftungen entstehen. Ungeschicktes Hantieren mit Thermometern, wobei es zu Verletzungen und Eindringen von metallischem Quecksilber in die Wunde kommt, werden ebenfalls Anlaß zu akuten Vergiftungen.

Die viel häufigeren, gewerblich ungleich wichtigeren *chronischen* Vergiftungen kommen vorwiegend durch Einwirkung von Quecksilber*dämpfen* zustande und können sich grundsätzlich überall da ereignen, wo mit metallischem Quecksilber umgegangen wird. Neben den oben bereits genannten Vergiftungsgelegenheiten sind chronische Vergiftungen vor allem in der Filzhutindustrie und bei Hasenhaarschneidern beobachtet worden, wo Lösungen von salpetersaurem Quecksilber zum Verfilzen des Haares benutzt werden. Zunächst werden die Haare in der quecksilberhaltigen Lösung feucht behandelt, dann getrocknet, geschnitten und verfilzt, wobei das Quecksilber zuerst als Dampf, bei der Trockenbearbeitung als Staub gesundheitsschädigend wirksam werden kann. Chronische Vergiftungen ereignen sich weiter in der Elektrotechnik bei der Herstellung, besonders aber bei der Reparatur noch heißer Quecksilberdampf-Gleichrichteranlagen, bei Benutzung von Quecksilber zu Unterbrechern und als Kontaktflüssigkeit, beim Undichtwerden von Quecksilberdampflampen, weiter in metallurgischen Laboratorien, an elektrischen Induktionsschmelzöfen, bei der Benutzung von Quecksilberturbinen, Quecksilberluft- und -vakuumpumpen, z. B. bei der Herstellung von Glühbirnen, Röntgen- und Radioröhren, bei der Herstellung von Thermometern, Barometern, Blutdruckmeßapparaten, Aräometern, Elektrizitätszählern und ähnlichen physikalischen und elektrotechnischen Apparaten. In der chemischen Industrie bestehen Möglichkeiten zur chronischen Vergiftung bei der Gewinnung und Verpackung der verschiedensten Quecksilberverbindungen, beim sog. Amalgamverfahren in der Alkali-Chlor-Industrie, bei der Gold- und Silbergewinnung, bei der Gewinnung von Quecksilber als Katalysator, bei der Synthese von Acetylen und bei der Essigsäure- und Aldehydfabrikation; bei der letzteren entstehen die besonders giftigen Äthyl- und Methylquecksilberverbindungen, die schwere Vergiftungen verursachen; chronische Vergiftungen wurden beobachtet auch bei der Herstellung von Quecksilberfarben, bei der Sensibilisierung photographischer Platten durch Quecksilberdämpfe sowie in der pharmazeutischen Industrie bei der Gewinnung der verschiedensten quecksilberhaltigen medizinischen Präparate, die zur Desinfektion bestimmt sind oder als Abführmittel dienen, sowie bei der Bereitung quecksilberhaltiger Salben. Chronische Vergiftungen sind weiter bekanntgeworden in industriellen, Hochschul-, Schul-, ärztlichen und zahnärztlichen Laboratorien, wo Quecksilber als Sperrflüssigkeit für gasanalytische und sonstige Apparate dient und wo Amalgame für zahnärztliche Zwecke hergestellt werden. Schwere Vergiftungen in Laboratorien kamen auch in Klinikräumen und ärztlichen Untersuchungszimmern durch Verschütten von Quecksilber vor, Ereignisse, die überhaupt häufiger zu sein scheinen, als sich nach den Mitteilungen aus der Literatur ergibt. Auch die therapeutische Anwendung von Quecksilberzubereitungen (Salben) kann bei den mit der Ausführung der Schmierkur betrauten Personen (Schwestern, Pflegern, Ärzten) chronische Vergiftungen herbeiführen. Zahnärzte und ihr Hilfspersonal wurden durch unvorsichtigen Umgang mit Amalgamen, insbesondere Kupferamalgam, das im Mörser oder in der Hand angerührt, geknetet und geformt wird, chronisch vergiftet. Bei der Holzimprägnierung, z. B. von Telephonmasten und Eisenbahnschwellen mit Sublimat (sog. Kyanisieren, das allerdings heute nur noch eine untergeordnete Rolle spielt) sind chronische Quecksilbervergiftungen durch die Einwirkung von Quecksilberdampf und -staub möglich. Betriebsstörungen, Undichtwerden von Quecksilberbehältern und Leitungen, unvorsichtiger Umgang mit metallischem Quecksilber bei Reparaturen, beim Filtrieren von verschmutztem Hg und bei der Destillation desselben zu Reinigungszwecken sowie bei der Rückgewinnung, z. B. aus Amalgam, stellen weitere Ursachen für chronische Vergiftungen dar.

Vergiftungsmechanismus, Aufnahme, Verteilung, Ausscheidung: Die *Aufnahme* von Quecksilber in den Körper erfolgt bei den gewerblichen Vergiftungen in erster Linie wohl in Form von Hg-Dampf, von Quecksilbersalzen (die fast alle mehr oder weniger Hg-Dämpfe abgeben, allerdings erst bei höherer als Zimmertemperatur) und von flüchtigen organischen Verbindungen durch die Atemwege.

Bei der Vergiftung durch Quecksilber*dampf* sind noch eine Reihe wichtiger Faktoren zu berücksichtigen. Bei der Verdampfung metallischen Quecksilbers ist die Größe der wirksamen Oberfläche besonders wichtig, welche wiederum von dem Grade der Reinheit des Quecksilbers abhängt. Reines Quecksilber zerteilt sich nämlich, z. B. beim Verschütten, leicht in zahllose kleine Kügelchen, die um so besser und schneller wieder zusammenfließen, je reiner das Quecksilber ist. Mit Staub, Fett usw. verunreinigtes Quecksilber fließt dagegen nicht so leicht wieder zusammen, so daß infolge der feinen Verteilung eine viel größere, für die Stärke der Verdampfung des Quecksilbers sehr viel wirksamere Oberfläche entsteht; eine an sich kleine, aber fein verteilte Menge Quecksilber bewirkt daher eine viel stärkere Sättigung der Luft mit Quecksilberdampf als eine an sich größere, aber reinere und damit besser zusammenhängende Quecksilbermenge in einem flachen Gefäß, deren Oberfläche kleiner ist. Auch spielt die Luftbewegung neben der Temperatur noch eine wichtige Rolle. Das Litergewicht des Quecksilberdampfes beträgt 8,34 g. Er sammelt sich infolgedessen dicht über der Oberfläche des metallischen Quecksilbers an, so daß die dicht darüberstehende Luft ziemlich völlig gesättigt ist, wodurch die weitere Verdampfung natürlich gehindert wird. Bei stärkerer Luftbewegung wird zwar die Verdampfung größer werden; infolge des kürzeren Kontaktes der ständig sich erneuernden Luft wird deren Sättigung jedoch geringer sein. Bei unbewegter Luft ist die Sättigung der dicht über der Oberfläche stehenden Luft am stärksten, sie nimmt jedoch mit zunehmender Entfernung stark ab (RENK), was beim Zustandekommen gewerblicher Vergiftungen unter Umständen von erheblicher Bedeutung werden kann.

Weg und Wirkungsweise des Quecksilbers im Körper sind bisher durchaus noch nicht eindeutig geklärt. Eine in allen Einzelheiten befriedigende Darstellung des Vergiftungsmechanismus läßt sich auf Grund der bisher vorliegenden Beobachtungen und Untersuchungsergebnisse noch nicht geben.

Wenn STARKENSTEIN seinerzeit den Satz aufstellte, daß das Schicksal des atomistisch aufgenommenen Quecksilbers, also von Quecksilberdampf, im Körper prinzipiell ein anderes ist als das der ionisierten Quecksilbersalze und daß in Abhängigkeit von diesem Schicksal auch der Verlauf der Vergiftungen in beiden Richtungen hin ein anderer sei, so müssen Zweifel an der Richtigkeit dieser Behauptung auftauchen, wenn man die Beschreibungen des klinischen Symptomenbildes bei der akuten Vergiftung durch Quecksilberdämpfe mit dem nach peroraler Aufnahme mehr oder weniger wasserlöslicher ionisierter Quecksilberverbindungen vergleicht. *Bei beiden akuten Vergiftungsformen treten nämlich ganz gleiche, das klinische Vergiftungsbild beherrschende Vergiftungssymptome auf, die vorwiegend den Magen-Darm-Kanal und die Nieren, d. h. also die Ausscheidungsstätten, betreffen,* so daß zumindest für die Ausscheidung und damit letztlich auch für die *endgültige* Verteilung bei beiden Vergiftungsmodi ein gleicher Ablauf des Vergiftungsmechanismus anzunehmen ist. Wenn bei der chronischen Vergiftung, die praktisch wohl ausschließlich durch die lang dauernde Einwirkung von Quecksilberdampf zustande kommt (chronische Vergiftungen durch perorale Aufnahme ionisierter Hg-Verbindungen allein sind bisher noch nirgends beschrieben), ein anderes, sich vorwiegend am Zentralnervensystem abspielendes Vergiftungsbild entwickelt, so kann dies meines Erachtens nicht als Beweis für eine grundsätzlich andersartige Wirkung des Quecksilberdampfes gewertet werden, die durch den atomisierten Zustand des Hg im Hg-Dampf ursächlich bedingt sein muß. Auch ähneln die Restzustände überstandener akuter Vergiftungen sehr den bei chronischer Vergiftung beobachteten.

Die Vorstellungen STARKENSTEINS, nach denen bestimmte Gruppen von Quecksilberverbindungen ganz verschiedene Organe schädigen und zwar die einen mehr akut, die anderen mehr chronisch und beide Gruppen sich grundsätzlich vor allem durch ihre Wasser- und Lipoidlöslichkeit sowie eine Reihe weiterer chemisch-physikalischer Eigenschaften unterscheiden, werden durch die oben wiedergegebene Auffassung nicht berührt. Die leicht wasserlöslichen Verbindungen schädigen vor allem infolge der schnellen Aufnahme massiver Hg-Mengen genau wie hochkonzentrierte Quecksilberdämpfe die Orte der Ausscheidung: Magen-Darm-Kanal und Nieren; die mehr lipoidlöslichen Alkylquecksilberverbindungen schädigen infolge des höheren Lipoidgehaltes der Nervensubstanz vorwiegend das Zentralnervensystem. Ähnliche Unterschiede finden sich ja auch bei anorganischen und organischen Bleiverbindungen.

Langdauernde Aufnahme akut nicht wirksamer Quecksilberdampfmengen führt, da das Quecksilber ziemlich schnell wieder ausgeschieden wird, nicht zu einer genügend hohen, schädigend wirkenden Quecksilberkonzentration an den Ausscheidungsorten, insbesondere an den Nieren, so daß sich die Schäden in gleicher Weise wie im Anschluß an akute überstandene Vergiftungen auch am Zentralnervensystem auswirken können, wobei die Frage einer besonderen Affinität des Quecksilbers zu den Nervenzellen diskutiert wurde. Bei den im Verlauf akuter Vergiftungen entstehenden schweren Nierenschäden ist der Ausfall der Nierenfunktion oft nicht kompensierbar, so daß der Tod eintritt. Überstandene akute Vergiftungen führen zu Nervenschäden, wie sie sonst nur bei chronischer Vergiftung vorkommen. Umgekehrt kommt es auch bei chronischen Vergiftungen, wenn auch nur sehr abgeschwächt, zu Schäden an den Ausscheidungsorganen, die bei akuter Vergiftung ganz im Vordergrund stehen.

Die Form der auftretenden Schädigung kann eher als Ausdruck der in der Zeiteinheit erreichten Quecksilber*konzentration* an bestimmten Stellen des Organismus aufgefaßt werden, für die die Aufnahmegeschwindigkeit, d. h. mithin also auch die Löslichkeit der schädigend wirkenden Verbindung mit maßgebend ist. Bei der akuten Vergiftung kommt es so schnell zu einer zellschädigenden Wirkung des einverleibten Quecksilbers an den Schleimhäuten des Verdauungstraktes und in den Nieren, daß die bei chronischer Vergiftung entstehenden Veränderungen in der nervösen Substanz sich gar nicht mehr entwickeln können, da der Nierenschaden lebensbedrohlich ist. Der Weg des in den Körper eingedrungenen Quecksilbers im Organismus ist offenbar unabhängig von der Art der Aufnahme und die Schnelligkeit seiner Wirkung nur abhängig vom Grad der Löslichkeit der wirksam werdenden Verbindungen.

Von diesen Überlegungen werden die verschiedenen, die *Aufnahme* des Quecksilbers betreffenden Vorstellungen und Theorien nicht mitbetroffen. Daß sich aus den bisherigen Untersuchungsergebnissen über die *Aufnahme* Verschiedenheiten ergeben, die vom Zustand des in den Körper eindringenden Quecksilbers abhängig sind, ist verständlich.

Über Körpertemperatur erhitzte Quecksilberdämpfe verhalten sich nämlich anders als solche von Zimmertemperatur oder darunter. Erstere gelangen offenbar gar nicht in die Lungen, sondern kondensieren sich bereits in den oberen Atemwegen (Mund, Nase, Rachen) und werden von dort aus resorbiert (COLE, GERICKE und SULLIVAN, BIONDI u. a.). Inwieweit die von STOCK behauptete Resorption des Quecksilbers von der Nasenschleimhaut aus auch für Dämpfe von Zimmertemperatur zutrifft, ist ungewiß. Nach STOCK soll das Quecksilber schon dort zunächst oxydiert werden und dann in Lösung gehen, wobei er sich auf die Beobachtung stützt, daß bei vielen Quecksilberdampfvergiftungen Nasenschleimhautnekrosen als Ausdruck einer örtlich zerstörenden Wirkung nachzuweisen sein sollen. Die Störungen des Hör- und Gleichgewichtsapparates (Ohrensausen und Schwindelgefühl) sollen von der Nase aus auf dem Wege über die Tuben zustande kommen und die Veränderungen in Mund und Rachen ebenfalls von der Nasenschleimhaut ausgehen; die nervösen Störungen entständen auf dem Wege Nase—Bulbus olfactorius—Hirnhaut—Stirnhirn. Damit wurde das Auftreten von Gehirnerscheinungen zu erklären versucht in Fällen, in denen ein niedriger oder normaler Quecksilberblutspiegel gefunden wurde. Man müßte dann annehmen, daß das Quecksilber unter Umgehung der Blutbahn in das nervöse Gewebe einzudringen vermag.

Sobald gelöstes Quecksilber mit Eiweiß in Berührung komme, bilde sich ein Albuminat, das sich in eiweißhaltiger Flüssigkeit löse, so daß das in der Alveolenflüssigkeit gelöste Quecksilber durch die Bindung an das Eiweiß mit dem Blut immer wieder aus der Lunge entfernt werde, so daß es dort niemals zu einer starken Quecksilberansammlung komme. Von der Lunge sollen etwa 25% des in der Raumluft enthaltenen Quecksilbers absorbiert werden.

Bei der peroralen Aufnahme gelangen die wasserlöslichen Verbindungen durch die Magen-Darm-Schleimhaut ins Blut. Die von peroral aufgenommenem Quecksilber stammenden Dämpfe spielen beim Zustandekommen der Vergiftung offensichtlich keine Rolle; die perorale Aufnahme von flüssigem metallischen Quecksilber, das bei Körpertemperatur natürlich stärker verdampft als bei Zimmertemperatur, ist toxikologisch praktisch bedeutungslos, da selbst große Mengen flüssigen Quecksilbers nach peroraler Zufuhr fast immer schadlos vertragen wurden (STARKENSTEIN).

Eine dritte Möglichkeit der Aufnahme, die gewerblich eine größere Rolle spielt als das perorale Eindringen, ist die durch die Haut. Aus Tierversuchen ergab sich, daß das Quecksilber als Staub oder flüssige Verbindung nur durch die Poren- und Talgdrüsenöffnungen und an den Haarschäften entlang eindringen kann. Bei therapeutischer Anwendung einer alkoholischen Sublimatlösung zur Filzlausbeseitigung entwickelte sich innerhalb ganz kurzer Zeit eine schwere, akute, tödliche Quecksilbervergiftung mit allen klassischen Kardinalsymptomen (KÄRBER). Ein zweiter, ganz ähnlicher, nur viel leichter verlaufender Fall wurde mir erst vor kurzem bekannt. Das gleiche gilt von Verletzungen der Haut. Ein intaktes Stratum corneum läßt kein Quecksilber durch. Mangelhafte Hautreinigung wirkt für die Aufnahme von Quecksilber begünstigend. Es kommt hier über die Einwirkung von Fett und Fettsäuren, Eiweißkörpern und Kochsalz zu Umsetzungen des unlöslichen Metalls in lösliche Oxydulverbindungen. Beim direkten Eindringen größerer metallischer Quecksilbermengen durch Verletzungen erfolgt die Resorption vom

Unterhautzellgewebe oder von der Muskulatur aus (Thermometerverletzungen, Unfälle durch Knallquecksilber).

Infolge der allgemeinen Affinität des Quecksilbers zum Eiweiß kommt es nach dem Eindringen ins Blut zur Bildung von Komplexverbindungen (Quecksilberchloralbuminat, Quecksilberoxychloralbuminat?) zwischen Metall und Körpersubstanz, dadurch unter Umständen zu einer allgemeinen Umstimmung des Körpers, die vielleicht zur Erklärung der bisweilen beobachteten Überempfindlichkeit gegen winzige Quecksilberspuren mit herangezogen werden könnte. Diese Überempfindlichkeit äußert sich dann z. B. im Auftreten leichter Vergiftungserscheinungen nach kurzdauerndem Baden eines Fingers in einer 0,05proz. Sublimatlösung, in vermehrter Speichelsekretion z. B. nach einmaliger Anwendung eines quecksilberhaltigen Haarwassers oder in der Entwicklung eines nässenden Gesichtsekzems nach Einlegen einer Amalgamplombe. Auch die von STOCK als Ausdruck einer chronischen Quecksilbervergiftung bezeichneten Beschwerden, wie Müdigkeit, Mattigkeit, Arbeitsunlust, sind wohl mehr in das Gebiet der Überempfindlichkeitsreaktionen zu rechnen.

Das im Blut aufgenommene Quecksilber verschwindet ziemlich schnell wieder aus dem Kreislauf und wird, bis zu einem gewissen Grad abhängig von der Form und Art der Aufnahme, wahrscheinlich nur vorübergehend in den verschiedensten Organen abgelagert. Speicherorgane sind bisher noch nicht bekannt. Einen gewissen Anhalt für die Verteilung ergeben u. a. die Analysenergebnisse nach akuter, durch perorale Sublimataufnahme verursachter Vergiftung: bei weitem die höchste Quecksilberkonzentration wurde in den Nieren gefunden; die nächsthöchste Konzentration fand sich in der Leber, wobei der Gesamtquecksilbergehalt der ganzen Leber etwa das Dreifache der in den beiden Nieren gefundenen Hg-Menge betrug; der Darm enthielt sehr viel weniger Quecksilber; in Blut und Galle waren nur Spuren nachzuweisen, während in Milz, Herz, Lunge, Gehirn und Skeletmuskulatur wenig oder gar kein Hg gefunden wurde (SOLLMANN und SCHREIBER). Angeblich soll in Leber und Nieren das Quecksilber sehr fest gebunden werden; aus den Depots sollen wahrscheinlich schubartig über längere Zeit hin wechselnd große, insgesamt aber winzige Mengen des Metalls frei werden, womit die oft noch sehr lange nach der Metallaufnahme nachweisbare Ausscheidung erklärt wird.

Die *Ausscheidung* des Quecksilbers erfolgt durch die Galle, den Magen-Darm-Trakt, insbesondere dessen untere Abschnitte, durch die Speichel-, Schweiß- und Milchdrüsen sowie durch die Nieren. Im allgemeinen nahm man bisher an, daß hauptsächlich der Dickdarm Ausscheidungsort des Quecksilbers ist. UMEDA hält diese Auffassung für nicht bewiesen und eine Ausscheidung in den oberen Darmabschnitten für wahrscheinlicher. Durch die Koteindickung im Dickdarm werde das Quecksilber dort stärker konzentriert und setze deshalb auch dort seine Schäden.

Nach den Feststellungen von SOLLMANN und SCHREIBER ist die absolute, durch den Magen-Darmtrakt entfernte Quecksilbermenge nach peroraler Aufnahme überraschend gering und am ersten Tage noch am größten. Sie setzt ziemlich schnell, schon wenige Stunden nach der Aufnahme ein, zieht sich jedoch dann über Wochen, Monate, sogar bis zu einem Jahr und noch länger hin. Dabei ist zu berücksichtigen, daß nach peroraler Aufnahme von Quecksilberverbindungen schon durch das kurz nach der Einnahme ziemlich regelmäßig auftretende heftige Erbrechen ein großer Teil der zugeführten Giftmenge wieder aus dem Körper entfernt wird, und zwar vor allem mit der ersten Portion (SOLLMANN und SCHREIBER). Ein weiterer bedeutsamer Teil wird innerhalb der ersten 24 Stunden unresorbiert mit dem Stuhl herausgeschafft. Die durch Magenspülungen der Resorption entzogenen Mengen scheinen unbeträchtlich zu sein. Die täglich ausgeschiedenen Quecksilbermengen schwanken stark, weshalb bei quantitativen Untersuchungen der Ausscheidungen Einzelbestimmungen kaum verwertbar sind. Durch den Darm soll etwa doppelt soviel Hg ausgeschieden werden wie durch die Nieren. Dabei ist zu berücksichtigen, daß auch normale Menschen 0,5—10 γ Hg täglich im Harn und im Kot ausscheiden (STOCK), die aus den Nahrungsmitteln stammen. Neben den Analysenergebnissen von STOCK sind neuerdings Zahlen von SZÉP veröffentlicht worden, die in der nachfolgenden Tabelle aufgeführt sind und die mit den STOCKschen Zahlen gut übereinstimmen.

Material	Hg γ%	Material	Hg γ%
Brot	1,8	Schweineniere	8,6
Brotmehl	2,1	Schweineblut	0,6
Milch	4,0	Rindfleisch	3,3
Schweinefleisch	2,6	Rinderniere	1,8

Ein diagnostisch verwertbares festes Verhältnis zwischen Harn- und Kotquecksilberausscheidung besteht nicht. Erst Mengen von 20 γ und mehr (40—50 γ) täglich in Harn und Kot zusammen bzw. mehr als 10 γ Hg im Tagesharn allein können für die Diagnose einer Quecksilbervergiftung verwertet werden, jedoch nur bei Leuten, die nicht im Verlaufe der letzten drei Monate frische Amalgamplomben eingesetzt erhielten. Aus frischen Amalgamplomben diffundiert das Hg durch das Dentin in die Blut- und Lymphbahn hinein. Auch bei schweren Vergiftungen fanden sich in Harn und Kot täglich nicht mehr als einige 100 γ Hg; Werte über 1000 γ müssen den Verdacht auf eine beabsichtigte Zuführung von Quecksilber oder seiner Verbindungen zu Täuschungszwecken erwecken.

Insgesamt kann man unser Wissen über den Wirkungsmechanismus und das Verhalten des Quecksilbers im Körper etwa dahin zusammenfassen: Das eingedrungene Metall übt eine Reizwirkung auf die Gewebe aus. Die starke Affinität des Quecksilbers zum Stickstoff führt zur Bildung von Komplexverbindungen mit der Körpersubstanz, die unter Umständen gewisse allergische Reaktionen und eine allgemeine Umstimmung des Organismus auslösen. Außerdem bewirkt das Quecksilber eine Zellschädigung in den Organen, in denen es besonders angereichert wird, d. h. bei Zufuhr größerer Mengen innerhalb eines kurzen Zeitraums an den Ausscheidungsorten (Magen-Darm-Kanal, Nieren), bei lang dauernder Zufuhr kleiner Mengen vor allem im Bereich des Zentralnervensystems.

Toxische Dosis: Wenn es an sich schon schwierig ist, eine allgemeingültige Dosis toxica eines Giftes anzugeben, so liegen die Verhältnisse beim Quecksilber infolge der stark wechselnden individuellen Empfindlichkeit und der nicht ganz selten bestehenden Überempfindlichkeit besonders verwickelt. Jugendliche, Hautkranke, Rekonvaleszenten, Blutarme, Frauen, Schwangere, Alkoholiker sowie vor allem Nierenkranke gelten als besonders gefährdet. Mengen von 10—20 γ Hg im Kubikmeter Luft sollen schon nach einigen Stunden, bei wochenlanger Einwirkung ziemlich sicher eine chronische Vergiftung hervorrufen. Die Zahlen sind jedoch ziemlich fragwürdig. Als feststehend ist jedenfalls anzunehmen, daß schon Bruchteile eines Milligramms im Kubikmeter Luft eine chronische Vergiftung zu verursachen vermögen. STOCK gibt an, daß eine tägliche Aufnahme von 5—100 γ Hg eine chronische Vergiftung erzeuge.

a) Die akute und subakute Quecksilbervergiftung.

Klinisches Symptomenbild: Ihre Leitsymptome bestehen in Erscheinungen am Magen-Darm-Kanal und an den Nieren, gleichgültig, ob die Giftaufnahme peroral oder in Form hochkonzentrierter Quecksilberdämpfe durch die Lungen erfolgt. Nervöse Störungen, wie sie als Leitsymptome der chronischen Einwirkung zu gelten haben, können auch im Verlauf einer akuten Vergiftung, vor allem nach Einwirkung der Dämpfe von Alkylquecksilberverbindungen oder *im Anschluß* an akute Vergiftungen auftreten. Umgekehrt wurden auch Schäden an den Ausscheidungsstätten, wie sie vorwiegend bei akuter Vergiftung vorkommen, im Verlauf chronischer Quecksilbervergiftungen beobachtet. *Gewerbliche* akute Vergiftungen stellen ein seltenes Ereignis dar.

Die akute Vergiftung beginnt im allgemeinen mit Erscheinungen am Magen-Darm-Kanal (gastrointestinaler Typ). Tiefe Blässe der Haut und der Schleimhäute beherrscht das äußere Erscheinungsbild des Erkrankten, der schwach und verfallen in seinen Kissen liegt. Nach dem Einsetzen der Durchfälle ist der Leib tief kahnförmig eingezogen, die Harnblase nach Abklingen der ersten, schnell vorübergehenden Polyurie leer. In manchen Fällen entwickelt sich gleich in den ersten Stunden ein mehr oder weniger ausgeprägter Kollapszustand (Zirkulationstyp der Vergiftung). Zuweilen sind die Kranken unruhig und motorisch erregt; gelegentlich besteht auch ein ausgeprägter Tremor der Hände.

Eine sichere Abtrennung der **Initialsymptome** ist bei der akuten Quecksilbervergiftung in der Praxis nicht immer möglich. Infolge der schnellen Aufnahme und Ausscheidung setzen die ersten Vergiftungserscheinungen sehr schnell und ohne daß charakteristische oder länger dauernde Prodromalsymptome vorausgehen, ganz unvermittelt und plötzlich ein. Die Schädigungen an den Ausscheidungsorganen schließen sich unmittelbar und frühzeitig mit fließenden Übergängen an.

Die **oberen Atemwege** und die **Lungen** sind an dem Vergiftungsgeschehen nur bei der Inhalation hochkonzentrierter Quecksilberdämpfe durch Reizerscheinungen an den Schleimhäuten beteiligt. Oft besteht eine Tracheitis, die einen trockenen, quälenden Reizhusten ohne Auswurf verursacht; Beklemmungsgefühl über der Brust und brennende Schmerzen hinter dem Brustbein sind ebenfalls Ausdruck der Schleimhautreizung der Luftröhre. STOCK will Nekrosen auf der Nasenschleimhaut beobachtet haben. Bisweilen treten schon in den Anfangsstadien der Vergiftung Fieber und entzündliche Veränderungen in den Lungen auf. Die Kranken werden aufgeregt, ängstlich und benommen. In einzelnen Fällen beobachtete man nach Quecksilberdampfeinatmung einen eigentümlichen Zustand der Trunkenheit.

Am stärksten und in manchen Fällen schon sehr frühzeitig ist der **Magen-Darm-Kanal** in seiner ganzen Ausdehnung am Krankheitsgeschehen beteiligt. Schon ganz zu Beginn klagen die Kranken über einen metallischen Geschmack im Munde. Abgesehen von den nur bei peroraler Aufnahme von Sublimat auftretenden lokalen Verätzungen, die an den Lippen, an der Zunge, im Rachen und den ganzen Oesophagus hinunter bis zum Magen weißgraue Schorfe hinterlassen können, ist die *Mundhöhle* in recht typischer Weise beteiligt. Die beobachteten Veränderungen sind Ausdruck der nach Passieren des Kreislaufes durch die Mundschleimhaut erfolgenden Quecksilberausscheidung. Die nachfolgend beschriebenen Veränderungen brauchen nicht gleichzeitig zu bestehen; das eine oder andere Symptom findet sich jedoch eigentlich immer. Schon bald tritt ein unangenehmes Hitzegefühl, Brennen und Jucken im Munde auf; der Kauakt ist mit Schmerzen verbunden. Es entwickelt sich die bekannte *Quecksilberstomatitis.* In manchen Fällen besteht lediglich eine einfache Gingivitis mit Metallgeschmack im Mund und Stumpfwerden der Zähne. Seltener, insgesamt jedoch öfter bei chronischen Vergiftungen, sind Zahnfleisch, Zunge und Wangenschleimhaut bläulichrot, weicher Gaumen, Rachen und Zäpfchen tief dunkel- bis kupferrot verfärbt (sog. Lackrachen). Die Verfärbung bleibt noch lange nach Abklingen der Stomatitis sichtbar. Das Zahnfleisch löst sich von den Zähnen los, entblößt die Zahnhälse und blutet schon bei geringster Berührung. Infolge der Ernährungsstörungen des Halteapparates der Zähne werden diese locker und fallen in manchen Fällen aus. Die Zahnfleischentzündung nimmt meist von cariösen Zähnen ihren Ausgang. Am Rande des livid-rötlich entzündeten Zahnfleisches entwickelt sich in vielen Fällen oben und unten eine zuweilen auf die Lippen, bei schlechter Mundpflege auch auf die Zähne oder Prothesenplatten übergreifende, zur flächenhaften Ausbreitung neigende schwärzliche Verfärbung, die aus Quecksilbersulfid besteht, das sich unter der Einwirkung von bei den Fäulnisvorgängen in der Mundhöhle frei werdendem Schwefelwasserstoff bildet. Dieser *Quecksilbersaum* ist vom Bleisaum schwer zu unterscheiden. Er hat einen stumpferen, mehr grauen Ton und breitet sich leichter flächenhaft aus. Ein ausgesprochener Saum findet sich oft nur dann, wenn Zahnfleischentzündung, Stomatitis und vermehrter Speichelfluß fehlen (BAADER und HOLSTEIN). In schweren Fällen kommt es auch zu Schwellung und Rötung der zuweilen dick belegten Zunge, zum Aufsprießen von Bläschen oder zur Bildung von flachen, meist ziemlich scharfrandig begrenzten, grau belegten Geschwüren mit verdicktem Rand, die vor allem gegenüber cariösen Zähnen, an der Übergangsstelle der oberen und unteren Zahnreihe, auf der Zunge, an den seitlichen Zungenrändern und gelegentlich auch einmal auf den Gaumenmandeln lokalisiert sind und später unter Narbenbildung abheilen. Nur in seltenen Fällen breiten sich die Geschwüre über die ganze Mundhöhle und Wangenschleimhaut aus, wobei sich auch Perialveolarabscesse und Kiefernekrosen entwickeln können. Stark entwickelte entzündliche Veränderungen in der Mundhöhle verursachen bisweilen einen nicht unbeträchtlichen Temperaturanstieg. Der Speichelfluß ist meist gesteigert; in anderen Fällen wieder fehlt die vermehrte Salivation und die Kranken klagen über quälendes Trockenheitsgefühl im Munde. In schweren Fällen sind die Speicheldrüsen, insbesondere die Parotis, entzündet und sondern massenhaft (bis zu einigen Litern täglich) faden, übelriechenden Speichel ab. Es besteht ein starker Foetor ex ore.

Schon kurze Zeit nach der Quecksilberaufnahme treten Übelkeit, Würg- und Brechreiz, schließlich heftiges Erbrechen ein; nach peroraler Giftaufnahme werden oft schon unmittelbar nach der Einnahme, nach Quecksilberdampfinhalation erst nach einigen Stunden, weiße, manchmal auch grünlich verfärbte schleimige Massen entleert, die später auch mit Blut vermischt sein können. Bald gesellen sich heftige Leibschmerzen und quälende Tenesmen mit sich an Heftigkeit steigernden Durchfällen hinzu; der dünne Stuhl ist mit Schleim und Blut vermischt. Infolge des durch die Durchfälle bedingten großen Wasserverlustes kommt es wie bei der Cholera zu schmerzhaften Wadenkrämpfen. Im Darm, vor allem im Dickdarm, entwickeln sich hämorrhagische flächenhafte Entzündungen und Geschwüre, die auch nach peroraler Aufnahme von Quecksilberverbindungen nicht durchwegs als Folge einer primären lokalen Wirkung des eingeführten Giftes auf den Darm, sondern als Ausdruck einer resorptiven Schädigung infolge der Wiederausscheidung des in den Kreislauf gelangten Metalls zu deuten sind.

Die durch das Quecksilber bedingte Schädigung der **Leber** spielt im klinischen Bild nur eine untergeordnete Rolle; hierauf hinweisende Symptome sind nur in einzelnen Fällen recht deutlich. Das Gift wird durch die KUPFFERschen Sternzellen aufgenommen. Infolge der Überschwemmung des Leberparenchyms mit Quecksilber werden die Leberzellen, vor allem nach peroraler Aufnahme, in ihrer Funktion geschädigt: die Gallenresorption wird gestört; Gallebestandteile treten ins Blut über und es entsteht eine allerdings nur geringe Bilirubinämie: die Bilirubinwerte im Blutserum übersteigen kaum die obere Grenze der Norm. Ein leichter Ikterus mit gelber Verfärbung vor allem der Skleren ist die Folge. Diese Befunde sollten allerdings nicht dazu verführen, eine Leberschädigung zum besonders typischen Symptom einer Quecksilbervergiftung zu stempeln. Leberschädigungen in diesem Ausmaß kommen schließlich auch bei vielen anderen Erkrankungen oft genug vor. VANOTTI legt der auf einer Schädigung des Leberparenchyms beruhenden Störung des Cholesterinstoffwechsels für die Entwicklung der Nierenschäden besondere Bedeutung bei. Parenchymdegeneration und eine Verfettung der an der Peripherie der Läppchen liegenden Zellen sind das anatomische Substrat der Quecksilberschädigung der Leber.

Entscheidend für den Verlauf der akuten Vergiftung ist das Krankheitsgeschehen an den **Nieren**. Die Schwere der Nierenschäden entscheidet über Leben und Tod des Vergifteten. In den meisten Fällen tritt mit Beginn der Quecksilberausscheidung durch die Nieren zunächst eine deutliche Vermehrung der Harnsekretion auf (Polyurie). Dann aber setzt schnell eine immer mehr zunehmende Harnverhaltung ein; in allen ernsteren Fällen entwickelt sich eine völlige Anurie. Das mit dem Blut in die Nieren gelangende Quecksilber verbindet sich offenbar mit dem Protoplasma der Nierenzellen. Die Tubulizellen degenerieren, lassen massenhaft Eiweiß durch, das in den Harnkanälchen gerinnt und sie verstopft. In dem spärlich gelassenen Harn finden sich massenhaft Eiweiß (bis zu $20^0/_{00}$ und mehr), Gallenfarbstoffe und Zucker. Das spezifische Gewicht steigt auf hohe Werte bis zu 1030 und darüber. Bei genauer Untersuchung kann man feststellen, daß vor und nach der Anurie vorübergehend, in manchen Fällen auch dauernd, das Konzentrationsvermögen der Nieren nachläßt; das spezifische Gewicht des Harns sinkt ab; der Harn enthält wenig Kochsalz und Stickstoff. Im Sediment findet man hyaline, granulierte und Wachs-, nach 1—3 Wochen auch Kalkzylinder infolge Verkalkung der abgestorbenen Epithelzellen, weiterhin Leukocyten, mäßig viel Erythrocyten, im Gegensatz zur Lipoidnephrose jedoch *keine* doppelt brechenden Substanzen. In schweren Fällen entwickelt sich eine in diesem Ausmaß nur bei der Quecksilberniere vorkommende *Hypochlorämie*; öfter findet man auch eine Indicanurie, die dann im Zusammenhang mit einer durch toxischen Eiweißzerfall herbeigeführten Allgemeinvergiftung zum Tode führt. Je früher die Anurie auftritt, um so ernster ist die Prognose.

Wird die Harnsperre durch Abklingen der Vergiftungserscheinungen oder Anwendung geeigneter therapeutischer Maßnahmen durchbrochen, so erfolgt der Rückgang der Nierenfunktionsstörung oft überraschend schnell. Die der Quecksilberniere eigentümliche Mischung der Symptome, die teils auf eine Schädigung des Glomerulusapparates, teils auf eine solche der Tubuli schließen läßt, ist in ihrer Ursache nicht ganz einfach zu erklären. Im allgemeinen wird die Quecksilberniere unter die sog. nekrotisierenden Nephrosen eingeordnet, die mit so schweren Kanälchenschädigungen einhergehen, daß im Gegensatz zu den anderen Nephrosen eine echte Niereninsuffizienz resultiert. Das klinische Bild der Quecksilberniere deckt sich weder mit dem klassischen Begriff der Nephritis noch mit dem der Nephrose. Man wählte deshalb auch den Ausdruck Glomerulonephrose. Französische Autoren sehen zwischen der Lipoidnephrose und der Quecksilberniere lediglich einen graduellen Unterschied. Mit der Nephritis hat die Sublimatniere die Hämaturie, die Olygurie, die Cylindrurie, das Fehlen von Lipoiden und das im allgemeinen hohe spezifische Gewicht des Harn sowie die Retention harnpflichtiger Substanzen im Blut gemeinsam; es fehlt jedoch die sonst für eine Nephritis typische Blutdrucksteigerung und die damit oft verbundene Linkshypertrophie des Herzens. Mit der Nephrose hat die Quecksilberniere die Hypercholesterinämie und die massive Albuminurie gemeinsam, doch sind die sonst für Nephrosen typischen ausgedehnten Ödeme niemals so stark ausgeprägt. Es fehlen nämlich die für das Zustandekommen von Ödemen nötigen extrarenalen Voraussetzungen, die in Gefäßwandschädigungen, Veränderungen des osmotischen Drucks und Verschiebungen der Eiweißfraktionen (Albumin und Globulin) im Blut bestehen. Die Hypochlorämie, welche auf einer Abwanderung von Chlor aus dem Blut ins Gewebe beruht, ist für die Quecksilberniere besonders typisch und in diesem Ausmaß weder bei anderen Nephrosen noch bei der Nephritis zu finden. VOLHARD wies ausdrücklich darauf hin, daß bei der gewöhnlichen Nephrose ohne schwere Funktionsstörungen der Niere massive Ödeme vorhanden zu sein pflegen, während bei der Quecksilbervergiftung viel beträchtlichere Nierenschäden ohne Ödeme bestehen.

Herz, Kreislauf, Gefäßsystem: Neben den durch den erheblichen Wasserverlust infolge des Erbrechens und der profusen Durchfälle öfters zu beobachtenden, wechselnd stark ausgeprägten Kollapserscheinungen sind in einzelnen Fällen bei akuten Quecksilbervergiftungen auch *Herzschäden* beschrieben worden. PICK beobachtete im Verlauf einer akuten Sublimatvergiftung eine typische Perikarditis mit einer wenn auch geringen Erhöhung des Venendruckes auf 140 mm H_2O. Im Ekg. fanden sich als Ausdruck dieser Perikarditis anfangs eine gleichmäßige Erhöhung der T-Abgänge in allen Abteilungen, dann eine starke Abflachung der T-Zacken, später Doppelgipfligkeit und Negativität derselben, schließlich eine Wiederaufrichtung der Endschwankung (HOLZMANN, WINTERNITZ und LANGENDORF). Eine rheumatische, epistenokardische, Durchwanderungs- und vor allem urämische Perikarditis konnte mit Sicherheit ausgeschlossen werden. Als Ursache werden Herzmuskelnekrosen infolge der Quecksilbereinwirkung auf das Myokard angenommen, eine Auffassung, die durch anatomisch-pathologische Herzbefunde in ähnlichen Fällen erhärtet wird. Herzmuskelnekrosen mit nachfolgender mikroskopisch nachweisbarer Verkalkung sind verschiedentlich beschrieben worden (RÜTHER, TILP, PETRI, vgl. auch FULL). Zur Entstehung derartiger Perikarditiden müßte angenommen werden, daß die nekrotisierenden Prozesse sich in den oberflächlichen subepikardialen Schichten des Myokards abspielen, wodurch dann auch die Ekg.-Veränderungen ausreichend erklärt würden.

Der *Blutdruck* ist wechselnd, oft erniedrigt oder normal, selten erhöht, doch auch dann nur in mäßigem Grade. Der Puls ist wie stets beim Kollaps frequent, klein und leicht unterdrückbar.

Das *Gefäßsystem* ist ebenfalls mitbeteiligt. Quecksilber erweitert die venösen Kapillaren und verengt die Arteriolen (RICHTER und FÖLSCHE). Die Veränderungen des Gefäßlumens erfolgen über das vegetative Nervensystem. Hierfür spricht auch der positive Ausfall des Adrenalinsondenversuches, der allerdings für Quecksilberschädigungen nicht spezifisch ist und auch bei Schädelbrüchen und sonstigen Tonusstörungen im Sympathicusgeflecht der Hirngefäße positiv ausfällt (BÜCK).

Man sprayt hierzu auf die untere Nasenmuschel eine 1promill. Adrenalinlösung und wartet das Erblassen der Schleimhaut ab. Nun fährt man mit einer Sonde von hinten nach vorn 5—6mal immer auf derselben Linie über die Schleimhaut der Muschel. Bei positivem Ausfall verbleibt nach Abklingen der Adrenalinblässe ein weißer Strich.

Blut: Die Veränderungen im Blutbild sind bei der akuten Quecksilberschädigung nicht sehr charakteristisch; der Grad ihrer Ausbildung geht mit der Schwere der sonstigen klinischen Symptome nicht parallel; ihre diagnostische Verwertbarkeit ist damit begrenzt. Das rote Blutbild läßt meist Abweichungen von der Norm vermissen. Hin und wieder trifft man vereinzelte basophil punktierte Erythrocyten an. Im Differentialblutbild sind die Verschiebungen zuweilen deutlicher: sie bestehen in Eosinophilie, Lymphocytose und Monocytose, die am deutlichsten unmittelbar nach Beginn der Quecksilbereinwirkung nachzuweisen sind; die zuweilen im Verlauf der akuten Vergiftung zu beobachtenden Veränderungen der Gesamtleukocytenzahl sind offensichtlich nicht unmittelbar der Wirkung des Quecksilbers zuzuschreiben, sondern den durch dieses verursachten entzündlichen Veränderungen an der Darmschleimhaut. Nach Einatmung sehr hoher Quecksilberdampfkonzentrationen will man gelegentlich Zeichen der Hämolyse mit deutlichem Erythrocytenzerfall und nachfolgender Thrombenbildung beobachtet haben.

Zu dem Zeitpunkt, in welchem die Nierenschäden stärker entwickelt sind, steigen als sekundäre Folge davon im Blut die Werte für Reststickstoff, Harnsäure, Xantoprotein, Cholesterin und Phenole; der Kochsalzspiegel sinkt erheblich unter die Norm. Meist ist auch eine ausgeprägte Indicanämie nachweisbar. Die Senkung ist schon wenige Stunden nach Krankheitsbeginn deutlich beschleunigt. Der normale Quecksilberblutspiegel liegt um 0,3—0,7 γ%. Bei schweren Vergiftungen steigt er bis auf 20—25 γ%, sinkt aber, sofern die weitere Giftzufuhr aufhört, bald wieder auf niedrigere Werte. Die Bewertung der Höhe des Quecksilberblutspiegels muß womöglich noch vorsichtiger erfolgen als die des Bleiblutspiegels. Neuere Befunde von Szép, die allerdings noch der Nachprüfung bedürfen, ließen erkennen, daß der Quecksilberspiegel des Blutes bei schweren Allgemeinerkrankungen ungeheuer steigen kann. Er fand im Leichenblut von Patienten, die an schweren Krankheiten starben, Werte zwischen 7,8 und 34,6 γ% Hg, obwohl eine Quecksilberaufnahme niemals zuvor stattgefunden hatte. Hier ergäben sich übrigens interessante Beziehungen zum Verhalten des Bleiblutspiegels, der ja ebenfalls sehr labil ist und durch die verschiedensten einfachen Eingriffe zu beeinflussen ist (vgl. S. 30).

Zentralnervensystem; periphere Nerven, Sinnesorgane: Zentralnervöse Ausfälle spielen bei der akuten Vergiftung, im Vergleich zu den sich vorwiegend am Zentralnervensystem bei chronischer Vergiftung manifestierenden Krankheitserscheinungen, nur eine untergeordnete Rolle. Eine Ausnahme machen, wie schon anfangs erwähnt, akute Vergiftungen durch Einatmung sehr hoch konzentrierter Quecksilberdämpfe, bei denen als Zeichen der Schädigung des Zentralnervensystems Aufregungszustände, Zittern, Kopfschmerzen und Übelkeit auftreten. Die bei der Einatmung der Dämpfe organischer Quecksilberverbindungen (Alkylquecksilberverbindungen) sich entwickelnden Vergiftungserscheinungen spielen sich ebenfalls überwiegend am Zentralnervensystem ab und unterscheiden sich im einzelnen nicht wesentlich von denen, die bei der chronischen Quecksilbervergiftung beobachtet werden (s. diese). Neben den vorherrschenden zentralnervösen Ausfällen (Taubheit, Sehstörungen, Sensibilitätsstörungen, geistige Verblödung, Delirien, Koma) finden sich jedoch auch in solchen Fällen typische Zeichen der akuten Vergiftung: Speichelfluß, Stomatitis usw. Infolge des schnellen Krankheitsablaufes bei der akuten Vergiftung kommt es auch nicht zu Schädigungen der peripheren Nerven. Nervöse Ausfallserscheinungen entwickeln sich *im Anschluß* an akute Vergiftungen (s. Abschnitt Nachkrankheiten). An den *Augen* wurden im Verlauf der akuten Vergiftungen Sehstörungen beobachtet, die dann in Form von Flimmern vor den Augen, vereinzelt auch von Opticusschäden, zum Teil mit Erblindung (Spielmann und Blum) vor allem nach der Einatmung von Methylquecksilberdämpfen auftraten. Derartige Schäden sind jedoch genau so selten, wie die einmal nach akuter Quecksilbereinatmung beobachtete Hirnpurpura (Dietrich), die Ganglienzelldegenerationen (de Crinis) und Polyneuritiden mit Beteiligung sowohl der motorischen wie auch der sensiblen Fasern (Faworski, Kotschergin).

Haut: Bei den durch beruflichen Umgang mit metallischem Quecksilber oder seinen Verbindungen auftretenden Hautschäden, die auch nach einmaliger Zufuhr im Anschluß oder während des Ablaufs einer akuten Vergiftung auftreten können, handelt es sich im wesentlichen um Überempfindlichkeitserscheinungen, die von der bei direkter Einwirkung von metallischem Quecksilber auf die Haut auftretenden Entzündung der Haarsäckchen (sog. Quecksilberfolliculitis) zu trennen sind. Diese Überempfindlichkeitserscheinungen treten unabhängig von der Art der sie auslösenden Quecksilberverbindung immer in gleicher Form auf. Meist besteht bei quecksilberempfindlichen Personen eine Gruppenüberempfindlichkeit gegen mehrere Quecksilberverbindungen. Die Überempfindlichkeit ist nicht vererblich. Man nimmt heute an, daß die Ursache der Krankheitserscheinungen an der Haut in der Einwirkung des Quecksilberions auf die Gefäße infolge Lähmung derselben durch die im Blut kreisenden Quecksilberverbindungen besteht, wodurch es zu einer Blutüberfüllung, einem Flüssigkeitsaustritt ins Gewebe und zu einer Auflockerung des Epithels kommt (Almkwist). *Klinisch* sind verschiedene Formen der Quecksilberdermatitis zu unterscheiden. Entweder tritt sie — oft unter starkem Jucken — in Form eines über den ganzen Körper verbreiteten, mehr oder weniger verstreuten Erythems auf oder aber es entwickelt sich ein zuweilen mehr an Masern, in anderen Fällen wieder mehr an Scharlach erinnerndes Exanthem, welch letzteres mitunter innerhalb weniger Tage unter deutlicher Schuppung abheilt. Zuweilen kommt es zu Bläschenbildung oder zur Entstehung trockenekzematös veränderter oder auch nässender Flächen. Schwere Formen der Quecksilberdermatitis können von einem erheblichen Temperaturanstieg begleitet sein. Als Prädilektionsstellen gelten Gelenkbeugen und Gesicht, die bei Quecksilbereinwirkung von außen zuerst, bei innerlicher Aufnahme erst später befallen werden. Das Gesicht ist gelegentlich stark ödematös geschwollen, wobei die Augen völlig verschwinden können. Diese Hautveränderungen bestehen eigentlich nie allein. Bei genauer Untersuchung finden sich regelmäßig, wenigstens angedeutet, noch andere Kardinalsymptome der Quecksilbervergiftung (Gingivitis, Stomatitis, Durchfälle usw.).

Die Identifizierung der Quecksilberdermatitis erfolgt am besten durch cutane Hautfunktionsproben: ein auf die Haut gelegtes Läppchen, das mit 1promill. Sublimat- oder 2promill. Quecksilberoxycyanatlösung getränkt ist, verursacht eine deutliche Hautreaktion. Während des akuten Stadiums verzichtet man besser auf die Anwendung des Testes, da bei der meist hochgradigen Überempfindlichkeit eine unerwünschte Verschlimmerung der Krankheitserscheinungen zu befürchten ist.

Nachkrankheiten: Die gewerblich sehr seltenen akuten Quecksilbervergiftungen kommen meist durch Störungen in Betrieben zustande, in denen auch sonst die Möglichkeit zur fortdauernden Aufnahme kleinster Quecksilbermengen besteht. Gerade in solchen Fällen entwickeln sich im Anschluß an akute Vergiftungen Krankheitserscheinungen, die an sich mehr der chronischen Vergiftung zuzuordnen sind. Dabei ist oft sehr schwer zu entscheiden, inwieweit die beobachtete Nachkrankheit wirklich als solche gedeutet werden darf bzw. inwieweit die ihr zugeordneten Symptome als Ausdruck einer durch die akute Vergiftung gleichsam manifest werdenden chronischen Quecksilbervergiftung aufzufassen sind. Russische Autoren stellten an Arbeitern, die früher eine akute Quecksilbervergiftung erlitten hatten, in einem hohen Prozentsatz (48%) eine auffällig fahle Gesichtsblässe und Halonierung der Augen fest. Vereinzelt fiel eine starke Abmagerung auf, gleichzeitig eine leichte Gingivitis sowie intermittierend auftretende, wechselnd stark blutige Durchfälle. Über die Hälfte der Untersuchten litt unter ziehenden Schmerzen in den Gelenken. Vasomotorische Störungen fanden in starken Handschweißen ihren Ausdruck. Bei den meisten bestand eine relative Hypotonie mit Herabsetzung lediglich des systolischen Druckes, während der diastolische Druck normal oder sogar etwas höher lag. Ursächlich glaubt man eine verminderte Durchlässigkeit der präcapillaren Arterien und die über längere Zeit bestehenden Durchfälle hierfür verantwortlich machen zu dürfen. Vereinzelt bestand eine Bradykardie; im Ekg. wurden in 33% der Fälle Herzmuskelschäden, bei 38% der Untersuchten nervöse Rhythmusstörungen festgestellt. Die Urinquecksilberausscheidung blieb relativ lange hoch. Das in 29% der Fälle beobachtete Nasenbluten wurde auf Gefäßwandschäden zurückgeführt.

Sonst wurden vor allem nervöse Erscheinungen, nämlich Reflexübererregbarkeit, Übererregbarkeit der Hautnerven sowie Zittern der herausgestreckten Zunge und der gespreizten Finger, weiterhin schlaffe, gebeugte Haltung, steifer Gang sowie depressive Stimmungslage beobachtet.

Sektionsbefund: Nur bei der akuten Vergiftung ist ein einigermaßen scharf umrissener typischer Befund zu erheben. Makroskopisch finden sich, unabhängig vom Zuführungsmodus des Giftes, stets die eindrucksvollsten Veränderungen am Magen-Darm-Trakt und an den Nieren. Entsprechend den bereits eingehend beschriebenen Veränderungen in der Mundhöhle findet man auch bei der Sektion hämorrhagisch-nekrotische, teilweise ulcerierende entzündliche Veränderungen an den Schleimhäuten des Mundes, der Zunge und des Rachens. Bei peroraler Aufnahme ätzender Quecksilberverbindungen treten dann noch die typischen grauweißen Ätzschorfe infolge der unmittelbaren örtlichen Wirkung der ätzenden Lösungen hinzu. Bei gewerblichen Vergiftungen dürften diese im allgemeinen fehlen. Der *Darm* zeigt vor allem in den oberen und unteren Abschnitten schwere bis schwerste Schleimhautentzündungen mit Ödem, diffusen Nekrosen, düsterroter Verfärbung und Hyperämie, stärkster wulstiger Schwellung, geschwürigem Zerfall, Verschorfungen der Schleimhautoberfläche und Blutungen, aus denen das im Darmlumen meist zu findende Blut stammt. Die Dickdarmfollikel zeigen in vielen Fällen eine mächtige, haselnuß- bis kirschgroße Schwellung. Auch in den Fällen, in denen die Giftaufnahme nicht peroral erfolgte, zeigte die Magenschleimhaut ein Ödem und trug zahlreiche punktförmige Blutaustritte. Mitunter besteht eine Duodenitis und Jejunitis. Die *Quecksilberniere* ist groß, von schlaffer Konsistenz, das Nierengewebe brüchig, die meist verbreiterte Rinde blaß, grauweiß, von roten Streifen und Punkten durchzogen, die Marksubstanz dunkelbraunrot. Die histologische Untersuchung deckt neben Stauungsblutungen meist eine Blutüberfüllung, Leukocytenanreicherungen in den Gefäßen, eine pralle Füllung der Glomeruli, die vereinzelt auch Zeichen der Entzündung und der beginnenden Bindegewebswucherung erkennen lassen, und vor allem schwere Schäden am Tubulusapparat der Nieren auf. Das Epithel der Tubuli contorti ist teilweise abgestoßen; in den Kanälchenlichtungen liegen hyaline geronnene Massen, Erythrocyten und Leukocyten, die das Tubuluslumen verstopfen und den Urinabfluß dadurch auch mechanisch hemmen. In manchen Fällen sind in den zerfallenen Zellen bis herab in die Marksubstanz Kalkablagerungen festzustellen, deren Anhäufung dort auf einer verminderten Ausscheidung des Kalks durch den Darm beruhen soll. Neben den zerstörenden Vorgängen in den Nierentubuli finden sich auch Zeichen der Regeneration: Zellen mit chromatinreichen Kernen von wechselnder Größe und neugebildete, noch ziemlich niedrige Epithelien. Interstitielle Blutungen und leukocytäre Infiltrationen vervollständigen das bunte Bild.

Die übrigen parenchymatösen Organe zeigen mehr oder minder deutlich eine trübe Schwellung, parenchymatöse und fettige Degeneration. In manchen Fällen bestand eine hämorrhagische Entzündung der Magenschleimhaut. Die Milz ist bisweilen vergrößert; Blutungen ins Lungenparenchym, in das Pankreas, subpleurale und subendokardiale Blutungen, mengenmäßig kleine, fibrinös-hämorrhagische Flüssigkeitsansammlungen im Herzbeutel wurden vereinzelt gefunden. Mitunter bestand auch eine Hirnschwellung mit Hyperämie, präcapillaren Blutungen und perivasculärer Gliavermehrung; auch fanden sich vereinzelt kleine Erweichungsherde sowie Ödem der weichen Hirnhäute. Histologisch erkennt man gefäßabhängige Epithelnekrosen, Verflüssigung und Fetteinlagerungen in Ganglienzellen, Neuronophagie und sonstige Zeichen degenerativer Veränderungen der nervösen Substanz.

In einem Fall [vgl. Rev. neurolog. **66**, 519 (1936)], in dem der Tod unter bulbären Erscheinungen erfolgte, fand man tiefgreifende Veränderungen an der Cauda equina: schlecht färbbare Markscheiden, die flockig aufgelockert und gefaltet aussahen, gewundene und spiralig gedrehte Achsenzylinder, Schwellung und Verflüssigung von Ganglienzellen auch im Rückenmark. Die SCHWANNschen Scheiden waren zum Teil leer. Die recht häufig anzutreffenden bronchopneumonischen Infiltrationen und bronchitischen Reizerscheinungen dürften im wesentlichen sekundär und agonal entstanden sein.

Therapie: Die therapeutischen Maßnahmen bei der akuten gewerblichen Quecksilbervergiftung, die wohl kaum jemals durch perorale Aufnahme, sondern vielmehr durch das Eindringen von Quecksilber über die Atemwege zustande kommt, wird sich zwangsläufig mehr oder minder auf symptomatische Mittel beschränken müssen. Die bei peroraler Giftaufnahme üblichen Versuche, das Gift aus dem Magen-Darm-Trakt auf schnellstem Wege zu entfernen oder durch Einnahme geeigneter Stoffe schon im Verdauungskanal in eine schwerer lösliche Verbindung überzuführen, scheiden bei gewerblichen Vergiftungen von vornherein aus. Kommt der Kranke schon kurze Zeit nach Einsetzen der Vergiftungserscheinungen in die Hand des Arztes, so wird man versuchen können, durch intravenöse Gaben von thioessigsaurem Strontium, Natriumthiosulfat oder aber S-Hydril das eingedrungene Quecksilber in das schwer bzw. unlösliche Quecksilbersulfid zu überführen und damit unschädlich zu machen. In erster Linie ist der Bekämpfung der meist schnell einsetzenden Nierenschädigung und Anurie größte Aufmerksamkeit zu widmen, deren Behebung über Leben und Tod des Vergifteten entscheidet. Völliger Nahrungsentzug (Hungertage oder Saftfasten) in den ersten Tagen, Entzug allen tierischen Eiweißes sind die ersten Maßnahmen. Beim Einsetzen der Anurie haben sich große, täglich mehrfach wiederholte Infusionen mit physiologischer Kochsalz- und hochprozentigen Traubenzuckerlösungen (30—40proz. Lösung), jeweils 300 ccm 2—3mal täglich, weiterhin vermehrte Flüssigkeitszufuhr in Form des einfachen oder protrahierten Wasserstoßes oder aber reichliche Gaben isotonischer Traubenzuckerlösungen in Form von Hypodermoklysmen zur Beseitigung der Anurie bewährt. KORÁNYI, HASLINGER und SIMON empfahlen, die Infusionen mit großen Aderlässen (bis zu 700 ccm) zu kombinieren. Auf Kochsalzzufuhr ist bei der ausgeprägten Hypochlorämie großer Wert zu legen. KORÁNYI gibt bis zu 5000 ccm Ringerlösung peroral, dazu 2mal täglich 20 ccm einer 10proz. Kochsalzlösung i.v. Amerikanische Autoren empfehlen die Anwendung von formaldehydsulfosaurem Natrium. Sie geben in den ersten $1^1/_2$ Stunden 200 ccm der 5proz. Lösung per os und 10 g der Verbindung, in 100—200 ccm Wasser gelöst, intravenös im Verlauf von 20—30 Minuten und wiederholen diese Infusion nach 4—6 Stunden. Auch eine massive Alkalisierung mit Natriumbicarbonat bis zu 40 g täglich per os und als Infusionslösung soll günstig wirken (NANU-MUSKEL und CIOCALTEU). Bleiben diese Mittel erfolglos, so kann man versuchen, mittels Kurzwellendurchflutung der Nierengegend, Applikation kleiner Dosen von

Röntgenstrahlen oder durch paravertebrale Anästhesie von D 10—L 2 mit je 10 ccm einer 1 promill. Novocainlösung die Harnsperre zu beseitigen. Nur im äußersten Notfall und wenn alles andere versagt hat, sollte man sich als ultimo ratio zur Dekapsulation der Nieren entschließen, allerdings ohne von diesem letzten Ausweg allzuviel zu erwarten. Sorgfältige Pflege der entzündlich veränderten Mundschleimhaut, Pinselungen der Geschwüre und Spülungen mit 3 proz. Wasserstoffsuperoxyd, 1 promill. Kaliumpermanganatlösung, Betupfen der Schleimhäute und des Geschwürsgrundes mit gleichen Teilen Tinctura Myrrhae und Tinctura gallarum oder aber Tinctura Ratanhiae sind angebracht. Starker Speichelfluß kann durch Gaben von Atropin (bis zu 3 mg täglich und mehr) vermindert werden. Vorsichtige Spülungen des Dickdarms mit kleinen, aber hoch hinaufgeführten Einläufen, denen zur Adsorption des in den Darm ausgeschiedenen Quecksilbers Tierkohle, zur Verminderung der schmerzhaften Durchfälle und zur Ruhigstellung des Darms einige Tropfen Opiumtinktur zugesetzt werden können, sind zweckmäßig. Im übrigen wird man versuchen, durch Verabreichung einer flüssigen und schlackenarmen Kost (vorwiegend Kohlehydrate in Form von Puddings, Cremes oder Brei, die am besten kühl serviert werden) die geschädigten Schleimhäute des Magen-Darm-Traktes nach Möglichkeit zu schonen. Sobald die Diurese wieder einsetzt, kann man versuchen, durch reichliche Gaben von Flüssigkeit (z. B. frische Fruchtsäfte mit Dextropur) die Ausscheidung des in den Organismus gelangten Quecksilbers zu fördern. Kollapszustände sind mit peripher angreifenden Gefäßmitteln (Adrenalin, Sympatol, Veritol usw.) sowie mit zentral-erregenden Analepticis (Cardiazol, Hexeton, Azoman, Coramin) energisch zu bekämpfen.

b) Die chronische Quecksilbervergiftung.

Die chronische Form der Hg-Vergiftung ist die, welche gewerblich am häufigsten zu beobachten ist. Im Gegensatz zur akuten Vergiftung lokalisieren sich die eindrucksvollsten Krankheitserscheinungen am Zentralnervensystem. Unmittelbar bedrohliche und alarmierende Symptome, wie sie die akute Vergiftung einleiten, fehlen. Die chronische Vergiftung beginnt unmerklich und schleichend. Die genauere Untersuchung deckt jedoch auch bei der chronischen Vergiftung Krankheitserscheinungen auf, wie wir ihnen, wenn auch um ein Vielfaches stärker ausgeprägt, bei der akuten Vergiftung begegneten (Speichelfluß, Gingivitis, Stomatitis, Durchfälle). Obwohl sich die Vielfalt der klinischen, insbesondere neurologischen Symptome des chronischen Vergiftungsbildes nach den neueren Beobachtungen nicht ohne Zwang in das klassische Dreistadienschema Kussmauls (Erethismus mercurialis, Tremor mercurialis, Stadium terminale sive cachecticum) einordnen läßt, so kann man doch ein recht scharf umrissenes, wenn auch im einzelnen sehr wechselndes Vergiftungsbild zeichnen.

Initialsymptome: Der Beginn ist gekennzeichnet durch zunächst wenig auffällige und vieldeutige Beschwerden, Allgemeinerscheinungen, die subjektiv vor allem in Kopfschmerzen ihren Ausdruck finden, die einmal mehr in der Stirngegend, ein andermal mehr im Hinterkopf lokalisiert werden. Die Kranken fühlen sich matt und benommen, klagen über Schwindel und vermehrtes Schlafbedürfnis, das aber infolge einer allmählich immer mehr zunehmenden nervösen Unruhe sehr bald von Schlaflosigkeit gefolgt ist. Arbeitskraft und Arbeitslust nehmen dementsprechend ab. Die Aufnahmefähigkeit und das Erinnerungsvermögen vermindern sich, das Gedächtnis für Zahlen, Namen und Personen wird schlecht. Ihre verminderte Leistungsfähigkeit macht die Kranken depressiv und mißmutig. Flimmern vor den Augen, Ohrensausen, leichte Verschlechterung des Gehörs, Neigung zu Nasen- und Tubenkatarrhen oder Halsentzündungen führen zu einem Zustand, in dem der Betreffende sich nicht als eigentlich krank, eher überarbeitet, nervös, anfällig und in seiner Leistungsfähigkeit gehemmt fühlt. Bei Kopfarbeitern liegen diese Veränderungen mehr auf nervös-psychischem Gebiet. Sie klagen über Reizbarkeit, schlechten Schlaf, Verlegenheit, Unbeholfenheit und Befangenheit. Mitunter treten schon jetzt leichte Sprachstörungen auf. Manchmal besteht häufiger Harndrang und Polyurie. Allgemeine dumpfe und reißende Schmerzen, vor allem in den Gelenken und Muskeln, Parästhesien, Sensibilitätsstörungen, Haarausfall, Gangunsicherheiten, Neigung zu starkem Schwitzen vermehren das allgemeine Unbehagen. Dyspeptische Erscheinungen, die in Appetitlosigkeit, Brechreiz, Erbrechen, Druck in der Magengegend, Leibschmerzen, leichten Durchfällen oder auch Verstopfung bestehen, treten hinzu und sind wohl als abgeschwächte Form der von der akuten Vergiftung her bekannten Symptome am Magen-Darm-Kanal aufzufassen, die bei der chronischen Vergiftung durch die Ausscheidung des eingedrungenen Quecksilbers durch die Schleimhäute des Magen-Darm-Traktes bedingt sind.

Allmählich treten zu den zunächst nur subjektiv bemerkbaren Ausfallserscheinungen auch objektiv nachweisbare Veränderungen hinzu; erst dann entschließen sich meist die Kranken, zum Arzt zu gehen. Juckende Bläschenausschläge an den Armen und Oberschenkeln und entzündliche Veränderungen an den Schleimhäuten der Mundhöhle, nur viel schwächer, als sie bereits ausführlich bei der akuten Vergiftung beschrieben wurden, können den erfahrenen und sorgfältigen Untersucher schon jetzt auf die richtige Diagnose bringen. Oft beschränken sich die Symptome auf Blutungen des Zahnfleisches beim Essen und Zähneputzen; zuweilen haben die Kranken das Gefühl, daß die Zähne zu lang werden, die sich dann lockern und schließlich ausfallen: zuerst gewöhnlich die unteren Schneidezähne. Der bei der akuten Vergiftung am 3. bis 5. Tag auftretende Speichelfluß beginnt bei der chronischen Vergiftung bereits frühzeitig. Die genauere körperliche Untersuchung deckt schon in diesem Anfangsstadium eine meist nur mäßige hypochrome Anämie auf, die nur in seltenen Fällen stärkere Grade mit einer Verminderung des Blutfarbstoffs auf 65 % (BAADER) oder gar 40 % (KULKOW) erreicht und welche die auffällig fahle Gesichtsfarbe sowie die mäßige oder schlechte Schleimhautdurchblutung genügend erklärt. Oft findet sich schon im Beginn als Ausdruck einer Störung der vegetativen Gefäßinnervation eine auffällige Pulslabilität, die sich im späteren vollentwickelten Vergiftungsstadium auch durch heftiges Herzklopfen und Tachykardien recht störend bemerkbar machen kann. Hände und Füße sind kühl, feucht und neigen zu Blässe und livider Verfärbung. Bei der Untersuchung des Urins findet man mitunter vereinzelte Zylinderbruchstücke im Sediment und zuweilen Spuren von Eiweiß. Relativ frühzeitig setzt ein feinschlägiges Zittern der Hände, der Finger und der leicht geschlossenen Lider ein; auch treten vereinzelte, aber vorerst noch geringe Zuckungen einzelner Muskelgruppen (Mundwinkelzucken) auf. Die Erkennung der Erkrankung ist schon in diesem Stadium möglich, so daß bei rechtzeitigem Eingreifen die Entstehung des schweren, voll ausgebildeten Vergiftungsbildes verhindert werden kann.

Schon hier sei bemerkt, daß die Reihenfolge des Auftretens der Symptome und die Schwere ihrer Ausprägung sehr wechselnd und vielgestaltig sind, so daß die Feststellung ZANGGERS: „die Schulsymptome der chronischen Quecksilbervergiftung sind genau so selten wie die typischen Koliken und die typischen Radialislähmungen bei der Bleivergiftung", nach wie vor zu Recht besteht. Abgesehen davon, daß — wahrscheinlich durch Betriebseigentümlichkeiten bestimmt — ganze Belegschaften des einen Betriebes ein ganz anderes Symptomenbild zeigen können als die eines anderen, spielt die individuell sehr wechselnde Empfindlichkeit wie auch die von Fall zu Fall sehr unterschiedliche Reaktion auf die gleiche einwirkende Noxe und Giftmenge eine erhebliche Rolle. Man darf daher nicht erwarten, daß die nachstehend für die vollentwickelte chronische Quecksilbervergiftung beschriebenen Krankheitserscheinungen immer gleichzeitig und in jedem Fall nachzuweisen sind.

Vollentwickeltes Vergiftungsbild: Auf der Höhe der chronischen Vergiftung werden, neben der immer mehr zunehmenden Abmagerung, an den inneren Organen außer den bereits unter den Initialsymptomen geschilderten, stets aber im Hintergrund des klinischen Bildes bleibenden Krankheitserscheinungen kaum nennenswerte Veränderungen beobachtet.

Ernstere **Schädigungen des Gefäßsystems**, die über die sich an den Gefäßen abspielenden vegetativen Dysregulationen hinausgehen (vgl. S. 70), sind bisher im Bilde der chronischen Quecksilbervergiftung nahezu unbekannt geblieben. Erst neuerdings wurden Gefäßschäden bekannt, die den verschiedenen Formen der obliterierenden Endarteriitis entsprachen und die nach der ganzen Sachlage mit hoher Wahrscheinlichkeit auf die chronische Einwirkung von Quecksilber zurückzuführen sind (FELLINGER und SCHWEITZER). Der Verlauf der Gefäßerkrankung war in den bisher bekannten Fällen ungewöhnlich rasch und stürmisch. Sie begann mit einem der Claudicatio intermittens ähnelnden Symptomenkomplex, an dem sich im weiteren Verlauf längere Zeit dauernde Ernährungsstörungen in den betroffenen Gebieten anschlossen. In den großen Gefäßstämmen blieb der Puls angedeutet tastbar. Damit waren die endarteriitischen Vorgänge offenbar in die kleineren und kleinsten Gefäße zu lokalisieren. Auch wurden *im An-*

schluß an chronische Quecksilbervergiftungen in längeren bis zu halbjährigen Abständen schubweise auftretende Ernährungsstörungen in den Zehen beobachtet, die in sehr vielen Fällen zur Bildung tiefer Geschwüre führten, welche aber relativ rasch wieder abheilten. Gefäßkrämpfe werden als wahrscheinliche Ursache dieser Veränderungen angesehen. Klinisch bietet sich ein recht charakteristisches Bild: Die Kranken klagen über typische Gefäßschmerzen. Die Zehenspitzen, insbesondere die der Großzehen, sind kühl, blaß, livide verfärbt. Die Haut bietet das Bild einer flächigen Marmorierung, hat ein glänzend-atrophisches Aussehen und ist dünner als normal. Die Sensibilität ist herabgesetzt. Die Nägel sind verdickt, sind blaß-livide verfärbt und splittern leicht auf. Zeichen, die auf eine Störung des venösen Abflusses hindeuten könnten, fehlen.

Die Veränderungen im **Blut** sind genau wie bei der akuten Vergiftung nicht sehr charakteristisch. Das rote Blutbild zeigt eine meist nur geringe Verminderung der Hämoglobin- und Erythrocytenwerte. Letztere soll gelegentlich etwas später auftreten. Man fand bei der Bestimmung des Resteisens in Blut und Serum eine Vermehrung des abspaltbaren Eisens, die einen gesteigerten Blutabbau vermuten läßt. VANOTTI lehnt eine Systemerkrankung im Sinne einer Knochenmarkschädigung durch Quecksilber ab. Durch die Vermehrung von Eisen, Porphyrin und Bilirubin infolge eines gesteigerten Blutabbaus komme es zu einer gesteigerten Erythropoese im Mark, so daß der gesteigerte Blutabbau durch eine Vermehrung der Erythrocyten kompensiert werde. Diese Veränderungen sind jedoch nur im Anfang der chronischen Quecksilbereinwirkung deutlicher zu beobachten, da die blutbildenden Organe sich den neuen Stoffwechselverhältnissen anpassen und nicht mehr so stark reagieren. Die Gesamtleukocytenzahl bleibt ziemlich normal. Im Differentialblutbild zeigt sich, wie bei vielen anderen chronischen Vergiftungen auch, eine relative und absolute Lymphocytose (LÜDDIKE, STOCK, WEGER). Zuweilen besteht eine Eosinophilie, manchmal eine Basophilie, öfters eine Linksverschiebung als Ausdruck der toxischen Reizung des Knochenmarks. Auch die Monocyten können vermehrt sein. Die Blutbildveränderungen gehen der Schwere des klinischen Bildes nicht parallel. Ihre Bewertung kann nur im Rahmen des gesamten klinischen Bildes geschehen. Bei in Quecksilberbetrieben arbeitenden Frauen läßt sich eine erhöhte Neigung zu Aborten, eine Erhöhung der vor- und nachgeburtlichen Sterblichkeit und eine Minderwertigkeit der geborenen Kinder nicht ganz leugnen. Auch wurden Unregelmäßigkeiten der Regelblutungen beobachtet. Bei Männern bleibt die Potenz erhalten. Die genauere klinische Untersuchung vermag zuweilen mit Hilfe von Leberfunktionsprüfungen leichte Parenchymschäden der *Leber* aufzudecken, wenn auch die von TALLENBERG beigebrachten Schlußfolgerungen kritischer Betrachtung nicht ganz standzuhalten vermögen. Die von ihm erhobenen Befunde sind auch sonst so häufig zu finden (Polyarthritis acuta, Infektionskrankheiten und viele andere Vergiftungen), daß seine Beobachtungen nicht etwa als für die chronische Quecksilbervergiftung gerade typisch anerkannt werden können. Immerhin sollte künftig bei klinischen Untersuchungen mehr darauf geachtet werden als bisher.

Zentralnervensystem: Die typischsten und regelmäßig zu beobachtenden Krankheitsvorgänge, welche das Bild der chronischen Quecksilbervergiftung prägen, spielen sich am Zentralnervensystem ab. Sie nehmen jedoch erst nach längerer Quecksilbereinwirkung ernstere Formen an, während sie bei frühzeitiger Erkennung auf die relativ harmlosen Erscheinungen beschränkt bleiben, wie sie unter den Initialsymptomen beschrieben sind. Eine unmittelbare Wirkung des Quecksilbers auf das Nervengewebe ist zwar bisher noch nicht bewiesen, nach den bis heute vorliegenden Beobachtungen aber nicht unwahrscheinlich, wobei eine sekundäre Wirkung auf das vegetative Nervensystem, insbesondere auf die Vasomotoren, nicht auszuschließen ist. Neuritiden und Paresen durch Quecksilber sind zwar wiederholt beschrieben; es ist aber durchaus noch nicht klar, ob sie wirklich auf Quecksilber allein zurückzuführen waren. Die bisher bekannten Hg-Polyneuritiden spielten sich fast immer bei Luetikern ab. Allenfalls kann die gelegentlich bei Erwachsenen gefundene Druckempfindlichkeit des ERBschen Punktes und der großen Nervenstämme im Sinne einer wenn auch leichten Neuritis gedeutet werden. Man wird sich daher bei der Diagnose der *Quecksilberneuritis* ganz besondere Zurückhaltung auferlegen müssen. Das gleiche gilt für die bei der chronischen Quecksilbervergiftung angeblich auftretenden Lähmungen, insbesondere für die Streckerschwäche. Auch hier fehlen in den bisher bekannten Fällen noch die eindeutigen Beweise, daß das Quecksilber die alleinige Ursache der beobachteten Lähmungen war.

Im wesentlichen beruhen die Störungen auf einer Schädigung der *zentral-nervösen* Substanz. KULKOW definiert sie als Ausdruck einer diffusen toxischen Cerebropathie mit ausgesprochener Neigung zu Affektionen des Kleinhirns und seiner Verbindungen, wobei auch striäre Erscheinungen auftreten können.

Eines der Kardinalsymptome der chronischen Quecksilbervergiftung ist der **Erethismus** (Neurasthenia) **mercurialis**. Die eigentümliche Wesensveränderung, wie sie bereits in ihrer abgeschwächten Form unter den Initialsymptomen geschildert wurde, ist beim voll ausgebildeten Erethismus noch sehr viel eindrucksvoller. Die Erregbarkeit der Kranken ist aufs äußerste gesteigert. Ganz harmlose Anlässe, wie das Gefühl des Beobachtetseins, des Zusehens bei der Arbeit, des Ansprechens, lösen bei dem schreckhaften Kranken ein unzähmbares Gefühl der befangenen Unsicherheit aus. Seine an sich schon unruhigen Bewegungen werden noch hastiger und unsicherer, so daß er eine einmal begonnene Tätigkeit, die er, allein gelassen, ohne weiteres vollendet, in Gegenwart eines Dritten einfach nicht fortzuführen vermag. Auch die dem Kranken vertrauten, seit langem eingefahrenen Bewegungen werden gehemmt. Leiser Tadel vermag bei der Labilität ihrer Stimmung lautes Weinen, heftige jähzornige Handlungen, ja richtige Wutanfälle auszulösen. Infolge der ihnen selbst bewußten Leistungsverminderung und dem damit verbundenen Minderwertigkeitsgefühl verteidigen sie sich auch dann, wenn keine Vorwürfe gegen sie erhoben worden sind, beginnen aus nichtigen Anlässen heraus zu streiten usw. Der Umgang mit ihnen wird zu Hause wie im Betrieb immer schwieriger. Oft genug wird von der Umgebung ihre Reaktion als hysterisch empfunden. Das gestörte Gleichgewicht ihres Seelenlebens kommt auch in gesteigerten Bewegungen zum Ausdruck. Wenn auch eine direkte Beziehung zwischen der Konstitution und der Art der psychischen Veränderungen noch nicht eindeutig bewiesen ist, so verdient doch festgehalten zu werden, daß bei athletischen Typen Erregungszustände, bei Asthenikern depressive Reaktionen vorzuwiegen scheinen. Zu Beginn der Quecksilbereinwirkung und nach dem Abstoppen weiterer Zufuhr sollen die psychischen Reaktionen am ausgeprägtesten sein. Als weitere Zeichen der Großhirnaffektion sind der Abbau des Intellekts und die oft recht schweren Gedächtnisausfälle zu deuten. Zerstreutheit, kindisch-alberne und primitive Ideen, Depressionen oder akut manische Störungen verändern das Wesen des Kranken völlig, der sich an zurückliegende Ereignisse nur schwer oder gar nicht erinnern kann. Die Gedächtnisschwäche macht sich auch im täglichen Leben hindernd bemerkbar. So haben diese Kranken z. B. beim Betreten eines Raumes schon wieder völlig vergessen, was sie nun eigentlich holen wollten und sie verzichten bei der ihnen eigenen Unentschlossenheit nur zu leicht darauf, das begonnene Unternehmen zu vollenden. Ihre Konzentrationsunfähigkeit macht sie im beruflichen und privaten Leben völlig leistungsunfähig. Sie vermögen nicht mehr auch einfache Rechnungen, wie sie im täglichen Leben vorkommen, auszuführen. Die Merkfähigkeit für Zahlen, auch für kurzstellige, ist stark vermindert. Sonderbare Träume, falsche akustische und visuelle Wahrnehmungen und Alienation vervollständigen das Bild, das in seiner schwersten Ausprägung auch als **Encephalopathia mercuralis** bezeichnet wird. Häufig stehen die cerebellären Ausfallserscheinungen im Vordergrund des Krankheitsbildes. Neben dem cerebellär-ataktischen Gang, der bei Kindern weitgehend der akuten LEYDEN-WESTPHALschen Ataxie gleicht, kommt auch eine bei Quecksilberarbeitern bekannte cerebellär-skandierende Sprachstörung vor (**Psellismus mercurialis**). Sie vollführen schnappende Bewegungen mit dem Mund. Die Sprache ist unverständlich, stockend; die Zischlaute sind verwaschen. Oft besteht Silbenstolpern. Die Wortfindung ist erschwert. Auch die mit dem typischen Quecksilber*tremor* im engsten Zusammenhang stehende *Schreibstörung* dürfte als Kleinhirnsymptom zu werten sein. Diese Schreibstörung ist meist das erste Anzeichen des beginnenden Tremors und der aufmerksame Betriebsarzt, der irgendwelche schriftlichen Eintragungen des Kranken (z. B. Unterschriften in Lohnlisten, auf Laufzetteln, in Kontrollbüchern, Adressenangaben, Briefen) durchmustert, kann dann auf den meist ängstlich geheimgehaltenen Zustand des Kranken hingewiesen werden. Die Schrift ist völlig verzittert, unleserlich, verkritzelt, mit ausfahrenden Strichen und Klecksen versehen. Infolge der Konzentrationsunfähigkeit des Kranken werden oft ganze Wörter oder Buchstaben beim Schreiben ausgelassen, wodurch auch in der Schriftprobe der Erethismus seinen Ausdruck findet.

Der typische **Quecksilbertremor** beginnt doppelseitig, ganz allmählich und unmerklich, nur selten plötzlich. Zuerst beschränkt er sich auf die Finger, ergreift dann die Hände und geht schließlich auf die Unter- und Oberarme über. Zielbewegungen verstärken ihn. Auch äußerste Willensanstrengung vermag nicht, das Zittern zu unterdrücken, sondern verstärkt es eher. Zuerst wird es bei feinen Bewegungen, z. B. beim Schreiben, beim Eintauchen der Feder ins Tintenfaß, beim Aufheben einer Nadel, beim Entfalten einer Zeitung, beim Essen und Trinken bemerkbar, wobei die bereits früher erwähnten unkoordinierten Zuckungen einiger Muskelgruppen, die bisweilen zuerst im Schlaf auftreten, als Vorstufen des Tremors aufgefaßt werden können. Diese feineren Bewegungen lösen dann sofort ein heftiges Zittern aus, wobei es vor

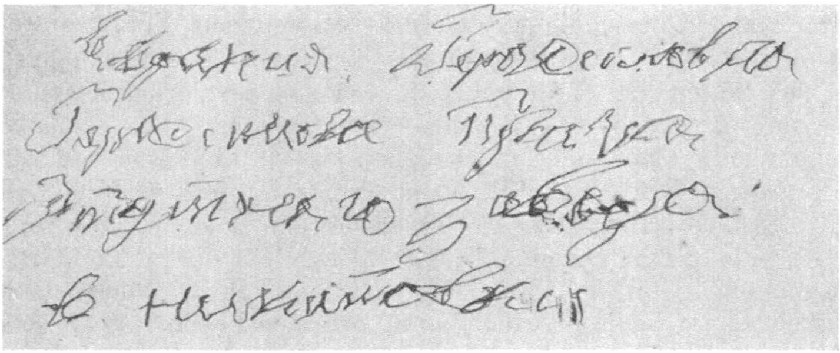

Abb. 3. Quecksilberzittern (Schriftprobe). [Aus A. M. WEGER: Arch. Gew. Path. Bd. 1 (1930).]

allem in schweren Fällen zu heftigen ausfahrenden Bewegungen kommt. Unkoordinierte Mitbewegungen, Benutzung von Stützpunkten sowie Hilfsbewegungen machen die Ausführung einer an sich einfachen und eingefahrenen Bewegung für den Kranken zu einem Problem.

Das Quecksilberzittern, das auf einer Schädigung (chronischer Entzündung?) des Kleinhirns und seiner Bahnen beruhen soll (STOCK), ergreift nicht nur die oberen Extremitäten, sondern auch die Beine und macht sich dann durch Zittern der Knie beim Stehen bemerkbar. In fortgeschrittenen Fällen können auch Kopf, Zunge sowie Gesichts- und Unterkiefermuskulatur mitbefallen sein, wobei es zu zitternden, zuckenden Mundbewegungen mit Spitzen der Lippen (WEGER) kommt. Der Zeitpunkt des Einsetzens wechselt. Vereinzelt tritt es schon nach wenigen Tagen, meist erst nach 2—3 Monaten, mitunter auch erst 1—2 Jahre nach Beginn der chronischen Quecksilbereinwirkung auf. Der Tremor ist schnell und feinschlägig und stellt eine ununterbrochene Bewegung dar, die sich aus feinen, gleichmäßigen Einzelstößen zusammensetzt (BIONDI). Die Amplitude ist größer als bei Tremores anderer Genese. Sie wird mit durchschnittlich 3,5 cm angegeben. Die Frequenz der Zitterbewegungen geht etwa der Schwere der Vergiftung parallel. In leichteren Fällen ist die Frequenz niederer (bis zu 7 Bewegungen/sec) als bei schweren (bis zu 13 Bewegungen/sec). Die Bewegung erfolgt meist in *einer* Bewegungsebene. Das Charakteristische des Quecksilberzitterns besteht in der Feinschlägigkeit und der intentionellen Verstärkung bei Bewegungsbeginn. Alkohol und Nicotinmißbrauch disponieren für sein Auftreten. Nach Alkoholgenuß tritt es verstärkt auf; unter der narkotischen Wirkung des Alkohols wird es geringer.

Differentialdiagnostisch ist das Quecksilberzittern von allen anderen Tremorformen abzutrennen. Das Intentionszittern bei multipler Sklerose wird nach Bewegungsbeginn immer stärker, während das Quecksilberzittern eher geringer wird (RODENACKER). Auch wird man bei der multiplen Sklerose weitere typische Zeichen (spastische Parese, temporale Papillenabblassung, fehlende Hautreflexe usw.) finden. Der Alkoholtremor ist gleichmäßiger und feinschlägiger, meist nur auf die Finger und die Zunge beschränkt. Der Alterstremor greift ebenfalls nicht auf den ganzen Körper über, besteht ständig und läßt stoßförmige Zuckungen vermissen; auch fehlt ihm die Verstärkung bei Bewegungsbeginn. Atethotische Störungen sind meist einseitig; auch sind sie mit Lähmungen verbunden. Das Zittern bei der Paralysis agitans, das in rhythmischen Schwingungen besteht, bleibt auch in der Ruhe erhalten und hört bei Bewegungen auf. Das Zittern der Basedowkranken bleibt auf die Hände beschränkt; ihm fehlt die Verstärkung bei Bewegungsbeginn.

Inwieweit die *schweren hyperkinetischen Erscheinungen*, die oft als drittes und schwerstes Stadium des Quecksilbertremors geschildert werden, ihm wirklich noch zugerechnet werden dürfen und nicht besser als Zeichen einer extrapyramidal-motorischen Schädigung des Striatums im Gesamtbild der Encephalopathia mercurialis zu deuten sind, ist auf Grund der vorliegenden Kasuistik noch nicht ganz sicher zu entscheiden. Diese groben, anfallsweise auftretenden und heftig schleudernden Bewegungen, die oft an choreatische Störungen erinnern, bei denen der ganze Körper hin und her geschleudert wird und alle Muskeln und Muskelgruppen für sich allein sich in hemmungsloser Bewegung befinden (sog. Entladungsstürme KUSSMAULS), kommen heute nur noch ganz selten und in den allerschwersten Fällen vor. BAADER berichtete aus den Quecksilberbergwerken in Almadén von Kranken, die nachts von ihren Frauen in den Betten angegurtet werden mußten, damit sie durch die während des Schlafes auftretenden wilden Bewegungen nicht herausgeschleudert wurden. Vereinzelt sollen neuerdings auch *akinetische* Störungen mit Amimie und Maskengesicht bekanntgeworden sein, die ebenfalls als Ausdruck einer Mitbeteiligung des motorisch extrapyramidalen Systems im Rahmen der Quecksilberencephalopathie gedeutet werden könnten (BUMKE und KRAPF). Allerdings fehlen hierfür am *Menschen* noch die entsprechenden anatomisch-pathologischen Beweise, während Versuche an subakut vergifteten Kaninchen (C. FRANCIONI) an den Ganglien des Pallidums und Striatums recht schwere Läsionen erkennen ließen.

Ausgesprochene und typische *Reflexstörungen* fehlen. Die Reflexe werden normal, gesteigert, wie auch abgeschwächt gefunden. Das Rombergsche Zeichen ist oft positiv. Adiadochokinese +.

Sensibilitätsstörungen sind selten, kommen jedoch vor. WEGER fand Parästhesien an den Extremitäten, vorwiegend an den Händen, sowie eine eindeutige Herabsetzung der Berührungs-, Schmerz- und Temperaturempfindlichkeit in den distalen Abschnitten der Arme und Beine. Auch wurden Hypästhesien im Verlauf des Nervus ulnaris und der Nn. peronaei festgestellt. Störungen des Geschmackssinns für saure und bittere Geschmacksqualitäten wurden relativ häufig, solche des Geruchsinns sehr viel seltener beobachtet. HOLSTEIN fand bei einer chronisch quecksilbervergifteten Frau eine Aufhebung der Berührungsempfindlichkeit an beiden Armen mit Aussparung eines Längsstreifens an der Beugeseite des rechten Armes, in dem die Empfindlichkeit erhalten geblieben war. Am Rumpf bestand eine der segmentären Versorgung entsprechende ringförmige anästhetische Zone, desgleichen an den Unterschenkeln, handbreit unter- und oberhalb des Knies wie auch im Bereich der Füße bis oberhalb der Sprunggelenke, wobei gleichzeitig auch Störungen der Tiefensensibilität nachweisbar waren. Vereinzelt kommt es auch zu Störungen der Blaseninnervation, die sich bei dem verstärkten Harndrang in sehr häufigem Harnlassen, mitunter sogar in völliger Inkontinenz infolge Sphincterschwäche bemerkbar macht.

Daß auch das *vegetative Nervensystem* an dem Krankheitsgeschehen mitbeteiligt ist, wurde schon bei Beschreibung der Initialsymptome kurz erwähnt. Plötzlicher Wechsel der Gesichtsfarbe, grellroter Dermographismus, Blutandrang zum Kopf, starkes Schwitzen an den Händen, Wechsel der Pulsfrequenz mit Blutdruckabfall, anfallsweise auftretende Kopfschmerzen gehören hierher. Auch die Symptome, die für eine gesteigerte Tätigkeit der Schilddrüse sprechen (Haarausfall, Gewichtsabnahme), welche bisweilen vergrößert gefunden wurde (WEGER), lassen sich hier mit einordnen.

An den **Augen** wurden Ptosis, Strabismus und Nystagmus, Anisokorie, Verminderung des Sehvermögens sowie träge Pupillenreaktion bei Lichteinfall beobachtet. Beim Umgang mit quecksilberhaltigem Staub können sich Bindehautentzündungen entwickeln.

Die an der **Haut** auftretenden Veränderungen wurden bereits bei der akuten Vergiftung eingehend beschrieben. Bei der chronischen Vergiftung treten sie in der gleichen Form, also entweder als Ekzem oder als Dermatitis auf. Hautaffektionen sind besonders häufig in Knallquecksilber herstellenden Betrieben sowie in Haarhutfabriken.

Ein typischer **Sektionsbefund** mit makroskopisch in die Augen fallenden Organschäden fehlt bei der chronischen Vergiftung. Erst die histologische Untersuchung deckt parenchymatöse und fettige Degenerationen in den Markscheiden, Ganglien- und Gliazellen in allen Teilen des ZNS., vor allem aber im Kleinhirn, in den Stammganglien, im Ammonshorn, mitunter auch in den motorischen Kernen des Nervus trigeminus und im Thalamus auf, Befunde, die sich mit den in Tierversuchen erhobenen decken (HOLSTEIN).

Verlauf und Prognose: Die Prognose ist abhängig von der Anfälligkeit des Erkrankten, seinem Alter und der Dauer und Größe der Giftaufnahme. In der Mehrzahl der Fälle verschwinden nach Aufhören weiterer Quecksilberzufuhr die Symptome der chronischen Vergiftung völlig, wobei der Tremor noch am längsten bestehen bleibt. In höheren

Lebensaltern ist die Aussicht auf Heilung geringer. Der schwere Tremor, der Erethismus und die Abmagerung bleiben dann zuweilen dauernd bestehen. Führen sie nicht direkt zum Tode, wobei erst wenige Tage vorher Bewußtlosigkeit eintritt, so können interkurrente Infektionen, die bei dem allgemeinen Verfall der Kranken besonders leicht angehen, das Ende beschleunigen. Leichte Formen des Tremors verschwinden bei rechtzeitigem Arbeitsplatzwechsel auch ohne intensive Behandlung ziemlich bald von allein, während ausgeprägtere Formen doch mehrere Monate zur Heilung beanspruchen. Bei Vergiftungen durch Alkylquecksilberverbindungen bleiben eher Reste der Nervenschädigung bestehen, die zudem noch zu Rezidiven neigen. Überstandene chronische Vergiftungen hinterlassen eine erhöhte Quecksilberempfindlichkeit, weshalb man eine erneute Exposition unter allen Umständen verhindern soll (Arbeitsplatzwechsel). Kinder, Jugendliche, Schwächliche, weibliche und ältere männliche Personen, Nierenkranke und Alkoholiker gelten als besonders gefährdet und sollten von der Arbeit in Quecksilberbetrieben ausgeschlossen werden.

Therapeutisch ist vor allem die weitere Quecksilberaufnahme abzustoppen, was am besten durch Herausnahme aus dem Betrieb geschieht. In schweren Fällen mit hochgradigen Erregungszuständen ist für strikte Fernhaltung aller beunruhigenden Umwelteindrücke zu sorgen. Aufenthalt in frischer Luft, in waldreicher, ländlicher, ruhiger Umgebung oder im Mittelgebirge, vorsichtige Gaben von Beruhigungsmitteln (Luminal), Liegekuren, später leichte körperliche Arbeit in frischer Luft, vorsichtige Schwitzprozeduren, welche die Ausscheidung des aufgenommenen Quecksilbers fördern können (Bäder usw.), sind die am besten geeigneten Maßnahmen. Von der Anwendung medikamentöser Mittel ist nach Möglichkeit abzusehen. Vitaminreiche, kräftige und leichtverdauliche Kost, die sich von jeder Einseitigkeit fernzuhalten hat, wird die Wiederherstellung beschleunigen. Die Verabreichung schwefelhaltiger Wässer (Aachener Schwefelwasser, Wiesbadener Faulbrunnen, Homburger Luisenbrunnen) wurde empfohlen. Eingetretene Zahnverluste sind zu ersetzen; überhaupt ist für die Sanierung der Zähne zu sorgen. Alkohol- und Nicotingenuß sind streng zu verbieten.

IV. Erkrankungen durch Arsen und seine Verbindungen.

Gewerbliche Arsenvergiftungen kommen bei der vielfältigen Anwendung des Arsens auch heute noch recht häufig vor. Dabei ist die subakute und chronische Arsenvergiftung viel öfter zu beobachten als die akute.

Bei den Vorsichtsmaßnahmen, welche bei der Herstellung organischer Arsenpräparate angewendet werden, die meist für medizinische Zwecke Verwendung finden, spielen Vergiftungen durch organische Arsenverbindungen eine relativ geringe Rolle. Die in gewerblichen Betrieben zu beobachtenden Schädigungen werden meist durch anorganische Verbindungen hervorgerufen. Metallisches Arsen ist an sich ungiftig: nur die oxydierten Verbindungen entfalten eine starke Giftwirkung. Da reines Arsen an der Luft verhältnismäßig leicht oxydiert, kann es gelegentlich auch dadurch einmal zu Vergiftungserscheinungen kommen, die dann allerdings infolge der relativ kleinen Mengen toxisch wirksamer Substanz nur gering sind. Stark giftig sind das Arsentrichlorid ($AsCl_3$), die arsenige Säure (As_2O_3), welche unter den Namen Arsenik, Arsentrioxyd, Arsenikblumen oder weißes Arsen läuft. Die Arsensäure (H_3AsO_4) sowie ihre Natrium- und Kaliumsalze (NaH_2AsO_4 und KH_2AsO_4) finden z. B. als Beizmittel in der Färberei Verwendung. Wichtig sind auch die Arsensulfide: Realgar (As_2S_2) und Auripigment (As_2S_3) werden bei der Herstellung gelber Farben verwandt. Rein sind sie infolge ihrer Unlöslichkeit an sich ungiftig. Praktisch sind sie jedoch meist stark mit Arsenik verunreinigt, so daß auch durch sie Vergiftungen nicht selten verursacht werden. In Weinbau- und Gärtnereibetrieben werden Verbindungen von Arsen mit Ca, Pb oder Cu verwandt.

Die **Vergiftungsmöglichkeiten** sind entsprechend der vielfältigen technischen Verwendung der Arsenverbindungen sehr groß. In der metallurgischen Industrie kann es durch Verunreinigung der verschiedensten Mineralien mit Arsen bei der Verhüttung von Kobalt-, Zink-, Blei-, Kupfer-, Silber-, Nickel- und Eisenerzen zu Arsenvergiftungen kommen. Metallisches Arsen wird in der Glasindustrie zur Entfärbung und Läuterung des Glases benutzt. Zu Schrotblei wird Arsen zugesetzt; auch beim Brünieren von Metallen findet Arsen als Beizmittel Verwendung. Arsensaures Blei dient zur Herstellung von Emaille. Recht häufig ist das zur Emailleherstellung gebrauchte Antimon stark mit Arsen verunreinigt; so liegen Berichte über akute Arsenvergiftungen vor, die durch Einatmen von arsenhaltigem Staub beim Vermahlen von Antimontafeln zustande kamen. Zur Enthaarung von Fellen in Gerbereien wird Arsensulfid dem Kalkäscher zugesetzt, auch sonst Arsen zur Konservierung von Häuten und Fellen benutzt. In Tierausstopfereien wird Arsen zur Enthaarung verwandt. In der Baumwolldruckerei finden Natriumarsenat und Arsenglycerin als Beizmittel Verwendung. Auch in der chemischen Industrie ergeben sich vielfältige Vergiftungsmöglichkeiten. Vor den Schwefelkiesröstöfen tritt arsenhaltiger Staub auf, im Schlamm der Bleikammern ist oft reichlich Arsen enthalten. Für die Tropen werden arsenikhaltige Seifen zum Schutz von Holz gegen Termitenbefall hergestellt. Groß ist auch die Zahl arsenhaltiger Farben. Am bekanntesten ist das sog. SCHEELsche Grün (= arseniksaures Cu) und das Schweinfurtergrün (= arseniksaures Kupfer + neutrales essigsaures Kupfer). Beide Farben laufen unter den verschiedensten Phantasienamen, wie z. B. Braunschweiger-, Wiener-, Neuwieder-, Mitis-, Kirchberger-, Kaiser-, Papageien-, Patent-, Kasseler-, Pariser-, Leipziger-, Würzburger-, Schweizer- und Baselergrün. Opperment, Rauschgelb, Königsgelb, Persisch Gelb, Chinesisch Gelb, Spanisch Gelb usw. können durch Verunreinigung mit Arsenik Vergiftungen hervorrufen. Vergiftungsmöglichkeiten bestehen weiterhin bei der Gewinnung von As aus Erzen, beim Schmelzen mit Arsen verunreinigter Metalle sowie bei der Gewinnung von Natrium, Calcium und Bleiarsenat. Weiterhin findet Arsen bei der Herstellung künstlicher Edelsteine, von unechtem Malachit, von Bronzefarben sowie von Feuerwerkskörpern Verwendung. Die Gefährdung von Malern bei Anstreicharbeiten mit arsenhaltigen Farben, von Tapezierern, Näherinnen und Blumenmachern durch Verarbeitung von mit Arsenfarben gefärbtem Papier spielen heute nur noch eine sehr geringe Rolle, da diese Farben meist durch ungiftige ersetzt sind. Immerhin enthalten Kobalt- und Zinkfarben auch heute noch mitunter Arsen als Verunreinigung. Relativ viel werden arsenhaltige Verbindungen bei der Schädlingsbekämpfung in Gemüse-, Garten-, Obst- und Weinbaugebieten, in der Forstwirtschaft und im Baumwollbau verwendet. Gärtner, Weinbauern, Forstarbeiter und Flieger, die vom Flugzeug aus große Waldbezirke mit arsenhaltigen Schädlingsbekämpfungsmitteln bestäuben, können erkranken. Zum Teil laufen diese Schädlingsbekämpfungsmittel, bei denen es sich um Verbindungen von Arsen mit Blei, Kupfer oder Calcium handelt, unter unverfänglichen Decknamen. So finden Calciumarsenit und Bleiarsenit (Gehalt an arseniger Säure 40%), Esturmit (As-Gehalt 11%), Aresin (8%), Dusturan (5,6%), Uraniagrün (54—56%), Noprasen (4,4%), „Sturms Stäubemittel" (7%), Vinuran (2,2%) u. a. Verwendung.

Aufnahme, Verteilung, Ausscheidung, Wirkungsmechanismus: Die *Aufnahme* des Arsens in den Körper erfolgt bei den gewerblichen Vergiftungen in der überwiegenden Mehrzahl der Fälle durch Einatmen arsenhaltigen Staubes. Hierbei muß berücksichtigt werden, daß ein Teil dieses Staubes durch Verschlucken vom Darm aus aufgenommen wird. Die Vergiftungssymptome von seiten des Magen-Darm-Kanals sind deshalb meist nicht so ausgeprägt wie die der akuten peroralen Vergiftung, bei der die gesamte, meist recht erhebliche Giftmenge, z. B. bei Selbstmorden, vom Darm allein aus in den Organismus eindringt. In ganz seltenen Fällen erfolgte die Aufnahme auch durch die Haut. Bei der akuten Vergiftung hat Arsenik eine lähmende Wirkung auf die Capillaren, welche bei peroraler Aufnahme größerer Mengen sich anders auswirkt als bei Aufnahme durch Einatmen von Staub, wodurch das Bild der gewerblichen akuten Arsenvergiftung in manchen Fällen vielleicht nicht ganz dem klassischen Bild der akuten Arsenvergiftung nach peroraler Aufnahme entspricht. Örtlich wirkt Arsen ätzend, so daß man bei Leuten, welche in As-Staub arbeiten, nicht selten nekrotische Substanzverluste (Perforation) und Gewebszerstörungen, vor allem im Bereich des Nasenseptums, an die Chromatvergiftung erinnernd, findet (LEHMANN). In gleicher Art kann es auch zu Entzündungserscheinungen der Aftergegend (pruriginöses Analekzem) oder in der Vagina kommen. Bei der akuten Vergiftung macht sich die Capillarlähmung in Blutdruckabfall, mehr oder weniger heftigen Durchfällen, die auf einer Lähmung der Capillaren im Mesenterialbereich zurückzuführen sind, sowie infolge der Blutumverteilung auftretenden Symptomen einer Gehirnanämie geltend. Arsenik beeinflußt als Reduktionsmittel die Oxyredoxsysteme, dadurch die Zellatmung, schädigt die Fermente (Protease, Kathepsin, Lipase) und ruft Veränderungen im Eiweiß-, Fett- und Kohlehydratstoffwechsel hervor. Offenbar kommt es auch zur Schädigung lebenswichtiger Fermentprozesse im Organismus (KEESER). Im Bereich des intermediären Stoffwechsels ist eine Verschiebung in saurer Richtung nachzuweisen. Kleine Arsenmengen hemmen die Oxydationsprozesse. Nach neueren Untersuchungen kommt es bei der Arsenvergiftung im Organismus wahrscheinlich zu einer Beschlagnahme von Thiolverbindungen, so daß ein Teil der Vergiftungssymptome nicht nur auf die Capillarlähmung, sondern auch als Störung gewisser katalytischer Vorgänge aufzufassen ist, die an die Anwesenheit von Cystein gebunden zu sein scheinen. Cystein und Glutathion haben einen entgiftenden Einfluß bei der Arsenvergiftung (LABES). Offenbar kommt es bei chronischer Einwirkung mancher Arsenverbindungen zu einer Schädigung der Sternzellen der Leber, an die sich dann eine vorwiegend periportal lokalisierte Lebercirrhose anschließt. Neben der Gefäßlähmung, die möglicherweise auf einer Lähmung der sympathischen Gefäßinnervation beruht, kommt es auch zu Schädigungen im reticulo-endothelialen System, in den Lymphdrüsen, in der Milz und im Knochenmark. Die *Verteilung* des Arsens ist je nach der Aufnahme verschieden. Bei peroraler Aufnahme findet sich im Magen-Darm-Kanal die größte Menge Arsen, während die Nieren, die Leber, die Haut, die Haare, vor allem bei der akut verlaufenden Form, nur wenig Arsen enthalten. Bei der chronischen Vergiftung findet sich das Arsen hauptsächlich in der Leber, in der Milz und in den Nieren, in den Knochen (vor allem Beckenknochen und Wirbel), in der Haut und in den Haaren und Nägeln. Die *Ausscheidung* anorganischer As-Verbindungen erfolgt vorwiegend durch die Nieren, durch den Magen, zum Teil auch durch den Darm. In der ersten Zeit nach der Vergiftung findet sich relativ viel Arsen im Harn, dessen Menge sich nach Aufhören weiterer Arsenzufuhr im Verlaufe von 1—2 Wochen erheblich vermindert, um jedoch erst nach Wochen oder Monaten ganz aus dem Harn zu verschwinden.

a) Die akute Arsenvergiftung.

Die akute gewerbliche Vergiftung ist relativ selten. Sie ereignet sich vor allem bei der Schädlingsbekämpfung durch Einatmung des fein verspritzten und infolge ungenügender Schutzmaßnahmen eingeatmeten arsenhaltigen Mittels, gelegentlich auch beim Vermahlen stark mit Arsen verunreinigter Metalle (z. B. Antimonmühlen). Die sonst übliche Unterscheidung in eine gastrointestinale, choleraähnliche sowie cerebrospinale, paralytische Form erscheint bei der akuten gewerblichen Arsenvergiftung vielleicht etwas gezwungen. Bei der klassischen, akuten, peroralen Vergiftung lassen sich die einzelnen Phasen des Krankheitsgeschehens sehr wohl voneinander abgrenzen. Schon bei der Aufnahme z. B. von Arsenik kommt es zu mehr oder weniger schweren *lokalen* Schäden im Magen-Darm-Kanal. Infolge der Resorption des Giftes im Verdauungsschlauch kommt es zu stürmischen Erscheinungen, zu Durchfällen und Erbrechen. Die Gefäßlähmungserscheinungen lokalisieren sich verständlicherweise zuerst in dem zum Darm gehörigen Capillarbereich, den Mesenterialcapillaren. Die durch die maximale Haargefäßerweiterung bedingte, ziemlich plötzliche Verminderung der zirkulierenden Blutmenge macht sich nun auch an entfernterer Stelle des Organismus geltend: Der Blutdruck sinkt, die periphere Durchblutung wird infolge der durch Verminderung des venösen Angebotes kleineren Herzleistung schlechter. Dies äußert sich vor allem an dem gegen Sauerstoffmangel besonders empfindlichen Zentralnervensystem, vorwiegend in cerebralen Erscheinungen, wie Muskelkrämpfen und Benommenheit. Die Herzarbeit wird weiter erschwert durch die oft erhebliche Bluteindickung infolge des durch Erbrechen und die abundanten Durchfälle herbeigeführten erheblichen Wasserverlustes, der sich auch durch Verlangsamung der Blutkörperchensenkungsgeschwindigkeit geltend machen kann. In der dritten Vergiftungsphase kommt es infolge der Arsenausscheidung häufig zu einer schweren Schädigung der Nierenfunktion, die klinisch unter dem Bild der akuten Nephritis mit Anurie und Retention harnpflichtiger Substanzen bemerkbar wird. Man darf jedoch nie vergessen, daß bei den meisten gewerblichen Vergiftungen die Arsenaufnahme in Form von Staub zustande kommt, wobei nur ein kleiner Teil verschluckt, ein anderer jedoch in den oberen Luftwegen und

Lungen abgelagert wird und von dort aus in den Organismus eindringt. Infolgedessen weichen die Anfangserscheinungen von den bei peroraler Aufnahme massiver Arsendosen auftretenden Vergiftungsbildern ab. Die dem Arsen eigentümlichen örtlichen Reizerscheinungen an den Schleimhäuten der oberen Luftwege treten mehr in Erscheinung als sonst bei akuten Vergiftungen. An den Augen finden sich eitrige Entzündungen der Augenbindehaut und der Hornhaut. Die Lider können ödematös entzündet und mit Schüppchen bedeckt sein. Schon nach wenigen Arbeitsstunden können Lippen und Nasenflügel anschwellen (SEIFERT). Auch treten Erytheme im Gesicht auf. Blepharitiden wurden ebenfalls beobachtet. Bei der Inhalation von Arsenstaub treten die bei peroraler Vergiftung zuerst auftretenden Magen-Darm-Erscheinungen (Durchfälle) häufig verspätet und erst nach Einsetzen der zentralen Erscheinungen auf und sind auch schwächer.

Initialsymptome: Die akute Vergiftung beginnt meist noch während der Arbeit oder unmittelbar danach mit Kopfschmerzen, Übelkeit, Schwindel, Schwäche, Schüttelfrösten, Gliederschmerzen, reißenden Schmerzen im Rücken und bei der Inspiration, Schmerzen in der Brust und Herzklopfen sowie Erbrechen. Manchmal bestehen Benommenheit und Trunkenheit. Die Augen brennen und tränen. Die Vergifteten klagen über Verdunkelung des Gesichtsfeldes. In Nase, Hals, Rachen und Mund bestehen Brennen und starkes Trockenheitsgefühl trotz vermehrtem Speichelfluß. Die Mundschleimhaut ist nicht selten bläulich verfärbt, die Rachenschleimhaut hyperämisch, die Zunge belegt und trocken. Am Zahnfleischsaum findet sich manchmal ein feiner violetter Saum (GENKIN). Manchmal besteht Aphonie. Als Ausdruck dieser Schleimhautreizung treten Schnupfen, Schmerzen beim Schlucken, Heiserkeit und heftiger Hustenreiz auf. Oft klagen die Vergifteten über süßlichen Geschmack im Mund. Schwäche, Müdigkeit und Arbeitsunlust steigern sich. Dann tritt Appetitlosigkeit auf. Sehr bald setzen heftige Durchfälle ein, die von kolikartigen Leibschmerzen begleitet sein können. Der abgesetzte Stuhl ist flüssig, wäßrig und erinnert an Cholerastühle. Der Leib ist eingesunken und druckschmerzhaft. Die Atmung ist erschwert, oberflächlich, ihre Frequenz mehr oder minder erhöht. Über den Lungen finden sich verschärftes Atmen und trockene Rasselgeräusche. Reißende Schmerzen in den Gliedern und Temperaturerhöhung bis auf 39—40° stellen sich ein. Dazu gesellt sich heftiges Erbrechen. Auch Untertemperaturen werden beobachtet. Die Muskulatur ist druckschmerzhaft. Heftige Muskelzuckungen und Muskelkrämpfe, vor allem in der Wadenmuskulatur, runden das Vergiftungsbild ab.

Kreislauf: Durch die auftretende Capillarlähmung sinkt der Blutdruck ab oder verhält sich zum mindesten schwankend. Infolge der Blutumverteilung treten Störungen der Herztätigkeit, Stiche in der Herzgegend, bei Absacken einer größeren Blutmenge in einem besonders stark betroffenen Capillargebiet auch Herzschwäche infolge verminderten venösen Angebotes ein. Die Gesichtsfarbe ist bläulich-graubraun oder cyanotisch, der Gesichtsausdruck leer, verfallen.

Die Veränderungen im **Blut** sind bei der akuten Vergiftung, die in wenigen Stunden bis Tagen zum Tode führen kann, nicht sehr erheblich. Infolge der durch die heftigen Durchfälle und das häufige Erbrechen bedingten Wasserverarmung des Blutes finden sich die Erythrocyten nicht selten vermehrt, ebenso die Thrombocyten. Manchmal finden sich basophil punktierte Erythrocyten (SYMANSKI). Die Blutgerinnung kann beschleunigt sein. Gelegentlich entwickelt sich schon nach wenigen Tagen eine mäßige Anämie sowie als Ausdruck der reizenden Wirkung des Arsens auf das Knochenmark eine mehr oder weniger starke Reticulocytose. Der Blutzucker wurde bei der akuten Vergiftung erhöht gefunden. Das Bilirubin ist, direkt und indirekt bestimmt, deutlich erhöht.

Die **Leber** zeigt bei der akuten Vergiftung eine vermehrte Konsistenz. Die glykogenaufbauende Funktion der Leber soll gestört, ihr Glykogengehalt vermindert sein.

Mit der beginnenden Ausscheidung des Arsens finden sich auch deutliche **Nierenschäden**. Die Nierengegend wird druckschmerzhaft, die Urinsekretion vermindert sich. Im Urin finden sich Zucker, Eiweiß, Urobilinogen und Urobilin. Im Sediment treten reichlich rote Blutkörperchen, Zylinder und Nierenepithelien auf. Der Arsengehalt des Urins steigt weit über den Normalgrenzwert von etwa 76—102 γ/Liter. Bei Arbeitern, welche stark dem Arsenstaub ausgesetzt sind, kann die Geschlechtsfunktion durch Entwicklung von Schleimhautulcerationen am Penis, dem sog. Arsenschanker, bei Frauen durch Auftreten von Ulcerationen im Introitus vaginae bzw. in der Vagina gehemmt werden.

Die **cerebralen Störungen** bei der akuten Vergiftung sind durch die Blutleere des Gehirns, zum Teil auch durch eine direkt schädigende Wirkung des Arsens auf das Zentralnervensystem zu erklären. Im wesentlichen ist das Zentralnervensystem sekundär lediglich auf Grund der gestörten Zirkulation getroffen. Die Blutliquorschranke wird vom Arsen nicht durchbrochen. Dies kann nur geschehen, wenn entzündliche Veränderungen an den Meningen vorhanden sind (BRAHME). Klinisch finden sich Kopfschmerzen, Delirien, Verwirrtheit, Krämpfe und Bewußtlosigkeit. Die Pupillen reagieren manchmal träge; auch besteht gelegentlich ein Nystagmus. Nackenstarre kann das Vorliegen einer Meningitis vortäuschen, vor allem dann, wenn noch Kloni und eine Erhöhung der Patellarreflexe gleichzeitig nachzuweisen sind. In seltenen Fällen bietet sich sogar das Bild einer Encephalitis (VIECHEN, KEATING und v. HAAM), ja einer hämorrhagischen Encephalitis (C. BLITSCH; A. HAUSEN) (vgl. hierzu auch S. 115). Sonst finden sich peripher zunächst meist keine Veränderungen. Diese können aber schon nach wenigen Tagen, häufig erst einige Wochen nach der akuten Vergiftung auftreten. So entwickeln sich neben neuritischen Erscheinungen an den peripheren Nerven, wie sie im Verlauf der chronischen Arsenvergiftung häufig beschrieben werden, Herpes zoster (F. JAKOB, KNOWLES und BOLTON), Facialisparesen (STONE), Neuritis optica (P. DE FONT-RÉAULX), auch Schädigungen der Gehörnerven, weiterhin Schäden am Rückenmark, wie Hämatomyelie, Veränderungen an den Vorderhornzellen und Degenerationserscheinungen der GOLLschen Stränge.

Bei der **Sektion** bleibt bei akut Arsenvergifteten die Leiche noch relativ lange nach dem Tod gut erhalten. Die Totenstarre ist lang dauernd und ausgeprägt; die Bauchdecken sind gespannt und eingezogen. Infolge des großen Wasserverlustes ist das Gesicht verfallen, die Haut schlaff und welk. Der ganze Körper macht einen ausgetrockneten Eindruck. Die Eingeweide sind cyanotisch und wie die serösen Häute von kleinen Blutungen durchsetzt. Die Darmschlingen sind meist stark gebläht. Das Herz ist gelb bis lehmfarben, brüchig und schlaff. Wie in anderen Organen finden sich in sämtlichen Wandschichten punkt- und fleckförmige Blutungen. Gelegentlich sind reichlich Thromben in den Gefäßen und dadurch bedingte Gefäßverlegungen festzustellen. An den Lungen finden sich Atelektasen und subpleurale Blutungen. Die oberen Luftwege weisen entzündliche Erscheinungen auf und enthalten oft reichlich verfettete und abgestoßene Alveolarepithelien als Ausdruck einer beginnenden Entzündung. In den oberen Abschnitten des Magen-Darm-Kanals sind meist nur geringe Veränderungen zu beobachten. Gelegentlich fanden sich Glossitis, aphthöse Beläge an der Mund- und Wangenschleimhaut und entzündliche Veränderungen im Bereiche des Oesophagus. Die Magenschleimhaut zeigt neben Blutungen und katarrhalischen, manchmal hämorrhagischen oder pseudomembranösen Entzündungen gelegentlich oberflächliche kleine Nekrosen. Tiefer greifende Zerstörungen der Magenschleimhaut sind selten. Im Bereich des Dünndarms finden sich Schleimhautablösungen, Blutaustritte und Infiltrationen sowie Schwellungen der lymphatischen Apparate. Der Dickdarm zeigt bei der akuten gewerblichen Vergiftung meist keine Veränderungen, das Knochenmark vereinzelt Blutungen; die Lymphknoten sind bei der akuten Vergiftung zuweilen stark geschwollen (EICHHORST). Die Milz ist groß und schlaff. Sie weist Zeichen eines vermehrten Erythrocytenzerfalls auf. Die Leber entspricht, wenn die Überlebenszeit lang genug war, einer reinen Fettleber; das Parenchym ist glykogenverarmt. Die Nieren zeigen meist Zeichen starker Degeneration, nur selten akut entzündliche Erscheinungen.

Am Zentralnervensystem finden sich Hirnödem, stärkste Gefäßerweiterungen, perivasculäre, größere, im Rückenmark neben dem Zentralkanal gelegene und epidurale Blutungen. Vereinzelt zeigen sich auch bei akuten Vergiftungen starke Lipoidspeicherungen in den Ganglien- und Gliazellen sowie auffallende Verfettung der Endothelien der Rindengefäße. Die peripheren Nerven lassen deutliche entzündliche Veränderungen erkennen (vgl. S. 103).

Diagnose: Die Diagnose ist meist insofern schwierig, als leicht überhaupt nicht an die Möglichkeit einer Arsenvergiftung gedacht wird. Möglichst genaue Klärung der Anamnese wird häufig hier den entscheidenden Fingerzeig geben können. Die ganz akut einsetzenden Durchfälle, wohl das konstanteste Symptom der akuten Arsenvergiftung, sind schließlich nicht sosehr eindeutig. Verwechslungen mit akuten Infektionskrankheiten — z. B. Cholera, akuter Gastroenteritis, Ruhr, Paratyphus usw. — liegen im Bereich des Möglichen, um so mehr, als die bei der Arsenvergiftung recht häufigen Wadenkrämpfe und Fieber z. B. bei der Cholera ebenfalls vorkommen. Reizerscheinungen an den Schleimhäuten der oberen Luftwege, Husten, Erbrechen, dabei Durchfälle, Wadenkrämpfe, Absinken des Blutdrucks müssen auf die Diagnose hinleiten, die durch den positiven Ausfall des chemischen Nachweises (MARSHsche Probe) von Arsen im Urin erhärtet wird.

Therapeutisch wird bei der akuten Form der Arsenvergiftung durch Staubinhalation mit der sonst meist üblichen Magenspülung nicht allzuviel zu erreichen sein. Geeignet scheint die Verabreichung größerer Mengen hochaktiver Tierkohle peroral, die in dem Gedanken gegeben werden kann, mit Speichel und Schleim in den Magen-Darm-Trakt gelangtes Arsen zu adsorbieren und so seine Resorption zu verhindern. Bei heftigem Erbrechen und starken Durchfällen wird man durch reichliche Zufuhr von physiologischer Kochsalzlösung in Form von Hypodermoklysmen, Dauertropfeinläufen und intravenösen isotonischen Traubenzuckerinfusionen der Wasserverarmung des Organismus, der dadurch bedingten Bluteindickung, der Verminderung der zirkulierenden Blutmenge und dem dadurch geringeren venösen Angebot an das Herz zweckmäßig entgegenwirken können. Zusatz von Adrenalin, besser vielleicht Sympatol oder Veritol zu den Infusionslösungen dürfte geeignet sein, die periphere Capillarlähmung zu bekämpfen. MÜLLER empfahl zur Herbeiführung eines Sympathicotonus mehrfache große Dosen von Calcium und Cystein. Die Anwendung der sog. FUCHSschen Mischung, des klassischen Antidotes bei der Arsenvergiftung (gleiche Teile von Eisenhydroxyd und Magnesiumhydroxyd peroral), hat nur dann Sinn, wenn das Gift peroral aufgenommen wurde, so daß die adsorbierende Wirkung des Antidotes wirksam werden kann. Auch von der intravenösen Darreichung von Natriumthiosulfat (bis zu 2,0 g pro dosi) wird Gutes berichtet. Die übrigen therapeutischen Maßnahmen (Darmbäder, Einläufe, Tetrophan und Betaxin) werden symptomatisch sein und sich dem gegebenen Rahmen der Behandlung einfügen müssen.

b) Die subakute und chronische Arsenvergiftung.

Die subakute und chronische Arsenvergiftung ist gewerblich häufiger, wichtiger und interessanter. Die Giftaufnahme erfolgt meist durch Inhalation von Staub, gelegentlich auch beim Umgang mit flüssigen Arsenverbindungen, z. B. Arsensäure, durch die Haut. Um Wiederholungen zu vermeiden, seien im folgenden die subakute und chronische Arsenvergiftung gemeinsam besprochen. Die subakute Vergiftung zeigt klinisch Symptome sowohl der akuten wie auch der chronischen Arsenvergiftung gleichzeitig, wobei — von Fall zu Fall verschieden — einmal mehr Erscheinungen der akuten, ein andermal der chronischen Vergiftung mehr im Vordergrund des Krankheitsbildes stehen.

Bei der subakuten und chronischen Vergiftung ist der *Vergiftungsmechanismus* prinzipiell der gleiche wie bei der akuten Vergiftung; trotzdem ist das klinische Bild der chronischen Vergiftung grundsätzlich anders. Die *klinischen Leitsymptome*, aus denen ohne Anwendung schwieriger Laboratoriumsuntersuchungen die Diagnose bei einiger Aufmerksamkeit meist unschwer gestellt werden kann, bestehen bei der chronischen Vergiftung in sehr erheblichen Hyperkeratosen an den Händen und Füßen, melanotischer Verfärbung der Haut, Reizerscheinungen an den oberen Luftwegen, an den Augen und häufig auch in Leberschäden, deren Genese bei Weinbauern allerdings noch umstritten ist. Wie bereits ausgeführt wurde, bewirkt das in den Organismus gelangte Arsen vor allem Lähmungen der Capillaren, welche bei der akuten peroralen Vergiftung am stärksten im Mesenterialgebiet wirksam werden und dort klinisch zuerst wie auch pathologisch-anatomisch die stärksten Veränderungen setzen. Eigentümlicherweise findet man auch bei der subakuten Arsenvergiftung durch Staubinhalation wie auch bei Aufnahme durch die Haut fast in allen Fällen Durchfälle als Ausdruck einer toxischen Arsenwirkung auf die Capillaren des Darmgebietes. Dieser so regelmäßige Befund könnte die Schlußfolgerung nahelegen, daß entweder eine besondere Empfindlichkeit der Darmcapillaren gegenüber dem Arsen besteht, oder aber, was wahrscheinlicher ist, daß das in den Organismus gelangte Arsen entgegen der bisher allgemein geltenden Auffassung vielleicht doch hauptsächlich durch den Darm ausgeschieden wird. Immerhin treten die Magen-Darm-Erscheinungen bei der subakuten und vor allem bei der chronischen Vergiftung in den Hintergrund. Dafür finden sich Symptome, die infolge des schnellen Ablaufs der akuten Vergiftung bei dieser nicht zu beobachten sind und die alle letzten Endes auf eine Schädigung eines bestimmten Capillargebietes zurückgeführt werden können. Die Einteilung des klinischen Bildes der chronischen Arsenvergiftung in verschiedene Vergiftungsphasen, wie sie z. B. bei STARKENSTEIN noch auf Grund der Beobachtungen von BROUARDEL und BOUCHET zu finden ist, erscheint etwas gezwungen, um so mehr, als die Symptomatologie der chronischen Vergiftung sehr vielgestaltig ist und die Störungen in den einzelnen Capillargebieten jeweils verschieden stark in den Vordergrund des klinischen Gesamtbildes rücken, so daß dieses einmal mehr von intenstinalen Erscheinungen, Reizung der oberen Luftwege, der Augen usw., ein andermal mehr von Hautveränderungen oder polyneuritischen Erscheinungen beherrscht erscheint. Die Eingliederung in ein starres Schema stößt deshalb manchmal auf recht erhebliche Schwierigkeiten, so daß im folgenden darauf verzichtet wird. Nicht immer handelt es sich um chronische Vergiftungen, sondern mehr um subakute Formen, die unter stürmischeren Erscheinungen verlaufen und einen fließenden Übergang zu den akuten Arsenvergiftungen herstellen.

Die **Initialsymptome** der subakuten Vergiftung sind häufig der akuten Vergiftung recht ähnlich. Sie können sich sehr plötzlich einstellen und bestehen dann meist in Verdauungsstörungen. Nach kurzer Zeit mit Mattigkeit, Hinfälligkeit, Untertemperaturen, Arbeitsunlust, rascher Ermüdbarkeit, Gleichgültigkeit, Willenlosigkeit und Apathie setzen Magenschmerzen ein. Dann treten intermittierende Durchfälle auf, die 1 bis 2 Tage dauern, um dann 2—3 Tage auszusetzen. Übelkeit, gelegentliches Erbrechen, Flimmern vor den Augen, Druckgefühl im Kopf oder aber schon Kopfschmerzen, Leibschmerzen und Druckempfindlichkeit des ganzen Abdomens sind ebenfalls Erscheinungen, die das anfänglich wenig charakteristische Symptomenbild, das mehrere Wochen bis zu einem Monat bestehen bleiben kann, abrunden. Häufig werden diese vieldeutigen Symptome verkannt und als Ausdruck einer Enteritis gedeutet. Auch treten an den Tagen mit Durchfällen heftige Schmerzen in der Muskulatur, vor allen Dingen in den Waden, auf. Häufig finden sich gleichzeitig allgemeine Reizsymptome im Bereich der oberen Luftwege, wie Husten mit wenig Auswurf, vereinzelt auch Bluterbrechen, Druckgefühl in der Herzgegend und im Oberbauch sowie Atemnot. Bei den ausgesprochen chronisch verlaufenden Formen können diese, den Erfahrenen vielleicht alarmierenden Symptome völlig fehlen. In solchen Fällen ist das konstanteste Zeichen die übermäßige Verhornung an den Händen und Füßen, die *Hyperkeratose*, die kaum mit den sonst bei Handarbeitern auftretenden Schwielenbildungen zu verwechseln ist, bisweilen aber erst spät auftritt.

An den **Schleimhäuten** der Augen, des Mundes und der oberen Luftwege finden sich mehr oder weniger stark ausgeprägte chronische Katarrhe, meist mit geringer Sekretion. Häufig besteht eine mit starker Lichtscheu verbundene Conjunctivitis, welche subjektiv mit brennenden Schmerzen in den Augen, Trockenheitsgefühl und Tränenfluß verläuft. Die Bindehaut brennt und ist stark gerötet. An den Schleimhäuten der Nase finden sich Erscheinungen einer mehr oder weniger akut verlaufenden Rhinitis. Bei dauernder Einatmung von Arsenstaub kommt es zu Ulcerationen und Perforationen im Bereiche des Nasenseptums, die sich zum Unterschied von luischen Veränderungen, die von gummösen Knochenprozessen ausgehen, stets auf die knorpeligen Anteile der Nasenscheidewand beschränken, auch zu Schädigungen des Riechepithels mit völliger Aufhebung des Geruchsvermögens. Die *Arsenperforation* beginnt mit einem grau belegten, stecknadelkopfgroßen Geschwür am Knorpel, das sich allmählich vertieft und schließlich den Knorpel durchbricht. Auf Geschwürsbildungen im äußeren Gehörgang machte KOELSCH aufmerksam.

Die Schleimhäute der Mundhöhle zeigen katarrhalische, in seltenen Fällen auch ulceröse Veränderungen wie bei einer Stomatitis und Gingivitis. Die Befallenen klagen über Brennen und Trockenheit im Munde trotz vermehrten Speichelflusses, Schmerzen beim Schlucken und das Gefühl, als ob der Mund zusammengezogen würde. In einigen Fällen wurde auch das Auftreten eines am oberen Zahnfleischrande auftretenden, eigentümlich violett gefärbten Saumes mitgeteilt, der als Ausdruck einer Arsenvergiftung gedeutet wurde (GENKIN). Die chronisch Vergifteten klagen über einen unangenehmen, metallisch-süßlichen Geschmack im Munde. Auch im Bereiche des Larynx und Pharynx treten Reizerscheinungen auf. Trockenheitsgefühl und Kratzen im Halse, trockener quälender Husten sowie eine mehr oder weniger ausgeprägte Heiserkeit wurden beobachtet, Erscheinungen, die recht hartnäckig auch nach Aufhören weiterer Giftzufuhr bestehen bleiben. Der Kehlkopf ist gerötet und geschwollen, die Kehlkopfschleimhaut violett verfärbt; die Stimmbänder sind ebenfalls geschwollen und verlieren dadurch ihre Beweglichkeit und Schlußfähigkeit, wobei die Stimme rauh und heiser wird und sich gelegentlich auch eine Aphonie entwickelt. Die Trachealschleimhaut zeigt Zeichen einer trockenen Entzündung.

An den **Lungen** sind außer gelegentlich auftretenden Bronchitiden meist keine ernsthaften Veränderungen zu beobachten.

Die Veränderungen an **Herz und Kreislauf** sind ebenfalls nur gering. Nicht sosehr selten ist die Herztätigkeit auch in Ruhe beschleunigt, ebenso die Atmung schon nach geringer Anstrengung. Ebenso treten bei der Funktionsprüfung gelegentlich Unregelmäßigkeiten in der Herztätigkeit auf. Im Gegensatz zur akuten Vergiftung ist der Blutdruck bei der chronischen Arsenvergiftung meist nicht vermindert. Die Kranken klagen über Herzklopfen, Druckgefühl in der Herzgegend, Präkordialangst und anfallweise auftretende Atemnot. Nur selten entwickelt sich infolge fettiger Degeneration des Herzmuskels eine ausgeprägte Kreislaufinsuffizienz mit Stauung und Ödemen.

Eindrucksvoller sind die Erscheinungen am **Gefäßsystem.** Bei allen schwerer chronisch Arsenvergifteten sind, auch wenn sie noch jung sind, mindestens Störungen der peripheren Durchblutung mit livider Verfärbung und Akrocyanose nachzuweisen (STRAUBE). In manchen Fällen können umschriebene Ausfälle trophische Defekte im Sinne des „Mal perforant" verursachen. Auch wurden Amputationen von Gliedern (Finger, Zehen) infolge arterieller Gefäßverschlüsse und Gangrän nötig. Die Veränderungen an den Gefäßen in den amputierten Gewebsbezirken ähneln dem Bild einer Angiitis obliterans (BÜRGER-VINNIWATERsche Krankheit) (STRAUBE, HADJIOLOFF). Auch wurden Durchblutungsstörungen an den Füßen und Unterschenkeln beobachtet, denen mit hoher Wahrscheinlichkeit eine auf die chronische Arseneinwirkung zu beziehende Periarteriitis nodosa zugrunde lag (KÖTZING). In leichten Fällen finden die Durchblutungsstörungen nur in Klagen über kalte Hände und Füße ihren Ausdruck. Mitunter entwickelt sich eine Akrodermatitis atrophicans chronica.

Im **Blut** sind die zu beobachtenden Veränderungen recht wechselnd. Hämoglobin und Erythrocytenzahl sind im allgemeinen vermehrt (HADJIOLOFF), doch kommen, wenn auch selten, beträchtliche Anämien vor (MOENCH). Das weiße Blutbild zeigt in vielen Fällen neben einer Leukopenie oft eine relative Lymphocytose. In vereinzelten Fällen kann das Blutbild auch im Sinne einer hyperchromen Anämie mit Anisocytose und Poikilocytose verändert sein, so daß die Differentialdiagnose gegenüber der perniziösen Anämie vor allem dann schwierig wird, wenn gleichzeitig eine histaminrefraktäre Achylie und Erscheinungen einer beginnenden Neuritis bestehen (WEISER). Die Gesamtleukocytenzahl ist gelegentlich etwas vermehrt, häufiger aber ein wenig vermindert. Der Bilirubingehalt des Serums kann infolge des vermehrten Erythrocytenzerfalls etwas erhöht sein. Auch der Milchsäuregehalt des Blutes ist vermehrt. Die Blutsenkung ist meist normal und zeigt nur bei erheblichen Hautveränderungen, Lebercirrhose usw. eine mehr oder weniger ausgeprägte Beschleunigung.

Über die Vorgänge im *Knochenmark* liegen neuere Untersuchungen bei Winzern mit kombinierter Arsen-Alkohol-Schädigung von SACK vor. Dieser fand im Sternalpunktat regelmäßig eine auf die Arsenwirkung zu beziehende Vermehrung der erythrocytären Markanteile und eine Wucherung der erhöht tätigen Reticuloendothelien.

Die *Milz* ist meist weich, schlaff und mäßig vergrößert.

Magen und Darm zeigen bei der subakuten Vergiftung mehr oder minder ausgesprochene Reizerscheinungen, die sich vorwiegend in Durchfällen, welche gelegentlich von Perioden hartnäckiger Verstopfung unterbrochen sein können, manifestieren. Bei der chronischen Vergiftung wurden auch nicht selten Störungen des Magenchemismus in Form einer subaciden Gastritis beobachtet (STRAUBE), bei denen es aber in vielen Fällen nicht ganz sicher war, ob sie nicht einer bei Winzern meist gleichzeitig einwirkenden alkoholischen Noxe zuzuordnen sind.

Auch wurde bei chronisch Arsenvergifteten eine Verstärkung der Magensaftsekretion festgestellt. In vereinzelten subakuten Vergiftungsfällen fand sich eine histaminrefraktäre Achylie. Veränderungen im Bereich des Dünndarms und Dickdarms sind bei der chronischen Arsenvergiftung ausgesprochen selten.

Deutliche Krankheitserscheinungen finden sich bei chronisch vergifteten Winzern häufig auch an der **Leber**. Sie ist frühzeitig vergrößert, ihre Konsistenz vermehrt. Dabei muß ausdrücklich darauf hingewiesen werden, daß die Leberschäden vorwiegend bei arsenvergifteten Winzen beobachtet wurden, bei denen anamnestisch fast immer ein nicht unerheblicher, gewohnheitsmäßiger Alkoholmißbrauch nachzuweisen ist. Der oft sehr reichliche Genuß von Tresterweinen, dem sog. Haustrunk, von dem durchschnittlich 2—3 l, gelegentlich sogar bis zu 20 l täglich genossen werden und dessen Arsengehalt um etwa 1 mg/Liter schwankt, sowie auch von guten Trinkweinen, deren Arsengehalt unter Umständen 8 mg/Liter übersteigen kann, spielt beim Zustandekommen der Leberveränderungen sicher eine nicht zu unterschätzende Rolle. Durch den hohen Arsengehalt der Getränke gelangen zweifellos nicht unerhebliche Arsenmengen vom Magen-Darm-Kanal aus in den Organismus, so daß die Arsenaufnahme bei den Winzern nicht nur durch den beruflichen Umgang mit arsenhaltigen Spritz- und Stäubemitteln erfolgt, was versicherungsrechtlich von großer Bedeutung sein kann. Gerade bei Winzern wird man in jedem Einzelfall genau zu analysieren versuchen müssen, welche Schäden dem dauernden Alkoholmißbrauch und welche dem beruflichen Umgang mit arsenhaltigen Schädlingsbekämpfungsmitteln ursächlich zuzuordnen sind, um so mehr, als neben den Leberschäden durch Alkohol auch polyneuritische Erscheinungen zustande kommen können, wie sie für die chronische und subakute Arsenvergiftung typisch sind.

Hinsichtlich der Ursache der Leberschäden sind die Meinungen durchaus geteilt. Manche Autoren glauben, die Leberschäden einer Arsenwirkung allein zur Last legen zu dürfen, während andere die Auffassung vertreten, daß der Alkohol beim Zustandekommen der Lebercirrhose eine viel wesentlichere Rolle spielt (Bohnenkamp, v. Pein) Auffallend ist immerhin, daß die Leberschäden bei der chronischen Arsenvergiftung der Winzer im gesamten Krankheitsgeschehen eine viel größere Rolle spielen als bei allen anderen chronischen Vergiftungen mit Arsen, bei denen Leberschäden meist erst in den letzten Stadien der Erkrankung auftreten, zudem pathologisch-anatomisch kaum Cirrhosen, viel häufiger dagegen Zeichen der fettigen Degeneration der Leber gefunden werden. Ob die beschriebenen Leberschäden daher ursächlich wirklich auf die Arsenwirkung zu beziehen sind, muß vorläufig offenbleiben. Möglicherweise handelt es sich um einen kombinierten Arsen-Alkohol-Schaden. Immerhin sind die Leberschäden bei der chronischen Arsenvergiftung der Winzer ein regelmäßiges Symptom, das berücksichtigt werden muß.

Bei ausgesprochenen Cirrhosen ist die Leber auch mitunter verkleinert. Die beobachteten Funktionsstörungen schwanken zwischen leichten, passageren Parenchymschäden und dem klassischen Bild der schweren Lebercirrhose mit gleichzeitiger Entwicklung eines großen Ascites. Die Beeinträchtigung der Leberfunktion und die hepatocelluläre Schädigung macht sich klinisch in einer Neigung zu Hyperglykämien, alimentären und echten Glykosurien, Urobilinogenurie, Absinken der Cholesterinester im Verhältnis zum Gesamtcholesterin im Blut, leichter Vermehrung der Gallensäuren und Erhöhung der Bilirubinwerte im Blut sowie im positiven Ausfall der belastenden Funktionsprüfungen der Leber (Galactose, Lävulose) bemerkbar. Eine stärkere ikterische Verfärbung der Haut und der Bindehäute ist relativ selten.

Infolge der dauernden Ausscheidung von Arsen durch die **Nieren** kommt es auch zu einer klinisch faßbaren Schädigung dieser Organe. So findet sich nicht selten eine Einschränkung des Konzentrationsvermögens der Nieren. Im *Urin* läßt sich bei der chronischen Vergiftung in vielen Fällen überhaupt kein krankhafter Befund nachweisen. Manchmal wird Eiweiß in Spuren gefunden. Als Ausdruck einer Leberschädigung ist das Urobilinogen unter Umständen sehr stark vermehrt, auch Urobilin in reichlicher Menge nachzuweisen. Im Sediment finden sich neben vereinzelten Leukocyten Nierenepithelien, mitunter viele rote Blutkörperchen, Oxalate, vereinzelt auch Zylinder und Zylinderbruchstücke. Wichtig ist der quantitative Nachweis einer vermehrten Arsenausscheidung durch den Urin. Werte zwischen 76—102 γ/Liter gelten als normal; solche über 2—2,7 mg/Liter können für das Bestehen einer Arsenvergiftung ohne weiteres verwertet werden.

An den **Geschlechtsorganen** und in der Analgegend können sich bei Leuten, die längere Zeit arsenhaltigem Staub ausgesetzt waren, an den Schleimhäuten der Vulva, Vagina und am Penis nicht unerhebliche, schlecht heilende Ulcerationen und Defekte bilden, die an luische Geschwüre erinnern, im Gegensatz zu diesen aber meist keine Schwellungen der regionären Lymphdrüsen verursachen. Bei der chronischen Arsenvergiftung ist die Libido meist vermindert oder ganz aufgehoben. Bei Männern entwickelt sich oft eine Impotentia coeundi, die noch jahrelang bestehen bleiben kann, bei Frauen Frigidität. Chronisch arsenvergiftete Frauen neigen zudem zu Aborten.

Im Bereich des **Zentralnervensystems** finden sich bei der subakuten und chronischen Vergiftung vorwiegend nur periphere Syndrome. Die Hirnnerven und das Gehirn selbst bleiben meist frei. Gelegentlich beobachtete Verminderungen der geistigen Fähigkeiten mit Kopfschmerzen, Sprachstörungen, melancholischen Zuständen gehören zu den Seltenheiten und können allenfalls als Ausdruck einer Schädigung des Gehirns gedeutet werden.

Das wichtigste und häufigste Symptom, das sich auch nach einiger Zeit im Anschluß an eine akute Arsenvergiftung entwickeln kann, ist die *Arsenneuritis.* Sie tritt bei subakuten Vergiftungen häufig schon sehr frühzeitig auf und führt dann bereits innerhalb weniger Tage zu Lähmungen. Die Pathogenese der Arsenneuritis ist durchaus nicht einheitlich. Die Ausfallserscheinungen sind sowohl sensibel wie auch motorisch, wobei in einem Fall die sensiblen, im anderen die motorischen Schädigungen überwiegen können. In den meisten Fällen handelt es sich um primäre Neuritiden, doch kommen vereinzelt auch Schäden am Rückenmark, im Bereich der Vorderhornzellen (ERLICKE und RYBALKIN) bzw. an der Muskulatur (ALEXANDER, MARIK) vor. Häufig liegen der Entstehung auch vasomotorische Störungen zugrunde.

Die typische Arsenneuritis spielt sich im wesentlichen nur peripher an den Extremitäten ab. Sie beginnt *distal* an den Armen und vor allem an den Beinen und schreitet dann gegen den Stamm zu fort. Typisch ist der symmetrische Beginn. Zunächst treten sensible Störungen auf, die entweder in leichten Parästhesien, Kribbeln, Stechen, Brennen oder Ziehen in den Fingern oder Zehenspitzen bestehen oder aber ganz akut als heftige ziehende, zuckende Schmerzen, welche von den Extremitätenenden zum Rumpf hin ausstrahlen, auftreten. Die Finger und Zehen werden gefühllos und steif. Die Oberflächensensibilität ist in allen Qualitäten gestört: die Empfindlichkeit für Berührungs-,

Schmerz-, Druck-, Kälte- und Wärmereize ist abgeschwächt oder ganz aufgehoben. Infolge des gleichzeitigen Auftretens der schmerzhaften neuritischen Symptome und der sensiblen Ausfallserscheinungen kommt es zu dem paradoxen Syndrom einer *Anaesthesia dolorosa.* Auch Hyperästhesien sind häufig; so wird z. B. Kitzeln am Fuß als schmerzhaft empfunden (ZANGGER). Die befallenen Nervenstämme sind hochgradig druckempfindlich. Relativ schnell stellen sich nun auch als Ausdruck der motorischen Schädigung *Lähmungserscheinungen* ein. Es handelt sich um schlaffe Lähmungen, die symmetrisch in der Peripherie beginnend und nach dem Rumpf hin fortschreitend, sich im Anschluß an die Neuritis entwickeln. Sie können sich auf einzelne kleine Muskelgruppen oder aber auch auf ganze Nervenstämme erstrecken, so daß sich in schweren Fällen das Bild einer kompletten Plexuslähmung bietet. Lieblingssitz der Neuritis sowohl wie auch der Lähmungen ist die Streckmuskulatur: an den Armen die vom Radialis versorgten Muskeln, insbesondere die Extens. digit. communes, die Mm. interossei, lumbricales und opponentes pollicis; an den Beinen ist vorwiegend das Gebiet des Nervus peronaeus befallen.

Zunächst sind die Störungen nur leicht. Die Füße und Arme werden schwer, die Kranken vermögen nur noch mit Hilfe von Stöcken zu gehen oder können schwere Gegenstände (Bücher) nicht mehr festhalten. Auch treten fibrilläre Muskelzuckungen, Druckempfindlichkeit der Muskulatur, Krämpfe, Motilitäts- und Koordinationsstörungen auf. Die grobe Kraft der Arme und Beine vermindert sich. Die befallenen Muskeln werden hypotonisch und atrophieren. Trotz der teilweise sehr schweren Lähmungen, die zum Bilde der Fallhand, des Steppergangs, zur Spitzfußstellung, zur Unfähigkeit, bestimmte Bewegungen auszuführen und zu Beugekontrakturen (paralytische Akrokontrakturen vom Flexionstyp) führen können, gelingt der Nachweis einer Entartungsreaktion im Bereich der atrophischen Muskulatur relativ selten.

Auch die *Reflexe* sind gestört. So kommt es zu Reflexdifferenzen zwischen rechts und links infolge einseitiger Steigerung oder Abschwächung der Sehnenreflexe oder aber auch zu völliger Areflexie. Da gelegentlich auch die Patellar- und Achillessehnenreflexe bei gleichzeitiger Abschwächung oder Aufhebung der Pupillenreflexe fehlen, kann bei den vorausgegangenen oder gar noch bestehenden heftigen neuritischen Schmerzen das Bild einer Tabes dorsalis vorgetäuscht werden, vor allem dann, wenn auch noch ataktische Störungen vorliegen (= Pseudotabes arsenicalis; DANA, OPPENHEIM, SCHARFETTER). Gelegentlich kommt es zu klonusartigen Zuckungen der Füße. Das ROMBERGsche Phänomen, der Lasègue und das Femoralisstreckphänomen werden positiv. Babinski und Oppenheim bleiben meist negativ, während die Zehenreflexe häufig fehlen.

Differentialdiagnostisch ist vor allem die Bleilähmung, welche meist einseitig auftritt und die Finger- und Handstrecker sowie die Hand- und Vorderarmmuskulatur gleichzeitig befällt und im Gegensatz zu den Arsenlähmungen die Beine meist frei läßt, die Alkoholpolyneuritis, bei der meist ein typischer grobschlägiger Tremor besteht, sowie die

Thalliumpolyneuritis, die von auffälligem Haarausfall begleitet ist, zu berücksichtigen. Gelegentlich kann die Arsenpolyneuritis auch mit einer infektiösen Polyneuritis verwechselt werden (VÀRADY). Die Lähmungen bleiben lange bestehen; eine Restitutio ad integrum tritt nur in den seltensten Fällen ein. Trotz aller therapeutischen Bemühungen bleiben meist nicht unerhebliche Residuen zurück.

Die Mitbeteiligung anderer Nerven ist selten. So sind Lähmungen des Facialis (STONE), Schäden an den Gehörnerven (RUTTIN) und Herpes zoster im Bereiche der Intercostalnerven beschrieben, der sich in seiner Lokalisation und in seinem Verlauf von anderen Zostern nicht unterscheidet und bei dessen Zustandekommen das Arsen nur eine die Krankheitsbereitschaft steigernde Rolle spielen soll.

Das **Auge** wird bei der chronischen Arsenvergiftung manchmal ebenfalls mitbetroffen. Neben diffusen Trübungen der Hornhautoberfläche, die wohl meist auf unmittelbare Einwirkung von Arsenstaub zurückzuführen sein dürften, wurden funktionelle Störungen, wie Farbensehen (Gelbsehen), Gesichtsfeldverdunkelung, retrobulbäre Neuritiden mit Verschleierung der Papille, peripapilläre Blutungen mit zentralem Skotom, Anisokorie, träge Reaktion der Pupillen bei Lichteinfall und Konvergenz, schließlich leichter Nystagmus beschrieben.

Wesentlich mitbeteiligt ist die **Haut**. An ihr manifestiert sich die chronische Arsenvergiftung in so vielfältiger und wechselnder Weise, daß es kaum möglich ist, ein einigermaßen vollständiges Bild zu geben.

Neben den vielgestaltigen, meist bei subakuten Vergiftungen zu beobachtenden, mehr oder weniger auf dem Boden einer Idiosynkrasie oder erworbenen Überempfindlichkeit auftretenden, masern- und scharlachartigen, erythematösen, teils auch exfoliativen Hautveränderungen, die häufig mit hohem Fieber einhergehen, finden sich alle nur möglichen Übergänge von einer einfachen Erweiterung der Hautcapillaren und vom einfachen Erythem an bis zu großflächigen Blasenbildungen, Pustel- und Papelentstehung, bis schließlich zu Nekrosen und gangränösen Zerfallsherden, welche durch die die oxydativen Vorgänge im Gewebe schädigende Wirkung des Arsens entstehen. Diese recht uncharakteristischen, schwer heilenden Geschwüre haben ziemlich scharfe Ränder und gehen meist von kleinen Schrunden und Verletzungen aus, in die Arsenpartikel in Form von Staub eingedrungen sind.

Bei der *Arsendermatitis*, die mit Ausnahme einzelner Teile des Gesichts, der Unterschenkel und der Arme meist die ganze Haut erfaßt, ist diese diffus tief dunkelrot entzündet, leicht ödematös, schuppend und stellenweise mit Papeln und Knötchen bedeckt. Häufig macht ein starker Juckreiz den Patienten das Leben zur Qual.

Für die Diagnose wichtiger und typischer sind die bei der chronischen Vergiftung meist schon frühzeitig auftretenden Hautveränderungen: die sehr typischen *Hyperkeratosen* und die *Arsenmelanose*. Die Hyperkeratosen finden sich an den Handflächen, den Seitenflächen der Finger und auf den Fußsohlen als große, flächenhafte Verschwielungen sowie als teils innerhalb, teils außerhalb dieser gelegene große und kleine Hornperlen, die um die Schweißdrüsenausführungsgänge herum angeordnet sind und welche die Oberfläche der Haut rauh machen wie eine Reibefläche. Die Verhornungen an den Händen und Füßen können so stark sein, daß die Betroffenen dadurch ernstlich am Zufassen und Gehen gehindert werden. Diese Hyperkeratosen treten so frühzeitig auf, daß die dadurch verursachten Beschwerden häufig die erste Ursache sind, die den chronisch Vergifteten zum Arzt führen (STRAUBE). Gewöhnliche Hautverhornungen können in den Anfangsstadien mit Arsenhyperkeratosen verwechselt werden. Diese unterscheiden sich jedoch von den

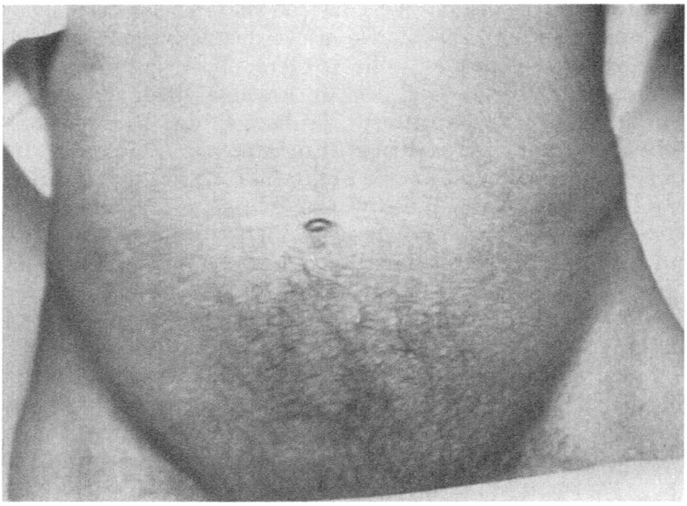

Abb. 4. Arsenmelanose. [Aus E. SAUPE: Arch. Gew. Path. Bd. 1 (1930)].

gewöhnlichen Hautverhornungen dadurch, daß sie bei Betrachtung im durch Nickeloxydglas filtrierten ultravioletten Licht grellweiß aufleuchten und fluorescieren (STRAUBE).

Sonstige Vergiftungssymptome können zu diesem Zeitpunkt noch völlig fehlen, und die Erkrankten fühlen sich selbst noch ganz wohl und voll leistungsfähig. Neben den ausgedehnten flächenhaften Hyperkeratosen gibt es noch kleine umschriebene, stecknadelkopf- bis linsengroße, die als *Arsenwarzen* bezeichnet werden und die nicht nur an den Händen und Füßen, sondern auch an den Armen, im Gesicht usw. erscheinen. Aus ihnen entwickeln sich leicht Carcinome. Nicht sosehr selten tritt ziemlich gleichzeitig mit den Hyperkeratosen eine acneartige, fleckförmige Rötung an der Stirn und vor allem an den Händen und Fußsohlen auf; die Flecken haben ein streifenförmiges Aussehen, sind von bläulichroter Farbe und fließen vielfach zusammen. Seitlich setzen sie sich mit einer scharfen, lebhaft geröteten Linie gegen die Umgebung ab; sie erscheinen unmittelbar vor oder gleichzeitig mit der vorwiegend am Rumpf, vor allem in der Lendengegend und in den Achselhöhlen, gelegentlich auch an den Extremitäten lokalisierten *Melanose*. Bei dieser handelt es sich um eine schmutzig-bronzeartige, manchmal mehr graphitähnliche, rauchgraue bis schwärzliche Verfärbung der Haut, die eine wechselnd starke, weißliche, manchmal netzförmige Sprenkelung mit von der Braunfärbung freigebliebenen hell- bis graugelblichen Stippchen und Flecken aufweist. Die Arsenmelanose erinnert oft lebhaft an die vom Morbus Addisson her bekannte Pigmentierung, läßt allerdings zum Unterschied von dieser das Gesicht frei und zeigt meist auch keine Schleimhautpigmentierung. Sie beruht auf einer im Laufe

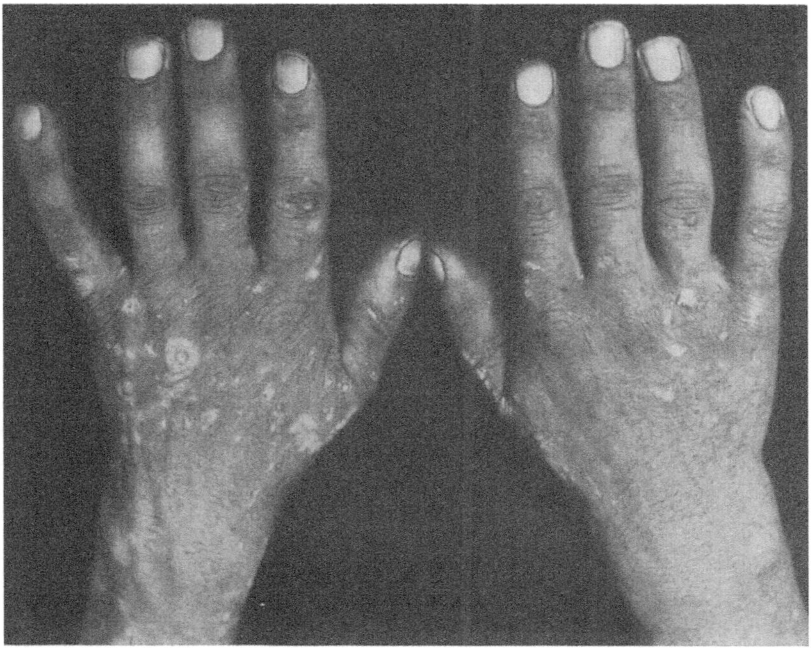

Abb. 5. Psoriasisartiger Hautausschlag bei einem Arsenhüttenarbeiter. [Aus E. SAUPE: Arch. Gew. Path. Bd. 1 (1930)].

der Jahre langsam wieder abklingenden Vermehrung des normalen Hautpigmentes (O. WYSS). In manchen Fällen ist die Haut atrophisch, grau und rissig und sieht wie verwittert aus. Das Gesicht zeigt eine bräunlich-bläuliche Verfärbung. Bei im Freien arbeitenden Patienten ist die typische Hautverfärbung an den der Luft ausgesetzten Hautstellen häufig leicht zu übersehen. Sklerodermatische Hautveränderungen wurden ebenfalls beobachtet, sind aber ausgesprochen selten.

Über die schweren typischen Verhornungen der Palma der Hände und an den Fußsohlen und die Arsenwarzen wurde oben bereits berichtet. Sie bilden den Übergang zu den immer wieder einmal auftretenden *Arsencarcinomen*, die mit Vorliebe an den Händen, Vorderarmen und im Gesicht sitzen und in welche die Keratosen gelegentlich übergehen können (HUTCHINSON, ULLMANN). Auch an den psoriasisartig veränderten Hautbezirken kann sich ein Carcinom entwickeln. Der Arsenkrebs steht dem Teerkrebs nahe. Basalzellencarcinome scheinen selten zu sein. Meist handelt es sich um Epitheliome, die auch metastasieren können.

Diagnostisch bedeutsam sind auch die Veränderungen an den *Hautanhängen.* Die *Haare* ergrauen bei chronisch Arsenvergifteten früher, lassen sich leicht auszupfen und werden schütter. In normalen Haaren finden sich bei Normalen 60—280 γ (MEYER-CORNWALL), 80—160 γ (ALTHAUSEN-GÜNTHER) Arsen pro 100 g Haar. Bei Arsenkranken fand RENY bis zu 685 mg As/100 g Haar. Eine durch Arseneinwirkung hervorgerufene Alopecia areata ist ausgesprochen selten.

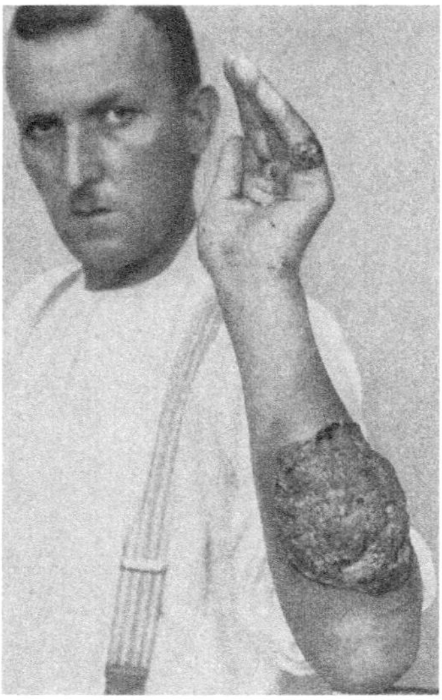

Abb. 6. Hautkrebs bei chronischer Arsenvergiftung. (Aus H. v. PEIN: Dtsch. med. Wschr. 1938).

Sehr typisch sind die im Sinne einer subungualen Keratose veränderten *Nägel.* Diese sind bei der chronischen Vergiftung spröde, rissig, glanzlos und splittern an der Basis lamellös auf (BETTMANN). Gelegentlich entwickeln sich auch eitrige Nagelbettentzündungen. Eigentümlich ist auch die von *Mees* beschriebene, bei der chronischen Arsenvergiftung oder auch längere Zeit nach akuten Vergiftungen auftretende weiße bis mattgraue, scharf bandartig abgesetzte Querstreifung der Nägel, die früher unter der Bezeichnung *Leukonychia arsenicalis* lief und die auf Wachstumsstörungen der Nägel infolge der Gifteinwirkung beruht. Eine derartige Streifung der Nägel kommt übrigens auch bei Thalliumvergiftung und hormonalen Störungen vor. WIGAND fand in den gestreiften Nagel teilen einen 10fach höheren Arsengehalt als in den von MEESschen Streifen freien Nagelanteilen. Auch in den Nägeln wird Arsen gespeichert und der positive Nachweis eines erhöhten Arsengehaltes der Finger- und Zehennägel kann gelegentlich die Diagnose Arsenvergiftung noch längere Zeit nach Abklingen der sonstigen Vergiftungserscheinungen erhärten.

Verlauf: Wird die weitere Arsenzufuhr nicht rechtzeitig unterbunden, so tritt nach Degeneration des Herzens, der Leber und der Nieren unter den klinisch recht eindrucksvollen Erscheinungen des allgemeinen Hydrops und Marasmus der Tod mit Dyspnoe infolge Herzversagens ein.

Sektionsbefund: Nach subakuten Vergiftungen finden sich im wesentlichen die gleichen Veränderungen wie bei der akuten Vergiftung, nur in abgeschwächter Form. Bei der chronischen Arsenvergiftung ist der Sektionsbefund nicht besonders charakteristisch. Die am Magen-Darm-Kanal bei der subakuten Vergiftung manchmal zu beobachtenden Verätzungen sind meist wenig ausgeprägt oder fehlen. Mundschleimhauterosionen, Gingivitis und Stomatitis wurden beschrieben. Die Magenschleimhaut kann in einzelnen Fällen einen Drüsenschwund und mehr oder minder ausgeprägte Verfettung der Schleimhautepithelien zeigen, so daß die Mageninnenfläche oft blaß bis gelblichweiß, milchigtrübe, zuweilen auch auffällig gefeldert erscheint. Im Bereich der oberen Atemwege ist, entsprechend den klinischen Symptomen, eine trockene Entzündung und Blutüberfüllung der Schleimhäute zu beobachten. Die Muskulatur weist ebenfalls degenerative Veränderungen auf, die im wesentlichen in Verfettung und Verschmälerung der Muskelfasern bestehen. In manchen Fällen wurden auch zellreiche kleinste Entzündungsherde in der Muskulatur, Verlust der Querstreifung, capillare Blutaustritte und Segmentierungen der Muskelbänder festgestellt. Wie bei der akuten Vergiftung zeigt die Nervensubstanz eine auffällige Lipoidspeicherung in den Ganglien- und Gliazellen wie auch in den Hirnrindengefäßendothelien. In den peripheren Nerven finden sich in den Fällen mit ausgesprochener Arsenneuritis Blutungen in die Nervenscheiden, zerfallende und in Regeneration befindliche Nervenfasern, Vorgänge, die bei Beteiligung des Auges sich auch am Opticus abspielen können. Die Leber ist fettig degeneriert und bietet in vielen Fällen das Bild der reinen Fettleber. Mitunter finden sich jedoch, vor allem dann, wenn auch klinisch Zeichen der Lebercirrhose festzustellen waren, die typischen Veränderungen der Lebercirrhose. Die Nierenveränderungen bestehen, wie bei der akuten Vergiftung, in Epithelverfettungen und Blutungen.

Therapie: Bei der subakuten Vergiftung wird man therapeutisch genau so vorzugehen haben wie bei der akuten. Bei chronischem Krankheitsverlauf ist von Magenspülungen, Adsorbentien, Einläufen und ähnlichen Maßnahmen nicht allzuviel zu erwarten. Vor allem muß die weitere Aufnahme von Arsen unterbunden werden. Zur Behandlung der auf Capillarlähmungen beruhenden vielfältigen Krankheitserscheinungen erscheint es zweckmäßig, fortlaufend gefäßverengernde Mittel, wie Sympatol, Veritol, Ephedrin usw., evtl. auch als Zusatz zu ausgiebigen Kochsalzinfusionen, zu verabfolgen. Beim Auftreten von Leberschäden ist die lokale Anwendung hyperämisierender Verfahren, die Verabreichung einer fett- und eiweißarmen, vorwiegend aus leicht assimilierbaren Kohlehydraten bestehenden Kost, unter Umständen auch die Anwendung reichlicher Traubenzuckerinfusionen mit Insulinzusatz und strengste Vermeidung von Alkohol angezeigt. Auf eine ausreichende Nahrungszufuhr ist besonders in den Fällen zu achten, in denen eine erhebliche Kachexie besteht. Die Lähmungen sind durch Massage, elektrische Behandlung, Bewegungsübungen und Bäder zu bessern. Fichtennadel- und Heublumenbäder, Bewegung in frischer Luft, Regelung des Stuhlgangs sind Maßnahmen, welche die medikamentöse Behandlung unterstützen können.

Die Arsenwasserstoffvergiftung.

Arsenwasserstoff (AsH_3) ist vor allem ein Blutgift und bietet in der Industrie recht häufig Anlaß zu mehr oder weniger schweren Vergiftungen. In statu nascendi ist der Arsenwasserstoff geruchlos; später verbreitet er einen knoblauchartigen Geruch, der allerdings häufig genug infolge einer Lähmung der Geruchsnerven nicht mehr wahrgenommen wird.

Vergiftungsmöglichkeiten bestehen vor allem überall da, wo Säuren auf mit Arsen verunreinigte Metalle bzw. durch Arsen verunreinigte Säuren auf Metalle einwirken, Arsenide mit schwachen Säuren oder auch nur mit Wasser reagieren. Zink, Kupfer, Blei, Wismut, Antimon, Zinn, Schwefelkies, Vanadinerz und Golderz enthalten manchmal recht erhebliche Mengen Arsen. Auch bei der Zersetzung von unreinem Ferrosilicium oder Calciumcarbid kann es zu AsH_3-Bildung kommen. In der chemischen Industrie wurden Vergiftungen bei der Gewinnung von Cadmium, beim Reinigen von Schwefelsäurebehältern und bei der Entfernung von arsenhaltigem Schlamm beobachtet. Hinter defekten Verbleiungen von Säurebehältern sammelte sich Arsenwasserstoff an; bei der Verwendung verzinkter Eimer zum Ausschöpfen von Säure, bei der Herstellung von Wasserstoff aus Zinn, beim Auslaugen von Vanadinerzen sind Vergiftungen beobachtet worden. In der metallurgischen Industrie ereigneten sich Vergiftungen beim Auslösen und Auslaugen von Erzen und Metallschmelzen; auch beim Schmelzen von Zinnlegierungen wurden Vergiftungen bekannt. Die Metallindustrie bietet ebenfalls viele Vergiftungsmöglichkeiten. Solche ereigneten sich bei der Verwendung von unreinem Wasserstoff, beim Löten, bei der Fabrikation emaillierter Geschirre, beim Verzinnen, Verzinken, Verbleien, beim Autogenschweißen und Autogenschneiden, bei der Herstellung von Lötwasser aus unreiner Salzsäure und unreinem Zink, beim Beizen von Metallen mit verunreinigten Säuren, bei der Verwendung galvanischer Bäder (Altsilberimitation durch Niederschlagen von metallischem Arsen auf galvanischem Wege), beim Laden von Akkumulatorenbatterien in Unterseebooten, wenn die Bleiplatten von Akkumulatoren mit Arsen verunreinigt waren. In einem besonderen Fall entwickelte sich aus dem Schlamm eines Kesselwagens, der vorher mit konzentrierter Schwefelsäure gefüllt gewesen war, reichlich Arsenwasserstoff, als der noch im Tank befindliche Säurerest mit Wasser verdünnt wurde. Neuerdings wurden von NUCK und JAFFE eine Reihe seltenerer Vergiftungsmöglichkeiten zusammengestellt. So ereigneten sich Arsenwasserstoffvergiftungen in Zinnwerken beim Verladen der in den Röstöfen liegenden Krätze auf Loren, bei der Behandlung von arsen- und silberhaltigem Blei mit Salzsäure, bei der Verarbeitung und beim Schmelzen von Zink, bei der Fabrikation von Zinkweiß, beim Ausschütten von arsenhaltigem Material aus Tiegeln und Kesseln auf glühende Kohlen, beim Rösten von Kobaltmineralien oder Schwefelarseneisen, bei der Arsenikextraktion, bei der Benutzung von aus arsenhaltigen Kiesen gewonnener Schwefelsäure, bei der Fabrikation von künstlicher Soda, bei der Behandlung von Kleber (Behandlung des Bodensatzes mit Schwefelsäure), weiter bei der Verarbeitung arsenhaltiger Rückstände in Fabriken, bei der Verwendung von Schwefelsäure in den Bichromatelementen galvanischer Batterien, bei der Herstellung von Schwefeleisen aus Alteisen, bei der Erzeugung von Wasserstoffgas, beim Galvanisieren von Eisen, bei der Fabrikation von Zinkchlorür, bei der Verwendung von Arsensäure in der Anilinfabrikation, beim Beizen von Metallen mit verunreinigter Salzsäure.

Die *Giftigkeit des Arsenwasserstoffes* für den Menschen ergibt sich aus der nachstehenden Tabelle (nach FLURY-ZERNIK, S. 177).

	mg/Liter	Teile in 1 Million (cm^3/m^3) etwa
Sofort tödlich (LEHMANN)	5	1550
Binnen 30 Min. tödlich (KOHN-ABREST)	0,75	250
Nach 30—60 Min. sofort oder später tödlich (LEHMANN)	0,25	15,5
Nach 30—60 Min. lebensgefährlich (HESS)	0,02	6,25
30—60 Min. ohne sofortige oder spätere Folgen erträglich (LEHMANN)	0,02	6,25
Bei mehrstündiger Einwirkung bereits wirksam (HESS)	0,01	3,1
6 Stunden ohne wesentliche Symptome ertragen (LEHMANN)	0,01	3,1

Für einen Menschen mit 3 kg Blut errechnete JOACHIMOGLU als tödliche Dosis 0,1—0,15 g = 32—47 ccm Arsenwasserstoff.

Vergiftungsmechanismus: Die Hauptwirkung des Arsenwasserstoffs ist auf das Blut gerichtet, mit dem das Gas unmittelbar nach Durchtritt durch die Alveolarepithelien der Lungen in innigste Berührung kommt. Aus den Untersuchungen von LABES war bereits bekannt, daß der Arsenwasserstoff nur in Gegenwart von Sauerstoff das Blut schädigt.

LABES glaubte auf Grund seiner Versuche annehmen zu dürfen, daß der Arsenwasserstoff sich elektiv in den roten Blutkörperchen anhäuft und daß nach katalytischer Aktivierung des molekularen Sauerstoffs am Blutfarbstoff dieser aktivierte Sauerstoff seinerseits das Eisen im Hämoglobin oxydiert. Nach LABES war als Oxydationsprodukt metallisches Arsen anzunehmen, das sich im Innern der Erythrocyten in kolloidaler Form abscheiden und als solches die Zellstruktur zerstören und die Hämolyse bewirken sollte.

Nach den Untersuchungen von HEUBNER und WOLFF hat diese Vorstellung jedoch nicht allzuviel Wahrscheinlichkeit für sich. Vielmehr dürfte es sich bei der Arsenwasserstoffwirkung auf den Blutfarbstoff um eine *gekoppelte Reaktion* handeln, bei der durch niedere, bisher noch nicht sicher bekannte, wasserlösliche Zwischenprodukte ($AsH_2 \cdot AsH_2$; Hydroxylarsen?) durch elementaren Sauerstoff gleichzeitig Hämoglobin und Arsenwasserstoff zu einer höheren Oxydationsstufe (As_2O_3?) oxydiert werden, die dann die Hämolyse verursacht. Der eindringende Arsenwasserstoff scheint durch das Hämoglobin katalytisch oxydiert zu werden; dabei bildet sich offenbar vom Beginn der Oxydationsvorgänge an entsprechend der Menge des reagierenden Arsenwasserstoffs Methämoglobin, das dann durch den Arsenwasserstoff zu Hämoglobin und vielleicht weiter bis zum Hämatin reduziert wird.

Nach neueren Untersuchungen aus der Schule HEUBNERS (JUNG) kommen als unmittelbare Ursache der Hämolyse durch Arsenwasserstoff vier verschiedene Faktoren in Frage: 1. eine direkte hämolytische Wirkung des elementaren Arsens, 2. Hemmung der Katalase durch Arsen oder Arsenverbindungen, 3. die hämolytische Wirkung von Wasserstoffsuperoxyd, 4. Beseitigung des hämolysehemmenden Glutathions. Wahrscheinlich wirken mehrere dieser Faktoren zusammen. Ob alle vier wirklich beteiligt sind, ist vorläufig nicht sicher zu entscheiden. Immerhin steht fest, daß die Reaktion Arsenwasserstoff—Sauerstoff durch Blut stark beschleunigt wird und daß als Produkte der Reaktion elementares Arsen sowie aktiver Sauerstoff auftreten, welch letzterer sowohl für die Methämoglobinbildung, die Pseudohämoglobinbildung wie auch teilweise für die Hämolyse verantwortlich gemacht werden könnte.

Nach THAUER findet sich der Großteil des als Arsenwasserstoff in das Blut aufgenommenen Arsens in den Erythrocyten, während das nichthämolysierte Plasma nur wenig Arsen enthält. Dieses reichert sich erst mit zunehmender Hämolyse der Blutkörperchen mit Arsen an.

Die Zellen aller anderen Organe zeigen eine viel geringere Affinität zum Arsenwasserstoff als die Blutzellen. Der meist sehr hohe Arsengehalt der Milz beruht vor allem auf ihrem Blutreichtum wie auch auf dem in diesem Organ stattfindenden Erythrocytenzerfall. Sonst findet sich Arsen bei der Arsenwasserstoffvergiftung in größeren Mengen nur noch in der Leber und in den Nieren. Die Ausscheidung erfolgt vorwiegend durch die Nieren, durch welche ein großer Teil des in den Organismus gelangten Arsens den Körper mit dem Urin verläßt.

a) Akute Vergiftung.

Klinisches Vergiftungsbild. Die akuten Vergiftungserscheinungen treten beim Menschen gewöhnlich schon in kurzer Zeit, nach Ablauf weniger Stunden auf. Vereinzelt wurde ein symptomenfreies Intervall beobachtet, das gelegentlich bis zu 9 Stunden dauerte (GILLERT). Nach Einatmung höherer Konzentrationen beginnen die Krankheitserscheinungen evtl. schon nach 30 Minuten. Die **Initialsymptome** bestehen in Kopfweh, Übelkeit, Schwindel, großer Mattigkeit, allgemeinem Kältegefühl, Frösteln, Druck auf der Brust, Schmerzen im Epigastrium, in der Nierengegend, gelegentlich auch leichten Temperatursteigerungen. Werden die Vergifteten in diesem Zustand aus dem gefährlichen Milieu entfernt und an die frische Luft gebracht, so können diese Vergiftungserscheinungen ohne irgendwelche weiteren Folgen wieder abklingen.

Bei den **mittelschweren** und **schweren Vergiftungen** lassen sich klinisch zwei Stadien der Vergiftung deutlich unterscheiden. Das *erste Stadium* ist gekennzeichnet durch einen Zustand der Anoxämie, welche durch den rapiden Zerfall der Erythrocyten und die dadurch bedingte ungenügende Sauerstoffübertragung verursacht ist. Dieses Stadium wird eingeleitet durch mehr oder weniger heftige Gliederschmerzen neuralgischer Art sowie Parästhesien, wie Taubheitsgefühl in den Händen, Kribbeln und Stechen. Dazu treten stechende Schmerzen in der Brust und im Oberbauch, später auch Schmerzen in der Leber- und Nierengegend sowie heftiges Durstgefühl. Der entleerte Urin ist blutigrot. Übler Geruch aus dem Mund, mehr oder weniger heftiges Erbrechen, wobei das Erbrochene gelegentlich blutig tingiert sein kann, blutige Durchfälle, dauerndes quälendes Aufstoßen leiten über zum **vollen, schweren Vergiftungsbild.** Der Gang wird schwankend und unsicher. Das Gesicht ist gedunsen; infolge der Hämoglobinämie sind die sichtbaren Schleimhäute in Mund und Rachen dunkel gerötet. Im fortgeschrittenen Stadium zeigt die Haut vor allem an den Händen und Füßen und im Gesicht eine cyanotische bronzerote Farbe, wie man sie sonst bei Sonnenbrand zu sehen bekommt. Bei weniger stürmisch verlaufenden Fällen hat die Haut einen Stich ins Ikterische. Die Conjunctiven sind bräunlich verfärbt, gerötet und zeigen vereinzelte kleine Blutungen. Die ikterische Hautverfärbung wird am 2. oder 3. Tage immer ausgesprochener. Entsprechend dem rasanten Blutzerfall entwickelt sich eine schwere Kurzatmigkeit; der Oberbauch erscheint gespannt; die Lebergegend unter dem rechten Rippenbogen wird druckempfindlich, wenn auch anfänglich eine Leberschwellung palpatorisch noch nicht nachzuweisen ist. Im *zweiten Stadium* wird das Erbrechen immer quälender und stärker, auch treten heftige Magenkrämpfe auf. Die Nahrungsaufnahme wird infolgedessen fast völlig unmöglich. Nicht selten treten wässerige, gelegentlich auch blutige Durchfälle auf, welche dem Körper reichlich Wasser entziehen. Die Urinmenge vermindert sich. Nun wird auch die Leber-, Nieren- und Blasengegend druckempfindlich; Symptome schwerster Nierenschädigung werden deutlich. Die Leber wird unter dem rechten Rippenbogen tastbar. Die Milz ist hart und vergrößert, gelegentlich auch druckschmerzhaft. Der Ikterus wird immer stärker. In vereinzelten Fällen setzt Nasenbluten ein. Unter zunehmender Benommenheit, die schließlich in Bewußtlosigkeit übergeht, Delirien, Zuckungen der Hände, heftigen Muskelkrämpfen und unter den klassischen Zeichen der Urämie mit Koma, Cyanose und Blutdruckabfall infolge völligen Versagens des Herzens sowie Lungenödem tritt schließlich der Tod ein.

Im **Blut** finden sich recht typische Veränderungen. Das aus den Venen entnommene Blut hat eine dunkelrote bis braunrote Farbe und sieht lackfarben aus. Auch das Serum ist hämolytisch und dunkelbraunrot verfärbt; die Serumabscheidung ist verzögert, die Gerinnung verlangsamt. Im Blut läßt sich Hämatin nachweisen, allerdings nur dann, wenn das Serum nicht hämolytisch ist. Der Nachweis von Methämoglobin im Blut gelingt nur, wenn das Blut gewisse Zeit mit dem Luftsauerstoff in Berührung gekommen ist (Meyer und Heubner, Löning). In leichten Fällen, in denen noch keine Hämolyse aufgetreten war, ist die Resistenz der roten Blutkörperchen vermindert. Der Blutzucker kann mäßige Erhöhungen erfahren (Hegler). Das Bilirubin im Blut ist stark vermehrt (bis zu 3,7 mg% und mehr [Hegler]). Der Reststickstoff, besonders der Amino-N, steigt ebenfalls rasch. In einem Fall von Hegler erreichte er am 1. Tage schon einen Wert von 138 mg%, um am 2. Tage auf 666 mg% zu steigen. Der Refraktometerwert sinkt; die Gefrierpunktserniedrigung des Blutes vermindert sich ebenfalls. Im Blut ist Arsen nachzuweisen; dabei findet sich bei geringer Hämolyse im Plasma weniger Arsen als in den Erythrocyten. Bei der quantitativen Bestimmung des Gesamtarsengehalts im Blut wurden Spitzenwerte bis zu 13,1 mg% As festgestellt (Schrader).

Das *Blutbild* zeigt in leichten bis mittelschweren Fällen deutliche Zeichen einer Blutregeneration schon am 2. oder 3. Tag. Im Ausstrich finden sich massenhaft Normoblasten, Megaloblasten und basophile Erythrocyten. In schweren Fällen fehlen diese Zeichen einer Blutregeneration. Die Hämoglobin- und Erythrocytenwerte sinken unaufhaltsam. In leichteren Fällen fallen die Werte erst 1—2 Tage *nach* der Giftaufnahme ab. Dabei sinkt das Hämoglobin häufig nicht so schnell wie die Erythrocyten, so daß zeitweilig ein Färbeindex von über 1 resultiert. Der Zustand des Blutbildes kann nicht ohne weiteres als Ausdruck des Gesamtzustandes gewertet werden. Auch nach Aufhören der Arsenwasserstoffeinwirkung kann sich das Blutbild noch weiter verschlechtern. Es wurden Fälle beobachtet, in denen bis zum 11. Krankheitstage das Blutbild einen zunehmenden Verfall zeigte (LÖNING). Auch kommen akute Rückfälle noch mitten in der Rekonvaleszenz vor (HEUBNER). Die Verminderung der Erythrocyten und des Hämoglobins erreicht extreme Grade. Erythrocytenzahlen von 1,2 Mill./cmm und Hämoglobinwerte von 29% sind bei schweren Vergiftungen keine Seltenheit. Im Ausstrich erweisen sich die Erythrocyten als stark verändert. Es finden sich massenhaft ausgelaugte Erythrocyten und Erythrocytenschatten. Die einzelnen Blutkörperchen sind vorübergehend hyperchrom. Auch finden sich basophil punktierte Erythrocyten, vereinzelte Mikro- und Schistocyten sowie CABOTsche Ringe. Außerdem bestehen Anisocytose, Poikilocytose und Polychromasie. Auch das *weiße* Blutbild ist verändert. Meist findet sich eine erhebliche Leukocytose (bis 33000 und mehr) mit deutlicher Linksverschiebung. Bei langsamer verlaufenden Fällen tritt gelegentlich eine ausgesprochene Eosinophilie auf, seltener eine Basophilie. Bei der Leukocytose kann es zur Ausschüttung auch unreifer Leukocytenformen kommen. Die Thrombocytenzahl ist relativ niedrig.

Die Veränderungen im weißen Blutbild bilden sich schneller zurück als die Anämie, welche bis zu 4 Monaten bestehen bleiben kann.

Die durch Arsenwasserstoff hervorgerufene **Nierenschädigung** ist eine indirekte. Sie besteht nicht in einer primären Gefäßalteration, sondern in einer *mechanischen Hemmung der Nierenfunktion:* durch Zerstörung der Erythrocyten kommt es zur Verlegung der Nierenkanälchen durch ausgelaugte Hämoglobinschollen, so daß schließlich eine völlige Anurie eintritt. Frühzeitige Oligurie mit geringer Arsenausscheidung gilt als prognostisch ungünstiges Zeichen. In leichten Fällen dauert die Anurie bis zu mehreren Tagen; ist die Diurese erst einmal in Gang gekommen, so ist oft eine überschießende Urinausscheidung für die Dauer von 3—8 Tagen zu beobachten. In manchen Fällen war im Anschluß an die Vergiftung die Konzentrationsfähigkeit der Nieren eingeschränkt (GILLERT). In schweren Fällen dauert die Anurie bis zum Tode.

Der *Urin* zeigt schon frühzeitig eine blutige bis schwarzrote Farbe. In schweren Fällen besteht eine Albuminurie, welche in leichten Fällen mäßig und nur vorübergehend ist oder ganz fehlen kann, in anderen dagegen länger besteht und Werte bis zu $3^0/_{00}$ und mehr erreicht. Die blutige Verfärbung verschwindet in den leichteren Fällen schon nach wenigen Tagen. Urobilinogen und Urobilin sind fast immer vermehrt. Bilirubin und Zucker fehlen. Auch Methämoglobin kann im Urin spektroskopisch nachweisbar sein. Gelegentlich wird auch Hämatin, ziemlich regelmäßig Hämatoporphyrin gefunden. Im *Sediment* finden sich granulierte und hyaline Zylinder, zahlreiche Erythrocyten und Erythrocytenschatten, reichlich Leukocyten sowie amorphe bräunliche Massen (Detritus) und harnsaures Natrium. Auch läßt sich im Urin vermehrt Arsen nachweisen. Anfangs finden sich in der Tagesmenge 0,5—1 mg; nach 10 Tagen wurden noch 300 γ in der Tagesmenge gefunden (MEYER und HEUBNER, HOLZKNECHT). Die Ausscheidung des Arsens erfolgt über ziemlich lange Zeit. Auch die Hämatoporphyrinurie bleibt ziemlich lange bestehen.

Schädigungen des **Herzens** und des **Kreislaufs** finden sich erst in späteren Stadien der Vergiftung. In den meisten leichteren Fällen ist ein bedeutsamerer Herzbefund nicht zu erheben. Gelegentlich wurde im Anschluß an eine Arsenwasserstoffvergiftung eine ausgesprochene Herzmuskelentartung gefunden. In den schweren Fällen kommt es im Endstadium zum Versagen des Herzmuskels mit schwachem, frequentem Puls und Dilatation des Herzens. Unter zunehmender Cyanose, Blutdruckabfall und Verminderung des Gefäßtonus tritt dann schließlich der Tod ein.

Die **Haut** ist im urämischen Stadium ausgesprochen trocken; sie ist häufig vor allem an den Ohren und Händen von lederartiger Beschaffenheit.

Als **Dauerschäden** nach überstandenen Vergiftungen sind vor allen Dingen *Herzbeschwerden* zu nennen. So wurden lang dauernde Empfindlichkeit des Herzens gegen Anstrengung (ZANGGER), Herzstechen und Herzklopfen noch nach 6 Monaten (SCHRADER), Extrasystolen, welche röntgenologisch und elektrokardiographisch nachweisbar waren, noch 3 Jahre nach überstandener Vergiftung, neurasthenische Erscheinungen bis zu 6 Jahren, Arbeitsunfähigkeit bis zu 19 Monaten, Störungen des Fettstoffwechsels mit Verkleinerung der Leber, Gewichtsabnahme bis zu 14 kg und länger dauernde anämische Zustände beobachtet.

Am **Zentralnervensystem** wurden beim Menschen bisher kaum Schädigungen festgestellt. Die peripheren Nerven können nach überstandener Arsenwasserstoffvergiftung die gleichen Schädigungen erleiden wie bei der Vergiftung mit arseniger Säure.

Differentialdiagnostisch ist das Vergiftungsbild vor allem gegen die Nitrobenzolvergiftung abzugrenzen, bei der allerdings die Methämoglobinbildung und die Cyanose mehr im Vordergrund stehen.

Pathologisch-anatomisch fällt neben der sonnenbrandroten Farbe der Haut auch eine rötliche Verfärbung der Knorpel auf. Letztere dürfte auf eine diffuse Imbibition mit gelöstem Hämoglobin zurückzuführen sein (HEUBNER). Erfolgt der Tod zu einem späteren Zeitpunkt, so findet sich eine mehr oder weniger deutliche ikterische Verfärbung der Haut. An den inneren Organen fällt die eigentümlich dunkelbraune Farbe vor allem der Leber und der Milz bei den Frühfällen auf. Bei Spätfällen findet man an der Leber und den Nieren neben toxischen Verfettungen und degenerativen Prozessen vor allem an den Nieren trübe Schwellung, verwaschene Zeichnung und nephroseähnliche Veränderungen. Die Milz ist meist vergrößert und zeigt wie die Leber Hämosiderose. In Frühtodesfällen ist das Blut lackfarben, bei langsamer verlaufenden Fällen eingedickt. Das Serum ist auffällig dunkel bis braun gefärbt. Die Speckhautgerinnsel zeigen in solchen Fällen eine dunkelgraue Farbe. Evtl. vorhandene Transsudate im Herzbeutel und in den Körperhöhlen sind ebenfalls dunkelbraun bis braunrot gefärbt. Die Skelet- und Herzmuskulatur ist getrübt und glanzlos. Gelegentlich ändert sie unter dem Einfluß des Luftsauerstoffs ihre Farbe von Bräunlichrot zu Graubraun infolge Methämoglobinbildung. Das Knochenmark läßt Zeichen einer Aktivierung in schweren Fällen vermissen, kann jedoch auch rot und blutreich sein. Das Herz ist meist schlaff und dilatiert, die Lunge nicht sosehr selten ödematös. Zahlreiche kleine Blutaustritte sind über das ganze Zentralnervensystem wahllos verstreut. Die Haargefäße sind erweitert. Als Ursache nimmt man eine abnorme primäre Durchlässigkeit der Capillaren für Blutkörperchen und Blutflüssigkeit an.

Histologisch finden sich in den schnell tödlich verlaufenden Fällen neben Zeichen schwersten Blutzerfalls mit Hämoglobininfarkten bzw. Methämoglobininfarkten, Erythrocytenzerfall in Nieren und Leber sowie Pigmentierung (Hämosiderose) in Leber, Milz und Nieren und schwere degenerative Prozesse im Harnapparat. Häufig wurden nekrobiotische Vorgänge vor allem am tubulären Apparat der Nieren beobachtet.

Bei den langsamer verlaufenden Fällen sind die histologischen Nierenveränderungen noch deutlicher. Die Epithelnekrosen im Bereich der Tubuli sind umfangreicher. Es finden sich ödematöse Auftreibungen der Glomeruli, Trübungen und Verfettungen der Hauptstücke, Abstoßungen abgestorbener Epithelien und kleine Verkalkungen. Auch umfangreiche Lymphocyteninfiltrationen in den Nieren wurden festgestellt. Die Leberveränderungen sind erheblich. Man erkennt Quellung der Leberzellen, Mitosen, Verfettungen und geringe Nekrosen. Am Herzen und an den Gefäßen finden sich streifige Verfettungen und herdförmige Nekrosen. Im Hirn wurden als Zeichen der Urämie in der Hirnrinde massenhaft Dixanthylharnstoffkristalle gefunden (SCHRADER).

Zum *qualitativen Arsenwasserstoffnachweis in der Luft* taucht man Filtrierpapier in eine 5proz. Quecksilberchloridlösung und läßt es trocknen. Setzt man das Papier nun der verdächtigen Luft aus, so färbt es sich zitronengelb; bei längerer Einwirkung oder stärkerer AsH_3-Konzentration geht seine Farbe allmählich in Braun, schließlich in Schwarz über.

Therapeutisch dürften im ersten anoxämischen Stadium Bluttransfusionen zu empfehlen sein. Wo wegen der Hämolyse eine Blutgruppenbestimmung nicht möglich ist, muß Universalspenderblut genommen werden. Auch große subcutane Kochsalzinfusionen, evtl. unter Zusatz von Traubenzucker, sowie Dauertropfeinläufe sind von Nutzen. Auch sollte reichlich Sauerstoff, evtl. tagelang, verabfolgt werden. Gegen den häufig empfohlenen Aderlaß ist, jedenfalls im ersten Stadium der Vergiftung, bei der beginnenden Hämolyse einzuwenden, daß hierdurch die Anoxämiegefahr nur vergrößert wird. Das urämische Stadium wird nach den Grundsätzen der Urämiebekämpfung zu behandeln sein. Nierendiathermie hat sich zur Ingangbringung der Diurese als vorteilhaft erwiesen. Gegen die drohende Leberschädigung wurden Traubenzucker-Insulin-Injektionen empfohlen. Die Behandlung der Anämie hat mit Eisenpräparaten zu erfolgen. Auch von Leberpräparaten wurde Gutes berichtet. Zur Anregung der Hämatopoese sind häufige kleine Bluttransfusionen, Injektionen von Eigen- oder Fremdblut (20 ccm i.m.) zu empfehlen. Bei Gefahr des Herzversagens werden Strophanthin, bei Kollapszuständen zentral angreifende Analeptica und peripher angreifende Gefäßmittel von Nutzen sein. Gegen den Brechreiz und die Leibschmerzen wurde Morphium empfohlen.

b) Die chronische Arsenwasserstoffvergiftung.

Gewerbliche chronische und subakute Vergiftungen mit Arsenwasserstoff sind ziemlich selten beobachtet worden. Anfang 1940 wurde aus Amerika über eine Serie von chronischen Arsenwasserstoffvergiftungen berichtet (Bulmer, Rothwell, Pollak und Stewart). Allerdings ist das chronische Vergiftungsbild aus dem bisher vorliegenden Beobachtungsmaterial noch nicht so übermäßig deutlich herauszuarbeiten. Es entspricht im wesentlichen dem Bild der akuten Vergiftung in abgeschwächter Form. Bei einem großen Teil der sog. chronischen Kohlenoxydvergiftungen handelt es sich wahrscheinlich in Wirklichkeit um chronische Arsenwasserstoffvergiftungen (Heubner).

Aus den experimentellen Erfahrungen ergibt sich, daß bei länger dauernder Einatmung unterschwelliger Konzentrationen keine Sättigung des Organismus mit Arsenwasserstoff erfolgt, da fortlaufend nur 20—30% des Gehalts der Einatmungsluft an Arsenwasserstoff aufgenommen werden und der in den Körper gelangte Arsenwasserstoff sehr schnell umgesetzt wird, so daß es nicht zu einer Anreicherung kommt (Kiese). Im Tierversuch nimmt bei der chronischen Arsenwasserstoffeinwirkung die Resistenz der roten Blutkörperchen ab; Erythrocytenzahl und Hämoglobin vermindern sich. Im Blutausstrich finden sich vermehrt Reticulocyten, vor allem im Beginn der chronischen Arsenwasserstoffeinwirkung, während sie in späteren Stadien der chronischen Vergiftung nur noch vereinzelt zu finden sind oder aber ganz fehlen. Die Anämie bleibt ziemlich stationär. Im Blut ist Arsen nachzuweisen, und zwar vorwiegend *in* den Erythrocyten. Nach längerer Arsenwasserstoffeinwirkung reichern sich im Gegensatz zur akuten Vergiftung in den Haaren hohe Arsenmengen an. Bei gleichbleibender Giftzufuhr ist die Arsenausscheidung ziemlich gleichmäßig. Wird die weitere Zufuhr von Arsenwasserstoff unterbunden, so erreicht die Arsenausscheidung im Urin erst nach 1—3 Wochen wieder normale Werte.

Das **chronische Vergiftungsbild beim Menschen** ist gekennzeichnet durch eine auffällig fahle, gelblich-blasse Gesichtsfarbe und halonierte Augen. Die geklagten Allgemeinbeschwerden sind ziemlich diffus: allgemeines Krankheitsgefühl, Schwindel, Druckgefühl im Kopf, lang dauernde Kopfschmerzen, Appetitlosigkeit, häufig Übelkeit und Erbrechen, heftige Magenschmerzen, gelegentlich Durchfälle und kurz dauernde Temperaturanstiege bis zu 40°. Allmählich gesellen sich Heiserkeit, Klagen über wundes Gefühl im Hals, Husten und leichte Atemnot, Stechen in der Brust und Gefäßinjektion der Bindehäute hinzu. Bei länger andauernder chronischer Arsenwasserstoffeinwirkung magern die Kranken ab. Mitunter schwellen die Augen und das Gesicht ödematös an. Große Ermüdbarkeit, Wechsel der Gesichtsfarbe, leichte Gelbfärbung der Skleren, Schlaflosigkeit, Zittern der Glieder, Herzklopfen und Kurzatmigkeit schon bei geringen körperlichen Anstrengungen stellen sich ein. Die Ausatmungsluft kann nach Knoblauch riechen. Recht häufig klagen die Kranken über Prickeln in den Zehen, leichte Krämpfe in den Beinen, umherziehende, mehr oder minder heftige Schmerzen in den Gliedern, in Brust, Bauch, Rücken und am Hals.

Die Pulsfrequenz ist zuweilen mäßig erhöht (80—108/min). In einzelnen Fällen war das Herz nach beiden Seiten vergrößert, der Blutdruck ein wenig erniedrigt. Auch können akzidentelle systolische Herzgeräusche auftreten. Zuweilen sind im Elektrokardiogramm deutliche, wenn auch nicht für die chronische Arsenwasserstoffvergiftung typische Veränderungen nachweisbar: so fand man Zeichen einer Myokardschädigung mit Verbreiterung der QRS-Komplexe, hohen Abgang der ST-Stücke, intraventrikuläre Reizausbreitungsstörungen und Sinusbradykardie. Die Lebergegend ist nicht sosehr selten druckempfindlich. In einzelnen Fällen treten neuralgische Schmerzen im Hinterkopf und in der Stirn auf.

Das **Blutbild** zeigt eine wechselnd ausgeprägte Anämie. Wie bei der akuten Vergiftung fallen die Hämoglobin- und Erythrocytenzahlen trotz Unterbindung weiterer Arsenwasserstoffaufnahme immer mehr ab; bisweilen besteht eine auffällige Diskrepanz zwischen der Schwere der Blutbildveränderungen, die unter Umständen sogar eine Transfusion nötig erscheinen lassen, und dem guten Allgemeinbefinden. Die Anämie ist im allgemeinen um so schwerer, je länger die Exposition dauert. Die Gesamtleukocytenzahl liegt an der oberen Grenze der Norm. Die Zahl der im Ausstrich erkennbaren basophil punktierten Erythrocyten kann erheblich erhöht sein (1000—72000 basophil punktierte Ery./Mill. Ery.). Die roten Blutkörperchen zeigen starke Formveränderungen: Anisocytose, Makrocytose, Mikrocytose, Poikilocytose; auch kernhaltige Erythrocyten kommen vor. Bei indirekter Bilirubinbestimmung im Blut erhält man erhöhte Werte. Die Resistenz der roten Blutkörperchen kann vermindert sein.

Aus tierexperimentellen Untersuchungen (Bertram) ist zu schließen, daß die bei der chronischen Arsenwasserstoffvergiftung auftretende Anämie im Gegensatz zu der bei akuter Vergiftung durch intravasculäre starke Hämolyse zustande kommenden auf andere Weise entstehen muß, da bei der chronischen Vergiftung niemals ein Erythrocytenzerfall im strömenden Blut zu beobachten ist. Es ist vielmehr wahrscheinlich, daß bei der chronischen Arsenwasserstoffvergiftung die Anämie in gleicher Weise entsteht wie bei der familiären Anämie beim hämolytischen Ikterus: nämlich durch vermehrten und frühzeitigen Zerfall der durch Arsenwasserstoff geschädigten, vorzeitig gealterten, osmotisch weniger resistenten Erythrocyten in der Milz.

Auf der **Haut** entwickeln sich juckende, fleckige Ausschläge, zuweilen mit Blasenbildungen oder blauroten kleinen Petechien. Die Nägel werden brüchig und locker und fallen aus. Manche Kranken klagen über quälendes Trockenheitsgefühl im Mund und starken Durst.

In dem meist rötlich gefärbten **Harn** sind zuweilen geringe Mengen Eiweiß und Blut festzustellen. Im Urin sind die Arsenwerte erhöht (0,2—4,3 mg As_2O_3/Liter). Eine Parallelität zwischen der Höhe der Arsenausscheidung und der Schwere der klinischen Symptome wurde nicht beobachtet. Noch nach Ablauf einiger Monate sind Arsenmengen unter 0,1 mg As_2O_3/Liter zu finden. In den Scham- und Achselhaaren ist im Gegensatz zur einmaligen akuten Arsenwasserstoffaufnahme Arsen vermehrt nachzuweisen. Im Laufe der Zeit können sich nervöse Störungen wie bei der Arsenvergiftung entwickeln.

Die **Diagnose** wird sich im wesentlichen auf die Anamnese, die Anämie und den chemischen Nachweis einer vermehrten Arsenausscheidung im Urin sowie den erhöhten Arsengehalt der Haare wie auch der Nägel stützen müssen.

Therapeutisch wird man lediglich symptomatisch vorgehen können und vor allem für eine Sanierung der Arbeitsverhältnisse bzw. einen Arbeitsplatzwechsel Sorge tragen müssen. Bei ausgeprägten Anämien sind wiederholte kleine Bluttransfusionen allen anderen Behandlungsmethoden überlegen.

Vergiftungen durch Arsentrioxyd und Arsentrichlorid.

Die Vergiftungen mit Arsentrioxyd und Arsentrichlorid erfordern eine gesonderte Besprechung, da diese Stoffe in ihrer Wirkung nicht mit der der bisher besprochenen Verbindungen ohne weiteres zu vergleichen sind und ihre örtliche Reizwirkung, vor allem beim Arsentrichlorid, so stark ist, daß die resorptive Giftwirkung demgegenüber ganz in den Hintergrund tritt. Gerade in dieser Hinsicht steht das Arsentrichlorid den zahlreichen als Kampfstoffen benutzten organischen Arsenverbindungen sehr nahe.

Arsentrioxyd (As_2O_3) ist eine in Wasser wenig lösliche, weiße, amorph-glasige oder krystallinisch-porzellanartige Masse, die beim Rösten arsenhaltiger Erze entsteht. Vergiftungsmöglichkeiten bestehen in Arsenhütten, bei der Sublimation von arseniger Säure, bei der Glasherstellung, in der Feuerwerkerei und in Ausstopfereien. Arsentrioxyd stellt ein ausgesprochenes Stoffwechsel- und Capillargift dar; seine Ätzwirkung ist — trotz seiner Eigenschaften als allgemeines Zellgift — relativ gering. Die Aufnahme erfolgt sowohl als Staub wie auch in Dampfform. Bisher wurden nur vereinzelte Vergiftungen beobachtet.

Bei der *akuten Vergiftung* beginnen die Vergiftungserscheinungen mit zunehmendem Brennen der Lippen, der Nase und der Augen. Nach einigen Stunden beginnen die Nasenflügel, Lippen und Augenlider zu schwellen; das Gesicht ist gerötet; im Bereich der Luftröhre und des Gaumens treten starke Schmerzen auf. Heftiges Erbrechen, Koliken, Durchfälle, starke Darmkontraktionen, Entleerung eines blutig gefärbten Harns, wiederholte Ohnmachtsanfälle, Zittern, Krämpfe und heftiges Angstgefühl vervollständigen das akute Vergiftungsbild. Auffällig war der mehrere Tage anhaltende Speichelfluß und die Entstehung schmerzhafter Geschwüre am Zahnfleisch. In Harn, Kot, Kopfhaar und Nägeln ist Arsen vermehrt nachzuweisen. Die Rekonvaleszenz kann sich lang hinziehen; Schwäche und Hinfälligkeit können noch lange bestehen (EULENBERG).

Bei der *chronischen Vergiftung* sind die Erscheinungen im wesentlichen die gleichen wie bei der chronischen Vergiftung durch Arsenik (s. oben).

Das **Arsentrichlorid** ($AsCl_3$) ist eine ölige, farblose, an der Luft rauchende Flüssigkeit, die erst bei $-18°C$ zu weißen, perlmutterartigen Nadeln erstarrt. Es löst sich in Wasser und zerfällt in Gegenwart eines Wasserüberschusses teilweise unter Bildung von Arsentrioxyd. Arsentrichlorid ist in organischen Lösungsmitteln gut löslich; es findet technisch beim Beizen und Brünieren von Metallen häufig Verwendung und wurde gelegentlich bei der Herstellung von Kampfstoffen als Lösungsmittel von Blausäure, Phosgen u. a. m. benutzt.

Arsentrichlorid stellt einen starken Reiz für alle Schleimhäute dar und wirkt stärker auf die Lungen als auf die oberen Luftwege. Praktisch ist mit einer resorptiven Giftwirkung nach Einatmung seiner Dämpfe nicht zu rechnen, da die Aufnahme größerer Mengen infolge der unerträglichen Reizwirkung, die sich zudem noch einige Zeit nach Entfernung aus dem gefährlichen Milieu verstärkt, kaum möglich ist. Auch sehr niedrige Konzentrationen (27 T. Dampf/1 Mill.) sind nur für etwa 1 Minute erträglich. Arsentrichlorid reizt die sensiblen Nervenendigungen in intensivster Weise, vor allem die der Augen, der Nase, des Rachens und der Luftröhre. Stärkster Hustenreiz, übermäßiger Tränenfluß, der das Sehen praktisch verhindert, und übermäßige Sekretion aus der Nase und Mund veranlassen den Betroffenen, sich auf schnellstem Wege aus dem gefährdenden Milieu zu entfernen, so daß es gar nicht erst zur Giftresorption kommt. Arsentrichlorid wird in den Haaren gespeichert; die Arsenausscheidung im Urin ist dagegen nicht erhöht

(Delépine). Wirkt es unverdünnt auf die Haut ein, so verursacht es schwer heilende Geschwüre, Verätzungen und Entzündungen, auf Schleimhäuten Nekrosen.

Eine chronische Vergiftung durch Arsentrichlorid ist nicht bekannt.

Vergiftungen durch organische Arsenverbindungen.

Vergiftungen durch organische Arsenverbindungen spielen gewerbemedizinisch eine verhältnismäßig geringe Rolle. Immerhin kommen vereinzelt doch immer wieder Vergiftungsfälle vor, die eine, wenn auch etwas summarische Darstellung der Giftwirkung dieser Verbindungen rechtfertigen. Bei der unendlich großen Zahl der bekannten Verbindungen kann hier jedoch auf Einzelheiten nicht eingegangen werden. Die organischen Arsine sind Abkömmlinge des Arsenwasserstoffs; sie finden bei der Herstellung von Kampfstoffen ausgedehnte Verwendung.

Chemisch unterscheidet man **Arsine der aliphatischen Reihe**, zu denen das Trimethylarsin und die Lewisite (Chlorvinylarsine) sowie das Dichloräthylarsin (Dick) gehören. Die **Arsine der aromatischen Reihe** (Diphenylarsin, Diphenylchlorarsin [Clark I] und Diphenylcyanarsin [Clark II] sowie das Diphenylaminchlorarsin [Adamsit]) finden als Blaukreuzkampfstoffe Verwendung. Die **Arsinsäuren der aliphatischen Reihe** werden vorwiegend als medizinische Heilmittel (Arrhenal, Metarsol, Solarson, Arsylen) verwendet, desgleichen die **Arsinsäuren der aromatischen Reihe,** zu denen u. a. das Atoxyl, das Spirocid, Stovarsol, Tryparsamid, die Salvarsane usw. gehören. Gewerbliche Vergiftungen durch diese Körper sind bisher nicht beschrieben.

Die klinischen Erscheinungen nach der Einwirkung der Arsine der aromatischen und aliphatischen Reihe sind von den Kampfstofferkrankungen her allgemein bekannt. Ihre Wirkung wurde von Flury, dem besten Kenner dieser Verbindungen, folgendermaßen zusammengefaßt: „Die intensive Zellgiftwirkung äußert sich überall, wo die Substanzen in fester und flüssiger Form oder als Dampf mit lebenden Zellen in Berührung kommen. Sie unterscheiden sich von den starken Ätzmitteln dadurch, daß sie bereits in allergeringsten Konzentrationen schwere Entzündungserscheinungen und Nekrose der betroffenen Gewebe hervorrufen. In qualitativer Hinsicht bestehen keine wesentlichen Unterschiede gegenüber den Wirkungen der anderen Reizstoffe. Auch die Arsenverbindungen wirken auf die Atemwege und die Lungen, das Sehorgan und die äußere Haut und verursachen dadurch akutes toxisches Lungenödem, schwere Capillarschädigungen, Bildung von Pseudomembranen in der Luftröhre, Bindehautentzündungen und Nekrose des Hornhautepithels am Auge und unter Umständen auch Entzündung der äußeren Haut mit Blasenbildung und tieferer Gewebszerstörung. Die Reizung der sensiblen Nerven übertrifft an Intensität die Wirkung aller bisher bekannten, chemisch genau definierten Verbindungen bei weitem. Die Reizwirkung erstreckt sich aber nicht auf die direkt und zunächst betroffenen Schleimhautbezirke, sondern sie greift auch in charakteristischer Weise auf das Gebiet der sog. Nebenhöhlen über.“

Die Wirkung dieser organischen Arsenverbindungen beruht offenbar auf einer *Schädigung lebenswichtiger fermentativer Prozesse.* Die klinischen Erscheinungen bestehen in sehr heftigen Reizungen der Nase, des Rachens und der Nasenwege mit heftigem, unstillbarem Husten, Augentränen, Speichelfluß und der Entleerung großer Sekretmengen aus der Nase. Heftige Kopfschmerzen, vor allem in der Stirngegend, Druckgefühl in den Ohren, Schmerzen in den Kiefern, Zähnen und unter dem Brustbein, Atemnot und Angstgefühle, Übelkeit, Brechreiz, Würgebewegungen und Erbrechen, unsicherer Gang, Schwindelgefühle, Schwäche in den Beinen, Zittern am ganzen Körper, Schweißausbrüche und Gliederschmerzen vervollständigen das Krankheitsbild. Auch vorübergehende Lähmungen kommen vor. An der *Haut* treten heftige Rötungen und Entzündungen, gelegentlich auch geringe Blasenbildungen auf, die aber bald wieder verschwinden. Therapeutisch kommen nur symptomatische Maßnahmen, wie Inhalation gering konzentrierter Chlordämpfe, Inhalation von Wasserdampf mit einem Zusatz von Menthol, Eucalyptus usw., in Frage.

Daß Vergiftungen durch derartige Verbindungen auch gewerblich von Bedeutung sein können, beweist ein von Hegler mitgeteilter Fall.

Es handelte sich um einen 30jährigen Mann, der, ohne früher ernstlich erkrankt gewesen zu sein, damit beschäftigt war, größere Mengen von *Diphenylarsinsäure* durchzusieben. Nach dreiwöchiger Tätigkeit erkrankte er mit Schlafsucht, Rötung und Schwellung des Gesichts, der Hände, Füße und des Penis. Außerdem bestand ein starker Reizzustand der sichtbaren Schleimhäute. Die Augenlider waren stark geschwollen, die Bindehäute gerötet. Auch die Nasenschleimhäute waren erheblich geschwollen, die Lippen wulstig aufgetrieben. Die Zunge zeigte einen weißgrauen Belag. Der Gesichtsausdruck wechselte schnell zwischen einem bald lebhaft lachenden, dann verzerrten, dann ohne Anlaß leblosen, maskenartigen, starren und müden Ausdruck. Außerdem bestand ein grobschlägiges Zittern des Kopfes, der Arme und Beine mit Sprachstörungen und Zwangslachen. Die Sprache war etwas verwaschen, das Bewußtsein klar. In den ersten Tagen nach der Krankenhausaufnahme nahm die von Anfang an bestehende Herzschwäche immer mehr zu. Der Blutdruck sank von 100 mm Hg auf 75/45. Am dritten Tag nach der Krankenhausaufnahme bestand ein deliranter, benommener Zustand mit vorausgehenden hochgradigen Stimmungsschwankungen, dann starken Erregungszuständen. Der Mann schrie, sang und tobte Tag und Nacht und konnte nur durch Anwendung von Gewalt im Bett gehalten werden. Nach 5 weiteren Tagen entwickelte sich ein an Encephalitis lethargica erinnerndes Zustandsbild. Die Erscheinungen klangen im Verlaufe von 3 Monaten wieder vollständig ab. Chemisch war Arsen im Urin und Stuhl nicht nachzuweisen, doch gelang es, auf biologischem Wege mit Hilfe einer Kultur von Penicillium brevicaule den positiven Arsennachweis zu führen.

Derartige Fälle zeigen, daß auch organische Arsenverbindungen gelegentlich zu Krankheitserscheinungen führen können, deren Erkennung und Aufklärung versicherungsrechtlich für den Betroffenen von erheblicher Bedeutung sein kann.

Eine besondere Bedeutung kommt dem in dem oben zitierten Fall von HEGLER auftretenden zentralnervösen Zustandsbild zu, das auch als sog. **Encephalopathia arsenicale** (E. a.) bezeichnet wird. Sie ist selten und wurde bisher niemals durch anorganische (arsenige Säure, Arsenite, Arsenate) und einfache organische (Kakodylverbindungen, Methylarsenat) Arsenverbindungen bzw. die Derivate der p-Aminophenylarsinsäure (Atoxyl, Tryparsamid) ausgelöst. Dagegen sind Fälle von E. a. nach Einwirkung der Derivate der m-Aminophenylarsinsäure, wie Stovarsol, Tryparsol, Acetylarsan, und der Arsenobenzole (Salvarsan) wiederholt beobachtet worden. Die Dosis der Präparate ist dabei eigentümlicherweise ziemlich gleichgültig, wobei nach kleinen und kleinsten Dosen ihr Auftreten häufiger ist und Schwangere besonders leicht erkranken.

Die *Initialsymptome*, die nur wenige Stunden dauern, beginnen mit Kopfschmerzen, Depression und Abgeschlagenheit. Bald treten Anfälle von schwerem Erbrechen, heftigem Schwindel, gelegentlich gesteigert bis zu einem komatösen Zustand mit Krämpfen auf. Innerhalb weniger Stunden entwickelt sich dieses alarmierende Krankheitsbild, das die vorher völlig gesunden Menschen an den Rand des Grabes bringt. Lähmungen und Hemiplegien, seltener auch Monoplegien, schließen sich an. Die Atmung ist wechselnd, regelmäßig, dann wieder unregelmäßig; zuweilen findet sich CHEYNE-STOKESsches Atmen. Im Urin finden sich Eiweiß und Zylinder. Die Lumbalpunktion ergibt einen völlig normalen Befund. In leichteren, mehr abortiv verlaufenden Fällen bestehen Bewußtseinsstörungen, Kopfschmerzen und Erregungszustände, die mit stuporösen Phasen abwechseln. Bisweilen beschränken sich die Störungen auf Amnesie, Verwirrung, örtliche und zeitliche Desorientierung, Erscheinungen, die nach einigen Tagen wieder verschwinden. In manchen Fällen ist die E. a. von einem große Teile des Körpers bedeckenden Erythem begleitet. Die *Prognose* ist in schweren Fällen ernst, in leichten günstiger. Eine Überempfindlichkeit gegenüber Arsen ist, jedenfalls mit den üblichen Testverfahren, nicht nachweisbar. *Differentialdiagnostisch* sind bei Schwangeren Eklampsie, sonst toxische Komata, infektiöse Encephalitiden und Cerebraltraumen arteriellen Ursprungs auszuschließen. *Therapeutisch* empfiehlt sich lokale Kältebehandlung; Infusionen von Zucker- und hypertonischen Salzlösungen zur Verminderung der intrakraniellen Druckes, hypertonische Magnesiumsulfatlösungen zur Beruhigung, Adrenalin, Calciumsalze und Natriumthiosulfat wurden empfohlen. Vor zu häufiger Lumbalpunktion wird gewarnt.

Während der Drucklegung wurden von BELLESINI noch einige weitere Vergiftungen mit *Diphenylarsinsäure* bekannt. Als *alarmierende Zeichen* einer *drohenden Vergiftung* beschreibt er heftiges Hautjucken im Gesicht und in den Falten der Haut der Ellenbogengelenke bei einem 28jährigen, bei der Einstellungsuntersuchung völlig gesund befundenen Mann; die Hauterscheinungen verstärkten sich; außerdem traten Kopfschmerzen und eine unbezähmbare Unruhe auf, die ihn dauernd umhertrieb. Auf der Haut entwickelte sich ein Erythem, in dessen Bereich kleine Erhebungen und Bläschen aufzusprießen begannen. Es bestanden starke Schmerzen. Die Hautveränderungen erstreckten sich nur auf die Bezirke, welche bei der Arbeit unbedeckt blieben: sie fanden sich auch an der Stirn, an den Oberlidern, in der Lippen-Kinnfalte. Die Leber war wenig vergrößert und eben am Rippenbogen tastbar, dabei druckempfindlich. Bei der neurologischen Untersuchung fiel ein leichter Tremor der Zunge und an den Händen, eine leichte Steigerung der Reflexe sowie eine geringe Erhöhung des Muskeltonus auf. Der Urin war dunkelgelb, trüb und enthielt reichlich Phosphate. Die gleichen Symptome, nur ausgeprägter, hatte BELLESINI bereits früher an schwerer vergifteten Arbeitern gesehen. Der Arsennachweis im Urin mißglückte zunächst, gelang aber nachträglich, als die Vergiftungserscheinungen bereits abgeklungen waren.

V. Erkrankungen durch Mangan oder seine Verbindungen.

Die akute Manganvergiftung spielt gewerbemedizinisch keine Rolle. Wegen der Symptomatologie der akuten Kaliumpermanganatvergiftung sei auf die einschlägigen Toxikologiebücher verwiesen.

Für die gewerbliche Vergiftung kommen nur einige bestimmte Manganverbindungen in Frage. Das Mangan selbst ist ein sprödes, grauweißes Metall, das bei einem Schmelzpunkt von 1900° C flüchtig wird. In der Natur kommt es vor als Oxyd [Braunstein oder Pyrolusit (MnO_2), Braunit (Mn_2O_3), Manganit ($Mn_2O_3 \cdot H_2O$), Hausmannit (Mn_3O_4)], als Carbonat im Manganspat ($MnCO_3$) und als Sulfid [Manganblende (MnS)]. Es oxydiert an feuchter Luft und wird auch von stark verdünnten und schwach dissoziierten Säuren angegriffen. Mangan wird zur Legierung von Eisen bei der Herstellung von Stahl, bei der Legierung von Kupfer und Zink zur Gewinnung von Manganbronze, in Lackfabriken als Sikkativ verwendet. Die Manganoxyde werden benutzt als Bleichmittel und zur Oxydation bei der Chlor- und Chlorkalkherstellung (WELDON-Verfahren), bei der Sauerstoffgewinnung, bei der Glasherstellung zur Entfärbung der Glasmasse, bei der Herstellung amethystfarbiger Glasflüsse, mancher Anstrichfarben, zur Herstellung anderer Manganverbindungen, zur Füllung elektrischer Trockenbatterien und Akkumulatoren und in keramischen Betrieben. Auch beim elektrischen Schmelzen und beim Elektroschweißen besteht nach BEINTKER die Gefahr der Manganvergiftung. Es ist dies übrigens der einzige Fall, in welchem nicht ein Manganoxyd, sondern Mangan selbst schädigend wirkt, wobei offen bleiben muß, ob das Mangan bei der Einatmung nicht bereits oxydiert wurde.

Der **gefährdete Personenkreis** ist in Deutschland relativ klein. Die Arbeiter gehören im wesentlichen 3 Industriegruppen an: 1. Manganbergwerken, von denen es in Deutschland 14 gibt, darunter nur 2 Betriebe mit einer Belegschaft von 300—400 Mann; insgesamt werden in den Manganbergwerken rund 1235 Mann beschäftigt. 2. Die *Braunsteinmühlen*, die vorwiegend ausländisches Erz verarbeiten. In den

6 in Deutschland befindlichen Mühlen sind etwa 98 Arbeiter beschäftigt (1938). 3. Die Trockenelementfabriken, in denen 1938 etwa 5000 bis 5500 Arbeiter beschäftigt waren.

Besonders groß ist die Gefährdung bei den sog. Braunsteinmüllern, da beim Mahlen und Sieben des Braunsteins in den Braunsteinmühlen besonders viel feiner Staub entsteht, ferner bei allen den Arbeitern, die mit der Herstellung, Pulverisierung und Verpackung des Manganerzes und mit der Trocknung von Manganhyperoxydschlamm beschäftigt sind, also auch die in den Häfen Manganerz löschenden und ladenden Arbeiter.

Aufnahme, Verteilung, Ausscheidung: Die Aufnahme in den Körper erfolgt hauptsächlich in Staubform durch Einatmung und Verschlucken; beim Herstellen von Metallegierungen, beim Lichtbogenschweißen und Schmelzen gelangt das Mangan in Dampfform in den Körper.

Das in Staub- oder Dampfform in die Lungen gelangte resp. verschluckte Mangan wird in den Körpersäften gelöst und, vermutlich als Eiweißverbindung (v. JAKSCH), im Organismus weitertransportiert. Schädigend wirken vor allem die Manganosalze; Manganisalze haben nur eine örtliche Wirkung. Wahrscheinlich wird das Mangan im Körper vor allem in der Leber und in der Niere gespeichert. Darm und Nieren können Entzündungen aufweisen. Man findet Zeichen der Verfettung der Sternzellen der Leber, des Nierenparenchyms, des Herzmuskels und der Gefäßendothelien. Das Metall wird zu etwa 50% durch den Darm mit dem Kot, zum kleineren Teil auch mit dem Urin ausgeschieden. In Verdachtsfällen ist es infolgedessen unter Umständen zweckmäßiger, den Kot statt den Urin auf Mangan zu analysieren. Die individuelle Empfindlichkeit ist sehr verschieden. Meist beginnt die Erkrankung innerhalb der ersten beiden Arbeitsjahre, seltener schon nach einigen Monaten, bisweilen aber auch erst nach einem Jahrzehnt oder später. Bei gleicher Gefährdung erkrankt immer nur ein Teil der Arbeiter, während andere anscheinend unempfindlich sind.

Die chronische Manganvergiftung.

Klinisches Vergiftungsbild: Am eindrücklichsten sind bei der voll ausgebildeten Vergiftung die Schäden am Zentralnervensystem, das bei chronischer Einwirkung von Mangan in allen seinen Teilen geschädigt wird, am stärksten in der Gegend der Stammganglien (Linsenkern), beim Menschen vor allem in der Gegend des Pallidum und Striatum. Die übrigen Organschäden an der Leber, an Darm und Nieren, im Blutbild usw. treten demgegenüber ziemlich zurück.

Als **Initialsymptome** gelten vor allen Dingen Schwächegefühl in den Beinen und im Kreuz, Retropulsion, Propulsion, Lateropulsion und Zittern. Die Initialsymptome setzen allmählich ein. Unbestimmte Klagen, wie Schlappheit, Müdigkeit, Kopfschmerzen, Ohnmachten, Appetitlosigkeit, nächtliche starke Schweißausbrüche, die offenbar zentral ausgelöst sind, Unwohlsein, Magendruck, Erbrechen, Energiemangel, leichte Ermüdbarkeit, nervöse Reizbarkeit und Stimmungsschwankungen mit unmotivierter Heiterkeit, Krämpfe in der Beinmuskulatur, Zittern, fibrilläre Muskelzuckungen und geringe Schluck- und Sprachstörungen leiten die Krankheitserscheinungen ein. Vasomotorische Störungen, cerebral bedingtes Hungergefühl, Wadenkrämpfe, Muskelzuckungen, Neigung zu Haarausfall (Davis-Huey), Lockerung von Zahnfleisch und Zähnen (Koelsch) leiten zu ernsteren Störungen über. Die gelegentlich beschriebenen Augenlidentzündungen (Friedel) dürften wohl mehr als Reizzustand infolge Staubeinwirkung wie als spezifische Manganwirkung zu deuten sein. Die schweren

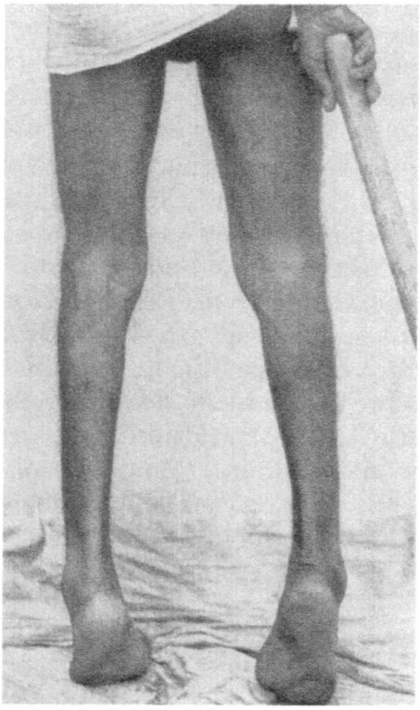

Abb. 7. Typische Fußstellung bei Manganismus. [Aus Baader: Arch. Gew. Path. Bd. 9 (1939).]

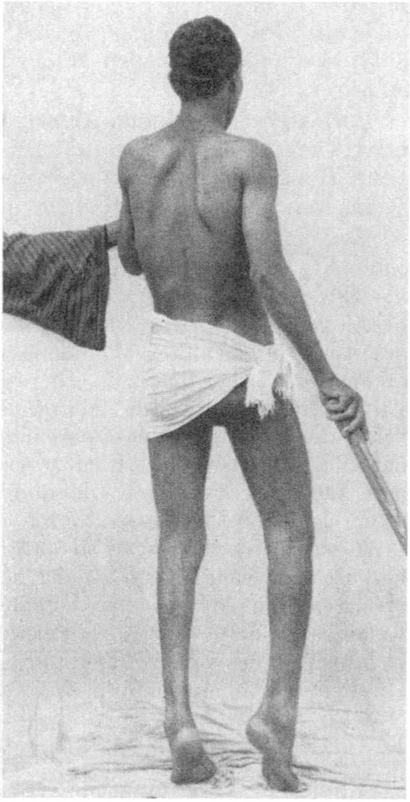

Abb. 8. Gangstörung bei Manganvergiftung. [Aus E. Baader: Arch. Gew. Path. Bd. 9 (1939).]

Krankheitserscheinungen setzen meist allmählich, gelegentlich aber auch ganz plötzlich und in voller Schwere ein.

Die Retro-, Pro- und Lateropulsion ist häufig eines der ersten Zeichen, welche den Betroffenen selbst darauf aufmerksam machen, daß etwas nicht in Ordnung ist. Beim Drehen, Stehenbleiben z. B. fallen die Patienten um, wobei ein Schwindelgefühl eigentümlicherweise fehlt. Die Erkrankten haben Schwierigkeiten, z. B. eine Treppe oder einen Berg herunterzugehen oder zu radeln; sie müssen rennen, um nicht nach vorne überzukippen und hinzustürzen (Propulsion). Die Retro- und Lateropulsion wird beim Rückwärtsgehen, bei kurzen Wendungen und beim kurzen Anhalten deutlich. Manche Patienten fallen bereits aus dem Stand plötzlich nach hinten um. Das Schwächegefühl in den Beinen zwingt die Leute, sich möglichst oft hinzusetzen. Allmählich setzt leichtes Zittern ein. Es handelt sich um einen ziemlich grobschlägigen Tremor, wie man ihn bei der Paralysis agitans findet. Er fehlt nur in wenigen Fällen. Mitunter sistiert das Zittern für einige Zeit und tritt erst bei Lagewechsel, Abkühlung, Anstrengungen und affektiver Erregung erneut, manchmal sogar verstärkt auf (HILPERT). Nicht selten findet sich außerdem ein ziemlich grober Aktionstremor, der zeitweise aussetzt und Kopf und Rumpf bei angespannter Haltung, Arme und Beine bei koordinierter Bewegung erfaßt. Relativ frühzeitig treten auch *Potenzstörungen* auf. Die Libido wird geringer. Spontanerektionen fehlen oder sind nur mangelhaft. Der Orgasmus tritt verspätet auf. Öfters klagen die Kranken über Zerrüttung ihres Ehelebens und Ejaculatio praecox. In einzelnen Fällen bestand auch eine gesteigerte Libido mit Ejaculatio praecox, Erscheinungen, die den Gedanken einer Affektion der unteren Rückenmarksabschnitte nahelegen. Die Untersuchung deckt schon jetzt Kloni, Reflexübererregbarkeit, Steigerung des Muskeltonus, vereinzelt auch leichte Pyramidensymptome (einseitiger Babinski) auf.

Allmählich und schleichend entwickelt sich das **volle Vergiftungsbild**. Es ist vor allem gekennzeichnet durch die sofort ins Auge fallenden *Gangstörungen*. Es handelt sich um einen spastischen Gang mit Beimischung cerebellärer Komponenten. Die Kranken gehen eigentümlich steifbeinig, manchmal schleifend und breitspurig oder auch trippelnd mit kleinen Schritten; sie bringen die Füße nicht vom Boden. Die grobe Kraft ist anfangs erhalten und vermindert sich erst später. Die Beine sind stark einwärts rotiert, die Füße in Spitzfußstellung; die Patienten gehen nur auf dem äußeren Fußballen bzw. auf den Zehengrund-Mittelfußgelenken (Hahnentrittgang). Sie vermögen nicht mehr Treppen zu steigen, da sie die Beine nicht vom Boden hochbekommen. Gleichzeitig treten auch *andere Bewegungsstörungen* auf. Die Kranken können keine „langen“, zügigen Bewegungen wie beim Sägen, Holzhacken und Stiefelputzen mehr machen. „Alles sei zu kurz.“ Ehe zügige Bewegungen gelingen, müssen sie einige kurze Bewegungen machen. Auch treten eigentümliche Bewegungshemmungen auf. Die Kranken bleiben mitten in der Bewegung stecken und vollenden sie nur ruckweise.

Die *Gesamthaltung* ist ähnlich wie beim Parkinson: gebunden und steif mit Beuge- und Pronationskontrakturen. Spontanbewegungen sind ausgesprochen selten. Der Bewegungsablauf wird langsam oder schußartig. Beim Gehen fehlen die Mitbewegungen der Arme, die höchstens steif, in den Schultergelenken gehoben und im Ellenbogengelenk gebeugt, mühsam hin und her geschwungen werden, als hätten die Kranken Mühe, das Gleichgewicht zu halten. Der Ruhetonus der Muskulatur ist erhöht. Auffällig ist auch der starke Rigor, der bei passiven Bewegungen besonders deutlich wird. Auch findet sich eine deutliche Adiadochokinese: feinere, entgegengerichtete Bewegungen, wie Pro- und

Supination, Faustschließen und -öffnen, Geldzählbewegungen usw., werden ganz unvollkommen ausgeführt. Die Bewegungsstörungen drücken sich auch bei der sehr differenzierten Schreibbewegung aus. Infolge der zunehmenden Spannung der Hand- und Armmuskulatur beim Schreiben werden die zunächst normalgroß begonnenen Buchstaben immer kleiner; sie rücken so eng zusammen, daß sie völlig unleserlich werden (*Mikrographie*). In vereinzelten Fällen kommt es infolge der allgemeinen Muskelstarre zu einem spastischen Schiefhals wie

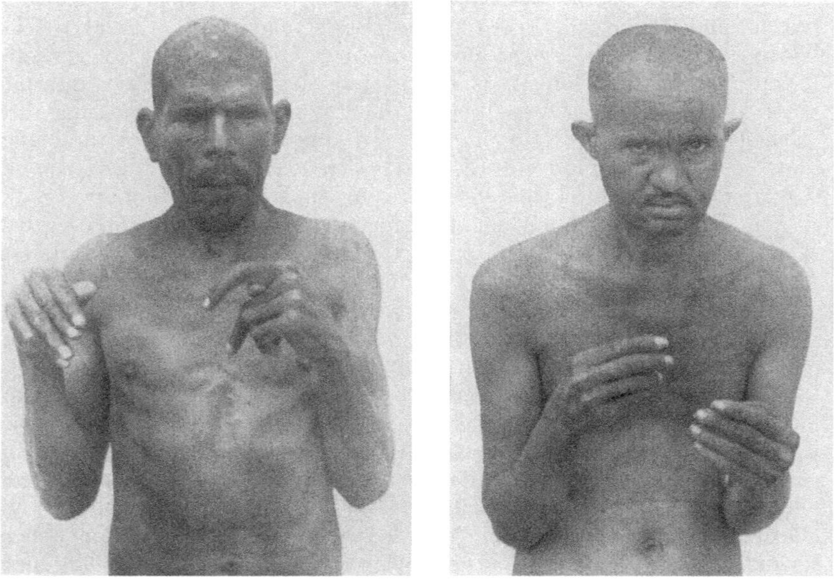

a b

Abb. 9a u. b. Typische Körperhaltung bei chron. Manganismus. (Nach E. W. BAADER).

bei der Metencephalitis. Auch die Gesichtsmuskulatur ist von der all gemeinen Muskelrigidität befallen. Die Kranken haben ein Maskengesicht von graugelblicher Farbe, häufig mit einem ewigen, törichten Lächeln. Der Gesichtsausdruck ist leer. Die Gesichtsstarre ist nur unterbrochen von Anfällen von Zwangslachen oder Zwangsweinen. Sieht man die Leute an, so wird das ganze Gesicht grotesk verzogen und es dauert ziemlich lange, bis sich die mimische Muskulatur wieder entspannt. Das ganze Krankheitsbild ist damit von einem striären, extrapyramidal-motorischen Syndrom beherrscht.

Außerdem finden sich jedoch auch *bulbäre Symptome*. Nicht so sehr selten sind *Schluckstörungen*. Der Bissen bleibt im Halse stecken, so daß die Kranken den Kopf ins Genick, dabei die Hände auf den Hinterkopf legen müssen, um den Bissen herunterzukriegen. Auffällig sind auch die sehr häufigen *Sprachstörungen*. Die Sprache ist leise, monoton und schwerfällig, eigentümlich stotternd, besonders beim Beginn des Sprechens, wobei der nur zögernd begonnene Satz schnell und schußartig beendet wird. Bei Wortanfängen bemerkt man häufig ein starkes Perseverieren, nach dessen Überwindung das Wort rasch und explosionsartig hervorgestoßen wird, so daß es unverständlich bleibt. In anderen Fällen wieder erfolgt der Satzbeginn reibungslos; mitten im Satz bleiben die Kranken stecken (*Psellismus manganalis*). Dabei

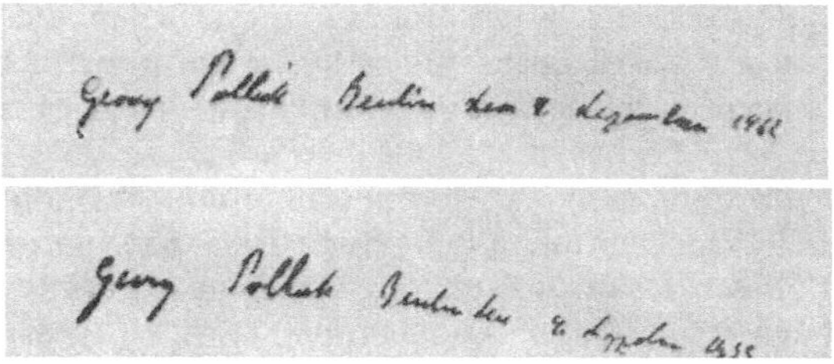

a

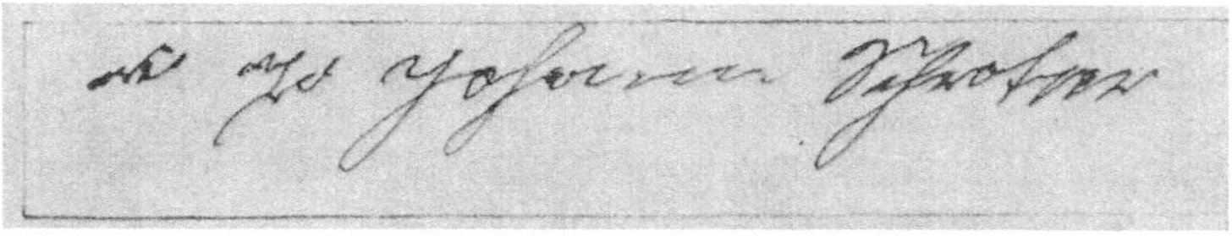

b

Abb. 10. Mangantremor (Schriftprobe). Ergebnisse der inn. Med. und Kinderheilkunde (1940).

ist die Sprache zum Unterschied zur multiplen Sklerose nicht skandierend. Gelegentlich beobachtet man auch stark vermehrten Speichelfluß, so daß der Speichel aus den nach unten verzogenen Mundwinkeln abtropft. Auch plötzliche Schweißausbrüche wurden als Ausdruck vasomotorischer Störungen beobachtet.

Die *Augenbewegungen* können ebenfalls gestört sein. Gelegentlich fand sich eine Konvergenzschwäche oder auch ein Nystagmus (SEIFFER). Der Lidschlag ist selten. Gesichtsfeldeinschränkungen (SCHWARZ), vereinzelt auch eine retrobulbäre Neuritis wurden beschrieben.

Als Zeichen, daß die degenerativen Prozesse auch auf die innere Kapsel übergreifen, finden sich *Pyramidenstörungen*; meist handelt es sich um unvollständige Schädigungen der Pyramidenbahn. Die Knie- und Achillessehnenreflexe sind meist gesteigert. Nicht sosehr selten bestehen teils erschöpfbare, teils unerschöpfliche Fuß- und Kniescheibenkloni. Babinski, Oppenheim, Rossolimo, Mendel-Bechterew werden positiv. Das ROMBERGsche Zeichen zeigt kein eindeutiges Verhalten und kann positiv wie negativ sein.

Vereinzelt wurden auch *Sensibilitätsstörungen* festgestellt. So traten Parästhesien in den Extremitätenenden, halbseitige Aufhebung sämtlicher Empfindungsqualitäten, Sensibilitätsstörungen im Lumbal- und Sacralgebiet auf. Auch die Tiefensensibilität ist gelegentlich gestört.

Psychisch findet sich gewöhnlich eine Neigung zu Depressionen. Die Grundhaltung ist stumpf und gehemmt. Unbeweglich und wortkarg sitzen die Leute herum. Eine euphorische Stimmungslage ist selten. Häufig besteht Gedächtnisschwäche. Die Merkfähigkeit ist vermindert, das Vermögen, Rechenaufgaben im Kopf zu lösen, herabgesetzt.

Im *Liquor* finden sich meist keine Veränderungen. Vereinzelt wurde eine Eiweißvermehrung, gelegentlich auch eine Lymphocytose festgestellt.

Die Schäden an anderen Organen sind gegenüber den erheblichen nervösen Störungen gering. Am **Kreislauf** wurde vereinzelt eine Sinusbradycardie, als Ausdruck einer Reizbildungsstörung auch einmal eine Extrasystolie sowie eine Überleitungsstörung gefunden. Auf Grund von Leberfunktionsprüfungen kommt CHARLES zu der Auffassung, daß bei Manganvergifteten die **Leberfunktion** *geschädigt* sei. Dies stimmte auch überein mit den Ergebnissen von Tierexperimenten. Bei manganvergifteten Tieren entwickelt sich nämlich eine Hepatitis. FREISE beschrieb Hautschäden und Magen-Darm-Störungen. Auch das **Blutbild** ist verändert. In den Anfangsstadien findet sich bei leicht erniedrigtem Hämoglobingehalt eine mehr oder minder ausgesprochene Erythrocytenvermehrung (BAADER, L. SCHWARZ, DAVIS-HUEY). Erst später entwickelt sich eine leichte Anämie. Im Differentialblutbild findet man eine Lymphocytose. In früheren Stadien der Vergiftung soll das Blut kirschrot und dünnflüssig sein (E. THOMSON). Gelenkbeschwerden, Polydypsie (BAADER), Heißhunger (HILPERT), Glykosurie (COUPER, v. JAKSCH) und eine Erhöhung des Grundumsatzes (FLINTZER, HILPERT) wurden vereinzelt beschrieben.

Verlauf: Der Verlauf ist schleichend und progredient. Das volle Vergiftungsbild entwickelt sich nach Einsetzen der Initialsymptome erst im Verlauf einiger Wochen bis Monate. Nur in der ersten Zeit ist im Blut Mangan nachweisbar, während im Kot noch 16 Monate nach Beendigung der Arbeit nicht unbeträchtliche Manganmengen (3,93 mg/100 g Kot) nachgewiesen wurden (BAADER). Die tonischen Störungen nehmen im allgemeinen zu. Das Zittern vermindert sich für gewisse Perioden, während die Rigidität der Muskulatur zunimmt. Eine Lebensverkürzung tritt trotz des sehr kläglichen Gesamtzustandes der Kranken im allgemeinen nicht ein.

Der **Sektionsbefund** ist nicht gerade charakteristisch. Die Ausbeute war bei den wenigen bisher sezierten Fällen ausgesprochen unbefriedigend. Es fanden sich chronisch degenerative oder aber auch atrophische Veränderungen vor allem im Bereich des Pallidums, Putamens und des Nucleus caudatus (ASHIZAVA). Vergrößerung der perivasculären Räume in den Linsenkernen und Sehhügeln, degenerative Prozesse in der Brücke und in den Fasern der Raphe, frische Blutungen im Linsenkern (ADLER), Erweichungsherde und Höhlenbildungen in den Stammganglien (v. JAKSCH, EMBDEN), cerebrale Lymphstauung (CASAMAJOR), vereinzelte reaktive Gliawucherungen sind die sehr spärlichen Befunde. In der Herzmuskulatur findet sich eine mehr oder weniger starke, sehr feintropfige Verfettung. An den Nieren wurden Anschwellungen der Glomeruli, umschriebene Nekrosen an den Kanälchenepithelien (SIEGEL) sowie feintropfige Fetteinlagerungen gefunden. Es gelang, im Urin und in der Galle Mangan nachzuweisen.

Die **Differentialdiagnose** ist bei Kenntnis der Anamnese und dem sicheren Nachweis einer längeren Mangangefährdung leicht. Sie wird schwierig bei der Abgrenzung atypischer Verlaufsformen der multiplen Sklerose, gegenüber der spastischen Spinalparalyse, der Paralysis agitans, der WILSONschen Pseudosklerose, dem postencephalitischen Parkinsonismus und der epidemischen Encephalitis.

Die **Prognose** ist hinsichtlich der Lebensdauer durchaus günstig, im Hinblick auf die Wiederherstellung der Arbeitsfähigkeit angesichts der geringen therapeutischen Möglichkeiten schlecht. Nicht selten entwickelt sich das Leiden auch nach Unterbrechung der weiteren Manganaufnahme nachträglich noch weiter.

Therapeutisch werden neben hydrotherapeutischen Maßnahmen elektrische Behandlung, Massage und Übungstherapie empfohlen. Bei den manchmal überraschend günstigen Erfolgen mit hohen Atropindosen bzw. der bulgarischen Kur bei postencephalitischen, parkinsonartigen Zustandsbildern wird ein Versuch mit Homburg 680 oder einem ähnlichen Präparat sicher gerechtfertigt sein, um so mehr, als auch beim Parkinsonismus nach Kohlenoxydvergiftung vereinzelt durchaus ermutigende Erfolge erzielt wurden. Ob es in diagnostisch frühzeitig erfaßten Fällen, einem Vorschlage RODENACKERS folgend, durch Verabreichung einer fett- und fleischarmen Kost, Gaben von Insulin und Traubenzucker, Anregung der Diurese, diaphoretische Maßnahmen und Regelung des Stuhlgangs gelingt, die Entstehung der schweren Nervenstörungen zu verhindern, erscheint zweifelhaft. Immerhin wird man diese Maßnahmen, ohne zu schaden, anwenden dürfen.

Manganpneumonien.

Hier sei noch auf neuere Beobachtungen aufmerksam gemacht, nach denen bei Manganarbeitern gehäuft Affektionen der oberen Luftwege und der Lungen festzustellen sind (MOLVINO, ELSTADT, BÜTTNER, BAADER). Wenngleich trotz gegenteiliger Ansicht fachlich einwandfreier Gutachter die Manganpneumonie bisher meist zu Unrecht *nicht* als entschädigungspflichtige Berufskrankheit anerkannt worden ist, so sollen die wichtigsten Punkte hier kurz erwähnt werden.

Die Manganpneumonien ähneln den Thomasschlackenpneumonien (s. d.). Thomasschlackenmehl enthält bis zu 8—10% Mangan. Nach GUNDEL und FISCHER gehorcht die Manganpneumonie den gewöhnlichen epidemiologischen Gesetzen. Sie tritt in Form sehr bösartiger Lungenentzündungen gehäuft bei Manganarbeitern auf und endet auch bei jungen, kräftigen Menschen unverhältnismäßig oft tödlich.

Über die *Klinik* der Manganpneumonie läßt sich folgendes sagen: Anamnestisch sind öfters Pneumonien und auch katarrhalische Erkrankungen der Luftwege nachzuweisen. Der Beginn ist stets plötzlich, meist mit Schüttelfrösten verbunden. Die Temperatur steigt steil auf 40° C und mehr. Es handelt sich immer um richtige croupöse Pneumonien. JÖTTEN, REPLOH und HEGEMANN wollen auch konfluierende Bronchopneumonien sowie Pleuritiden beobachtet haben. Eigentümlicherweise ist das Gesamtkrankheitsbild auch dann außerordentlich schwer, wenn nur ein einziger Lappen befallen ist. Die Intensität der Verschattung im Röntgenbild ist zuweilen so gering, daß sie übersehen werden kann (BÜTTNER). Der Capillarkreislauf ist frühzeitig und sehr schwer geschädigt. Die Manganpneumonien zeigen eine bemerkenswerte Neigung, zu rezidivieren bzw. von einem Lappen zu andern zu wandern (BAADER, BÜTTNER). Sie treten völlig regellos und unabhängig von der Beschäftigungsdauer im Manganbetrieb auf. Bei den Arbeitern einiger

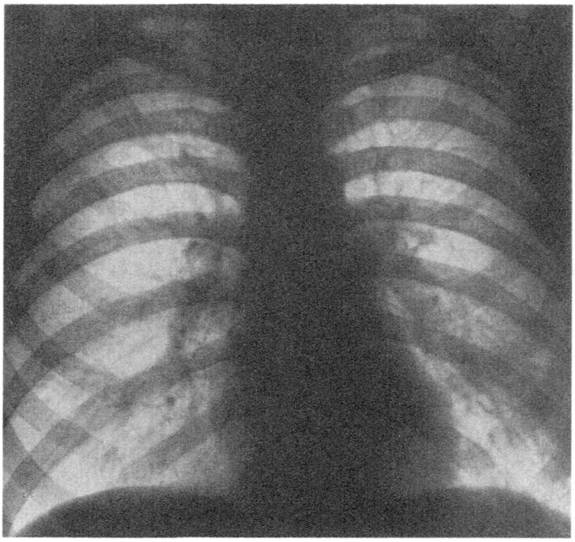

Abb. 11. Pneumonische Infiltration bei einem Manganbergarbeiter im linken Lungenunterlappen. (Man beachte die geringe Schattendichte.) [Aus H. E. BÜTTNER: Erg. d. inn. Med. u. Kinderheilkunde Bd. 58 (1940)].

Braunsteinbergwerke wurden zahlenmäßig gehäufte, aber nicht sehr ausgedehnte fibrotische Lungenveränderungen festgestellt (62% der Fälle), wie sie ähnlich bei leichter Silikose zu finden sind (BÜTTNER, BAADER). Diese Fibrosen haben jedoch auf den Ablauf der Manganpneumonien keinen Einfluß. Als Erreger wurden regelmäßig verschiedene Typen von Pneumokokken gefunden.

Bei der *Sektion* erweisen sich die pneumonischen Infiltrationen meistens als nicht sehr ausgedehnt; sie unterscheiden sich makroskopisch nicht von denen bei der croupösen Pneumonie. Nicht sosehr selten wurden reichlich dunkel gefärbte Einlagerungen im Lungengewebe entdeckt, welche sich bei der chemischen Untersuchung als Manganpartikel erwiesen. Als Reaktion auf die Einlagerungen fand man indurierende Prozesse. Auch histologisch unterscheidet sich die Manganpneumonie nicht in charakteristischer Weise von der gewöhnlichen Pneumonie. Versuche, durch Bestimmung des Mangangehaltes in den Lungen an Manganpneumonie Verstorbener zu einer Klärung zu kommen, verliefen negativ: die Zahlen schwanken sehr stark; außerdem fehlen genügend vergleichbare Normalzahlen über den Mangangehalt menschlicher Lungen. Trotzdem darf als sicher angenommen werden, daß der Mangangehalt der Lungen von Menschen, die an einer Manganpneumonie erkrankten, erhöht ist. Die Ursache der besonderen Bösartigkeit der Manganpneumonie ist bisher noch nicht völlig geklärt. Die Vorstellungen kommen über — wenn auch gut fundierte — Vermutungen nicht hinweg. Faßt man das bisher Bekannte kurz zusammen, so kommt man hinsichtlich der Ätiologie der Manganpneumonie zu folgendem Standpunkt: Die Einwirkung von Manganoxyden macht die Lunge widerstandsloser gegen Infekte; Erkältungen und Abkühlungen steigern die Anfälligkeit; zur Manganeinwirkung muß noch eine Schädigung durch Pneumokokken treten; welche Manganverbindung am schädlichsten wirkt, ist unbekannt. Wesentlich für die Entstehung der Manganpneumonie ist die *Einatmung* von Manganverbindungen. Die bei Manganarbeitern öfters zu beobachtenden silikotischen bzw. nur indurierenden Einlagerungen ins Lungengewebe können genau so wie die durch sie bewirkte Hemmung des Lymphabflusses nur als Hilfsursachen wirksam werden. Ätiologisch am wichtigsten dürften die durch die eingeatmeten Manganverbindungen am Gefäßsystem, insbesondere an den Gefäßendothelien gesetzten Schäden sein. Mangan allein macht keine Pneumonie: erst das Zusammenwirken mehrerer Faktoren — Mangan, Pneumokokkeninfekt und dazutretende Abkühlung — führt zur Entstehung der Manganpneumonie.

VI. Erkrankungen durch Benzol und seine Homologen.

Die unter der Ziffer 6 zusammengefaßten Erkrankungen beziehen sich nur auf das Benzol selbst und seine Homologen. Man muß hier den chemisch exakt definierten Unterschied zwischen *Benzol-Homologen* und *Benzol-Derivaten* genau kennen, um die Einordnung der beobachteten Krankheitserscheinungen unter die entsprechende Nummer der Anlage der III. VO. richtig durchführen zu können. Das Benzol hat die Summenformel C_6H_6. Die Strukturformel findet sich nachstehend (I).

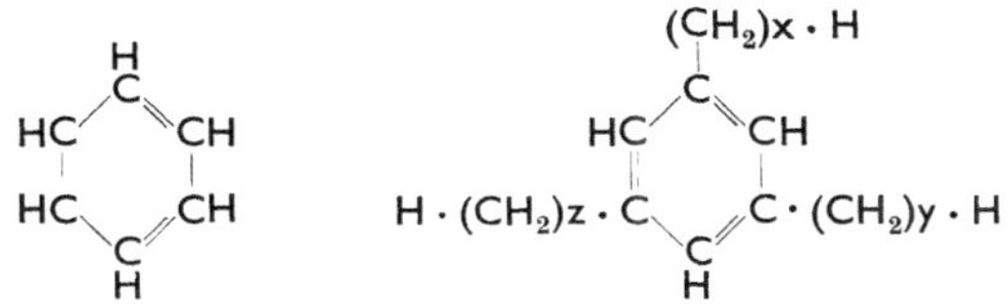

I. *II.*

Homologe des Benzols im chemischen Sinne sind lediglich die Substanzen, welche sich vom Benzol um eine oder mehrere CH_2-Gruppen unterscheiden. Die allgemeine Summenformel der Homologen des Benzols ist dabei $C_6(CH_2)_n$, wobei n jede beliebige ganze Zahl einschließlich 0 sein kann. Die allgemeine Strukturformel der Homologen des Benzols ist ebenfalls obenstehend abgebildet (II). X, Y und Z kann jede beliebige ganze Zahl einschließlich 0 sein, wobei $X + Y + Z = n$ zu setzen ist. Wird eine solche Gruppe durch eine andere ersetzt, z. B. durch Chlor, so erhält man *Derivate* des Benzols bzw. auch solche seiner Homologen. Ein Chlorbenzol ist mithin im chemischen Sinn kein Benzol-Homologes mehr, sondern ein Benzol-Derivat.

Als wichtigste *Homologen des Benzols*, die wesentliche praktische Bedeutung haben, sind das Toluol ($C_6H_5 \cdot CH_3$), das Cumol ($C_6H_5 \cdot CH(CH_3)_2$ = Isopropylbenzol), das Xylol ($C_6H_4(CH_3)_2$) und das Mesitylen ($C_6H_3 \cdot (CH_3)_3$ = 1.3.5-Trimethylbenzol) zu nennen. Die substituierten Homologen des Benzols gehören nicht unter die Nr. 6 der III. VO.

Benzin wird nur zu oft mit Benzol identifiziert; es stellt jedoch ein Gemisch von Kohlenwasserstoffen der Fettreihe dar und ist nicht, wie das Benzol, eine Ringverbindung. Auch sind die durch Benzin hervorgerufenen Vergiftungserscheinungen ganz anders. Das *Benzin fällt also nicht mit unter die Stoffe der Nr. 6* der III. VO. Wesentlich scheint es, darauf hinzuweisen, daß Vergiftungen mit *reinem* Benzol, Toluol, Xylol usw. außerordentlich selten sind, da diese Stoffe praktisch meist gemischt miteinander verwendet werden. Zudem sind die durch Xylol, Toluol usw. hervorgerufenen Vergiftungsbilder den bei Benzolvergiftungen beobachteten recht ähnlich.

Benzol entsteht bei der Destillation von Steinkohlenteer, besonders bei der Destillation von Leichtöl oder Rohnaphtha und bei Temperaturen bis zu 100° C. Das bei der ersten Destillation sich ergebende Produkt enthält neben Benzol und seinen Homologen Xylol und Toluol als Verunreinigung noch Pyridin und Tiophene sowie Schwefelkohlenstoff. Bei seiner erneuten Destillation erhält man „90iger Benzol" und sog. Lösungsbenzol (Solventnaphtha), letzeres mit einem Kp. von 140—170°, das aus Xylol und höheren Homologen des Benzols (Cumol und Pseudocumol) sowie noch unbekannten Kohlenwasserstoffen besteht. Im sog. 90iger Benzol ist neben etwa 0,6% Schwefelkohlenstoff vor allem auch das sehr giftige und stark reizende Cyclopentadien enthalten. Das 90iger Benzol enthält etwa 70% reines Benzol. Die im Handel befindlichen und industriell benutzten Benzole sind nie rein; unter dem Namen „Benzol" laufen alle flüssigen, unter 200° C siedenden Gemische von aromatischen Kohlenwasserstoffen.

Toluol und *Xylol* sind bei den praktisch in Frage kommenden Konzentrationen fast ebenso giftig wie das Benzol, wenn theoretisch auch zu erwarten wäre, daß die Giftigkeit der drei Homologen vom Benzol über das Toluol zum Xylol anstiege. Praktisch ist es jedoch so, daß die vorwiegend aus Xylol und höheren Homologen bestehende *Solventnaphtha* allgemein für weniger giftig gilt als reines Benzol, das seinerseits wiederum weniger giftig ist als Rohbenzol, welches zwar weniger narkotisch wirkt, dafür aber beträchtliche Mengen des giftigen Schwefelkohlenstoffs enthält. Die Erträglichkeitsgrenzen und toxischen Konzentrationen bei akuter Einwirkung für den Menschen gehen aus den nachstehenden Tabellen hervor.

Wirkung von Steinkohlendestillaten (Benzol, Toluol, Xylol, Handelsbenzol) auf den Menschen. (Aus FLURY-ZERNIK: Schädliche Gase.)

	Teile Dampf in 1 Mill. cm^3/m^3
Leichte Symptome nach mehrstündiger Einwirkung	1570—3130
1 Stunde ohne ernstere Folgen atembar	3130—4700
Auch nach kurzer Einwirkung rasch tödlich	19000

Wirkung von Benzol auf den Menschen.
(Nach FLURY-ZERNIK: Schädliche Gase.)

	mg/Liter etwa	Teile Dampf in 1 Mill. cm^3/m^3
30—60 Minuten erträglich	10	3000
30—60 Minuten gefährlich	24	7500
Nach 5—10 Minuten tödlich	64	20000

Vergiftungsmöglichkeiten: Die Zahl der Vergiftungsmöglichkeiten hat sich im Laufe der letzten beiden Jahrzehnte, in denen die Verwendung von organischen Lösungsmitteln eine ungeahnte Verbreitung erfahren hat, sehr stark erhöht. Das Benzol und seine Homologen werden in zunehmendem Maße in der Industrie, in allen Zweigen des täglichen Lebens (Treibstoffe), ja in jedem Haushalt verbraucht. Die sog. Lösungsmittel werden aus technischen Gründen meist im flüssigen Zustand verwendet. Wie andere Lösungsmittel auch, zeigt das Benzol und seine Homologen das Bestreben, andere Stoffe zu lösen und sich selbst in Dampf zu verwandeln.

Vergiftungen in Benzol herstellenden Betrieben kommen zustande durch Verdampfung bei ungenügender Kühlung, Leitungsundichtigkeiten, bei der Reinigung von Destillationsapparaten, Tanks, Tankwagen, bei der Reparatur von Leitungen.

Das Benzol findet Verwendung als Motorentreibstoff, als Putz- und Waschmittel. Die Gummiindustrie verwendet unter anderem Benzol, Xylol, Toluol und Mesitylen zum Vulkanisieren, bei der Herstellung von gummierten Geweben und Klebestoffen, die dann z. B. in Schuhfabriken zur Befestigung von Stoßkappen und Steifen verwendet werden. Zur Herstellung von Linoleum und Wachstuch werden Benzol und Benzolhomologe gebraucht. In Bohnermassen und Poliermitteln für Möbel und Fußböden ist Benzol enthalten. Zur Lösung von Fetten, zur Herstellung von Fleckwassern, zur Extraktion von Ölen und Fetten aus Cocosnüssen und Sojabohnen, aus Knochen- und Fischabfällen, des Coffeins aus Kaffeebohnen wird Benzol benutzt, das vor allem auch in der Farben- und Lackindustrie bei der Herstellung von Schnelltrockenanstrichen, Rostschutzfarben und Kesselsteinschutzmitteln besonders häufig Verwendung findet. Auch enthalten die Celluloselacke reichlich Benzol und seine Homologen, die auch zum Teil als Verschnitt- und Verdünnungsmittel bei der Lackherstellung verwendet werden. Die Fabrikation von Harz- und Öllacken benutzt neben Tetralin und Dekalin (Hydronaphthalinen) vor allem auch die *Solventnaphtha*, ein Gemisch von etwa 25% Cumol und 70% Xylol. Häufig wird auch *Toluol* für derartige Lacke verwendet, das relativ schwerer verdunstet und damit Glanz, Glätte und Haftfähigkeit des Lackbezuges erhöht. In Tiefdruckbetrieben, in denen illustrierte Zeitungen hergestellt werden, wird Öldruckfarbe verwendet, welche durch Xylol und Toluol verdünnt wird. Jährlich werden etwa in Deutschland 2 Mill. kg Öltiefdruckfarbe verbraucht mit einem durchschnittlichen Xylolgehalt von 16% und einer Verdünnungsflüssigkeit, die zwischen 67 und 87% Xylol enthält. Auch in der Sprengstoffindustrie findet das Toluol ausgedehnte Verwendung. Damit ist die Zahl der das Benzol und seine Homologen benötigenden Betriebe und Industriezweige bei weitem noch nicht erschöpft, doch seien hier nur die wesentlichsten aufgezählt.

Die **toxische Wirkung des Benzols** ist bei akuter und chronischer Vergiftung gänzlich verschieden. Örtlich wirkt es reizend; bei der akuten Vergiftung wirken das Benzol und seine Homologen vorwiegend narkotisch auf das Zentralnervensystem und sind nicht viel giftiger als die Petroleumkohlenwasserstoffe (z. B. das Benzin). Dementsprechend sind auch die Vergiftungssymptome ähnlich. Außerdem soll das Benzol auch auf die *peripheren* vasomotorischen Regulationsmechanismen und das Myokard toxisch wirken (CHARLIER). Bei der subchronischen und chronischen Vergiftung dagegen ist die Giftwirkung ausschließlich auf das gesamte blutbildende System gerichtet und trifft nicht nur das strömende Blut selbst, sondern auch das gesamte Transportsystem (Gefäße) sowie die Blutbildungsstätten, so daß das Benzol bei der chronischen Vergiftung als Prototyp des Blut- und Gefäßgiftes gilt. Unaufhaltsam sinken die Hämoglobin- und Erythrocytenzahlen (Anämie); Verminderung der gerinnungsfördernden Stoffe (Blutungen), Abnahme der Leukocyten mit Verlust von antibakteriellen Schutzstoffen und größere Empfänglichkeit für Infektionen charakterisieren das chronische Vergiftungsbild. Der *Vergiftungsmechanismus* ist im einzelnen noch unbekannt. Sicher ist, daß die im Organismus gebildeten Abbauprodukte des Benzols sehr giftig sind. Versuche, die Giftwirkung des Benzols nur auf eine Zerstörung des im Körper befindlichen Vitamin C und des die Knochenmarkfunktion unterhaltenden Anteils des Vitamin B_2 zu beziehen, wie das z. B. RODENACKER tat, sind als zu einseitig und unbewiesen abzulehnen.

Aufnahme, Verteilung, Ausscheidung: Die *Aufnahme* des Benzols erfolgt vorwiegend durch die Lunge, ein Weg, der sowohl beim Zustandekommen der akuten wie auch der chronischen Vergiftung die Hauptrolle spielt; die Aufnahme durch die Haut ist praktisch belanglos. Über die *Verteilung* des in den Organismus bei akuter Vergiftung eingedrungenen Benzols gibt die nachstehende Tabelle Auskunft.

Organbenzolgehalt bei akuter Benzolvergiftung.
(Nach G. F. KOPPENHÖFER.)

	Dinitrobenzol	Benzol	
	mg	mg	mg %
Gehirn (1520 g)	246,8	114,3	7,5
Rückenmark (42 g)	11,3	5,3	12,6
Leber (2400 g)	272	126,3	5,3
Milz (290 g)	60	28	9,4
Lunge (810 g)	97	45	5,5
Niere (224 g)	99,6	23	10,3
Blut (100 ccm)	30,2	14	14

Den höchsten Milligrammprozentgehalt weist das Blut auf. Niere und Milz waren bereits bei der Sektion durch ihre Blutfülle aufgefallen, so daß ihr relativ hoher Benzolgehalt doch wohl mit dem hohen Blutreichtum der Organe in Zusammenhang zu bringen ist. Das gleiche gilt übrigens für das Rückenmark, das sich bei der Sektion ebenfalls als hyperämisch erwies. Insgesamt wird man aus den Analysenzahlen entnehmen dürfen, daß bei derart stürmischer, akut verlaufender Benzolvergiftung die Giftwirkung sich hauptsächlich auf das Blut erstreckt und dessen kolloidchemische Zusammensetzung verändert. Inwieweit eine Affinität des lipoidlöslichen Benzols zu den Blutlipoiden besteht, ist bisher noch unbekannt. Tritt der Tod nach kurzer Benzoleinatmung unmittelbar auf, so ist der Organgehalt an Benzol weitgehend abhängig vom Blutgehalt des betreffenden Organs und vom Benzolgehalt des Blutes. Eine besondere Affinität des stärker lipoidhaltigen Zentralnervensystems zum Benzol kommt, jedenfalls bei derartig kurz und stürmisch verlaufenden Vergiftungen, kaum zum Ausdruck.

Die *Ausscheidung* erfolgt zu einem großen Teil unverändert durch die Lungen (75—85%; GOEFFROY); der kleinere Teil (15—25%) wird im Organismus zu Phenol oder aber bis zu Dioxybenzolen, wie Brenzcatechin und Hydrochinon, oxydiert und mit Schwefelsäure und d-Glykuronsäure gepaart im Urin ausgeschieden. Personen, die Benzol aufnehmen, scheiden vermehrt gepaarte Schwefel- und Glykuronsäuren sowie Phenole im Harn aus. Normalerweise werden etwa 85—95% des Gesamtsulfats als Sulfatschwefelsäure aus dem Körper entfernt; die restlichen 5—15% erscheinen an organische Verbindungen gekoppelt im Urin (= Ätherschwefelsäuren). Die Benzolabbauprodukte verschieben das Verhältnis Sulfatschwefelsäure zu Ätherschwefelsäure zugunsten der letzteren, und zwar in direktem Verhältnis zur Benzolaufnahme. Die quantitative Bestimmung der Ätherschwefelsäuren im Verhältnis zum Gesamtsulfat erlaubt deshalb schon sehr frühzeitig und Monate vor dem Auftreten der ersten Blutbildveränderungen Rückschlüsse auf die Größe der *Benzolaufnahme.*

Nach den Feststellungen von JOST u. a. wird ein weiterer, offenbar nicht zu gering zu veranschlagender Teil des aufgenommenen Benzols unter Sprengung des aromatischen Ringes in Muconsäure umgewandelt, die allerdings nur bei rascher Resorption der völligen Oxydation entgeht, daher bei chronischer Vergiftung kaum nachweisbar ist.

Toluol wird überwiegend durch Oxydation der Methylgruppe zu Benzoesäure umgewandelt, schließlich mit Glykokoll oder Glykuronsäure gepaart als Hippursäure oder Benzoylglykuronsäure ausgeschieden. Eine Aufspaltung des Kernes bzw. eine Oxydation zu Phenol ist beim Toluol bisher noch nicht festgestellt. *Xylol* wird zu Toluylsäure oxydiert; die Oxydation findet ebenfalls nur an der Methylgruppe statt; zum Teil wird die Toluylsäure frei ausgeschieden, zum Teil erscheint sie im Harn als Tolursäure, die ein Paarungsprodukt von Toluylsäure und Glykokoll darstellt.

Als Normalwerte gibt JOST die folgenden an:

Gepaarte Schwefelsäuren (best. nach der Methode TOLLENS)	0,18 g (Max. 0,30 g)
Gepaarte Glykuronsäuren (best. nach der von JOST modifizierten Methode von FOLIN u. DENIS): flüchtige . . .	30—70 mg
nichtflüchtige	15—50 mg
Hippursäure	0,1—0,2 g

Die akute Benzolvergiftung.

Auch die akute Benzolvergiftung ist entschädigungspflichtig. Sie ist charakterisiert durch die allgemein narkotische Wirkung des Benzols auf das Zentralnervensystem und seine lähmende Wirkung auf die vasomotorischen Zentren.

Die **Anfangserscheinungen** der schweren Vergiftung sind identisch mit denen, die bei vorübergehender Einatmung geringer Benzolkonzentrationen auftreten. Das Eintreten von Vergiftungserscheinungen stellt für den davon Betroffenen meist ein sehr unerwartetes Ereignis dar, da er — fast immer an den Benzolgeruch gewöhnt — sich der Gefahr nicht bewußt wird. Bei manchen Menschen, vor allem bei Frauen, stellt sich nach einiger Zeit der Arbeit in einer benzolgeschwängerten Atmosphäre ein suchtartiges Bestreben ein, Benzoldämpfe einzuatmen. Dies ist um so verständlicher, als die ersten Vergiftungserscheinungen bei der akuten Vergiftung subjektiv angenehme Empfindungen hervorrufen. Der der Benzolnarkose vorausgehende Rauschzustand ähnelt anfänglich dem alkoholischen Rausch; er ist mit Heiterkeit, gesteigertem Selbstgefühl, lärmendem und lautem Verhalten, unbegründeter Lustigkeit und fröhlichem Singen verbunden. Es besteht eine Art Euphorie und bacchantische Trunkenheit, Erscheinungen, die es erklärlich machen, daß die Vergifteten der Gefahr, in der sie sich befinden, verständnislos gegenüberstehen und sich häufig sogar sträuben, sich aus der gefährlichen Atmosphäre zu entfernen. Erfolgt die Entfernung nicht auf schnellstem Wege, so stellen sich bald Schwindelgefühl, Schläfrigkeit und Müdigkeit ein. Werden die Patienten noch in diesem Stadium aus dem benzolgefährdeten Milieu heraus und in die frische Luft gebracht, so tritt relativ schnell, meist ohne irgendwelche Nachwirkungen, Erholung ein.

Bei weiterer Benzoleinatmung steigern sich die Vergiftungserscheinungen schnell. Allgemeine Erregung, Schwindel, Erbrechen, Übelkeit, allgemeiner Schweißausbruch, Kopfschmerzen, Ohrensausen, taumelnder Gang und Benommenheit leiten über zu dem **Bild der schweren Benzolnarkose.** Die Vergifteten brechen plötzlich zusammen; die Benommenheit weicht um so schneller völligem Bewußtseinsverlust, je höher die eingeatmete Benzolkonzentration ist, evtl. schlagartig, innerhalb weniger Minuten; die Reflexe sind aufgehoben. Die Pupillen sind weit, lichtstarr und reaktionslos. Die Haut und die sichtbaren Schleimhäute werden blaß. Der Puls ist kaum fühlbar, klein und beschleunigt. Der Blutdruck sinkt infolge der durch die Lähmung des Vasomotorenzentrums ausgelösten peripheren Gefäßerweiterung. Der ganze Körper wird kalt. Die Atmung wird oberflächlich und nach anfänglicher Beschleunigung immer langsamer (Bradypnoe). Die Ausatmungsluft riecht eigentümlich aromatisch, auch wenn der Vergiftete schon längere Zeit aus der benzolhaltigen Atmosphäre herausgebracht worden ist. Schnelle Zuckungen laufen über die wie gelähmt daliegenden Extremitäten der Zusammengebrochenen, immer häufiger und immer stärker. Sie steigern sich schließlich zu tonisch-klonischen Krämpfen, die den ganzen, vorher schlaff daliegenden Körper erfassen, der nun unruhig von immer neuen Krampfanfällen geschüttelt wird. Während der Krampfanfälle kommt es zu brüsken Blutdrucksteigerungen, die am Augenhintergrund Netzhautblutungen verursachen können. Die Temperatur kann steigen. Gelegentlich können die Krampfanfälle unter dem Bilde einer jaktationsartigen motorischen Unruhe bzw. eines epileptischen Anfalles verlaufen. Auch Lähmungen einer Halsseite oder einzelner Glieder wurden beobachtet. Unter zunehmendem allgemeinen Verfall tritt, je nach der Höhe der eingeatmeten Benzolkonzentration, innerhalb weniger Minuten oder aber auch erst nach Tagen im tiefsten Koma der Tod infolge Atemlähmung und Erstickung ein.

Der **Verlauf** der einzelnen Vergiftungen schwankt natürlich; er ist abhängig von der Einwirkungszeit und Konzentration des Benzols in der Einatmungsluft sowie auch von individuellen Faktoren und den äußeren Umständen (Raumgröße, Ventilation usw.), die zur Vergiftung führten. Einmal steht dieses, ein andermal jenes Symptom mehr im Vordergrund des klinischen Erscheinungsbildes. Nach Einwirkung besonders hoher Benzolkonzentrationen ist die Gesichtshaut eigentümlich blaßrosa bis graubläulich verfärbt, so daß die sichtbaren Schleimhäute und vor allem die Lippen mit ihrer in solchen Fällen kirschroten Farbe auffällig aus dem blassen Gesicht hervorleuchten. Nach Einatmung von Rohbenzoldämpfen können neben den oben beschriebenen, zentralbedingten Krankheitserscheinungen auch Reizungen der Schleimhäute der oberen Luftwege auftreten, welche auf die Verunreinigungen des Rohbenzols, z. B. auf das Cyclopentadien, ursächlich zurückzuführen sind. Auch *oberflächliche Hornhautschädigungen* sind bei akuter Benzolvergiftung beobachtet worden. Brechen die Vergifteten nach Einatmung sehr hoher Benzolkonzentrationen, z. B. bei der Tankreinigung, blitzartig an ihrem Arbeitsplatz zusammen, so kann, wenn das Benzol mit der *Haut* längere Zeit in Berührung kommt, eine mehr oder minder großflächige Abhebung der Haut mit großer Blasen- und Defektbildung und roter, graugelblicher oder hellgrau-violett-roter Verfärbung der umliegenden Hautabschnitte entstehen, Veränderungen, wie man sie ähnlich bei Verbrennungen ersten und zweiten Grades zu sehen bekommt (SCHWARZ).

Prognose, Nachwirkungen: Der Verlauf ist außerordentlich wechselnd, die Prognose in jedem einzelnen Fall durchaus unsicher. Gelegentlich gehen Vergiftungen mit niedrigen Konzentrationen auch bei nicht allzu langer Einwirkungsdauer doch tödlich aus, während umgekehrt länger dauernde Einatmung bzw. die Einwirkung großer Benzolmengen in einzelnen Fällen noch überstanden wird. Als *Nachwirkungen* akuter Benzolvergiftungen sind die verschiedenartigsten Störungen, wie Nystagmus, Reflexanomalien, spastische Paresen, Schwindel, Übelkeit, Kopfschmerzen, allgemeine Abgeschlagenheit und Schwäche, gelbliche Gesichtsfarbe, Herzbeklemmungen, Auftreten akzidenteller Herzgeräusche, Atemnot, Fieber, epileptische Anfälle, die erst mehrere Monate später auftreten können, zunehmende Vergeßlichkeit, geistige Schwerbeweglichkeit (STIEFLER) sowie vereinzelt auch Anämien vom Typ der Makrocytenanämie beobachtet worden.

Bei der Sektion ist der **pathologisch-anatomische Befund** bei derartigen schnellverlaufenden Vergiftungen nicht gerade typisch und im wesentlichen gekennzeichnet durch Stauungen und Hämorrhagien. Die Stauungen sind auf die zentral ausgelöste Gefäßparese zurückzuführen; sie finden sich vor allen Dingen im Splanchnicusgebiet. Als Ursache der Hämorrhagien werden vor allem die brüsken Blutdrucksteigerungen während der Krämpfe sowie Gefäßschädigungen angesehen. Auffällig ist die ausgeprägte Cyanose der Leichen und das Flüssigbleiben des dunkelroten bis ziegelroten Blutes infolge der kolloidchemischen Veränderungen, die durch den reichlichen Benzolgehalt des Blutes bedingt sind. Nach Aufnahme höherer Benzolkonzentrationen riechen die durchschnittenen Muskeln und vor allem auch die eröffneten Körperhöhlen stark nach Benzol. Die Organe zeigen eine ausgeprägte *venöse* Blutüberfüllung und zahlreiche Blutaustritte unter den serösen Überzügen. Die oberen Luftwege weisen starke Rötung bzw. Braunrotfärbung ihrer Schleimhäute auf, die durch zahlreiche submuköse Blutaustritte ein gesprenkeltes Aussehen haben können. Luftröhre, Bronchien und Rachen sind nicht sosehr selten von blutigem Schaum oder aber von zähem Schleim erfüllt. Manchmal findet sich ein starkes Lungenödem. Die Lungen zeigen fast regelmäßig zahlreiche Blutaustritte ins Gewebe. Auch die Schleimhäute des Magens und des Darms sind von Ekchymosen übersät. Die Herzhöhlen sind meist erweitert und enthalten flüssiges Blut.

Die **Therapie** ist die gleiche wie bei Vergiftungen durch andere narkotisch wirkende Gase auch. Vor allem muß der Vergiftete so schnell wie möglich aus der benzolhaltigen Atmosphäre herausgetragen werden. Es sind Fälle bekannt geworden, in denen die erste ärztliche Untersuchung und die ersten therapeutischen Maßnahmen in dem gleichen Raum vorgenommen wurden, in denen sich die Vergiftung ereignete! Nach Verbringen in einen warmen Raum mit frischer Luft ist sofort künstliche Atmung einzuleiten, um die Ausscheidung des aufgenommenen Benzols durch die Lungen zu befördern. Durch Zudecken ist weiterer Wärmeverlust zu verhindern. Lobelin zur Wiederingangsetzung der Atmung, zentral angreifende Analeptica (Cardiazol, Coramin), evtl. Infusionen sind in manchen Fällen nützlich und — in geeigneten Dosen angewandt — der Wiederbelebung förderlich. Vor wahlloser Anwendung sei jedoch gewarnt. Evtl. auftretende Nachkrankheiten sind symptomatisch zu behandeln.

Die chronische Benzolvergiftung.

Im Gegensatz zur akuten Vergiftung tritt bei der chronischen die narkotische Wirkung des Benzols im klinischen Bild völlig in den Hintergrund. Die Hauptschäden betreffen das blutbildende System, während das Nervensystem geringer und nur sekundär betroffen ist. Nervöse Störungen sind nur insoweit zu beobachten, als die fortschreitende Anämie neurasthenische Beschwerden hervorruft. Im allgemeinen werden die Veränderungen nach chronischer Benzoleinwirkung als klassische Myelopathie aufgefaßt, welche unter einem der aplastischen Anämie ähnlichen Bild mit frühzeitig erkennbarer Leukopenie und ausgeprägter Aplasie der Granulocyten des Knochenmarks verläuft.

Manche Autoren sind geneigt, zwei besonders typische Verlaufsformen hervorzuheben: eine weniger häufige und auch weniger schwer verlaufende Form, die hauptsächlich durch Anämiesymptome ausgezeichnet ist und welche Zeichen der Asthenie, ausgesprochene Blässe der Schleimhäute und der Gesichtshaut und angestrengte Atmung aufweist, Erscheinungen, die an Intensität langsam, aber ständig fortschreitend zunehmen. Alle morphologischen Elemente des Blutes vermindern sich; Perioden mit leichten Temperatursteigerungen unterbrechen lange Zeiten mit normaler Körpertemperatur; dabei finden sich Zeichen einer geringen, aber niemals in den Vordergrund tretenden hämorrhagischen Diathese. Die *zweite Form* ist die häufigere, stürmisch verlaufende, fast immer tödlich endende, die klinisch im wesentlichen der hämorrhagischen Aleukie gleicht.

Die einzelnen Individuen reagieren auf die chronische Benzoleinwirkung verschieden; Jugendliche, schwangere Frauen, Blutarme, Fettleibige und Herzkranke gelten als besonders gefährdet. Frauen können manchmal durch subjektives Wohlbefinden, blühendes Aussehen bei normalem Hämoglobingehalt des Blutes, anormal hohen Erythrocyten- und normalen Leukocytenzahlen einen guten Gesundheitszustand vortäuschen.

Als **Prodromalsymptome** der chronischen Benzolvergiftung, die meist schon nach relativ kurzer Beschäftigungszeit, seltener erst nach 1 bis 2 Jahren beginnt, treten allgemein nervöse Symptome auf. Die Leute klagen über Potenzstörungen, Mattigkeit, Kopfschmerz, Schläfrigkeit, Ohnmachten und Schwindel, Gelenkbeschwerden, allgemeine Körperschwäche, Gewichtsverlust, Appetitlosigkeit und Magenbeschwerden der verschiedensten Art, die teilweise auf Störungen des Magenchemismus (Subacidität) beruhen. Nicht selten müssen die Kranken häufig erbrechen. Mehr oder minder starke Abmagerung ist die Folge. Alkohol wird schlecht vertragen. Perioden mit leichten Temperaturerhöhungen wechseln ab mit solchen, in denen Untertemperatur besteht. Die Pupillenreaktion ist abgeschwächt oder fehlt. Bei in der Industrie beschäftigten Frauen treten Menstruationsstörungen auf. Die monatlichen Blutungen werden länger und häufiger, der Blutverlust größer. Häufig werden auch Nasenbluten, Blutungen in die Mundschleimhaut des Gaumens, der Wangen und Zahnfleischblutungen beobachtet. Oft fällt dem Patienten auf, daß er schon beim leichten Anstoßen mehr oder weniger lang bestehen bleibende blaue Flecken bekommt. Eine gewisse Leukopenie mit relativer Lymphocytose kann in diesem allerersten Anfangsstadium bereits nachweisbar sein. Allmähliche Zunahme der Allgemeinbeschwerden, diffuse Schmerzen in den Unterschenkeln, Kribbeln in den Fingerspitzen, leichte Schluckbeschwerden, zunehmende Müdigkeit, stärkeres Schwindelgefühl, Ohrensausen, Tachykardie, Schweißausbrüche, Atemnot, Ödeme, Temperatursteigerungen mit Schüttelfrösten, Sehstörungen durch Netzhautblutungen leiten über zu den **ausgeprägteren Vergiftungserscheinungen,** die mehr oder weniger dem klassischen Bild der akuten oder subakuten aplastischen Anämie mit deutlicher Leukopenie ähneln. Bei der ersten Form finden sich Blutungs- und Gerinnungszeit meist normal. Die Thrombocyten sind zwar in der Form verändert, meist groß und plump, manchmal richtige Riesenplättchen mit fehlender azurophiler Kernsubstanz, meist aber nicht oder erst ziemlich spät vermindert. Ein Milztumor fehlt. Die hypochrome Anämie wird immer deutlicher. Wird bereits zu diesem Zeitpunkt für eine Entfernung aus dem benzolgefährdeten Milieu gesorgt, so besteht eine gewisse Aussicht, das Krankheitsgeschehen in seinem sonst unerbittlichen Ablauf aufzuhalten. Dies gelingt jedoch nicht immer. Gerade bei der chronischen Benzolvergiftung muß man immer wieder die Erfahrung machen, daß noch Jahre nach Beendigung der Benzoleinwirkung plötzlich schwere Schäden auftreten. *Man kann deshalb nicht früh genug für eine Entfernung Verdächtiger aus der gefährlichen Umgebung sorgen und sollte schon bei dem ersten Verdacht einer hämorrhagischen Diathese bzw. einer isochromen oder hypochromen Anämie mit den im Blutbild nachweisbaren Zeichen einer mehr oder minder starken Regeneration das erste Signal einer bedrohlichen Erkrankung sehen.*

Die häufigere, fast immer tödlich endende Form verläuft mit rasender Schnelle und ist in ihrem Verlauf auch bei intensivster Therapie schwer zu beeinflussen. Als Prodromalsymptome kommen auch hier recht vieldeutige Erscheinungen vor. Kopfschmerzen und Müdigkeitsgefühl, Appetitmangel, Arbeitsunlust, Brechreiz und Verdauungsstörungen, die manchmal bis zu richtiggehenden gastrointestinalen Krisen gesteigert sein können, Schwindelanfälle, allgemeine Reizbarkeit und Nervosität, Schlafstörungen, Atembeschwerden und Herzklopfen leiten das verhängnisvolle Krankheitsgeschehen ein. Im *Blutbild* findet sich im frühesten Stadium gelegentlich eine vorübergehende Leukocytose, die vielleicht meist deshalb nicht festgestellt wird, weil die Kranken erst in einem viel späteren Zeitpunkt den Arzt aufsuchen. Das gleiche gilt für die von anderer Seite beschriebene Eosinophilie.

Volles Vergiftungsbild: Die allgemeine Blutungsneigung nimmt allmählich zu. Nasen- und Zahnfleischblutungen, länger dauernde Regelblutung, zunehmende Blässe, Müdigkeit und Abgeschlagenheit zeigen an, daß sich eine ernstere Gesundheitsschädigung entwickelt. Die Hautblässe kann erhebliche Grade erreichen; sie zeigt *kein ikterisches Kolorit* wie etwa bei der Perniciosa. Die Blutabbauprodukte sind daher, vor allem das Bilirubin, *nicht* oder nur unerheblich vermehrt, der Harnsäurespiegel im Blut nicht eindeutig verändert. Der Gehalt des Blutes an Thrombin und Fibrinogen wurde immer normal gefunden. Auch die Cholesterinwerte im Blut sind normal oder nur wenig erhöht. Die Xanthoproteinwerte im Blut sind bei negativem Ausfall der Indicanreaktion und fehlender Nierenschädigung erhöht; die Erhöhung beruht auf der Anwesenheit von Phenolen, die durch exogene Einflüsse (Benzolaufnahme) entstanden sind. Die Erhöhung der Xanthoproteinwerte kann nicht als Beweis für eine Benzolvergiftung, unter den gegebenen Bedingungen jedoch als Ausdruck der Benzolaufnahme gewertet werden. Im Gegensatz zu anderen Anämien treten die Erscheinungen einer hämorrhagischen Diathese stets mehr oder minder deutlich in den Vordergrund. Capillarmikroskopisch findet man im Sinne einer Stase veränderte Haargefäße, ähnliche Veränderungen auch an den tieferen Gefäßen. Manche Fälle bieten das klassische Bild einer WERLHOFFschen Erkrankung, ohne daß es zu Stoßverletzungen der Haut gekommen wäre. Bei anderen Kranken wieder treten schon nach relativ leichten Berührungen (Leber- und Milzpalpation) große Hauthämatome auf. Das RUMPEL-LEEDEsche Zeichen ist positiv. Die Gerinnungszeit ist dabei normal, die Blutungszeit dagegen verlängert. Das Krankheitsgeschehen wird begleitet von Perioden mit hohen intermittierenden Temperaturen bei gleichzeitigem Auftreten von geschwürigen und nekrotisierenden Prozessen an den sichtbaren Schleimhäuten der Mundhöhle, der Vagina und des Rectums. Differentialdiagnostisch ergeben sich hier bereits gewisse Unterscheidungsmöglichkeiten gegenüber den bei der Agranulocytose auftretenden nekrotischen Schleimhautulcerationen insofern, als mehr oder weniger deutlich eine hämorrhagische Komponente, wie bei manchen Leukämien, hervortritt. Das Auftreten dieser ulcerierenden Schleimhautveränderungen zeigt gewisse Beziehungen zum Grad der Verminderung der Leukocyten, wenngleich sich feste zahlenmäßige Zusammenhänge nicht erkennen lassen. In manchen Fällen können trotz außergewöhnlich niedriger Leukocytenzahlen die geschwürigen Nekrosen wieder zur Ausheilung kommen. Mit zunehmender Verschlechterung des roten Blutbildes treten Pulsbeschleunigung, Kurzatmigkeit und Beklemmungsgefühle über der Brust auf. Der Blutdruck ist im allgemeinen niedrig; über dem Herzen, vor allem über der Pulmonalis, werden manchmal recht ausgeprägte akzidentelle systolische Geräusche als Ausdruck einer veränderten Blutzusammensetzung und verminderter Blutviscosität hörbar. Stärkere Blutungen aus dem weiblichen Genitale, Blutungen aus den Harnwegen, Darmblutungen treten auf. Im Harn, der eine schwärzliche Farbe aufweist bzw. nach längerem Stehen infolge der Bildung von Brenzcatechin dunkel wird, finden sich Eiweiß, Indican, auch granulierte Zylinder, reichlich Erythrocyten, Fette und Blutfarbstoffe. Gelegentlich besteht Anurie. Die Milz ist im allgemeinen klein, zumindest nicht wesentlich vergrößert und nicht selten, wie sich dann später bei der Sektion herausstellt, atrophiert. Eine Milzvergrößerung dürfte im allgemeinen als Zeichen einer sekundären Infektion zu deuten sein. Entzündliche und atrophische Veränderungen an der Zunge, wie man sie bei der Perniciosa findet, werden vermißt.

Das **Blutbild** zeigt die auffälligsten Erscheinungen, welche bei dem im Einzelfall äußerst wechselnden Krankheitsbild noch die relativ konstantesten Veränderungen darstellen. In allen schwereren Fällen ist die Anämie bis zu den extremsten Graden ausgebildet, die eben noch mit dem Leben vereinbar sind. Das Überschreiten dieser Grenze dürfte in vielen Fällen die Ursache des unmittelbaren Todes sein. Hämoglobin und Erythrocytenzahl sind ziemlich gleichmäßig vermindert, so daß meist ein Färbeindex resultiert, der dicht um 1 bzw. unter 1 liegt. Nur nach schwereren abundanten Blutungen kommt es zu einer stärkeren Verminderung des Blutfarbstoffs, so daß sich das Bild einer hypochromen Anämie darbietet. Der gefärbte Blutausstrich zeigt entsprechend dem normalen Färbeindex auch einen durchaus der Norm entsprechenden Farbstoffgehalt der einzelnen Zellen. Die roten Blutzellen selbst zeigen kaum Formveränderungen, sind ziemlich gleich groß und sind nicht wesentlich vergrößert. Die Durchschnittswerte ihrer Durchmesser liegen an der oberen Grenze der Norm. Damit sind die Erythrocyten qualitativ wenig oder gar nicht verändert, nur zahlenmäßig erheblich vermindert. Bei der Vitalfärbung werden Reticulocyten als Ausdruck einer Blutregeneration fast ganz vermißt. Auch die Polychromasie ist auffallend gering. Trotz höchster Grade der Anämie sind kernhaltige rote Blutkörperchen kaum zu beobachten.

Die *Gesamtleukocytenzahl* ist außerordentlich vermindert. Durchschnittlich findet man ein wenig höhere Werte als bei der Agranulocytose. Die neutrophilen Zellen sind von dem Schwund am stärksten betroffen. Oft muß man mehrere Gesichtsfelder durchmustern, ehe man auf eine granulierte Zelle stößt. Das *Differentialblutbild* zeigt eine deutliche Linksverschiebung, vor allen Dingen Stabkernige als Zeichen, daß eine gewisse Neubildung von Zellen doch noch stattfindet. Jüngere Zellformen, wie Myelocyten, Promyelocyten und Myeloblasten, werden stets vermißt. Derartige Zellen finden sich in den Endstadien der Krankheit vereinzelt. Leukocyten mit eosinophiler und basophiler Granulierung fehlen fast völlig. Die Lymphocyten sind ebenfalls absolut vermindert, zeigen jedoch eine relative Vermehrung; auch die Zahl der Monocyten sinkt absolut wie relativ deutlich ab. Meist sind auch die Thrombocyten deutlich vermindert. Zahlen unter 50000 (Fonio) werden nicht gerade selten gefunden. Die Thrombocyten zeigen auch qualitative Veränderungen: Pathologische Formen, anormal klein oder groß, mit schlechter Granulierung sind die Regel. Die Thrombopenie tritt zeitlich später auf als die Leukopenie und ist als Frühsymptom nicht zu verwerten. Eigentümlicherweise wurde bei niedrigen Thrombocytenzahlen eine normale, bei relativ hoher Thrombocytenzahl dagegen eine verlängerte Blutungszeit gefunden. Thrombopenie bei Verlängerung der Gerinnungszeit gilt als Warnungszeichen für höchste Gefahr (MIGNOLET).

Das **Knochenmark** ist atrophiert wie bei der echten Panmyelophthise. Das Sternalpunktat ist auffällig dünnflüssig, stark fetthaltig und zeigt eine ausgeprägte plasmacelluläre Reaktion. Die Zellzahl im Mark vermindert sich frühzeitig. Die Zellen der myeloischen Reihe weichen vom Normalen deutlich ab: zunächst ist eine als Reaktion auf die Giftwirkung zu deutende Vermehrung der jungen Formen der Myelopoese von den Promyelocyten bis zu den Metamyelocyten auf Kosten der reifen, granulocytären Elemente zu erkennen. Am frühesten scheinen die Megakaryocyten zu degenerieren oder zu schwinden. Zu diesem Zeitpunkt zeigt das erythroblastische System häufig nur geringe oder noch gar keine Veränderungen. Sie bestehen in einer nur angedeuteten Vermehrung der erythropoetischen Zellen, vor allem der Proerythroblasten und Makroblasten. An den myeloblastischen Zellen sind deutliche Degenerationserscheinungen erkennbar: toxische grobe Granulierung, Vakuolenbildung im Protoplasma und ein Mißverhältnis zwischen Reifungszustand von Kern und Plasma. Vereinzelt findet sich eine Anhäufung von Reticulumzellen oder eine Wucherung von Erythroblasten und Proerythroblasten. Als Charakteristicum des frühesten Stadiums der Knochenmarksveränderungen hat nach FELLINGER die verminderte Ausschwemmung reifer Granulocyten ins strömende Blut mit einer Verschiebung des Verhältnisses der myeloischen Zellen zugunsten der jugendlichen granulierten Formen zu gelten, ohne daß es dabei zu einer myeloblastischen Markreaktion zu kommen braucht. Nicht in allen Fällen muß eine Markatrophie festzustellen sein; es gibt auch sonst bei aplastischen Anämien Fälle, in denen eine Markaplasie fehlt. In solchen Fällen zeigt das Sternalmark ein Fehlen bzw. eine extreme Verminderung der Megakaryocyten, ein deutlicher Unterschied gegenüber der essentiellen Thrombopenie. Im Myelogramm finden sich Veränderungen wie bei der Agranulocytose; reife Zellen fehlen und das Mark zeigt eine Anhäufung unreifer Formen. Die stärkste Hemmung scheint im Myelocyten- bzw. Promyelocytenstadium stattzufinden, da die Zahl der Myeloblasten relativ wie absolut normal oder sogar vermehrt sein kann. Bei genauer Untersuchung erweist sich die Zahl der reifen Normoblasten vermindert. Megaloblastische Fehlentwicklungsformen fehlen im Gegensatz zu den Bildern, wie man sie bei der Perniciosa sieht. Relativ selten oder erst in späteren Stadien mit ausgeprägter Anämie findet man eine Vermehrung der Erythroblasten, wobei vor allem die Proerythroblasten vermehrt sind. Die *Thrombopenie* beruht auf einer primären Markschädigung (Megakaryocytenschwund), nicht aber auf einer peripheren Thrombocytenschädigung, einer Ausschwemmungssperre oder einem abnormen Plättchenzerfall durch die geschädigten Gefäßwände hindurch. Die Knochensubstanz selbst ist trotz der schweren Markveränderung völlig intakt.

Das klinische Bild der chronischen Benzolvergiftung ist so vielgestaltig, gerade hinsichtlich seiner Erscheinungen am Blutbild, daß nicht alle Fälle unter dem einfachen Schema der aplastischen Anämie untergebracht werden können. Gelegentlich ist das Vergiftungsbild lediglich von *einem* gänzlich in den Vordergrund gerückten Syndrom, z. B. einer scheinbar isoliert auftretenden Thrombopenie, beherrscht (KERN). Dies gilt um so mehr, als gerade in neuester Zeit auch Fälle bekanntgeworden sind, die klinisch unter dem Bild der echten Leukämie verliefen und bei denen ein Zweifel, ob ein Zusammenhang zwischen der Benzoleinwirkung und dem leukämischen Zustandsbild bestehe, kaum aufkommen kann. Ohne auf den durchaus noch ungeklärten Wirkungsmechanismus des Benzols auf die Blutbildungsstätten näher eingehen zu wollen, wird man dieses eigentümliche Verhalten nur so erklären können, daß beim Benzol doch offenbar zwei Wirkungen zu differenzieren sind: Einmal die zerstörende und aplastische Wirkung, die unter dem Bilde der aplastischen Anämie klinisch sichtbar wird und welche gelegentlich von Wiederherstellungsvorgängen gefolgt sein kann; zum zweiten eine hyperplastische Wirkung auf die Blutbildungsstätten, die, sofern eine individuelle Anlage besteht, zur Entwicklung einer echten Leukämie führt. Ob der von der Noxe betroffene Organismus hyperplastisch oder aplastisch reagiert, scheint einmal vom Vergiftungsmodus und vor allem auch von der individuellen Reaktion abzuhängen, wobei sehr scharf zwischen lediglich hyperplastischer und wirklicher leukämischer Reaktion unterschieden werden muß.

VIGLIANI will die Vielfalt der klinischen Erscheinungsbilder der chronischen Benzolvergiftung hinsichtlich des Blutbefundes in vier Gruppen teilen: 1. in die Fälle, welche das aplastische Krankheitsbild darbieten und klinisch, hämatologisch und pathologisch-anatomisch völlig unter dem Bilde der aplastischen Anämie verlaufen; 2. die Fälle, in denen das gesamte klinische Bild zwar eindeutig als aplastische Anämie imponiere, bei denen jedoch im Sternalpunktat bzw. bei der Sektion im Knochenmark eine aktive Hämatopoese mit zahlreichen undifferenzierten Zellen gefunden wird; 3. Fälle, die unter dem Bild der aplastischen Anämie verlaufen und klinisch neben einer Milzvergrößerung eine Leukocytose und im strömenden Blut unreife Erythrocyten zeigen. Die Sektion decke in diesen Fällen eine Markhyperplasie und eine Markmetaplasie leukämoider Art auf, besonders in Milz und Leber wie auch in den Lymphdrüsen, die deutlich leukämoide Reaktion zeigen; schließlich 4. solche Fälle, die unter dem typischen Bild der akuten oder chronischen, nicht selten auch aleukämischen Leukämie verlaufen. Auf Grund dieser Vorstellungen käme man dann zu einer Einteilung der Benzolmyelopathien in: 1. aplastische Myelopathien, 2. pseudoaplastische Myelopathien und 3. leukämische Myelopathien.

Mit dem Fortschreiten der Anämie stellen sich nun auch Störungen im Bereich des **Zentralnervensystems** ein: Phasen mehr oder weniger starker Benommenheit, uncharakteristische Bewußtseinsstörungen, wie Schlafsucht, Somnolenz, ängstlich delirante Unruhe vervollständigen das schwere Krankheitsbild. Vereinzelt sind auch Hirndrucksymptome mit Stauungspapille infolge intrakranieller Blutungen mit später eintretender Epilepsie (ALBRECHT, SWEENY), retrobulbäre Neuritis des Opticus, Neuritis des Nervus medianus (CALLINOVSKY), spinale Erkrankungen vom Typ der funiculären Myelose beschrieben. Diese Erscheinungen sind wohl nur zum Teil auf eine direkte Wirkung des Benzols auf die Zellen des Zentralnervensystems, wahrscheinlich auf Blutungen in die nervöse Substanz zu beziehen.

Über Schädigungen der **Leber** bei chronischer Benzolvergiftung war bisher nichts bekannt. Eine neuerdings mitgeteilte Beobachtung von

HUMPERDINCK über das Auftreten einer klassischen erworbenen Pigmentcirrhose der Leber, die bei einem Vulkaniseur sich vor Auftreten der ersten Blutbildveränderungen entwickelte, steht neben einem ähnlichen, von DIECKHOFF beschriebenen Fall ziemlich vereinzelt da. Eine besondere Empfindlichkeit der Leber ist in dem sonst recht eindeutigen Fall wohl anzunehmen.

Schädigungen der **Keimdrüsen** sind beim Menschen bisher nicht beobachtet, nach den Ergebnissen von Tierversuchen jedoch nicht ohne weiteres von der Hand zu weisen (HETT).

Der **Sektionsbefund** zeigt neben der auffälligen Blässe aller Organe und multiplen Schleimhautblutungen sehr ausgeprägte Zeichen der Rückbildung sämtlicher hämatopoetischer Organe. Das Knochenmark ist geschwollen, lebhaft gerötet, oft gelatinös und atrophiert und zeigt das Bild des sog. „leeren Marks“. Die lymphatischen Organe, die Lymphknoten und vor allem die Milz sind klein; ihr Parenchym ist degeneriert und es weist deutliche Zeichen der Hypotrophie vor allem der Follikel auf. Recht häufig finden sich Infiltrationen und fettige Degenerationen, wie man sie auch sonst bei extremsten Graden der Anämie sieht. Schließlich finden sich auch Zeichen mehr oder minder ausgeprägter hämorrhagischer Diathese und lokale wie auch generalisierte septische Prozesse. Das Gehirn ist mitunter geschwollen; die Hirnhäute sind sehr blutreich. Verhältnismäßig häufig finden sich ausgedehntere oder kleinere Blutungen im Stirnhirn, Kleinhirn, in den Subarachnoidalräumen, in den Hirnventrikeln, im Opticus und in der Netzhaut.

Der **Verlauf** der chronischen Benzolvergiftung ist sehr wechselnd. Plötzliche Besserungen, die wenige Wochen bis zu mehreren Jahren anhalten können und von Perioden plötzlicher Verschlechterung unterbrochen werden, täuschen zeitweise eine völlige Wiederherstellung vor. Vor allem drohen Rückfälle bei der Wiederaufnahme einer benzolgefährdeten Arbeit. Schwere nervöse Störungen, epileptiforme Anfälle, Unempfindlichkeit gegen Schmerz und Berührung, schwere komatöse Zustände mit schnellem Verfall setzen unerwartet und mit erschreckender Heftigkeit ein. Der Tod erfolgt unter den Zeichen schwerster Blutarmut und Erschöpfung. Einer Wiedereinstellung von Arbeitern, die bereits eine chronische Benzolvergiftung durchmachten, ist daher dringend zu widerraten.

Prophylaktisch ist neben der Sorge für eine gute Entlüftung, Einbau von Ventilatoren usw., eine regelmäßige, möglichst allmonatlich durchzuführende Blutuntersuchung des gefährdeten Personenkreises zu fordern. Vor Aufnahme der Arbeit ist auf einer Einstellungsuntersuchung zu bestehen; Herz-, Lungen- und Nierenkranke, Anämische, Jugendliche, Fettleibige und Personen mit Blutungsneigung sind auszuschließen. Der Alkoholgenuß während der Arbeit ist zu unterbinden, in der Freizeit möglichst einzuschränken.

Die **Therapie** ist ziemlich machtlos und muß sich auf rein symptomatische Maßnahmen beschränken; bei der Beurteilung des Erfolges des therapeutischen Handelns erscheint besondere Vorsicht geboten, da nicht so sehr selten spontane Remissionen auftreten können und

Rückfälle noch Jahre nach Beendigung der Benzoleinwirkung beobachtet worden sind. Dies gilt besonders für die neuerdings propagierte parenterale Vitamin C-Verabreichung, über deren Wert das letzte Wort sicher noch nicht gesprochen ist. Die bisher vorliegenden Berichte über die gute Wirkung bei der chronischen Benzolvergiftung bedürfen genau wie die über den Wert prophylaktischer Vitamin C-Gaben noch eingehender kritischer Nachprüfung. Neben Bettruhe und allgemein roborierenden Maßnahmen wird man durch reichliche und häufige Bluttransfusionen zweifellos vorübergehende Besserung erzielen können. Injektionen von Nucleinsäurepräparaten, blutstillenden Mitteln, Verabreichung von Röntgenreizdosen auf die Epiphysen der langen Röhrenknochen, FRIEDMANNsche Knochenbestrahlung zur Anregung der Hämatopoese sind Verfahren, welche versucht werden müssen, einen Erfolg jedoch nicht garantieren. Die Anwendung von Leberpräparaten, Eisen, Kupfer, Calcium und Natriumthiosulfat kann in Einzelfällen scheinbar eine Besserung bewirken; ein sicherer therapeutischer Erfolg ist jedoch auch von der Anwendung dieser Präparate nicht zu erwarten. Das gleiche gilt für die perorale und parenterale Verabreichung von Knochenmark (TUDYKA, BAUMANN), Injektionen von 1 ccm des eigenen Sternalmarks und ähnlichen Verfahren.

Die Toluol- und Xylol-Vergiftung.

Das für das Benzol Gesagte gilt im wesentlichen auch für Xylol, Toluol und die höheren Homologen. Auch hier erfolgt die Aufnahme vorwiegend in Form von Dampf durch die Lungen. Die Vergiftungserscheinungen decken sich weitgehend. Das in den Organismus aufgenommene Toluol bzw. Xylol wird zum größten Teil wieder unverändert durch die Lungen ausgeschieden. Der im Körper verbleibende Anteil wird unter Zerstörung der Methylseitenketten abgebaut (vgl. a. S. 129). Das Toluol wird zu Benzoesäure oxydiert. Diese verbindet sich mit Glykokoll zu Hippursäure, welche dann im Urin erscheint. Vom Xylol wird nur die eine Seitenkette zu Toluylsäure oxydiert, die dann mit Glykokoll gepaart als Tolursäure im Urin ausgeschieden wird. Die völlige Ausscheidung der Homologen erfolgt genau wie beim Benzol ziemlich langsam.

Vergiftungen mit den reinen Substanzen sind äußerst selten. Meistens handelt es sich um Gemische von Xylol und Toluol, die mehr oder minder große Mengen Benzol enthalten. Die Frage der Giftigkeit ist praktisch wohl so zu beantworten, daß trotz des Eintrittes der Methylgruppen in das Molekül die hierdurch bedingte Erhöhung der Giftigkeit durch die geringere Löslichkeit des Xylols und Toluols im Blut wieder aufgehoben wird, so daß sich wesentliche Unterschiede in der Toxizität nicht ergeben. Xylol und Toluol reizen die Schleimhäute der oberen Luftwege etwas mehr als Benzol. Auffälligerweise verliefen die wenigen Vergiftungen mit den reinen Homologen bisher niemals tödlich, was möglicherweise mit einer geringeren Giftwirkung auf die bulbären Zentren zusammenhängt. Im Gegensatz zum Benzol lassen sich die am Menschen festzustellenden Blutveränderungen durch Toluol und Xylol im Tierversuch nicht nachahmen. *Vergiftungsmöglichkeiten* bestehen hauptsächlich in pharmazeutischen Betrieben, im Tiefdruckgewerbe, bei der Fabrikation chemischer Tinten und in chemischen Betrieben, welche mit der Herstellung der Benzolhomologen beschäftigt sind.

Die **Symptomatologie** der **akuten** Xylol- bzw. Toluolvergiftung gleicht ziemlich der der akuten Benzolvergiftung. Die Allgemeinsymptome, wie Schlaflosigkeit, Nervosität, dauernde Müdigkeit, Schwindel, Kopfweh, Tremor, Mattigkeit, Magenkrämpfe, Appetitlosigkeit, morgendliche Nausea, Abmagerung, Verstopfung, Gastralgien, Magen-Darm-Störungen dyspeptischer Art, Erbrechen, sind vielleicht etwas ausgeprägter als bei der Benzolvergiftung. Die Reizung der Schleimhäute der oberen Luftwege drückt sich durch morgendliches Husten, Auswurf und Conjunctivitis aus. Die euphorischen Erscheinungen sind etwas weniger deutlich als beim Benzol. Bei Einatmung großer Mengen stellt sich genau wie beim Benzol ziemlich schnell Bewußtlosigkeit und ein schweres Koma ein, das dann, wenn die Vergifteten nicht schnell aus dem gefährlichen Milieu entfernt werden, zum Tode durch Atemlähmung und Erstickung führt.

Bei der **chronischen Vergiftung** sind die Vergiftungserscheinungen ebenfalls die gleichen wie beim Benzol. Da in den meisten Fällen Mischungen von Toluol, Xylol und Benzol vorlagen, ist es unsicher, ob die Blutveränderungen mit Sicherheit auch dem Xylol und Toluol zur Last zu legen waren.

Im Tierversuch läßt sich nämlich durch die Homologen lediglich eine Leukocytose, nicht aber eine Markaplasie und stärkere Anämie hervorrufen. Auch ergaben sich Anhaltspunkte bei Reihenuntersuchungen, die dafür sprechen, daß mit steigendem Benzolgehalt auch stärkere Blutveränderungen nachweisbar waren (GERBIS). Beobachtungen aus Betrieben, in denen Xylol und Toluol *rein* verarbeitet wurden und wo sich keine Anämie, sondern nur Leukocytosen fanden, stehen vereinzelt da.

Die *Initialsymptome* entsprechen denen bei der Benzolvergiftung: Kopfweh, Arbeitsunlust, Müdigkeit, allgemeines Krankheitsgefühl, Druck in der Magengegend, Nausea und Erbrechen, hartnäckige Schlaflosigkeit oder aber auch Schlafsucht, Ohrensausen, Schwindel, Trunkenheitsgefühl, Intoleranz für Alkohol, vorübergehende Trübung des Sensoriums leiten das Krankheitsbild ein. Infolge der Schleimhautreizung klagen die Patienten häufig über Durstgefühl und einen rauhen Hals. Auch Gleichgewichtsstörungen, psychische Verstimmungen sowie ausgesprochene Psychosen mit Halluzinationen und Verfolgungswahn (SCHNEIDER, PANSE und BENDER) können sich entwickeln. Im allgemeinen sind die Wirkungen auf das Blut und die Blutbildungsstätten nicht so schwer, der Verlauf der Vergiftung nicht so foudroyant. *Prophylaxe* und *Therapie* erfordern die gleichen Maßnahmen wie beim Benzol.

Vergiftungen mit noch höheren Homologen des Benzols (Cumol, Pseudocymol, Mesitylen und Solventnaphtha) sind beim Menschen bisher noch nicht bekanntgeworden; dies hängt möglicherweise mit ihrer geringeren Flüchtigkeit zusammen. Die Vergiftungen durch diese Stoffe sind lediglich von theoretischem Interesse und werden daher hier nicht mitbesprochen.

VII. Erkrankungen durch Nitro- und Amidoverbindungen des Benzols oder seiner Homologen und deren Abkömmlinge.

Allgemeines.

Die Zahl der aromatischen Nitro- und Amidoverbindungen ist sehr groß. Sie entstehen aus den Kohlenwasserstoffen der aromatischen Reihe und ihrer Derivate durch Eintritt einer oder mehrerer Nitrogruppen an Stelle von Kernwasserstoffatomen. Die praktisch wichtigeren sind in der folgenden Tabelle nach Gruppen ihrer chemischen Zusammengehörigkeit zusammengestellt. Unter Abkömmlungen werden die Halogensubstitutionsprodukte, die Phenole, Kresole und Naphthaline verstanden.

Verbindung	Formel	Mol. Gew.	Kp. 76°	Fp.
	I. Nitroverbindungen.			
a) *Nitroverbb. des Benzols*:				
Nitrobenzol	$C_6H_5NO_2$	123,05	209	
m-Dinitrobenzol	$C_6H_4(NO_2)_2$ (1, 3)	168,05	297	
Trinitrobenzol	$C_6H_3(NO_2)_3$	213,06		121—122 (1, 3, 5) 57,5 (1, 2, 4)
Nitroverbb. des Chlorbenzols:				
Chlornitrobenzol	$C_6H_4Cl \cdot NO_2$ (1,2 oder 1,4)	157,5	246—249	
Chlordinitrobenzol	$C_6H_3Cl \cdot (NO_2)_2$	202,5	315	
b) *Nitroverbb. der Benzolhomologen.*				
Nitrotoluole:				
Nitrotoluol	$C_6H_4 \cdot CH_3 \cdot NO_2$ (o-, p-, m-Verbb.)	137,06	220 (o) 238 (p) 231 (m)	
2-4-Dinitrotoluol	$C_6H_3 \cdot CH_3 \cdot (NO_2)_2$	182,06		71
Trinitrotoluol	$C_6H_2 \cdot CH_3 \cdot (NO_2)_3$	227,06		81,6 bzw. (unrein) 78—79
Nitroxylole:				
Nitroxylol	$C_6H_3(CH_3)_2NO_2$	151,08		
m-Trinitroxylol	$C_6H(CH_3)_2(NO_2)_3$	241,08		180
c) *Nitroverbb. von Benzolabkömmlingen.*				
Nitrierte Phenole:				
Dinitrophenol	$C_6H_3 \cdot OH(NO_2)_2$ (1, 2, 4)	185,05		114—115
Trinitrophenol (Pikrinsäure)	$C_6H_2(OH)(NO_2)_3$ (1, 2, 4, 6)	228,05		122,5
Nitrierte Anisole:				
Trinitroanisol	$C_6H_2 \cdot OCH_3 \cdot (NO_2)_3$ (1, 2, 4, 6)	243,06		64
Nitrierte Naphthaline:				
Nitronapthalin	$C_{10}H_7NO_2$	173,06		61
Dinitronaphthalin	$C_{10}H_6(NO_2)_2$	218,06		214 (1,5) 172 (1,8)

Verbindung	Formel	Mol. Gew.	Kp. 76°	Fp.
II. Amidoverbindungen des Benzols und seiner Abkömmlinge.				
Anilin (Amidobenzol) .	$C_6H_5NH_2$	93,06	182	−6
Chloranilin (o-, m-, p-Verbb.)	$C_6H_4 \cdot NH_2—Cl$	127,52	207 (o) 236,5 (m) 232,2 (p)	70—71
Nitroanilin (o-, m-, p-Verbb.)	$C_6H_4 \cdot NH_2—NO_2$			71,5 (o) 114 (m) 147 (p)
Tetranitromethylanilin (Tetryl)	$C_6H_2(NO_2) \cdot N \cdot NO_2 \cdot CH_3$	287,08		145
Amidoverbb. d. Benzolhomologen (Xylol u. Toluol):				
Toluidine (Amidotoluole) (o- u. p-Verbb.) . . .	$C_6H_4—CH_3 \cdot NH_2$	107,08	199 (o) 200 (p)	43 (p)
Xylidine (Amidoxylol) (m- u. p-Verbb.) . .	$C_6H_3 \cdot (CH_3)_2 \cdot NH_2$	121,10	223 (m) (3, 1, 2) 226 (p) (4, 1, 2)	45 (p)
Chlortoluidin (6, 2) . .	$C_6H_3 \cdot CH_3 \cdot NH_2 \cdot Cl$	141,53	245	
(5, 2)			236	29—30
(4, 2)			237	21—22
m-Toluylendiamin . . .	$C_6H_3 \cdot CH_3 \cdot (NH_2)_2$ (1, 2, 4)	122,10	283—285	99
p-Phenylendiamin . . .	$C_6H_4(NH_2)_2$ (1, 2)	108,08	267	147
Benzidin	$NH_2 \cdot C_6H_4 \cdot C_6H_4 \cdot NH_2$	184,1	über 400	128

Nicht aufgeführt in dieser Tabelle, aber unter die Verordnung gehörig, sind weiterhin noch die zwei- und mehrfach nitrierten Naphthole, die Cumidine, Phenetidine, ihre Chlor-, Nitro-, Alphyl- und Arylverbindungen, z. B. Dimethyl- und Diäthylanilin, Diphenylamin u. a., das Tolidin, Dianisidin, α- und β-Naphthylamin, das Phenyl- und Tolylhydrazin. Am giftigsten sind die Nitroverbindungen des Benzols; bei den nitrierten Benzolhomologen und den meisten am Kern substituierten Derivaten ist die Giftwirkung meist schwächer oder aber modifiziert. Die Dinitroverbindungen sind im allgemeinen erheblich stärker wirksam als die Mononitrokörper. Mit dem Eintritt weiterer Nitrogruppen in das Molekül wird die Giftwirkung wieder geringer.

Von den vorstehend aufgezählten zahlreichen Verbindungen haben viele eine ähnliche Wirkung auf den Organismus, so daß sie sich in Gruppen zusammenfassen lassen. Die Amidoverbindungen sind vor allen Dingen Blutgifte. Die Wirkung auf das Blut tritt in bestimmten Fällen schneller und stärker ein als bei den Nitroverbindungen, die klinisch stärker ausgeprägte Schäden am Zentralnervensystem setzen. Nach HEUBNER wirkt sowohl bei den Nitro- als auch bei den Amidoverbindungen zunächst die Phenylgruppe auf das Gehirn. Die Irritation des vegetativen Nervensystems macht sich in heftigen Schweißausbrüchen, stark entwickeltem roten Dermographismus und Bradykardie als Ausdruck einer Vagusreizung sowie im Auftreten einer Leukopenie mit relativer Lymphocytose bemerkbar, die ja als Zeichen einer gesteigerten Reizbarkeit des vegetativen Nervensystems gilt. Die Rekonvaleszenz nach Vergiftungen mit Nitrokörpern ist im allgemeinen langwieriger als nach solchen mit Amidoverbindungen. Die Nervenstörungen bestehen zunächst in einer zentral-krampferregenden Reizung mit Tremor und Reflexsteigerungen, dann in einer narkotischen Lähmung des Zentralnervensystems. Oft bestehen Kopfschmerzen, Temperaturabfall, klonische Krämpfe, Sensibilitäts- und Sehstörungen, Gefäßerweiterung und Blutdrucksenkung, Störung der Herztätigkeit, Blutaustritte in die Haut und in die inneren Organe. Im Blut wird der Blutfarbstoff in Methämoglobin umgewandelt. Für die klinische Frühdiagnose ist der meist noch übliche spektroskopische Methämoglobinnachweis zu unempfindlich. Er gelingt erst bei Methämoglobinkonzentrationen im Blut, bei denen bereits erhebliche Vergiftungserscheinungen bestehen. Sind 10—15% des Blutfarbstoffes in Methämoglobin umgewandelt, so treten noch keine ausgeprägten Beschwerden auf. Sind jedoch 25—30% des Blutfarbstoffes in Methämoglobin umgewandelt, so sind bereits schwere Vergiftungssymptome zu beobachten. Das Blutbild zeigt bei chronischer Einwirkung eine leichte Vermehrung der Erythrocyten, die zum Teil degeneriert sind, bei akuten Vergiftungen dagegen Anämien. Die *Blutbildveränderungen* sind im allgemeinen erst in relativ späten Vergiftungsstadien zu fassen. Hier sei noch auf die in den Erythrocyten meist am Rande liegenden, bei schweren Vergiftungen immer nachweisbaren HEINZ*schen Innenkörper* hingewiesen (vgl. auch S. 147), die im normalen Blut bis zu 3—6‰ auftreten, bei Vergiftungen mit aromatischen Nitro- und Amidokörpern in bis zu 80% aller Erythrocyten zu finden sein können. Mitunter kommen sie kombiniert mit JOLLY-Körperchen und basophiler Punktierung vor. In den Reticulocyten sollen die HEINZschen Körper angeblich nicht auftreten (FREIFELD, SCHILOWA, LUDWINOWSKI), was insofern schwer verständlich ist, als der Blutfarbstoff der Reticulocyten sich kaum von dem der Normocyten unterscheiden dürfte. Bei der Rückbildung der HEINZschen Innenkörper, die allmählich erfolgt, werden die anfänglich großen Körperchen immer kleiner, zerfallen zu einem feinen Staub und verschwinden schließlich ganz. Bei schweren Anämien können auch Normoblasten und Megaloblasten nachzuweisen sein. Auch kann es zu *Leberschäden* mit leichtem Ikterus kommen. Die hepatotoxische Wirkung der Nitro- und Amidokörper wird erklärt durch die hohe Empfindlichkeit der Leberzellen gegen Störungen der Zellatmungsvorgänge, die bei glykogenverarmten oder sonst geschädigten Leberzellen besonders gesteigert sind. Ebenso werden mitunter als Ausdruck der örtlichen Wirkung der nitrierten Substanzen Läsionen der Haut und der Schleimhäute der Luftwege und des Magen-Darm-Kanals beobachtet. Die lokale Wirkung ist vor allem bei den Nitrochlorverbindungen besonders ausgeprägt. Die *Hautschäden* können in Form von Erythemen mit erheblichen Schwellungen meist der Finger, Hände und Unterarme auftreten, die bei der Arbeit mit diesen Verbindungen unmittelbar in Berührung kommen. Sie verursachen zum Teil heftige, schlafstörende Schmerzen. Ebenfalls Ausdruck der örtlichen Reizwirkung sind die nicht gerade seltenen *Nagelveränderungen*: die Nägel werden weich, biegen sich um und wachsen nicht mehr, sondern werden atrophisch. Sobald die weitere Einwirkung des schädigenden Agens unterbunden wird, bilden sich die Hautschäden schnell zurück. Die Nägel werden wieder hart, blättern aber an den freien Rändern ab und ihr Wachstum bleibt gehemmt; mitunter wurden oberflächliche Hornhautläsionen beobachtet.

Wichtig ist die Tatsache, daß gerade bei den Vergiftungen mit Nitro- und Amidoverbindungen des Benzols und seiner Homologen und Abkömmlinge der Alkohol als „Schattengift" eine sehr wesentliche Rolle spielt (BAADER).

Es ist eine klinisch allgemein bekannte Tatsache, daß Alkohol gerade bei Vergiftungen mit aromatischen Nitrokörpern und Aminokörpern oft die Vergiftungssymptome verschlimmern bzw. latente zum Ausbruch bringen kann.

Aus experimentellen Untersuchungen HEUBNERS und seiner Mitarbeiter wissen wir, daß die Wirkung des Alkohols in eine Rückbildungsphase eingreift, und zwar nicht in die an der Rückwandlung des Methämoglobins zu Hämoglobin beteiligten Reaktionen, sondern in den Abbau des vergiftenden Systems, wie etwa die weitere Oxydation und Kondensation des Chinonimins (HEUBNER und SCHWEDTKE). Es ist auch möglich, daß die Wirkung des Alkohols an der Reaktion zwischen Methämoglobin und Gewebe angreift, so daß die Elimination des vergiftenden Systems gehemmt wird (HEUBNER und MOEBIUS). Im Blut beeinflußt der Alkohol in vitro die Rückbildung des Methämoglobins überhaupt nicht; dieses wird im Blut lediglich reduziert und nicht aus dem Kreislauf entfernt (JUNG). Durch diese Feststellungen ist auch die frühere Annahme widerlegt, nach der die Wirkung des Alkohols auf die Methämoglobinbildung, z. B. durch Anilin, auf einer Oxydationssteigerung im Organismus beruhen sollte (SCHWEDTKE).

In manchen Fällen kann es bei Vergiftungen mit aromatischen Nitro- und Amidoverbindungen zu einer mehr lavendelblauen Cyanose kommen, die nicht auf Methämoglobinbildung, sondern auf die Entstehung von Verdohämochromogenen zurückzuführen ist. Bisher sind jedoch nur drei derartige Fälle beschrieben.

Die von VIGLIANI zur Erklärung herangezogene Annahme, daß die Amino- und Nitroderivate des Benzols das Hämoglobin sensibilisierten bzw. katalysatorisch wirkten und Schwefelwasserstoff endogenen oder exogenen Ursprungs beim Ablauf der Reaktion notwendig sei, ist nicht haltbar. Es handelt sich vielmehr um viel tiefgreifendere oxydative Zerstörungen des Blutfarbstoffes (vgl. auch S. 147).

Die Fortschritte in der Erkenntnis über den Mechanismus der Blutfarbstoffveränderungen, vor allem aber der **Methämoglobinbildung,** sind dank der erfolgreichen Arbeiten von HEUBNER und seiner Schule so groß, daß die alten Vorstellungen, wie man sie heute noch überall in Toxikologiebüchern findet, gänzlich revidiert werden müssen. Eine etwas ausführlichere Darstellung an dieser Stelle, die sich allerdings nicht in experimentelle Einzelheiten dieses schwierigen Gebietes verlieren kann, erscheint daher am Platze.

Methämoglobin ist ein Isomeres des normalen Oxyhämoglobins; die *chemische* Zusammensetzung beider Verbindungen ist gleich, doch ist das im Methämoglobin enthaltene *Eisen dreiwertig,* damit eine einstufige Oxydation erfolgt, die mit einem Verlust an Nebenvalenzen verbunden ist und das Eisen im Blutfarbstoff zur lockeren komplexen Bindung von molekularem Sauerstoff befähigt. Oxyhämoglobin und Methämoglobin sind also durch die festere Bindung des Sauerstoffs im Methämoglobin unterschieden, das den Sauerstoff auch im Vakuum nicht abgibt. Infolge dieser festeren Bindung vermag das Methämoglobin die normale Funktion des Blutfarbstoffs, den Sauerstofftransport im Körper nämlich, nicht zu erfüllen; es resultiert also bei einer stärkeren Methämoglobinbildung ein Sauerstoffmangel im Gewebe, der sich z. B. in auffällig schneller Entwicklung eines Decubitus am Kreuzbein oder an den Fersen bemerkbar machen kann. Das Methämoglobin stellt ein Metallhydroxyd dar, das als solches elektrolytisch dissoziieren und Salze bilden kann; dabei ändert sich der Dissoziationsgrad mit der Wasserstoffionenkonzentration: dies findet seinen sichtbaren Ausdruck in dem seit langem bekannten Umschlag der braunen Farbe des Methämoglobins in Rot beim Übergang ins Alkalische.

Die Methämoglobinbildung erfolgt nur innerhalb der Erythrocyten; man hat bisher in durchaus überflüssiger Weise diesen Vorgang als „intraglobuläre Methämoglobinämie“ bezeichnet; eine andere gibt es aber praktisch kaum. Die Umwandlung des Blutfarbstoffes in Methämoglobin ist *vollständig reversibel*, so daß das Hämoglobin zum Sauerstofftransport wieder voll tauglich wird. Methämoglobin wirkt *nicht* strukturzerstörend auf die Erythrocyten ein; wenn derartige Strukturveränderungen, z. B. eine Hämolyse, auftreten, so sind sie keinesfalls durch die Methämoglobinbildung, sondern durch tiefer gehende Oxydationen bedingt, welche den Farbstoffcharakter durch Aufspaltung des Porphyrinringes ändern bzw. auch den Eiweißanteil des Blutfarbstoffes, d. h. das Globin, angreifen (vgl. hierzu auch S. 147).

Wenn bisher angenommen wurde, daß die Methämoglobinbildung *ausschließlich* Ausdruck einer Giftwirkung sei, so wissen wir heute infolge der Ausarbeitung sehr viel empfindlicherer Methoden, daß bei *allen* Warmblütern kleine Mengen Methämoglobin im strömenden Blut nachzuweisen sind und daß der Organismus ununterbrochen Methämoglobin in Hämoglobin, d. h. das dreiwertige Eisen wieder in zweiwertiges Eisen zurückverwandelt; funktioniert diese Rückbildung nicht normal, so kommt es auch im Blut gesunder Menschen zur Anhäufung größerer Mengen von Methämoglobin, z. B. u. a. auch als familiäre Anomalie. Wichtig ist es, hervorzuheben, daß bei der Methämoglobinbildung sich die Gesamtmenge des Blutfarbstoffes nicht verändert, gleichgültig, in welchem Ausmaß die Bildung von Methämoglobin erfolgt; dieses Verhalten steht im Gegensatz zu den Vorgängen bei den bereits oben erwähnten, tiefer gehenden Oxydationen am Blutfarbstoff, welche *irreversibel* sind und unweigerlich das Hämoglobinmolekül weiter abbauen und zerstören, so daß es zu einem Verlust an Körpereisen kommt.

Auf den Wirkungsmechanismus *aller* methämoglobinbildenden Gifte hier näher einzugehen, verbietet der Mangel an Raum. Im einzelnen sind nämlich die Vorgänge bei der Methämoglobinbildung durch Einwirkung von Nitriten, nitrosen Gasen, anorganischen Oxydationsmitteln, wie Chlorat und Ferricyanid, durch Wasserstoffperoxyd, Chinone u. a. m. grundverschieden; im folgenden soll nur auf die Verhältnisse bei den aromatischen Stickstoffverbindungen etwas genauer eingegangen werden, die sich insofern von anderen methämoglobinbildenden Giften unterscheiden, als bei ihnen eine besondere Molekularverbindung mit dem Hämoglobin entsteht, das *Nitrosobenzolhämoglobin.* Das violett-rote Nitrosobenzolhämoglobin wird über Phenylhydroxylamin *reduziert,* welch letzteres sehr schnell eine Umwandlung des Hämoglobins in Methämoglobin herbeiführt. Hier ergibt sich eine Verbindung zum Anilin, das *oxydativ* im Organismus in Phenylhydroxylamin umgewandelt wird.

Aus dem Gesagten läßt sich ersehen, daß die Vorgänge bei den einzelnen aromatischen Körpern verschieden sind, wenn auch grundsätzlich die Methämoglobinbildung durch die aromatischen Stickstoffderivate nicht auf diese Körper selbst, sondern auf intermediär gebildete Nitroso- und Hydroxylaminverbindungen zurückzuführen ist. Der chemische Ablauf der Reaktion ist, wie oben bereits ebenfalls angedeutet wurde, zum Teil gegensätzlich: Nitrobenzol z. B. wird im Körper zu Nitrosobenzol und Phenylhydroxylamin *reduziert,* während es sich beim Anilin um einen *Oxydations*vorgang handelt. Hervorzuheben ist ferner, daß bei den einzelnen aromatischen Körpern erhebliche quantitative Unterschiede bestehen: so hat Anilin z. B. eine achtfach stärkere Wirkung als Nitrobenzol, das im Gewebe viel langsamer reduziert wird, während die Oxydation des Anilins sehr viel schneller erfolgt. Nitrophenol, Pikrinsäure, Dinitro- und Trinitrotoluol führen nur in hohen Dosen zu Methämoglobinbildung, während Benzidin und α-Naphthylamin ganz unwirksam sind.

Beim Nitrobenzol, das nach HEUBNER praktisch eine relativ harmlose Verbindung darstellt und bei dem offenbar viele ihm zugeschriebene Vergiftungen in Wirklichkeit auf Verunreinigungen mit Anilin und Dinitrobenzol zurückzuführen sind, besteht bei seiner sehr langen Wirksamkeit ein Wettstreit zwischen Methämoglobin-Neubildung und Methämoglobin-Eliminierung. Es ist allerdings die Frage, ob neben der Reaktion des Nitrobenzols über Nitrosobenzol und Phenylhydroxylamin nicht noch eine zweite Reaktion abläuft: man weiß nämlich, daß sowohl nach Aufnahme von Anilin wie auch von Nitrobenzol im Harn des Menschen p-Aminophenol nachzuweisen ist: d. h. es hat eine Umlagerung des Phenylhydroxylamins zu Aminophenol durch Wanderung der Hydroxylgruppe vom Stickstoff zum Kohlenstoff des Benzolkerns stattgefunden. Es ist nicht unwahrscheinlich, daß auch das Aminophenol mit dem Blutfarbstoff in Reaktion tritt; immerhin ist die Wirkung des Aminophenols etwa 20fach geringer als die des Phenylhydroxylamins. Aminophenol wie Phenylhydroxylamin sind infolge der durch ihre partielle Oxydation gebildeten Redoxsysteme zu vielmaligen Umsetzungen mit dem Blutfarbstoff fähig, d. h. beide Systeme müssen katalytisch wirken.

Die Umwandlungsprodukte von Anilin, Nitrobenzol, Dinitrobenzol sind im einzelnen verschieden: Dinitrobenzol wird z. B. in Nitrophenylhydroxylamin, Anilin in Phenylhydroxylamin und Aminophenol, Nitrobenzol in Nitrosobenzol und Phenylhydrazin umgewandelt, d. h. in Stoffe, die die eigentlichen Methämoglobinbildner darstellen; sie verwandeln größere Mengen Blutfarbstoff zu Methämoglobin, als den stöchiometrischen Verhältnissen entspricht. Ein Beispiel sei nachfolgend angeführt:

Beim *Anilin* verläuft der Vorgang nach HEUBNER folgendermaßen:

Aminophenol + Sauerstoff = Wasser + Chinonimin

Chinonimin + Hämoglobin + Wasser = Aminophenol + Methämoglobin,

d. h. also, daß bei der Oxydation des Blutfarbstoffes durch das intermediär entstehende Chinonimin Aminophenol zurückgebildet wird und der Prozeß von neuem beginnt, also ein Kreisprozeß abläuft, bei dem durch 1 Mol Aminophenol mehrere bzw. viele Mole des Blutfarbstoffes umgewandelt werden. Speziell für Anilin gilt noch die Feststellung, daß die gebildete Methämoglobinmenge keine lineare Funktion des einwirkenden Anilins ist, sondern die Kurve in Sprüngen verläuft, derart, daß in bestimmten Dosisbereichen eine sehr geringe Steigerung der Anilindosis eine sprunghafte Erhöhung der Methämoglobinbildung herbeiführt.

Nur die Annahme katalytischer Vorgänge macht diese Feststellungen verständlich. Als wichtigstes oxydierendes Agens kommt bei den aromatischen Verbindungen neben molekularem Sauerstoff wahrscheinlich vor allem Wasserstoffperoxyd in Frage. Die innerhalb der Erythrocyten liegende Katalase stellt einen wichtigen Schutz des Blutfarbstoffes gegenüber dem überall leicht auftretenden Wasserstoffperoxyd dar. Die methämoglobinbildenden Körper der aromatischen Reihe vergiften die Katalase; dies gilt insbesondere auch für die nach Einverleibung dieser Körper in den Organismus intermediär auftretenden Substanzen, wie Phenylhydroxylamin und p-Aminophenol, die in Konzentrationen von $5 \cdot 10^{-5}$ (Phenylhydroxylamin) bzw. $5 \cdot 10^{-6}$ (p-Aminophenol), wie sie bei Vergiftungen praktisch wirksam werden können, die Katalase zu 50% hemmen, d. h. das Hämoglobin seines Schutzes gegen Oxydationen berauben.

Gewisse Unterschiede zwischen Nitrobenzol- und Anilinwirkung ergeben sich schließlich noch bezüglich des Rückganges der Blutfarbstoffveränderungen. Das Spiel von vergiftender und entgiftender Wirkung ist bei Anilin und Nitrobenzol nicht das gleiche. Die Methämoglobinämie bleibt nach der Einwirkung von Nitrobenzol viel länger bestehen als nach der des Anilins. Dabei ist das Nitrobenzol primär viel weniger giftig als das Anilin; seine Wirkung ist jedoch nachhaltiger und stärker, was offenbar mit der schlechteren Wasserlöslichkeit des Nitrobenzols zusammenhängt. Das Methämoglobin, das nicht durch den Urin ausgeschieden wird, wird nur in Oxyhämoglobin zurückverwandelt und nicht — jedenfalls nicht in irgendwie beträchtlichem Ausmaße — zu Derivaten kleinerer Molekülgröße abgebaut (B. v. ISSEKUTZ jun.).

Der **Entstehungsmechanismus der** bei Vergiftungen mit aromatischen Nitro- und Amidokörpern zu beobachtenden **Anämien** bedarf noch einer gesonderten Besprechung. Bisher wurde allgemein, besonders aber von klinischer Seite, angenommen, daß bei sehr massiver Gifteinwirkung und stärkster Methämoglobinbildung die Erythrocyten zerbrächen, das in den Zellen befindliche Methämoglobin ins Serum übertrete und im Urin ausgeschieden werde (*Methämoglobinurie*). Wie eingangs bereits angedeutet wurde, ist diese Vorstellung heute nicht mehr haltbar (HEUBNER); diese hämolytischen Vorgänge kommen nicht durch die Methämoglobinbildung, sondern *durch tiefer greifende* Oxydationen am Blutfarbstoff zustande. In manchen Fällen kann die Methämoglobinurie auch durch eine *nachträgliche* Oxydation von in den Harn übergetretenem Oxyhämoglobin verursacht sein. Diese tiefer gehenden Oxydationen führen zum Auftreten *andersartiger Derivate* des Blutfarbstoffes. Diese Körper, die grundsätzlich auch normalerweise beim Blutabbau auftreten, sind hinsichtlich ihrer Farbe und ihres Spektrums dem Methämoglobin sehr ähnlich: sie färben das Blut ebenfalls dunkler, bräunlichrot bis grünschwärzlich; im Rot des Spektrums treten ebenfalls Verschattungen auf. Sie werden heute als **Verdohämochromogene** bezeichnet; ihre Bildung ist mit dem Auftreten von Methämoglobin nach der Aufnahme aromatischer Nitro- und Amidoverbindungen ziemlich häufig vergesellschaftet; ihre Bildung stellt aber einen viel tieferen und im Gegensatz zur Methämoglobinbildung *irreversiblen* Eingriff in die Struktur des Blutfarbstoffmoleküls dar. In diesem Fall wird nämlich durch einen oxydativen Prozeß ein Brückenkohlenstoffatom aus dem Porphyrinring des Hämins herausgespalten: aus dem Porphyrinring wird dabei eine offene Kette mit 4 Pyrrolringen und 3 Brückenkohlenstoffen. Dieser schwere Eingriff führt notgedrungen zu einem völligen Zerfall des Hämoglobinmoleküls. Zu diesen grün gefärbten Spaltprodukten des Porphyrinringes, den Verdohämochromogenen, gehört u. a. auch das sog. „Sulfhämoglobin“ (vgl. S. 232), weiterhin auch das „Verdohämoglobin“, das von den anderen Verdohämochromogenen unterscheidbar und mit dem BARKANschen *Pseudohämoglobin* gleichzusetzen ist, bei dem zwar ebenfalls ein Brückenkohlenstoff aus dem Porphyrinring oxydativ herausgespalten, das Molekül einschließlich des Globins insgesamt jedoch erhalten geblieben ist.

Bekanntlich findet man bei den im Verlaufe von Vergiftungen mit manchen aromatischen Nitro- und Amidokörpern auftretenden Anämien (wie übrigens bei Vergiftungen mit Phenylhydrazin, Kalium chloricum, Antifebrin, Acetanilid, Toluylendiamin u. a. m. auch) in den Erythrocyten blaue, mit basischen Farbstoffen leicht färbbare Körperchen, die sog. *HEINZschen Innenkörper*. Sie erscheinen meist erst nach Ablauf einiger Tage im Blut. Ihr Auftreten bei verschiedenen Vergiftungsanämien hat sogar zur Prägung des besonderen klinischen Begriffes der „Innenkörperanämie“ geführt. Während bisher das Erscheinen dieser Innenkörper in den Erythrocyten fälschlicherweise mit einer Methämoglobinbildung im Blut verkoppelt wurde, wissen wir heute, daß es sowohl Methämoglobinämien *ohne* Anämie, umgekehrt aber auch toxische Anämien *ohne* Methämoglobinbildung gibt, welch letztere jedoch ebenfalls mit dem Auftreten HEINZscher Innenkörper vergesellschaftet sein können. Das Auftreten HEINZscher Innenkörper beruht zwar, wie die Methämoglobinbildung auch, auf der Einwirkung oxydativer Prozesse auf den Blutfarbstoff, doch greifen diese zur Innenkörperbildung führenden Oxydationen genau so tief in das Gefüge des Blutfarbstoffmoleküls ein, wie bei der Bildung der Verdohämochromogene: d. h. auch hier wird das Hämoglobin innerhalb der Erythrocyten, vermutlich unter Veränderungen am Eiweißrest, zerstörend angegriffen; Ausdruck dieser tiefgreifenden Zerstörung des Blutfarbstoffes ist — genau wie die Anämien selbst — die Bildung der HEINZschen Innenkörper, welche vermutlich durch eine Instabilität des Solzustandes und der Verklumpung des geschädigten Blutfarbstoffes zustande kommen, so daß sie gleichsam eine Vorstufe der Anämie darstellen.

Zur *Darstellung der Innenkörper* geht man zweckmäßigerweise so vor: Eine $^1/_2$proz. alkoholische Lösung von Nilblausulfat wird hauchdünn auf einen Objektträger aufgestrichen; dann wird gewartet, bis die Farbschicht getrocknet ist. Nun wird ein ganz kleiner Blutstropfen auf die getrocknete Farbschicht ausgestrichen und der Objektträger für einige Minuten in eine feuchte Kammer (d. h. eine mit einem feuchten Filtrierpapier ausgelegte Petrischale) gebracht. Nach Trocknen des gefärbten Ausstriches wird mit Ölimmersion untersucht: die Innenkörper sind tiefblau; mit Giemsalösung sind sie *nicht* anzufärben.

Vom Beginn der Methämoglobinbildung bis zum ersten Auftreten der HEINZschen Innenkörper vergehen regelmäßig einige Stunden. Als Beispiel sei ein von FREIFELD, SCHILOWA und LUDWINOWSKI mitgeteilter Fall erwähnt: Bei einer akuten Vergiftung mit massiven Anilindosen hatte sich innerhalb von 6 Stunden zwar eine starke Methämoglobinämie entwickelt, doch waren zu diesem Zeitpunkt noch keine HEINZschen Körper zu finden. In einem zweiten Fall wurden um 10.00 nur zwei kleine Innenkörper pro Gesichtsfeld gefunden; um 12.00 enthielten 12%, um 19.00 65% aller Erythrocyten HEINZsche Innenkörper. In einem noch späteren Zeitpunkt waren in der Mehrzahl der Erythrocyten sogar zwei und mehr Innenkörperchen zu finden.

Allen Vergiftungen mit Stoffen der aromatischen Nitro- und Amidokörper sind auch klinisch gewisse charakteristische Merkmale gemeinsam: so vor allem die typische Cyanose mit ihrer kennzeichnend schieferblauen, manchmal mehr ins Bräunliche und Schwärzliche spielenden Farbe, die zunächst in der Peripherie an den Finger- und Zehennägeln, den Ohren und der Nase, schließlich auch in auffälligem Kontrast zur Blässe des Gesichts auf den Wangen und Lippen sichtbar wird. Grundsätzlich sollte man in allen den Fällen, in welchen eine auffällige Cyanose besteht, entsprechende Herz- oder Lungenveränderungen jedoch fehlen, an eine Vergiftung mit aromatischen Nitro- und Amidoverbindungen denken. Bei mehr subakut und chronisch verlaufenden Vergiftungen tritt in manchen Fällen ein leichter Ikterus auf. Zur klinischen Unterscheidung zwischen Vergiftungen durch Amido- und Nitroverbindungen kann die bei letzteren öfter auftretende gelbbraune Verfärbung der Hände und die vor allem bei blonden Personen deutlicher bemerkbare braunrote Verfärbung der vorderen Haarpartien verwertet werden.

Die Aufnahme der obengenannten Substanzen erfolgt bei *gewerblichen* Vergiftungen vor allem durch die unverletzte Haut, die von den einfach nitrierten Körpern dieser Gruppe sehr leicht durchdrungen wird. Die aromatischen Nitro- und Amidoverbindungen werden vorwiegend als Zwischenprodukte zur unmittelbaren Weiterverwertung in der Teerfarbenproduktion verwendet, eine Anzahl von ihnen in der Sprengstoff- und Munitionsindustrie verarbeitet. Die einfachen Teerverbindungen sind ölige Flüssigkeiten, die höher nitrierten durchwegs feste Körper von gelber bis rötlicher Farbe, die ausgesprochen fettlöslich, aber unlöslich in Wasser sind, höhere Siedepunkte besitzen und deshalb weniger flüchtig sind; dadurch ist die Gefahr der Einatmung von Dämpfen geringer. Beim Granulieren, Sieben, Mengen und Abwiegen sowie beim Zurichten der Preßsätze, beim Pressen selbst und bei der Nachbehandlung der Preßsätze entsteht jedoch Staub, der eingeatmet werden kann. Die große Zahl der hier zu behandelnden Vergiftungen und die vielfache Ähnlichkeit vieler Vergiftungsbilder rechtfertigen eine etwas summarischere Darstellung der praktisch weniger häufig Vergiftungen verursachenden Stoffe.

A. Nitroverbindungen.

1. Die Nitrobenzolvergiftung.

Nitrobenzol (= Mirbanöl) ($C_6H_5NO_2$) ist eine farblose bis gelbliche Flüssigkeit mit starkem Lichtbrechungsvermögen. Sein Geruch erinnert an bittere Mandeln. Konzentrationen bis zu 0,04 mg/Liter sind durch den Geruch noch wahrnehmbar. Die Dämpfe sind schwerer als Luft. Nitrobenzol ist weniger löslich in Wasser, gut löslich in organischen Lösungsmitteln. Technisches Nitrobenzol ist oft mit Nitrotoluol verunreinigt. Dämpfe entstehen vor allem dann, wenn es mit anderen Substanzen zusammen erhitzt wird.

Vergiftungsmöglichkeiten bestehen bei seiner Verwendung im großen als Ausgangsprodukt für die Anilinfabrikation, vor allem bei der Herstellung bestimmter Farben, wie Fuchsin, Blau, Violett und Schwarz (Nigrosin). Auch in der Sprengstoffindustrie wird es in ziemlich großen Mengen benutzt. In kleineren Mengen wird es als Riechstoff in Seifenfabriken, zur Parfümierung von Haarwässern, als Duftstoff in der Schnapsdestillation, in Parfümfabriken, in pharmazeutische und photographische Produkte herstellenden Betrieben, bei der Fabrikation von Lederjacken, Schuhwichsen, Wachs, Polituren und in Imprägnierungsanstalten verwendet.

Die Aufnahme erfolgt in den meisten Fällen durch die Haut, mitunter vom Magen aus, seltener durch Einatmung der Dämpfe. Ein großer Teil des in den Organismus eingedrungenen Nitrobenzols wird unverändert mit der Ausatmungsluft durch die Lungen ausgeschieden. Alkoholgenuß, Schwangerschaft und Menstruation beschleunigen den Eintritt der Giftwirkung, der 1—3 Stunden nach der Giftaufnahme, unter Umständen auch erst 12 Stunden danach erfolgen kann. Frauen, Jugendliche, schwächliche und schlecht ernährte, blut-, leberkranke und kreislaufgeschädigte Personen sowie Alkoholiker gelten als besonders gefährdet. Über die Giftigkeit des Nitrobenzols für den Menschen gibt die nachstehende Tabelle Auskunft.

Giftigkeit von Nitrobenzol für den Menschen. (Aus FLURY-ZERNIK, S. 426.)

	mg/Liter	Teile Dampf in 1 Mill. (cm^3/m^3 etwa)
a) Nach LEHMANN:		
30—60 Min. ertragen ohne sofortige oder spätere Folgen	1,0—1,5	200—300
6 Stunden ertragen ohne wesentliche Symptome . .	0,3—0,5	60—100
b) Nach HAGGARD-HENDERSON:		
Leichte Symptome nach mehrstündiger Einatmung	0,2—0,4	40—80
60 Min. ohne ernstere Störungen atembar höchstens	1,0	200

a) Die akute und subakute Nitrobenzolvergiftung.

Ganz akut verlaufende Vergiftungen nach kurzdauernder Einatmung größerer Mengen Nitrobenzol sind selten; sie sind gekennzeichnet durch plötzliche, innerhalb weniger Minuten auftretende cerebrale Störungen wie Bewußtseinsverlust, Lähmungserscheinungen und Erstickungskrämpfe. Der Tod erfolgt im Koma schon in den ersten Krankheitsstunden, meist unter den Zeichen der Kreislaufschwäche als Ausdruck einer Anoxämie infolge der schnell einsetzenden Methämoglobinbildung, zum Teil auch infolge der unmittelbar schädigenden Wirkung des Nitrobenzols auf das Zentralnervensystem.

Bei den viel häufigeren, *mehr protrahiert verlaufenden Vergiftungen* setzen die **Initialsymptome** nach 1—3 Stunden, manchmal erst nach Alkoholgenuß (Bier usw.), ganz plötzlich ein. So treten Parästhesien und brennender Geschmack im Munde, Prickeln auf der Zunge, Kribbeln unter der Kopfhaut, Ohrensausen, Schwindel und Druck in der Magengegend auf. Die Gesichtsfarbe ist zunächst auffallend blaß. Relativ schnell, jedoch kaum früher als nach 3 Stunden, entwickelt sich dann das **volle Vergiftungsbild.** Charakteristisch ist die meist peripher an den Finger- und Zehennägeln, an der Nase und den Ohren zuerst sichtbar werdende, meist schieferblaue Cyanose, die dann auch bald an den Lippen und Wangen deutlich wird. Infolge der schnell einsetzenden Methämoglobinbildung im Blut bekommt die Haut ein schmutzig graublaues bis braunschwarzes Aussehen. Dabei kann in diesem Stadium der Vergiftung noch vollstes Wohlbefinden vorhanden sein. Die ersten Beschwerden bestehen in Schwindelgefühl, Frösteln, Schläfrigkeit, Kopfschmerzen, Benommenheit, Beklemmungsgefühl auf der Brust, manchmal auch in Erregungszuständen. Der Gang wird schwankend, die Sprache lallend.

Die **Atmung** ist verlangsamt, vertieft, im Endstadium röchelnd. Es besteht meist eine ausgesprochene Dyspnoe. Nicht sosehr selten tritt im Laufe der Vergiftung ein Lungenödem auf, das auf einer hochgradigen Stauung im kleinen Kreislauf und einer Schädigung des Capillarendothels der Lungen beruht. In der Lunge sind Blutungen per diapedesin zu beobachten.

Der **Kreislauf** ist ebenfalls stark mitbeteiligt, der Puls anfangs beschleunigt, später, vor allem nach Einwirkung hoher Dosen, verlangsamt und klein, oft unregelmäßig. Der Blutdruck sinkt. Die Herzleistung ist infolge der durch das Zähflüssigwerden des Blutes übermäßig gesteigerten Arbeitsleistung vermindert und äußerst erschwert, die Herzaktion unregelmäßig und schwach.

Das **Blut** ist je nach dem Ausmaß der Methämoglobinbildung mehr oder weniger schokoladenfarben verfärbt, seine Viscosität erhöht. Es gelingt unschwer, Methämoglobin spektroskopisch nachzuweisen. Die Veränderungen im roten Blutbild bestehen in einer Verminderung der Hämoglobin- und Erythrocytenwerte, in Poikilocytose, Anisocytose und Polychromasie. Die Erythrocyten zeigen basophile Punktierung, mitunter auch HEINZsche Innenkörperchen. Als Zeichen einer Ausschüttung jugendlicher und unreifer roter Zellen in die Blutbahn finden sich Normoblasten und Reticulocyten, vereinzelt auch Megaloblasten. Das Stroma der roten Blutkörperchen ist oft verändert, das Zellprotoplasma verarmt an Blutfarbstoff, die Resistenz der roten Blutkörperchen vermindert. Die Gesamtleukocytenzahl ist häufig bedeutend erhöht und sinkt erst allmählich wieder ab. Im Differentialblutbild findet sich eine geringe Linksverschiebung. Der Serumbilirubinspiegel ist erhöht.

Der **Magen-Darmkanal** ist meist wenig beteiligt. In manchen Fällen tritt schon ganz im Anfangsstadium der Vergiftung heftiges Erbrechen auf. In den Fällen, in denen eine massive Aufnahme von Nitrobenzol stattgefunden hat, tritt auch meist als Zeichen der Leberschädigung ein Ikterus auf, der in solchen Fällen oft das Gesamtkrankheitsbild beherrscht.

Nieren. Bei der schweren Blutfarbstoffzerstörung kommt es zu einer mehr oder weniger deutlichen Methämoglobinurie. Der Urin ist dunkelbraunrot verfärbt; er enthält oft Hämatin, meist auch p-Aminophenol (E. Meyer). Auf die Schädigung des Leberparenchyms ist auch der reichliche Gehalt des Urins an Urobilin und Urobilinogen zurückzuführen; Bilirubin findet sich stets, wenn eine hepatocelluläre Schädigung vorliegt. In manchen Fällen ist Eiweiß, nicht so sehr selten auch Zucker im Urin nachzuweisen. Im Sediment finden sich Hämoglobinzylinder mit zahlreichen aufgelagerten Körnchen von Blutfarbstoff.

Die Vergiftungserscheinungen am **Zentralnervensystem** sind nach der Einwirkung von Nitrobenzol vielleicht etwas weniger ausgesprochen als bei der Anilinvergiftung. Das Bewußtsein bleibt ziemlich lange erhalten, und zwar auch dann noch, wenn schon deutlich Zeichen der Herzschwäche mit weichem, kleinem Puls und unregelmäßiger Atmung bestehen. Die vor allem nach hohen Dosen auftretende Bewußtlosigkeit geht nicht selten in einen komatösen Zustand über. Die Pupillen sind meist weit, lichtstarr und reaktionslos, nur in seltenen Fällen verengert. Oft kommt es zu abnormen Augenbewegungen: die Augen rotieren oder treten hervor (Protusio bulbi). Die Haut- und Eigenreflexe sind dann meist erloschen. Relativ häufig kommt es zu Koordinationsstörungen, klonisch-tonischen, manchmal auch tetaniformen, teils generalisierten, teils auch nur örtlich begrenzten Muskelkrämpfen mit Opisthotonus und Trismus. In vereinzelten Fällen wurde auch ein Syndrom beobachtet, das auf eine Schädigung des Pallidums hinwies (Adler). Die Seh- und Hörfähigkeit ist oft vermindert. Mitunter wurden eine Neuritis optica, zuweilen auch Skotome beobachtet. Bisweilen wurden Dämmerungszustände wie auch Zustände deliranter Erregung festgestellt.

Die **Haut** zeigt manchmal ekzematöse Veränderungen; die Daumen und Fingerendglieder sind wie die vorderen Haarpartien des Haupthaares mitunter gelblich verfärbt.

In einzelnen Fällen können auch nach Entfernung des Vergifteten aus der gefährlichen Atmosphäre akute Rückfälle mit erneuter Cyanose auftreten.

Als **Folgeerscheinungen**, welche die Rekonvaleszenz sehr in die Länge ziehen, können lange bestehen bleibende Anämien mit spät einsetzender Regeneration der Erythrocyten, Herzschwäche, Verminderung der Libido, Gangunsicherheit, allgemeine neurasthenische Erscheinungen wie Kopfschmerzen, Schwindel, Gedankenlosigkeit, Denkschwäche, Energielosigkeit und Mattigkeit, vereinzelt auch periodisch auftretende Delirien oder Tobsuchtsanfälle sowie Sehstörungen bestehen bleiben. Dauerschäden sind selten. Von A. Adler wurde ein Pallidumsyndrom mit am 4. Krankheitstag auftretender Steifigkeit der Körpermuskulatur, vor allem der Beine, monatelang anhaltendem Tremor, auffälliger mimischer Starre und Bewegungsarmut, Mikrographie, Apathie, Gleichgültigkeit und in mehrwöchigen Intervallen anfallartig auftretenden, jeweils nur kurze Zeit unterdrückbaren Wischbewegungen am Mund sowie Beuge- und Streckbewegungen, die zum Teil noch 8 Monate nach der Vergiftung bestanden, beschrieben.

Der **Tod** tritt unter zunehmender Kreislaufschwäche, Verflachung der Atmung und Abfall der Körpertemperatur ein. Man vermutet, daß eine finale Atemlähmung die Todesursache ist.

Bei der **Sektion** fällt die blaßgraue bis blauschwarze Farbe der Totenflecken auf. Die Haut ist häufig leicht gelblich verfärbt, insbesondere die Conjunctiven. Die Akra, die Lippen und das Gesicht sind cyanotisch. Die Muskulatur ist auf dem Schnitt grau verfärbt und riecht, wie die Körperhöhlen, deutlich nach Bittermandelöl. An den inneren Organen ist die Stauung im *venösen* Kreislauf ausgeprägt. Die Schleimhäute weisen zahlreiche petechiale bzw. ekchymöse Blutungen auf. Bei massiver peroraler Giftaufnahme finden sie sich vor allem an den Schleimhäuten des Magens, der unteren Oesophagus- und oberen Duodenalabschnitte. Das Blut ist dunkel und meist flüssig. An den Gefäßwänden sitzen Fibrin- und Blutkoagula. Auch im Gehirn wurden petechiale Blutungen beobachtet; in dem einen Fall von A. Adler fanden sich sogar Erweichungsherde im Pallidum und in der Substantia nigra. Das Herz ist oft verfettet, der Herzmuskel lehmgelb gesprenkelt. Die Lungen zeigen subpleurale Blutungen, zahlreiche Blutaustritte ins Parenchym, Erythrocytenanschoppungen, Stauungserscheinungen, manchmal auch geringe herdförmige Entzündungen, in seltenen Fällen Ödem. Die Milz ist oft vergrößert, gestaut und enthält vermehrt Pigment. Die Leber ist meist klein, atrophiert, von zahlreichen kleinsten Nekrosen durchsetzt. Die Nieren lassen in den Henleschen Schleifen abgelagerte Hämoglobinzylinder erkennen.

Die **Prognose** ist, abgesehen von den ganz akut oder mit schweren Leberschäden verlaufenden Fällen, nicht ganz ungünstig.

Differentialdiagnostisch sind Herzerkrankungen, die mit starker Cyanose verlaufen, auszuschließen, vor allem dann, wenn die Anamese nicht genauer bekannt ist. Der typische Bittermandelgeruch der Ausatmungsluft wird auf die Diagnose hinleiten können.

Therapeutisch haben sich energische Aderlässe mit nachfolgenden großen Bluttransfusionen, Kochsalz- und Traubenzuckerinfusionen, Zufuhr von Sauerstoff mit 5% Kohlensäure, künstliche Atmung, Dauertropfeinläufe, bei Kollapszuständen Analeptica, bei Herzschäden frühzeitig Strophanthin bewährt. Die übermäßige Zufuhr von Milch, Tee, Kaffee, kohlensauren Getränken usw. ist zu vermeiden; Alkohol ist streng kontraindiziert. Warme Bäder sollen verschlimmernd wirken.

Neuerdings werden große Dosen Thionin (Katalysin), evtl. intravenös, empfohlen. Bei Leberschädigungen ist für reichliche Kohlehydratzufuhr zu sorgen. Ob sich Gaben von Vitamin B_1 bewähren, bleibt abzuwarten.

b) Die chronische Nitrobenzolvergiftung

unterscheidet sich nicht wesentlich von anderen chronischen Vergiftungen mit aromatischen Nitroverbindungen. Es sei hier auf die chronische Dinitrobenzolvergiftung verwiesen.

2. Vergiftungen mit Chlornitrobenzol.

Sehr ähnlich wie die Nitrobenzolvergiftung verläuft die Vergiftung durch Chlornitrobenzol. Eine ausführliche Beschreibung der Symptomatologie erübrigt sich deshalb.

Vom *Chlornitrobenzol* ($C_6H_4Cl \cdot OH$) existieren zwei Isomere, eine Ortho- und eine Paraverbindung. Die Kp. sind nahezu gleich, nur die Fp. wesentlich verschieden (32,5° für die Ortho-, 83° für die Paraverbindung). o-Chlornitrobenzol krystallisiert in Nadeln, p-Chlornitrobenzol in Form von Prismen oder Blättchen.

Technisch werden die Chlornitrobenzole hauptsächlich in der Sprengstoffindustrie verwendet, vorwiegend in Form des sog. Tropföls, das ein flüssiges Gemisch von viel o- und weniger p-Chlornitrobenzol darstellt. Der Geruch des Chlornitrobenzols ist derselbe wie der des Nitrobenzols: er erinnert an bittere Mandeln, ist jedoch intensiver und stechender. Die Chlornitrobenzole sind giftiger als Nitrobenzol. Die o-Verbindung ist giftiger als die Paraverbindung.

Die *Aufnahme* erfolgt durch Inhalation der Dämpfe und durch Resorption durch die Haut. Alkoholiker sind empfindlicher (Koelsch).

Bei Einatmung großer Mengen fein versprühten Chlornitrobenzols kann es zu schweren nervösen und psychischen Störungen (Leymann) kommen. Bei wiederholter Einwirkung kleiner, an sich unwirksamer Dosen über längere Zeit hin wurde, etwa 2 Monate nach der Giftaufnahme, eine mehrere Wochen bestehende, vorübergehende reparative Hyperglobulie mit gleichzeitigem Anstieg des Blutfarbstoffgehaltes beobachtet (Gerbis). Die *Initialsymptome* bestanden in Schwindel und Mattigkeit; dann stellten sich Husten, Schnupfen, starke Kopfschmerzen, vorübergehende Cyanose der Lippen und Stiche zwischen den Schulterblättern ein. Das Gesicht war stark gerötet, der Puls beschleunigt. Innerhalb kurzer Zeit hatte sich eine beträchtliche Anämie entwickelt. Die Erholung erfolgte langsam. Relativ lange bestand eine deutliche Dyspnoe. Die Hyperglobulie war erst zwei Jahre nach der Vergiftung verschwunden.

3. Die Vergiftung mit m-Dinitrobenzol.

Vom Dinitrobenzol ($C_6H_4(NO_2)_2$) existieren drei Isomeren, von denen die o- und p-Verbindung technisch keine Verwendung finden. Praktisch kommt daher nur das m-Dinitrobenzol für Vergiftungen in Frage, das rein wenig, mit Wasserdämpfen sehr leicht flüchtig und am besten löslich in Benzol ist. **Vergiftungsmöglichkeiten** bestehen bei der Einatmung der Dämpfe vor allem dann, wenn Apparaturen mit Wasserdampf gereinigt werden, oder aber durch Einatmung des Staubes, wenn Dinitrobenzol zur technischen Darstellung von p-Phenylendiamin, m-Nitroanilin, bei der Sprengstoffabrikation und in Munitionsfüllbetrieben verwendet wird. Die meisten Vergiftungen — und zwar vor allem die chronischen Formen — kommen infolge Resorption des Giftes durch die Haut zustande. Bei heißem Wetter, wie überhaupt in der warmen Jahreszeit, ereignen sich häufiger Vergiftungen. Das technische Dinitrobenzol ist in seiner Wirkung vom chemisch reinen nicht wesentlich verschieden.

Das Arbeiten mit Dinitrobenzol ist gefährlicher als mit Trinitrotoluol. Dinitrobenzol gilt als eine der giftigsten aromatischen Nitroverbindungen überhaupt.

a) Die akute Dinitrobenzolvergiftung.

Akute Vergiftungen sind selten. Die gewerblichen Vergiftungen verlaufen meisten subakut oder chronisch. Leichte Vergiftungen ereignen sich bei kurzdauernder Einatmung kleiner Mengen Dinitrobenzol.

Die **Initialsymptome** beginnen mit nervösen Erscheinungen, wie allgemeiner Mattigkeit, Müdigkeit, Arbeitsunlust, Kopfschmerzen und Schwindelgefühl. Mitunter treten Verdauungsbeschwerden sowie Appetitlosigkeit vorher auf. Bisweilen wurde zum Beginn auch lästiges Hautjucken beobachtet. Die bei der Untersuchung feststellbaren Veränderungen bestehen zunächst in auffälliger Blässe, mehr oder minder ausgesprochener Cyanose der Akra, der sichtbaren Schleimhäute und der Wangen. Die Hornhaut des Auges ist nicht selten gelblich verfärbt. Bei rechtzeitiger Unterbrechung der weiteren Gifteinwirkung klingen die Erscheinungen ziemlich schnell wieder ab. Klagen über allgemeine Müdigkeit und Mattigkeit und leichte Atemnot schon nach geringen Anstrengungen bleiben manchmal noch längere Zeit bestehen.

Bei *schweren Vergiftungen* beginnt das Krankheitsbild mit den gleichen Symptomen wie bei den leichten. Recht oft treten aber Angst- und Beklemmungsgefühle auf der Brust, stärkere Kurzatmigkeit und Herzklopfen als Zeichen eines leichten Sauerstoffmangels dazu. Klagen über Ohrensausen, Schwindel, Ohnmachtsanfälle, Schlaflosigkeit, Appetitlosigkeit, Parästhesien, mitunter auch Schwierigkeiten bei der Miktion sind nicht gerade selten.

Der *Befund* ist wesentlich eindrucksvoller. Die **Atmung** ist erschwert, meist oberflächlich und beschleunigt. Infolge des Luftmangels ist der Gesichtsausdruck ängstlich. Durch die Viscositätserhöhung des Blutes wird die Arbeit des **Herzens** sehr erschwert. Die sehr ins Auge fallende Cyanose ist in vielen Fällen im wesentlichen lediglich auf die verminderte Herzleistung zurückzuführen und nur zum Teil durch die Methämoglobinbildung bedingt. Je stärker die Methämoglobinbildung ist, um so mehr spielt die Farbe der Lippen und Akra vom Blau ins Braune und Gelbliche. Die Braunfärbung kann unter Umständen überwiegen und dem Kranken ein mulattenähnliches Aussehen verleihen. Die gelbe Farbkomponente kommt durch das im Blut vermehrt auftretende Bilirubin zustande und ist besonders deutlich an den Skleren zu sehen. Die Herzaktion ist beschleunigt, die systolische Kraft des Herzens vermindert. Der Blutdruck zeigt Neigung zum Sinken. Die Herzaktion ist infolge der vasomotorischen Labilität wechselnd rhythmisch, dann wieder unregelmäßig (FLORET). Der Puls ist dementsprechend klein, leicht unterdrückbar.

Die Veränderungen im **Blut** sind im wesentlichen die gleichen wie bei der Nitrobenzolvergiftung (s. diese). Die Gesamtleukocytenzahl liegt meist unter 5000. Methämoglobinbildung, frühzeitiges Auftreten einer sehr großen Zahl auffällig plumper HEINZscher Innenkörper und das Auftreten unreifer Zellformen im strömenden Blut sind die vorherrschenden Symptome. Das Bilirubin im Serum ist erhöht.

Das **Magen-Darm-Kannal** ist wenig betroffen. Das gelegentlich auftretende Erbrechen ist mehr als Ausdruck einer zentralen Störung zu deuten. Da **Leberschäden** auch bei akuten Vergiftungen vorkommen, sollte man grundsätzlich bei allen Kranken, die über Beschwerden im Oberbauch klagen, auf Leberschwellungen fahnden. Läßt sich eine Lebervergrößerung nachweisen und sind die Gallenfarbstoffe im Urin vermehrt, so müssen die Arbeiter sofort aus dem Betrieb herausgenommen werden. Die **Milz** ist zunächst klein, da sie alles frische und atemfähige Blut, das in ihr gespeichert ist, in die Peripherie wirft. Die Depotentleerung ist mitunter mit einer vorübergehenden Blutdrucksteigerung verbunden.

Die Erscheinungen an den **Nieren** sind hauptsächlich charakterisiert durch den starken Blutfarbstoffzerfall und seine Folgen. Der Harn enthält Hämoglobin, vermehrt Gallenfarbstoffe (Urobilin, Urobilinogen, Bilirubin). Im Sediment finden sich Eiweiß und Zylinder.

Die **Geschlechtsfunktion** ist nur bei Frauen ernstlicher gestört. Die Regelblutungen setzen zum Teil aus oder sind verstärkt und oft mit heftigen Schmerzen verbunden.

Die Erscheinungen am **Zentralnervensystem** sind in schweren Fällen sehr eindrucksvoll. So kommt es zu Benommenheit, oft auch zu Bewußtlosigkeit. Infolge der schlechten Sauerstoffversorgung des Gehirns treten schon frühzeitig funktionelle Sehstörungen auf; auch das Hörvermögen vermindert sich. Der Gang wird unsicher und schwankend. Bisweilen besteht ein deutlicher Tremor. Nicht selten treten Schweißausbrüche und Muskelzuckungen, gelegentlich auch auf einzelne Muskelgruppen beschränkte tonisch-klonische, manchmal auch generalisierte Krämpfe auf. Sensibilität und Motilität bleiben meist intakt. Die Reflexe sind oft gesteigert, nur in seltenen Fällen abgeschwächt. Vereinzelt wurden auch Lähmungserscheinungen beobachtet. Die Hornhaut der **Augen** ist manchmal gelb verfärbt, auch können Anisokorie, Opticusschäden und Nystagmus gefunden werden (FLORET). Im komatösen Endzustand erlöschen sowohl die Haut- wie die Eigenreflexe; zugleich sinkt die Herztätigkeit; die Atmung wird flacher und frequenter. Infolge der schlechten Durchblutung werden die Gliedmaßen kühl. Die Kranken lassen Harn und Kot unter sich. Manchmal treten finale Krämpfe auf.

Verlauf: Der tödliche Ausgang ist selten. In den meisten Fällen tritt ziemlich rasch — innerhalb einiger Tage, nur in den schwersten Fällen mit leichter Leberschädigung innerhalb von 3—4 Wochen — völlige Wiederherstellung ein.

Der **Sektionsbefund** ist im wesentlichen der gleiche wie bei der Nitrobenzolvergiftung (s. diese).

Die **Prognose** ist in der überwiegenden Zahl der Fälle günstig.

Differentialdiagnostisch ist gegenüber der Nitrobenzolvergiftung das Fehlen des Bittermandelgeruchs in der Ausatmungsluft zu verwerten.

Die **Therapie** ist die gleiche wie bei der Nitrobenzolvergiftung. Vitamin C-Zufuhr und Katalysingaben sollen die Vergiftungserscheinungen mildern.

b) Die subakute und chronische Dinitrobenzolvergiftung.

Bei der chronischen Dinitrobenzolvergiftung, die erst nach mehrmonatiger Aufnahme kleiner Giftmengen entsteht, treten die nervösen Störungen, die bei der akuten Vergiftung recht ausgeprägt sein können, viel mehr in den Hintergrund. Dafür beherrschen die *Blutveränderungen* und in vielen Fällen auch die *Leberschädigungen* mehr das gesamte klinische Krankheitsbild.

Die **Initialsymptome** bestehen in wenig charakteristischen Allgemeinbeschwerden, wie Mattigkeit, Verstimmung, Erregbarkeit, Kopfschmerzen, Verdauungsbeschwerden, Nausea, üblem Geschmack im Mund, Schwindelgefühl und taumelndem Gang, Flimmern vor den Augen, leichten Ohnmachtsanfällen, Druck und Beklemmungsgefühl auf der Brust, leichter Kurzatmigkeit, Herzklopfen, gelegentlich Druckempfindlichkeit des Epigastriums und des unteren Leberrands. Die Beschwerden sind zunächst im allgemeinen wenig ausgeprägt, das Gesamtbefinden und der Appetit wenig gestört.

Das **volle Vergiftungsbild** entwickelt sich schleichend. Das Körpergewicht vermindert sich. Die Haut wird schlaff, trocken und kühl. Allmählich wird der Farbton immer gelblicher; gleichzeitig tritt immer stärker die für alle Vergiftungen durch Nitro- und Amidoverbindungen typische *Cyanose*, zunächst an den Akra, dann auch an den Wangen, Lippen und Ohren auf, welche die ikterische Verfärbung überdecken kann. Die Haut erhält dadurch ein fahles, oft schmutzig gelbgraues Aussehen. Nur an den Skleren ist die ikterische Verfärbung rein sichtbar.

Allmählich entwickelt sich das gleiche eindrucksvolle Bild wie bei der akuten Vergiftung mit *Blausucht, ausgeprägter Methämoglobinämie* und *Leberschädigung*. In manchen Fällen, vor allem bei Frauen, wird der Ikterus allmählich immer intensiver als Zeichen einer sich zunehmend entwickelnden Leberschädigung. Nun tritt auch Bilirubin im Harn auf. Die **Leber** ist deutlich vergrößert und druckschmerzhaft. Wenig später ergibt die Perkussion dieses Organs eine deutliche Verkleinerung. Schließlich hat sich 2—3 Wochen nach dem Einsetzen der schweren Vergiftungserscheinungen das klassische Bild der akuten bzw. subakuten gelben Leberatrophie entwickelt. Gelegentlich wurden Bauchdeckenspannung, Fieber und hochgradige Druckempfindlichkeit der gesamten Bauchdecken beobachtet, Erscheinungen, die an eine Peritonitis erinnern. Der Tod erfolgt unter den Zeichen des Coma hepaticum.

Das **Blutbild** läßt eine langsam an Intensität zunehmende, oft erhebliche Grade erreichende Anämie erkennen. In den Erythrocyten treten in großer Zahl HEINZsche Innenkörper als grobe Körnchen auf. Im Ausstrich erkennt man eine ausgeprägte Schisto- und Anisocytose: anfangs handelt es sich vorwiegend um Mikro- und Schistocyten, während später mehr Makrocyten und Makroblasten nachweisbar sind. Oft besteht eine mäßige Poikilocytose. Im Regenerationsstadium tritt eine wechselnd starke Polychromasie in Erscheinung, die ihren Höhepunkt nach 1—2 Wochen erreicht. Vereinzelt treten basophil punktierte Erythrocyten, schubweise auch Normo- und Megaloblasten im strömenden Blut auf. Das *Differentialblutbild* zeigt weniger eindrucksvolle Veränderungen: vorübergehend kommt es zu einer Vermehrung der großen mononucleären Lymphocyten, mitunter auch zu einer beträchtlichen regenerativen neutrophilen Leukocytose.

Die Schädigungen am **Zentralnervensystem** sind in den meisten Fällen nur gering ausgebildet. Auffällig sind die gelegentlich auftretenden schweren *Opticusschäden,* die nicht sosehr selten für dauernd bestehen bleiben. Objektiv finden sich entzündliche Erscheinungen an der Sehnervenpapille mit temporaler Abblassung derselben, manchmal auch zentrale Skotome (CORDS).

An der **Haut** chronisch Vergifteter kann sich manchmal ein knötchenförmiges Ekzem mit mehr oder weniger starker Schwellung der Haut entwickeln.

Das volle Vergiftungsbild kann unter Umständen auch bei der chronischen Vergiftung nach Alkoholgenuß oder vorübergehender Aufnahme größerer Giftmengen ganz plötzlich auftreten, so daß der Eindruck entsteht, als ob die chronische in eine akute Vergiftung übergehe.

Folgeerscheinungen: Nach der chronischen Vergiftung bleiben im Anschluß an die meist sehr langsam verlaufende Rekonvaleszenz allgemein nervöse Symptome sowie anämische Zustände zurück, deren Ausheilung längere Zeit erfordert. Die **Prognose** ist in den Fällen, die mit schweren Leberschäden verlaufen, durchaus infaust, in den übrigen Fällen eigentlich immer günstig.

Prophylaktisch ist auf einen mindestens zweimaligen Wechsel der Arbeitskleidung pro Woche zu dringen. Bei starker Verschmutzung ist die Kleidung und das Unterzeug sofort zu wechseln. Arbeits- und Tageskleidung müssen streng voneinander getrennt gehalten werden. Das Tragen von Lederstulphandschuhen ist zweckmäßig. Die Hände müssen vor dem Essen gründlich mit Wasser und Seife gereinigt werden. Nach Beendigung der Arbeit ist der ganze Körper gründlich abzuduschen. Mitunter wird das Tragen einer aus Gummi bestehenden Dauerschutzmaske mit Industrieeinsatz nicht zu umgehen sein. Neuerdings werden prophylaktische Gaben von Vitamin B_1, z. B. in Form von 4mal täglich 3 Tabletten Dibionta, S-Hydril (1—2 Tabletten täglich) und Traubenzucker (4mal täglich 1 Eßlöffel) empfohlen. Ob damit ein wirksamer Schutz zu erreichen ist, steht dahin. Grundsätzlich sind in Dinitrobenzol verarbeitenden Betrieben Einstellungsuntersuchungen vorzunehmen. Jugendliche, Arbeiter über 50 Jahre, Leber- und Gallenkranke sind, auch wenn diese Erkrankungen nur anamnestisch nachzuweisen sind, ebenso wie Arbeiter mit Hautausschlägen, mit Neigung zu Überempfindlichkeitserscheinungen, wie Herz- und Kreislaufkranke, Nierenkranke, Alkoholiker und Schwächliche von vornherein auszuschließen. Zur Überwachung hat es sich als praktisch erwiesen, regelmäßig Blutausstriche anzufertigen und auf Formveränderungen der Erythrocyten und Innenkörper zu fahnden. Auch die Erythrocytenzahlen sind zu kontrollieren. Der Urin muß auf Gallenfarbstoffe untersucht werden. Die Ernährung muß kohlehydratreich sein und soll täglich $^1/_2$—1 l Vollmilch enthalten.

Die **Therapie** ist die gleiche wie bei der akuten Vergiftung.

4. Vergiftungen durch Chlordinitrobenzol, Trinitrobenzol, Nitrotoluol und 2, 4-Dinitrotoluol.

Eine Reihe von Körpern, die nur sehr selten zu Vergiftungen führen und deren Vergiftungsbilder den oben beschriebenen sehr ähnlich sind, sei nachstehend noch kurz abgehandelt.

Chlordinitrobenzol ($C_6H_3 \cdot Cl \cdot (NO_2)_2$) (1, 2, 4) wird in der Teerfarbenindustrie verwendet. Es wirkt etwas stärker als Chlornitrobenzol, unterscheidet sich von diesem jedoch durch die stärkere Schleimhautreizung.

Vom **Trinitrobenzol** ($C_6H_3(NO_2)_3$), von dem zwei Isomere (1,3,5-Trinitrobenzol und 1,2,4-Trinitrobenzol) existieren und das ebenfalls in der Teerfarbenindustrie benutzt wird, sind Vergiftungen am Menschen bisher nicht bekanntgeworden. Nach White und Hay wirkt es weniger giftig als m-Dinitrobenzol.

Die Giftwirkung des **Nitrotoluols** ($C_6H_4 \cdot CH_3 \cdot NO_2$) ist sehr schwach, qualitativ der der bisher beschriebenen Körper gleich. Die drei Isomeren, o-, p- und m-Nitrotoluol, von denen die o- und p-Verbindung in den praktisch verwendeten Gemischen überwiegen, werden in der Sprengstoff-, Munitions- und Teerfarbenindustrie verwendet. Die Aufnahme erfolgt durch Einatmung von Staub oder durch Tröpfcheninhalation. Bei langdauernder Arbeit und besonderer Disposition entwickeln sich Methämoglobinämie und Anämie. Ernstere Schädigungen sollen nicht auf die Wirkung des Nitrotoluols, sondern auf seine Verunreinigung mit Tetranitromethan zurückzuführen sein (Koelsch). Vereinzelt wurden als Ausdruck einer Überempfindlichkeitsreaktion stark juckende Hautreizungen, anschließend nässende Ekzeme mit Lymphangitis und Lymphadenitis beobachtet. Aderlaßblut soll besonders schnell gerinnen.

Von den verschiedenen Isomeren des **Dinitrotoluols** ($C_6H_3 \cdot CH_3(NO_2)_2$) hat nur die 2,4-Verbindung gewerbliche Bedeutung. Man benutzt sie in der Sprengstoff- und Teerfarbenindustrie. Das klinische Symptomenbild ist das gleiche wie bei den vorbeschriebenen Vergiftungen mit anderen aromatischen Nitroverbindungen. In einem Fall traten nach Biergenuß akute Verwirrungszustände und Gedächtnisverlust auf (Friedländer).

5. Die subakute und chronische Trinitrotoluolvergiftung.

Reines Trinitrotoluol ($C_6H_2 \cdot CH_3(NO_2)_3$)(2,4,6) bildet hellgelbe, im Licht allmählich nachdunkelnde, nahezu geruchlose Krystalle mit einem Schmelzpunkt von 82° C, die im Wasser kaum, im Benzol dagegen leicht löslich sind. Es existieren mehrere Isomeren. Technisches Trinitrotoluol, das gewerbliche Vergiftungen hervorruft, ist zuweilen mit Nitrobenzol, Kohlenwasserstoffen, nitrosen Gasen und — wenn heute auch seltener — mit Tetranitromethan verunreinigt.

Vergiftungsmöglichkeiten bestehen in der Sprengstoffindustrie und in den Munitionsfabriken, wo Trinitrotoluolschmelzen unter weiterem Zusatz von Trinitrotoluolkrystallen hergestellt werden. Vor allem in den Wiege- und Mischräumen ist mit starker Staubentwicklung zu rechnen.

Die **Aufnahme** erfolgt durch Inhalation von Staub oder durch Einatmung der aus den Schmelzen aufsteigenden Dämpfe, in seltenen Fällen auch infolge Resorption durch die Haut. Die Giftwirkung ist im Prinzip die gleiche wie bei den anderen aromatischen Nitroverbindungen. Klinisch treten die Zeichen der Blutschädigung und die cerebralen

Symptome zurück. Das *klinische Vergiftungsbild* wird beherrscht von den lokalen Reizerscheinungen an der Haut und an den Schleimhäuten sowie an den oberen Luftwegen. Die resorptive Wirkung ist charakterisiert durch die relativ häufig auftretenden Leberschäden, die — wenn auch selten — unter dem Bild der subakuten oder akuten gelben Leberatrophie zum Tode führen können. Diese dürften auch nach neueren Feststellungen (BALÁZS) hauptsächlich auf Verunreinigungen des Trinitrotoluols zurückzuführen sein. Bei mehrmonatiger Verarbeitung chemisch ganz reinen Trinitrotoluols wurden nämlich keinerlei Vergiftungserscheinungen beobachtet (KOELSCH), während im Weltkrieg vor allem in England und in USA. massenhaft Vergiftungen in Munitionsbetrieben beobachtet wurden. Die höhere Reinheit des verarbeiteten Trinitrotoluols hat in Deutschland die Zahl der Erkrankungen unvergleichlich niedriger gehalten.

Die **Ausscheidung** des in den Organismus gelangten Trinitrotoluols erfolgt durch die Lungen, vorwiegend aber durch den Harn in Form der Glykuronsäureverbindung des 2,6-Dinitro-4-hydroxylaminotoluols. Der Urin färbt sich schwarz, wenn Trinitrotoluol in ihm enthalten ist. Jugendliche, anämische, blondhaarige, weißhäutige und zum Schwitzen neigende Personen, Frauen und Alkoholiker gelten als besonders gefährdet. Frauen unter 20 Jahren sollten überhaupt nicht für Arbeiten mit Trinitrotoluol verwendet werden. Bei manchen Arbeitern scheint trotz hoher Gefährdung eine Unempfindlichkeit gegenüber der schädigenden Wirkung des Trinitrotoluols zu bestehen. Eigentliche akute Vergiftungen sind nicht bekannt. Es handelt sich stets um mehr subakut bzw. chronisch verlaufende Vergiftungen.

Die **Initialsymptome** treten meist erst nach längerem Kontakt, bei individueller Disposition manchmal schon nach 1—2 Wochen auf. Sie bestehen in Kopfschmerzen im Hinterkopf, die nach Erbrechen plötzlich verschwinden, üblem, bitterem Geschmack im Mund, Appetitlosigkeit, Kurzatmigkeit, Stichen in der Herzgegend und allgemeiner Schwäche. Bei Frauen treten Regelstörungen, angeblich auch Aborte auf. In den Fällen, in denen sich durch Einatmung von Staub Vergiftungssymptome entwickeln und das Trinitrotoluol besonders stark mit Tetranitromethan verunreinigt ist, stehen die lokalen Reizerscheinungen schon von Beginn an im Vordergrund des klinischen Zustandsbildes. Diese Reizerscheinungen sind angeblich hauptsächlich durch Tetranitromethan bedingt. Das heute verwendete Trinitrotoluol soll allerdings praktisch kein Tetranitromethan mehr enthalten. Die Schleimhautreizungen machen sich zunächst in brennenden Schmerzen in den Augen und vermehrter Tränensekretion bemerkbar. Schon vor dem Einsetzen ernsterer Vergiftungssymptome sind die Handflächen gelb, die Haare bronzerot verfärbt. Arbeiterinnen pflegen nicht selten die Haare wiederholt mit Trinitrotoluol einzureiben, um diesen bei ihnen sehr beliebten Farbton zu erzielen. Das Wohlbefinden ist in diesem Stadium der Vergiftung noch nicht gestört.

Volles Vergiftungsbild: Nicht viel später treten nun auch Reizungserscheinungen an den **oberen Luftwegen** auf; sie äußern sich in brennenden Schmerzen unter dem Brustbein als Zeichen einer heftigen Tracheitis mit trockenem, bellendem Husten und wenigem, zähen Auswurf, Pharyngitis und Laryngitis. Diese Erscheinungen sind zwar harmlos, werden jedoch als lästig empfunden. Manchmal kommt es zu Zahnfleischentzündungen mit geschwürigen Prozessen am Zahnfleisch.

Da ein Teil des Staubes verschluckt wird, und infolge seiner geringen Wasserlöslichkeit entfaltet das Trinitrotoluol auch auf die Schleimhäute des **Magen-Darm-Kanals** seine lokal reizende Wirkung. So treten Brechreiz und Erbrechen, Aufstoßen, subacide Gastritiden, vorübergehend Verstopfung, später auch Durchfälle auf. In manchen Fällen klagen die Kranken über quälende Koliken. Die Magengegend und das ganze Abdomen sind oft druckempfindlich.

Nur in den Fällen, in denen die resorptive Wirkung im Vordergrund steht und das Trinitrotoluol mit Dinitrotoluol oder anderen nitrierten Toluolen verunreinigt ist, kommt es auch zu ernsteren Schädigungen der **Leber.** Die Haut ist dann nicht nur an den Händen, sondern auch am ganzen Körper deutlich gelb verfärbt. An den Skleren wird dieser gelbe Farbton besonders deutlich sichtbar. Infolge dieses Ikterus treten im *Harn* vermehrt Gallenfarbstoffe, auch Bilirubin, auf. Fettgenuß ist von Erbrechen und heftigen Durchfällen gefolgt. Schon innerhalb weniger Tage, meist aber erst nach längerem Krankenlager, entwickelt sich eine Leberschädigung, zuweilen das klassische Bild der subakuten bzw. akuten gelben Leberatrophie mit allen ihren typischen klinischen Erscheinungen, doch sind irreparable Leberschädigungen heute ausgesprochen selten. Der Tod tritt unter den Zeichen des Coma hepaticum, gelegentlich mit hochgradiger motorischer Unruhe, Somnolenz und schließlich Bewußtlosigkeit ein.

Herz und Kreislauf sind wie die Lungen an dem ganzen Krankheitsgeschehen wenig, höchstens sekundär beteiligt. Manchmal treten Pulsunregelmäßigkeiten auf. Blutdruck und Pulsfrequenz bleiben jedoch im allgemeinen bis in das Endstadium hinein nahezu normal. In schweren Fällen ist das klinische Bild beherrscht von starker Atemnot, Beklemmungsgefühl auf der Brust, Gesichtsblässe, starker Bradykardie, die nach Aderlaß in eine Tachykardie umschlägt, sowie von einer Cyanose, die die schwersten Grade erreichen kann.

Das **Blut** ist zumeist wenig verändert. Vereinzelt wurden schwere organische Knochenmarkschäden mit Agranulocytose beobachtet (RODENACKER). Bisweilen sind die Zeichen einer Methämoglobinbildung kaum nachweisbar. Innenkörper sind ziemlich regelmäßig zu finden. Die TAKATA-ARA-Reaktion im Blutserum ist bei schweren Leberparenchymschäden positiv; Bilirubin ist im Serum direkt wie indirekt stark vermehrt. Das Gesamtcholesterin ist stark erhöht, die Cholesterinester sind stark vermindert (Estersturz). Das Blut gerinnt in vitro sehr schnell.

Der **Harn** ist bierbraun infolge seines reichlichen Gehaltes an Gallenfarbstoffen (Urobilin, Urobilinogen, Bilirubin). Für die Aufnahme von Trinitrotoluol in den Körper ist der positive Ausfall der WEBSTERschen Reaktion beweisend. Da diese zu den seltener ausgeführten Reaktionen gehört, sei sie nachstehend kurz wiedergegeben.

12,5 ccm Harn werden mit der gleichen Menge verdünnter Schwefelsäure (20 Raumteile konz. Schwefelsäure und 80 Raumteile Wasser) gemischt und in einem Scheidetrichter mit 10 ccm Äther geschüttelt; die wässerige Flüssigkeit wird abgelassen, die zurückbleibende Ätherlösung mit 25 ccm Wasser gewaschen, dann in einem Reagensglas mit 5 ccm alkoholischer Kalilauge (4—5 g Kaliumhydroxyd in 100 ccm abs. Alkohol) versetzt. Ist Trinitrotoluol vorhanden, so tritt je nach der Menge eine Rosa- bis Purpurfärbung auf. Die Ablesung muß schnell erfolgen, da vor allem bei schwach positiver Reaktion die Färbung bald in Braun übergeht. Die Reaktion ist außerordentlich empfindlich. Sie ist bei allen Arbeitern positiv, die mit Trinitrotoluol arbeiten, meist schon in der ersten Arbeitswoche, zuweilen erst nach 14 Tagen. Nach Aussetzen der Arbeit fällt sie noch einige Tage lang positiv aus. Ist die Reaktion auch ohne Zusatz von Schwefelsäure positiv, so war der Harn nur mechanisch durch beigemischtes Trinitrotoluol verunreinigt. (Nach FLURY-ZERNIK: l. c. S. 234.)

Am **Zentralnervensystem** finden sich keine Symptome, die für die Trinitrotoluolvergiftung typisch sind, bzw. nur solche, die im Verlaufe des Leberkoma auftreten.

Die **Haut** zeigt ausgeprägte Reizungserscheinungen, dermatitisartige Veränderungen mit lebhaftem Jucken und Brennen; manchmal treten auch punktförmige Rötungen, ekzematöse Quaddeln und Bläschen mit nachfolgender Abschuppung auf, die bisweilen auch in großen zusammenhängenden Fetzen erfolgen kann. Prädilektionsstellen sind die dem Staub am meisten ausgesetzten Hautpartien. Besonders schwere Hautveränderungen sind mitunter von einer Lymphangitis oder Lymphadenitis begleitet. Hautempfindliche Personen erkranken besonders leicht. Auch soll Unreinlichkeit das Entstehen begünstigen. Vereinzelt wurde Haarausfall beobachtet (RODENACKER).

Die **Sektion** ergibt das Bild des Icterus gravis mit diffuser Leberparenchymschädigung oder akuter gelber Leberatrophie. Manchmal ist die Leber verkleinert, schlaff, auf der Schnittfläche dunkelrot, scheckig und herdförmig von kleinen und größeren fahlgelben Bezirken durchsetzt. Herz und Nieren zeigen diffus feintropfige Verfettung. Bisweilen besteht eine akute hyperplastische Splenitis und ein finales Hirnödem (BALÁZS).

Die **Prognose** ist — bis auf die mit schwerer Leberschädigung einhergehenden Fälle — günstig.

Diagnostisch dürfte die Gelbfärbung der Hände, die Rotfärbung der Haare, das deutliche Hervortreten von Reizerscheinungen der Haut und der Schleimhäute gleichzeitig mit gering ausgebildeter Cyanose und nur leichten oder ganz fehlenden Blutveränderungen sowie die Schwere der Leberschäden und der positive Ausfall der WEBSTERschen Reaktion auch beim Fehlen genügend genauer anamnestischer Angaben zu verwerten sein und die Differentialdiagnose gegenüber Vergiftung mit anderen aromatischen Nitroverbindungen erleichtern.

Therapeutisch wird man sich in den Fällen, in denen Reizerscheinungen im Vordergrund stehen, darauf beschränken können, die weitere Einwirkung von Trinitrotoluol zu verhindern, indem man entweder den Betroffenen aus dem Betrieb herausnimmt oder für einen Arbeitsplatzwechsel sorgt. Eine symptomatische Behandlung genügt. Auftretende Leberschäden sind in der üblichen Weise mit Traubenzuckerinfusionen, kohlehydratreicher Kost usw. zu behandeln, wodurch in schweren Fällen allerdings ein tödlicher Ausgang meist nicht zu verhindern sein wird. Bei schweren Vergiftungen werden Frischluftzufuhr, reichliche Aderlässe bis zu 500 ccm, Excitantien und Gaben von Milch empfohlen. Zur Behandlung der Hautveränderungen, insbesondere zur Vorbeugung derselben, haben sich Schwefelsalben, tanninhaltige Salben, überhaupt adstringierende Mittel bewährt. Sonst sind die gleichen Maßnahmen anzuwenden wie bei der Dinitrobenzolvergiftung.

6. Vergiftungen durch Nitroxylol, m-Trinitroxylol und Nitrophenol.

Praktisch sind Vergiftungen durch diese Stoffe kaum von Bedeutung. *Nitroxylol* ($C_6H_3(CH_3)_2NO_2$), von dem es fünf Isomeren gibt, findet technisch lediglich bei der Verarbeitung von Xylidin Verwendung. Die Wirkung ist der des Nitrobenzols ähnlich, aber schwächer. Das gleiche gilt für *m-Trinitroxylol* [$C_6H(CH_3)_2(NO_2)_3$], das in der Sprengstoffindustrie Verwendung findet. Von den drei Isomeren des *Nitrophenols* ($C_6H_4OHNO_2$) ist das p-Nitrophenol am giftigsten. Vergiftungen am Menschen sind bisher nicht bekanntgeworden.

7. Die Vergiftung mit 1-2-4-Dinitrophenol.

Dinitrophenol ($C_6H_3OH(NO_2)_2$) ist eine gelblichweiße, krystallinische Substanz mit einem Schmelzpunkt von 113—115° C, die in Wasser schlecht, in organischen Mitteln sehr gut löslich ist. Sie ist mit Wasserdämpfen flüchtig (etwa 3 g/Liter; FLURY). 1 cbm Luft nimmt auf bei

16°	= 1,5 mg	50° =	27 mg
22,5°	= 4 mg	65° =	203 mg
36°	= 10 mg		

(Aus FLURY-ZERNIK, S. 433, nach LEHMANN u. SCHMIDT-KEHL.)

Von den 3 Isomeren ist die o- und p-Verbindung von jeher die wichtigste gewesen (WAGNER).

Vergiftungsmöglichkeiten bestehen vor allem in Munitions- und Sprengstoffabriken sowie in der Teerfarbenindustrie, wo die Verbindung als Ausgangsmaterial zur Darstellung von m-Phenylendiamin und bei der Herstellung von Chrysoidin und Bismarckbraun benutzt, weiter in Rubiritbetrieben und in chemischen Laboratorien, wo Dinitrophenol hergestellt wird. Die Giftigkeit des reinen und des technischen Produktes ist etwa gleich groß. Die Zahl der gewerblichen Vergiftungen hat sich durch die Einführung wirksamer Schutzvorrichtungen stark vermindert.

Die **Aufnahme** erfolgt vorwiegend durch Einatmung der Dämpfe oder des Staubes, der teilweise verschluckt wird, so daß ein Teil der Substanz auch bei Inhalation vom Magen-Darm-Kanal aus resorbiert wird. Die Aufnahme durch die Haut spielt ebenfalls, hauptsächlich aber bei stark schwitzenden Personen, eine nicht unbeträchtliche Rolle. Die individuelle Empfindlichkeit ist außerordentlich verschieden, so daß sich auch hier eine toxische Dosis nicht angeben läßt. Leber-, Nieren- und Lungenleiden, insbesondere Lungentuberkulose, Alkoholismus und Rheumatismus steigern die Giftempfindlichkeit. Auch Faktoren, welche die Wärmeregulierung vermindern, bedeuten eine erhöhte Gefährdung bei der Aufnahme von Dinitrophenol (WAGNER).

Vergiftungsmechanismus: 1-2-4-Dinitrophenol bewirkt am Menschen genau wie an Tieren eine beträchtliche Steigerung der Gewebsoxydationen mit starker Erhöhung des Sauerstoffverbrauches (bis auf das 12fache). Atemfrequenz und Temperaturen steigen. Die Substanz greift peripher an. Über den Mechanismus der cellulären Oxydationssteigerung ist bisher Genaueres noch nicht bekannt. Tierexperimentelle Untersuchungen ergaben, daß vermehrt Kohlehydrate verbrannt werden und der Glykogengehalt der Leber und Muskeln abnimmt. Die Totenstarre tritt auffällig frühzeitig ein. Eigentümlicherweise fehlt dem 1-2-4-Dinitrophenol die den anderen Isomeren in gleicher Weise wie anderen aromatischen Nitroverbindungen eigene methämoglobinbildende Wirkung. Das Blut ist infolge Nitrohämoglobinentstehung auffällig hellrot. Eine vorübergehende Hemmung des Zentralnervensystems durch Narkotica oder Antipyretica bewirkt keine Änderung des Vergiftungsablaufes (TSCHERKESS, MELNIKOWA, DUBASCHINSKAJA). Subtoxische Dosen rufen zuweilen eine leichte Euphorie hervor. Die **Ausscheidung** erfolgt durch den Harn, teils in Form von Aminonitro- oder Diaminophenol, teils in Form von Körpern, die Zwischenprodukte zwischen Nitrobenzol und Anilin darstellen (WAGNER). Die Ausscheidung erfolgt außerordentlich rasch (TAINTER und WOOD); sie ist bereits nach 25 Stunden zum größten Teil beendet. Bei fortlaufender Zufuhr größerer Mengen von Dinitrophenol dürfte wohl eine kumulative Wirkung als wahrscheinlich anzusehen sein (WAGNER). Da die akute und chronische Vergiftung sowohl nach Inhalation der Dämpfe oder des Staubes wie nach peroraler Aufnahme unter nahezu gleichem klinischen Bilde verlaufen, kann, um Wiederholungen zu vermeiden, auf eine gesonderte Darstellung der verschiedenen Vergiftungsformen verzichtet werden.

Klinisches Vergiftungsbild: Dieses ist beherrscht von *Atemstörungen* und *Temperaturanstieg*. Die Vergiftungserscheinungen beginnen mit wenig charakteristischen Allgemeinsymptomen, wie Kopfschmerzen, allgemeiner Mattigkeit, Schwindelgefühl, Arbeitsunlust, Kreuzschmerzen, Ohrensausen, Neigung zu starkem Schwitzen, besonders nachts; manche der Kranken klagen über ein unangenehmes Wärmegefühl und Luftmangel schon nach geringen körperlichen Anstrengungen; häufig treten Appetitlosigkeit, Übelkeit, seltener Erbrechen und kolikartige Leibschmerzen mit Entleerung zahlreicher dünnflüssiger Stühle auf. Bei leichten Vergiftungen können sich die Krankheitserscheinungen auf diese wenig typischen Symptome beschränken, doch tritt regelmäßig, auch schon bei leichten Vergiftungen, eine geringe Temperatursteigerung (bis zu 38° C) auf. Bisweilen macht sich auch eine auf die Erhöhung der peripheren Oxydation zurückzuführende Gewichtsabnahme bemerkbar. Diese gewichtsvermindernde Eigenschaft des Dinitrophenols führte vor einigen Jahren zu dem Versuch, die Verbindung als Entfettungsmittel zu gebrauchen; wegen der hohen Giftigkeit der Substanz und der zahlreichen, zum Teil tödlichen Zwischenfälle mußte diese Verwendungsart verboten werden.

Die **schwere Vergiftung** beginnt mit den gleichen **Initialsymptomen** wie die leichte. Es stellt sich, je nach der Menge des aufgenommenen

Dinitrophenols wechselnd schnell, ein schweres allgemeines Krankheitsgefühl ein. Die Kranken klagen über starkes Schwitzen, heftigen Durst, Blutandrang zum Kopf und Flimmern vor den Augen. Regelmäßig besteht hohes Fieber, das bis auf 40° und mehr steigen kann. Der Grundumsatz ist stark erhöht.

Die **Atemstörungen** bestehen in einer Erhöhung der Atemfrequenz bei gleichzeitiger Abnahme der Atemtiefe. Trotz der Atmungsbeschleunigung besteht starke Atemnot. Die Kranken klagen über Lufthunger und Beklemmungsgefühl auf der Brust. In den Lungen schoppt sich Blut an; man findet perkussorisch, vor allem in den abhängigen Partien und in der Hilusgegend, eine leichte Abschwächung des Klopfschalls. Der auskultatorische Befund ist gering: Bronchialatmen, fein- und mittelblasige trockene Rasselgeräusche sind die ganze Ausbeute.

Der **Kreislauf** ist ebenfalls in Mitleidenschaft gezogen. Auffällig ist die starke Cyanose; die Lippen sind tiefdunkelblau. Im Gegensatz zu den Vergiftungen mit anderen Nitrokörpern beruht diese Cyanose jedoch nicht auf Methämoglobinbildung, sondern auf einer Kohlensäureüberladung des Blutes. Der Puls ist stark beschleunigt und schnellend; der Blutdruck zeigt Neigung zum Sinken. Am Herzen ist klinisch ein wesentlicher krankhafter Befund meist nicht zu erheben.

Charakteristisch für die Vergiftung mit 1-2-4-Dinitrophenol ist das Fehlen typischer **Blutveränderungen.** Methämoglobin ist kaum nachweisbar. Meist ist das Blut infolge von *Nitrohämoglobinbildung* hellrot, manchmal bräunlichrot; in solchen Fällen wird es aber bei Berührung mit Luft hellrot (Koelsch). Die Morphologie des Blutes ist bei der chronischen Vergiftung nicht auffällig verändert. Bisweilen besteht eine leichte Anämie. In vielen Fällen gelingt der Nachweis von Dinitrophenol im Blut. Das einfachste Verfahren ist nach Tainter und Wood das folgende:

Das zehnfach verdünnte Blut wird zunächst in der üblichen Weise mit Wolframsäure und Schwefelsäure enteiweißt; das klare, farblose Filtrat wird mit Natriumcarbonat alkalisch gemacht und die auftretende Färbung der Lösung mit derjenigen verglichen, die eine Lösung besitzt, die auf gleiche Weise aus Normalblut mit einem bestimmten Dinitrophenolzusatz erhalten wurde.

Milchsäure und Acetonkörper sind im Blut vermehrt nachzuweisen; die Alkalireserve ist vermindert. Vereinzelt wurden Agranulocytosen beobachtet (Hofmann, Bohn, Britt und Hickey, Davidsen und Shapiro u. a.). Manche Fälle verliefen nach peroraler Aufnahme mit Thrombopenie, Granulopenie, Anämie und Purpura (Jerman).

Der **Magen-Darm-Kanal** ist im allgemeinen nicht wesentlich beteiligt. Die *Zunge* ist zuweilen schmutzig gelblich belegt. Nach peroraler Aufnahme wurden gastroenteritische Erscheinungen beobachtet. Auch Schädigungen der **Leber** gehören nicht zum typischen Bild der Dinitrophenolvergiftung. Nur ganz selten kommt es zu einer Hepatitis. Die bei Dinitrophenolvergiftung öfter beobachtete Gelbfärbung der Haut und der Skleren dürfte nicht als Ausdruck einer hepatocellulären Schädigung oder eines vermehrten Blutzerfalls zu deuten, vielmehr auf Ablagerung gelber Dinitrokörper in der Haut zurückzuführen sein (Wagner).

Schädigungen der **Nieren** fehlen. Vereinzelt wurde eine Cystitis (TAINTER), nach peroraler Aufnahme bisweilen auch Albuminurie und Hämaturie beobachtet (DECHATELL). Bei gewerblichen Vergiftungen sind diese Veränderungen außerordentlich selten und gehören nicht zum typischen Vergiftungsbild. Der *Urin* ist meist gelb (WAGNER), in manchen Fällen jedoch auch von schwärzlich-grünlichem Schimmer (FLURY-ZERNIK). Der Nachweis von Dinitrophenol bzw. Aminonitrophenol erfolgt für klinische Bedürfnisse am einfachsten nach der Methode von A. MEYER:

Der Urin wird mit neutralem Bleiacetat geklärt, mit Zinkstaub und Schwefelsäure bis zur völligen Entfärbung reduziert. Zu dem Filtrat werden einige Tropfen einer mit Schwefelsäure angesäuerten Kaliumbichromatlösung zugesetzt. Die Anwesenheit von Dinitrophenol ist an der auftretenden Rotfärbung zu erkennen. Zur genaueren Untersuchung werden nach anderer Vorschrift (vgl. FLURY-ZERNIK S. 434) 10 ccm Urin mit 1 ccm 10proz. Schwefelsäure und 1 ccm 0,5proz. Natriumnitrit versetzt und die Mischung 15 Minuten im Dunkeln stehengelassen. Dann wird sie mit 10 ccm Äther ausgeschüttelt. Violette Färbung des Äthers zeigt die Anwesenheit von m-, weinrote von p-, goldgelbe von o-Aminonitrophenol an.

Das **Zentralnervensystem** ist vor allem in den letzten und schwersten Stadien der Vergiftung mitbeteiligt, in denen sich tiefe Bewußtlosigkeit, Koma und kurz vor dem Tode hochgradige motorische Unruhe, gelegentlich auch schwere Krämpfe einstellen. Im Koma sind die Pupillen maximal erweitert, die Haut- und Eigenreflexe erloschen.

Sehr typisch und vor allem nach peroraler Aufnahme recht häufig sind die Veränderungen an den **Augen.** Es handelt sich da um Linsentrübungen (subcapsuläre Trübungen), die sich oft auch erst nach Aufhören weiterer Dinitrophenolaufnahme weiterentwickeln und in verhältnismäßig vielen Fällen, nach längerer Exposition schon innerhalb sehr kurzer Zeit (3—4 Wochen), zu vollständiger Erblindung führen. Nur bei wenigen Patienten bleiben die anfangs geringfügigen Sehstörungen stationär (BOARDMAN u. a.). Man nimmt an, daß Zusammenhänge zwischen dem hohen Wasserverlust, den gesteigerten Verbrennungsvorgängen im Körper und der Linsenschädigung bestehen. Manchmal kommt es auch zu länger bestehen bleibender *Verminderung der Hörfähigkeit,* die wahrscheinlich auf exsudative Vorgänge im Mittelohr zurückzuführen ist (DINTENFASS, HITCH und SCHWARZ u. a.). Bisweilen wurden auch Parästhesien an den Händen und Unterarmen beobachtet, die offenbar mit polyneuritischen Vorgängen zusammenhängen (HITCH und SCHWARZ).

An der **Haut** wurden neben wohl mehr im Sinne einer Allergie zu deutenden maculo-papulösen und urticariellen Exanthemen, die von typischen Allgemeinerscheinungen (Eosinophilie, Fieber) begleitet waren, auch schwere exfoliative Hautveränderungen beobachtet (HITCH und SCHWARZ). Nach mehrwöchiger Dinitrophenolaufnahme trat zunächst ein über den ganzen Körper verbreiteter Pruritus auf; 2—3 Tage später entwickelten sich kleine, erythemartige, fleischrote Flecken im Gesicht und am Rücken, die sich schließlich über den ganzen Körper verbreiteten, dabei auch die Handinnenflächen, die Fußsohlen und die Kopfhaut nicht verschonten und die teils schuppten, konfluierten, teils desquamierten. Nach 3—4 Wochen entwickelte sich das Bild der schweren exfoliativen Dermatitis mit starker Rötung und beträchtlichem Ödem der Haut, mit Absonderung von Gewebssaft, Verkrustungen und gleichzeitigem Verlust der Haare und Nägel. Die Krankheitserscheinungen sind dann oft von unerträglichem Jucken begleitet und hinterlassen auf der Handinnenfläche, in den Kniekehlen und Ellenbeugen schmerzhafte Hautkontrakturen.

Verlauf: Die leichten Vergiftungen heilen meist ohne Hinterlassung von Schäden völlig aus. Die schweren Formen verlaufen schnell und können trotz aller therapeutischen Maßnahmen innerhalb von 1 bis 2 Tagen zum Tode führen. Vorübergehende Besserung und das Auftreten einer Euphorie gelten prognostisch als ungünstige Zeichen. Der Tod tritt unter den Erscheinungen des Hirn- und Lungenödems, bisweilen unter Krämpfen ein (KOELSCH).

Der **Sektionsbefund** ist meist wenig ergiebig. Auffällig ist der rasche Eintritt der Totenstarre und die schnelle Entwicklung von Totenflecken. Die Totenstarre tritt auch nach Durchschneidung des Rückenmarks so schnell ein (CERQUIGLINI). Die Muskeln reagieren alkalisch. Es handelt sich also nicht um eine Milchsäurestarre. Die Haut und die Skleren sind infolge der Dinitrophenolablagerung oft gelblich verfärbt. Die Lungen sind blutreich, häufig ödematös. Oft werden subpleurale Blutungen sowie Blutungen ins Perikard und Endokard gefunden. Entzündliche Veränderungen pflegen in den Lungen zu fehlen. Makroskopisch ist das Herz unverändert. Histologisch ist oft eine ausgeprägte Fragmentatio cordis nachweisbar. Auch in der Magen-Darm-Schleimhaut sind bisweilen zahlreiche kleine Blutungen sichtbar. Der Blutgehalt der makroskopisch unveränderten Leber ist wechselnd. Histologisch waren in manchen Fällen die Leberläppchen in der Peripherie auseinandergedrängt. Die Milz ist gelegentlich vergrößert. Die Nieren zeigen makroskopisch meist nur eine Blutüberfüllung. Das mikroskopische Bild ähnelt dem bei Sublimat- und Phosphorvergiftung (POOLE). Die Veränderungen schwanken zwischen geringfügigen Schwellungen des Tubulusepithels bis zur schwersten Degeneration der Tubuluszellen. Das Lumen der Tubuli kann mit Blutschollen angefüllt sein. Am Gehirn fanden sich Ödem und Blutungen in die weichen Hirnhäute.

Die **Prognose** ist in leichten Fällen günstig, in schweren völlig infaust.

Die **Differentialdiagnose** gegenüber den Vergiftungen mit anderen aromatischen Nitrokörpern ist durch das Fehlen einer deutlicheren Methämoglobinämie und aller ihrer Folgeerscheinungen und das deutliche Hervortreten von Atemstörungen, Hyperpyrexie, Grundumsatzsteigerung und Gewichtsverlust ziemlich leicht. Verwechslungen sind beim Vorherrschen von Nierenerscheinungen mit Quecksilber-, Phosphor- und Pilzvergiftungen vorgekommen.

Die **Therapie** ist in schweren Fällen ziemlich machtlos. Zentral angreifende Alkaloide, Barbitursäurederivate und Antipyretica sind sichtlich ohne Einfluß auf den Krankheitsverlauf. Am wirksamsten erwiesen sich reichliche Flüssigkeitszufuhr in Form großer isotonischer Kochsalz- oder Traubenzuckerinfusionen, Dauertropfeinläufen oder Hypodermoklysmen sowie kühle Bäder. Sonst ist die Behandlung die gleiche wie bei Vergiftungen durch andere aromatische Nitrokörper: eine spezifische Therapie fehlt.

Vergiftungen durch die anderen Isomeren des Dinitrophenols verlaufen grundsätzlich anders. Die klinischen Symptome ähneln denen, wie man sie bei Vergiftungen durch andere aromatische Nitrokörper zu sehen bekommt. Praktisch kommen Vergiftungen durch die anderen Isomeren des Dinitrophenols jedoch kaum vor.

8. Vergiftungen durch Pikrinsäure (Trinitrophenol).

Trinitrophenol ($C_6H_2 \cdot (NO_2)_3OH$) ist zu etwa 1% wasserlöslich und schmeckt stark bitter. Es färbt die Haut intensiv gelb. Die Verbindung ist relativ wenig gesundheitsschädlich.

Vergiftungsmöglichkeiten bestehen in der Sprengstoff- und Teerfarbenindustrie. Bisweilen kamen Vergiftungen bei der Verwendung der Pikrinsäure zum Färben vor.

Die **Aufnahme** erfolgt durch Inhalation des Staubes oder der beim Erhitzen aufsteigenden Dämpfe. Die Verarbeitung der Pikrinsäure macht in der Sprengstoffindustrie im allgemeinen keine besonderen Vorsichtsmaßnahmen nötig. Die bei *gewerblichen* Vergiftungen auftretenden Krankheitserscheinungen sind charakterisiert durch Reizung der Schleimhäute, Hautausschläge und Magenbeschwerden; sie sind im allgemeinen harmlos. Bei manchen als Trinitrophenolvergiftungen angesprochenen Intoxikationen handelte es sich in Wirklichkeit um die Wirkung nitroser Gase; die durch diese hervorgerufenen Schädigungen unterliegen jedoch nicht der Entschädigungspflicht.

Klinisches Vergiftungsbild: Die mit Pikrinsäure in Berührung kommenden Personen haben ein recht typisches Aussehen. Die Haut ist gelbbräunlich verfärbt, besonders im Gesicht, an den Händen und an den Unterarmen. Das Kopfhaar zeigt eine gelbrötliche Verfärbung, vorwiegend im Bereich der vorderen, stirnnahen Haarpartie. Die Gelbfärbung ist bei blonden Individuen besonders ausgeprägt. Die Hautverfärbung ist durch Abwaschen kaum zu entfernen. Waschungen mit warmer Molke sollen die Hautverfärbungen, mehrfaches Waschen des Kopfhaares mit warmer Traubenzuckerlösung die Haarverfärbung beseitigen (FLURY-ZERNIK).

Die **akute Vergiftung** durch Staubinhalation ist selten und ziemlich harmlos.

In einem von LESCHKE beschriebenen Fall geriet eine 18jährige Munitionsarbeiterin auf dem Gang einer Feuerwerkschule in eine Wolke von Pikrinsäurestaub. Sie wurde bewußtlos. Nach künstlicher Atmung kam sie wieder zu sich, klagte über Schmerzen im ganzen Körper, war matt, elend und niedergeschlagen. Im Blut fand sich eine mäßige hypochrome Anämie, im Differentialblutbild eine relative Lymphocytose. Die Kniesehnenreflexe waren vorübergehend abgeschwächt. Im Harn war kurze Zeit Urobilinogen vermehrt nachzuweisen. Zwei Tage lang bestand eine Oligurie. Die sofort nach der Einlieferung in die Klinik vorgenommene Magenspülung förderte massenhaft Pikrinsäurekrystalle zutage.

Bei **chronischer Einwirkung** kommt es zu entzündlichen Reizerscheinungen an den Schleimhäuten von Nase, Mund, Larynx, Trachea und Bronchien. An den Augen sind Reizzustände der Conjunctiven beobachtet worden. Gelegentlich weist die Nasenscheidewand Perforationen auf. In seltenen Fällen entwickeln sich Bronchopneumonien. Speichel und Nasensekret sehen gelb aus. Bisweilen klagen die Kranken über einen widerlich bitteren Mundgeschmack. Zu allgemeinen Vergiftungserscheinungen kommt es bei gewerblichen Vergiftungen praktisch nicht; sie wurden nur bei beabsichtigter peroraler Aufnahme von größeren Mengen Pikrinsäure (1—2 g) oder bei individueller Überempfindlichkeit beobachtet. Es entwickeln sich dann entzündliche Erscheinungen an der Magen-Darm-Schleimhaut (Gastritis und Enteritis), Fieber, neuritische Erscheinungen vor allem an den Beinen im Bereich des Nerv. ischiadicus, heftige Kopfschmerzen, Schwindel, manchmal Krämpfe und Muskelkontraktionen. Methämoglobinbildung und Nierenreizungen, die sich nach älteren Angaben in Albuminurie und Oligurie bemerkbar machen sollten, konnte KOELSCH niemals beobachten. Während des Weltkrieges waren Selbstvergiftungen mit Pikrinsäure nicht gerade selten, in der Absicht, einen sog. Pikrinikterus zu erzeugen (POHL). 0,3 g genügen, um eine Gelbfärbung der Haut und der Schleimhäute hervorzurufen. Diese beruht jedoch auf dem Übertritt unveränderter Pikrinsäure aus dem Magen-Darm-Kanal in das Blut. Die Differentialdiagnose zwischen Ikterus und Pikrinikterus ist durch Untersuchung des Blutes auf Pikrinsäure möglich.

Hierzu werden 15 Tropfen Blut mit 3 ccm einer 9,5proz. Kochsalzlösung versetzt und unter wiederholtem Schütteln 24 Stunden bei Zimmertemperatur stehengelassen. Werden dann 1—2 ccm dieser Lösung abgehebert und ist diese auch nur schwach gelb gefärbt, so ist der Nachweis der Pikrinsäure erbracht. Setzt man die gleiche Menge einer Methylenblaulösung (1 : 50000) zu, schüttelt und fügt nach einer Stunde 10—15 Tropfen Chloroform hinzu und schüttelt aus, so zeigt das Chloroform eine hellgrüne bis flaschengrüne Verfärbung, die bei gewöhnlichem Ikterus nicht auftritt.

Auch im *Harn* ist Pikrinsäure leicht nachweisbar.

Legt man einen ungefärbten Seiden- oder Wollfaden 24 Stunden lang in den mit Schwefelsäure leicht angesäuerten Harn, so wird er in Anwesenheit von Pikrinsäure gelb; eine Entfärbung des Fadens tritt auch nach längerem Wässern nicht mehr ein (KOELSCH). Man kann auch den Harn mit Salzsäure ansäuern, mit Äther ausschütteln und zu dem gelben Ätherauszug etwas Natronlauge hinzufügen. In Gegenwart von Pikrinsäure wird der Äther farblos, die Lauge rot.

Nach peroraler Aufnahme großer Pikrinsäuremengen wechselt der Urin nach längerem Stehen in auffälliger Weise seine Farbe; dieser Farbumschlag beruht auf Reduktion der Pikrinsäure in die viel giftigere Pikraminsäure (POHL).

Die **Haut** zeigt vor allem im Sommer und bei starker Hitze mehr oder minder ausgeprägte brennende, juckende, nässende und bläschenförmige ekzematöse Veränderungen; in manchen Fällen bestehen schwere Toxicodermien mit Rötung und ödematöser Schwellung der Haut, Erscheinungen, die von Fieber und schwerem allgemeinen Krankheitsgefühl begleitet sind.

Die **Diagnose** ist bei dem recht typischen Erscheinungsbild einfach, die **Prognose** in der Überzahl der Fälle günstig.

Therapeutisch sind bei akuten Vergiftungen Magenspülungen, bei chronischen Vergiftungen Abführmittel zu empfehlen, welche die Ausscheidung der Pikrinsäure beschleunigen (FLURY-ZERNIK). Sonst ist eine symptomatische Behandlung angezeigt.

9. Vergiftungen mit Trinitroanisol, α-Nitronaphthalin und Dinitronaphthalin.

Trinitroanisol ($C_6H_2 \cdot OCH_3 \cdot (NO_2)_3$) (1-2-4-6) ist eine krystallinische Substanz, die schwer löslich in Wasser ist. Die Vergiftungsmöglichkeiten sind die gleichen wie bei der Pikrinsäure. Das gleiche gilt für die Wirkung. Die Reizerscheinungen sind vor allem an der Haut etwas ausgeprägter. Die individuelle Empfindlichkeit spielt eine erhebliche Rolle. Manche Personen erkranken schon nach wenige Stunden dauernder Einwirkung. Oft bleibt eine Überempfindlichkeit der Haut schon gegenüber kleinsten Mengen zurück (KOELSCH).

α-Nitronaphthalin ($C_{10}H_7NO_2$) kann in der Teerfarben- und Sprengstoffindustrie in Form von Staub und Dämpfen eingeatmet werden. Es ist praktisch ungiftig. In der älteren Literatur sind nach vielmonatiger Einwirkung Hornhauttrübungen und Verminderung der Sehschärfe beschrieben worden. Die Heilung dieser Schäden ist langwierig und bedarf oft mehrerer Jahre (FRANK, HANKE, SILEX). KOELSCH beobachtete lediglich Bindehautentzündungen.

Dinitronaphthalin ($C_{10}H_6(NO_2)_2$) kann ebenfalls in der Teerfarben- und Sprengstoffindustrie nach Einatmung von Staub zu geringen Reizwirkungen an den Schleimhäuten führen. Das gleiche gilt für die Tri- und Tetranitronaphthaline.

B. Amidoverbindungen.

1. Die Anilinvergiftung.

Anilin ($C_6H_5 \cdot NH_2$) (= Amidobenzol, Phenylamin) ist eine ölige, farblose, ziemlich stark lichtbrechende Flüssigkeit, die sich unter Licht- und Luftzutritt dunkel färbt und einen charakteristischen Geruch sowie einen brennenden Geschmack besitzt. Es ist wenig wasserlöslich. Bei 16° C enthält die gesättigte wässerige Lösung nur 3,2% Anilin. Es ist leicht löslich in Äther, Alkohol, Aceton, Schwefelkohlenstoff sowie fetten und ätherischen Ölen. Die Dämpfe sind schwerer als Luft. Anilin verdampft bereits bei Zimmertemperatur. 1 l Luft nimmt bei 40° etwa 5 mg, bei 25° etwa 1,8 mg, bei 15° etwa 0,9 mg (CURSCHMANN, nach FLURY-ZERNIK) auf.

Vergiftungsmöglichkeiten bestehen bei der Herstellung des Anilins und bei seiner Verwendung als Ausgangsprodukt für viele Farben der Teerfarbenindustrie. Auch beim Färben mit Anilin kommen Vergiftungen vor. Im Trockenraum verflüchtigen sich die Anilindämpfe, die sich am Boden ansammeln und eingeatmet werden können. Die meisten Anilin*farben* sind ungiftig. Manchmal kommt es zu Hauterkrankungen bzw. Reizungen der Augenbindehäute durch manche Diphenylfarbstoffe (z. B. Aurantiagelb), bei Rosanilin- bzw. Triphenylmethanfarben (Wasserblau, Spritblau, Methylviolett, Malachit- oder Krystallgrün, Fuchsin, Erythrosin), durch manche Naphthalinfarbstoffe, wie Martiusgelb, Manchester- bzw. Naphtholsäuregelb, Viridin, und einige Azofarbstoffe (Chrysoidin, Bismarck- und Manchesterbraun [Vesuvin], Echtblau, Echtgelb u. a. m.). Allgemeinvergiftungen durch

Farben sind sehr selten. So wurden KOELSCH Fälle bekannt, die durch Einatmung pulverisierten Methylenblaus und von Victoriablau und Methylviolett bzw. beim Auflösen dieser Farben in heißem Wasser zustande kamen. Mit Anilin verunreinigte Teerfarbstoffe können unter Umständen ebenfalls allgemeine Vergiftungserscheinungen hervorrufen. Weitere Vergiftungsmöglichkeiten bestehen in der Gummiindustrie, wo Anilin als Zusatz zur Beschleunigung der Vulkanisation der heißen Gummimasse zugesetzt wird. Auch manche Ledercremes geben, wie mit Anilinfarbe gestempelte Wäschestücke, Hüte usw., genügend Anilin ab, um Vergiftungen herbeizuführen.

Vergiftungsmechanismus: Anilin wirkt vor allem auf das Blut und das Zentralnervensystem. Die gewerbliche Aufnahme erfolgt vorwiegend durch die Haut, seltener durch Inhalation der Dämpfe, bisweilen auch vom Magen-Darm-Kanal aus durch Verschlucken anilinhaltigen Staubs. (Über den Mechanismus der Methämoglobinbildung durch Anilin vgl. S. 146.) Anilin soll jedoch die innere Atmung noch auf andere Weise schädigen.

Bei anilinvergifteten Kaninchen fand sich ein erhöhtes Vermögen des Hämoglobins, Sauerstoff zu binden. Bei akut mit Anilin vergifteten Menschen ist das Sauerstoffbindungsvermögen des Blutfarbstoffs auch noch einige Zeit nach dem Verschwinden des Methämoglobins aus dem Blut vermindert (SCHMIDT-KEHL und WASKEWITSCH). Die auffällige Cyanose der Anilinvergifteten soll nicht nur durch die Methämoglobinämie, sondern auch durch venöse Stauung sowie durch Auftreten eines aus Anilin gebildeten Farbstoffes bedingt sein.

Örtliche Reizwirkungen besitzen die Dämpfe des Anilins praktisch nicht. Die **Ausscheidung** aufgenommener Anilindämpfe erfolgt nur zu etwa 1% durch die Lungen. Die Hauptmenge wird durch den Urin ausgeschieden. Die Giftigkeit von Anilindämpfen für den Menschen ergibt sich aus der nachstehenden Tabelle.

Giftigkeit der Einatmung von Anilindampf für den Menschen.
(Aus FLURY-ZERNIK, l. c. S. 439.)

	mg/Liter	Teile Dampf in 1 Mill. etwa
a) Nach LEHMANN:		
30—60 Min. ohne sofortige oder spätere Folgen ertragen	0,5	130
6 Stunden ohne wesentliche Symptome ertragen	0,15—0,2	40—53
b) Nach HENDERSON-HAGGARD:		
Leichte Symptome nach mehrstünd. Einatmung	etwa 0,03—0,1	7—26
60 Min. lang ohne ernstere Störungen atembar höchstens	etwa 0,4—0,6	105—160

Alkoholgenuß kann bis dahin latente Vergiftungserscheinungen plötzlich zum Ausdruck bringen. Männer sind weniger empfindlich als Frauen, die während der Menstruation eine erhöhte Anfälligkeit zeigen. Jugendliche und ältere Personen sind ebenfalls stärker gefährdet, während Fettleibige verhältnismäßig unempfindlich sein sollen. Starke Schweißbildung an den Händen und Füßen sowie hohe Raumtemperaturen begünstigen die Entstehung der Anilinvergiftung.

a) Die akute Anilinvergiftung.

Die **Initialsymptome** bestehen in einer leichten bläulichen Verfärbung der Akra (Nase, Ohren, Finger- und Zehennägel) sowie der Lippen- und Mundschleimhaut. Oft besteht noch zu diesem Zeitpunkt volles Wohlbefinden und die Vergifteten werden erst von Dritten auf diese Krankheitserscheinungen aufmerksam gemacht. Nicht selten tragen die Kranken ein ausgesprochen frohes, euphorisches Benehmen zur Schau, sind heiter, humorvoll, frohgestimmt, schwatzhaft und zu allerlei Scherzen aufgelegt; gelegentlich sind sie desorientiert; diese Erscheinungen sind unter dem Namen „Anilinpips" bekannt. In den leichtesten Fällen beschränken sich die Vergiftungserscheinungen auf diese Symptome.

In schweren Fällen kontrastiert die ausgeprägte Blässe der Haut, vor allem im Gesicht, eigentümlich gegen die mehr und mehr zunehmende Cyanose von Lippen, Nase und Ohren. Die Kranken klagen über Übelkeit, Kopfschmerzen, Präkordialangst, Herzklopfen, Kurzatmigkeit, Schweißausbrüche, Schwindelanfälle, schwankenden Gang, leichte Ohnmachten und Benommenheit. Die Sprache wird schwerfällig; manchmal besteht häufiger Harndrang und Brennen beim Wasserlassen; auch Blasenblutungen kommen vor (vgl. a. Abschnitt: Der Blasenkrebs der Anilinarbeiter S. 175).

Volles Vergiftungsbild: Allmählich wird die Cyanose immer intensiver; die Haut bekommt eine bläulichbraune Farbe. Die subconjunctivalen Gefäße sind stark injiziert.

Die **Atmung** ist flach, beschleunigt, erschwert und ruckartig. Die Kurzatmigkeit steigert sich bis zu hochgradigem subjektiven Erstickungsgefühl. In manchen Fällen sind die Atemstörungen nicht so stark ausgeprägt, wie man nach der Stärke der Cyanose erwarten möchte (FRANK-BEYER). Manchmal besteht Trachealrasseln. In vereinzelten Fällen entwickelt sich eine Bronchitis mit Schnupfen und Heiserkeit. Häufig fehlen diese Symptome völlig, so daß die Auskultation ein völlig negatives Resultat hat. Bisweilen klagen die Kranken über starke Trockenheit im Schlund und Durst und verlangen zu trinken. Im späteren Verlauf der Vergiftung treten Erstickungsanfälle mit Krämpfen auf.

Der **Kreislauf** ist in wechselnder Stärke beteiligt. Zunächst bleiben Blutdruck und Puls verhältnismäßig lange normal (F. MÜLLER). Dann setzt eine stärkere Tachykardie bis zu 145/min ein. Der Blutdruck ist zunächst erhöht, während in späteren Stadien der Vergiftung Blutdruck wie auch Pulsfrequenz eine Neigung zum Sinken zeigen. Der Puls wird dann klein und leicht unterdrückbar; die Haut wird kalt, die Körpertemperatur sinkt, nachdem bisweilen vorübergehend eine Temperaturerhöhung aufgetreten ist. Das Herz selbst zeigt keine typischen Formveränderungen.

Im **Blut** sind im wesentlichen die gleichen Schädigungen festzustellen wie bei der Nitrobenzolvergiftung. Die Methämoglobinämie ist ausgeprägt und wird nicht nur bei Entnahme des schokoladefarbenen Blutes aus den Venen, sondern auch beim Ausstreichen auf einem Objektträger durch die bräunliche Farbe deutlich. Schon in kurzer Zeit entwickelt sich eine deutliche Anämie. Die Hämoglobinwerte sinken auf 50—60%. Der spektroskopische Nachweis des Methämoglobins gelingt leicht. Bis zu 50% und mehr des vorhandenen Blutfarbstoffes kann in Methämoglobin umgewandelt sein. Das Methämoglobin verschwindet nach Aufhören weiterer Giftzufuhr ziemlich schnell aus dem Blut; in leichten Fällen schon nach 3 Tagen. Die Erythrocyten weisen die gleichen Formveränderungen auf wie bei der Nitrobenzolvergiftung (s. diese). HEINZsche Innenkörper sind regelmäßig nachzuweisen. Sie sind stets feiner strukturiert und kleiner als bei Vergiftungen durch aromatische Nitroverbindungen (FREIFELD, SCHILOWA und LUDWINOWSKI). Die Resistenz der Erythrocyten ist oft deutlich vermindert (MANGILI). Das weiße Blutbild zeigt keine typischen Veränderungen.

Der **Magen-Darm-Kanal** ist an dem Krankheitsgeschehen mitbeteiligt. Nach Appetitlosigkeit und stärkerem Durstgefühl klagen die Kranken über Übelkeit, Würgen im Hals und häufiges Erbrechen. Bisweilen bestehen gastritisartige Magenbeschwerden und Durchfälle.

Die **Leber**gegend ist nach Abklingen der schwersten Symptome oft noch einige Zeit etwas druckempfindlich. Nur in wenigen Fällen tritt eine toxische Hepatitis mit Milzschwellung auf (SCHWOERER und THORNER). In diesen Fällen entwickelt sich meist auch ein Ikterus mit deutlicher Gelbfärbung der Skleren und der Haut. Im Urin finden sich dann Gallenfarbstoffe (Urobilin, Urobilinogen, Bilirubin).

Auch am **Harnapparat** finden sich Störungen. Die Harnentleerung ist erschwert; manchmal lassen die Patienten Harn und Stuhl unter sich. Je nach der Schwere der Nierenschädigung treten im Urin Eiweiß, vor allem Globulin, manchmal auch rote Blutkörperchen auf. Die Harnfarbe ist anfangs hell, beim Fortschreiten des Blutfarbstoffzerfalls tiefrot. Der Urin enthält Blut und p-Aminoschwefelsäure bzw. p-Amidophenol. Bisweilen kommt es zu subepithelialen Blutungen, die im Trigonum und am Blasenhals lokalisiert sind. Cystoskopisch finden sich flächenhafte Hämorrhagien, doch fehlen Gefäßinjektionen und Gefäßerweiterungen, wie sie bei der Cystitis haemorrhagica zu finden sind.

(Über Tumorentwicklung vgl. den Abschnitt: Der Blasenkrebs der Anilinarbeiter.) Die Blasenblutungen, die von Dysurie und Strangurie begleitet sein und auch nach akuten Anilinvergiftungen auftreten können, erfolgen subepithelial. Die Cystoskopie läßt erkennen, daß sie über die ganze Schleimhaut der Blase verteilt sind und daß sie besonders dicht im Blasenhals und Trigonumbereich auftreten, während sie im Scheitel der Blase nur vereinzelt gefunden werden. Die Blutungen sind oft von einem rötlichen Hof umgeben; die Gefäße sind zart und nicht injiziert. Die Schleimhaut ist im Bereich der Blutungen oft etwas vorgewölbt. Die Abgrenzung gegenüber einer hämorrhagischen Cystitis dürfte mithin keine allzu großen Schwierigkeiten bereiten. Die Blasenbeschwerden setzen meist schon am 1. oder 2. Tag nach der akuten Vergiftung ein. Die Kranken verspüren verstärkten Harndrang und heftige Schmerzen (Tenesmen) in der Blasengegend, verstärkt nach Alkoholgenuß. Meist klingen die Blasenbeschwerden im Verlaufe einer Woche ab; Dauerschäden hinterbleiben zunächst nicht. In manchen Fällen, vor allem bei Alkoholikern, finden sich im Sediment typische Zeichen der Nephritis. Spektroskopisch läßt sich im Urin gelegentlich Hämatoidin-Bilirubin nachweisen. Zuweilen ist die Urinmenge vermindert, das spezifische Gewicht erhöht. Mitunter ist p-Amidophenol durch die Indophenolreaktion nachweisbar. Die Reaktion wird folgendermaßen ausgeführt: Die mit verdünnter Salzsäure angesäuerte Urinprobe wird mit Äther ausgeschüttelt. Dem Ätherrückstand werden 5 Tropfen einer gesättigten wäßrigen Phenollösung zugesetzt; dann wird mit Ammoniak stark alkalisch gemacht. Bei positivem Ausfall der Reaktion kommt eine Blaufärbung zustande, welche die Anwesenheit von p-Amidophenol beweist. Ist Nitrophenol vorhanden, so färbt sich der Ätherrückstand des angesäuerten Urins nach Alkalisierung gelb.

An den **Geschlechtsorganen** wurden bei Frauen gelegentlich Uterusblutungen beobachtet (Mangili); man nimmt eine direkte Wirkung des Anilins auf die Elemente der Uterusschleimhaut als wahrscheinlich an.

Das **Zentralnervensystem** ist bei der akuten Vergiftung verhältnismäßig wenig betroffen. Es kommt zu den verschiedensten Sensibilitätsstörungen, zu Muskelschmerzen und Muskelzuckungen, zu Gelenkbeschwerden, Seh- und Sprachstörungen.

In den allerschwersten Fällen tritt Bewußtlosigkeit und Cyanose in kürzester Zeit ein. Der Puls wird klein, die Atmung flach; es treten zentrale Krämpfe und Lähmungen auf. Die Sehnenreflexe sind ziemlich lange erhalten; die Pupillen sind im Endstadium lichtstarr oder reagieren nur träge. Der Tod erfolgt in tiefster Bewußtlosigkeit.

Der **Sektionsbefund** ist im wesentlichen der gleiche wie bei der akuten Nitrobenzolvergiftung (vgl. diese). Die Venen sind oft blutüberfüllt. Oft finden sich multiple Blutungen, Pigmentanhäufungen und Blutungen in der Leber. Das Blut ist braun verfärbt.

Nicht zu übersehen sind die **Spätfolgen und Nachwirkungen,** an deren Vorhandensein nach den neueren Befunden kaum noch gezweifelt werden kann. So bestehen oft kurz dauernde Schwächeanfälle mit Dunkelwerden vor den Augen und dem Gefühl der Trunkenheit, die den Kranken zwingen, sich niederzusetzen oder niederzuknien. Die Neubildung der Erythrocyten ist oft mangelhaft, so daß über lange Zeit eine hypochrome Anämie besteht. Nur sehr selten kommt es zu bleibenden Schädigungen des Herzens. Psychosen, Delirien, Tobsuchtsanfälle wurden ebenfalls vereinzelt als Nachwirkungen beobachtet. Die Entwicklung einer Rentenneurose ist nach akuten Anilinvergiftungen eine nicht gerade seltenes Ereignis. Das Überstehen einer akuten Anilinvergiftung kann eine Neigung zu Rückfällen hinterlassen. Noch nach längerer Zeit äußern die Kranken Klagen über Mattigkeit, Appetitlosigkeit und Schlafsucht und sind blaß. In einem Einzelfalle wurde im Anschluß an eine akute Anilinvergiftung eine sich im Verlaufe von Jahren entwickelnde zunehmende Schwäche mit Gewichtsverminderung, immer stärker werdender Anämie und relativer Leukocytose beobachtet (Haldiman).

Die **Prognose** ist im allgemeinen günstig außer in den Fällen, in welchen die Vergiftungserscheinungen blitzartig mit Bewußtlosigkeit und Koma einsetzen. Die Wiederherstellung erfolgt meist in kürzerer Zeit als nach Nitrobenzolvergiftung.

Therapeutisch haben sich große Aderlässe mit nachfolgenden großen Bluttransfusionen, reichliche Flüssigkeitszufuhr in Form isotonischer Kochsalz- und Traubenzuckerlösungen oder Normosal, Hypodermoklysmen, Dauertropfeinläufe, Darreichung eines Sauerstoff-Kohlensäure-Gemisches, Injektionen von Cardiazol, Coramin, Coffein, Strophanthin und Lobelin bewährt. In manchen Fällen muß künstliche Atmung eingeleitet werden. Die Darreichung von Alkohol ist streng zu vermeiden.

b) Die chronische Anilinvergiftung.

Die chronische Anilinvergiftung macht zunächst weniger alarmierende Symptome. Die **Initialsymptome** bestehen in Schwindel, Schwäche und Kopfschmerzen, Arbeitsunlust, Mattigkeit, leichter Ermüdbarkeit, Schlafstörungen, Ohrensausen und vermindertem Appetit. Vereinzelt klagen die Kranken über Herzklopfen bei Anstrengungen, Schweißausbrüche und Kurzatmigkeit. Allmählich werden die Kranken immer blasser infolge einer immer stärker werdenden Anämie. Die Schleimhäute können zeitweise cyanotisch verfärbt sein.

Am **Kreislauf** fällt oft die Pulsverlangsamung und eine deutliche Blutdrucksteigerung auf. Am Herzen selbst ist, genau wie an den Lungen, ein wesentlicher krankhafter Befund nicht zu erheben, was vor allem bei stärkerer Cyanose recht auffällig sein kann.

Im **Blut** ist bei der chronischen Vergiftung nicht immer bzw. nur in bestimmten Zeitabschnitten Methämoglobin nachzuweisen. Das Blutbild zeigt meist eine deutliche hypochrome Anämie mit zum Teil beträchtlicher Verminderung des Blutfarbstoffes und gleichzeitigem Absinken der Erythrocytenwerte. Im Ausstrich zeigen die roten Blutkörperchen deutliche Formveränderungen: kleine Abschnürungen, Poikilo- und Anisocytose. Als Frühsymptom finden sich kleine HEINZsche Innenkörper (9—22$^0/_{00}$), manchmal auch basophil getüpfelte Erythrocyten, mitunter auch Erythrocytenschatten. Normoblasten sollen fehlen (ZANGGER). Vereinzelt kommt es im Beginn der chronischen Vergiftung vorübergehend zu einer Erhöhung der Zahl der Erythrocyten bei niedrigem Blutdruck. Die Erythrocyten sollen zum Teil aus den Blutdepots, zum Teil auch aus dem Knochenmark stammen, wo sie vermehrt gebildet werden. Die Gesamtzahl der Leukocyten ist zuweilen ein wenig vermehrt.

Die Störungen im Bereiche des **Magen-Darm-Kanals** bestehen im allgemeinen in dyspeptischen Beschwerden wie Appetitmangel, Übelkeit und Brechreiz. Vereinzelt traten auch gastroenteritische Erscheinungen auf. In manchen Fällen kommt es zu leichten **Nieren**reizungen mit vorübergehender Hämaturie und Albuminurie. Die bei chronischen Anilinvergiftungen auftretenden Blasenerkrankungen (Neubildungen) werden besonders abgehandelt.

Die Störungen am **Zentralnervensystem** drücken sich neben den als Initialsymptomen genannten Allgemeinerscheinungen meist nur in leichten Sensibilitätsstörungen, Gelenk- und Muskelschmerzen sowie Neuralgien aus. Die Pupillenreaktion ist oft träge oder abgeschwächt. An den **Augen** wurden in Anilinschwarzfärbereien bisweilen Bindehautentzündungen, Bläschenbildungen auf der Hornhaut, vorwiegend im Bereich der Lidspalten, mit grünlicher bis bräunlicher Verfärbung beobachtet. Die Dämpfe des zu Benzochinon oxydierten Anilins verursachen auf der Hornhaut eine bandförmige violette Verfärbung, die bis zu 3 mm breit sein kann. Daran schließt sich, durch einen Spalt getrennt, ein keilförmiger, bräunlicher Fleck in der Sklera, der der Lidöffnung entspricht. Es handelt sich um Farbstoffniederschläge, die zwischen den Zellen liegen. In manchen Fällen nimmt die Sehkraft ab.

An der **Haut** kommt es zu nässenden oder bläschenbildenden, teils impetiginösen Ekzemen sowie zu akuten Entzündungserscheinungen. Die ekzematösen Veränderungen bekommen in späteren Stadien nicht sosehr selten ein seborrhoisches Aussehen. Vereinzelt wurden auch papilloverruköse Veränderungen, Hyperkeratosen und epitheliale Neubildungen an den Händen und im Gesicht beobachtet (HENKE-LUBARSCH).

Als **Folgeerscheinungen** der chronischen Vergiftung durch Anilin wurden Anämien, allgemeine Schwäche, erhöhte Reizbarkeit, Gedankenlosigkeit, Denkschwäche, Unsicherheit beim Gehen, Kopfschmerzen, Zittern, gesteigerte Sehnenreflexe und relative Lymphocytosen beobachtet.

Der **Sektionsbefund** ist wenig typisch. Die Lungen zeigen manchmal Blutaustritte. Das Blut ist zuweilen dünnflüssig, die Erythrocyten weisen Konturveränderungen auf. Methämoglobin ist meistens nicht nachweisbar. An den Schleimhäuten des Magens und des Darmes finden sich submucöse Blutungen. Die Nieren können Reizerscheinungen zeigen. Die Zellen der Leber, der Nieren und des Herzens lassen oft Zeichen der fettigen Degeneration erkennen.

Die **Therapie** erstreckt sich lediglich auf die Entfernung aus dem gefährdenden Milieu und auf symptomatische Maßnahmen. Da oft eine erhöhte Empfindlichkeit für erneute Vergiftungen zurückbleibt, ist in den meisten Fällen ein Arbeitsplatzwechsel anzuraten.

c) Der Blasenkrebs der Anilinarbeiter.

Bei Arbeitern, die der Einwirkung von Anilin und einigen anderen in der Teerfarbenindustrie verwendeten aromatischen Amidoverbindungen ausgesetzt sind, tritt bisweilen der sog. Anilinkrebs der Blase auf.

Die ersten Beobachtungen wurden schon 1877 (GRANDHOMME) veröffentlicht. REHN war der erste, der auf dem Chirurgenkongreß im Jahre 1895 Papillome und ein Sarkom der Blasenschleimhaut beschrieb und der die Vermutung äußerte, daß aromatische Amidoverbindungen, darunter Toluidinanilin und Nitrobenzol, Ursache dieser Schleimhautveränderungen seien. Wenig später teilte LEICHTENSTERN Tumorbildungen in der Blase mit bei Arbeitern, die mit Naphthol-Naphthylamin bzw. Toluidin gearbeitet hatten. In der Folgezeit häufte sich die Zahl der Fälle. Bis 1912 betrug die Zahl der Beobachtungen 41, denen von LEUENBERGER weitere 18 Fälle zugefügt wurden. Die ergriffenen Schutzmaßnahmen haben die Zahl der vorkommenden Fälle wesentlich verringert, so daß heute bei Anilinarbeitern nur noch sporadisch Blasentumoren zu beobachten sind.

Nach dem Wortlaut der III. VO. sind die unter der Einwirkung „aromatischer Amine" entstehenden Neubildungen der Blase und der abführenden Harnwege entschädigungspflichtig. Unter aromatischen Aminen sind ganz allgemein Kohlenwasserstoffe der Teerreihe (Benzolabkömmlinge) zu verstehen, bei denen ein oder mehrere H-Atome durch eine oder mehrere NH_2-Gruppen ersetzt sind oder in denen der Wasserstoff der Aminogruppe durch Alkyl- oder Phenylradikale substituiert ist.

Gefährdet sind nicht nur die mit der Herstellung von Naphthol, Methyl- und Chlorderivaten des Anilins, von o- und p-Toluidin, β-Naphthylamin, Diphenylamin, vor allem Benzidin und seinen Homologen Tolidin und Dianisidin, sowie Anilin, Xylidin, Cumidin, Phenylnaphthylamin, Blauöl, Anilinfarben (Anilinschwarz, Fuchsin, Eosin, Safranin, Kongorot, Benzoepurpur) beschäftigten Chemiker, Ingenieure und Arbeiter, sondern gelegentlich auch Färber; auch bei in unmittelbarer Nähe arbeitenden Personen (Portier, Buchhalter, Kantinenwirt) und bei den in unmittelbarer Nähe des Fabrikbetriebes wohnenden Familien der Arbeiter wurden vereinzelte Erkrankungsfälle bekannt. Immerhin muß eine gewisse persönliche Disposition beim Zustandekommen der Blasenveränderungen von Bedeutung sein, da immer nur ein Teil der sonst unter ganz gleichen Bedingungen beschäftigten Arbeiter erkrankt. Als besonders gefährlich gilt die Beschäftigung mit Benzidin und β-Naphthylamin. Halbjährige Beschäftigung mit einem dieser Stoffe scheint zu genügen, um nach Ablauf eines Jahrzehnts oder länger zur Entwicklung eines Blasenkrebses zu führen. Genaueres über den eigentlichen Wirkungsmechanismus ist bis heute noch nicht bekannt. Manche Autoren halten das allen diesen Stoffen mehr oder weniger anhaftende Anilin für die einzige Ursache dieser Neubildungen in der Blase (Nassauer), während andere erst im Organismus entstehende Umwandlungs- und Abbauprodukte für den wesentlichen Faktor halten. So wurde vor allen Dingen der Hydroxylierung ein- oder mehrkerniger aromatischer Amidoverbindungen eine besondere ätiologische Rolle zugesprochen (Leuenberger).

Die **Aufnahme** der cancerogenen Noxe erfolgt im wesentlichen durch die Atmungsorgane bzw. durch die Haut, während die Resorption vom Magen-Darm-Kanal aus sicher nur von geringer Bedeutung ist. Die aufgenommene Schädlichkeit gelangt nach Aufnahme in die Blutbahn zu den Nieren, wo sie ausgeschieden wird, ohne die Nieren selbst zu schädigen, um dann in den abführenden Harnwegen zu einer Reizung und Wucherung des Gewebes zu führen. Da in anderen Organsystemen niemals Neubildungen beobachtet worden sind, nimmt man eine besondere biologische Affinität der cancerogenen Noxe zum Epithel der ableitenden Harnwege an, wobei Intensität und Dauer der örtlichen Reizwirkung auf den Zeitpunkt des Auftretens und den histologischen Aufbau der entstehenden Geschwulst offenbar ohne Einfluß sind (Oppenheimer).

Klinisches Bild: Im allgemeinen kann man sagen, daß die Klinik der unter der chemischen Einwirkung aromatischer Amine und ihrer Umwandlungsprodukte entstehenden Tumorbildungen in der Blase sich nicht wesentlich von anderen, spontan an dieser Stelle auftretenden Neubildungen unterscheidet. Auffälligerweise tritt die Tumorbildung in den Harnwegen von Anilinarbeitern schon frühzeitig auf: am Ende des 3. bzw. im Verlaufe des 4. Lebensjahrzehntes. Das hauptsächlichste Symptom, von dem das klinische Krankheitsbild völlig beherrscht wird, ist die *Hämaturie und Dysurie.* Die erste Blutung erfolgt meist ganz plötzlich bei bestem Wohlbefinden ohne vorhergehende, irgendwie charakteristische Prodromalsymptome. Da sie in vielen Fällen vereinzelt bleibt, wird sie von dem Erkrankten meist nicht weiter beachtet, auch wenn sie sich in viertel- oder halbjährlichen Abständen zunächst wiederholt. Bisweilen setzt als erstes Symptom häufiger Urindrang ein mit Schmerzen in der Blasengegend, vor allem bei der Harnentleerung. In solchen Fällen führen die Schmerzen den Kranken früher zum Arzt, während in den erstgenannten, bei denen die ersten Krankheitszeichen lediglich in gelegentlicher Entleerung von Blutharn bestehen, die ärztliche Hilfe viel später in Anspruch genommen wird. In manchen Fällen treten die Blutungen nach Erektionen auf oder dauern auch einige Tage. Sind erst einmal Gewebswucherungen in der Blase vorhanden, so geht die weitere Geschwulstentwicklung oft sehr rasch vor sich. Je nach dem Zeitpunkt, zu dem die Kranken zur Behandlung kommen, ist der Grad der Abmagerung, der Blässe und die Schwere der bestehenden Anämie unterschiedlich. Die gelegentlich bestehenden Schmerzen in der Blasengegend, die druckempfindlich wird, können in den Rücken ausstrahlen. Im Urin finden sich im allgemeinen hauptsächlich Erythrocyten, vereinzelte Leukocyten und Spuren von Eiweiß, die auf den Blutgehalt des Urins zu beziehen sind, während Zylinder und Nierenepithelien eigentlich immer fehlen. Zuweilen finden sich Blutkoagula, welche die Harnblase so stark ausfüllen, daß die Harnentleerung dadurch erschwert oder ganz unmöglich gemacht wird. Die Stärke der Blutung ist wechselnd. In manchen Fällen treten die Blasenblutungen akut auf und verschwinden schnell wieder, um dann nach einigen Wochen erneut aufzutreten. Bisweilen halten die Blutungen auch wochenlang an. Der Urin ist meist gleichmäßig blutig gefärbt, in den blutungsfreien Intervallen jedoch wieder völlig klar; manchmal tritt die Hämaturie auch erst am Ende der Miktion auf. Häufig besteht eine Strangurie, die manchmal vor, bisweilen auch erst einige Tage nach Einsetzen der Hämaturie bemerkt wird.

Die *cystoskopische Untersuchung,* die infolge des starken Blutgehaltes des Urins auch nach gründlicher Spülung recht schwierig sein kann, deckt zum Teil noch gutartige Papillome und Fibrome, in anderen Fällen bösartig entartete Zottengeschwülste, die zu besonders starken Blutungen neigen, papilläre Epitheliome, breit aufsitzende Carcinome, Sarkome, Carcino-Sarkome oder Tumoren unbestimmten Charakters auf, die vorwiegend am Blasengrund zwischen den Uretermündungen sitzen, nur vereinzelt an der Blasenkuppe und ganz selten auch einmal im Nierenbecken lokalisiert sein können, die oft von Schleim bedeckt sind und nicht selten geschwürige Zerfallsherde oder auch Hämorrhagien aufweisen. Das umgebende Gewebe ist mehr oder weniger stark entzündlich infiltriert. Bei Papillomen, die im Blaseninhalt flottieren, kann sich der Tumor vor die innere Mündung legen und so den Urinabfluß behindern. Der Allgemeinzustand ist bei fortgeschritteneren bösartigen Tumorbildungen meist stark herabgesetzt. Die Anämie trägt den Charakter einer hypochromen Blutungsanämie. Haut und sichtbare Schleimhäute sind blaß. An den sonstigen inneren Organen ist ein krankhafter Befund meist nicht zu erheben. Die Blasenkapazität ist oft deutlich vermindert. In vereinzelten Fällen sind Metastasen in den inguinalen Lymphdrüsen zu finden. Metastasen sind jedoch selten.

Der *Urin* enthält neben roten oft noch mehr weiße Blutkörperchen, als dem Blutgehalt des Urins entspricht, Epithelien, manchmal auch winzige Fetzen, die bei mikroskopischer Untersuchung als Partikel zu erkennen sind, die aus Schleim und weißen und roten Blutkörperchen zusammengesetzt sind. Zuweilen finden sich Fibrinklumpen, die bröckelige Massen, Leukocyten und Erythrocyten einschließen können. Gelegentlich handelt es sich auch um von den Tumoren abgerissene Gewebsteilchen mit großen multiformen Tumorzellen in diffuser Anordnung und mit Gefäßversorgung.

Die **Diagnose** ist bei dem meist recht klaren Befund nicht allzu schwierig. Für die Anerkennung der Blasenerkrankung als Berufskrankheit ist der sichere anamestische Nachweis notwendig, daß der Erkrankte einmal mit Anilin oder anderen aromatischen Aminen einige Monate oder länger in Berührung gekommen ist.

Die **Prognose** ist bei den malignen Tumoren nicht allzu günstig. Wenn die Blasentumoren auch nur wenig zur Metastasierung neigen, so werden sie meist erst zu spät erkannt.

Therapeutisch wird man sich, wenn irgend möglich, doch zu einer Operation entschließen müssen und die Indikationsstellung zum operativen Eingriff im Hinblick auf die Tatsache, daß anfangs noch gutartige Papillome sehr zur malignen Entartung neigen, ziemlich weit fassen müssen. Kleinere, leicht erreichbare Tumoren wird man endovesical oder durch Sectio alta angehen müssen, vor allem dann, wenn bereits Verwachsungen mit den Nachbarorganen bestehen. In inoperablen Fällen wird man sich auf die Verabreichung von schmerzlindernden Mitteln, Hämostypticis und sonstige, rein palliative Maßnahmen beschränken müssen.

2. Vergiftungen durch Chloranilin, Nitroanilin, Toluidine und Xylidine, Chlortoluidin und m-Toluylendiamin.

Im wesentlichen sind die klinischen Vergiftungserscheinungen mit den bei der Anilinvergiftung beschriebenen identisch. Es bestehen lediglich graduelle Unterschiede.

Vom **Chloranilin** ($C_6H_4 \cdot NH_2 \cdot Cl$) existieren drei in der Teerfarbenindustrie benutzte Isomeren, die nur wenig flüchtig sind. Vergiftungen durch Einatmung der Dämpfe dieser Verbindungen sind daher bis jetzt noch nicht bekanntgeworden. Vergiftungen durch Dämpfe scheinen nur dann möglich zu sein, wenn die Temperatur außergewöhnlich hoch ist. o- und m-Chloranilin sind Flüssigkeiten; p-Chloranilin ist eine leicht zerfließliche krystalline Substanz. Die Gefahr der Verstäubung ist daher gering. Die Aufnahme von o- und m-Chloranilin ist jedoch in gleicher Weise wie beim Anilin durch die Haut möglich. Die einzige bisher bekannte, von KÖTZING beschriebene gewerbliche Vergiftung mit Chloranilin ereignete sich durch Aufnahme von auf die Arbeitskleidung verspritztem m-Chloranilin durch die Haut. Das klinische Vergiftungsbild entsprach dem der akuten Anilinvergiftung: $1^1/_2$ Stunden nach dem Verschütten der Flüssigkeit setzten Cyanose, $5^1/_2$ Stunden später Schwindel und Taumeln, dann Übelkeit und Erbrechen ein. Bei der Einlieferung ins Krankenhaus, $8^1/_2$ Stunden später, bestanden heftige Kopfschmerzen, starke Cyanose und Atemnot. Herz und Lungen zeigten keinen krankhaften Befund. Puls 108/min, gespannt. Das Venenblut sah rotbraun aus. Nach Aderlaß trat allgemeine Unruhe, fliegender Puls, mühsame und beschleunigte Atmung auf. Im Blut war nach 9 Stunden kein Methämoglobin mehr nachweisbar. Im Urinsediment fanden sich einige Erythrocyten. Die Temperatur erhöhte sich vorübergehend auf 38,8° C. Im Differentialblutbild bestand eine relative Lymphocytose von 41%. Am 4. Behandlungstage war der Patient wieder völlig hergestellt. Therapeutisch erwiesen sich Kochsalzinfusionen mit Adrenalinzusatz als sehr wirksam. Die Pulsbeschleunigung bestand 2 Tage lang.

Vom **Nitroanilin** ($C_6H_4 \cdot NH_2 \cdot NO_2$) existieren ebenfalls drei Isomeren, die alle drei krystalline Substanzen darstellen. Vergiftungen können durch Verstäuben in der Teerfarbenindustrie zustande kommen. Nach KOELSCH ähnelt das klinische Vergiftungsbild dem der Anilinvergiftung, wobei die Blutschäden, insbesondere die Methämoglobinbildung, ganz das Krankheitsbild beherrschen.

Die **Toluidine** ($C_6H_4 \cdot CH_3 \cdot NH_2$) und **Xylidine** ($C_6H_3 \cdot (CH_3)_2 \cdot NH_2$) können bei ihrer Verwendung in der Teerfarben- und Sprengstoffindustrie durch Einatmen der Dämpfe zu Vergiftungserscheinungen führen, die ebenfalls denen der Anilinvergiftung entsprechen. Als charakteristische Anfangssymptome gelten Hitzewallungen, besonders im Gesicht, und starke Kopfschmerzen.

Chlortoluidine ($C_6H_3 \cdot CH_3 \cdot NH_2 \cdot Cl$) finden in der Teerfarbenindustrie Verwendung. Vergiftungen dürften hauptsächlich infolge Aufnahme durch die Haut zustande kommen. Das Vergiftungsbild ist das gleiche wie bei der Anilinvergiftung. Gewerbliche Vergiftungen wurden bisher nicht bekannt.

m-Toluylendiamin ($C_6H_3 \cdot CH_3 \cdot (NH_2)_2$) (1-, 2-, 4-) wird allein und in der Teerfarbenindustrie mit p-Phenylendiamin (s. S. 180 ff.) gemischt zum Färben von Pelzen benutzt. Vergiftungen kommen durch Einatmen von Staub oder Dämpfen zustande. Das klinische Vergiftungsbild ähnelt in manchen Fällen dem der p-Phenylendiamin-Vergiftung oder es ist beherrscht von der Methämoglobinämie und Hämolyse. Gelegentlich entwickelte sich eine akute gelbe Leberatrophie.

Gewerbliche Vergiftungen durch p-Toluylendiamin sind bisher nicht häufig vorgekommen. H. R. RAYMOND und N. S. SACKS teilten neuerdings eine Vergiftung bei einer 61jährigen Krankenschwester mit, welche wahrscheinlich durch diese Verbindung, die in einem Haarfärbemittel enthalten war, hervorgerufen wurde. Unmittelbar nach der Färbeprozedur hatte sie sich eine Dauerwelle machen lassen, wodurch die Resorption beschleunigt worden sein soll. Die Vergiftungserscheinungen setzten mit Nasenbluten, gesteigerter Ermüdbarkeit und Schmerzen in der Herzgegend und im Unterbauch ein. Später traten Knöchelödeme, Kurzatmigkeit, Gewichtsabnahme und blutige Durchfälle auf. Die Milz war stark vergrößert; an den Beinen entwickelten sich Ekchymosen. Allmählich trat ein immer stärker werdender Ikterus auf. Leberfunktionsprüfungen wiesen auf eine schwere Leberparenchymchädigung hin. Septische Temperaturen und eine Makrocytenanämie vervollständigten das schwere klinische Bild. Nach 11monatiger Krankheitsdauer trat der Tod ein. Die Sektion deckte eine subakute gelbe Leberatrophie, eine Milzvergrößerung, Ascites, eine chronisch-passive Stauung des Magen-Darm-Traktes, schwere Gelbsucht und eine doppelseitige lobäre Pneumonie auf.

Phenylhydrazin, das außerdem juckende Hautausschläge verursacht, **Anisidin** (Di- und Nitroanisidin), wie auch das **Benzidin,** verursachen ähnliche Allgemeinerscheinungen wie die Toluylendiamine.

3. Vergiftungen durch Tetranitromethylanilin (Tetryl).

Tetryl ($C_6H_2 \cdot (NO_2)_3 \cdot N \cdot NO_2 \cdot CH_3$) wird in der Sprengstoff- und Munitionsindustrie verwendet. Die Aufnahme erfolgt durch Einatmung des Staubes. Die Vergiftungserscheinungen sind charakterisiert durch Haut- und Schleimhautreizungen. Die Vergifteten bieten ein recht typisches Bild. Alle unbedeckten Partien der Haut sind, wie die Haare und Conjunctiven, intensiv gelb gefärbt. Die Kranken klagen über Schlaflosigkeit, Schwäche und Schwindel. Oft besteht Conjunctivitis; die Reizung der Nasenschleimhaut macht sich durch starke Schleimsekretion, heftiges Niesen, manchmal auch Nasenbluten bemerkbar. Zuweilen treten, wie bei den Ursolen, Asthmaanfälle auf. Bei Frauen kam es manchmal während der Menstruation zu leichten Magen-Darm-Störungen und geringem Ikterus. Manche Arbeiter gewöhnen sich an den Reiz und reagieren nicht mehr. An der Haut finden sich Reizzustände aller Grade: von leichten Entzündungen bis zu papulösen Ekzemen und ausgeprägten, schnell auftretenden Ödemen, die vor allem im Bereich der Gesichtshaut auftreten.

Die *Therapie* ist symptomatisch. Die Erkrankten müssen mit der Arbeit aussetzen. Bei schweren Rückfällen ist ein Wechsel des Arbeitsplatzes angezeigt.

4. Erkrankungen durch p-Phenylendiamin und andere Ursole.

a) Überempfindlichkeitserscheinungen durch p-Phenylendiamin und Verwandte.

p-Phenylendiamin ($C_6H_4(NH_2)_2$)(1, 4), auch unter dem Namen „Ursol D" bekannt, ist eine krystalline Substanz, die durch Inhalation der Dämpfe oder des Staubes zu heftigen Überempfindlichkeitserscheinungen führt. Die meisten Schädigungen ereignen sich in Pelzfärbereien und bei der Herstellung der Verbindung. Die Wirkung auf den Organismus ist im wesentlichen charakterisiert durch die Reizwirkung auf die Haut, die Schleimhäute und die Augen sowie durch ein auf dem Boden einer meist erworbenen Überempfindlichkeit entstehendes *Bronchialasthma*. Die methämoglobinbildende Wirkung tritt praktisch völlig in den Hintergrund des klinischen Erscheinungsbildes. Vergiftungen ereignen sich außer in den Pelzfärbereien, in der Teerfarbenindustrie und bei Friseuren, die diese Farben zum Färben der Haare benutzen.

Wirkungsmechanismus: p-Phenylendiamin gehört zu den sog. Oxydationsfarben, die in der Pelzindustrie verwendet werden. Der Färbeprozeß stellt einen Oxydationsvorgang dar, der durch Zusatz von Wasserstoffsuperoxyd, Natriumchlorat oder Kaliumbichromat als Oxydationsmittel herbeigeführt wird. Nach R. L. Mayer entsteht bei der Oxydation farbloses Chinondiimin, dessen freie Nebenvalenzen sich mit noch nicht oxydiertem p-Phenylendiamin zu einem dunkelgefärbten Chinhydron verbinden. Eine Reihe anderer Ursole (vgl. unten) verhält sich prinzipiell anders.

Die Zahl der praktisch gebrauchten Ursole ist ungeheuer groß, ihre chemische Identifizierung nur zu einem kleinen Teil gelungen; das Fabrikationsgeheimnis wird peinlich gewahrt; zudem stellen sehr viele dieser Farbstoffe reine Erfahrungsprodukte der Herstellerfirmen dar, über deren molekulare Beschaffenheit die Erzeuger selbst keine Angaben machen können. (Ausführliche Zusammenstellung der von I. G. Farben hergestellten Ursole s. bei H. FORKER.) Folgende Verbindungen sollen als Ursole Verwendung finden:

1. m-Phenylendiamin,
2. p-Phenylendiamin,
3. o-Aminophenol,
4. p-Aminophenol,
5. m-Toluylendiamin,
6. p-Amidophenylendiamin,
7. Amidooxyphenylendiamin,
8. Diaminodiphenylamin,
9. o-Amido-p-nitranilin,
10. p-Amido-p-nitranilin,
11. p-Amidodiphenylamin,
12. p-Toluylendiamin.

Nach R. L. MAYER werden die unter 1—5 aufgeführten Verbindungen bei der Erzeugung brauner und schwarzer Pelzfarbtöne benutzt. Nach den eingehenden Untersuchungen von H. FORKER entspricht

Ursol D	dem p-Phenylendiamin ($C_6H_4(NH_2)_2$),
Ursol SA	dem Nitro-m-phenylendiamin ($C_6H_3(NO_2) \cdot (NH_2)_2$),
Ursol DD	dem p-p-Diaminodiphenylaminchlorhydrat,
Ursol SC	dem m-Diaminoanisol ($C_6H_3(NH_2)_2 \cdot O \cdot CH_3$),
Ursol 2 G	dem o-Aminophenol ($C_6H_4 \cdot NH_2 \cdot OH$),
Ursol P	dem p-Aminophenolchlorhydrat ($C_6H_4(OH)NH_2 \cdot HCl$).

Während man früher annahm, daß nur das p-Phenylendiamin Überempfindlichkeitserscheinungen hervorrufe, ist durch neuere Untersuchungen gesichert, daß außer dem p-Phenylendiamin noch fünf weitere Ursole, die bis auf eines zur Gruppe der Schwarz- und Braunfarben gehören, die gleichen Krankheitserscheinungen hervorrufen, nämlich das Ursol SB hell, Ursol NZ, Ursol P, Ursol DMG und Ursol DF. Als gebräuchlichste Farben gelten die Ursole D, DD, DW, GG, R und P.

Es ist anzunehmen, daß die bei der Färbung entstehenden Körper von Chinonstruktur, die übrigens noch nicht eindeutig geklärt ist, vor allem aber das als Zwischenprodukt auftretende Chinondiimin bzw. ein Chinonimin-Eiweißkomplex die Ursache der Krankheitserscheinungen darstellt. Da die als Beizen vor dem Färbevorgang angewandten Substanzen ebenfalls Reizerscheinungen hervorrufen können, wird man in jedem strittigen Fall auch diese Substanzen in den Kreis der Betrachtungen mit einbeziehen müssen. Als Hauptvertreter dieser Beizen werden nach H. FORKER folgende Körper verwandt:

Aluminiumsulfat,	Diphenylöl,	Pyrogallussäure,
Ameisensäure,	Formaldehyd,	Rost,
Anilinsalz,	Glaubersalz,	Türkischrotöl,
Ätznatron,	Glycerin,	Salmiakgeist,
Benzin,	Grünspan,	Salpetersäure,
Bleiglätte,	Indigo,	Salzsäure,
Bleizucker,	Kochsalz,	Schwefelleber,
Borax,	Natriumsulfit,	Schweflige Säure,
Brechweinstein,	Nilsaures Eisen,	Spiritus,
Chloralaun,	Nitrobenzol,	Unterschwefligsaures Natron,
Chlorkalk,	Oxalsäure,	Weinstein.
Chromkali,	Pottasche,	

Bei den Krankheitserscheinungen durch p-Phenylendiamin und seine Verwandten handelt es sich nicht um Vergiftungserscheinungen im eigentlichen Sinne des Wortes. Es darf heute als sicher gelten, daß die beobachteten Reaktionen als Ausdruck einer erworbenen Überempfindlichkeit aufzufassen sind, wobei durchaus nicht in allen Fällen eine individuelle vererbte Disposition, eine allergische Anfälligkeit oder Asthmabereitschaft als Vorbedingung für die Entstehung nachweisbar ist. Eine Gewöhnung tritt nicht ein; oft ist im Laufe der Zeit eine Steigerung der Empfindlichkeit zu beobachten. Vagotoniker sollen besonderr empfindlich sein. Etwa ein Drittel der Arbeiter scheint unempfindlich zu sein. Nach neueren Beobachtungen (FORKER) erkranken besonders zwei Gruppen von Arbeitern: einmal solche, die schon jahrzehntelang in der Pelzindustrie tätig sind, sobald sie das 40. Lebensjahr überschritten haben, zum anderen junge Arbeiter zwischen 20 und 25 Jahren schon nach sehr viel kürzerer Arbeit in dem gefährdeten Milieu. Die Hauterscheinungen können genau wie das Asthma bronchiale allein, in manchen Fällen aber auch gleichzeitig nebeneinander bestehen oder nacheinander auftreten.

Klinische Krankheitserscheinungen: Im Beginn der Erkrankung tritt zunächst Husten mit wenig Auswurf, allmählich auch Atemnot auf, die anfangs hauptsächlich während der Arbeit, dann auch schon bei leichten Anstrengungen, wie Treppensteigen, Radfahren, schnellem Gehen, schließlich aber auch in Ruhe bemerkbar wird. Oft klagen die Kranken über Beklemmungsgefühle auf der Brust. In anderen Fällen bestehen die ersten Krankheitserscheinungen lediglich in einem Reizzustand der Nasenschleimhaut mit Niesreiz und Entleerung eines reichlichen, dünnflüssigen, hellen und klaren Sekretes aus der Nase wie bei der Rhinitis vasomotorica. Bisweilen tritt auch eine mehr oder weniger heftige Bronchitis mit leichtem Fieber und reichlichem Auswurf auf, Erscheinungen, auf die sich in leichten Fällen das ganze Krankheitsgeschehen beschränken kann.

Alle Übergänge und Grade, angefangen von der erschwerten Atmung während der Arbeit mit einem der Ursole, von plötzlich auftretenden heftigen Hustenanfällen bis zum schweren Asthma bronchiale mit allen seinen Folgeerscheinungen wurden als Ursolschäden beobachtet.

Das **voll entwickelte, typische Krankheitsbild** ist in vielen Fällen gekennzeichnet durch an Häufigkeit immer zunehmende Anfälle von Atemnot, vor allem nach Beendigung der Arbeit und nachts. Es besteht allgemeine Mattigkeit; das Gewicht nimmt ab. Manchmal tritt Erbrechen auf, vor allem nach Hustenanfällen. Während der Anfälle ist das Gesicht tief cyanotisch; unter Anspannung der Atemhilfsmuskulatur ringen die Kranken verzweifelt nach Luft; der Gesichtsausdruck ist ängstlich. Schon von weitem ist Giemen, Brummen und Pfeifen zu hören. Der ganze Aspekt und Befund gleicht aufs Haar dem eines schweren Asthmaanfalles. Als Folgeerscheinung der gehäuften Anfälle entwickelt sich alsbald ein Lungenemphysem, vor allem in den unteren Lungenabschnitten. Der Klopfschall wird tympanitisch, die Lungengrenzen treten tiefer, die Verschieblichkeit der Zwerchfelle wird geringer und die Vitalkapazität vermindert sich. Während der Anfälle hört man auskultatorisch massenhaft trockene Rasselgeräusche aller Kaliber. Das Exspirium ist verlängert, die absolute Herzdämpfung infolge der Lungenblähung verkleinert. In manchen Fällen ist das Herz schon nach kurzer Zeit verbreitert. Blut- und Sputumbefund unterscheiden sich nicht von dem bei gewöhnlichem Asthma bronchiale; auch beim Ursolasthma wird eine Eosinophilie im Blut nicht so sehr selten vermißt; sie ist manchmal nur im Anfangsstadium der Erkrankung klinisch faßbar. Der *Verlauf* ist der gleiche wie beim Asthma bronchiale.

Die Veränderungen an der **Haut** sind sehr vielgestaltig. Neben den relativ harmlosen urticariellen heben sich vor allem die häufigeren ekzematösen Hautveränderungen hervor. Bei akutem Einsetzen ist die Cutis stark gerötet und geschwollen. Das Ekzem setzt sich zusammen aus hirsekorngroßen Knötchen, die verschieden stark gerötet und unregelmäßig verstreut sind, manchmal auch in größeren Haufen dicht zusammen stehen. In der Mitte der Knötchen entwickeln sich mit seröser Flüssigkeit gefüllte Bläschen, die zerreißen und dann gelbliche Borken entstehen lassen. In anderen Fällen tritt zunächst ein stark juckender Ausschlag, vor allem an den Händen und im Gesicht, auf. Es entwickeln sich massenhaft Comedonen, zwischen denen sich dann zahlreiche rote, infiltrierte Pusteln finden, die aus den Comedonen hervorgehen. Bisweilen wurden auch erysipelartige Hautverdickungen gefunden. Die Hautveränderungen beginnen meist an den Körperstellen, die mit dem Ursol unmittelbar in Berührung kommen, d. h. vor allem an den Händen, an den Unterarmen und im Gesicht. Charakteristischerweise zeigt das Ekzem die Tendenz, sich auf andere Körperstellen auszubreiten. So entwickelte sich bei der Hauttestung mit Ursol bei einem Fall von Ursolasthma um die Scarificationsstelle herum eine nässende Dermatitis, die innerhalb weniger Tage den ganzen Oberarm umfaßte und über 1 Jahr lang bestehen blieb. Reste hinterbleiben oft lange Zeit. Es entstehen Narben. Das Ekzem ist oft von unerträglichem Juckreiz begleitet, der nachts verstärkt auftritt und den Schlaf stört.

Das *chronische Ekzem* ist mit Vorliebe an den Handrücken, im Gesicht und an allen der Reibung ausgesetzten Hautpartien lokalisiert. Das Jucken kann öfter fehlen. Die Haut wird dick, hart und verfärbt sich dunkelbraun. Ihre Oberfläche ist rauh und schuppt. Gelegentlich treten furunkelartige Efflorescenzen auf, die bei der Abheilung Narben hinterlassen. Wesentlich seltener ist der von R. L. MAYER bei Ursolkranken erstmalig beobachtete *Lichen Vidal disseminatus*. Es handelt sich da um gruppierte oder disseminierte Papeln von fester Konsistenz und blasser, bläulichroter Farbe, die hauptsächlich um den Mund herum, an den Unterschenkeln und am Scrotum auftreten. Die Haut ist in den befallenen Bezirken derb infiltriert und pigmentiert. Anfallsweise tritt heftiger Juckreiz auf.

In seltenen Fällen wurden an den **Augen** Reizerscheinungen in Form von Conjunctivitis und Lidschwellung beobachtet. Offensichtlich handelt es sich da um *lokale* Wirkungen des p-Phenylendiamins. So entwickelten sich Lidrandekzeme und schmerzhafte Epitheldefekte an der Hornhaut, die oft lange bestehen bleiben und gelegentlich zarte Narbenbildungen nach der Abheilung hinterlassen. Aus Amerika wird über die Erblindung eines Auges infolge Perforation eines Hornhautgeschwürs berichtet (SALLMANN).

Die **Diagnose** wird sich in den meisten Fällen auf die eingehend zu erhebende Anamnese stützen müssen. Hauttestungen mit einzelnen Ursolen sind wenig beweisend. Mindestens müssen alle die Ursole geprüft werden, mit denen der Betreffende gearbeitet hat. Die als Beizen verwendeten Substanzen müssen bei Hautveränderungen mit in Betracht gezogen werden, da sie als Ursache ebenfalls in Frage kommen.

Die **Therapie** wird in den Fällen mit Ursolasthma die gleichen Mittel anwenden können, die zur Bekämpfung des Asthma bronchiale üblich sind. Die Hautschäden sind symptomatisch zu behandeln. Ihre Abheilung nimmt viel Zeit in Anspruch. Da die Empfindlichkeit der Betroffenen sich im allgemeinen steigert, wird man in den meisten Fällen einen Wechsel des Arbeitsplatzes so früh als möglich veranlassen müssen.

b) Die chronische Vergiftung mit p-Phenylendiamin.

Die bei chronischer Einwirkung von Phenylendiamin vereinzelt beobachteten Krankheitserscheinugen sind im Gegensatz zu den oben beschriebenen Überempfindlichkeitsreaktionen als echte Vergiftungssymptome zu deuten. Dafür spricht die gute Übereinstimmung älterer tierexperimenteller Ergebnisse mit neueren klinischen Beobachtungen.

Bei Arbeitern, die mit dem Aufhängen ursolgefärbter Felle auf Trockenböden beschäftigt waren, trat eine Blaufärbung der Lippen, Ohren und sichtbaren Schleimhäute auf (FORKER); gleichzeitig war die Gesichtshaut blaß und grau verfärbt. Diese Erscheinungen erinnern sehr an die bei Vergiftungen mit anderen aromatischen Amidoverbindungen beobachteten Krankheitsbilder.

Als chronische Vergiftungserscheinungen wurden in der bisher vorliegenden Literatur gastrointestinale Erscheinungen, neurasthenische Syndrome, retrobulbäre Neuritis, zentrales Skotom für Rot und Grün, Diplopie, subakute Colitis und toxische Labyrinthitis beschrieben (ISRAELS). In neuerer Zeit wurde im englischen Schrifttum eine tödlich verlaufende chronische Vergiftung mit p-Phenylendiamin bei einer 21 jährigen Friseuse beschrieben, die 5 Jahre hindurch diese Verbindung zum Färben der Haare ihrer Kundinnen benutzte.

Die Vergiftungserscheinungen begannen zunächst mit uncharakteristischen Beschwerden: Gelenkschmerzen, Halsschmerzen, Kopfschmerzen sowie leichter subikterischer Verfärbung der Skleren. 2 Monate später entwickelte sich nach kurz dauernder Besserung ein schwerer Ikterus; gleichzeitig traten Ödeme an den Füßen und Furunkel an der Unterlippe auf. Erst nach 2 Monaten war sie wieder so weit hergestellt, daß sie ihre Arbeit aufnehmen konnte. Unmittelbar danach erkrankte sie erneut. Die Regelblutungen hatten seit Beginn der Krankheitserscheinungen aufgehört. Es bestanden Abgeschlagenheit, leichte Bauchschmerzen und leichter Ikterus. Die Leber war vergrößert, scharfrandig und glatt. Der Magensaft war subacid. Der Ausfall der Leberfunktionsprüfung sprach für einen Parenchymschaden. Nach kurz dauernder Besserung setzte heftiges Erbrechen ein; der Allgemeinzustand verschlechterte sich rapid. Nach zweimaliger Remission endete die Patientin im Coma hepaticum.

Die *Sektion* ergab neben zahlreichen cholämischen Haut- und Schleimhautblutungen ein Lungenödem, eine finale Erweiterung des Herzens und eine schwere Leberschädigung. Die Leber war klein und höckerig, die Milz stark vergrößert. Es fand sich ein gelb gefärbter Ascites. Histologisch zeigte die Leber das Bild der akuten gelben Leberatrophie. Einzelne Bezirke waren mit homogenem blauen Material erfüllt, das an manchen Stellen mit den nekrotisch werdenden Leberzellen zusammenhing. Die Nekrosen waren offenbar der Ausbreitung des blauen Materials, das ein Umwandlungsprodukt des Phenylendiamins zu sein schien, gefolgt. Auch bestand eine toxische Encephalitis. Nach McKenna soll die Einwirkung von Wasserstoffsuperoxyd oder Natriumthiosulfat die Krankheitserscheinungen verschlimmern.

VIII. Erkrankungen durch Halogen-Kohlenwasserstoffe der Fettreihe.

Die Erkrankungen durch Halogen-Kohlenwasserstoffe der Fettreihe wurden erst mit der III. VO. in die Liste der entschädigungspflichtigen Berufskrankheiten aufgenommen, da ihre vielfältige Anwendung in der Technik immer häufiger zu teilweise recht schweren Vergiftungserscheinungen und Gesundheitsschädigungen führte. Die Zahl der Halogen-Kohlenwasserstoffe der Fettreihe ist sehr groß. Sie entstehen durch Ersatz eines oder mehrerer Wasserstoffatome durch Halogenatome (Cl, Br, J, F). Da hinsichtlich der Nomenklatur Verwechslungen an der Tagesordnung sind, auch häufig Unklarheiten bestehen, welche Verbindungen im einzelnen zu den halogenierten Kohlenwasserstoffen der Fettreihe zu zählen sind, seien einige der toxikologisch wichtigsten nach der Zusammenstellung von Flury und Zernik (l. c. S. 303) wenigstens mit Namen und Formel nachstehend aufgeführt.

I. Gesättigte Verbindungen.

a) *Methanabkömmlinge:*

Methylchlorid CH_3Cl
Methylbromid CH_3Br
Methyljodid CH_3J
Methylenchlorid (= Dichlormethan) CH_2Cl_2
Chloroform $CHCl_3$
Bromoform $CHBr_3$
Tetrachlorkohlenstoff (= Tetrachlormethan) CCl_4

b) *Äthanabkömmlinge:*

Äthylchlorid $CH_3 \cdot CH_2Cl$
Äthylbromid $CH_3 \cdot CH_2Br$
Äthyljodid $CH_3 \cdot CH_2J$
Äthylenchlorid $CH_2Cl \cdot CH_2Cl$
Äthylenbromid $CH_2Br \cdot CH_2Br$
Äthylidenchlorid $CH_3 \cdot CHCl_2$ (α-Dichloräthan)
β-Trichloräthan $CH_2Cl \cdot CHCl_2$ (fälschlich Vinylchlorid genannt)
s-Tetrachloräthan $CHCl_2 \cdot CHCl_2$ (Acetylentetrachlorid)
s-Tetrabromäthan $CHBr_2 \cdot CHBr_2$ (Acetylentetrabromid)
as-Tetrachloräthan $CCl_3 \cdot CH_2Cl$ (Acetylidentetrachlorid)
Pentachloräthan $CCl_3 \cdot CHCl_2$
Hexachloräthan $CCl_3 \cdot CCl_3$ (Perchloräthan)

II. Ungesättigte Verbindungen.

a) *Äthylenabkömmlinge:*

Vinylchlorid $CH_2 = CHCl$ (Monochloräthylen)
s-Dichloräthylen $CHCl{=}CHCl$ (Acetylendichlorid)
as-Dichloräthylen $CH_2{=}CCl_2$ (Acetylidendichlorid)
Trichloräthylen $CHCl{=}CCl_2$ (Tri)
Tetrachloräthylen $CCl_2{=}CCl_2$ (Perchloräthylen)

b) *Acetylenabkömmlinge:*

Dibromacetylen $CBr{\equiv}CBr$
Dijodacetylen $CJ{\equiv}CJ$

Von den zahlreichen obengenannten Verbindungen haben viele bisher am Menschen noch gar keine Vergiftungen verursacht; nur ein kleiner Teil hat gewerbliche Schäden herbeigeführt. Praktisch kommen nur die vom *Methan* und vom *Äthan* abgeleiteten chlorierten Kohlenwasserstoffe in Frage, die bei Zimmertemperatur flüchtig sind. Die gewerblich häufiger zu Vergiftungen Anlaß gebenden Stoffe sind in der nachfolgenden Tabelle zusammengestellt, die auch die wichtigsten physikalischen Daten enthält.

I. Gesättigte Verbindungen.

	Mol.-Gew.	Kp. °C
a) *Methanabkömmlinge:*		
Methylchlorid (Chlormethyl) CH_3Cl	50,48	—24
Methylbromid (Brommethyl) CH_3Br	94,94	4
Methyljodid (Jodmethyl) CH_3J	141,95	44—45
Tetrachlorkohlenstoff (Tetrachlormethan) CCl_4	153,84	76—77
b) *Äthanabkömmlinge:*		
Äthylenchlorid $CH_2Cl \cdot CH_2Cl$	98,95	83,7
Äthylenbromid $CH_2Br \cdot CH_2Br$	187,87	132
Tetrachloräthan (Acetylentetrachlorid) $CHCl_2 \cdot CHCl_2$	167,85	145,5

II. Ungesättigte Verbindungen.

	Mol.-Gew.	Kp. °C
Äthylenabkömmlinge:		
Trichloräthylen („Tri") $CHCl{=}CCl_2$	131,39	87
Tetrachloräthylen (Perchloräthylen) $CCl{=}CCl_2$	165,84	120,8

Die Angaben über die Giftigkeit der in Frage kommenden Stoffe sind recht widersprechend und uneinheitlich. Die Einordnung in eine Reihe, z. B. nach zunehmender Giftigkeit, stößt daher auf Schwierigkeiten.

Allgemein kann festgestellt werden, daß die *Halogenverbindungen* der Kohlenwasserstoffe der Fettreihe *stärker wirksam* sind als die Kohlenwasserstoffe, aus denen sie abgeleitet sind. Die Wirkung aller der genannten Stoffe ist bis zu einem gewissen Grade qualitativ ähnlich. Die Einatmung hoher Konzentrationen über kurze Zeit wird im allgemeinen bei allen Substanzen besser vertragen als die Einatmung niederer Konzentrationen über längere Zeit.

Die Schädigungen bestehen vorwiegend in Schäden des Stoffumsatzes (Flury). Die meisten chlorierten Kohlenwasserstoffe stellen *Stoffwechsel-* bzw. *Leber*gifte dar, die bei den chronischen und subakuten Vergiftungen stärker in Erscheinung treten als bei den akuten Vergiftungen. Dabei ist hervorzuheben, daß die Degenerationserscheinungen an den parenchymatösen Organen, insbesondere an der Leber, den Nieren und am Herzen, die dann Zeichen mehr oder minder ausgesprochener Verfettung zeigen, bei den höheren Gliedern (Tetrachlorkohlenstoff und Tetrachloräthan) viel ausgeprägter sind als bei den niederen Gliedern (z. B. Trichloräthylen), bei denen Leberschäden bisher kaum beobachtet wurden.

Inwieweit der Bau der Moleküle hierbei eine Rolle spielt, ist zur Zeit noch nicht zu entscheiden. So wird z. B. von Luce darauf aufmerksam gemacht, daß das meist keine Leberschäden setzende Trichloräthylen im Gegensatz zu CCl_4 und

Tetrachloräthan eine Doppelbindung im Molekül besitzt. Die höheren chlorierten Kohlenwasserstoffe, die Leberschäden setzen, stellen schwerer und sich langsamer zersetzende Substanzen dar, die gewissermaßen auf indirektem Wege wirksam werden.

Auf einige klinische Eigentümlichkeiten der zu den nichtaromatischen Lösungsmitteln gehörenden Halogenwasserstoffe sei hier noch aufmerksam gemacht. Viele dieser Substanzen lassen nämlich eine *zweiphasige Wirkung* erkennen. Der ersten Vergiftungsphase, in der unmittelbar nach Eindringen der Verbindungen in den Organismus Krankheitserscheinungen auftreten und die vor allem durch Reizerscheinungen an den Schleimhäuten und narkotische Wirkung am Zentralnervensystem charakterisiert sind und welche relativ schnell wieder abklingen, folgt ein sich über Stunden bis zu mehreren Tagen hinziehendes *symptomenfreies Intervall*, in dem sich die Geschädigten subjektiv des besten Wohlbefindens erfreuen. Erst nach Ablauf dieser symptomlosen Latenzzeit („Wartezeit", BAADER) setzen ernstere Krankheitserscheinungen ein, die im wesentlichen in drei Symptomenkomplexen ihren Ausdruck finden: einem pulmonalen, einem cerebral-meningealen und einem hepato-renalen, die ineinander übergehen können bzw. von denen jeweils einer mehr oder minder in den Vordergrund des ganzen klinischen Zustandsbildes rückt (BAADER). Dies gilt vor allem für die als „hepato-renaler Symptomenkomplex" bezeichneten Krankheitserscheinungen, die infolge einer azotämischen Komponente zudem sehr dem cerebral-meningealen Symptomenkomplex ähneln können und leicht zum Tode führen. Bemerkenswert ist das nach Einatmung von Stoffen dieser Gruppe auftretende *Vergiftungsfieber*, das bis zu 41° C und mehr betragen und zu Fehldiagnosen Veranlassung geben kann (BAADER).

1. Vergiftungen durch Abkömmlinge des Methans.

Methylchlorid, Methylbromid und Methyljodid (Methylmonohalogenverbindungen.)

Die Verbindungen dieser Gruppe nehmen insofern eine Sonderstellung ein, als ihnen im Gegensatz zu den übrigen Substanzen eine nur geringe narkotische Wirkung eignet, die rasch vorübergeht. Sie sind alle außerordentlich giftig. Nach Brommethyl z. B. kann der Tod eintreten, bevor noch eine Narkose zustande kommt. Nach FLURY beruht die hohe Giftigkeit der Methylmonohalogenide darauf, daß sie wie leicht verseifbare Ester reagieren und nach dem Eindringen in den Organismus dort sehr bald in Methylalkohol und Halogenwasserstoff zerfallen. Der Methylalkohol wirkt dann in der ihm eigentümlichen Art auf das Nervensytem und die anderen Organe. Solange die Einatmung erfolgt, speichert sich im Körper Methylalkohol. Diese Feststellung ist insofern von Wichtigkeit, als sie die Erklärung gibt für die Beobachtung, daß es auch dann zu schweren Vergiftungen kommen kann, wenn an sich geringe, noch nicht narkotische Konzentrationen der Stoffe dieser Gruppe eingeatmet werden.

Vergiftungsmöglichkeiten bestehen vor allem in der chemischen Industrie, wo Methylchlorid, seltener auch Methylbromid zum Methylieren verwendet werden. Brommethyl findet vor allem bei der Herstellung organischer Methylfarben, insbesondere bei der Fabrikation der vom Anilinviolett abgeleiteten grünen und der vom Anilinrot stammenden blauen Farben Verwendung. Auch kommt es in reichlichen Mengen als Nebenprodukt bei gewissen chemischen Prozessen, z. B. in der Melasseschlempe, vor. In der pharmazeutischen Industrie wird es bei der Herstellung von Antipyrin benutzt. Viel verbreiteter ist die Anwendung beider Verbindungen in der Kälteindustrie, wo sie als Füllgase in Kompressions- bzw. Absorptionskältemaschinen verwendet werden. Bei den Kompressionskältemaschinen wird Wärme bei der Ausdehnung bzw. Verdampfung verflüssigter Gase gebunden; bei den Absorptionsmaschinen wird das Gas verdampft und dann durch das Wasser adsorbiert. Die Verwendung des wegen seiner besonders günstigen technischen Eigenschaften bevorzugten Methylbromids hat infolge der zahlreichen, besonders in Amerika beobachteten Vergiftungsfälle abgenommen. So kam es vor allem bei der Montage und Reparatur der mit diesen Gasen beschickten Kältemaschinen, bei Rohrbrüchen, Ventilundichtigkeiten usw. zu Vergiftungen.

Sehr verbreitet ist auch die Anwendung bei der Fabrikation von modernen Feuerlöschmitteln, zu deren Herstellung neben Methylchlorid vor allem das Brommethyl, meist in Kombination mit Tetrachlorkohlenstoff, verwendet wird. Gefährdet sind nicht nur die mit der Herstellung der Feuerlöschmittel beschäftigten Personen, wo es z. B. beim Einfüllen der Kohlenwasserstoffe zu Vergiftungen kommen kann, sondern vor allem auch die damit arbeitenden Menschen, insbesondere Feuerwehrleute. Hierbei ist zu beachten, daß es sich zwar um unbrennbare, aber leicht flüchtige und zum Teil stark giftige Stoffe handelt, die zum Löschen benutzt werden. Vor allem ist mit der Bildung giftiger Zersetzungsprodukte zu rechnen, welche die mit dem Löschen beschäftigten Personen gefährden können (vgl. auch Abschnitt CCl_4). Bei der Verwendung bromhaltiger Stoffe (Methylbromid) kann es zur Bildung von Brom und giftigen Bromverbindungen kommen.

a) Vergiftungen durch Methylchlorid.

Chlormethyl (CH_3Cl) ist ein farbloses Gas, schwerer als Luft, von schwach süßlichem, ätherähnlichem Geruch, das die Schleimhäute der oberen Luftwege nur wenig reizt. Seine narkotische Wirkung ist wie die lokale Reizwirkung verhältnismäßig gering. Es stellt ein schnell resorbierbares, schweres Nerven- und Allgemeingift dar. Die Giftwirkung beruht auf dem Vorhandensein der Methylgruppe und der Bildung von giftigen Spalt- und Abbauprodukten (Formaldehyd, Ameisensäure, Chlorameisensäure?). Die Ausscheidung erfolgt sehr langsam. Der Hauptangriffspunkt liegt am Gehirn, vor allem am Hirnstamm, wofür allerdings beweisende Autopsiebefunde fehlen. Die Aufnahme in den Organismus erfolgt praktisch nur durch Einatmung. Sein Geruch wird erst bei einer Konzentration von 1% bemerkbar; er wird leicht von anderen Gerüchen überdeckt.

Nach kurzdauernder Einatmung geringer Mengen treten flüchtige Allgemeinerscheinungen auf, wie Kopfweh, Müdigkeit, Schlafsucht, Erbrechen, taumelnder Gang. Werden die Betroffenen schon zu diesem Zeitpunkt an die frische Luft gebracht, so verschwinden die Symptome schnell, ohne Folgeerscheinungen zu hinterlassen. Die individuelle Empfindlichkeit spielt dabei eine nicht unerhebliche Rolle.

Initialsymptome: Bei der Einatmung größerer Mengen treten zuerst Erscheinungen allgemeiner Art, wie Schwindel, zunehmende Schläfrigkeit, Verwirrtheit, Schwächegefühl, plötzliche Übelkeit, hartnäckiges Erbrechen, Tremor, unsicherer Gang, Blutdruckabfall, Tachykardie, diffuse Leib- und Kopfschmerzen, auf. Nach länger dauernder Einatmung geringer Konzentrationen beginnen die Vergiftungserscheinungen oft mit lästigem allgemeinem Hautjucken (DORELLO). Dann stellen sich Müdigkeit, Muskelschwäche, Übelkeit, Somnolenz und starkes Schlafbedürfnis ein.

Nach einer wechselnd langen, symptomenlosen Latenzzeit, in der die Initialsymptome ganz verschwunden sein können und die mehrere Stunden bis zu vielen Tagen dauern kann, treten plötzlich schwere Vergiftungserscheinungen auf; die **schwere akute Vergiftung** wird von einem vorwiegend cerebralen Syndrom beherrscht, das sich zum Teil auch in Magen-Darm-Störungen und Kreislaufschäden manifestiert. Der finale Teil des Krankheitsbildes ist in manchen Fällen von einer schweren Nierenschädigung mit Kreislaufschwäche, Cyanose und Krämpfen beherrscht. In manchen Fällen ist auch eine Schädigung (Hämolyse) des Blutes beobachtet worden.

Magen-Darm-Kanal. Zunächst setzt meist hartnäckiges Erbrechen ein, bei dem der gesamte Mageninhalt entleert wird; die Nahrungsaufnahme ist sehr erschwert, da häufig selbst reines Wasser nicht behalten wird (BIRCH). Manche Kranken verweigern die Nahrung ganz. Auch starke wässerige Durchfälle mit heftigen Leibschmerzen können auftreten. Der große Flüssigkeitsverlust führt zu ausgeprägten Austrocknungserscheinungen. Häufig treten noch 36 Stunden nach der akuten Vergiftung hohe Temperaturen bis zu 42° C auf.

Der starke Wasserverlust zieht den **Kreislauf** in Mitleidenschaft. Der Blutdruck sinkt (85/40 mm), wohl infolge Verminderung der zirkulierenden Blutmenge, der Capillarerweiterung und der Eindickung des Blutes; die Pulsfrequenz steigt auf 150/min und mehr, ebenso die Atemfrequenz. Die Ausatmungsluft riecht meist deutlich nach Chlormethyl. Manchmal klagen die Kranken über unangenehme Sensationen in der Herzgegend. Gelegentlich wurde eine leichte subikterische Verfärbung beobachtet, von der aus den bisherigen Mitteilungen nicht zu entscheiden ist, ob sie auf einer Leberschädigung (vgl. den Sektionsbefund) oder auf einem vermehrten Erythrocytenzerfall (Hämolyse) beruht.

Bei den leichten Vergiftungen kommt es im allgemeinen nicht zu Veränderungen des **Blutbildes.** Im Verlaufe schwerer Vergiftungen wurde innerhalb weniger Tage eine Verminderung des Hämoglobins und der Erythrocyten bis auf 50% und 3,1 Mill. beobachtet. Die roten Blutkörperchen sind wenig farbstoffhaltig, verschieden groß, zum Teil auch formverändert. Vereinzelt finden sich Zellfragmente. Reticulocyten als Ausdruck einer beginnenden Blutregeneration finden sich meist erst nach

Ablauf einer Woche. Die Leukocytenzahl ist mäßig erhöht (8500 bis 22000). Das *Differentialblutbild* zeigt manchmal eine relative Lymphocytose, in anderen Fällen eine Lymphopenie. Es ist nicht typisch verändert.

Bei schweren Vergiftungen kommt es durch die Ausscheidung der Zerfallsprodukte des Methylchlorids neben einer Acidose auch zu Schädigungen der **Nieren.** Die klinischen Erscheinungen ähneln denen einer akuten Nephritis. Die Nierengegend wird durckschmerzhaft. Die ausgeschiedene Urinmenge vermindert sich. In einer Vielzahl von Fällen stellte sich eine bis zu 48 Stunden dauernde Anurie ein. Der *Urin* ist nach Einatmung größerer Mengen des Gases meist stark sauer und dunkel verfärbt. Häufig riecht er ausgesprochen nach Aceton, das sich neben Acetessigsäure auch chemisch nachweisen läßt; Eiweiß findet sich meist nur in Spuren. In fast allen Fällen sind ameisensaure Salze (Ammoniumformiat) oder Ameisensäure (bis zu 10 mg/100 ccm Urin) nachzuweisen.

Der qualitative *Nachweis von Ammoniumformiat* kann auf einfache Weise so erfolgen, daß dem Urin einige Tropfen Eisenchloridlösung zugesetzt werden. Bei Anwesenheit von Ammoniumformiat wird eine deutliche Rotfärbung sichtbar; beim Erhitzen fällt ein brauner Niederschlag aus. Der Nachweis ist nicht spezifisch: Purinkörper, Salicylsäure und Aspirin usw. reagieren in gleicher Weise.

Im Sediment finden sich hyaline und granulierte Zylinder, geschwänzte Epithelien, vereinzelte Leukocyten, manchmal auch Oxalate.

Am eindrucksvollsten sind die Erscheinungen am **Zentralnervensystem.** Neben den bereits eingangs als Initialsymptome beschriebenen Veränderungen treten hartnäckige Kopfschmerzen, vor allem in der Stirn, Bewußtseinstrübungen, Schweißausbrüche, nächtliche Atembeschwerden und Erregungszustände auf. Sehr auffällig ist die eigentümliche Schlafsucht. Der Gesichtsausdruck ist müde, die Sprache verwaschen; die Zunge liegt schwer im Mund wie bei leichter Trunkenheit. Das Schlafbedürfnis ist so unwiderstehlich, daß die Vergifteten im Stehen, bei der Arbeit, beim Essen, ja selbst am Steuer des Autos einschlafen. Die Schlafdauer ist unnatürlich gesteigert. In manchen Fällen schliefen die Erkrankten mit nur kurzen Unterbrechungen bis zu 72 Stunden. In leichteren Fällen bestehen nur Schwierigkeiten, die Kranken früh zu wecken; sie sitzen lang auf dem Bettrand und starren stumpf vor sich hin. Recht häufig bestehen agitierte Rauschzustände. Die Kranken sind desorientiert und reden irre. In manchen Fällen wurden fibrilläre Muskelzuckungen und Tremor, bei schwerem Krankheitsverlauf klonischtonische Krämpfe mit ausgeprägter Cyanose, hartnäckiger, allen Mitteln trotzender und tagelang anhaltender Singultus, flüchtige leichte Lähmungen einzelner Muskeln und Nerven (Facialis) beobachtet. Ausgesprochene Reflexanomalien wurden bisher nicht bekannt. Der Liquor steht in schweren Fällen unter erhöhtem Druck; vereinzelt war er wolkig getrübt, der Eiweißgehalt leicht vermehrt. Die Zellzahl wurde immer normal gefunden. Recht charakteristisch sind die Gangstörungen: die Kranken haben das Gefühl, auf Watte zu gehen. Sie heben die Füße übermäßig hoch. Die Bewegungen sind ausfahrend, ziellos und unkoordiniert. Der Gang wird hierdurch taumelnd, unsicher, in manchen

Fällen ausgesprochen ataktisch. Trotz des subjektiven Unsicherheitsgefühls beim Gehen ist das ROMBERGsche Phänomen meist negativ.

Recht typisch und häufig sind die **Sehstörungen.** Undeutliches, verschwommenes Sehen oder Doppeltsehen sind sehr konstante Klagen. Manchmal bestand ein leichter Strabismus. Recht häufig findet sich eine ausgesprochene Ptosis der Augenlider. Die Pupillen sind weit und reagieren träge. Mitunter finden sich leichte Lähmungen der äußeren Augenmuskeln und der Ciliarmuskulatur. Die Sehkraft kann infolge einer meist vorübergehenden Schädigung des Opticus geschwächt oder ganz aufgehoben sein (Amblyopie). Auch Akkommodationsstörungen wurden beobachtet. Schon auf kurze Entfernungen können die Vergifteten auch gut bekannte Personen nicht mehr erkennen oder nicht mehr lesen. Manchmal ist das Hörvermögen vermindert; Schalleindrücke werden gehört, als ob Wasser im Ohr sei.

Verlauf: In den *schweren Fällen fehlt* meist die *Zweiphasigkeit* des Vergiftungsablaufes. An die Initialsymptome schließt sich unmittelbar das Koma mit schwersten tonischen Krämpfen, Opisthotonus, völliger Bewußtlosigkeit, starker Cyanose und Delirien an. Der Tod erfolgt unter den Zeichen der Atemlähmung. Bei leichterem Verlauf schließt sich an das voll ausgebildete Vergiftungsbild die meist langsam verlaufende Rekonvaleszenz an, zu deren Beginn recht häufig das Unvermögen beobachtet wurde, den Urin zu halten. Als **Nacherscheinungen** werden Störungen im Bereich des Zentralnervensystems beschrieben, die auf Schädigungen der Nervenzellen mit nachfolgender Degeneration beruhen. So finden sich lange bestehende, allgemeine Schwäche, Erregungszustände, hochgradige Vergeßlichkeit und Amnesie und andere seelische Veränderungen, Appetitlosigkeit, Schwindelanfälle, allgemeine Nervosität, Stimmungslabilität, hartnäckige Schlaflosigkeit, Intentionstremor und Koordinationsstörungen an den Händen und Füßen, Sehschwäche und Verdunkelung des Gesichtsfeldes mit Schwierigkeiten beim Lesen. Auch entzündliche Verwachsungen im Brustraum (Pleuroperikarditis) und Herzmuskelerkrankungen wurden mit einer überstandenen Chlormethylvergiftung ursächlich verknüpft (FLURY und KLIMMER). In den meisten Fällen erfolgt die völlige Wiederherstellung im Verlauf weniger Wochen.

Die **Prognose** ist bei allen mehr subakut verlaufenden Fällen gut. Nur in seltenen Fällen kommt es auch ohne vorausgehende und äußerlich erkennbare schwere Vergiftungserscheinungen plötzlich zum sog. Spättod (FLURY und KLIMMER).

Der **Sektionsbefund** war bei den bisher beobachteten Todesfällen ziemlich einheitlich. Die Lungen sind hyperämisch und ödematös, die Bronchien mit Schleimmembranen verstopft; auch finden sich zahlreiche kleine subpleurale Blutungen. Das Herz ist meist erweitert und enthält dunkelrotes Blut. Unter dem Epikard wurden kleine petechiale, im Endokard und in den Papillarmuskeln mehr großflächige Blutungen beobachtet. Die Gefäße von Magen und Darm sind strotzend mit Blut gefüllt. Die Darmschleimhaut zeigt ebenfalls zahlreiche kleine Blutungen. Die Milz ist schlaff, groß, breiig, weich. Die Leber ist gestaut und weist Zeichen beginnender fettiger Degeneration auf. Die Nieren sind ebenfalls stark gestaut und geschwollen. Die Duragefäße sind gestaut; das Gehirn ist hyperämisch und ödematös; seine Windungen sind abgeflacht.

Histologisch zeigen die Nieren eine capillare Hyperämie sowohl im Bereich der Glomeruli wie auch in dem der interstitiellen Haargefäße. Das Tubulusepithel ist geschwollen, seine Kerne sind verwaschen konturiert; das Lumen der Haarkanälchen ist verengt. Die Leber ist ebenfalls hyperämisch. Ihre Zellen sind im allgemeinen gut erhalten. Im Zentrum der Leberläppchen finden sich gehäuft graubräunliche Pigmentgranula und Zeichen feintropfiger Verfettung. Die KUPFFERschen Sternzellen enthalten Pigmentgranula. Die Leberkapsel ist verdickt; in ihr liegen vereinzelte Lymphocyteninfiltrationen.

In den Leptomeningen liegen zahlreiche lipoidhaltige Histiocyten und Lymphocyten. Die Hirnrinde ist hyperämisch. Die Adventitiazellen der Hirncapillaren lassen fettige Einlagerungen erkennen. In den Lungen sind die Alveolen erweitert, die Capillaren blutüberfüllt. In den Alveolen finden sich Blutextravasate.

Differentialdiagnose: Die Diagnose muß sich auf die Leitsymptome, zunehmende Schlafsucht, Verwirrungszustände, Übelkeit, Erbrechen nach symptomarmer Latenzzeit, Koma, allgemeine schwere tonische Krämpfe, Temperatursteigerung, Erhöhung von Puls- und Atemfrequenz, Blutdruckabfall und Anurie stützen. Oft wurde das Krankheitsbild mit Nahrungsmittelvergiftungen, Strychnin-, Schwermetall-, Pilz-, Alkohol- und Kohlenoxydvergiftung verwechselt. Auch das Vorliegen einer Encephalitis oder Meningitis muß ausgeschlossen werden.

Therapeutisch wird man vor allem die Acidose bekämpfen müssen. Die Verabreichung großer Dosen Natriumbicarbonat per os oder in Form einer 3—5proz. Lösung mit 5% Traubenzucker i. v. oder als Dauertropfeinlauf, subcutane Verabreichung reichlicher Mengen von Kochsalz- oder Ringerlösung erwiesen sich als wirksam. Die frühzeitige Anwendung von Sauerstoffinhalation wird empfohlen. Die Krämpfe können mit Bromkali gemildert werden. Vor der Anwendung von Chloroform oder Chloralhydrat wird gewarnt. Die übrigen Krankheitserscheinungen (Kreislaufschwäche, Anämie usw.) erfordern eine symptomatische Behandlung. Chronische Vergiftungen im eigentlichen Sinne des Wortes sind bisher nicht bekanntgeworden.

b) Vergiftungen durch Methylenchlorid.

Methylenchlorid (= Dichlormethan; CH_2Cl_2), gelegentlich auch als Methyldichlorid bezeichnet, ist eine nicht brennbare Flüssigkeit mit einem Kp. von 41—42°, deren Dämpfe schwerer als Luft sind. Die Verbindung verdunstet etwa 1,8mal langsamer als Äther. Das reine Produkt wurde früher unter dem Namen Solästhin zur Rauschnarkose bzw. Einleitung der Vollnarkose verwendet. Seine Narkosebreite ist größer, seine Wirkung schwächer und weniger nachhaltig als die des Chloroforms. Toxische und narkotische Dosis liegen dicht beieinander. Die örtliche Reizwirkung ist stärker als die des Chloroforms. Das technische Produkt ist von dem chemisch reinen verschieden. Vergiftungen durch technisches Methylenchlorid sind beim Menschen nur ganz vereinzelt beschrieben.

Vergiftungsmöglichkeiten bestehen bei der Verwendung des Methylenchlorids als Lösungsmittel für Cellulose, Ester, Fette, Harze und Gummi. Farbenentferner, vor allem deutschen Ursprungs, enthalten oft nicht unbeträchtliche Mengen Methylenchlorid. Vereinzelt wird es auch in der Farbbranche zur Erhöhung des Siedepunktes mancher Lacke benutzt. Der Geruch erinnert an Chloroform. Das handelsübliche Methylenchlorid ist oft mit Methylchlorid (CH_3Cl) verunreinigt. Das klinische Bild ist deshalb oft nicht ganz leicht zu erkennen. Zwar wurde schon sehr frühzeitig vor dem industriellen Gebrauch der Verbindung gewarnt (Richardsen 1867), doch hielt Zernik bei guter Ventilation den industriellen Gebrauch für ungefährlich. Nach Collier kam man aber von der Benutzung des Methylenchlorids in der Industrie deshalb immer mehr ab, weil die Arbeiter benommen, gleichgültig, arbeitsunlustig und streitsüchtig wurden, übereinander herfielen und unter Kopfweh litten. Die ganze Arbeiterschaft zeige psychische Veränderungen, werde reizbar und unzufrieden und bedürfe ständiger Aufsicht, um ganz törichte Fehler zu vermeiden. Die einzigen in der neueren Literatur beschriebenen Fälle wurden von Collier beobachtet. Zwar standen alle Erkrankten (Maler) seit 5—14 Jahren mehr oder weniger unter der schädigenden Einwirkung von Blei, doch sind die Symptome so typisch, daß eine wesentliche Mitwirkung der Bleikomponente beim Zustandekommen der Vergiftungserscheinungen ziemlich sicher ausgeschlossen werden kann.

Klinisches Vergiftungsbild: Die klinischen Vergiftungssymptome bestehen hauptsächlich in nervösen Erscheinungen, die bis zu einem gewissen Grade denen bei der Trichloräthylenvergiftung ähneln. Die Symptome sind flüchtig, verschwinden schon kurze Zeit nach weiterer Inhalation von Methylenchloriddämpfen und hinterließen in den bisher bekannten Fällen keine Nachwirkungen oder Dauerschäden.

Als *Initialsymptome* werden Mattigkeit, Schwindel, Arbeitsunlust, Appetitlosigkeit, Stumpfheit und Interesselosigkeit beschrieben, Symptome, die zunächst schon kurze Zeit nach Beendigung der Arbeit wieder verschwinden; „die Kranken fühlen sich wohler, wenn sie nicht arbeiten".

Bei längerer Einwirkung können die Krankheitserscheinungen so stark werden, daß die Betroffenen ihre Arbeit niederlegen müssen. Die Klagen bestehen in unregelmäßig auftretenden heftigen Schmerzen in Armen und Beinen, Hitzewallungen, Kopfweh, Schwindel, Teilnahmlosigkeit beim Arbeiten, Sehstörungen beim Lesen („als ob die Augen trübe seien"), in Appetitlosigkeit, Präkordialangst, Pulsbeschleunigung, Kurzatmigkeit, Müdigkeit, Anfällen von Herzklopfen, Schläfrigkeit, Unlust, in der Freizeit etwas zu unternehmen, Reizbarkeit, erhöhter Erregbarkeit, Kopfweh, Zittern in Händen und Füßen. Der somatische Befund war bis auf eine gewisse Gesichtsblässe völlig normal. Weder an den inneren Organen, noch neurologisch, noch im Blut waren irgendwelche typischen Veränderungen festzustellen.

Insgesamt ist die Giftwirkung durch die anästhesierende Wirkung des Methylenchlorids auf das Nervensystem charakterisiert. Auch

COLLIER urteilt, daß bei genügender Ventilation selbst in geschlossenen Räumen gegen die Verwendung des Methylenchlorids nichts einzuwenden sei.

c) Die Brommethylvergiftung.

Methylbromid (CH_3Br) ist ein sehr flüchtiges Gas mit ätherischem Geruch, das sich bei 40° C zu einer Flüssigkeit verdichten läßt. Es ist schwerer als Luft und sammelt sich in der Nähe des Erdbodens an. Seine technische Verwendung ist die gleiche wie die des Methylchlorids. Es findet, häufig in Verbindung mit Tetrachlorkohlenstoff, Anwendung als Feuerlöschmittel. Die „Poleo“-, „Ardex“- und „Hedag“-Apparate enthalten Methylbromid. „Curtos“ enthält reines Methylbromid. Diese Verwendungsart ist insofern nicht ganz unbedenklich, als dabei Brom und giftige Bromverbindungen entstehen können. Die **Vergiftungsmöglichkeiten** sind im übrigen die gleichen wie beim Chlormethyl, ebenso die Wirkungsweise. Da Brommethyl ziemlich oft mit Tetrachlorkohlenstoff zusammen als Feuerlöschmittel verwendet wird, kommt es relativ häufig zu kombinierten Methylbromid-Tetrachlorkohlenstoff-Vergiftungen, die sich in ihrer klinischen Symptomatologie nicht so wesentlich von den reinen Methylbromidvergiftungen unterscheiden, um eine gesonderte Darstellung zu rechtfertigen. In der chemischen Industrie wird es zur Herstellung methylierter Körper, in der Farbenindustrie bei der Herstellung grüner Farbstoffderivate des Anilinvioletts und blauer Derivate des Anilinrots, in der pharmazeutischen Industrie bei der Darstellung des Antipyrins benutzt.

Von französischer Seite (DUVOIR, FABRE, LAYANI) wird die Ansicht vertreten, daß das ganze Vergiftungsbild als vasomotorische Krise aufzufassen sei. Hierfür spräche das schnelle Auftreten der Vergiftungserscheinungen, das relativ oft zu beobachtende Ineinandergreifen der einzelnen Vergiftungsphasen und die völlige Wiederherstellung in sehr vielen Fällen auch dann, wenn das klinische Bild nahezu hoffnungslos erscheine. Der Gefäßschaden sei vor allem im Bereich der venösen Capillarschlingen lokalisiert, wo die Stase der Erythrocyten ihre Zerstörung durch das Auftreten ganzer Schwärme vom Hämatoidinkrystallen sichtbar werden lasse. Nicht nur das Zentralnervensystem, sondern auch die Gefäße sämtlicher anderen Organe seien mitbetroffen, so daß der Angriffsort des Brommethyls an den vasomotorischen Zentren zu suchen sei. Individuen mit einer Schwäche des sympathischen Systems seien deshalb besonders gefährdet.

Das gesamte Vergiftungsbild ist schwerer als das bei Methylchloridvergiftung; auch ist die narkotische Wirkung geringer. Trotz vieler Ähnlichkeiten weist das Bild der Methylbromidvergiftung gegenüber der Methylchloridvergiftung klinisch doch deutlich erkennbare Unterschiede auf.

Die **Initialsymptome** ähneln sehr denen der Methylchloridvergiftungen: mehr oder minder schwere, plötzlich einsetzende Kopfschmerzen, Schwindel, Übelkeit und Erbrechen leiten die Vergiftungserscheinungen ein. In manchen Fällen besteht nur ein dumpfes Gefühl im Kopf, gelegentlich auch eine rauschartige leichte Benommenheit. Der Gang wird unsicher, stolpernd und taumelnd wie im Alkoholrausch. Eigentümlich ist ein plötzliches Zusammensinken oder Hinfallen, an kataleptische Zustände erinnernd; das Bewußtsein ist dabei meist völlig erhalten. Die Beine bleiben infolge eines plötzlichen und vollständigen

Tonusverlustes der Muskulatur weg, was auf einer augenblicklichen Änderung des Sympathikotonus beruhen soll (DUVOIR, FABRE, LAYANI). In manchen Fällen bestehen anfangs nur große Müdigkeit und Schlafsucht, Schwindelanfälle, Bewußtseinsverlust, Flimmern vor den Augen, Doppeltsehen. Nicht in allen Fällen sind sämtliche Initialsymptome voll ausgebildet; in den meisten Fällen fehlt ein großer Teil von ihnen. Kopfschmerzen sind eigentlich immer vorhanden und treten sehr vielseitig auf.

Die *Zweiphasigkeit* der *Giftwirkung* ist bei Brommethylvergiftungen *häufig ausgeprägter* als unter der Wirkung des Chlormethyls, wenngleich auch Fälle beschrieben sind, in denen sich die Störungen in dichter Folge hintereinander und in einem Zuge entwickeln ohne jede Unterbrechung. Die *Latenzzeit* ist meist auch länger als beim Chlormethyl. Sie kann Stunden, Tage, manchmal auch Wochen umfassen. Nach Einatmung geringer Konzentrationen kommen die Initialsymptome unter Umständen gar nicht richtig zur Ausbildung oder werden von den Erkrankten übersehen. Dann setzen die Vergiftungserscheinungen erst nach Ablauf der symptomfreien Latenzzeit, scheinbar mitten aus vollster Gesundheit heraus, ein. Bei der oft recht langen Dauer des Latenzstadiums ist anzunehmen, daß sich während dieser Zeit Schädigungen entwickeln, die nicht durch das Brommethyl, sondern seine Oxydations- und Zersetzungsprodukte im Organismus herbeigeführt werden. Wahrscheinlich wird auch hier Methylalkohol bzw. Formaldehyd abgespalten, welch letzteres bei intracellulärer Entstehung sicher schwere Schäden am Zentralnervensystem zu verursachen vermag (FLURY).

Klinisch tritt beim **voll ausgebildeten schweren Vergiftungsbild** das cerebrale Syndrom völlig in den Vordergrund. Die Veränderungen im Blut und an den übrigen inneren Organen spielen nur eine untergeordnete Rolle. Die Vergiftungserscheinungen äußern sich vorwiegend in Schädigungen des **Zentralnervensystems**; es lassen sich hier zwei Symptomengruppen unterscheiden: Reizerscheinungen der sensorischen Sphäre und solche im Bereich der sensibel-motorischen Sphäre (DUVOIR, FABRE, LAYANI).

Nach Ablauf des Latenzstadiums eröffnen Kopfschmerzen das schwere Vergiftungsbild. Die als Initialsymptome beschriebenen Krankheitserscheinungen können sich, nur verstärkt, wiederholen; mehr oder weniger schnell entwickelt sich ein Zustand der Trunkenheit mit taumelndem Gang, der mit einem alkoholischen Rauschzustand verwechselt werden kann. Ziemlich unvermittelt verfällt der Kranke in Somnolenz, die in ein Koma übergehen kann. Die *Sprache* wird schmierig und verwaschen; unter Umständen kann sich eine völlige, offenbar motorische Aphasie entwickeln. Die laryngoskopische Untersuchung zeigt jedoch die Stimmbänder völlig intakt. Dann setzen schwerste klonische Zuckungen und wiederholte tonische Krämpfe, Kontraktionen einzelner Muskelgruppen mit Kiefersperre, Bewußtseinsverlust, Schweißausbrüche, Pulsbeschleunigung, leichte Cyanose, Atembeschleunigung, vor allem während der Krämpfe, Angstgefühle, Delirien mit Toben, Schreien und hochgradiger motorischer Unruhe ein. Bei erhaltenem Bewußtsein sind die Kranken zeitlich und örtlich völlig desorientiert. Auch können Halluzinationen (Mikro- und Makroskopie, Gehörs- und Gesichtshalluzinationen mit Verfolgungsideen usw.) auftreten, unterbrochen von komatösen Zuständen.

Die *Krampfanfälle* erinnern manchmal an eine Herdepilepsie. Sie beginnen mit klonisch-tonischen Zuckungen in den Armen und breiten sich dann über den ganzen Körper aus, wobei das Versorgungsgebiet einzelner Nerven, z. B. des Facialis, besonders stark betroffen sein kann. Während der Krämpfe wird die Gesichtsfarbe cyanotisch; der Mund ist geöffnet. Blutig tingierter Schleim und Schaum treten aus dem Munde. Der Puls wird klein und unter zunehmender Blässe kann die Herztätigkeit völlig aussetzen. In anderen Fällen wieder erinnern die Krampferscheinungen an tetaniforme Krämpfe mit Einwärtsdrehung (Pfötchenstellung) der Hände. Die Häufigkeit und Schwere der Anfälle ist mithin wechselnd, ihre Erscheinungsform vielgestaltig; bald treten sie stoßartig, lokalisiert auf, bald ähneln sie mehr einer generalisierten Epilepsie mit Zungenbiß.

Das schwere cerebrale Syndrom findet weiter seinen Ausdruck in ataktischen und Reflexstörungen. Auch können polyneuritische Erscheinungen auftreten. Im akuten Vergiftungsstadium ist über den *Liquor* bisher noch nichts bekannt, doch fand sich nach 3 Monaten, als immer noch nicht unbeträchtliche Nacherscheinungen bestanden, noch eine leichte Druck- und Eiweißvermehrung bei normalem Zellgehalt (OPPERMANN).

Nicht zu übersehen sind die sowohl während der schwersten Vergiftungserscheinungen, wie auch noch längere Zeit danach bestehenden *Reflexstörungen*. Die Achilles- und Patellarsehnenreflexe sind meist gesteigert, in schweren Fällen ganz aufgehoben. Die Bauchdecken- und Cremasterreflexe sind anfänglich häufig noch auslösbar, später erloschen (STEIGER). Die Cornealreflexe können fehlen. Die Pupillen sind meist lichtstarr und weit oder reagieren nur träge. Das ROMBERGsche Phänomen kann positiv sein. Gelegentlich finden sich auch Pyramidenzeichen: So ist das BABINSKIsche und OPPENHEIMsche Zeichen manchmal schwach positiv (STEIGER). Die grobe Kraft der Arme und vor allem der Beine bleibt zunächst erhalten, nimmt aber im weiteren Verlauf beträchtlich ab, so daß die Kranken nicht mehr alleine stehen oder sich aus dem Sitzen erheben können.

Auffällig sind die groben *ataktischen Störungen*, die sich u. a. bei Zielbewegungen der Arme und Beine in sehr typischer Weise bemerkbar machen. Intentionstremor der Arme und vollständige Paresen der Beine weisen darauf hin, daß organische Läsionen im Zentralnervensystem Ursache dieser schweren Störungen sein müssen.

Recht augenfällig sind auch die schweren Veränderungen im Bereich der sensibel-motorischen Sphäre. So kommt es häufig zu *Lähmungen*, die durch ihre Schwere und Vollständigkeit überraschen und manchmal ein ganzes Glied umfassen, das dann schlaff gelähmt herunterhängt. Es wurden die verschiedensten Lähmungstypen, Mono-, Para- und Hemiplegien, beobachtet. Meist sind die Lähmungen trotz ihrer Schwere reversibel. Nicht sosehr selten gehen ihnen Parästhesien voraus, die manchmal in Form nicht exakt lokalisierbarer, flüchtiger Sensibilitätsstörungen, wie z. B. Herabsetzung der Schmerz- und Temperaturempfindlichkeit, von Prickeln und Ziehen oder Ameisenlaufen auftreten können. Gelegentlich wurden auch Druckempfindlichkeit der Nervenstämme und heftige radiculäre Schmerzen beschrieben, wie sie auch manchmal vor Auftreten der Lähmungen bei der spinalen Kinderlähmung beschrieben werden.

Recht konstant treten **Sehstörungen** auf. Im ersten Stadium der Vergiftung klagen die Kranken über Doppeltsehen, Flimmern vor den Augen, Verschwimmen und Hin- und Hertanzen der gesehenen Objekte. Auch transitorische Amblyopien kommen vor, die bis zu einer richtigen Amaurose gesteigert sein können. Der Augenhintergrund ist in den meisten Fällen normal. Vereinzelt wurden stärkste Füllung der kleinsten Gefäße auf der Opticusscheibe und in der peripapillären Zone, manchmal auch ausgedehnte Retinablutungen beobachtet. Neben organisch bedingten Doppelbildern können auch psychische, mit 4—5fach-Sehen vorkommen. Leichte Adducenslähmungen, träge Pupillenreaktionen, Ptose eines oder beider Augenlider, in der Rekonvaleszenz lang dauernde Akkommodationsschwäche und Auftreten zentraler Skotome wurden beschrieben.

An den **inneren Organen** ist, wie bereits angedeutet, ein krankhafter Befund meist nicht zu erheben. Das Blutbild zeigt keine typischen Veränderungen. In manchen Fällen fand sich eine relative Lymphocytose. In einzelnen Fällen soll das Blut schokoladenfarbig ausgesehen haben und Methämoglobin nachzuweisen gewesen sein (STEIGER); dieser Befund erscheint jedoch etwas fragwürdig und es ist zweifelhaft, ob er wirklich mit der Brommethylwirkung ursächlich zu verknüpfen ist.

Im *Urin* finden sich gelegentlich Zeichen einer Nierenreizung: Erythrocyten und vereinzelte Zylinder. Der Kältealdehyd kann positiv sein.

Der **Verlauf** ist recht wechselnd. Die Weiterentwicklung der Störungen geht ohne System und Ordnung vor sich. Bei leichten Fällen können nach Ablauf der Latenzperiode die Initialsymptome verstärkt auftreten, dazu Schläfrigkeit von wechselnder Intensität bestehen. In leichten Fällen verschwinden diese Krankheitserscheinungen innerhalb von 15 Tagen wieder, ohne weitere Folgen zu hinterlassen. Bei den mittelschweren Formen treten relativ häufig die oben beschriebenen sensibel-motorischen, polyneuritisartigen Erscheinungen auf, welche die Arbeitsaufnahme erst nach 3—4 Monaten wieder erlauben. Die schweren Formen verlaufen rasch unter den Zeichen der Rindenreizung mit den oben beschriebenen epileptiformen Anfällen und schweren ataktischen Krisen. Je mehr sich die Fortsetzung der Krankheitserscheinungen in die Länge zieht, um so günstiger scheint die Prognose zu werden.

Gelegentlich kann die stets lang dauernde *Rekonvaleszenz* noch mehrere Monate nach Überstehen der schweren Vergiftungserscheinungen von erneuten heftigen epileptiformen Krampfanfällen mit Zungenbissen und anschließendem tiefem Schlaf, Bewußtseinsstörungen, anfallsweise auftretenden Gleichgewichtsstörungen, Akkommodationsstörungen und zentralem Skotom unterbrochen werden. Auffällig ist das verhältnismäßig häufige Auftreten vegetativer Stigmata im Laufe der Gesundung, wie z. B. Neigung zu Schweißausbrüchen, Lid-, Zungen- und Fingertremor, lebhaftem Dermographismus, Stimmungslabilität und Heißhunger. Die Wiederherstellung ist meist vollständig, doch können Nachwirkungen der überstandenen Vergiftung in Form von unsicherem, breitspurigem Gang, Müdigkeit, Vergeßlichkeit, erhöhter Reflexerregbarkeit, Sehstörungen (s. oben), Angstgefühl, Opressionsgefühl und Stichen in der Herzgegend noch jahrelang bestehen bleiben. Auch über plötzliches und häufigeres Wiederauftreten der Anfälle noch lange nach Überstehen der Vergiftung wird berichtet (OPPERMANN). Zeichen geistiger Schwäche, Gedächtnisstörungen und Veränderungen des Charakters können zurückbleiben. Vereinzelt blieben trophische Störungen, wie Parästhesien und Hemmung des Nagelwachstums, noch lange bestehen.

Der **Sektionsbefund** ist wenig typisch. Die schwersten Schädigungen finden sich im Bereich des Gehirns. Je nach dem Zeitpunkt des Eintritts des Todes finden sich überall Zeichen schwerster Gefäßerweiterung und Stauung. Das Gehirn ist blutüberfüllt und ödematös; gelegentlich finden sich Hämorrhagien und Erweichungsherde. Stauungszeichen weisen auch die großen parenchymatösen Organe, Leber, Milz und Nieren, auf. Die Lungen sind von fester Konsistenz, gestaut und ödematös. Die Schleimhäute der Bronchien und der Trachea sind gefäßinjiziert und leuchtend rot (SCHWARZ). Auf dem Epikard wurden streifen- und punktförmige Blutungen gefunden. Das sonst meist völlig unveränderte Herz enthält flüssiges, tief dunkelrotes Blut. Das histologische Bild der Leber kann Zeichen einer geringen fettigen Degeneration aufweisen (SCHWARZ). Bei späterem Eintritt des Todes lassen sich am Gehirn regressive Veränderungen verschiedenen Grades in den Ganglienzellen erkennen. Brommethyl ist in der Leiche schon kurze Zeit nach der Vergiftung nicht mehr nachweisbar.

Die **Diagnose** dürfte in den schweren Fällen bei der typischen Zweiphasigkeit der Wirkung des Giftes und den schweren, völlig im Vordergrund stehenden cerebralen Symptomen des klinischen Vergiftungsbildes bei Berücksichtigung der anamnestischen Angaben keine allzu großen Schwierigkeiten machen. Kommen die Kranken erst nach Abklingen der schweren Vergiftungserscheinungen in der Rekonvaleszenz zu Untersuchung und Beobachtung, so können Verwechslungen mit multipler Sklerose und Epilepsie vorkommen.

Die **Therapie** ist rein symptomatisch. Von manchen Autoren werden Gefäßmittel (Adrenalin, Sympatol, Nebennierenrindenextrakt), Kochsalzinfusionen und Dauertropfeinläufe empfohlen. RODENACKER empfiehlt schnelle Zufuhr hoher Dosen Vitamin C, von Calcium und Natriumthiosulfat. Die Krampferscheinungen sind durch Gaben von Paraldehyd oder Luminal zu mildern. Die therapeutischen Maßnahmen vermögen im allgemeinen das Fortschreiten der Vergiftungserscheinungen nicht wesentlich zu hindern.

d) Die Methyljodid-Vergiftung.

Jodmethyl (CH_3J) ist eine Flüssigkeit mit einem Kp. von 44 bis 45°. Es wird in der chemischen Industrie zu Methylierungen verwendet. Die **Vergiftungsmöglichkeiten** sind wesentlich geringer als beim Methylchlorid und Methylbromid, da das Methyljodid sehr viel weniger benutzt wird. Bisher wurde nur ein einziger Vergiftungsfall bekannt (JAQUET). Die Wirkungsweise ist im wesentlichen die gleiche wie bei den beiden vorher besprochenen Halogenwasserstoffen. Die Vergiftungserscheinungen ähneln sehr denen, wie sie bei der Brommethylvergiftung beobachtet werden. Auch hier bestehen die **Initialsymptome** in leichter Benommenheit und Schwindelgefühl sowie Doppeltsehen und Undeutlichwerden der gesehenen Objekte. Der Gang ist taumelnd wie bei Trunkenheit. Auffällig war das starke Schwindelgefühl, das auch im Bett bestehen blieb, sich nach Bewegungen verstärkte und abends seinen Höhepunkt erreichte. Sehr ausgeprägt war das Schwächegefühl in den Beinen, so daß der Kranke sich hinsetzen mußte, um nicht umzufallen. Dann trat eine vorübergehende Amblyopie auf. Dieser Zustand blieb etwa 11 Tage stationär. Dann entwickelten sich schwerste Erregungs- und Verwirrungszustände, so daß die Überführung in eine geschlossene Abteilung notwendig wurde. Auch traten Sinnestäuschungen auf. Im *Urin* fanden sich etwa 12 Tage nach Einatmung des Jodmethyls Eiweiß und Zylinder. Auch konnte vermehrt Jod nachgewiesen werden. In der etwa 18 Tage später beginnenden Rekonvaleszenz traten zahlreiche Decubital- und nekrotische Hautgeschwüre auf. Nach 8 Wochen bestanden noch immer hartnäckiges Schwindelgefühl und Flimmern vor den Augen. Die sich in der letzten Zeit der Rekonvaleszenz bereits bemerkbar machende Gleichgültigkeit und Interesselosigkeit und die torpide geistige Reaktion waren noch $1^1/_2$ Jahre nach der Vergiftung vorhanden. Die **Therapie** wird auch in solchen Fällen rein symptomatisch sein müssen. Im Vergleich zu den Methylenchlorid- und Brommethylvergiftungen fällt auf, daß die cerebralen Erscheinungen vielleicht noch schwerer sind und vor allen Dingen auch die psychische Sphäre mehr betreffen.

2. Die Vergiftung mit Tetrachlorkohlenstoff (Tetrachlormethan).

Tetrachlorkohlenstoff ist eine nichtbrennbare Flüssigkeit mit typischem, süßlich-aromatischem Geruch. Sein Kp. liegt bei 76—77°. Er ist in vielen Reinigungsmitteln unter den verschiedensten Decknamen, wie Benzinoform, Phönixin, Azordin, Spektrol u. a. m., enthalten. Er entsteht durch Chlorierung von Schwefelkohlenstoff.

Vergiftungsmöglichkeiten bestehen überall da, wo Tetrachlorkohlenstoff als Lösungsmittel für Fette, Gummi, Schwefel, Alkaloide, Harze, Lacke, als Extraktionsmittel, zur Fleckenentfernung, als Grundlage für flüssige Seifen, für Mittel gegen Kesselstein, zur Ungeziefervertilgung, als Haarwaschmittel, als Hilfsflüssigkeit beim Stahlguß zur Vermeidung von Haarrissen, als Feuerlöschmittel, in der Kältetechnik Verwendung findet. Die Benutzung als Feuerlöschmittel soll insofern gefährlich sein, als mit der Möglichkeit zu rechnen ist, daß sich bei der Zersetzung des Tetrachlorkohlenstoffs Produkte vom Typ des Phosgens bilden, die dann vor allem die Feuerwehrleute gefährden. Auch beim Abbrennen der zur Vernebelung benutzten sog. BERGER-Mischung (Tetrachlorkohlenstoff + Zinkverbindungen) kann unter Umständen Phosgen entstehen. Technischer Tetrachlorkohlenstoff ist oft verunreinigt mit Schwefelkohlenstoff, Phosgen, Schwefelwasserstoff, Salzsäure und organischen Schwefel- und Chlorverbindungen.

Aufnahme, Verteilung, Ausscheidung: Die *Aufnahme* erfolgt durch die Haut, meist aber durch Einatmung von Dämpfen in geschlossenen oder schlecht ventilierten Räumen, in denen heißer Tetrachlorkohlenstoff verdampft, bzw. bei Benutzung geschlossener Apparaturen, an denen Kesselleitungen oder Ventile undicht werden, oder aber dann, wenn an derartigen Apparaten während des Betriebes Reparaturen durchgeführt werden.

Das Vergiftungsbild ist nach Einatmung von Dämpfen ziemlich gleich dem, welches sich nach peroraler Aufnahme entwickelt. Immerhin sind bei den gewerblichen Vergiftungen, die durch Einatmung der Dämpfe zustande kommen, die lokalen Reizerscheinungen an den Schleimhäuten, die Bindehautkatarrhe, Bronchitiden und Atembeschwerden ausgeprägter als bei peroraler Aufnahme; die Blutveränderungen sind geringer; die bei der akuten Vergiftung so eindrucksvollen schweren Leberschädigungen und ernsten Stoffwechselstörungen sind dafür nicht so ausgesprochen. Der Verlauf der meisten gewerblichen chronischen Tetrachlorkohlenstoffvergiftungen ist gutartiger und tödliche Vergiftungen sind seltener. Besonders schwere Fälle wurden beim Gebrauch von Feuerlöschern beobachtet, die mit Tetrachlorkohlenstoff beschickt waren. Die *Verteilung* im Organismus ist die gleiche wie die lipoidlöslicher Substanzen. Besonders große Mengen finden sich im Knochenmark, in der Leber und im Gehirn. Einzelheiten sind nicht bekannt. Die *Ausscheidung* erfolgt ziemlich schnell und größtenteils durch die Lungen mit der Ausatmungsluft, die dann noch lange nach Tetrachlorkohlenstoff riecht. Die für den Menschen giftigen Konzentrationen sind aus der nachstehenden Tabelle ersichtlich.

Einatmungsversuche am Menschen nach K. B. LEHMANN u. Mitarbeitern (1936) (zitiert von K. B. LEHMANN u. F. FLURY, S. 114).
(DAVIS 1934; SMYTH, SMYTH u. CARPENTER 1936; v. OETTINGEN 1937.)

mg/ Liter	Versuchs-dauer in Min.	Symptome	Nach Verlassen des Versuchsraumes
0,66	—	Höchstzulässige Konzentration in Arbeitsräumen	—
1,6	20	Keine Wirkung innerhalb 20 Min.	—
4,0	30	Kopfdruck, Schwindel, Müdigkeit, Schleimhautreizung	—
11,0	30	Gleiche Symptome wie bei 4,0	—
20	5	„ „ „ „ „ „	—
40	3	Druck, Schweregefühl, Parästhesien der Extremitäten, Ohrensausen, leichte Benommenheit	Leichter Rausch, Taumeln. Nach 5 Min. leichter Kopfschmerz
60	$1^1/_2$	Parästhesien der Extremitäten. Vermehrte Speichelsekretion. Schwächegefühl. Nach $1^1/_2$ Min. leichte Ohnmacht	Rückkehr des Bewußtseins nach 3 Min., Sausen im Kopf. Euphorie
80	1	Parästhesien, Bewußtlosigkeit	Euphorie, Bewegungsdrang. Nach $2^1/_2$ Stdn. noch leichter Kopfdruck

Der *Vergiftungsablauf* läßt wie bei anderen Vergiftungen mit den Substanzen der Halogenwasserstoffe der Fettreihe ebenfalls eine mehrphasige Wirkung erkennen. Unmittelbar nach der Einatmung der Dämpfe wird eine schleimhautreizende und eine narkotische Wirkung erkennbar. Nach Ablauf des Latenzstadiums kommt es nach akuter Aufnahme großer Mengen, anders als bei den bisher beschriebenen Vergiftungen durch Halogenwasserstoffe, schon sehr bald zur Entwicklung von sehr schweren Krankheitserscheinungen an der Leber und den Nieren, die ganz im Vordergrund des klinischen Vergiftungsbildes stehen. Störungen im Bereich des Zentralnervensystems sind ausgesprochen selten. Bei den *Leber-*

schädigungen handelt es sich stets um mehr oder weniger schwere Parenchymschäden der Leber mit autolytischer Nekrobiose, die im Zentrum der Leberläppchen beginnt. Diese Leberzellschäden sind bei allen Vergifteten auch dann nachweisbar, wenn klinisch Zeichen einer schweren Lebererkrankung noch nicht so deutlich sind. Infolge der wachsenden Belastung der Niere mit den durch die intravitale Leberautolyse und den bei dem toxischen Eiweißzerfall in der Leber entstehenden Eiweißzerfallsprodukten entwickelt sich eine an den Tubuli lokalisierte Degeneration der Nieren. Auch für die im Verlauf der Vergiftung auftretenden Gefäßschäden dürfte ursächlich die Leberparenchymschädigung verantwortlich zu machen sein (BAADER).

Die **Initialsymptome** ziehen sich in manchen Fällen über längere Zeit hin. Sie bestehen in Müdigkeit, Schlafsucht, Depressionszuständen, Schwindel, Angst- und Oppressionsgefühlen, Parästhesien in den Extremitäten, Stichen in der Herzgegend, Hustenreiz, Kopfschmerzen oder Druckgefühl im Kopf, Übelkeit mit Brechreiz und Erbrechen, Magenbeschwerden, Appetitlosigkeit, Obstipation, nervöser Reizbarkeit, Rastlosigkeit, nervöser Unruhe, leichter Ermüdbarkeit, Augenbrennen sowie gelegentlich auftretenden Sehstörungen (Nebelsehen). Bei längerer Einatmung schließen sich an diese Prodromalerscheinungen, vor allem, wenn sich die Vergiftungen in geschlossenen oder schlecht ventilierten Räumen ereignen, — evtl. nach einem vorübergehenden Erregungsstadium mit Toben, Schreien, Lachen und motorischer Unruhe — Symptome an, die als Ausdruck der narkotischen Wirkung des Tetrachlorkohlenstoffes zu deuten sind. Sie bestehen in Benommenheit und Bewußtlosigkeit, die von Perioden mit vollem Bewußtsein unterbrochen und schließlich in einen komatösen Zustand mit tiefster Bewußtlosigkeit und Areflexie übergehen können, der dann mit dem Tode endet.

Bei der subakuten und chronischen Einatmung geringerer Konzentrationen über längere Zeit oder bei rechtzeitiger Unterbrechung der Aufnahme der giftigen Dämpfe kehrt das Bewußtsein wieder, falls es überhaupt zu Bewußtseinsverlust gekommen ist. In den leichtesten Fällen kommt es ohne Nacherscheinungen zu völliger Wiederherstellung.

In den meisten (mittelschweren) Fällen klingen die Initialsymptome zunächst ab. Vollstes subjektives Wohlbefinden in dem nun einsetzenden *Latenzstadium* kann über die Schwere und Gefährlichkeit der Vergiftung hinwegtäuschen. Es kann bis zu mehreren Tagen [durchschnittlich 10—48 Stunden, gelegentlich 8 Tage (HAGEN)] dauern.

Erst jetzt entwickelt sich **das volle Vergiftungsbild**, das durch Leber- und Nierenschäden charakterisiert ist und bei dem einmal mehr die Leber-, ein andermal mehr die Nierensymptome im Vordergrund des ganzen klinischen Zustandsbildes stehen. Zunächst setzen in ihrer Intensität und Deutlichkeit wechselnde, vieldeutige Allgemeinerscheinungen, meist im Bereich des **Magen-Darm-Kanals**, ein, die in hartnäckigem Aufstoßen, Erbrechen und schwerem allgemeinen Krankheitsgefühl bestehen. Gleichzeitiger steiler Temperaturanstieg auf 39° C und mehr, meteoristische Aufblähung des Leibes, heftige Durchfälle, starke Leibschmerzen, abdominale Druckempfindlichkeit beim Palpieren, Abwehrspannung der Bauchdecken und Leukocytose können eine schwere abdominelle Erkrankung (Appendicitis, Peritonitis) vortäuschen (GRAHAM), vor allem dann, wenn gleichzeitig als Ausdruck einer erhöhten

Gefäßdurchlässigkeit infolge einer schwersten toxischen Gefäßschädigung Bluterbrechen, blutige Durchfälle, Nasenbluten oder eine hämorrhagische Gingivitis auftreten. Zuweilen ist das Zahnfleisch nur intensiv gerötet oder aber schmutzig belegt. Bei lang dauernder Einatmung sehr kleiner Konzentrationen können die Initialsymptome so gering entwickelt sein, daß sie dem Kranken selber kaum bewußt werden. Dann setzt, nach Ablauf des Latenzstadiums, das Krankheitsbild scheinbar ganz unvermittelt mit Übelkeit, Erbrechen, brennenden Schmerzen unter dem Brustbein, im Epigastrium und heftigen Leibschmerzen ein, die einmal mehr in der Appendixgegend, in anderen Fällen wieder im Epigastrium lokalisiert werden. Galliges Erbrechen, diffuse Bauchdeckenspannung, kleiner frequenter Puls, Leukocytose und Verschwinden der peristaltischen Darmgeräusche täuschen dann das Bild einer akuten Appendicitis, eines Magenulcus mit Perforation und anschließender diffuser Peritonitis oder aber eines Ileus mit Infarzierung eines Darmabschnittes vor. Fehldiagnosen sind gerade bei diesem Zustand nicht selten; sie führten gelegentlich sogar zu dem Entschluß, die Laparatomie auszuführen (GRAHAM). Die schwere allgemeine **Gefäßschädigung** kann auch sonst in punktförmigen Blutungen an den Augenlidern und in die Skleren, in Schwellungen und kleinen Blutungen am Gaumen und Pharynx ihren Ausdruck finden. In manchen Fällen treten infolge der Gefäßwandschädigungen der Lungen Lungenblutungen und Bluthusten auf, die das Krankheitsbild weiter verwirren (KOELSCH). Die Reizerscheinungen im Bereich der oberen Luftwege sind meist gering; zuweilen kommt es zu Nasenbluten.

Der **Kreislauf** wird durch die schweren abdominellen Erscheinungen ebenfalls in Mitleidenschaft gezogen. Die Herzaktion ist gesteigert, der Puls ist unregelmäßig und verlangsamt, der Blutdruck fällt infolge der allgemeinen Gefäßerweiterung.

Als Ausdruck der für akute Fälle typischen **Leberschädigung** entwickelt sich mehr oder weniger schnell ein leichter oder schwerer Ikterus. Die Leber ist stark vergrößert, von vermehrter Konsistenz, bisweilen druckempfindlich. Die Galaktosebelastung der Leber ergibt, auch wenn deutliche Krankheitserscheinungen, die unmittelbar auf eine Lebererkrankung hinweisen, fehlen, eine eindeutige Vermehrung der Galaktoseausscheidung im Urin und einen verlangsamten Abfall der Blutzuckerkurve. Der Glykogenstoffwechsel ist gestört, was sich klinisch in einer recht häufig anzutreffenden Hypoglykämie ausdrückt. Die nicht gerade seltene Hyperlipämie deutet auf eine Störung des Fettstoffwechsels hin. Das Bilirubin ist im Blut, dem schweren Ikterus entsprechend, sowohl direkt als indirekt stark erhöht. Im Harn erscheint Bilirubin und Urobilin; Urobilinogen ist deutlich vermehrt. Allmählich entwickelt sich ein Zustand, der mehr und mehr einem Leberkoma entspricht. Das Gesicht ist verfallen, der Puls klein und frequent, die Schleimhäute trocken; die Lippen werden leicht cyanotisch.

Gleichzeitig entwickeln sich **Nierenerscheinungen**, die in manchen Fällen das Krankheitsbild völlig beherrschen können. Die Urinmenge wird immer geringer (sekretorische Oligurie); dabei sinkt eigentümlicherweise das spezifische Gewicht des Harns (BAADER). Oft kommt es zu völliger Anurie, die bis zu 10 Tagen dauern kann. Auch Ödeme der Haut, des Gesichts und der Extremitäten entwickeln sich. Im Harn ist Eiweiß in reichlicher Menge nachzuweisen. Im Sediment erscheinen massenhaft granulierte Zylinder, Nierenepithelien, manchmal auch Erythrocyten. Die Ausscheidung von Gesamtstickstoff, Harnsäure, Ameisensäure, Ammoniak, Urobilin, Urobilinogen und Gesamtschwefel ist vermehrt. Die Körpertemperatur fällt unter die Norm. Zwischen dem 2. und 5. Tag steigt der Blutdruck, entsprechend der verminderten Nierenleistung, auf Werte von 200 mm Hg und darüber. Der Fettgehalt des Blutes und die harnpflichtigen Substanzen im Blut steigen nun an: die Werte für Milchsäure, Harnstoff, Harnsäure und Xantoprotein sind erhöht; der Reststickstoff steigt auf urämische Werte. Blutcalcium, Kochsalz, Blutzucker, Lipoide und Cholesterin sind vermindert. Die Alkalireserve ist herabgesetzt. Trotz der Degenerationsveränderungen am Tubulusapparat der Nieren ähnelt das *renale Syndrom* häufig dem Bilde einer akuten Glomerulonephritis mit hoher Eiweißausscheidung. Manche Fälle verlaufen völlig unter dem Bild einer schweren akuten Nephritis (S. FRANCO). Während der urämischen Vergiftungsphase kommt es gelegentlich auch zu cerebralen Reizsymptomen, die manchmal völlig das Vergiftungsbild beherrschen können. In ausgesprochen symptomenarmen Fällen treten die Blutdruck- und Reststickstofferhöhung gleichsam nur nebenher auf. Die *Potenz* ist nicht herabgesetzt. Das Auftreten einer Polyurie ist prognostisch günstig zu bewerten.

Anämien sind nicht gerade typisch. Das **Blutbild** läßt im Beginn eine Vermehrung der Hämoglobin- und Erythrocytenwerte erkennen. Oft besteht eine Leukocytose. Das *Differentialblutbild* zeigt eine Lymphocytose und eine Monocytose. Nach Einatmung sehr hoher Konzentrationen findet man Zeichen einer Hämolyse.

Als Zeichen schwerer Störungen im **Zentralnervensystem** treten epileptiforme Krampfanfälle auf, die in Form generalisierter epileptischer Anfälle auf toxischer Grundlage (HAGEN) mit Pupillenstarre, Zungenbiß, Cyanose des Gesichts, Schaum vor dem Mund, tiefer Bewußtlosigkeit und ausgeprägter Apathie nach dem Erwachen sowie Urinabgang während des Anfalls verlaufen. In atypischen Fällen können derartige epileptiforme Anfälle schon im ersten Vergiftungsstadium auftreten. In vereinzelten Fällen wurden auch Anisokorie und Halbseitenlähmungen beschrieben. Bisweilen treten nur spontane Muskelzuckungen, Reflexsteigerungen oder Reflexseitendifferenzen auf.

An den **Augen** wurden nach längerer Einwirkung von Tetrachlorkohlenstoff Sehnervenschwellungen, Gesichtsfeldeinschränkungen und Nebelsehen beschrieben (ZANGGER). Die meist vorübergehenden Amblyopien sind angeblich auf die Hypoglykämie und das Fehlen von Traubenzucker in der Retina zurückzuführen (WIRTSCHAFTER).

Der **Sektionsbefund** zeigt Schäden vor allem an der Leber und an den Nieren. Die Reizerscheinungen an den Augen, der Nase, im Bereich des Schlundes und der oberen Luftwege sind meist nur gering; sie bestehen in Gefäßinjektionen und leichter Schleimhauthyperämie. Die

Lungen zeigen bei schweren Fällen bronchopneumonische Herde oder auch schweres Ödem. In manchen Fällen sind die Lungenalveolen von Blut erfüllt. Die Leber ist trüb geschwollen und meist vergrößert. In schweren Fällen ist sie schlaff, von butterähnlichem Aussehen, gelb bis orangegelb, grünlich gesprengelt. Beim Schneiden bleibt infolge der schmierig-fettigen Konsistenz ein fettiger Schimmer auf dem Messer haften. *Histologisch* bietet sich das Bild einer mehr oder weniger schweren Nekrose der Leberzellen, wie man sie bei der akuten gelben Leberatrophie findet. Die Lebernekrose ist oft vollständig, so daß nirgends mehr die typische lobuläre Struktur der Leber erkennbar ist. Statt der Zellen sieht man nur noch ein grobkörniges Protoplasmanetz, in dem keine färbbaren Kerne mehr sichtbar sind und das mit dicken und feinen Fettropfen erfüllt ist. Die Nieren zeigen makroskopisch eine trübe Schwellung. Mikroskopisch fällt die starke trübe und fettige Degeneration, in manchen Fällen auch die völlige Nekrose der Zellen der Tubuli contorti auf. Die Zellen liegen abgelöst im Lumen der Tubuli und lassen keine färbbaren Kerne mehr erkennen. In anderen Tubuli liegen massenhaft mehr oder minder stark veränderte Erythrocyten; oft ist das Tubuluslumen auch durch hyaline Zylinder verstopft. Die Tubuli recti zeigen fettige Degeneration. Das Gehirn läßt morphologisch faßbare Veränderungen meistens vermissen. Hirnödem, degenerative Veränderungen in der Großhirnrinde, Chromolyse, Vakuolenbildung in den Ganglien und Hypertrophie der Neuroglia wurden vereinzelt beschrieben.

Der **Verlauf** der Vergiftungen ist sehr wechselnd. Bei Einatmung hoher Konzentrationen treten die narkotischen Erscheinungen klinisch in den Vordergrund. Der finale komatöse Zustand schließt unmittelbar an. Nach Einatmung geringer Konzentrationen tritt die Mehrphasigkeit des Vergiftungsablaufes bei genügend genauer Untersuchung eigentlich immer deutlich in Erscheinung. Je nachdem, ob die Leber- oder Nierenschäden mehr im Vordergrund des Vergiftungsbildes stehen, ähnelt das Vergiftungsbild im Endstadium mehr dem Coma hepaticum oder dem Coma uraemicum. Nach Überstehen der Vergiftung bleiben allgemeine Müdigkeit, Appetitlosigkeit, Sehstörungen, manchmal auch Krampfanfälle noch einige Zeit erhalten.

Differentialdiagnostisch können Verwechslungen mit anderen narkotisch wirkenden Giften, akuten Erkrankungen im Bereich des Abdomens (Peritonitis, Appendicitis, Ulcus ventriculi perf., Ileus, Gallenblasenerkrankung) bzw. Leber- und Nierenschäden anderer Ursache vorkommen. Die Diagnose wird sich vor allem auf die anamnestischen Angaben, den Geruch der Ausatmungsluft und das Auftreten einer Latenzperiode stützen müssen.

Therapeutisch ist wie bei allen Vergiftungen durch schädliche Dämpfe und Gase für baldige Verbringung in frische Luft bzw. Verbesserung der Arbeitsverhältnisse oder Wechsel des Arbeitsplatzes zu sorgen. Die akuten Magen-Darm-Erscheinungen sollen durch intravenöse Injektionen von Calciumchlorid im Verlauf von 6—12 Stunden zu beseitigen sein (Graham). Empfohlen werden reichliche Gaben von Alkalien, z. B.

Natrium bicarbonat.; Säurezufuhr ist strikte zu vermeiden. Auch werden Duodenalspülungen mit Magnesiumsulfat, salinische und ölige Abführmittel und perorale Kalkzufuhr empfohlen. Fettreiche Kost darf keinesfalls verabreicht werden. Die Leberschädigung ist in der üblichen Weise mit fett- und eiweißarmer, kohlehydratreicher Kost, Traubenzuckerinfusionen und Insulin zu behandeln. Die Nierenschäden sind ebenfalls nach den üblichen therapeutischen Grundsätzen anzugehen. Von vornherein auszuscheiden sind Arbeiter mit Krankheitsstörungen an der Leber, den Nieren, am Magen, an den Lungen und Kreislauforganen und an den Drüsen des Blutes. Auch Unterernährte, Fettleibige und Diabetiker sind bei der Einstellungsuntersuchung auszuschließen. Die Ernährung der mit Tetrachlorkohlenstoff arbeitenden Personen soll kohlehydrat-, vitamin- und kalkreich sein.

3. Vergiftungen durch Abkömmlinge des Äthans.

Von den zahlreichen Abkömmlingen des Äthans (vgl. S. 185) haben nur wenige eine größere praktische Bedeutung, so daß die meisten von ihnen im folgenden etwas summarischer abgehandelt werden können. Von sehr vielen dieser Verbindungen sind Vergiftungen am Menschen, geschweige denn gewerbliche Vergiftungen, bis heute überhaupt noch nicht beschrieben worden.

Im Gegensatz zu den vorher besprochenen Monomethylhalogeniden weisen die entsprechenden Äthylverbindungen (Äthylchlorid, Äthylbromid, Äthyljodid) eine viel geringere Giftwirkung auf. Im Körper werden sie in ganz gleicher Weise wie die Methylverbindungen in Halogenwasserstoff und Äthylalkohol gespalten, welch letzterer im Gegensatz zum Methylalkohol sehr schnell zerstört wird. Die Wirkung der Äthylmonohalogenide kommt damit wohl hauptsächlich durch das ungespaltene Molekül zustande (FLURY). Die Äthylmonohalogenide wirken sämtlich narkotisch; ähnlich wie beim Chloroform tritt zwar schon nach ganz kurz dauernder Einwirkung eine deutliche Anästhesie auf; im Gegensatz zu diesem bleibt jedoch die Berührungsempfindlichkeit erhalten, das Bewußtsein erlischt nicht völlig und auch die Reflexe und die Muskelspannung bleiben bis zum Eintritt der Atemlähmung bestehen. Nach Einwirkung sehr hoher Dosen kann Herzflimmern auftreten. Der Kreislauf wird relativ wenig in Mitleidenschaft gezogen. Die Ausscheidung erfolgt rasch, vorwiegend durch die Lungen. Die narkotische Wirkung nimmt in der folgenden Reihe ab — Chloräthyl, Bromäthyl, Jodäthyl —, während die Giftigkeit steigt. Äthyljodid wirkt mithin am wenigsten narkotisch, ist dafür aber am giftigsten.

a) Äthylmonohalogenverbindungen.

Äthylchlorid (C_2H_5Cl) ist eine farblose, brennbare Flüssigkeit von angenehmem Geruch, die gewerblich als Extraktionsmittel, als Lösungsmittel bei der Herstellung von Parfüms, zur Beschickung von kälteerzeugenden Apparaten, gelegentlich auch in der chemischen Industrie verwendet wird. Es stellt ein Narkoticum mit rasch vorübergehender Rauschwirkung dar. Gewerbliche Vergiftungen wurden bisher nicht beobachtet.

Äthylbromid (C_2H_5Br) ist eine farblose, stark lichtbrechende Flüssigkeit mit an Chloroform erinnerndem Geruch. Es findet technisch als Alkylierungsmittel in der chemischen Industrie und als Extraktionsmittel Verwendung. Seine Wirkung besteht in einer relativ kurz dauernden Narkose, doch kommen Nachwirkungen vor. So sollen bei chronischen Vergiftungen der Arbeiter neuritische Erscheinungen aufgetreten sein (FLURY-ZERNIK). Diese Nachwirkungen beruhen offenbar auf einer Zerlegung des im Organismus verbliebenen Bromäthyls in giftigere Produkte.

Die Ausscheidung erfolgt durch die Lunge. Die Ausatmungsluft riecht knoblauchartig. Kleine Mengen werden auch durch den Harn ausgeschieden.

Äthyljodid (C_2H_5J) ist eine farblose, stark lichtbrechende Flüssigkeit, deren Geruch ätherartig ist bzw. an Senföl erinnert. Über seine gewerbliche Verwendung ist nichts bekannt. Seine narkotische Wirkung ist schwach; es ist giftiger als Äthylchlorid und Äthylbromid. Gewerbliche Vergiftungen am Menschen sind nicht bekannt.

b) Die akute Vergiftung mit Äthylenchlorid ($CH_2Cl—CH_2Cl$).

Äthylenchlorid wird häufig mit Dichloräthylen ($CHCl—CHCl$) und as-Dichloräthylen (Acetylidendichlorid $CH_2{=}CCl_2$) verwechselt. Es ist eine farblose Flüssigkeit mit chloroformähnlichem Geruch, die nur bei direkter Berührung mit der Flamme brennt.

Vergiftungsmöglichkeiten bestehen bei seiner Anwendung als Extraktionsmittel, in der chemischen Industrie, als Lösungsmittel für Lacke, als Reinigungsmittel für Stoffe und Pelze, bei der Desinfektion von Getreidekörnern und Mehl sowie als Zusatz zu Treibstoffen (zusammen mit Bleitetraäthyl). Gewerbliche Vergiftungen durch Einatmen von Äthylenchloriddampf sind bisher noch nicht bekanntgeworden. Vergiftungen am Menschen sind überhaupt selten; bisher wurde offenbar nur ein einziger Fall veröffentlicht (HUEPER und SMITH), der durch *perorale* Aufnahme von etwa 60 ccm dieser Substanz zustande kam.

Erst 6 Stunden nach der Aufnahme traten die ersten Vergiftungserscheinungen auf, die in Übelkeit, Schwächegefühl, Erbrechen, dann Einsetzen von Benommenheit und schwerem subjektiven Krankheitsgefühl bestanden. Bei der Einlieferung in die Klinik war die Haut blaß, kalt und trocken. Es bestand eine leichte Cyanose der Lippen. Die Bindehäute erschienen ein wenig injiziert. Die Zunge war dick gelblich belegt. Die Ausatmungsluft roch stark chloroformartig. Über den Lungen waren deutlich grobe Rasselgeräusche zu hören. Die Herztöne waren leise; Pulsfrequenz 72/min, Atemfrequenz 20/min. Die Temperatur war normal. Im Urin waren reichlich Eiweiß und Zucker, Bilirubin, im Sediment einige hyaline und granulierte Zylinder nachweisbar. Im Blut fand sich eine mäßige Leukocytose. 6 Stunden später war die Temperatur subfebril, Puls 112, Atmung 26/min. Die Reflexe waren alle normal. Die Pupillenreaktion wurde träge.

Im weiteren Verlauf hielt das Erbrechen an; Durchfälle setzten ein. Es bestand das Gefühl eines alkoholischen Rauschzustandes, allerdings ohne die übliche Euphorie. In den folgenden Stunden nahm die Benommenheit und die Cyanose zu. Der Puls wurde unfühlbar, die Atmung schwer und röchelnd. 22 Stunden nach der Giftaufnahme trat der Tod ein.

Bei der **Sektion** fanden sich hämorrhagische Entzündungserscheinungen im Bereich des Dickdarms, Nephrose und Verkalkungen der Nierenkanälchen und der elastischen Membranen im Gebiet der Pyramiden. Die Leber war passiv hyperämisch und fettig degeneriert. Auch die Milz war gestaut. An den Lungen bestanden Emphysem und Atelektasen; schließlich fanden sich zahlreiche Blutungen im Gehirn.

Die angewandte **Therapie** bestand in i.v. Traubenzuckerverabreichung, Sauerstoffbeatmung und Verabreichung von stimulierenden Mitteln; sie war erfolglos.

c) Vergiftungen durch Äthylenbromid.

Äthylenbromid ist eine farblose, stark lichtbrechende Flüssigkeit mit leicht knoblauchartigem Geruch. Bei Zimmertemperatur (25°) sind in 1 l Luft bis zu 105 mg Äthylenbromid enthalten.

Vergiftungsmöglichkeiten bestehen bei der Herstellung und Verwendung in der chemischen Industrie, bei der Benutzung als Feuerlöschmittel und als Zusatz zu mit Bleitetraäthyl versetzten Treibstoffen.

Die Giftwirkung ist charakterisiert durch Narkose und mäßige Reizwirkung auf die Schleimhäute; es ist giftiger als Chloroform.

Bei den bisher beobachteten *akuten* Vergiftungen fiel im Anfang die Reizung der Augen und der Schleimhäute der oberen Luftwege auf. Dann setzte ein allgemeines Gefühl der Hinfälligkeit und Depression ein. Schließlich bestand heftiges Erbrechen. Eine Narkose trat nicht ein. Der Tod erfolgte unter den Zeichen eines schweren Komas (LEWIN). Wurde die akute Vergiftung überstanden, so traten **Nachkrankheiten** auf, die im wesentlichen in Reizerscheinungen an den Atmungsorganen, in auffällig langsamer Erholung und länger bestehen bleibenden Herzstörungen ihren Ausdruck fanden.

Bei der *chronischen Vergiftung* entwickelte sich eine Conjunctivitis; dann traten Drüsenschwellungen unter dem Kinn und in den Kieferwinkeln auf. Das Allgemeinbefinden war schwer gestört. Ferner bestanden Bronchitis, Tracheitis und Laryngitis, völlige Appetitlosigkeit, Kopfschmerz und allgemeines Krankheitsgefühl. Die Erscheinungen besserten sich nach Aussetzen der Arbeit unter symptomatischer Behandlung.

d) Die Vergiftung mit s-Tetrachloräthan (Acetylentetrachlorid).

s-Tetrachloräthan ($CHCl_2 \cdot CHCl_2$) ist eine wasserklare Flüssigkeit, die in Gegenwart von Wasser gegen Eisen, Zink und Aluminium nicht beständig ist. Sie hat einen campherartigen, nach anderen mehr süßlichen, chloroformähnlichen Geruch, der auf die Dauer als lästig empfunden wird. Die Verbindung ist schwer löslich in Wasser, mit organischen Lösungsmitteln mischbar, brennt nicht und ist nur sehr schwer flüchtig. Die Dämpfe sind schwerer als Luft und sammeln sich über dem Erdboden an. Die technische Verwendung ist in Deutschland zwar nicht wie in anderen Ländern verboten, aber polizeilich geregelt.

Vergiftungsmöglichkeiten bestehen überall da, wo das Tetrachloräthan als Lösungsmittel für die verschiedensten Lacke (Nitrocellulose, Cellon, Celluloid, Celluloseacetate usw.), z. B. in der Flugzeugindustrie, in der Metallindustrie, in der Hutfabrikation, zur Herstellung gewisser Spritzlacke, mancher Farben- und Schutzanstriche benutzt wird. Tetrachloräthan wird weiter in der Elektrotechnik, in der Kunstseidenindustrie, bei der Filmherstellung, bei der Fabrikation künstlicher Perlen, als Klebemittel in der Schuhindustrie, zum Kleben von Gasmasken, als Abbeizmittel für Öle und Lacke verwendet. Bei der Herstellung von Trichloräthylen tritt es als Zwischenprodukt auf.

Die **Giftwirkung** besteht in einer geringen Narkose, gleichzeitig aber auch in örtlicher Reizwirkung und in schweren resorptiven Schäden, die an der Leber und an den Nieren lokalisiert sind. Tetrachloräthan gilt als einer der giftigsten Chlorkohlenwasserstoffe. Die Zweiphasigkeit der Giftwirkung ist meist nicht so sehr ausgesprochen. Vergiftungen mit Tetrachloräthan sind heute ziemlich selten. Blutarme, Leberkranke, Fettleibige, Alkoholiker, Frauen und Kinder gelten als besonders gefährdet und sollen von der Arbeit mit Tetrachloräthan ausgeschlossen werden.

Die **Aufnahme** erfolgt vor allem durch Inhalation der Dämpfe, ist aber auch durch die Haut hindurch möglich (HEFFTER). Die Ausscheidung erfolgt, wenn auch insgesamt nur zu einem kleineren Teil, durch die Lungen. Die Wirkung am Menschen wurde vor allem durch LEHMANN und SCHMIDT-KEHL genauer untersucht.

Konzentration in der Einatmungsluft mg/Liter	Symptome
0,02	Geruchsschwelle
1,0	Nach 10 Min. Schwindel, nach 12 Min. Schleimhautreizung, nach 20 Min. Müdigkeit
1,8	Nach 5 Min. Schwindel und Schleimhautreizung
2,3	Nach 3 Min. Schwindel und zunehmende Müdigkeit, nach 10 Min. Einknicken der Knie
0,01	Höchstzulässige Konzentration in Arbeitsräumen (LAZAREW)

Bei der akuten, kurzdauernden Einatmung hoher Konzentrationen kommt es zu einem Zustand rauschartiger Erregung und Trunkenheit, wie nach übermäßigem Alkoholgenuß. Ausgesprochene Reizungserscheinungen an den Schleimhäuten der Augen, im Nasen-Rachen-Raum und der oberen Luftwege, brennende Schmerzen unter dem Sternum, Kopfschmerzen, Schleiersehen, Rötungen der Augen, der Wangen, Spannungsgefühle im Gesicht, feuchtglänzende Augen, allgemeine Mattigkeit, Übelkeit und Schwäche sind die typischen Symptome. Allmählich stellen sich Lähmungen, dann völlige Narkose ein. Der Tod erfolgt unter Krämpfen infolge Atemlähmung. Bei mehr subakutem und chronischem Verlauf ist die narkotische Wirkung weniger deutlich; dafür treten die Stoffwechselschädigungen mehr in den Vordergrund.

Bei länger dauernder Einwirkung niederer Konzentrationen können schon nach 14 Tagen der Exposition die ersten **Initialsymptome** auftreten, die dann meist sehr allmählich und schleichend einsetzen. Am konstantesten sind dyspeptische Erscheinungen von seiten des Magen-Darm-Kanals. Allgemeines Unwohlsein, zunehmende Appetitlosigkeit, Verlust der Geschmacksempfindung, Schwäche, Schwindelgefühl, leichte Blässe der sichtbaren Schleimhäute eröffnen das Krankheitsbild. Dann treten Übelkeit, Brechreiz, häufig auch Erbrechen, Druckgefühl in der Magengegend oder aber auch kolikartige Leibschmerzen, die meist auf der rechten Seite lokalisiert werden, Kopfschmerzen in den Schläfen und im Hinterkopf, allgemeine Abgeschlagenheit und Müdigkeit, Kreuzschmerzen und Schmerzen in den Fußgelenken hinzu. In vereinzelten Fällen, in denen die nervösen Störungen überwiegen, klagen die Kranken schon sehr frühzeitig über Parästhesien in Form von Ameisenlaufen, Kribbeln, Taubheitsgefühl, Pelzigsein in den Finger- und Zehenspitzen, Reizungserscheinungen an den oberen Luftwegen, wie Husten, vermehrte Schleimsekretion, Brennen und Stechen in Hals und Rachen. Auch treten heftige Schweißausbrüche auf.

Volles Vergiftungsbild: In der überwiegenden Mehrzahl der Fälle entwickelt sich im Anschluß an die Magen-Darm-Beschwerden, welche in wechselnder Stärke bestehen bleiben, ein an Intensität langsam zunehmender *Ikterus*. Die Körpertemperatur bleibt normal. Die Zunge ist oft stark belegt. Mitunter fällt ein übler Mundgeruch auf. Nicht so sehr selten wird bei der genauen klinischen Untersuchung eine subacide Gastritis entdeckt. Fett wird schlecht vertragen. Die Appetitlosigkeit nimmt immer mehr zu. Die Magen-Darm-Erscheinungen können in manchen Fällen das gesamte klinische Zustandsbild völlig beherrschen. Der Stuhlgang ist unregelmäßig, selten verstopft, meist durchfällig, dünn und schleimig, nur in besonders schweren Fällen auch mit dunkelrotem Blut vermengt. Die Farbe des Stuhls ist meist hell, gelegentlich ausgesprochen lehmfarben. Manchmal treten auch richtige Kolikanfälle auf, die mit den bei der Bleivergiftung beobachteten verwechselt werden können.

Der immer stärker werdende Ikterus weist auf eine schwere Schädigung der **Leber** hin. Meist ist die Leber etwas vergrößert, die Lebergegend druckempfindlich. In manchen Fällen ist das Organ auch verkleinert. Der Druckschmerz kann fehlen. In längerer oder kürzerer Zeit entwickelt sich das wohlbekannte Bild der subakuten bzw. akuten gelben Leberatrophie, die dann oft unter den klassischen Zeichen der Pfortaderstauung mit Ascites und des Coma hepaticum zum Tode führt.

In dem bierbraun verfärbten *Urin* finden sich, je nach der Schwere des Leberschadens, vermehrt Gallenfarbstoffe — Urobilin, Urobilinogen, Bilirubin — sowie Eiweiß, das in manchen Fällen in sehr beträchtlicher Menge im Harn erscheint. Das Urinsediment läßt außer organischen Bestandteilen in vereinzelten Fällen Leucin und Tyrosinkrystalle, Oxalate und Urate, sonst keine besonders charakteristischen Formbestandteile erkennen. So deutliche Zeichen einer schweren **Nieren**schädigung, wie sie bei der Tetrakohlenstoffvergiftung gelegentlich beschrieben wurden, sind bei den wenigen Vergiftungen mit Tetrachloräthan bisher noch nicht bekanntgeworden. In manchen Fällen wurde als Ausdruck einer — bisher allerdings nur im Tierversuch beobachteten — Blutschädigung eine Hämoglobinurie festgestellt.

Das **Blutbild** zeigt in den meisten, jedenfalls in allen langsamer verlaufenden Fällen eine mäßige hypochrome Anämie. Die Hämoglobinwerte sinken allerdings kaum unter etwa 70%, während die Erythrocytenzahl nahezu unverändert bleibt. Die Gesamtleukocytenzahl liegt an der oberen Grenze der Norm oder ist nur gering erhöht (7000—8000). Relativ frühzeitig soll eine Vermehrung der großen einkernigen Leukocyten (Monocyten) bis zu 40% auftreten, noch bevor andere Vergiftungssymptome klinisch erkennbar sind (MINOT, LAWRENCE und SMITH). Werte über 12% deuten angeblich auf die Vergiftung hin. Vereinzelt findet man Normoblasten; die Thrombocyten sind zuweilen vermehrt. Im Blutserum ist das Bilirubin in allen Fällen vermehrt. Die Gerinnungszeit wurde in manchen Fällen deutlich verlängert gefunden (13—16 Minuten). In leichten Fällen können Blutveränderungen auch völlig fehlen.

An **Herz und Kreislauf** sind bisweilen ebenfalls Schädigungen festzustellen. Die Gefäße sind erweitert, die Capillaren besonders geschädigt.

Sehr eindrucksvoll sind bei der Tetrachloräthanvergiftung die Schäden im Bereich des **Zentralnervensystems**, die in einigen der bisher bekannten Fälle die Leberschädigung ganz in den Hintergrund rückten und das klinische Bild völlig beherrschten (= nervöse Form der Vergiftung). Die ersten Störungen können schon sehr frühzeitig auftreten und unter Umständen ohne Ikterus und äußerlich erkennbare Leberschädigung verlaufen. Das gleichzeitige Auftreten schwerer Leberschädigungen und schwerer nervöser Anfälle scheint nur sehr selten vorzukommen.

Die vielfältigen nervösen Symptome lassen sich in verschiedene Symptomengruppen ordnen, von denen das *polyneuritische Syndrom* im Vordergrund steht und das neben allgemeinnervösen Symptomen, wie ziemlich grobschlägigem Tremor der Finger („Tatterich"), Lidflattern, häufigem starken Schwitzen, Zuckungen im Bereich der Gesichtsmuskulatur, vor allem der Mundwinkel, auch am häufigsten beobachtet wird. Störungen der Pupillenreaktion sind selten. Die Polyneuritis, welche das Versorgungsgebiet des Nerv. ulnaris, radialis und tibialis zu bevorzugen scheint, beginnt mit sensiblen Ausfallserscheinungen, die in Kribbeln, Ameisenlaufen, Absterben einzelner Finger und Zehen, die dann ganz taub werden können, bestehen; oft haben die Patienten das Gefühl, als ob sie Handschuhe anhätten und Hände und Füße mit Leder überzogen seien. Infolge der Hypästhesie fallen ihnen kleine Gegenstände aus der Hand. Heftig stechende Schmerzen unter den Fußsohlen können das Gehen zur Qual machen. Starke Gelenkschmerzen sowie Ziehen in den Armen und Beinen dürften ebenfalls auf Reizerscheinungen der sensiblen Fasern zu beziehen sein. In einzelnen Fällen eröffnete der Verlust der Geschmacksempfindung den ganzen Krankheitszustand. Bald treten nun auch Lähmungserscheinungen, vor allem im Bereich der kleinen Hand- (Interossei), seltener auch der Fußmuskeln auf. In manchen Fällen kommt es zu Streckerschwäche. So hing in einem Fall die große Zehe kraft- und gefühllos nach unten, so daß der Kranke beim Barfußlaufen fortwährend stolperte. Der Sensibilitätsausfall im Bereich der Füße führt zu Unsicherheitsgefühl und Gangstörungen, die nicht eigentlich als ataktisch bezeichnet werden können. Die grobe Kraft der Arme und Beine ist im allgemeinen erhalten.

Als Ausdruck einer Schädigung im Bereich des Rückenmarks und des Gehirns treten *Reflexstörungen* auf, die sich in Aufhebung oder Abschwächung, manchmal auch Steigerung der Sehnenreflexe und Seitendifferenzen der Reflexe ausdrücken können. Manchmal lassen die Kranken Stuhl und Urin unter sich. Auch wurden halluzinatorische und deliröse Zustände beobachtet.

In einem besonders schwer verlaufenden Fall entwickelte sich nach kurz dauernder Inhalation sehr großer Mengen von Tetrachloräthan das Bild einer Encephalomalacie mit Bewußtseinsverlust, Hemiparese links und Krämpfen vom Jackson-Typ, die im Bereich der linken Gesichtshälfte begannen und dann auf den linken Arm und das linke Bein übersprangen und gelegentlich auch die rechte, nichtgelähmte Seite mit befielen. Manchmal fanden sich Pyramidensymptome (Babinski usw.) und ataktische Kleinhirnstörungen. Noch anderthalb Jahre später bestand eine spastische Parese des linken Arms und beider Beine, spastisch-paretischer Gang mit starkem Zittern, Fehlen der Bauchdeckenreflexe, Fußkloni, Babinski, grobes Wackeln der Arme und Beine, Zwangslachen und Zwangsweinen sowie eine Verlangsamung der Sprache. Dieser Fall steht vereinzelt da.

Verlauf: Die Rekonvaleszenz scheint in den meisten Fällen ziemlich langsam zu sein, vor allem, was die nervösen Ausfälle betrifft. Auch können Dauerschäden zurückbleiben. In den Fällen mit schwerer Leberschädigung tritt meist der Tod ziemlich schnell unter den Zeichen des Leberkomas ein.

Der **Sektionsbefund** ist beherrscht von der hochgradigen Gelbfärbung sämtlicher Organe und dem typischen Befund der akuten gelben Leberatrophie. In den Atemwegen, in den Gefäßscheiden, im Perikard, in der Pleura, in der Dünndarmschleimhaut wie auch in der Submucosa des Duodenums fanden sich zahlreiche punktförmige Blutungen. Die Lungen zeigten entweder eine Hyperämie oder aber das Bild des finalen Lungenödems. Der Herzmuskel ist graurötlich verfärbt, die Herzhäute uud die Gefäßscheiden sind intensiv ikterisch verfärbt. In manchen Fällen fand sich auch ein kleiner, gelb gefärbter Ascites. Die Nieren sind schmutzig graugrünlich, trüb geschwollen, im späteren Stadium klein, und zeigen Zeichen fettiger und hyaliner Degeneration, vor allem im Bereich der Tubuli, die ikterisch verfärbt sind. In einigen Fällen fanden sich auffällige Dickdarmveränderungen: ödematöse Schleimhautschwellungen im Ascendens mit einzelnen beetartig erhabenen, dunkelroten Flecken.

Differentialdiagnostisch sind in erster Linie Lebererkrankungen anderer Ursache, vor allem Vergiftungen mit anderen chlorierten Kohlenwasserstoffen, sowie Erkrankungen der Gallenblase auszuschließen. Die Nervenstörungen können in den Fällen, in denen keine deutlichen Polyneuritiden bestehen, zu Verwechslungen mit multipler Sklerose und arteriosklerotischen Veränderungen im Gehirn Anlaß geben. Toxische Polyneuritiden anderer Ursache (Arsen, Alkohol, Kohlenoxyd, Blei usw.) müssen ausgeschlossen werden. Verwechslungen mit anderen Halogenkohlenwasserstoffvergiftungen sind eigentlich nur mit der Tetrachlorkohlenstoffvergiftung möglich. Mit dieser hat die Tetrachloräthanvergiftung zwar die Leberschädigung gemeinsam, die Nervenstörungen sind bei der Tetrachlorkohlenstoffvergiftung geringer, die Nierenerscheinungen dafür jedoch viel ausgeprägter.

Die **Therapie** wird sich auf symptomatische Maßnahmen beschränken müssen. Bei Leberstörungen wird man eine entsprechende kohlehydratreiche Diät, reichliche Traubenzuckerzufuhr, evtl. kombiniert mit Insulin, sowie reichliche Flüssigkeitsmengen verabreichen. Empfohlen wurden weiter alkalische kochsalzhaltige Wasser, alkalische Salze wie Natriumbicarbonat sowie Leberpräparate. Die nervösen Störungen werden mit sedativ wirkenden Mitteln behandelt werden müssen. Lähmungserscheinungen werden mit entsprechenden physikalischen Maßnahmen, Übungsbehandlung usw. anzugehen sein.

e) Die akute und chronische Vergiftung mit Trichloräthylen (Acetylentrichlorid).

Trichloräthylen (= „Tri“) ($CHCl{=}CCl_2$) ist eine nicht brennbare Flüssigkeit mit bonbonartig-aromatischem, manchmal auch an Chloroform erinnernden Geruch, mit einem Kp. von 86,7° C, die sich gegen Metalle indifferent verhält. Die Dämpfe sind schwerer als Luft. Die Verbindung scheint sich leicht zu zersetzen; allein beim Stehen unter der Einwirkung von Luft und Licht wird vor allem Salzsäure frei. Auch sollen Phosgen (?) und Dichloracetylchlorid entstehen (ERDMANN). Diese Zersetzungsprodukte werden für die bei der Einatmung von Trichloräthylendämpfen gelegentlich auftretenden Reizerscheinungen an den oberen Luftwegen verantwortlich gemacht (ENGELHARDT). Wenn Trichloräthylen mit Aluminium und Magnesium in Berührung kommt, entsteht Salzsäure. Bei Kontakt mit Alkalien entstehen entzündliche flüchtige Stoffe, die leicht explosiv sind. Decknamen sind Trielin, Vitran, Fleck-Fips, Chlorylen, Tri usw.

Vergiftungsmöglichkeiten bestehen überall da, wo Trichloräthylen als Lösungsmittel, zur Beseitigung von Flecken, zur Entfettung von Metallen, in der chemischen Reinigung, in Glasschleifereien benutzt wird oder Dichtungsarbeiten an Behältern mit dem trichloräthylenhaltigen sog. „E"-Stoff ausgeführt werden. Die technischen Verwendungsmöglichkeiten für Trichloräthylen sind sehr groß, Vergiftungen dabei sehr häufig, um so mehr, als der Ersatz dieses Stoffes durch einen anderen außerordentlich schwierig ist. So findet Trichloräthylen Verwendung in der Gummi- und Metallindustrie, bei der Metallwarenproduktion, als Reinigungsmittel, im Motor-, Maschinen- und Fahrzeugbau, in der Feinmechanik und Elektrotechnik zur Entfernung von Fett, Mineral-, Schmier- und Bohrölen, zum Entfetten von Metallen vor der Galvanisation, in der Optik zur Reinigung von Linsen. In chemischen Wäschereien wird dem Trichloräthylen vor dem Benzin der Vorzug gegeben, weil es unbrennbar und nicht explosiv ist. In Textilbetrieben benutzt man es zur Fleckenentfernung, in Druckereien zum Waschen der Walzen und Typen. Weiterhin wird es zur Extraktion von Öl aus Trauben- und Sonnenblumenkernen, aus Oliven und Saatgut, aus tierischen Produkten wie Wolle, Leder, Fellen, bei der Verwertung von Abfall und Kadavern, bei der Gewinnung von Fischmehl, zur Fettextraktion aus Knochen, Leimkesselrückständen, Futtermitteln, zur Wiedergewinnung von Wachs aus Blaupapier, zur Aufbereitung von Gasreinigungsmasse und anderem schwefelhaltigen Material, zur Verflüssigung von Teer, Pech und vielen Harzen verwendet. Auch wird es zur Lösung der verschiedensten Imprägnierungsmittel für Häuser und Mauerwerk, für Innenanstrichmittel von Gär- und Lagerfässern in Brauereien (Bierlack = Colophonium und andere Harze in Tri gelöst), für Imprägnier- und Appretierlösungen in der Kunstseidenindustrie, beim Imprägnieren von Leder und Pappe, bei der Herstellung von Klebemitteln, zum Ankleben von Kreppsohlen benutzt.

Wirkungsweise: Trichloräthylen wirkt als Narkoticum, besitzt jedoch außerdem eine wahrscheinlich vorwiegend durch Verunreinigungen und Zersetzungsprodukte bedingte örtliche Reizwirkung auf die Schleimhäute der oberen Luftwege sowie allgemeine Wirkungen, die infolge seiner besonderen Affinität zu Fetten und Lipoiden sich vor allem am Zentralnervensystem lokalisieren. Trichloräthylen gilt als spezifisches Nervengift (FLURY). Leberschäden wurden nur in ganz vereinzelten Fällen beobachtet. Sie sind flüchtig und leicht und keinesfalls mit den bei Tetrachlorkohlenstoff- oder Tetrachloräthanvergiftung irgendwie vergleichbar. Die **Aufnahme** erfolgt praktisch nur durch Einatmung der Dämpfe. Die Aufnahme durch die Haut ist möglich, praktisch jedoch nur von geringer Bedeutung. Die Verteilung im Organismus ist die eines lipoidlöslichen Stoffs. Die **Ausscheidung** erfolgt ziemlich schnell durch die Atmungsluft, zu einem kleinen Teil auch durch den Harn.

Nach K. B. LEHMANN und Mitarbeiter.

Konzentration in der Einatmungsluft mg/Liter	Symptome
0,8	Geruchsschwelle. 30 Min. lang ohne Wirkung
1,4—2,0	30 Min. lang erträglich
6,9	Nach 6 Min. Schleimhautreizung, Schwindel, Kopfdruck, Müdigkeit

Klinisches Vergiftungsbild: Nach kurzdauernder Einatmung geringer Konzentrationen treten nur Schwindel, Druckgefühl im Kopf oder Kopfschmerzen sowie Augentränen auf. Diese Symptome verschwinden bald, sofern die Vergifteten frühzeitig genug aus der gefährlichen Atmosphäre in die frische Luft gebracht werden.

Bei der Einatmung höherer Konzentrationen sind die narkotischen Erscheinungen deutlicher ausgeprägt. Bei lang dauernder Einwirkung sehr hoher Trikonzentrationen wurden akute Todesfälle als Folge der unmittelbaren narkotischen Wirkung des Tri bekannt.

Die **Initialsymptome** bestehen in Schwindel und dem Gefühl der Trunkenheit. Alsbald treten Kopfschmerzen, Übelkeit, Brechreiz, Erbrechen, Benommenheit und Kurzatmigkeit hinzu. Die Vergifteten klagen über Augenflimmern; es wird ihnen schwarz vor den Augen und sie brechen unter Umständen ganz plötzlich an ihrem Arbeitsplatz bewußtlos zusammen. In leichten Fällen kehrt das Bewußtsein nach Verbringung in frische Luft relativ schnell zurück. Das Gesicht ist dann gerötet, die Atmung meist nicht mehr beeinflußt. Der Blutdruck zeigt Neigung zum Sinken. Die Pulsfrequenz kann als Ausdruck einer starken Vagusreizung sehr verlangsamt sein. Die Pupillenreaktion ist gelegentlich, wenigstens teilweise (Konvergenz), träge.

In schweren Fällen und nach Einatmung sehr hoher Konzentrationen kann der Zustand der Bewußtlosigkeit unmittelbar in ein finales Koma übergehen; der Tod tritt durch Lähmung des Atemzentrums ein. Bei den häufigeren, mehr subakut verlaufenden Formen werden die Kranken schwach, müde und appetitlos. Häufig verlieren sie an Gewicht. In den mit Bewußtlosigkeit verlaufenden Fällen besteht meist Kurzatmigkeit und Cyanose. Gelegentlich wurde auch eine leichte Nackensteifigkeit beobachtet.

Die **Atmung** ist flach und beschleunigt. Als Ausdruck der lokalen Reizwirkung sind die Schleimhäute des Rachens und der Mundhöhle gerötet, die Conjunctiven gefäßinjiziert. Gelegentlich finden sich auch mehr oder weniger ausgesprochene Erscheinungen einer akuten Bronchitis bzw. Bronchiolitis.

Herz und Kreislauf sind meist nicht allzu stark mitbeteiligt; der Blutdruck zeigt niedrige, aber immerhin noch normale Werte: der systolische Druck sinkt nicht unter 100 mm Hg. In manchen Fällen wurden jedoch auch deutliche organische Herzschäden, wie Verzögerungen der intraventriculären Reizausbreitung als Ausdruck eines Myokardschadens, der noch monatelang bestehen blieb, absolute Arrhythmie, Angina pectoris-artige Anfälle (GERBIS) beobachtet.

Das **Blut** zeigt meist keine Veränderungen. Die gelegentlich beobachtete Senkungsbeschleunigung und Leukocytose dürften wohl als Reaktion auf die durch das Tri hervorgerufenen, mehr oder weniger flüchtigen Reizungserscheinungen der Schleimhäute der oberen Luftwege und der Bronchien zu betrachten sein. GERBIS beobachtete als Zeichen einer Einwirkung auf die Blutbildungsstätten neben einer mäßigen Anämie Veränderungen im Differentialblutbild, die in einer Linksverschiebung, in Lymphocytose, Anisocytose und Polychromasie ihren Ausdruck fanden. Von einigen Beobachtern (GÜNTHER, HOFFMANN) wurde zwar das Auftreten einer hyperchromen Anämie beschrieben, die unter dem typischen Bild der Perniciosa verlief und auch auf Leberbehandlung gut ansprach, doch werden gegen diese Beobachtungen recht schwerwiegende und stichhaltige Einwendungen erhoben (LUCE), nach denen das Auftreten einer hyperchromen Anämie nach Trichloräthyleneinwirkung als nicht gesichert erscheint. In einigen Fällen wurde eine geringe Vermehrung der roten Blutkörperchen, in einem anderen die Entwicklung einer leichten Anämie beschrieben.

Der **Magen-Darm-Kanal** ist bei der Trichloräthylenvergiftung kaum beteiligt. Das unter den Initialsymptomen beschriebene Erbrechen dürfte genau wie die sonstigen dyspeptischen Erscheinungen, wie Übelkeit und Appetitlosigkeit, vorwiegend zentral ausgelöst sein (Vagusreizsymptome).

Leberschäden wurden bisher bei der Trichloräthylenvergiftung immer negiert. Klinisch kommen sie nicht zum Ausdruck, höchstens bei genauerer Untersuchung. In ganz vereinzelten Fällen kam es zu vorübergehender, gering vermehrter Galaktoseausscheidung bei der Galaktosebelastung (GROETSCHEL). Immerhin muß dahingestellt bleiben, ob diese geringe Parenchymschädigung der Leber wirklich auf die Wirkung des Trichloräthylens oder auf irgendwelche Verunreinigungen (Dichloräthylen) zurückzuführen war. Erscheinungen von seiten der **Nieren** fehlen. Der Urinbefund ist dementsprechend normal.

Die klinisch eindrucksvollsten Krankheitserscheinungen spielen sich am **Zentralnervensystem** ab. Neben den auf einer Schädigung des Zentrums (Gehirn) beruhenden Ausfallserscheinungen kommt es zur Schädigung vor allem der *sensiblen* Nerven, wobei die Hirnnerven ganz besonders stark beteiligt sind. So wurden insbesondere Lähmungen des sensiblen Astes des Trigeminus beschrieben, die sich in einer völligen Anästhesie von Gesicht, Wangen, der vorderen Zungenabschnitte, Aufhebung der Geschmacks- und Geruchsempfindungen, Fehlen der Nasen- und Hornhautreflexe sowie trophischen Störungen mit Anschwellungen von Lippen und Zahnfleisch im Bereich des Trigeminus äußerten. Diese Störungen blieben oft recht hartnäckig über mehrere Monate hin bestehen. Auch hier ist es nicht sicher, ob diese eigentümliche Wirkung auf den sensiblen Ast des Trigeminus wirklich dem Trichloräthylen oder aber den in ihm enthaltenen Verunreinigungen (komplizierte schwefelhaltige Verbindungen) zur Last zu legen sind. ISENSCHMITT vertritt die Auffassung, daß die sog. Tri-Neuritis immer als Polyneuritis auftrete und unter anderem den N. hypoglossus, die Nn. radiales beiderseits wie auch den N. opticus betreffen könne. Gegen die Auffassung, daß Trichloräthylen eine selektiv schädigende Wirkung auf den Trigeminus entfalte, sind recht schwerwiegende Bedenken geltend gemacht worden. In den für diese Auffassung herangezogenen Fällen soll es sich um eine Pseudoneurasthenie gehandelt haben. Ähnliches gilt für die nach lang dauernder Einatmung gelegentlich beobachteten Erregungs- und Tobsuchtsanfälle, Krampferscheinungen, epileptiformen Krämpfe, apoplektiformen Insulte und encephalomalacischen Krankheitsbilder.

An den **Augen** kommt es nach Einwirkung hochkonzentrierter warmer Tri-Dämpfe zu Schädigungen des Opticus (Neuritis retrobulbaris), Sehstörungen durch Opticusödem (GERBIS), schließlich als Spätschädigung auch zu Sehnervenatrophie mit vollständiger Erblindung (noch nach 4 Jahren). In besonderen Fällen wurden auch Störungen des Farbsehens, temporale Abblassung der Sehnervenpapille und eine Keratitis neuroparalytica beobachtet (LÖWY). Auch nach passageren Schädigungen bleibt nicht selten eine Sehschwäche zurück.

An der **Haut** treten ebenfalls Veränderungen auf. Kommt die Haut längere Zeit unmittelbar mit Tri in Berührung, z. B. beim Zusammenbrechen der Betäubten in einer Tri-Lache, so entwickeln sich große, flächenhafte Blasen mit Abhebung der obersten Hautschicht und intensiver Rötung an den Blasenrändern. Infolge der Wirkung des Tri werden die in der Haut liegenden Fettsubstanzen gelöst; dadurch wird die Ekzembereitschaft der Haut gesteigert. Bei der Ekzementstehung spielen wahrscheinlich auch die Zersetzungsprodukte des Tri, vor allem Salzsäure, eine Rolle.

Als **Folge der chronischen Einatmung von Tri-Dämpfen** sei auf die erstmalig von BAADER beschriebene *Süchtigkeit* hingewiesen, die sich nach längerer Arbeit mit Trichloräthylen vorwiegend bei Frauen entwickelt und diese veranlaßt, sich Trichloräthylen aus dem Betrieb, in dem sie beschäftigt sind, anzueignen, um daheim vor allem sonntags den so geschätzten Geruch nicht entbehren zu müssen. Diese Tri-Sucht ist analog der Chloroform- und Äthersucht, die sich ebenfalls meist nur bei Frauen entwickelt. Die chronische Einwirkung von Tri findet in allgemeinen nervösen Reizerscheinungen, wie Herzbeschwerden, erhöhter Reizbarkeit, Kopfschmerzen, Schwindel, Schlaflosigkeit, großer Ermüdbarkeit, weiter in Appetitlosigkeit, Übelkeit, Überempfindlichkeit gegen Alkohol, in Brustschmerzen, Atemnot und Katarrhen im Bereich der oberen Luftwege ihren Ausdruck. In schweren Fällen können die dyspeptischen Beschwerden bis zum Erbrechen und Auftreten von heftigen Magenschmerzen gesteigert sein. Vereinzelt wurde auch Gelbsucht beschrieben. Im Blutbild entwickeln sich nach vorübergehender Vermehrung der Hämoglobin- und Erythrocytenwerte leichte Anämien. Auch bei chronischer Einwirkung von Tri kann es zu wechselnd schweren Ausfallserscheinungen im Zentralnervensystem kommen: neben peripheren Lähmungen entwickeln sich auch zentrale Ausfallserscheinungen, Veränderungen im Rückenmark, Halbseitenlähmungen, psychische Erregungszustände, epileptische Krampfanfälle mit Bewußtseinsverlust, deliröse Zustände und Tobsuchtsanfälle.

Als **Folgeerscheinungen** überstandener *akuter* Trichloräthylenvergiftungen wurden Sehstörungen (s. oben), Lockerung und Ausfall der Zähne infolge der Trigeminuslähmung (?), Zungen- und Lippenkrämpfe, Tremor der Hände und eine wohl zentral bedingte Glykosurie (LEWIN) beschrieben. Apoplektische Insulte, die im Zusammenhang mit Tri-Vergiftungen beobachtet wurden, sollen auf dem Boden von Capillardegenerationen zustande kommen.

Der **Sektionsbefund** ist bei den akuten Vergiftungen wenig typisch. Die oberen und tieferen Luftwege bieten das Bild einer mehr oder weniger ausgesprochenen Schleimhautreizung. In den Lungen finden sich Blutaustritte ins Parenchym. Die Lungenalveolen können mit Erythrocyten angefüllt sein. Das Herz wurde gelegentlich erweitert gefunden. Die Leber ist äußerlich unverändert. Mikroskopisch fanden sich Kernveränderungen: deutliche Größenunterschiede der Kerne und Lockerung der Kernmembran, weiterhin zellige Infiltrationen der GLISSONschen Kapsel sowie beginnende Fettspeicherung in den KUPFFERschen Sternzellen. In den meisten Fällen fällt bei der Sektion der intensive Trichloräthylengeruch bei Eröffnung der Schädelkapsel auf. In manchen Fällen wird dieser Geruch erst deutlich, wenn das Gehirn einige Zeit in einem fest verschlossenen Gefäß aufbewahrt wurde (BRÜNING). Im Gehirn finden sich regelmäßig die größten Tri-Mengen (Destillation im strömenden Wasserdampf). Auch in den lipoidreichen innersekretorischen Organen (Schilddrüse, Nebennieren, Hoden) ist Trichloräthylen nachzuweisen (BAADER). Dieser anatomische Befund sollte dazu Veranlassung geben, klinisch mehr als bisher nach entsprechenden *innersekretorischen* Ausfallserscheinungen zu suchen. Mikroskopisch finden sich in den Hirngefäßwandzellen geringe Fettablagerungen.

Therapeutisch wird man sich auf symptomatische Maßnahmen beschränken müssen. Bei den akuten Vergiftungen müssen die Kranken so bald wie möglich an die frische Luft gebracht werden. Auf völlige Körperruhe ist zu achten. Bei Atemstillstand ist künstliche Atmung auszuführen; auch die Inhalation eines Sauerstoff-Kohlensäure-Gemisches und Lobelingaben sind angezeigt. Eine spezifische Therapie fehlt.

IX. Erkrankungen durch Schwefelkohlenstoff.

Schwefelkohlenstoff (CS_2) ist eine stark lichtbrechende Flüssigkeit mit eigenartig aromatisch-ätherischem Geruch, die schon bei Zimmertemperatur verdunstet. Der Kp. liegt bei 46,3° C. Die Dämpfe sind schwerer als Luft und sinken zu Boden. Beim Lagern und unter dem Einfluß des Sonnenlichtes nimmt die Flüssigkeit, die als technischer Rohschwefelkohlenstoff durch Schwefel, Schwefelwasserstoff und flüchtige organische Schwefelverbindungen verunreinigt ist, eine gelbe Farbe durch Abscheidung von Schwefel an. Dabei wird der Geruch unangenehmer und aufdringlicher und erinnert an den Geruch fauliger Rettiche. Die mit Luft gemischten Dämpfe sind bei 120—135° C entzündlich und explodieren leicht.

Vergiftungsmöglichkeiten: Die technische Verwendung des Schwefelkohlenstoffes nimmt vor allem entsprechend der in allen Ländern steigenden Herstellung von Kunstfasern immer größeren Umfang an. Die Eigenschaft des Schwefelkohlenstoffes, Schwefel, Phosphor, Jod, Öle, Fette und Lipoide zu lösen, führen zu seiner Verwendung als Lösungsmittel, z. B. zur Extraktion von Schwefel aus Gasreinigungsmasse, zur Extraktion und Reinigung von Fetten, als Reinigungsmittel für Wolle, Stearin, Paraffin, Wachs. In der Gummiindustrie wird Schwefelkohlenstoff vor allem bei der Kaltvulkanisation und zum Lösen von Rohkautschuk bei der Herstellung von Condomen, Pessaren, von Kinderspielzeug und als Klebelösung benutzt, wenngleich seine Verwendung in der Gummiindustrie heute geringer ist als früher. Um so größer sind die Gefahren bei seiner Verwendung in der Kunstseidenindustrie geworden, wo sich beim Entleeren und Reinigen der Mischtrommeln am sog. Fällbad, beim Transport und Waschen der Spulen und der aus den Viscosepreßfiltern stammenden Filtertücher, bei der Trocknung der Spulen, bei der Herstellung von Natriumcellulosexanthogenat aus Cellulose, Schwefelwasserstoff und Natronlauge, beim Entleeren von mit Schwefelkohlenstoff gefüllten Kesselwagen nicht selten Vergiftungen ereignen. In der Landwirtschaft findet er z. B. zur Bekämpfung der Reblaus, in der Kammerjägerei zur Vernichtung von Ratten, Bremsen und sonstigem Ungeziefer als Ungeziefervertilgungsmittel Verwendung. Bei der Herstellung von Filmen wird Schwefelkohlenstoff verwendet. Zahlreiche Vergiftungsmöglichkeiten bestehen auch in der chemischen Industrie bei der Darstellung von Schwefelkohlenstoff durch Überleiten von Schwefeldämpfen über glühende Holzkohle und Kondensation der entstandenen Dämpfe, bei der Herstellung von Tetrachlorkohlenstoff, wasserdichter Kitte, bei Verwendung von mittels Schwefelkohlenstoff hergestellter Plastiline, bei der Herstellung von Sprengstoffen, bei der Verwendung von Schwefelkohlenstoff als Lösungsmittel für Phosphor in der Zündholzindustrie, bei der Beseitigung von Schwefel aus Rohparaffin und vielen anderen Zwecken.

Vergiftungsmechanismus: Die *Aufnahme* des Schwefelkohlenstoffs erfolgt vorwiegend durch Einatmen der Dämpfe. Auch durch die Haut kann er in den Organismus eindringen, doch spielt dieser Weg praktisch eine geringere Rolle. Die Verteilung im Organismus ist der der Narkotica der Fettreihe weitgehend ähnlich (POHL). Nach Durchtritt durch die Lungenalveolen wird er vermittels der Cholesterine und Lecithine des Blutes zu den lipoidhaltigen Ganglienzellen und zu den lipoidgefüllten Zellen der Nebennierenrinde und anderer parenchymatöser Organe transportiert, wo der Schwefelkohlenstoff biologisch wirksam wird und seine Schädigungen setzt. *Ausscheidung*: Von dem eingeatmeten Schwefelkohlenstoff wird ein großer Teil (65—70%, LEHMANN) wieder durch die Lungen mit der Exspirationsluft ausgeschieden. Der Rest wird absorbiert und im Organismus ziemlich rasch oxydiert. Die Oxydationsprodukte sind ungiftig (HAGGARD) und werden mit Urin, Kot und Schweiß aus dem Körper entfernt (MATHEI und SUDAN). Der eingeatmete Schwefelkohlenstoff geht mit dem Blutfarbstoff keine Verbindung ein.

Die durch den Harn ausgeschiedenen Abbauprodukte verleihen diesem einen eigenartigen Geruch.

Wirkung: Bei Einatmung größerer Mengen wirkt der Schwefelkohlenstoff vor allem narkotisch. Die Vergiftungserscheinungen nach längerer Einwirkung kleinerer Mengen werden im allgemeinen als Ausdruck seiner Wirkung als Nervengift gedeutet. Nach RODENACKER sind die Wirkungen des Schwefelkohlenstoffs nicht allein auf zentralnervöse, sondern auch auf hormonale Störungen, vor allem an den Nebennieren, zurückzuführen. Die bei Schwefelkohlenstoffkranken zu beobachtende Adynamie und Asthenie und der Rückgang der körperlichen Leistungsfähigkeit sollen danach im Sinne von ADDISON-Symptomen zu deuten sein. Für die starke Mitbeteiligung der Nebennieren spräche auch die Beobachtung, daß die Schwierigkeiten beim Aufstehen von einem Stuhl (Zurückfallen), das Umfallen bei der Prüfung des ROMBERGschen Phänomens nach hinten nach Verabfolgung von Nebennierenrindenpräparaten innerhalb weniger Tage schlagartig schwinden sollen. Auch die Abmagerung der Vergifteten soll vorwiegend endokrin bedingt sein. Hier ergeben sich noch interessante Forschungsmöglichkeiten für die Klinik. Auch die Beobachtungen PIZZINIS, daß chronisch Schwefelkohlenstoffvergiftete hinsichtlich des Verlaufes der Blutzuckerkurve, vor allem nach Dextrosebelastung, Unregelmäßigkeiten und deutliche Abweichungen von der Norm aufweisen, lassen sich für die Annahme einer Wirkung des Schwefelkohlenstoffs auf das innersekretorische Geschehen verwerten. Diabetiker, die chronisch der Schwefelkohlenstoffwirkung ausgesetzt sind, sollen besonders zur Bildung von Ketosäuren und Ketonurie neigen (PIZZINI).

Über die Wirkung verschiedener Konzentrationen von Schwefelkohlenstoff auf den Menschen und seine Giftigkeit geben die nachstehenden Tabellen Auskunft.

Wirkung verschiedener Konzentrationen von Schwefelkohlenstoff auf den Menschen. (Nach LEHMANN. Aus LEHMANN-FLURY S. 229.)

mg/Liter Luft	Vol.-%	Ergebnis
0,5—0,7	0,016—0,022	Keine nennenswerten Symptome
1—1,2	0,032—0,038	Wird einige Stunden lang gut ertragen; nur etwas vorübergehendes Kopfweh und Benommenheit; bei achtstündiger Einwirkung schon unangenehme, 24 Stunden dauernde Nachwirkungen
1,5—1,6	0,048—0,052	Können schon nach 1/2 Stunde Kopfweh, später vasomotorische Störungen, Reizerscheinungen u. dgl. verursachen. Vierstündige Einwirkung genügt zu länger dauernden, unangenehmen Nachsymptomen
2,5	0,080	Erzeugt rasch heftiges Kopfweh, das nach einer Einwirkung von 1 1/2—3 Stunden viele Stunden lang anhält
3,6	0,114	Raschere und etwas schwerere Symptome; schon nach 30 Minuten kann ein Schwindelanfall eintreten, nach 1 1/2—2 Stunden beginnen bereits Sensibilitätsstörungen
6,4—10	0,202—0,315	Es genügt 1/2 Stunde, um narkotische Zustände, schweres Kopfweh u. dgl. auszulösen; auch die Nachwirkung ist schwerer und länger dauernd

Nach den neueren Untersuchungsergebnissen liegen die gefährlichen Konzentrationen wesentlich unter den angegebenen.

Giftigkeit von Schwefelkohlenstoff für den Menschen.
(Nach der neuesten Literatur.)

	mg/Liter	Teile in Mill. (cm^3/m^3)
Bei akuter Einwirkung:		
Leichte Erscheinungen nach mehrstündiger Einatmung. Mehrstündige Einatmung dieser Mengen über mehrere Tage hin führt sicher zur chronischen Vergiftung (Brit. factory departement 1934)	1,0—1,2	322—386
Nach einmaliger Einatmung sichere Vergiftung (ZHITKOVA)	5,0	1610
Bei chronischer Einwirkung:		
Bei mehrmonatiger (5 Monate) bis jahrelanger Beschäftigung (20 Jahre) nur etwa 12% der Untersuchten völlig frei von Krankheitserscheinungen. 70% litten unter Sehstörungen und Magen-Darm-Erscheinungen, 20—40% klagten über Kopfweh, Nausea, Erbrechen, Erinnerungsdefekte, geistige Störungen und Dysästhesien (VOLTMER u. NUCK)	unter 1,0 oft 0,2 bzw. 0,1	unter 322 oft 64 bzw. 32
Zulässige Höchstgrenze in Arbeitsräumen (GORDY und TRUMPER)	unter 0,1 möglichst 0,03	unter 32 möglichst 10
Zulässige Höchstgrenze in Arbeitsräumen (ZHITKOVA)	0,01	30
Höchstzulässige Konzentrationen in Arbeitsräumen (RODENACKER)	0,15—0,20	32—64

Die Empfindlichkeit der einzelnen Individuen gegenüber Schwefelkohlenstoff ist außerordentlich verschieden. Schizothyme Personen sollen weniger empfindlich sein als cyclothyme (RODENACKER). Manche Menschen erkranken schon nach wenigen Tagen, andere erst nach monate- oder jahrelanger Arbeit unter ganz gleichen Arbeitsverhältnissen.

a) Die akute Schwefelkohlenstoffvergiftung.

Sie spielt gewerblich eine sehr viel geringere Rolle als die chronische Vergiftung und kommt nur selten beim Platzen von Behältern, Rohrleitungen und bei ähnlichen Betriebsstörungen zustande. Sie bietet das typische Bild eines protrahierten Rauschzustandes mit einem meist maniformen Symptomenkomplex mit Benommenheit, Taumeln, Müdigkeit und Schlaflosigkeit (BONHOEFER).

Als **Initialsymptome** stellen sich mehr oder weniger heftige Kopfschmerzen, Rötung des Gesichts, Mattigkeit, Unruhe, psychische Erregungszustände, Weinen, Lachen, Kreischen, Benommenheit, Gedankenflucht, Unfähigkeit, gewisse Muskelbewegungen auszuführen, Muskelkrämpfe, Bewußtlosigkeit, Aphasie und deliröse bzw. euphorisch-halluzinatorische Zustände mit visuellen und akustischen Halluzinationen ein.

In den schwersten Fällen schließt sich ein komatöser Zustand mit Erlöschen der Sehnen- und Pupillenreflexe, völlige Lähmung und Tod durch

Atemstillstand infolge Lähmung des Atemzentrums an. Derartige Fälle sind jedoch ausgesprochen selten. In manchen Fällen kommt es auch zu Durchfällen sowie Bluterbrechen (GORDY und TRUMPER, BAADER).

In den Fällen, in denen die Vergifteten schnell genug aus der gefährdeten Atmosphäre herausgetragen werden, kehrt das Bewußtsein relativ schnell wieder. Die nun einsetzenden, recht vielgestaltigen **Nachwirkungen** betreffen hauptsächlich das vegetative Nervensystem, die sensiblen Nerven sowie die psychische Sphäre. Gelegentlich bleibt auch nach Schwinden der Bewußtlosigkeit ein Stupor oder ein komatöser Zustand bestehen. Anfallweise auftretende Kopfschmerzen mit Taubheitsgefühl und über den ganzen Körper unregelmäßig verstreuten dysästhetischen Bezirken, Ohnmachtsanfälle, ausgesprochene Parästhesien mit Kribbeln, Stechen und Ziehen in den Extremitäten, Durchblutungsstörungen mit auffallender Cyanose der Haut trotz völlig intakten Kreislaufs bieten ein buntes Bild. Recht häufig werden ganz plötzlich auftretende, zum Teil über längere Zeit bestehen bleibende Sehstörungen beobachtet mit zentralem Skotom, vorübergehenden Amblyopien mit anschließendem verzerrtem Sehen, „als ob die Kranken alles durch eine Hausenblase sähen" (GORDY und TRUMPER).

Recht eindrucksvoll sind die **Veränderungen der Psyche**. Neben den schon als Initialsymptome beschriebenen Erregungszuständen mit Zwangslachen, Zwangsweinen und Schreien treten delirante Verwirrungszustände, Schläfrigkeit, übermäßige Erregbarkeit, Stimmungslabilität, Schlaflosigkeit, Überempfindlichkeit gegen Gerüche, Anfälle von Benommenheit, Desorientiertheit, Depressionszustände und Vergeßlichkeit auf. In einem Fall ging der sonst ganz normale Patient z. B. halb angezogen zu Bett. Bei Frauen treten die psychischen Störungen manchmal kurz vor oder während der Menstruation auf.

An den **inneren Organen** und im **Blut** sind krankhafte Befunde meist nicht zu erheben; mitunter ist die Herztätigkeit unregelmäßig.

Im **Urin** finden sich manchmal Spuren von Eiweiß, im Sediment Leukocyten. Der Harn verbreitet einen eigentümlichen Geruch, der an Schwefelkohlenstoff erinnert. Bei Zusatz von FEHLINGscher Lösung fällt schwarzes Kupfersulfid aus.

Der **neurologische Befund** ist nach der akuten Vergiftung meist enttäuschend gering. Die Cornealreflexe sind häufig erloschen. Relativ oft ist eine leichte Steigerung der Sehnenreflexe nachzuweisen. Nur in seltenen Fällen bleiben Kopfschmerzen, Schwindel, Mattigkeit, Appetitlosigkeit, unsicherer Gang, Händezittern und Druckempfindlichkeit der Arm- und Beinmuskulatur noch längere Zeit bestehen. Die **Wiederherstellung** ist meist vollständig, doch hinterläßt die akute Vergiftung nicht ganz selten eine ausgesprochene Überempfindlichkeit gegen Schwefelkohlenstoff. Vereinzelt wurden als Dauerschäden Parästhesien an den Gliedern und Augen, Aufregungszustände, epileptiforme Zustände, periodisch auftretende Schlaflosigkeit und Depression sowie geringe psychische Veränderungen beobachtet.

Der **Sektionsbefund** ist bei der akuten Vergiftung wenig typisch. Er gleicht dem bei Erstickungstod. Die chemische Untersuchung der

Organe auf Schwefelkohlenstoff fällt meist negativ aus (Harmsen). Die Totenflecke sind manchmal auffallend hellrot; dieser Befund, die kirschrote Farbe des meist flüssigen Blutes und kleine Hautblutungen erwecken unter Umständen den Verdacht auf das Bestehen einer Kohlenoxydvergiftung. Im Blut finden sich gelegentlich Zeichen einer vermehrten Erythrocytenzerstörung. Die Conjunctiven sind oft gerötet und geschwollen. Die graue Substanz des Gehirns kann gelbgrünlich verfärbt sein. Der Inhalt der nicht ganz selten entzündlich veränderten Harnblase riecht nach Schwefelkohlenstoff.

Die **Prognose** der akuten Schwefelkohlenstoffvergiftung ist, sofern der Tod nicht unmittelbar eintritt, nicht ungünstig.

Therapeutisch wird man im ersten Stadium der akuten Vergiftung vor allen Dingen für die Zufuhr frischer Luft sorgen müssen. Unter Umständen wird die Anwendung von analeptischen Mitteln nötig sein. Die Nacherscheinungen sind symptomatisch zu behandeln.

b) Die chronische Schwefelkohlenstoffvergiftung.

Die chronische Schwefelkohlenstoffvergiftung ist die praktisch wichtigere und häufigere. Ihr klinisches Bild ist so außerordentlich bunt und vielgestaltig, daß Laubenheimer, der sie erstmalig monographisch darstellte, schrieb: „Bei der Schwefelkohlenstoffvergiftung kommt alles vor.“ Dieser Satz darf allerdings nicht dazu verführen, den Versuch, ein charakteristisches Vergiftungsbild aus der Vielzahl der Symptome herauszuschälen, von vornherein aufzugeben. Bei der chronischen Vergiftung tritt die narkotische Wirkung des Schwefelkohlenstoffes völlig in den Hintergrund des klinischen Erscheinungsbildes, das die vielfachsten Störungen im Bereich sowohl des zentralen wie des peripheren Nervensystems aufweist, die bunt durcheinander gemischt nebeneinander gleichzeitig vorkommen können und wobei einmal das eine, ein zweites Mal das andere Symptom das Vergiftungsbild völlig beherrschen kann.

Initialsymptome: Die ersten Vergiftungssymptome setzen meistens allmählich und schleichend ein; sie bestehen zunächst in vorwiegend subjektiven, objektiv meist schwer nachweisbaren Funktionsstörungen, wie unscharfem Sehen, Schmerzen und Brennen der Augen, Kopfweh, allgemeiner Nervosität, aschgrauem Aussehen der Conjunctiven, erhöhter Reizbarkeit und Schreckhaftigkeit mit grundlosem Weinen und Niedergeschlagenheit, Mattigkeit, Schwindelanfällen, Schweregefühl in den Beinen, Parästhesien an Händen und Füßen, Gliederschmerzen, Verlust des Geruchs- und Geschmacksvermögens, Appetitlosigkeit, Übelkeit, Druck- und Schmerzgefühl in der Magengegend, Verstopfung, gelegentlichem Erbrechen und häufig auch rapidem Gewichtsverlust. Die ganz allmähliche Zunahme der Krankheitserscheinungen führt zur Ausbildung des

vollen Vergiftungsbildes. Als *Allgemeinsymptom* besteht in vielen Fällen unregelmäßiges Fieber bis zu 39, ja 40° C. Die Kranken sind blaß, müde und abgespannt, die Haltung schlaff. Auffällig ist der gelegentlich recht deutliche Muskelschwund sowie der oft erhebliche Gewichtsverlust, der sich nach Aufhören weiterer Giftaufnahme oft überraschend schnell zurückbildet und ursächlich nicht mit den Magen-Darm-Störungen zu verknüpfen, sondern auf endokrine Veränderungen zurückzuführen sein soll. Die übergeordneten Zentren am Boden des 3. Ventrikels scheinen beim Zustandekommen der Abmagerung mitbeteiligt zu sein (RODENACKER).

Im Bereich der **oberen Luftwege** und des *Rachens* treten als Ausdruck der lokal reizenden Wirkung des Schwefelkohlenstoffs hartnäckige entzündliche Reizerscheinungen in Form von chronischer Laryngitis und Pharyngitis bzw. einer Tracheobronchitis auf. In den **Lungen** kommt es neben bronchitischen Erscheinungen zu herdförmiger Blutüberfüllung, zu hämorrhagischen Infarkten mit Blutungen, die schon relativ frühzeitig zu heftigem Bluthusten führen können. Oft besteht Atemnot, vor allem nach Bluthusten und Anstrengungen.

Am **Herzen** klagen die Kranken über Druckgefühl, Herzklopfen, Pulsverlangsamung oder aber Pulsbeschleunigung. In manchen Fällen treten schwere präkordiale und substernale Schmerzen auf, die sich vor allem nach Aufregungen und Anstrengungen verstärken. In vielen Fällen ist die Pulsfrequenz mit 50—60 Schlägen je Minute regelmäßig und normal, doch kommen auch Rhythmusstörungen vor. Auch sind die von jungen Arbeitern häufig geklagten Beschwerden, wie Müdigkeit und Schwäche, als Ausdruck einer toxischen Wirkung auf das Herz gedeutet worden. Mitunter sind auch leichte Störungen im Elektrokardiogramm nachzuweisen (HAMILTON und LEWY). Meist handelt es sich um im Gefolge der Vaguswirkung des Schwefelkohlenstoffs auftretende funktionelle Störungen, seltener um organische Myokardschäden (VIZIANO). Auch das **Gefäßsystem** ist mitbeteiligt. So wurden deutliche Zeichen einer Sklerose der peripheren und retinalen Gefäße teils mit, teils ohne Hypertonie, sowie objektiv wie subjektiv nachweisbare Beschwerden wie bei der Angina pectoris beschrieben (HAMILTON und LEWY).

Das **Blut** zeigt nach neueren Beobachtungen bei chronischer Schwefelkohlenstoffeinwirkung ebenfalls gewisse Veränderungen. Öfters finden sich hypochrome Anämien, bei denen der Blutfarbstoffgehalt und die Globulinwerte (CENCI und RANELLETI) stärker als die Zahl der Erythrocyten vermindert sind, welch letztere oft noch nahezu normale Werte aufweisen. Die roten Blutkörperchen zeigen zuweilen Anisocytose und Poikilocytose (TAMASSJA, BIGNAMI, KIENER und ENGEL). Ihre Resistenz kann erhöht sein (CENCI). Die Anämien erreichen nur nach stärkeren Blutungen einen höheren Grad. Die Gesamtleukocytenzahl ist in manchen Fällen erhöht oder liegt wenigstens an der oberen Grenze der Norm. Die Zahl der Thrombocyten pflegt normal zu sein. Im *Differentialblutbild* findet sich relativ oft, auch wenn noch keine sonstigen klinischen Vergiftungserscheinungen nachzuweisen sind, eine leichte Linksverschiebung mit geringer relativer Verminderung der neutrophilen Polymorphkernigen, gelegentlich auch eine leichte Eosinophilie. Die stärksten und häufigsten Veränderungen zeigen die Monocyten (HAMILTON und LEWY); sie sind relativ und absolut vermehrt und weisen charakteristische Veränderungen der Form und der Färbbarkeit auf. Das Cytoplasma ist schiefrigblau gefärbt, wimmelt von kleinsten neutrophilen Granula und ist von zahlreichen Vakuolen durchsetzt. Manchmal ist das Cytoplasma rauchig getrübt und so stark basophil gefärbt, daß der Kernrand nur noch mit Mühe zu unterscheiden ist. Die Ausbildung der Zellkerne ist jedoch völlig normal; sie sind voll intakt; diese Tatsache macht die Unterscheidung dieser sog. toxischen Monocyten von toxischen Metamyelocyten überhaupt erst möglich. Die toxischen Monocyten sind in fast allen Fällen zu finden und bilden etwa 90% der überhaupt im Blutbild chronisch Schwefelkohlenstoffexponierter zu findenden Monocyten (Hamilton und Lewy). Die *Blutsenkung* ist in einem Teil der Fälle mäßig erhöht, das Serumbilirubin ist normal. Der Gesamtcholesteringehalt des Blutes ist oft bis zu 50% über die Norm erhöht bei gleichzeitiger Verminderung der Cholesterinester. Der Nachweis des Schwefelkohlenstoffs im Blut scheitert meist an der Schwierigkeit der Bestimmung. Genauere, allgemein anerkannte Zahlen über den Schwefelkohlenstoffgehalt des Blutes beim chronisch Vergifteten existieren bisher nicht. Nach Rodenacker muß das Destillat des Blutes in alkoholischer Alkalilauge aufgefangen, dann das gefilterte Kaliumxanthogenat mit $^1/_{100}$ Kupfersulfatlösung titriert werden. Harrower und Willey führen die Endbestimmung jodometrisch aus und behaupten, in 10 ccm Blut noch 5 γ Schwefelkohlenstoff nachweisen zu können.

Störungen im Bereich des **Magen-Darm-Kanals** sind nach den neueren Erfahrungen sowohl bei der akuten wie vor allem auch bei der chronischen Schwefelkohlenstoffvergiftung, besonders bei Arbeitern der Kunstseidenindustrie, recht häufig. In der Mundhöhle finden sich Entzündungen und Eiterungsvorgänge an den Zahnalveolen (Harmsen); bei Druck auf den Zahnhals entleert sich hellgelbe, stinkende Flüssigkeit aus dem Zahnfleischrand. Vereinzelt wurden auch Nekrosen am Kieferknochen beobachtet (Koelsch). Die regionären Lymphdrüsen sind dabei geschwollen. Auffällig oft bestehen dyspeptische Beschwerden; so treten Heißhunger wie Appetitmangel, Nausea und Erbrechen, das wochenlang in heftigster Weise anhalten kann und das dann das ganze Vergiftungsbild beherrscht (Baader), Verstopfung, seltener auch Durchfälle, Meteorismus, heftige, anfallweise auftretende Schmerzen und Druckgefühl in der Magengegend vor allem nach den Mahlzeiten auf. In den Anfangsstadien der chronischen Vergiftung sind die Magenstörungen meist nur funktioneller Art und Ausdruck einer Labilität des Sympathicus uud Parasympathicus (Pizzini). Die Untersuchung des Magensekrets ergibt Veränderungen des Magenchemismus sowohl im Sinne der Sub- als auch der Hyperacidität, die in etwa gleicher Häufigkeit auftreten. In vielen Fällen ist die Acidität auch nicht verändert (Rodenacker). In vereinzelten Fällen bestand sogar eine nekrotisierende hämorrhagische Gastritis mit Bluterbrechen (Redaelli). So kommt es zu Blutungen in die Schleimhäute, zu Entstehung von Magen- oder Zwölffingerdarmgeschwüren, zu Duodenitis bzw. Periduodenitis, Schleimhautveränderungen im Dünndarm mit blutigen Stühlen, Erscheinungen, die teils auf zentrale, teils auf innersekretorische Ausfallserscheinungen (Nebennieren) zurückzuführen sein sollen (Rodenacker).

Die Schädigungen der **Leber** sind klinisch meist wenig auffällig und werden häufig erst bei genauerer Untersuchung bemerkt. So finden sich Störungen des Kohlehydratstoffwechsels, die nicht allein auf eine Schädigung des Inselapparates oder des zentralen Regulationsmechanismus, sondern auf solche des Leberparenchyms zurückzuführen sind. Die schädigende Wirkung des Schwefelkohlenstoffs auf die Leber soll vor allem in einer Vermehrung der Glykogenolyse bestehen (PIZZINI).

Nierenschäden sind selten. Nur vereinzelt werden parenchymatöse Degenerationserscheinungen an den Tubulizellen und an den BOWMANschen Kapseln der Niere beobachtet. Klinisch finden sich geringe Eiweißmengen, vereinzelte Erythrocyten, manchmal auch Zucker im Urin, der wohl auf Grund zentraler Regulationsstörungen des Zuckerstoffwechsels im Urin erscheint. Die quantitative Bestimmung des Schwefelkohlenstoffs im Urin, die im Gegensatz zu der im Blut auch im Serienversuch durchführbar ist, ergibt bei chronisch Exponierten Werte zwischen 20 γ und 50 γ im Liter. Nach Aufhören weiterer Schwefelkohlenstoffzufuhr ist kein Schwefelkohlenstoff mehr im Urin nachzuweisen (HAMILTON und LEWY).

Die **Geschlechtsfunktionen** sind ziemlich regelmäßig und oft schon sehr frühzeitig gestört. Nach einer gelegentlich auftretenden Steigerung kommt es bei Männern fast regelmäßig zu einer Verminderung der Libido mit Degenerationserscheinungen am Hoden. Die Verminderung der Libido bleibt als hartnäckiges Symptom oft noch sehr lange bestehen. Bei Frauen treten häufig chronische Metritis mit Blutungen, Amenorrhöen, dysmenorrhoische Beschwerden, Frigidität und Sterilität auf. Auch können die Brüste kleiner werden; Aborte und Fehlgeburten sind bei den der Schwefelkohlenstoffeinwirkung ausgesetzten Frauen häufig.

Es ist außerordentlich schwierig, die vielfältigen und in ihrer Intensität sehr wechselnden Störungen im Bereich des **Zentralnervensystems** einigermaßen erschöpfend und übersichtlich darzustellen, um so mehr, als die vielfältigen neurologischen Syndrome in buntem Wechsel nacheinander oder gleichzeitig auftreten können, wobei in einem Falle mehr neuritische, im anderen mehr zentrale Symptome bzw. psychische Veränderungen das klinische Bild allein beherrschen, wobei dann z. B. neurologische Veränderungen unter Umständen ganz fehlen können.

Die **neuritischen Erscheinungen** spielen sich an den sensiblen und motorischen Nerven ab; sowohl die peripheren wie auch die Hirnnerven können befallen sein. Die Schwefelkohlenstoffneuritis beginnt, wie andere Neuritiden auch, mit Parästhesien, Ameisenlaufen, Kribbeln, Sensibilitätsstörungen, vor allem dem „Gefühl der fremden Hand" (Handschuhgefühl), wenn empfindungslose Bezirke am Körper mit der eigenen Hand berührt werden. Charakteristisch sind die Hyperästhesien und Hyperalgesien, die sich in oft reißenden Schmerzen in der Arm-, Bein- oder Brustmuskulatur äußern können. Sensible Störungen treten weiterhin, wenn auch seltener, in Form manschettenförmiger Anästhesien, hypästhetischer Bezirke oder Kältegefühl auf. Bald folgen nun, als Ausdruck der Schädigung auch der motorischen Fasern, Schwächegefühl in den Hand- und Fußmuskeln (vor allem der Flexoren) und Verminderung der groben Kraft. Auch treten Motilitätsstörungen im Versorgungsbereich der befallenen Nerven auf. Gelegentlich bilden sich wenn auch leichte Lähmungen aus, die meist nicht von einer wesentlichen Atrophie der Muskulatur gefolgt sind. Eine Entartungsreaktion ist meist nicht nachweisbar. Am häufigsten befallen ist der N. peronaeus, der N. ulnaris und radialis (HAMILTON und LEWY), seltener der N. ischiadicus und popliteus (KOELSCH). Wichtige Aufschlüsse über die Schwere und den Umfang der peripheren Nervenschädigung vermag die chronaximetrische Untersuchung zu liefern. Die *Chronaxiewerte* können schon im Beginn der Vergiftung, wenn andere klinische Zeichen noch völlig fehlen, verändert sein. Der chronaximetrische Wert ist anfangs meist vermindert, später, vor allem in gewissen Muskelgruppen der Beine, erhöht. Am gleichen Kranken finden sich dann oft gleichzeitig an den Armen eine Verminderung, an den Beinen (Musc. peronaeus, Musc. tibialis ant. und Musc. soleus) eine Erhöhung der chronaximetrischen Meßergebnisse, wobei die anderen Muskeln der gleichen Extremität gleichzeitig ebenfalls eine Verminderung des chronaximetrischen Wertes aufweisen können. Die *elektrische Erregbarkeit* der befallenen Muskeln bzw. Nerven wird bald erhöht, bald erniedrigt gefunden. Die von der Schwefelkohlenstoffneuritis betroffenen Muskel- und Nervenstämme sind häufig druckempfindlich. In manchen Fällen finden sich Zeichen spinaler Affektionen oder amyotrophische Lähmungen. In vielen Fällen sind die Eigenreflexe abgeschwächt oder aufgehoben; manchmal bestehen Sensibilitätsstörungen und ataktische Erscheinungen mit Gangveränderungen (Steppergang), so daß sich das Bild einer Tabes dorsalis zu bieten scheint (STADELMANN).

Von den **Hirnnerven** wird vor allem der Opticus (s. Abschnitt Auge), der Cochlearis und Vestibularis (s. Ohr) geschädigt. Auch Affektionen des Facialis und des Hypoglossus kommen vor [Schluckstörungen (RANELETTI)]. Die Pupillen-, die Hornhaut- und Rachenreflexe sind aufgehoben, abgeschwächt oder verlangsamt bzw. oft nicht seitengleich. Diese Störungen sollen jedoch nicht im unteren Teil des Reflexbogens lokalisiert, sondern zentral bedingt sein (HAMILTON und LEWY).

Die **zentralen cerebralen Erscheinungen** sind ebenfalls sehr vielgestaltig. Die subjektiven Symptome bestehen in Klagen über Druckgefühl im Kopf, in schweren Stirn- und Schläfenkopfschmerzen, Geruchs- und Geschmacksstörungen, Anfällen von Schwindel, Gangstörungen (Taumeln), Zuckungen und tonisch-klonischen Krämpfen. Besonders hervorgehoben sei das von QUARELLI erstmalig bei chronisch mit Schwefelkohlenstoff vergifteten Kunstseidenarbeitern herausgestellte *Syndrom*, das auf einer Erkrankung der Stammganglien (Striatum, Pallidum, Nucleus caudatus, Putamen) beruht. Es ist gekennzeichnet durch folgende Symptome: Salbengesicht, Erhöhung des Muskeltonus und ziemlich langsame, grobschlägige Zitterbewegungen vor allen Dingen an den Armen, ein Symptomenbild also, wie wir es nach Encephalitiden, als Nacherkrankung bei Kohlenoxydvergiftungen, bei der chronischen Manganvergiftung in ähnlicher Weise finden. In den Fällen, in denen die Veränderungen im Pallidum vorwiegen, ähneln die Symptome mehr der PARKINSONschen Krankheit bzw. der WILSONschen Krankheit oder aber der Pseudosklerose von WESTPHAL-STRÜMPELL.

Kennzeichnend ist vor allem die mimische Starre und die Rigidität der Muskeln mit deutlicher Erhöhung des Muskeltonus, was besonders bei Nachlassen der willkürlichen und autonomischen Bewegungen deutlich wird und sich oft in Gangstörungen (Steppergang) zu erkennen gibt. Der *Tremor* ist ausgesprochen langsam, die Ausschläge sind klein; der Ablauf der einzelnen Zitterbewegung ist langsam. Das Zittern tritt vor allem in Ruhe auf, fehlt jedoch bei Unterstützung der Hand und im Schlaf und verschwindet bei größeren Willensbewegungen (HOLSTEIN). Der für die PARKINSONsche Erkrankung typische Oppositionstremor der Daumen wurde beim QUARELLIschen Syndrom bisher nicht beobachtet. Ist dagegen vorwiegend das Striatum geschädigt, so treten mehr hyperkinetisch-dystonische Erscheinungen mit choreatischen und athetotischen Bewegungen auf. Gelegentlich wurden schmerzhafte Torsionsspasmen beobachtet. Sie traten mehrmals täglich anfallsweise auf und bestanden in nur wenige Sekunden dauernden Vierteldrehungen der Extremitäten nach innen oder nach außen; sie waren gelegentlich nur an einem Arm oder Bein, manchmal an allen vier Extremitäten gleichzeitig zu beobachten. Nicht selten treten auch synergetische Kontraktionen der Stirnmuskulatur, Starre der zur Rotation notwendigen Augenmuskeln beim Blick nach oben, Konvergenzschwäche sowie Sprachstörungen auf, die infolge des muskulären Rigors zu einer ausgesprochen langsamen Sprache führen. Beim Gehen kann die Mitbewegung der Arme fehlen. Das QUARELLIsche Syndrom ist ziemlich häufig. HAMILTON und LEWY fanden es bei 33% der insgesamt 120 von ihnen untersuchten schwefelkohlenstoffgeschädigten Arbeiter.

In ganz seltenen Fällen wurde eine toxische seröse Meningitis beobachtet (AYALA).

Häufiger noch als die bereits beschriebenen zentralen Symptome sind **psychische Veränderungen**, die ebenfalls in allen nur denkbaren Formen und Graden auftreten können. Von leichten Störungen, wie mehr oder minder schwerer Schlaflosigkeit, Neigung zum Einschlafen während der Arbeit, Rausch- und Dämmerzuständen, ständigen schweren Träumen, ausgesprochener Stimmungslabilität, die sich in hochgradiger Reizbarkeit, Zornesausbrüchen, Erregungszuständen, Schwatzhaftigkeit, Sprachstörungen, Zwangslachen und Zwangsweinen kundtut, Gedächtnisschwäche, retrograder Amnesie, Depressionen, Abspannung, Apathien, Entschlußlosigkeit, kindlicher Abhängigkeit von anderen bis zu ausgesprochenen Psychosen, meist vom manischen, seltener vom depressiven, gelegentlich vom KORSAKOWschen Typ oder delirösen Zuständen bis zu ausgeprägten, vor allem visuellen (ABE) und akustischen Halluzinationen, die unter Umständen ganz das Krankheitsbild beherrschen, spannt sich der Bogen der bisher bekannten bunten Vergiftungserscheinungen. Länger dauernde Psychosen dürften wahrscheinlich auf dem Boden individueller Disposition zustande kommen. Gelegentlich finden sich Übergänge zu degenerativen Psychosen und völliger Verblödung. Frauen sind stärker gefährdet als Männer. Bei Frauen kann die Vergiftung zuweilen einen bis dahin latenten hysterischen Zustand zum Ausbruch bringen.

Sinnesorgane. *Sehstörungen* finden sich sehr häufig (54% der Fälle, HAMILTON und LEWY). Neben rein funktionellen Störungen, wie Abnahme der Sehschärfe, leichter Ermüdbarkeit beim Nahesehen, Undeutlichsehen infolge Akkommodationsstörungen oder Nebelsehen, sind manchmal noch weitere leichtere und schwerere Störungen am Auge festzustellen. Hornhautanästhesien, zentrale Skotome, auch Farbenskotome für sämtliche Farben, retrobulbäre Neuritiden (fraglich) mit chronisch entzündlichen Erscheinungen an der Netzhaut sind beobachtet worden. Der blinde Fleck ist bei entzündlichen Vorgängen am Opticus nicht selten vergrößert. Die Sehnervenpapille kann bei retrobulbärer Neuritis schon frühzeitig temporal abgeblaßt, trübe, mißfarbig rötlich, blaß oder unscharf konturiert sein. Gelegentlich kommt eine Neuroretinitis mit peripapillären Veränderungen vor; dabei nimmt die die Papille umgebende Netzhaut manchmal ein moiréartiges Aussehen an. Opticusatrophien sind selten; sie schließen sich unter Umständen an chronisch entzündliche Veränderungen der Netzhaut und der retrobulbären Opticusabschnitte an. Nur in seltenen Fällen führen die meist vorübergehenden Amblyopien zu dauernder Erblindung.

Die Schädigungen des *Gehörs* sind meist weniger auffällig und werden erst bei genauerer Untersuchung aufgedeckt. So wurde bei einer großen Anzahl der chronisch Vergifteten bei Audiometeruntersuchungen eine Vertiefung in der Hörkurve, ähnlich wie bei an Tabak- oder Alkoholamblyopie Leidenden, vor allem bei der Frequenz $c^5 = 4096$ Doppelschwingungen gefunden. Diese Hörverminderung liegt nicht im Bereich des Sprachfrequenzbandes. Ein gewisser Hörverlust beruht häufig auf der mangelnden Konzentration der Aufmerksamkeit der Untersuchten infolge der chronischen Schwefelkohlenstoffeinwirkung. Schon recht frühzeitig tritt bei der Reizung des Vestibularis ein deutlicher Nystagmus auf (HAMILTON und LEWY).

Die **Haut** wird bei häufiger Benetzung mit Schwefelkohlenstoff auffällig trocken; das Fett- und Unterhautzellgewebe schrumpft.

Der **Sektionsbefund** deckt am Magen-Darm-Kanal entzündliche Erscheinungen verschiedenster Schwere bis zur nekrotisierenden hämorrhagischen Gastritis auf (REDAELLI). Die Leber zeigt neben einer mehr oder weniger schweren fettigen Degeneration vor allem im Bereich der zentralen Anteile der Läppchen leichte Stauungserscheinungen, gelegentlich auch eine leichte Gallenstauung sowie multiple Blutungen; das gleiche Bild bietet die Milz. Die Nieren zeigen fettige und parenchymatöse Degeneration vor allem der Tubulusepithelien, manchmal auch der BOWMANschen Kapseln. Der Herzmuskel ist oft fragmentiert; die einzelnen Herzmuskelfasern zeigen degenerative und atrophische Veränderungen mit feintropfiger Verfettung. Neuritische Veränderungen an den peripheren Nerven mit Infiltration der Nervenscheiden wurden nur vereinzelt beobachtet. In dem sehr genau durchuntersuchten Falle von ABE bestanden keine Zeichen für einen akuten entzündlichen Prozeß in den gefäßhaltigen Gebieten des Nervensystems. Die fettige Degeneration des Nervensystems war hauptsächlich zentral, nicht peripher lokalisiert. Die degenerativen Veränderungen in der Hirnrinde waren sehr ausgedehnt. Die Zerstörung war besonders auffällig in der grauen Substanz des Groß- und Kleinhirns und im Hirnstamm, während die weiße Substanz im Gegensatz dazu meist frei war. Ausgeprägte Degenerationserscheinungen fanden sich auch in den Pyramidenbahnen der Brücke, die sich noch ins Rückenmark fortsetzten. Die degenerativen Veränderungen der Neuronen und Markscheiden zeigten Erscheinungen einer Mischung von frischer und lang bestehender toxischer Schädigung leichten und schweren Grades. Diese Veränderungen sind wahrscheinlichen direkten toxischen Schädigungen zuzuschreiben. Die Hirnarterien können erweitert, stellenweise auch zerrissen sein. Die Hirnhäute sind bisweilen blutüberfüllt (FORNACA, POINCARÉ, SCHWALBE).

Die **Differentialdiagnose** der chronischen Schwefelkohlenstoffvergiftung ist bei der Vielgestaltigkeit des Vergiftungsbildes in vielen Fällen außerordentlich schwierig, da die Symptome sehr vieldeutig sein können. Vor allen Dingen muß anamnestisch die regelmäßige und langdauernde Arbeit in einem schwefelkohlenstoffgefährdeten Milieu nachgewiesen werden. Das gleichzeitige Vorkommen allgemeiner, intestinaler, zentralnervöser und peripherer Störungen kann manchmal für die Diagnose wertvoll sein. Gewisse Ähnlichkeiten des Krankheitsbildes bestehen auch mit der Schwefelwasserstoffvergiftung, wenngleich bei dieser die neuritischen Erscheinungen viel mehr im Hintergrunde des Krankheitsgeschehens bleiben, dafür, besonders bei der Einwirkung hoher Konzentrationen, die zentralen Wirkungen des Schwefelwasserstoffs mehr im Vordergrunde stehen. Sonst kommen differentialdiagnostisch in Frage chronischer Alkoholismus (alkoholische Neuritis mit KORSAKOWscher Psychose), Hirntumoren (BAADER), Lues cerebrospinalis, Morbus Parkinson, Tabes dorsalis und vor allem die multiple Sklerose. Da diese differentialdiagnostisch besonders schwierig abzugrenzen ist, sei die von KOELSCH entworfene synoptische Tabelle nebenstehend wiedergegeben.

Die **Prognose** ist abhängig vom Alter der Vergifteten, ihrem körperlichen Gesamtzustand und von der Schnelligkeit, mit der die Vergiftung entdeckt und mit der die Betreffenden aus dem gefährdenden Milieu entfernt wurden. Manchmal verschwinden die Krankheitserscheinungen, auch die schweren psychischen und nervösen Symptome, schon von allein, wenn der Arbeitsplatzwechsel rechtzeitig vorgenommen wurde. Andererseits kann schon kurze Einwirkung von Schwefelkohlenstoff zu lang dauernden Folgeerscheinungen führen. Die überstandene Vergiftung hinterläßt oft eine gesteigerte Empfindlichkeit. Frauen erkranken leichter als Männer. Psychosen, vor allem solche des dementen Typs, die für dauernd bestehen bleiben können (PETERSON, LAUDENHEIMER, KOESTER, ABE u. a.), entwickeln sich öfter bei weiblichen Personen.

Die **Therapie** ist symptomatisch. Neuerdings wurde eine kohlehydratreiche, fleisch- und fettarme Kost empfohlen. Die Diät soll kochsalz- und natriumcitratreich, aber kaliumarm sein. Die Flüssigkeitszufuhr soll reichlich sein; der Genuß von Kaffee und Tee ist wegen des Kaliumreichtums dieser Getränke einzuschränken (RODENACKER). Das Gemüse

Differentialdiagnose zwischen chronischer Schwefelkohlenstoffvergiftung und multipler Sklerose. (Aus F. KOELSCH: Handbuch der Berufskrankheiten, Bd. 1, S. 494.)

Schwefelkohlenstoffvergiftung	Multiple Sklerose
Alter: unbeteiligt	Vorzugsweise in jüngeren Jahren
Allgemeinstörungen: Mattigkeit, Appetitmangel, An- und Hyperacidität, Verdauungsstörungen, Abmagerung, Blutarmut, Herzstörungen, Potenzabnahme	Fehlen
Schmerzen: Intensiver Schläfen- und Stirnkopfschmerz; Gliederschmerzen	Cerebrale Beschwerden im Vordergrund: Kopfschmerzen, Schwindel, unter Umständen neuralgiforme Beschwerden; stärkere Schmerzen gehören nicht zum typischen Bild
Pupillenreaktion: verlangsamt, ungleich oder aufgehoben	Reflektorische Pupillenstarre fast nie beobachtet
Hornhaut und Rachenreflex: abgeschwächt und aufgehoben; Sehnenreflexe desgl.; Babinski neg.; Tremor	Reflexe gesteigert. Bauchdecken- und Cremasterreflexe fehlen; Babinski +; Intentionstremor
Gang: o. B. (von LOWINSKY sind auch spastische Erscheinungen an den Beinen beschrieben); Muskulatur schlaff, Schwäche der Beugemuskeln, Schwäche der Fuß- und Handstrecker, besonders der Wadenmuskulatur (RATMANN), schlaffe Lähmung bzw. Paresen	Gang spastisch ataktisch, Ataxie des Rumpfes und der Beine. Schwäche und motorische Störungen in Armen und Beinen, meist keine Lähmungen, nur Ataxie. Gelegentlich plötzliche vorübergehende Paresen nach brüsker Bewegung eines Gliedes.
Sprache: Skandierende Sprache beobachtet (v. LOWINSKY; LAUDENHEIMER)	Typisch: skandierende, langsame, monotone Sprache
Facialis- und Hypoglossuslähmung	Facialislähmung selten
Sensibilitätsstörungen häufig und deutlich; Gefühl der „fremden Hand"	Selten in stärkerem Grade vorhanden; oft treten nach brüsken Bewegungen Parästhesien auf, die an elektrische Schläge erinnern
Auge: Akkommodationsstörungen, Nebelsehen, Abnahme der Sehschärfe, Skotome	Sehstörungen verhältnismäßig gering, häufig Doppeltsehen; zuweilen Nystagmus, vorübergehende Skotome, Störungen des Farbensehens
Abblassung der temporalen Papillenhälfte	Schon sehr frühzeitig Abblassung der temporalen Papillenhälfte; seltener Neuritis optica oder Stauungspapille
Ohr: Gehörstörungen	Selten
Psychische Störungen: Depressive Zustände, Geistesstörungen, manische Zustände	Psychische Schwäche (Imbecillität oder Demenz), selten melancholische oder Exaltationsstörungen; psychomotorische Schwäche (Zwangslachen, Zwangsweinen); apoplektiforme Anfälle
Liquorbefund: normal	Fast normal (höchstens geringe Zell- oder Eiweißvermehrung)
Verlauf der Erkrankung: s. oben	Langsam, allmählich; schubweise, häufig mit Remissionen prämonitorische, transitorische Symptome (Amaurose, Schwächezustände in Arm oder Bein). Dauer: Jahre oder Jahrzehnte
Pathol.-anat. Befund: Erkrankung der Ganglienzellen und peripheren Nerven	Multiple Gliose in Gehirn und Rückenmark
Bisher beim Menschen noch kein eindeutiger Obduktionsbefund vorliegend	Meist deutlicher Obduktionsbefund; nur in seltenen Fällen negativ

wird, um ihm das Kalium zu entziehen, zweckmäßig mit der 6—8fachen Menge Wasser gekocht. Zur medikamentösen Behandlung der neurologischen Erscheinungen wurden neben Hefe und Promonta vor allem Nebennierenrindenpräparate (Cortidyn, Hormodyn, Corticosteron, Illyren usw.) empfohlen (RODENACKER). Die sexuellen Ausfallserscheinungen sollen auf Sexualhormone (Testoviron, Progynon) gut ansprechen. Auch wurde Cystein (0,1 g täglich) mit Erfolg angewendet. Die akut delirösen Zustände werden am besten mit zentral angreifenden Beruhigungsmitteln (Paraldehyd, Scopolamin, Morphin) bekämpft. Bei Zuständen mit höchster Erregung kann die Unterbringung in einer geschlossenen Anstalt notwendig werden. Zur therapeutischen Beeinflussung der neuritischen Krankheitserscheinungen haben sich Vierzellenbäder, Elektrisierung und Massage bewährt. Bei heftigstem Erbrechen sollen Magenspülungen günstig wirken.

X. Erkrankungen durch Schwefelwasserstoff.

Schwefelwasserstoff (H_2S) ist ein farbloses Gas, schwerer als Luft, das sich am Boden, in Gräben, Schächten und Bodensenken ansammelt und mit Sauerstoff gemischt leicht explodiert. Es riecht typisch nach faulen Eiern. Niedere Konzentrationen werden durch den Geruchssinn leichter festgestellt als hohe, die die Geruchsnerven übertäuben. Einzelheiten gehen aus den nachstehenden Tabellen hervor.

Wahrnehmbarkeit des Geruches von Schwefelwasserstoff.
(Nach LEHMANN; aus FLURY-ZERNIK, S. 135.)

‰	mg/Liter etwa	Teile in 1 Mill. (cm^3/m^3)	Geruch
0,001—0,002	0,0014—0,0028	1—2	Gering, aber bereits wahrnehmbar
0,0024	0,0033	2—4	Sehr merklich, aber daran Gewöhnte noch nicht belästigend
0,003	0,004	3	Erheblich
0,005—0,008	0,007—0,0011	5—8	Auch für Chemiker schon recht unangenehm
0,2—0,3	0,28—0,4	200—300	Nicht so stark und unangenehm wie bei schwächeren Konzentrationen

Verhalten verschiedener Konzentrationen von Schwefelwasserstoff gegen feuchtes Bleiacetatpapier nach SMOLCZYK und GOBLER.
(Aus FLURY-ZERNIK, S. 139.)

Vol. %	mg/Liter	Teile in 1 Mill. (cm^3/m^3)	Beobachtungen	
			subjektiv	Bleiacetatpapier
0,34	4,7	3400	Starker Geruch	Augenblickliche Färbung
0,034	0,47	340	Starker Geruch	Sofort
0,0034	0,047	34	Deutlicher Geruch	2 Sekunden
0,00034	0,0047	3,4	Merklicher Geruch	30 Sekunden

Nach häufiger Einwirkung von Schwefelwasserstoff wird die Empfindlichkeit gegen den Geruch größer (LEHMANN).

Die **Vergiftungsmöglichkeiten** sind sehr groß. In der Industrie wird sehr viel mit Schwefelwasserstoff gearbeitet und Vergiftungen ereignen sich vor allem bei technischen Störungen (offenstehende Hähne, Versagen von Ventilatoren, Platzen und Undichtwerden von Leitungen). Nicht nur in chemischen Laboratorien, sondern auch in Schwefelgruben, beim Rösten schwefelhaltiger Erze, beim Reinigen von Schwefelsäuretanks, bei der Verarbeitung von Schwefelbarium, bei der Herstellung von Thioharnstoff, bei der Reinigung von Schwefelsäure von Arsen und Metallen, bei der Herstellung von Ultramarin, Schwefelfarben und anderen Sulfiden, von Schwefelphosphorverbindungen, z. B. in der Zündholzindustrie, von Schwefelkohlenstoff, beim Färben mit Schwefelfarben in der Kunstfaserindustrie, bei der Aufschließung von Zellstoff aus Stroh und Holz, an den Säurebädern bei der Kunstseidenfabrikation, bei der Aufarbeitung der Rückstände in der Leblanc-Soda-Industrie, weiter in der Steinkohlen-, Braunkohlen- und Asphaltindustrie, beim Zerkleinern der Hochofenschlacke, in Gasanstalten bei der Verarbeitung von schwefelhaltiger Kohle, bei der Aufarbeitung von Gaswasser, bei der Extraktion der Gasreinigungsmasse kommen Vergiftungen vor. Auch beim Abfüllen von Schwefelquellen in Lazursteinfabriken, in Petroleumdestillationen, in Abdeckereien und Darmsaitenfabriken, bei der Verwendung von Kitten aus Schwefel, Salmiak, Eisenpulver und heißem Wasser ereignen sich Vergiftungen. Schwefelwasserstoff entsteht bei der Fäulnis von pflanzlichem und tierischem Material unter dem Einfluß von Bakterien. So kommt es an Kläranlagen bei der Reinigung von Kanalisationsschächten, bei der Verarbeitung von faulendem Material in der Leimfabrikation, in den Anlagen der Fettextraktion, in Gerbereien (Abwässer), bei der Enthaarung von Häuten, in der Zuckerindustrie (Abwässer, Rübenwäsche, Schnitzelmaschinen, Diffuseure), in Cyanfabriken, bei der Verarbeitung von Cyanschlamm, in Flachsröstereien zu Vergiftungen. Bei dem sich beim Legen von Leitungen in der Nähe geschlossener Kloaken, beim Öffnen von Latrinen, Jauchegruben, Grüften und Gräbern, in Kläranlagen von Papierfabriken und sonstigen industriellen Anlagen ereignenden Vergiftungen handelt es sich meist nicht um ganz reine Schwefelwasserstoffvergiftungen, da andere Gase, wie Kohlenoxyd, Kohlensäure, Ammoniak, beim Zustandekommen der Vergiftungserscheinungen mit eine Rolle spielen. Das gleiche gilt für Vergiftungen durch Gase aus dem gärenden Schlamm bei Caissonarbeiten, durch technisches Acetylen, Gichtgase und bei Reparaturen verstopfter Abflußrohre.

Vergiftungsmechanismus: Schwefelwasserstoff stellt infolge seiner lokalen Wirkung einen Reizstoff für die Schleimhäute der Atemwege, der Augen sowie die Hornhaut dar. Gleichzeitig wirkt er nach Resorption als schweres Nervengift und verursacht vorwiegend zentrale Störungen. Der Tod tritt durch Atemstillstand ein, der nach ZANGGER irreversibel ist. Die lokale Reizwirkung an den Schleimhäuten der Luftwege und der Augen wird nicht selten durch das sonstige schwere Krankheitsgeschehen leicht überdeckt und übersehen (HAGGARD). Die Allgemeinwirkung auf die nervösen Zentren soll auf der Resorption von sich aus Schwefelwasserstoff auf der Oberfläche der Atemwege bildenden

Verbindungen beruhen. Kommt nämlich Schwefelwasserstoff mit feuchten Schleimhäuten in Berührung, so verbindet er sich mit dem Gewebsalkali zu Natriumsulfid; sowohl der Alkalientzug aus dem Gewebe wie auch die Ätzwirkung des Natriumsulfids bedeuten einen lokalen Gewebsreiz. Ein Teil des Alkalisulfids wird durch die Schleimhäute resorbiert, tritt ins Blut über und wird dort hydrolysiert, wobei wiederum Schwefelwasserstoff frei wird. In Gegenwart von Sauerstoff wird der Schwefelwasserstoff zum großen Teil in ungiftige Oxydationsprodukte (harmlose Sulfate) übergeführt. Der nichtoxydierte Teil des Schwefelwasserstoffs wirkt auf das Zentralnervensystem (HAGGARD und HENDERSON). Kleine Mengen Schwefelwasserstoff setzen die Erregbarkeit des Nervensystems herab, größere steigern sie; große Mengen lähmen das Zentralnervensystem. Nach Meinung anderer Autoren (RODENACKER, WARBURG) stellt der Schwefelwasserstoff ein Gift für das eisenhaltige Oxydationsferment der Zellen dar; infolge der Bildung von Eisensulfid werde der Organismus unfähig, den ihm angebotenen Sauerstoff zu verwerten, wodurch, ähnlich wie bei der Cyanidvergiftung, die innere Atmung der Zellen lahmgelegt werde (innere Erstickung).

Mit dem Blutfarbstoff geht der Schwefelwasserstoff normalerweise keine Verbindung ein. Nach der bisherigen Auffassung galt nur dann eine Bindung als möglich, wenn vorher Methämoglobin vorhanden war. Das in den Leichen Schwefelwasserstoffvergifteter manchmal nachweisbare sog. Sulfmethämoglobin sei erst postmortal entstanden (FLURY). Während des Lebens finde es sich nur in den Erythrocyten (intraglobäre Sulfhämoglobinämie). Die Bezeichnung „Sulfhämoglobin“ ist nach neueren Ergebnissen der Forschung nicht mehr aufrechtzuerhalten und besser durch den Ausdruck *Verdohämochromogen* zu ersetzen, *da das bei der Schwefelwasserstoffvergiftung auftretende Umwandlungsprodukt des Blutfarbstoffes nicht unter Aufnahme von Schwefel entsteht*, wenn es auch *unter anderem* bei der Einwirkung von Schwefelwasserstoff gebildet wird. Schwefelwasserstoff und Blutsauerstoff liefern nämlich unter bestimmten Bedingungen leicht Wasserstoffsuperoxyd, welches das Hämoglobinmolekül tiefgreifend verändert; zudem wird die Katalase durch Schwefelwasserstoff vergiftet. Das grün gefärbte Derivat des Blutfarbstoffes stellt chemisch ein Abbauprodukt desselben dar und ist ein Zwischenprodukt auf dem Wege beim physiologischen Abbau vom Blutfarbstoff zum Gallenfarbstoff (LEMBERG). Das Verdohämochromogen ist vom Blutfarbstoff dadurch unterschieden, daß aus dem Porphyrinring ein Kohlenstoffatom herausgesprengt ist, wodurch der Ring zur offenen Kette wird. Der Eiweißrest ist nicht mehr intakt und stellt damit auch kein Globin mehr dar. Da die Veränderung irreversibel ist, ist das Verdohämochromogen für die Atmungsfunktion des Blutes endgültig verloren. „Verdohämochromogen tritt dann in deutlich erkennbarer Form auf, wenn durch einen chemischen Angriff der Blutfarbstoff unmittelbar in höherem Ausmaß oder aber auch auf abnormen chemischen Wegen abgebaut wird; das gleiche mag der Fall sein, wenn der normale Abbau auf einer bestimmten Stufe gehemmt ist, d. h. wenn er vom Verdohämochromogen nicht rasch weitergeht zu eisen- und eiweißfreien Produkten und schließlich zu Bilirubin“ (HEUBNER).

Eine Beeinträchtigung der Leberfunktion kann das Auftreten erkennbarer Mengen von Verdohämochromogen begünstigen. Bei seinem Vorhandensein ist das Blut, ähnlich wie bei der Methämoglobinämie, dunkel, die Haut cyanotisch.

Der *Nachweis* erfolgt spektroskopisch. Verwechslungen mit dem ebenfalls im Rot auftretenden Methämoglobinstreifen sind möglich. Im Gegensatz zu diesem, der nach Zusatz von Reduktionsmitteln verschwindet, tritt der Verdohämochromogenstreifen nach Zusatz von Reduktionsmitteln erst auf oder wird noch deutlicher.

Über die Giftigkeit des Schwefelwasserstoffs für den Menschen geben die nachstehenden Tabellen Auskunft.

Wirkung von Schwefelwasserstoff auf den Menschen.
(Nach FLURY-ZERNIK, S. 138.)

	mg/Liter etwa	Teile in 1 Mill. (cm³/m³)
a) Nach HENDERSON-HAGGARD:		
Leichte Erscheinungen nach einigen Stunden .	0,14—0,21	100—150
1 Std. lang ohne ernste Störung erträglich . .	0,28—0,42	200—300
In 30—60 Min. gefährlich	0,7—0,42	500—700
Rasch tödlich	1,4—4,2	1000—3000
b) Nach LEHMANN-HESS:		
Sofort tödlich	1,2—2,8	850—2000
In 30—60 Min. sofort oder später tödlich . .	0,6—0,84	420—600
In 30—60 Min. lebensgefährlich	0,5—0,7	360—500
30—60 Min. ertragen ohne sofortige oder spätere Folgen	0,24—0,36	170—260
Bei mehrstündiger Einatmung wirksam bereits (HESS)	0,1—0,15	70—110
6 Stdn. ohne wesentliche Symptome ertragen .	0,12—0,18	85—130

Schwefelwasserstoffwirkung auf den Menschen.
(Nach den Angaben aus der Literatur zusammengestellt von FLURY.)

	mg/Liter etwa	Teile in 1 Mill. (cm³/m³)
Lediglich Geruchsbelästigung (bzw. vorübergehend Übelkeit, Kopfweh, Beklemmungsgefühl, Mattigkeit)	0,2	150
Nach 6stündiger Einwirkung bereits lang dauernde Conjunctivitis	0,014—0,02	10—15
Nach 5—8 Min. starke brennende Schmerzen an den Schleimhäuten der Augen, Nase, des Rachens, die nach 30 Min. unerträglich werden; metallischer Geschmack im Mund; Ausatmungsluft riecht nach H_2S	0,28	200
Typisches Bild der subakuten Vergiftung nach 15 bis 30 Min. Einwirkungsdauer	0,7	500
Halbstündige Einatmung lebensgefährlich. Reizwirkung tritt hinter Allgemeinwirkung zurück .	1,0—1,1	700—800
Akute Vergiftung (apoplektische Form), Krämpfe, Bewußtlosigkeit, Exitus letalis	1,4—2,1	1000—1500

Schon ganz kurz dauernde Einwirkung hoher Konzentrationen kann zum Tode führen, wobei die Vergiftungserscheinungen manchmal erst einige Zeit später, nach Verlassen des Raumes einsetzen. Bei subakuter Vergiftung sollen Darmkoliken und Reizerscheinungen an den Luftwegen mehr in den Vordergrund des klinischen Bildes treten. Die Aufnahme erfolgt durch Einatmung. Der eingeatmete Schwefelwasserstoff soll zu 86—99% aufgenommen werden. Die Absorption ist um so vollständiger, je höher die Konzentration und je länger die Einwirkungsdauer ist. Eine Resorption von Schwefelwasserstoff durch die Haut ist im Tierversuch zwar nachweisbar; sie spielt beim Menschen jedoch bis auf die lokale Reizwirkung (vgl. Absatz Haut) keine Rolle.

a) Die akute und subakute Vergiftung durch Schwefelwasserstoff.

Die Einwirkung sehr hoher Konzentrationen führt oft schon nach einer Einwirkungsdauer von 20 Sekunden und weniger (HERTZ) zum schlagartigen Einsetzen schwerster cerebraler Symptome, vor allem zu Bewußtlosigkeit. Die Vergifteten fallen blitzartig um (apoplektische Form der Vergiftung). Die Atmung ist keuchend und stöhnend; die Schleimhäute, die Lippen und die Acra sind tiefdunkelblaurot verfärbt. In manchen Fällen tritt ein quälender, heftiger Husten mit reichlichem, blutig-serösen Auswurf als Zeichen des Lungenödems auf. Gelegentlich wurden auch finale Krämpfe beobachtet. Der Tod tritt durch Atemlähmung ein; das Herz schlägt trotz des Atemstillstands noch einige Zeit weiter. Eine Erholung soll nur in den Fällen eintreten, in denen nicht nur Schwefelwasserstoff, sondern auch andere Gase (s. oben) eingeatmet wurden. Der Sektionsbefund ist der gleiche wie beim Erstickungstod.

Die Einatmung geringer Konzentrationen verursacht nur vorübergehende leichte Allgemeinerkrankungen, wie Übelkeit, Kopfschmerzen, Beklemmungsgefühl auf der Brust und allgemeine Mattigkeit.

Klinisch interessanter und praktisch am häufigsten sind **die subakuten Vergiftungen**. Im **Beginn** der subakuten Vergiftung stehen die meist sehr ausgeprägten *Reizerscheinungen an den Schleimhäuten der Augen, der Nase, des Mundes, des Rachens und der oberen Luftwege* im Vordergrund, die nur in seltenen Fällen fehlen. Zunächst kommt es als Ausdruck der *rein lokalen* Schwefelwasserstoffwirkung zu heftiger, sammetartiger Schwellung und Rötung (ciliarer Injektion) der **Augen**bindehäute, vor allem am Limbus, mit strotzend gefüllten bläulichen Gefäßen; heftiges, manchmal fast unerträgliches Stechen und Brennen der Augen mit starkem Tränenfluß raubt den Betroffenen völlig die Sicht; der Vergiftete hat das Gefühl, als ob er Sand im Auge hätte. Manchmal treten Lidkrämpfe auf. Es besteht ausgesprochene Lichtscheu. Sehr häufig entwickeln sich Hornhautschädigungen in Form einer punktförmigen Keratitis. Nach neueren Feststellungen sollen die Hornhautveränderungen bei Spinnern nicht auf Schwefelwasserstoff allein, sondern auf einer kombinierten Wirkung mit anderen Reizgasen (schweflige Säure, Ammoniak, Schwefeldioxyd, organische Schwefelverbindungen, organische Arsenverbindungen und Thioformaldehyd) beruhen. Sie werden vor allem bei den Arbeitern, die in den Spinnsälen der Viscoseindustrie beschäftigt sind, bei Kanalarbeitern, in Braunkohlenschwelereien und bei der Zuckerfabrikation beobachtet. Die zahlreichen punktförmigen Trübungen finden sich vor allem in der Lidspaltenzone der Hornhaut; die Hornhautepithelien sind an den defekten Stellen zerfallen; an den Defekten der obersten Epithelschichten findet sich eine Ansammlung von Flüssigkeit. Die Dauer der Augenaffektionen ist kurz; schon nach 1—2 Tagen werden die Schmerzen erträglicher; nach 5 Tagen können, wenn die weitere Einwirkung von Schwefelwasserstoff unterbleibt, die stärksten Erscheinungen abgeklungen sein. Nur in seltenen Fällen hinterbleibt eine Hornhauttrübung. Das Überstehen der Augenerkrankung hinterläßt meist eine gesteigerte Empfindlichkeit; schon bei sehr niederen Schwefelwasserkonzentrationen treten Rückfälle auf, bei denen die Erscheinungen meist schwerer sind.

Die Reizwirkung des Schwefelwasserstoffs äußert sich an den Schleimhäuten der Nase und des Mundes ebenfalls. So kommt es zu starker Sekretion eines trüben Schleimes aus der Nase, zu Rötung und Trockenheit der Mund- und Rachenschleimhaut; manchmal bestehen infolge der Schleimhautreizung heftige Schmerzen beim Schlucken. Auch die Schleimhäute der oberen Luftwege, bei Inhalation höherer Konzentrationen auch die der Bronchien und der Lungenalveolen sind mitbeteiligt: so besteht oft Husten mit Auswurf, der in manchen Fällen deutlich blutig tingiert ist.

Atmungsorgane. Nicht so sehr selten entwickelt sich in den ersten Tagen der Vergiftung das Bild einer mehr oder minder schweren Bronchitis, gelegentlich sogar von Bronchopneumonien. Die Atmung ist dann oberflächlich und beschleunigt; perkussorisch und auskultatorisch lassen sich Verdichtungsbezirke mit Dämpfung, Bronchialatmen und klingenden Rasselgeräuschen nachweisen. Manchmal treten Temperaturen bis zu 40° auf. In seltenen Fällen kann sich ein Lungenödem, mitunter auch ein Pleuraerguß, entwickeln.

An **Herz und Kreislauf** sind bei der akuten und subakuten Vergiftung ebenfalls Veränderungen festzustellen. Die Herztätigkeit ist beschleunigt und geschwächt. Manchmal besteht auffällige Kurzatmigkeit. Der Puls ist klein, flatterig und kaum fühlbar, seine Frequenz erhöht (120/min und mehr). In manchen Fällen ist die Herzaktion unregelmäßig; auch können akzidentelle systolische Geräusche über der Herzspitze auftreten. Der systolische Blutdruck ist nicht allzu hoch und liegt wenig über 100 bis 110 mm Hg. In vereinzelten Fällen trat der Tod durch einen wohl zentral ausgelösten Kreislaufkollaps 36 Stunden nach der Vergiftung auf. Manchmal wurde eine mehrere Tage anhaltende Bradykardie beobachtet. Auch kommen stenokardische Anfälle, gelegentlich bis zur Angina pectoris gesteigert, vor.

Die Veränderungen im **Blut** sind gering. Es läßt sich kaum ein für die Schwefelwasserstoffvergiftung typischer Befund erheben. Der Blutfarbstoffgehalt kann gelegentlich bei nahezu normalen Erythrocytenzahlen ein wenig vermindert sein. Möglicherweise hängt dies mit einem geringen Blutzerfall zusammen, da in einem Fall am ersten Tage nach der Vergiftung Hämatin im Serum nachgewiesen wurde (HERTZ). Die Leukocytenzahl ist mäßig erhöht. Im Differentialblutbild kann eine deutliche Linksverschiebung mit vermehrtem Auftreten jugendlicher und stabkerniger Leukocyten oder aber eine relative Lymphocytose (S. MEYER) nachweisbar sein. Manchmal findet sich eine vorübergehende Blutzuckererhöhung.

Störungen im Bereich des **Magen-Darm-Kanals** sind meist wenig ausgeprägt. An den Zähnen soll ein graugrünlicher Belag für die Schwefelwasserstoffvergiftung typisch sein (FLORET). Gleich im Anfang treten Übelkeit, Erbrechen, später auch kolikartige Leibschmerzen und Durchfälle mit dünnen, schwarzgrünen Stühlen auf. Die Reizwirkung des Schwefelwasserstoffs auf die Magen-Darm-Schleimhaut ist gering. Die Magensaftacidität ist normal. Vereinzelt wurde sogar eine Gewichtszunahme beobachtet.

Schädigungen der **Nieren** gehören nicht zum typischen Befund der Schwefelwasserstoffvergiftung. Von den gelegentlichen Reizerscheinungen mit anfänglicher starker Eiweißausscheidung und dem Auftreten von granulierten Zylindern und von Erythrocyten im Sediment (Hertz) ist nicht sicher, ob es sich da wirklich um eine Schwefelwasserstoffwirkung handelte oder ob Verunreinigungen durch andere, gleichzeitig schädigend einwirkende Gase hierfür verantwortlich zu machen waren. Gelegentlich treten bei der subakuten Vergiftung mit Schwefelwasserstoff heftige Tenesmen beim Urinieren auf. Manchmal wurde auch eine vorübergehende Glykosurie beobachtet.

Die Störungen im **Zentralnervensystem**, die ebenfalls schon gleich im Beginn der Vergiftung auftreten können, bestehen hauptsächlich in zentralen Erscheinungen, wie Druckgefühl im Kopf, Kopfschmerzen, leichter Benommenheit, Müdigkeit, Mattigkeit, Schwindel, unsicherem Gang, in schweren Fällen in Bewußtlosigkeit, Krämpfen und partieller Amnesie. Gelegentlich kommen auch Aufregungszustände vor. Manchmal bestehen Muskelschmerzen.

An der **Haut** können sich durch die örtliche Wirkung des Schwefelwasserstoffs Veränderungen, wie Dunkelfärbung der Haut, Auftreten zahlreicher flohstichartiger Flecke, Marmorierung und Erythem, entwickeln (Schütze). Bei Bergwerksarbeitern, die mit schwefelwasserstoffhaltigem Grubenwasser in Berührung kamen, wurden Erytheme sowie von Fieber begleitete papulöse oder bläschenförmige Ekzeme beobachtet (Baader). Der Tod tritt bei der sog. tetanischen Vergiftungsform unter dem Bild eines Komas mit Krämpfen ein.

Wichtig sind die nach akuten und subakuten Schwefelwasserstoffvergiftungen auftretenden **Nachwirkungen**. Nicht so sehr selten bestehen noch jahrelang Kopfschmerzen und Neigung zu Fieber und Schüttelfrösten (Zangger). Manchmal hinterbleiben leichtere oder schwerere Intelligenzdefekte (Erler). Auch wurden Meningitiden und Pneumonien nach Schwefelwasserstoffvergiftung beobachtet. Recht häufig sind Herzstörungen. Sie drücken sich in Klagen über Stiche in der Herzgegend und der linken Brustseite aus, vor allem nachts; auch treten gelegentlich Unreinheiten der Herztöne über der Aorta und der Pulmonalis auf. Dabei ist der klinische Herzbefund, das Elektrokardiogramm und der Ausfall der Herzfunktionsprüfung vollständig normal. Die gelegentlich noch monatelang nach der Vergiftung beobachteten flüchtigen Herzvergrößerungen (A. Hertz) scheinen bei kritischer Bewertung ihres Ausmaßes und der Zeitdauer ihrer Nachweisbarkeit nicht genügend gesichert. Manchmal hinterläßt die Vergiftung noch längere Zeit Husten und Auswurf, Trockenheitsgefühl im Rachen und Heiserkeit, allgemeine nervöse Störungen, neurasthenische Symptome und eine gesteigerte Empfindlichkeit für andere Erkrankungen. Auch parkinsonähnliche Veränderungen wurden beobachtet.

Der **Sektionsbefund** läßt bei der ganz akuten, blitzartig verlaufenden Vergiftungsform kaum typische Veränderungen erkennen. Manchmal fällt eine starke allgemeine Cyanose auf. Mitunter ist die Haut, wenn die Fäulnis begonnen hat, gelbgrünlich verfärbt, besonders an den Stellen, an denen die großen, blutreichen Organe durch die Bauchdecken hindurchschimmern. Auch die Totenflecken zeigen eine gelbgrünliche Verfärbung (Kobert); sie sind vereinzelt auch auffällig hellrot. Die Totenstarre ist sehr ausgeprägt. Die Leichen Schwefelwasserstoffvergifteter faulen schnell. Bei der Leichenöffnung fällt der deutliche Schwefelwasserstoffgeruch auf. Verhältnismäßig häufig sind Reizzustände der Augenbindehäute zu finden. In den sehr schnell verlaufenden Fällen zeigt die Lunge ein mäßiges akutes Emphysem, vereinzelt auch Randatelektasen. Mikroskopisch ist häufig, makroskopisch nur in schweren Fällen ein Lungenödem nachweisbar. Bei langsamer verlaufender Vergiftung finden sich Reizzustände der Schleimhäute der Luftwege, in den Lungen bronchitische oder bronchopneumonische Veränderungen. Das Blut verbreitet, wenn es reichlich freien Schwefelwasserstoff enthält, ebenfalls den typischen, an faule Eier erinnernden Geruch; es kann dünnflüssig sein. Seine Farbe ist meist tiefdunkelrot; manchmal zeigt es, vor allem bei fortgeschrittener Fäulnis, einen braun bis grünlich schimmernden Farbton, dessen Stärke offenbar von der Alkalescenz des Blutes beeinflußt wird (E. Meyer) und der durch die Verdohämochromogenbildung bedingt ist. Das Gehirn zeigt sowohl in der Markwie in der Rindensubstanz eine blaßgrau bis schwärzlichgraue Verfärbung. Die Milz ist klein.

Die **Prognose** ist meist ernst. Auch in den Fällen, in denen die Vergifteten überleben, sind die Nachwirkungen oft schwer. Die körperliche Leistungsfähigkeit ist meist noch lange Zeit nach der Vergiftung erheblich vermindert. Die Rekonvaleszenz dauert lange.

Die **Diagnose** dürfte bei der Berücksichtigung der Anamnese und dem typischen Befund meist kaum Schwierigkeiten bereiten.

Therapeutisch wird man symptomatisch vorgehen müssen. Künstliche Atmung (Pulmotor), Einatmung eines Gemisches von Sauerstoff mit 5% Kohlensäure (Haggard) wirken günstig. Zentral angreifende Analeptica (Campher, Cardiazol, Coramin, evtl. auch Lobelin oder Lobeton) lassen bei schweren akuten Vergiftungen einen Erfolg erwarten. Auch kräftige Hautreize (kaltes Abklatschen, Senfpackungen) wurden mit gutem Ergebnis angewendet. Bei den Augenschädigungen empfiehlt es sich, den Erkrankten in einem verdunkelten Zimmer zu lagern. Feuchtwarme Umschläge mit 3proz. Borwasser oder mit Kamillenaufgüssen werden als wohltuend empfunden. Bei sehr starken Schmerzen ist die Einträufelung eines Gemisches von Novocain mit Adrenalin in die Augen, Anwendung einer scopolamin- oder dioninhaltigen Salbe, von Scharlachrotsalbe (1—3%) oder gelbem Quecksilberoxyd (2proz.) wirksam. Bei stärkeren Reizerscheinungen an den Luftwegen wirken Inhalationen günstig. Für Anfeuchtung der Raumluft durch Aufstellung von Verdunstungseinrichtungen ist zu sorgen. Quälender Hustenreiz kann mit Dicodid oder Acedicon gemildert werden. Bei drohendem Eintritt eines Lungenödems ist die übliche Behandlung (Aderlaß, Infusion hochprozentiger Traubenzuckerlösungen) durchzuführen.

b) Die chronische Schwefelwasserstoffvergiftung.

Daß es eine solche überhaupt gibt, ist verschiedentlich bezweifelt worden (RODENACKER). Auch bei Berücksichtigung der neueren Literatur ist eine sichere Entscheidung dieser Frage bis jetzt noch nicht möglich. Man muß scharf unterscheiden zwischen chronischer Vergiftung und einmaliger akuter oder subakuter Vergiftung, welche chronische Folgezustände nach sich ziehen kann. Die chronische Vergiftung kann zustande kommen a) durch Ansammlung kleiner, im einzelnen unwirksamer, aber fortgesetzt zugeführter Giftmengen, die schließlich kumulieren und dann akute Erscheinungen hervorrufen, und b) durch Summation im einzelnen kaum merkbarer kleiner Schädigungen, die jeweils durch die einzelne kleine Giftmenge hervorgerufen werden, aber erst in ihrer Gesamtheit das Krankheitsbild manifest werden lassen. Dabei ist außerdem zu berücksichtigen, daß erfahrungsgemäß gerade bei wiederholter Schwefelwasserstoffeinwirkung die Giftempfindlichkeit des betreffenden Individuums nicht gleichbleibt oder abnimmt (Gewöhnung), sondern steigt, so daß schließlich eine Überempfindlichkeit resultiert. Eine genaue Analyse der meisten als chronisch bezeichneten Schwefelwasserstoffvergiftungen, die bekanntgeworden sind, ergibt, daß es sich oft um leichte subakute Vergiftungen handelt, an die sich ein neurasthenisches Syndrom (FISCHER-STARKENSTEIN) oder sonstige Nachwirkungen anschließen. Die theoretischen Erklärungen des Vergiftungsmechanismus der Schwefelwasserstoffwirkung lassen, wenn man der Erklärung von HAGGARD-HENDERSON folgt, die Annahme einer chronischen Schwefelwasserstoffvergiftung zu; bei dem Erklärungsversuch von RODENACKER-WARBURG jedoch, die den ganzen Symptomenkomplex im Sinne einer Anoxämie erklären wollen, ist dies nicht der Fall (vgl. hierzu auch die Ausführungen über die chronische Kohlenoxydvergiftung).

Immerhin sind eine Reihe von Fällen in der Literatur beschrieben, die möglicherweise als Folge ständiger, durch kleinste Mengen Schwefelwasserstoff gesetzter Läsionen an empfindlichen Teilen des Zentralnervensystems gedeutet werden können, die dann die Ursache der verschiedensten nervösen Symptome sind. So wäre vielleicht der von KOJEWNIKOFF beschriebene Fall zu deuten, bei dem ein 38jähriger Arbeiter, der jahrelang mit Natriumsulfid arbeitete, unter dem Bilde einer mehrfachen Systemerkrankung des Rückenmarks starb. Das gleiche gilt für die von OLMER und AUDIER beobachtete Polyneuritis, die sich, nachdem 5 Monate lang Verdauungsstörungen und häufiges Erbrechen bestanden hatten, unter Hinterlassung schlaffer Paraplegien vor allem an den Beinen entwickelte. Die Muskulatur war druckschmerzhaft und atrophiert. Die befallenen Nerven ließen Degenerationserscheinungen erkennen. Die Arme waren nur vorübergehend und leichter befallen. Der Mann hatte täglich mehrmals, durch Monate hindurch, ein Gemenge von Kaliumpolysulfiden mit Kaliumsulfid (= Schwefelleberlösung) erhitzt, wobei sich Schwefelwasserstoff entwickelte.

Als sonstige Erscheinungen der chronischen Schwefelwasserstoffeinwirkung sind Atmungsstörungen in Form lang dauernder Erkältungen,

Katarrhe der Luftwege, Conjunctivitis, Augenbrennen, Augendruck, chronisch exacerbierende Bronchitiden, bohrende Schläfenkopfschmerzen, Schwindel, Müdigkeit, allgemeines Schwächegefühl, erhöhte Reizbarkeit und Unruhe sowie Zittern der Hände und der Zunge beschrieben worden. Auch Verdauungsstörungen sollen auftreten mit metallischem Geschmack im Mund, Übelkeit, Brechreiz, Erbrechen, Durchfällen oder hartnäckiger Verstopfung, Gewichtsverlust, fahlem Aussehen und Anämie. Auch sollen Hautjucken, Hautausschläge, Neigung zu Furunkelbildung und Infektionen bestehen.

Eine eindeutige Entscheidung, ob es eine chronische Schwefelwasserstoffvergiftung gibt oder nicht, ist auf Grund des bisher vorliegenden Beobachtungsmaterials nicht möglich. Die Frage muß zunächst noch offenbleiben. Ein eindeutiges, klares Vergiftungsbild der chronischen Schwefelwasserstoffvergiftung läßt sich zur Zeit noch nicht herausarbeiten.

XI. Erkrankungen durch Kohlenoxyd.

Kohlenoxydvergiftungen sind gewerblich absolut die häufigsten, die überhaupt vorkommen (Teleky). Kohlenoxyd ist sowohl in vulkanischen Gasen, in Erdgasen, im Naturgas wie auch in den Grubengasen der Kohlenbergwerke vorhanden. Es entsteht neben Kohlendioxyd überall da, wo Kohle und kohlenstoffhaltige Stoffe verbrannt oder erhitzt werden und es gibt kaum einen Brennstoff, der nicht Kohlenoxyd liefert.

Kohlenoxyd (CO) ist ein schweres Blutgift, das infolge der Blutveränderungen im gesamten Organismus vielfältige Krankheitserscheinungen hervorzurufen vermag. Das reine Gas ist farblos und besitzt einen schwach knoblauchartigen Geruch. Es ist nur wenig schwerer als Luft. Sein Litergewicht beträgt 1,16 g. Es brennt bei 650° C mit bläulicher Flamme.

Die **Vergiftungsmöglichkeiten** sind außerordentlich vielfältig und kaum irgendwie vollständig anzugeben. Überall da, wo Leucht- und Naturgase verwendet werden, können Kohlenoxydvergiftungen bei unvollständiger Verbrennung des Gases zustande kommen. In allen Arbeitsräumen und Werkstätten, in denen neben Gasbeleuchtung und Gasbeheizung noch Gasbrenner, Kohlenfeuer, Lötlampen, Schweißapparate (insbesondere Acetylensauerstoffbrenner), Schmelztiegel oder Trokkenapparate benutzt werden, ereignen sich Kohlenoxydvergiftungen. Die verschiedensten Arten von Motoren, wie Benzin-, Petroleum-, Gasmotoren usw., lassen Kohlenoxyd entstehen, so daß, besonders wenn diese Motoren in geschlossenen und ungenügend belüfteten Räumen arbeiten, die Kohlenoxydkonzentrationen in der Raumluft über das erträgliche Maß hinaus ansteigen. Automobilwerkstätten gelten als besonders gefährdet, da bei leerlaufenden Motoren viel mehr Kohlenoxyd als bei Normalbetrieb entsteht. Die Auspuffgase sind außerordentlich gefährlich wegen ihres schnell wirksam werdenden Bestandteils Kohlenoxyd. In mit Verbrennungsmotoren getriebenen Verkehrsmitteln können sich Kohlenoxydkonzentrationen ansammeln, die zu ernsthaften Schäden, manchmal zum Tode führen. In technischen Großbetrieben sind bei der Verbrennung der Kohle unabsehbare Möglichkeiten zur Kohlenoxydbildung gegeben. Je geringer der Luftzutritt zu den Verbrennungsprozessen ist, um so größer ist die Menge des gebildeten Kohlenoxyds. Bei der Verarbeitung von Kohle zu Koks, beim Ablöschen glühenden Kokses oder von Holzkohle, bei der Herstellung von Leuchtgas, beim Arbeiten in Gaswerken oder an Gasleitungen können sich Kohlenoxydvergiftungen ereignen. Aus festen Brennstoffen werden durch Entgasung Kokereigas, Steinkohlengas, Braunkohlengas, Torfgas und Holzgas durch Verschwelen von Holz, Torf, Braun- und Steinkohlen als Kraftgase gewonnen. Durch Vergasung entstehen das sog. Gichtgas, Generatorgas (früher unter der Bezeichnung Luftgas, Siemensgas, Mischgas, Dawsongas, Halbwassergas), Mondgas, welches bei reichlicher Zufuhr von überhitztem Wassergas entsteht, Wassergas (= Koksgas oder blaues Wassergas) und Kohlenwassergas als wichtigste. Die Mengen dieser Gase, welche allein in Deutschland jährlich hergestellt werden, sind ungeheuer. Schätzungen (MUHLERT und DREWS, 1928) veranschlagten die jährliche Herstellungsmenge in Mill. cbm von Leuchtgas auf 3200, Kokereigas 9500, Hochofengas 46000, Generatorgas 50000. In den Leunawerken werden jährlich nahezu 2 Milliarden cbm Gas gewonnen. Eine vollständige Aufzählung aller in Frage kommenden kohlenoxydhaltigen und technisch wichtigen Gase würde den Umfang des vorliegenden Buches weit überschreiten und es sei hier auf die Spezialliteratur verwiesen. Von den sog. Kraftgasen gilt als das gefährlichste das Wassergas, welches geruchlos, aber sehr kohlenoxydhaltig ist. Die Gichtgase der Hochöfen, die Gase der Schmelzöfen und Metallgießereien gehören ebenfalls hierher. Grundsätzlich besteht, auch bei normalem Betrieb, die Kohlenoxydgefahr überall da, wo Feuerung und Kesselanlagen vorhanden sind. In keramischen Betrieben, Ziegeleien, Zementfabriken und Kalköfen werden zum Vortrocknen kohlenoxydhaltige Gase benutzt. Die schon bei normalem Betrieb bestehenden Gefahren durch Kohlenoxyd sind vervielfacht bei Betriebsstörungen, wobei der Zustand der Ventilationsanlagen, die Wetterlage und ähnliche Faktoren häufig eine ausschlaggebende Rolle spielen. Fabrikationsabfälle, wie Schlacken, gashaltige Waschwässer, welche Kohlenoxyd adsorbiert oder gelöst enthalten, führen ebenfalls nicht so sehr selten zu Vergiftungen. Auch kompakte kohlenoxydhaltige Stoffe (Schlacken, Kanalrückstände usw.) können bei der Entfernung oder Bearbeitung Kohlenoxyd abgeben. So kommen bei der Kesselreinigung, beim Transport von Gaskoks, von Hüttenprodukten und Schlacken Vergiftungen zustande. Explosionen liefern regelmäßig, vor allem bei Luftabschluß, Kohlenoxyd. Vergiftungen ereignen sich bei Sprengarbeiten in Bergwerken, Tunnels und Steinbrüchen. Die Verwendung von Leuchtgas zu Heizzwecken, Reparaturen an Gasleitungen können Vergiftungen herbeiführen. In Laboratorien, Operationssälen, bei Filmbränden wurden Vergiftungen beobachtet. Bei unbemerkten Undichtigkeiten von Leitungen kann es auch an entfernteren Orten durch Wanderung des Gases durch Mauern, Schächte, Kellerräume oder durch den Boden zur Ansammlung von Kohlenoxyd kommen, das dann oft schwere

Gesundheitsstörungen verursacht oder gar den Tod herbeiführt. Bei Benutzung von Gas- und Kohlenbügeleisen, bei der Aufstellung von Kokskörben zur Austrocknung feuchter Räume entstehen oft Kohlenoxydkonzentrationen, welche schädlich sind. Bei Bränden ist in den sog. Rauchgasen reichlich Kohlenoxyd enthalten. Bei Ansammlung von Kohlendunst in geschlossenen Räumen, im Rauch von Schornsteinen, Kaminen und Lokomotiven sind gefährliche Kohlenoxydkonzentrationen nachgewiesen worden.

Die hier genannten Vergiftungsmöglichkeiten sind bei weitem nicht erschöpfend. Im allgemeinen ist festzustellen, daß die Kohlenoxydgefahr im Freien wesentlich geringer ist als in geschlossenen, insbesondere schlecht oder ungenügend ventilierten Räumen; immerhin sind auch Fälle tödlicher Kohlenoxydvergiftung unter besonders ungünstigen Umständen, z. B. in der Nähe schwelender Kohlenhalden oder bei Explosionen, *im Freien* nachgewiesen worden. Die gewerblich wichtigsten und gefährlichsten Gase und ihr Kohlenoxydgehalt seien nachstehend tabellarisch wiedergegeben:

Kohlenoxydgehalt der wichtigsten technischen Gase, ausgewählt nach den Angaben von FLURY und ZERNIK, S. 195/196.

Leuchtgas:				
aus Steinkohle	4—12	Vol.-%	CO	
,, Braunkohle	3— 8	,,	,,	
,, Torf	9—30	,,	,,	
,, Mineralölen	9—17	,,	,,	(LEWIN)
,, Harz	10—39	,,	,,	
,, Holz	12—61	,,	,,	
Auspuffgase:				
Automobile	3,5— 7	,,	,,	
Motorboote	5— 6	,,	,,	
Motorenabgase	1—6, maxim. 12	,,	,,	(HENDERSON u. HAGGARD)
Kohlendunst (in Räumen)	bis 2,5	,,	,,	(LEWIN)
Rauch von Lokomotiven	1,9—3,6	,,	,,	
Rauch aus brennenden Filmen (Luftabschluß)	26,3	,,	,,	
Hochofengase (Gichtgase)	24—31	,,	,,	
Wassergas	25—41	,,	,,	
Generatorgas:				
aus Kohle	22—26	,,	,,	
,, Holz	bis 34	,,	,,	
,, Koks	33	,,	,,	
Halbwassergas	23—26	,,	,,	
Mondgas	11	,,	,,	
Explosionsgase:				
aus Nitrocellulose	46	,,	,,	
,, Dynamit	34	,,	,,	
,, Pikrinsäure	61	,,	,,	
,, Schwarzpulver	3— 9	,,	,,	

Vergiftungsmechanismus (vgl. hierzu auch das unter „chronische Vergiftung" Gesagte). Der Wirkungsmechanismus des Kohlenoxyds ist umstritten. Die einen sehen die durch Kohlenoxyd infolge Kohlenoxydhämoglobinbildung auftretende Anoxämie als die Ursache aller klinisch erfaßbaren Erscheinungen an, während insbesondere von den Verfechtern der chronischen Kohlenoxydvergiftung eine spezifische Giftwirkung des Kohlenoxydmoleküls als wahrscheinlich bezeichnet wird. Der entscheidende Beweis für diese Anschauung ist jedoch bisher noch nicht erbracht worden.

Als experimentell gesichert gelten folgende Tatsachen: Kohlenoxyd ist an und für sich ein physiologisch indifferentes Gas. Es reagiert mit dem Blutfarbstoff und verdrängt den Sauerstoff aus dem Hämoglobin. Die Affinität des Kohlenoxyds zum Blutfarbstoff ist etwa 310 mal größer als die des Sauerstoffs. Die Folge dieser Sauerstoffverdrängung ist ein Sauerstoffmangel im arteriellen Blut, eine Anoxämie, die allgemein als Ursache der vielfältigen, vor allem an dem gegen Sauerstoffmangel besonders empfindlichen Zentralnervensystem lokalisierten Vergiftungserscheinungen angesehen wird. Die Reaktion zwischen Blutfarbstoff, Sauerstoff und Kohlenoxyd läßt sich in der folgenden Formel ausdrücken (Hb = Hämoglobin):

$$HbO_2 + CO \leftrightarrows COHb + O_2,$$

d. h. ein Molekül Kohlenoxyd ersetzt ein Molekül Sauerstoff im Blut.

Der Vorgang ist reversibel: Sauerstoff kann das Kohlenoxyd aus seiner Verbindung mit dem Blutfarbstoff bei genügend hohem Partialdruck des Sauerstoffs ebenfalls wieder verdrängen. Bei dieser Reaktion bleiben die Erythrocyten, an deren Blutfarbstoff das Kohlenoxyd vorübergehend gebunden ist, völlig intakt und vermögen nach Rückverwandlung des Kohleoxydhämoglobins in Oxyhämoglobin ihre Aufgabe als Sauerstoffträger wieder voll zu erfüllen. Die Kohlensäureausscheidung durch die Lungen bleibt bei Kohlenoxydeinatmung ungehindert und zunächst unverändert. Allmählich wird es jedoch nach der Sauerstoffverarmung des Gewebes infolge der ungehinderten Ausscheidung und verminderten Bildung von Kohlensäure auch zu einer Kohlensäureverarmung des Organismus kommen, die den Sauerstoffübertritt ins Gewebe erschwert; der Blutalkalispiegel fällt ab (AKARLIE), jedoch nur, wenn Überventilation und Akapnie bestehen (HENDERSON); es tritt eine p_H-Verschiebung nach der alkalischen Seite hin ein und es kommt zu einer verminderten Reizung des Atemzentrums. Da nun bei vermehrtem Kohlenoxydgehalt des Blutes die Affinität des Kohlenoxyds zum Hämoglobin mit steigendem p_H sinkt (STADIE und MARTIN) und ein höheres p_H die *Verdrängung* des Kohlenoxyds aus dem Blut begünstigt, nimmt die Affinität des Kohlenoxyds zum Hämoglobin infolge der zunehmenden Kohlensäureverarmung und der dadurch gleichzeitig steigenden Alkalose des Blutes im Laufe der Vergiftung ab. An sich ist der Gehalt der Einatmungsluft an Kohlenoxyd und Sauerstoff maßgebend für diejenige Menge Blutfarbstoff, welche in Kohlenoxydhämoglobin umgewandelt wird. Ist z. B. die Sauerstoffkonzentration 300 mal höher als die des Kohlenoxyds (das entspricht etwa einem Kohlenoxydgehalt von 0,07% der atmosphärischen Luft), so wird die Hälfte des Blutfarbstoffs in Kohlenoxydhämoglobin umgewandelt, während die andere Hälfte unverändert bleibt.

Die gleichzeitige Anwesenheit anderer Gase scheint diese Absättigungsvorgänge nicht zu beeinflussen. BRONDUM und REY konnten an Katzen, die eine genau definierte Kohlenoxydkonzentration einzuatmen erhielten, zeigen, daß sich die gleichen Sättigungsgleichgewichte einstellten, gleichgültig, ob das Kohlenoxyd rein oder zusammen mit Benzindämpfen eingeatmet wurde.

Eine wesentliche Rolle für die Absorption des eingeatmeten Kohlenoxyds spielt die Einatmungs*zeit*. Allerdings erfolgt die Absorption ins Blut, die eine Funktion des Sauerstoff- und Kohlenoxydpartialdrucks in der Einatmungsluft darstellt, langsamer, als sich auf Grund der theoretischen Unterlagen rechnerisch ergibt. Nur in der ersten Zeit erfolgt die Kohlenoxydabsorption in der theoretisch zu errechnenden Geschwindigkeit, um mit steigender Menge dann langsam abzunehmen, so daß die absorbierte Menge mit zunehmender Sättigung immer kleiner wird. Je mehr sich die Reaktion dem Gleichgewichtszustand nähert, um so mehr verschiebt sich auch der Druckausgleich zwischen Sauerstoff und Kohlenoxyd im Blut und die Affinität dieser Gase gegenüber dem Hämoglobin, bis schließlich, sobald Gleichgewicht hergestellt ist, das Kohlenoxyd durch den Sauerstoff verdrängt wird. Die pro Minute verdrängte Kohlenoxydmenge entspricht dabei genau der vorher durch Kohlenoxyd verdrängten Sauerstoffmenge. Das Kohlenoxyd gibt seine Bindung mit dem Hämoglobin nicht von allein auf, sondern wird durch den Druck und die Masse des Sauerstoffes daraus *verdrängt*. Zur Berechnung des Verhältnisses zwischen Oxyhämoglobin und Kohlenoxydhämoglobin ist die nachfolgende Formel zu benutzen, die sich aus folgenden Voraussetzungen ergibt: Oxyhämoglobin verhält sich zu Kohlenoxydhämoglobin wie der Partialdruck des Sauerstoffs zum Partialdruck des Kohlenoxyds, der, entsprechend der 310fachen Affinität des Kohlenoxyds zum Hämoglobin, mit 310 multipliziert werden muß. Dabei ist der Sauerstoffpartialdruck der Luft in den Lungenalveolen mit 15% einzusetzen.

$$\frac{\mathrm{HbO}}{\mathrm{HbCO}} = \frac{\mathrm{PO}}{\mathrm{PCO} \cdot 310}\,.$$

Mit dieser Formel wurde rechnerisch ermittelt, wie hoch bei einer bestimmten Kohlenoxydkonzentration in der Luft das Blut überhaupt prozentual abgesättigt werden kann.

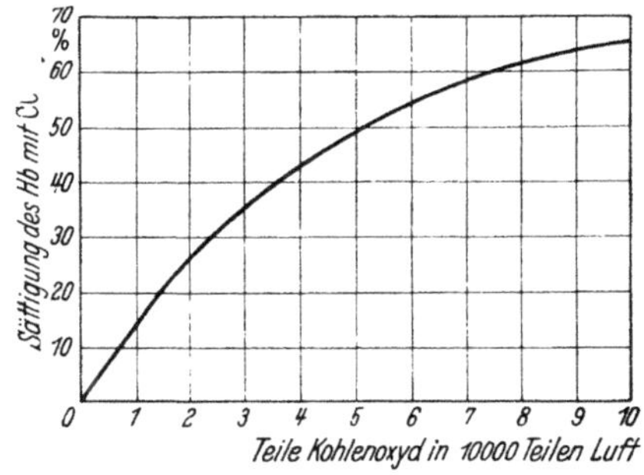

Abb. 12. **Dissoziationskurve von Hämoglobin mit CO in Gegenwart von Luft** (nach HALDANE).

Bei Vermehrung des Atemvolumens, z. B. infolge anstrengender körperlicher Arbeit, wird beschleunigt Kohlenoxyd absorbiert. Auch die Größe des betreffenden Individuums ist für die Schnelligkeit der Kohlenoxydaufnahme von Bedeutung. Wird z. B. von einem Erwachsenen und einem Kinde Luft mit gleichem Kohlenoxydgehalt eingeatmet, so absorbiert das Kind infolge seines aktiveren Stoffwechsels mehr Kohlenoxyd und sein Blut sättigt sich schneller. Hier wird nämlich das Verhältnis von Atemvolumen zu Körpergröße und Blutmenge bestimmend für die Verdrängung des Sauerstoffs durch das Kohlenoxyd, da das Atemvolumen in der Ruhe eine Funktion der Körperoberfläche, die Blutmenge aber entsprechend dem Körpergewicht veränderlich ist. Bei gleichgestalteten Körpern ist die relative Oberfläche um so größer, je kleiner ihre Masse ist. Daraus wird verständlich, daß kleine, grazile Menschen der Wirkung des Kohlenoxyds leichter und schneller erliegen, weil ihr Atemvolumen verhältnismäßig größer ist als ihre Blutmenge. Hierauf beruht z. B. das unterschiedliche Verhalten von Menschen und kleinen Tieren (Mäuse, Kanarienvögel), die in der gleichen kohlenoxydhaltigen Atmosphäre bereits deutliche Vergiftungserscheinungen zeigen, während der Mensch, bei dem nur etwa $^1/_{20}$ soviel Körperoberfläche auf die Einheit des Körpergewichts trifft, sich etwa 20mal solange in der gleichen Atmosphäre aufhalten kann, ehe Vergiftungserscheinungen eintreten. Man benutzt diese Tatsache praktisch in Bergwerken, um gefährliche Kohlenoxydkonzentrationen rechtzeitig zu erkennen. Zeigen Mäuse oder Vögel in gefährdeten Stollen Vergiftungserscheinungen, so haben die in der gefährlichen Atmosphäre tätigen Menschen noch Zeit, sich in Sicherheit zu bringen.

Was nun die Frage der Toxizität des Kohlenoxyds betrifft, so wird nach dem bisher Gesagten zu erwarten sein, daß die Angaben über die toxische und tödliche Dosis weit auseinandergehen. Zum andern ist zu berücksichtigen, daß außer der Höhe der Kohlenoxydkonzentration im Blut die Kohlenoxydmenge in der Einatmungsluft sowie vor allem die *Zeitdauer* der Einatmung einer bestimmten Konzentration von erheblicher Bedeutung ist. Über die bei einer bestimmten Kohlenoxydkonzentration im Blute auftretenden Krankheitserscheinungen gibt die nachstehende Tabelle Auskunft (nach Flury-Zernik, S. 202).

Kohlen-oxyd-Hämo-globin %	Wirkung
10	Keine wahrnehmbare Wirkung außer Kurzatmigkeit bei stärkerer Muskelanstrengung
20	Keine wahrnehmbare Wirkung außer Kurzatmigkeit bei mäßiger Anstrengung; manchmal leichter Kopfschmerz
30	Ausgesprochener Kopfschmerz; Reizbarkeit; leichte Ermüdbarkeit; Urteilskraft getrübt
40—50	Kopfschmerz; Verwirrung; bei Anstrengungen Kollaps und Ohnmacht
60—70	Bewußtlosigkeit; bei langer Einwirkung Atemstillstand
80	Rasch tödlich
über 80	Sofort tödlich

Über den Kohlenoxydgehalt der Einatmungsluft und die dadurch hervorgerufenen Vergiftungserscheinungen gibt die nachfolgende Tabelle (nach Flury-Zernik, S. 209) Auskunft.

Als giftige Dosis für den Menschen gilt eine Konzentration von 0,03 bis 0,05 Vol.-%, doch können auch schon kleinere Konzentrationen von 0,01 Vol.-%, wenn sie über längere Zeit hin eingeatmet werden, toxisch wirken. Aus der nebenstehenden Tabelle geht, wenn auch die Einwirkungszeit jeweils angegeben ist, vielleicht nicht deutlich genug hervor, welche wichtige Rolle der Zeitfaktor der Einwirkung spielt. Drückt man

Giftigkeit von Kohlenoxyd für den Menschen.

	Vol. %	Teile in 1 Mill. (cm^3/m^3)	mg/Liter etwa
Nach KOHN-ABREST:			
Störung schon möglich bei	0,01	100	0,11
Dosis tolerata maxima	0,02	200	0,23
Nach LEHMANN-HESS:			
In 30—60 Min. sofort oder später tödlich	0,18—0,26	1800—2600	2—3
In 30—60 Min. lebensgefährlich (HESS)	0,18—0,26	1800—2600	2—3
30—60 Min. ertragen	0,045—0,09	450—900	0,5—1
Nach mehrstündiger Einatmung wirksam bereits (HESS)	0,018	180	0,2
6 Stdn. ohne wesentliche Symptome ertragen	0,009	90	0,1
Nach FLURY:			
30—60 Min. erträglich	0,1	1000	1,1
30—60 Min. gefährlich	0,2	2000	2,3
In 5—10 Min. tödlich	0,5	5000	5,7
Nach HENDERSON-HAGGARD:			
Einige Stunden lang erträglich . . .	0,01	100	0,11
1 Std. ohne wahrnehmbare Wirkung ertragbar	0,04—0,05	400—500	0,46—0,6
Nach einstündiger Einwirkung eben erkennbare Wirkung	0,06—0,07	600—700	0,7—0,8
Nach einstündiger Einwirkung unangenehme, aber nicht gefährliche Symptome	0,1—0,12	1000—1200	1,1—1,4
Bei einstündiger Einwirkung gefährlich	0,15—0,2	1500—2000	1,7—2,3
In weniger als 1 Std. tödlich	0,4 u. mehr	4000 u. mehr	4,6

die Zeit in Stunden, die Kohlenoxydkonzentration c in Teilen je Million aus, so ergeben sich nach HENDERSON-HAGGARD folgende Wirkungen:

ct-Produkt	Wirkung
300	Keine Wirkung
600	Eben erkennbare Wirkung
900	Kopfschmerz, Übelkeit
1500	Gefährlich

Die nachstehende Tabelle (S. 246) bringt einige Angaben über die Kohlenoxydkonzentrationen an verschiedenen Arbeitsplätzen.

Eine Eigentümlichkeit der Kohlenoxydwirkung besteht darin, daß im Gegensatz zu der Wirkung anderer erstickend wirkender Gase die durch Kohlenoxyd bewirkte Anoxämie oft noch weit über die eigentliche Einwirkungszeit des Kohlenoxyds anhält, so daß die schädigenden Wirkungen des Sauerstoffmangels mehr oder weniger auch während der ganzen Ausscheidungsperiode erhalten bleiben. Hinzu kommt, daß bei der Einatmung gewöhnlicher Luft eine völlige Ausscheidung nicht eintritt; dabei erfolgt, jedenfalls bei nicht allzu schweren Vergiftungen, die Ausscheidung anfangs sehr schnell, so daß bereits nach Ablauf einer Stunde die Hälfte oder mehr des eingeatmeten Kohlenoxyds aus dem Organismus herausgeschafft wird.

Ort	CO-Konzentration Vol.-%	Untersucher
An Generatoren	0,2—2,6	KOELSCH
Gasanstalten (Gasreinigerkästen) . .	0,01—0,1	KOELSCH
Sprengungen im Bergbau	bis 0,93	KOELSCH
An Kohlenbügeleisen	bis 0,93	KOELSCH
In Wohnungen auch unter ungünstigsten Bedingungen	nicht über 0,01	GRASBERGER
An Petroleumkochern	z. T. über 0,07	GRASBERGER
An Gasbügeleisen nach einstündiger Betriebsdauer	bis 0,032	GRASBERGER
An Holzkohlenbügeleisen	bis 0,06	GRASBERGER
In ärztlichen und hygienischen Laboratorien mit gasbeheizten Brutschränken, Instrumentenkochern, Bunsenbrennern usw.	0,0021—0,024	JUSATZ u. NOLTE
In Garagen	0,06—0,11	Aus Monthly Labor Rev.
In Tunnels mit Kraftfahrzeugverkehr	0,04—0,16	FIELDNER
In Großgaragen	0,01—0,043	KATZ u. FREVERT
In Straßenluft	0,008—0,02	BLOOMFIELD u. ISBELL
In verkehrsreichen Straßen	0,003—0,4	HIRSCH
In Pariser Straßenluft	0,001—0,0044	FLORENTIN

Die *hohe therapeutische Wirksamkeit der Sauerstoffeinatmung* bei der Kohlenoxydvergiftung wird aus den folgenden Tabellen und Abbildung 13 deutlich.

Nach NICLOUX und HERSON.

	CO in 100 ccm Blut	COHb in 100 ccm Blut
Bei Einlieferung ins Krankenhaus 1 Std. nach Beginn der Vergiftung	9,08	41,3
65 Min. nach Beginn der Sauerstoffatmung	5,6	25,4
4 Stdn. 15 Min. nach Beginn der Sauerstoffatmung . . .	1,84	8,4
23 Stdn. 30 Min. nach Beginn der Sauerstoffatmung . .	0,3	Spuren

Aus der Tabelle ergibt sich, daß schon nach reichlich 4 Stunden der Kohlenoxydgehalt des Blutes auf ganz ungefährliche Werte abgesunken ist.

Die in der nachstehenden Tabelle vereinigten Zahlen wurden bei einer Massenvergiftung gewonnen, bei der der vorhandene Sauerstoff schon nach einer Stunde zur Neige ging. Die unter der Lufteinatmung wesentlich langsamere Ausscheidung des eingeatmeten Kohlenoxyds wird sehr deutlich. Die Zahlen der Tabelle bedeuten den Prozentgehalt des Blutes an Kohlenoxydhämoglobin (nach OETTEL).

Fall Nr.	10. I.			11. I.		12. I.	13. I.
	$9—10^h$	11^h	12^h	16^h			
1	52	34	22	entlassen			
2	45	—	—	20	12	7	5
3	30	—	—	18	7	4	0
4	25	—	—	16	6	5	4
5	45	23	—	11	11	5	3
6	41	—	13	11	10	6	4
7	27	—	—	16	12	7	2
8	30	—	—	12	10	6	0

Über die Wirksamkeit verschiedener therapeutischer Verfahren unterrichtet die nachfolgende Tabelle und Kurve (HENDERSON):

Ausscheidungsgeschwindigkeit von Kohlenoxyd unter verschiedenen Behandlungsverfahren. (Prozent Kohlenoxydhämoglobin, Zeit in Minuten).

Zeit: 0	20	40	60	80	120	Hund	Behandlung
41	39	28	20	12	4	A	Reine Luft
62	58	55	45	33	16	B	Reine Luft
64	62	62	Apnoe, Tod			C	Reine Luft
58	55	50	33	12	—	D	Sauerstoff
55	53	—	10	—	—	E	Sauerstoff
49	36	8	—	—	—	F	Luft + 6,5% CO_2
61	54	36	24	4	—	G	Luft + 6,5% CO_2
55	15	2	—	—	—	H	Sauerstoff + 10% CO_2
60	55	28	4	—	—	J	Sauerstoff + 10% CO_2

Die *Aufnahme* des Kohlenoxyds erfolgt ausschließlich durch Einatmung; Eindringen von Kohlenoxyd durch die Haut ist auch bei sehr hohen Konzentrationen bisher nicht nachgewiesen und spielt sicher praktisch keine wesentliche Rolle. Im Organismus bleibt Kohlenoxyd unverändert. Es wird weder oxydativ noch sonst auf irgend einem anderen Wege im Körper unschädlich gemacht. Seine *Ausscheidung* erfolgt unverändert und praktisch ausschließlich durch die Lungen nach den gleichen Gesetzmäßigkeiten der Massenwirkung wie bei der Einatmung.

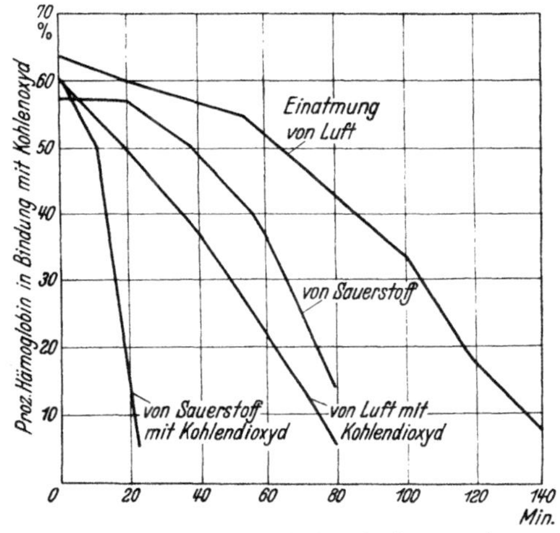

Abb. 13. Die Kurven zeigen die Ausscheidungsgeschwindigkeit von CO aus dem Blut asphyktischer Hunde bei Einatmung von Luft, von Sauerstoff, von Luft mit Kohlendioxyd und von Sauerstoff mit Kohlendioxyd (nach HALDANE).

Nachweismethoden: Von den zahlreichen Methoden, die zum qualitativen und quantitativen Kohlenoxydnachweis bei Vergiftungen angegeben worden sind, seien nachstehend nur einige wenige angegeben, die mit einfachen Hilfsmitteln und technisch leicht durchzuführen, dabei sicher und für den praktischen Gebrauch der Klinik auch empfindlich genug sind. Voraussetzung für den Erfolg des Kohlenoxydnachweises ist, daß das *Blut möglichst frühzeitig entnommen* wird, noch bevor eine Sauerstoffbeatmung stattgefunden oder der Vergiftete längere Zeit in frischer Luft gelegen hat. Wichtig ist, daß die zur Einsendung des Blutes benutzten Gefäße so vollständig mit Blut gefüllt werden, daß unter dem verschließenden Kork sich keine Luft mehr befindet, außerdem Entnahme und Verschluß unter Paraffin völlig luftdicht geschieht und das Blut bis zur Untersuchung möglichst wenig geschüttelt wird.

Der Kohlenoxydnachweis im Blut erfolgt bei größeren Mengen qualitativ sehr sicher mit dem Taschenspektroskop. Das Kohlenoxydhämoglobin besitzt drei Absorptionsstreifen im Spektrum, von denen die beiden ersten, die zwischen der D- und E-Linie liegen, praktisch genügen, während der dritte, im Violett liegende nur sehr schwer zu erkennen ist. Der mit Wasser verdünnten Blutprobe wird eine reduzierende Lösung zugesetzt. Die dazu meist empfohlene Schwefelammoniumlösung muß frisch sein und darf nicht längere Zeit aufbewahrt werden. Mehr empfohlen (RODENACKER) wird die STOKESsche Lösung, die aus 2,0 Ferrum sulf., 4,0 Weinsäure und 30,0 Aqua dest. besteht und der unmittelbar vor dem Gebrauch Ammoniaklösung bis zur schwach alkalischen Reaktion zugesetzt wird. Das kohlenoxydhaltige Blut verändert sein Spektrum nach Zusatz der reduzierenden Lösung nicht, während bei oxyhämoglobinhaltigem Blut die beiden Streifen zu einem einzigen, etwas helleren verschmelzen.

Sehr empfindlich und spezifisch für Kohlenoxydhämoglobin ist die *Tanninprobe*; zu 5 ccm Blutlösung werden 15 ccm einer 1 proz. Tanninlösung hinzugesetzt. Nach 1—2 Stunden, noch deutlicher nach 24 Stunden, ist bei Gegenwart von Kohlenoxydhämoglobin ein bräunlichroter Niederschlag ausgefallen. Die Empfindlichkeit dieser Probe liegt unter 1% COHb.

Zum *quantitativen Nachweis im Blut* dürfte das zuverlässigste, schnellste und einfachste das von H. OETTEL angegebene stufenphotometrische Verfahren sein, das eine sofortige Diagnose der Vergiftung und auch eine wiederholte Kontrolle des therapeutischen Erfolges erlaubt. Die einzelne Bestimmung erfordert 5—10 Minuten. Die Genauigkeit und Empfindlichkeit der Methode genügt für klinische und auch forensische Zwecke vollauf. Man geht folgendermaßen vor: Aus der Fingerbeere oder dem Ohrläppchen werden mittels Blutpipette 20—25 cmm Blut entnommen, die im Reagensglas mit kalter 0,1 proz. Ammoniaklösung versetzt, dann auf 2,0 bzw. 2,5 ccm verdünnt werden. Der hämolysierten, etwa 1 proz. Blutlösung wird eine Spur Natriumhyposulfit ($Na_2S_2O_4$) zugesetzt, dadurch das vorhandene Oxyhämoglobin zu Hämoglobin reduziert, während das Kohlenoxydhämoglobin unverändert bleibt. Das Vorhandensein von Kohlenoxydhämoglobin kann im übrigen mit einem Taschenspektroskop bei Reagensglasschichtdicke kontrolliert werden. Dann wird sofort die Extinktion der reduzierten Blutlösung bei 0,5 cm Schichtdicke im Stufenphotometer mit den Filtern S 57 und S 53 gemessen (je 20 Ablesungen). Aus den gefundenen Extinktionswerten wird der Quotient $Q = E\,\mathrm{S}\,53/E\,\mathrm{S}\,57$ gebildet und nach der Formel $\mathrm{COHb}\,\% = \frac{100 \cdot Q - 93}{0{,}4}$ wird der Gehalt an Kohlenoxydhämoglobin berechnet. Die gesamten Extinktionen der reduzierten Blutlösungen werden unter diesen Versuchsbedingungen bei normal zusammengesetztem Blut zwischen E 0,400 und E 0,500 liegen. Bei abnormem Blutfarbstoffgehalt muß das Blut so verdünnt werden, daß die gemessenen Extinktionen der reduzierten Lösungen in diesen Bereich fallen. Die quantitative Bestimmung arbeitet bis zu einer Kohlenoxydhämoglobinkonzentration von 20% herab exakt. Hinsichtlich der sehr viel empfindlicheren, vor allem zu wissenschaftlichen Untersuchungen und bei fraglichen chronischen Vergiftungen benötigten quantitativen Kohlenoxydbestimmungen sei auf die Spezialliteratur verwiesen (z. B. MAY: Zeissnachr. **1938**, 385 u. a.).

Wichtig ist häufig auch der Kohlenoxydnachweis in der Luft. Zwar gibt es trotz der großen Zahl der vorhandenen Methoden und Apparate zur Zeit noch kein einfach durch Laienhand bedienbares Gerät, das den Kohlenoxydnachweis in der Größe der toxischen Grenze von 0,03 bis 0,05% erlaubt, doch seien die einfachsten und gebräuchlichsten Methoden, die meist unspezifisch sind und auf dem Reduktionsvermögen des Kohlenoxyds beruhen, nachfolgend kurz erwähnt.

Qualitativ erfolgt der Nachweis am besten mit der *Palladiumchlorürmethode*. Ein Filtrierpapierstreifen wird in eine 1 proz. Palladiumchlorürlösung getaucht, nach dem Trocknen mit 5 proz. Natriumacetatlösung getränkt. Dann wird der Streifen der zu prüfenden Luft ausgesetzt. 0,05% CO färben das Papier in wenigen Minuten,

0,01% CO nach 2—4 Stunden, 0,005% CO nach 24 Stunden durch Abscheidung des Palladiums dunkelbraun bis glänzendschwarz. Die Probe ist allerdings nicht spezifisch und fällt auch in Gegenwart von Methan oder Schwefelwasserstoff positiv aus.

Die zur Schnellbestimmung an sich geeignete Jodpentoxydmethode, bei der das Kohlenoxyd durch Jodpentoxyd zu Kohlensäure oxydiert und durch die freiwerdende Jodmenge, die mit n/10-Natriumsulfat austitriert werden kann, gemessen wird, bedarf einer größeren Apparatur, da zur Ausschaltung erheblicher Fehler das zu prüfende Luftgemisch außer durch konzentrierte Schwefelsäure und Kalilauge auch durch eine mindestens 6 cm dicke Schicht hochaktiver (Gasmasken-) Kohle geleitet werden muß.

Praktischer ist der *Dräger-CO-Meßapparat*, der mit Hilfe eines Quecksilberthermometers bzw. elektrischer Thermoelemente die Verbrennungswärme des CO zu CO_2 mißt, die für ein Molekül 68000 cal beträgt. Die Genauigkeit der Einzelbestimmung beträgt 0,02 Vol.-%.

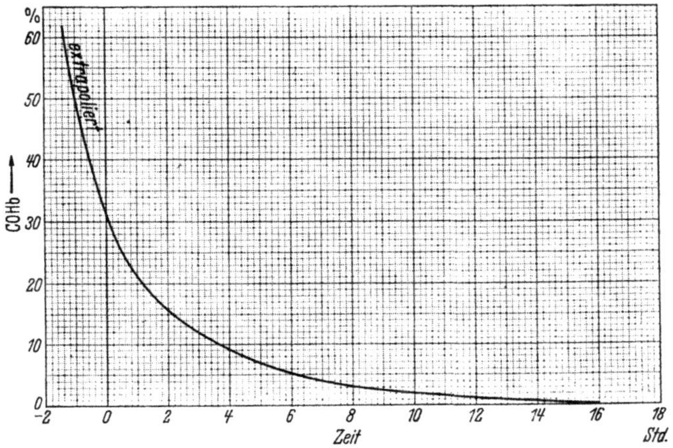

Abb. 14. COHb-Abnahme im Menschenblut beim Atmen CO-freier Luft. Tätigkeit gemächliches Gehen. [Aus MAY: Arch. Gew. Path. Bd. 10 (1940).]

In vielen Fällen wird es wünschenswert sein, aus der Höhe der gemessenen Kohlenoxydhämoglobinkonzentration im Blut unter Berücksichtigung der seit der Einatmung verflossenen Zeit und Tätigkeit auf die Höhe der eingeatmeten Kohlenoxydkonzentration zu schließen. Dies gestatten *annähernd* die von J. MAY errechneten Kurven, aus denen die eingeatmete Kohlenoxydkonzentration wenigstens näherungsweise geschätzt werden kann. Man geht hierzu folgendermaßen vor:

Es sei angenommen, daß bei einem Vergifteten 30 Minuten nach Unterbrechung der Kohlenoxydeinatmung 32% Kohlenoxydhämoglobin gefunden worden seien. Man sucht nun in der Abb. 14 zu dem Kurvenpunkt 32% COHb den dazugehörigen Punkt auf der Abszisse. Im gewählten Beispiel kommt man auf den Koordinatenanfangspunkt 0. Von diesem Punkt aus geht man eine halbe Stunde nach links (= —0,5) und erhält dann auf dem extrapolierten Kurvenstück 40% COHb. Hat nun in dem angenommenen Beispiel die Arbeitszeit in der kohlenoxydhaltigen Luft 1 Stunde und 50 Minuten betragen (das Atemvolumen bei Arbeit wird dreimal so groß wie beim Sitzen angenommen), so sucht man sich im Koordinatensystem der Abb. 15 den Punkt auf, der als Abszisse *arbeitend* 1 Stunde 50 Minuten und als Ordinate den Wert 40% COHb hat. Durch diesen Punkt wird nun eine Kurve gelegt, die sich den über- und untergeordneten Kurven in der Form anpaßt. Diese neue Kurve wird ein wenig höher als die Mitte zwischen den 0,05- und 0,025-Kurven verlaufen. Damit wäre die geatmete Konzentration auf schätzungsweise 0,04% zu veranschlagen. Bei gehender Tätigkeit wird das Atemvolumen als doppelt so groß wie beim Sitzen anzunehmen sein.

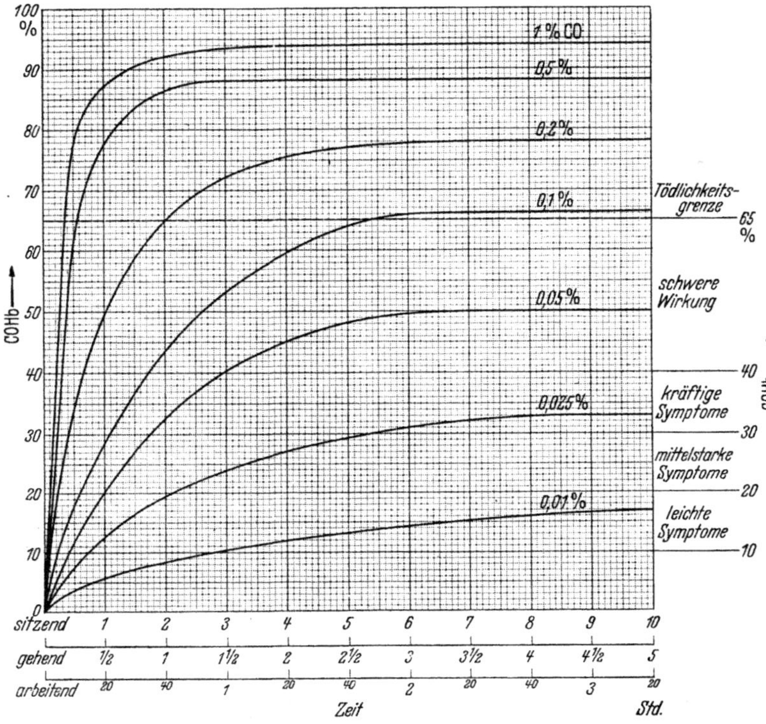

Abb. 15. Abhängigkeit der COHb-Bildung im Menschenblut von der geatmeten CO-Konzentration, der Zeit und der Tätigkeit. [Aus MAY: Arch. Gew. Path. Bd. 10 (1940).]

Mit diesem Verfahren wird man sich wenigstens annähernd ein Bild über die bei der Vergiftung herrschenden Verhältnisse machen können.

a) Die akute Kohlenoxydvergiftung.

Das klinische Vergiftungsbild ist durch die Hauptsymptome Bewußtlosigkeit, Krämpfe, Atemnot, schließlich Erstickung gekennzeichnet.

Bei kurz dauernder Einatmung hoher Kohlenoxydkonzentrationen erfolgt der Vergiftungsablauf blitzartig schnell (= sog. apoplektische Verlaufsform). Die Vergifteten brechen plötzlich bewußtlos zusammen. Aus der Lage der Leichen der Vergifteten (Fluchtstellung), z. B. bei Unfällen in Garagen, läßt sich schließen, daß warnende Initialsymptome entweder fehlen oder aber erst kurz vor dem Einsetzen voller Bewußtlosigkeit auftreten, so daß die Betroffenen sich nicht mehr ins rettende Freie flüchten können. In derartig blitzschnell verlaufenden Fällen ist der Tod eindeutig auf Erstickung infolge Unbrauchwerdens des Blutfarbstoffs zum Sauerstofftransport zurückzuführen. In solchen Fällen haben die Leichen ein blaßcyanotisches Aussehen.

In der Mehrzahl der Fälle handelt es sich um mehr protrahiert verlaufende Vergiftungen, bei denen ganz allmählich höhere, im ganzen aber durchaus mäßige Kohlenoxydkonzentrationen eingeatmet werden. Das Symptomenbild der eigentlichen akuten Vergiftung ist ziemlich einförmig, während die Vergiftungserscheinungen, welche sich an die eigentliche akute Vergiftung *anschließen,* außerordentlich vielgestaltig und überhaupt schwer einigermaßen vollständig zu schildern sind.

Die **Initialsymptome** manifestieren sich vor allem an dem gegen Sauerstoffmangel besonders empfindlichen Zentralnervensystem. Intensität, Art und Reihenfolge des Auftretens der Anfangssymptome sind individuell sehr verschieden. In diesem ersten Vorstadium der Vergiftung handelt es sich vorwiegend um subjektive Beschwerden, während ein eigentlicher, objektiv nachweisbarer krankhafter Befund noch fehlt. Es besteht in vielen Fällen eine auffällige Kurzatmigkeit, die vor allem schon nach geringen Muskelbewegungen besonders deutlich hervortritt. In anderen Fällen beschränkt sich der erhobene Befund lediglich auf eine Pulsbeschleunigung. In manchen Fällen ist die Haut gerötet; gelegentlich bestehen Zittern, Tränen- oder Speichelfluß, bisweilen auch Erbrechen. Es handelt sich mithin um recht vieldeutige Erscheinungen. Die von den Kranken vorgebrachten Beschwerden sind vielgestaltiger und oft auch intensiver. Besonders häufig klagen die Vergifteten über wechselnd starke Schläfen- oder Stirnkopfschmerzen, Druck- oder Schweregefühl im Kopf; bisweilen besteht das Gefühl, als ob der Kopf durch einen Reifen oder durch eine Zange zusammengepreßt würde. Andere klagen in diesem Stadium über Übelkeit, Druckgefühl in der Magengegend und Brechreiz, manchmal auch über Gliederschmerzen. Zuweilen bestehen sensorische Reiz- und Ausfallserscheinungen, wie Ohrensausen, Brausen in den Ohren, fleckförmige Verdunkelung des Gesichtsfeldes, Herzklopfen, Klopfen in den Schläfen. Recht auffällig sind oft die Ausfallserscheinungen in der psychischen Sphäre: die Vergifteten werden apathisch und verlieren ihre Initiative, Erscheinungen, die als striäre Akinese gedeutet wurden (Polisch). Oft beschränken sich die psychischen Veränderungen auf eine leichte Reizbarkeit und rauschartige Erregung, zuweilen mit Gedankenflucht, Geistesabwesenheit, Desorientierung, die bis zum Zustand völliger Verwirrung mit Sinnestäuschungen oder Affektausbrüchen gesteigert sein kann.

Bei frühzeitiger Entfernung aus der gefährdenden Atmosphäre können sich die Vergiftungserscheinungen auf die Initialsymptome beschränken. In allen den Fällen, in denen die Hilfe später einsetzt, schließt sich wechselnd schnell das *zweite,* sog. **Hauptstadium** der Kohlenoxydvergiftung an, das durch das Auftreten allgemeiner Lähmungserscheinungen charakterisiert ist. Beim Übergang in dieses zweite Stadium entwickelt sich nicht so sehr selten eine allgemeine lähmungsartige Schwäche der gesamten Muskulatur, vor allem in den Beinen, als Ausdruck des Übergreifens der Lähmung auch auf das Rückenmark, wobei das Bewußtsein meist noch voll erhalten ist. Die Vergifteten verspüren ein plötzliches

Versagen der Kräfte; die Beine sind kraftlos und schwer und können nicht mehr bewegt werden. Hochgradige allgemeine Schwäche und Willenlosigkeit, manchmal bis zur Benommenheit gesteigert, hindern die Betroffenen, sich der Gefährlichkeit ihrer Lage bewußt zu werden. Bisweilen wird dieser Zustand der Ohnmacht, allgemeinen Schlaffheit, Müdigkeit, Schläfrigkeit und Gleichgültigkeit sogar als angenehm und behaglich empfunden. Bei weiterer Aufnahme von Kohlenoxyd wird die Müdigkeit und Schläfrigkeit immer stärker; die Kranken werden immer benommener und allmählich stellt sich volle Bewußtlosigkeit ein. Zuweilen treten auch in diesem Stadium Verwirrungs- und Rauschzustände auf. Mit dem Eintritt voller Bewußtlosigkeit lassen die Vergifteten Stuhl und Urin unter sich und erbrechen. Seltener tritt das Erbrechen erst auf, wenn der Kranke an die frische Luft kommt, bisweilen sogar erst nach 24—48 Stunden. Vereinzelt ist das Erbrochene stark blutig verfärbt, und zwar dann, wenn es infolge der Gefäßschädigung zu allerdings meist nur kleinen Blutungen in die Magenschleimhaut gekommen ist. Dieser komatöse Zustand, bei dem nur in den seltensten Fällen das Bewußtsein erhalten bleibt, kann stunden-, ja tagelang dauern. In der neuesten Zeit wurde bei einem 27jährigen Mann nach 6stündiger Kohlenoxydeinwirkung ein nahezu 2 Wochen lang dauerndes Koma beobachtet (SANGER und GILLILAND). Meistens treten gleichzeitig mehr oder minder heftige Krämpfe auf, die entweder als fibrilläre Zukkungen einzelner Muskelstränge oder Muskelgruppen oder aber in Form schwerer allgemeiner tonisch-klonischer Krämpfe und nur selten einmal unter dem Bilde eines allgemeinen tetanusartigen Streckkrampfes mit Reflexsteigerung und Kloni verlaufen. Ziemlich gleichzeitig mit den Muskelkrämpfen setzt eine sich ständig steigernde Atemnot ein. Die Atmung wird flach, krampfhaft, stertorös und setzt aus. Diese Atemnot ist ein Zeichen des Übergreifens der anoxämischen Lähmung von dem gegen Sauerstoffmangel besonders empfindlichen Großhirn auch auf die medullären Zentren. Entwickelt sich die terminale Atemlähmung nicht zu schnell, so stellt sich zunächst eine vertiefte, große dyspnoische Atmung ein, die als Ausdruck einer Reizung — wahrscheinlich einer autochthonen Gewebssäuerung im Bereich des Atemzentrums — zu deuten sein dürfte. In vielen Fällen beginnt die Atemlähmung mit dem Auftreten CHEYNE-STOKESscher Atmung. Bei kreislaufgesunden Personen tritt der Tod schließlich infolge Atemlähmung ein. Die Temperatur ist mitunter erheblich erhöht (sog. toxisches Fieber); sie sinkt in den letzten Stunden vor dem Tode auf unternormale Werte ab. In den letzten Stadien der Vergiftung tritt infolge der ständig zunehmenden Anoxämie nach anfangs gelegentlich verlangsamter Herztätigkeit und vorübergehender Blutdruckerhöhung eine mehr oder weniger schwere allgemeine Kreislaufschwäche mit Blutdruckabfall ein, die auf einer anoxämischen Schädigung des Herzens und des Gefäßtonus beruht. Das Minutenvolumen ist bei der akuten Vergiftung oft vermehrt, was wahrscheinlich auf die Steigerung der Pulsfrequenz zurückzuführen ist (MIURA). Der Puls ist klein, frequent und kaum fühlbar. Erst kurz vor dem Tode sinkt die Pulsfrequenz ab. Das Herz selbst ist im akuten

Stadium der Vergiftung häufig dilatiert. Gelegentlich finden sich schon in diesem Zeitpunkt elektrokardiographisch Zeichen einer Myokardschädigung, die sich dann in einer Senkung des Zwischenstückes und einer Abflachung oder einem Negativwerden der Nachschwankung geltend macht. Bisher haben sich keine Anhaltspunkte für das Bestehen einer Parallelität zwischen der Schwere der Vergiftung und der Schwere der elektrokardiographischen Veränderungen ergeben.

Während des akuten Vergiftungsstadiums sind im *Blut* die Erythrocyten infolge der Entleerung der Blutdepots zuweilen etwas vermehrt. Die Erythrocyten wurden mitunter stechapfelförmig deformiert gefunden. Manchmal fanden sich Poikilocytose, Anisocytose und Polychromasie (Hirtzmann). Oft besteht eine deutliche Leukocytose (bis 25000), in anderen Fällen dagegen eine Leukopenie. Im Differentialblutbild sind Veränderungen kaum bekannt. Hirtzmann fand am dritten Tag nach der akuten Vergiftung eine Eosinophilie und einige basophile Myelocyten. Blutchemische Veränderungen am Menschen scheinen bisher nicht beobachtet zu sein. Bei Tieren wurde — genau wie bei Sauerstoffmangel — zunächst eine starke Abnahme des Eiweißgehaltes, des Albumin- und Globulinquotienten, des kolloidosmotischen Druckes und des Reststickstoffes, dann, kurz vor dem Tode, eine wechselnd starke Zunahme dieser Werte beobachtet (Miura). Kochsalz wurde gelegentlich vermindert gefunden (Mach und Naville). Der Blutzucker ist meist erhöht, die Blutmilchsäure vermehrt, die Alkalireserve infolge Auftretens nichtflüchtiger Säuren im Blute im letzten Stadium der Vergiftung vermindert.

Bei einem 30jährigen, schwer akut kohlenoxydvergifteten Mann fand ich im Blut folgende Werte: Refraktometerwert 8,34; Kochsalz 619 mg%; Reststickstoff 36 mg%, Bilirubin direkt negativ, indirekt 0,25 mg%; die Takata-Ara-Reaktion war negativ. Die Werte waren mithin völlig normal.

Das kohlenoxydhämoglobinhaltige Blut soll für Infrarot durchlässiger sein als normales (Duvoir und Mitarbeiter). Kohlenoxydhämoglobin verleiht dem Blut eine hellkirschrote Farbe mit einem Stich ins Bläuliche, vor allem im Schaum. Die hellrote Farbe des Blutes gibt der Haut und den Schleimhäuten ein auffällig frisches Aussehen.

Der schwere Sauerstoffmangel greift verständlicherweise auch erheblich in das Stoffwechselgeschehen ein. Am schwersten wird der *Kohlehydratstoffwechsel* betroffen. Daß bei Kohlenoxydvergifteten oft eine *Glykosurie* besteht, war schon C. Bernard bekannt. Neuere Untersuchungen von Moeschlin zeigten jedoch, daß häufiger noch als eine Glykosurie, die sich nur in 17% der Fälle fand, eine *Erhöhung des Blutzuckers* (bis 390 mg%) nachzuweisen ist. Auch der Liquorzucker ist erhöht. Wahrscheinlich beruhen diese Veränderungen auf mit der Anoxämie verknüpften zentralen Störungen im Zwischenhirn. Die These, nach der eine Herabsetzung der Nierenschwelle infolge der Lähmung der Fähigkeit der Tubulizellen zur Rückresorption ursächlich für die Glykosurie verantwortlich zu machen sein soll (Braestrup), würde dieser Annahme nicht widersprechen, da die Tätigkeit der Niere ja nervös gesteuert ist. Die nicht selten beobachtete vermehrte Ausscheidung von Stickstoff (Ammoniak und Harnstoff) spricht für eine *Alteration auch des Eiweißstoffwechsels.* Inwieweit die veränderte Funktion innersekretorischer Drüsen beim Zustandekommen dieser Störungen beteiligt ist, muß vorläufig dahingestellt bleiben.

Ziemlich gleichförmig sind bei der akuten Vergiftung die Störungen im Bereich des *Zentralnervensystems.* Die Veränderungen in der sensorischen und psychischen Sphäre wurden bereits erwähnt. Die Tiefe der Bewußtlosigkeit wechselt von Fall zu Fall sehr stark. Bisweilen treten statt eines ausgesprochenen Komas auch Dämmerzustände auf, die tagelang anhalten können. Vereinzelt entwickelten sie sich im Anschluß an während der akuten Vergiftungsphase auftretende epileptiforme Krämpfe. Während der Zeit der Bewußtseinsaufhellung treten in solchen Fällen oft heftige Jaktationen auf. Die Muskulatur ist auch im komatösen Stadium nicht schlaff, sondern zeigt meist eine erhöhte Rigidität, manchmal auch Spasmen, die extrapyramidal-motorisch bedingt sein sollen. Die Eigenreflexe sind im Koma meist erloschen, die Pupillen weit und starr. Verengerte Pupillen oder normales Verhalten derselben ist äußerst selten. Die Pupillenstörungen gehen im allgemeinen schon innerhalb weniger Stunden, oft aber auch erst nach 3—4 Tagen vorüber. Zuweilen ist die Pupillenreaktion auf Licht und Konvergenz träge und nicht seitengleich. Die Cornealreflexe pflegen zu fehlen. Die Sensibilität ist schon frühzeitig gestört. Vereinzelt bestehen heftige Hyperalgesien, die als Thalamusaffektionen gedeutet werden. Öfter allerdings ist die Sensibilität ganz aufgehoben; cerebelläre Erscheinungen pflegen zu fehlen. Gelegentlich treten noch während des Komas oder auch im Anschluß daran Hemiparesen und Hemiplegien auf; Pyramidenzeichen sollen relativ häufig und regelmäßig vorhanden (DIBELIUS), allerdings flüchtig und nur unmittelbar oder kurze Zeit nach der akuten Vergiftung nachweisbar sein. Man darf sie jedoch nicht in ihrer typischen klinischen Ausprägung, z. B. in Form eines Patellar- und Fußklonus oder eines BABINSKIschen Zeichens, erwarten; man muß vielmehr auf ihre feinsten Ausprägungen achten, z. B. auf den positiven Ausfall des STRÜMPELLschen Tibialisphänomens, die Fächerstellung der Zehen beim Bestreichen der Fußsohlen, den MENDEL-BECHTEREWschen Reflex, den Knipsreflex der Finger nach J. HOFMANN, lebhafte Fußsohlenreflexe usw. Gesetzmäßige Reflexstörungen sind ziemlich selten, manchmal tritt auch ein flüchtiger Nystagmus auf. Am *Augenhintergrund* fehlt meist ein krankhafter Befund. Gelegentlich sind die Augenhintergrundgefäße erweitert und geschlängelt; an der Retina finden sich zuweilen Blutungen; ausgesprochen selten ist eine neuritische Opticusatrophie.

Die *Haut* zeigt zuweilen außer flächenhaften Blutungen auch gangränöse Zerfallsherde, in anderen Fällen ziemlich scharf umschriebene, derb infiltrierte Erythemflecken oder auch flüchtige urticariaähnliche, stark juckende, erhabene Quaddelbildungen. Vereinzelt wurde auch das Auftreten eines Herpes zoster (SATTLER) sowie von Blasen beobachtet, die von einem hämorrhagischen Ring umgeben waren. GÜNTHER, ZANGGER u. a. beschrieben erst nach Abklingen der akuten Vergiftungserscheinungen auftretende Ödeme; auch kommen knötchenförmige Erhebungen, gelatinöse Infiltrationen und an Sklerodermie erinnernde Verhärtungen der Haut vor.

Rekonvaleszenz, Nachkrankheiten und Spätschädigungen. Klinisch viel wichtiger und interessanter, dabei vielgestaltiger und abwechslungsreicher als der Verlauf der eigentlichen akuten Vergiftung sind die Veränderungen, die nach einem wechselnd langen Latenzstadium oder einem zumindest symptomenarmen Intervall auftreten. Insbesondere sind die nervösen Ausfallserscheinungen kaum irgendwie vollständig zu beschreiben. Die Schwere der Vergiftung ist bis zu einem gewissen Grade wesentlich für das Auftreten von Nachkrankheiten. Leichte Vergiftungen verlaufen meist ohne solche. *Je schneller die Anoxämie durch therapeutisches Eingreifen beseitigt wird, desto geringer wird die Aussicht auf das Auftreten von Spätfolgen,* wenngleich auch eine schnelle Entfernung des Kohlenoxyds aus dem Organismus die sichere Vermeidung derartiger Spätfolgen nicht garantiert. Bei jungen Menschen sind Spätfolgen sehr viel seltener als bei alten Personen, bei denen schon vorher Gefäßveränderungen bestanden und die deshalb weniger widerstandsfähiger sind. Die Dauer der Latenzzeit oder symptomenfreien Intervalls ist außerordentlich verschieden. Die Folgeerscheinungen können sich unmittelbar an die eigentliche akute Vergiftung anschließen; in solchen Fällen hellt sich das Bewußtsein viel langsamer auf als gewöhnlich; vor allem die Ausfallserscheinungen des Zentralnervensystems bleiben unverändert bestehen oder treten neu und schwerer hinzu. Es ist dann oft schwer, wenn nicht unmöglich, das eigentliche Hauptstadium der akuten Vergiftung von dem Geschehen der Nachkrankheit oder der Rekonvaleszenz abzutrennen. In anderen Fällen entwickelt sich nach einem wechselnd langen Intervall, das unter Umständen 2—3 Wochen dauern kann, erneut eine Bewußtseinstrübung mit dem Erscheinungsbild einer meist diffusen schweren Hirnschädigung, deren unmittelbarer Zusammenhang mit der voraufgegangenen Vergiftung manchmal leicht verkannt werden kann. Andererseits sind auch Krankheitserscheinungen bekannt, die als sog. *Spätschäden* sich Wochen, ja Monate nach der akuten Vergiftung einstellen und die nach Lage der Dinge doch noch ursächlich mit der vorhergehenden Vergiftung zu verknüpfen sind.

In günstig verlaufenden Fällen hellt sich das Bewußtsein unter schwankender Bewußtseinsklärung auf. Die Erscheinungen, welche die Wiederherstellung der Kranken begleiten, sollen der Übersichtlichkeit halber im folgenden nach Organsystemen geordnet geschildert werden, wobei ausdrücklich darauf hingewiesen sei, daß sich meist Krankheitserscheinungen an den verschiedenen Organsystemen miteinander kombinieren oder aber aufeinander folgen können, derart, daß z. B. gleichzeitig Herz- und zentralnervöse Störungen, Lungenerscheinungen und Stoffwechselanomalien usw. auftreten.

Die durch die Anoxämie bei der akuten Vergiftung auftretenden *Gefäßschäden* spielen beim Zustandekommen dieser metatoxischen Nachwirkungen bzw. Spätschäden sicher eine bedeutsame Rolle; die vasculären Störungen bestehen bei der akuten Vergiftung zunächst in allgemeiner Gefäßerweiterung mit capillarer und präcapillarer Stase und Blutumlaufsverlangsamung, wobei es auch zur Thrombenbildung kommen kann. Diapedesis- und perivasculäre Blutungen, ischämische und hämorrhagische Erweichungsherde lassen sich als anatomisch faßbare Befunde sehr häufig und mit großer Regelmäßigkeit autoptisch nach akuter, tödlich endender Kohlenoxydvergiftung finden. In den Fällen jedoch, in denen Erholung eintritt, kommt es zu sekundären, meist proliferativen Gefäßwandveränderungen, mitunter zu endarteriitischen Prozessen, die vor allem bei den ausgesprochenen Spätschäden oder Spättodesfällen für den Krankheitsverlauf wichtig werden. Diese Gefäßveränderungen dürften nicht als Folge einer unmittelbar toxischen Schädigung der Gefäßwand durch Kohlenoxyd, sondern vielmehr als Reaktion dieser auf die anoxämische Blutbeschaffenheit aufzufassen sein. Gefäßschäden sind mithin für die nach der Vergiftung auftretenden Störungen des Stoffwechsels, der Wärmeregulation, des Gefäßtonus, die Schäden am Herzen, die Störungen der Schleimsekretion, die angio- und trophoneurotischen Erscheinungen, wie lokalisierte Ödeme, erythematöse, herpetiforme und pemphigusartige Hautaffektionen, für die an den Gliedmaßen auftretenden gangränösen Zerfallsherde und Muskelblutungen — wenn auch nicht immer ausschließlich, so doch wenigstens zum größten Teil — verantwortlich zu machen.

Atmungsorgane. Ziemlich häufig sind nach Kohlenoxydvergiftung Affektionen der oberen Luftwege oder der Lungen zu beobachten. Teils handelt es sich um entzündliche Veränderungen, die selten in Form von Bronchitiden, häufiger als Bronchopneumonien oder lobäre Pneumonien klinisch faßbar werden. Nur in einem Teil der Fälle handelt es sich dabei um Schluckpneumonien und sekundäre Erkältungspneumonien die sich durch Verschlucken von Schleim, Speichel und Erbrochenem bei der tiefen, lang dauernden Bewußtlosigkeit entwickeln können. In manchen Fällen sollen jedoch auch Pneumonien auftreten, die nicht von den oberen Luftwegen ausgehen oder auf infektiöser Grundlage entstehen, sondern die als toxisch entstanden erklärt werden. In allen den Fällen, in denen es sich um entzündliche Lungenaffektionen handelt, darf man die dabei auftretenden Temperatursteigerungen nicht einfach als toxisches Fieber deuten, sondern wird dieses vielmehr mit diesen entzündlichen Vorgängen in Zusammenhang bringen müssen. Auch dann, wenn reines Kohlenoxyd oder von Reizstoffen freie Kohlenoxydmischungen eingeatmet wurden (Leuchtgas, Wassergas), können Reizerscheinungen an den Luftwegen auftreten, die dann in Form von Nasenbluten, blutigem Auswurf oder Bluthusten klinisch manifest werden. Im Bereich von Kehlkopf, Rachen und Luftröhre wurden bisweilen katarrhalische Veränderungen, selten auch einmal ein Glottisödem festgestellt, insbesondere bei länger bestehender Atemnot und lauter, röchelnder Atmung. Manchmal wurden — vor allem über den Lungenunterlappen — flüchtige Verdichtungserscheinungen festgestellt, die sich röntgenologisch als mehr oder weniger dichte, fleckige oder fleckigstreifige, teilweise konfluierende Schatten darstellten, die im allgemeinen als Ausdruck multipler Hämorrhagien gedeutet werden, wobei noch nicht sicher entschieden ist, ob ursächlich toxische Gefäßwandschädigungen, Gefäßzerreißungen oder Thrombenbildungen in den mittleren und kleineren Gefäßen für das Auftreten dieser Blutungen verantwortlich zu machen sind (ISRAELSKI und LUKAS). Für Gefäßwandschädigungen sprechen die Befunde von LICHT, der in den Alveolen eines akut Kohlenoxydvergifteten Erythrocyten und reichlich polymorphkernige Leukocyten fand. Differentialdiagnostisch müssen Tuberkulose, Stauungserscheinungen, Infarkte oder bronchopneumonische Veränderungen natürlich sicher ausgeschlossen werden, bevor man sich zur Erklärung der beobachteten Krankheitserscheinungen im Sinne der oben geschilderten Blutungen entschließt.

Herz- und Gefäßsystem. Herzschäden im Verlauf oder im Anschluß an akute Kohlenoxydvergiftungen scheinen nach den neueren Beobachtungen doch häufiger aufzutreten, als man früher angenommen hat. Nächst dem Gehirn ist der Herzmuskel das gegenüber der durch das Kohlenoxyd hervorgerufenen Anoxämie empfindlichste Gewebe. Dabei kann jedoch im folgenden auf die bei Begutachtungen auftretenden Streitigkeiten nicht näher eingegangen werden, bei denen es oft sehr schwer zu entscheiden ist, ob die Herzveränderungen auf bereits früher bestehende Erkrankungen des Herzens oder aber allein auf die erlittene Kohlenoxydvergiftung zurückzuführen sind.

Zeichen der Herzschwäche treten vorübergehend — mehr oder minder stürmisch einsetzend — vor allem in den ersten Tagen nach der Vergiftung auf. Die Zirkulation ist dann verlangsamt; man findet eine übermäßige Blutstauung in den Stauweihern der Peripherie, in der Leber und in den Lungen. Der Blutdruck sinkt. Röntgenologisch findet sich eine deutliche allseitige Herzerweiterung, die das linke Herz meist stärker betrifft als das rechte. Autoptisch findet sich bei den Frühtodesfällen oft keine so erhebliche Herzerweiterung, wie sie vielleicht nach dem röntgenologischen Befund erwartet wird; diese röntgenologisch nachweisbare Erweiterung dürfte im wesentlichen auf einen unter der Kohlenoxydwirkung eintretenden Tonusverlust des Herzens zurückzuführen sein, der meist nach einigen Tagen mit steigendem Blutdruck wieder verschwindet. Auskultatorisch treten die verschiedenartigsten Phänomene, systolische Geräusche über einzelnen oder allen Ostien, Reibegeräusche usw. auf.

Die beobachteten Herzschädigungen beruhen auf Funktionsstörungen im Bereich der Herzgefäße, insbesondere auf Läsionen der Vasa privata des Herzens, die entweder zu einer funktionellen Schädigung des Herzens führen oder aber auch infolge der durch die Gefäßläsion bedingten punkt- oder streifenförmigen Blutungen ins Myokard (KLEBS) zu bleibenden Herzmuskelschäden mit bei der Autopsie deutlich nachweisbaren Veränderungen Anlaß geben, die dann klinisch zu den verschiedensten Reizleitungs- und Reizbildungsstörungen führen. Autoptisch finden sich dann teilweise sehr ausgebreitete, frische, nach längerem Überleben auch ältere Nekrosen, Blutungen oder perivasculäre Infiltrationen, Granulations- und Regenerationserscheinungen im Herzmuskel, die am ausgeprägtesten in den Papillarmuskeln der Mitralis (nie der Tricuspidalis), die zuweilen abreißen können (Nagel), und in den nach der Vorderwand in der Gegend der Herzspitze gelegenen Muskelpartien (Wachholz, Gey) zu finden sind und von mehr oder weniger ausgedehnten subepikardialen Blutungen begleitet sein können, wobei ausgesprochene Verschlüsse oder Einengungen der Kranzgefäße in der Regel fehlen (Herzog). Gleichzeitig finden sich im Gehirn mehr oder minder ausgebreitete Blutungen oder Nekroseherde.

Klinisch treten die Störungen von seiten des Herzens in wechselnder Stärke in Erscheinung; sie werden vor allem dann leicht übersehen, wenn ein schweres cerebrales Vergiftungsbild vorliegt. Die Kranken klagen über Herzklopfen, das einmal nur als besonders stark empfundene Schläge des Herzens oder starkes Klopfen an die Brustwand, ein anderes Mal aber so empfunden wird, als hätte das Herz zu wenig Platz und wollte aus der Brust herausspringen. Meist besteht dann noch eine Tachykardie mit Werten von 120—140 Schlägen pro Minute und mehr, vor allem in den ersten Tagen. Die Tachykardie kann später von einer Sinusbradykardie abgelöst werden. Mit dieser zusammen treten dann oft auch Rhythmusstörungen auf, vor allem ventrikuläre Extrasystolen mit kompensatorischer Pause, aber auch Sinus- und Flatterarrhythmien (Monauni), Überleitungsstörungen, entweder in Form einfacher Überleitungsverzögerung mit Verlängerung des P-Q-Intervalls auf 0,22 Sekunden und mehr, gelegentlich auch in Form Wenckebachscher Perioden (Monauni); vielfältig sind die Möglichkeiten der Blockierung, die unter dem Bilde des partiellen Blocks (z. B. 3 : 1-Block, Kroetz), des kompletten Vorhofkammerblockes (Kroetz, Green und Gilberts) oder recht oft auch intraventrikulär liegender Blockierungen (Ast- und Schenkelblock, vor allem im rechten Schenkel, Kroetz sowie Colvins) auftreten können, wobei mit der Möglichkeit des Entstehens des Adams-Stokesschen Syndroms gerechnet werden muß. Diese Blockierungen können über längere Zeit (Monauni) oder auch nur wenige Tage (Colvins) bestehen bleiben.

Die *elektrokardiographischen Veränderungen* bestehen in Deformierungen der Vorhofzacken, Änderungen der Überleitungszeit, wobei die Anfangsschwankungen die verhältnismäßig schwersten Abweichungen von der Norm zu zeigen pflegen, während die Zwischenstücke und Nachschwankungen weniger häufig und weniger stark betroffen sind. Die Q-Zacke ist oft stark vertieft, am deutlichsten in Ableitung I oder III. Die R- und S-Zacken zeigen eine im einzelnen wechselnd starke Knotung, Aufsplitterung und Verbreiterung, wobei QRS unter Umständen bis auf 0,14—0,16 Sekunden verlängert sein kann. In schweren Fällen sind die R- und S-Zacken erniedrigt. Der Abgang des Zwischenstückes ist sehr oft krankhaft verändert (Kroetz), besonders deutlich entweder in Ableitung I oder III. Das ST-Stück ist gesenkt, die T-Zacke abgeflacht, vor allem in den ersten Tagen nach der Vergiftung. Der Verlauf der Zwischenstücke entfernt sich entweder bogig oder schräg von der isoelektrischen Linie. Die Nachschwankungen werden als diphasisch, negativ und spitznegativ deformiert beschrieben, wobei der Hauptausschlag der Anfangsschwankung entgegengerichtet zu sein pflegt.

In den schwersten Erkrankungsfällen, in denen sich autoptisch die ausgedehntesten, frischesten, oft zusammenfließenden Nekrosen finden, fehlen auffälligerweise meist die klassischen Elektrokardiogrammveränderungen des Vorder- und Hinterwandinfarktes. Erfahrungsgemäß rufen auch sonst frische Nekrosen, die sich über weite Abschnitte des Herzmuskels erstrecken, im Elektrokardiogramm keine für einen Infarkt typischen Veränderungen hervor.

Subjektiv treten stenokardische Erscheinungen vor allem bei den Kohlenoxydvergiftungen auf, die nicht von Bewußtlosigkeit begleitet sind. Sie bestehen in Präkordialangst, ausgesprochenem Herzschmerz oder nur in einem wunden Gefühl am Herzen, in der Herzgrube oder über der Brust; zuweilen treten die Schmerzen auch im Rücken links neben den oberen Brustwirbeln, in der linken Schulter, im linken Arm oder an der linken Halsseite auf, wohin sie unter Umständen ausstrahlen können und wobei ein eigentlicher Herzschmerz fehlen kann. Manchmal beschränken sich die Beschwerden auf ein nicht mit richtigen Schmerzen verbundenes Engigkeitsgefühl über der Brust oder über dem Hals. Körperliche Anstrengungen können die Beschwerden verstärken. Oft fiel auf, daß der Kranke von innerer Unruhe gequält umherläuft, scheinbar grundlos seinen Arbeitsplatz verläßt, sich niederlegt, sich umherwirft, wieder aufspringt usw. In seltenen Fällen ist der Kranke völlig fertig und bricht nieder. Die innere Unruhe ist oft mit tödlichem Angstgefühl verbunden, das während oder kurz nach der Vergiftung auftritt, wobei meist ein allgemeiner Kreislaufshock das alarmierende Krankheitsgeschehen begleitet. Plötzlicher Herztod, Angina pectoris-Anfälle und Coronarthrombosen sind im Anschluß an eine Kohlenoxydvergiftung wiederholt beobachtet worden.

Vereinzelt wurden derartige Coronarthrombosen mit Herzmuskelnekrosen noch 2 Wochen nach der Vergiftung bekannt (Wachholz). Im allgemeinen treten sie 24—72 Stunden nach der Vergiftung auf. Genau wie in den Gefäßen scheint sich die indirekt schädigende Wirkung des Kohlenoxyds auch auf das Endothel des Herzens zu erstrecken. So wurden wiederholt intravitale Blutgerinnungen im Herzen mit ausgedehnten wandständigen oder in den Herzohren sitzenden Thromben (Hedinger, Wachholz, Lechleitner, Herzog, Lewis, Wiskowski) beschrieben, die dann im weiteren Verlauf nach Ablauf mehrerer Tage zu fulminanten Embolien großer Gefäße führten.

Die *Verlegung der großen Gefäße* durch Emboli, die meist aus dem Herzen stammen, oder Thromben, die in den Gefäßen selbst entstehen können, ist wiederholt beobachtet worden. So berichtete Lechleitner über eine am 5. Tag nach der Vergiftung auftretende tödliche Embolie an der Teilungsstelle der Aorta abdominalis, welche die Durchblutung beider Beine völlig aufhob; Hedinger sah einen 45jährigen Mann, bei dem die ausgedehnten Thrombosen im Herzen und in den Lungenarterien zu hämorrhagischen Lungeninfarkten führten. Szarvar berichtet über eine Thrombose der Art. glutaeae inf. mit nachfolgender Muskelgangrän in den versorgten Muskelgebieten. Auf ähnlichen Vorgängen dürften die von Knoflach beobachteten nekrotisierenden, hämorrhagischen Myositiden beruhen. In vielen Fällen wurden gleichzeitig auch Thrombenneubildungen in den großen Venenstämmen gefunden, die jedoch auch isoliert vorkommen können und dann oft durch das Auftreten einer Lungenembolie zum Tode führen.

Die *Frage nach dem Entstehungsmechanismus derartig ausgedehnter Thrombosen* wird meist dahingehend beantwortet, daß das Kohlenoxyd genau wie es auf das Capillarendothel schädigend wirkt und in den Haargefäßen zu Gefäßerweiterung, Blutstromverlangsamung, Vermehrung der Durchlässigkeit der Gefäßwände, Thrombosen und Blutungen führt, so daß der Eindruck einer hämorrhagischen Diathese entsteht, in gleicher Weise auf das Endothel der großen Gefäße wirkt. Dieser Vorstellung entsprechend fanden sich auch fettige und hyaline Degenerationserscheinungen in der Intima und spätere Verkalkungen in der Media, vor allem in den kleineren und mittleren Gefäßen (HERZOG, GRAWITZ-PÖLCHER). Die Gefäßwandschäden mögen dann auch den Boden zur Abscheidung umfangreicher Gerinnsel bereiten. Immerhin sind derartige ausgedehnte Thrombenbildungen doch ein seltenes Ereignis, das die Mitwirkung auch anderer Faktoren beim Zustandekommen derartiger Gerinnselbildungen wahrscheinlich macht. Als solche werden die individuell sehr unterschiedliche Empfindlichkeit gegenüber Kohlenoxyd, schon vorher bestehende Gefäßschäden (Sklerosen, starke Varicosität), lokale Abquetschungen und dadurch bedingte Zirkulationsbehinderung beim Liegen infolge lang dauernder Bewußtlosigkeit, Veränderungen der physikochemischen Eigenschaften des Blutes u. a. m. genannt. An sich unterbleiben bei Kohlenoxydvergiftungen größere Thrombosen in den Gefäßen und im Herzen infolge der meist verringerten Gerinnungsneigung des Blutes, die u. a. auch mit einer mangelnden Thrombocytenbildung infolge der Kohlenoxydwirkung in Zusammenhang gebracht wurde (BASSI).

Die Veränderungen der Gefäßwandstruktur, wie sie oben beschrieben wurden, können sich natürlich auch anderweitig bemerkbar machen. So werden sich die bindegewebig veränderten Gefäßwandabschnitte auch gegenüber dem Blutdruck anders verhalten als gesunde. Es können sich vor allem auch in den mittleren und kleineren Gefäßen Aneurysmen entwickeln, deren Größe von der Schwere der durch das Kohlenoxyd gesetzten Schädigung abhängig sein muß. Wird die Gefäßwand infolge der Ausbuchtung zu dünn, so wird ihre Haltbarkeit sich vermindern. Die ausgebuchtete Stelle gibt schließlich nach und platzt. So kann es zu Hirnblutungen kommen, die dann unter dem klinischen Bilde der Apoplexie verlaufen (FLURY und NEUMANN). Die aneurysmatischen Erweiterungen bieten jedoch auch die Möglichkeit zu Gerinnselbildungen, die vor allem in den feineren Verästelungen des Gefäßsystems zur teilweisen oder völligen Verstopfung des Gefäßlumens führen können, wobei eine Ernährungsstörung in dem versorgten Gebiet entsteht, welch letztere dann, je nach ihrem Sitz, zu den verschiedenartigsten Ausfallserscheinungen, vor allem im Bereich des Zentralnervensystems, führen kann, die noch gesondert besprochen werden sollen.

Magen. Die akute Vergiftung hinterläßt unter Umständen noch über längere Zeit hin Appetitlosigkeit, ja sogar Ekel vor Speisen; gelegentlich ist die Sekretion des Magensaftes vermindert, auch können Erbrechen und Brechreiz noch lange fortbestehen. Ausgesprochene Magenschmerzen, Druckempfindlichkeit der Magengegend sowie objektiv nachweisbare gastritische Veränderungen sind äußerst selten. Diese nur gelegentlich zu beobachtenden Störungen im Bereich des Magen-Darm-Kanals, die übrigens häufiger bei konstitutionell vegetativ labilen Individuen auftreten, dürften wahrscheinlich auf vasomotorischen Durchblutungsstörungen der Magenschleimhaut beruhen, da eine direkte Wirkung etwa verschluckten Kohlenoxyds sicher auszuschließen ist.

Stoffwechsel und innere Sekretion. Die Wirkungen der akuten Kohlenoxydaufnahme während bzw. unmittelbar nach einer akuten Vergiftung auf den *Kohlenhydratstoffwechsel* wurden bereits erörtert (S. 253). Der Nüchternblutzucker kann noch einige Zeit erhöht bleiben (BRAESTRUP). Bei Belastung mit Traubenzucker nehmen die Blutzuckerkurven einen stark vom Normalen abweichenden Verlauf, der zuweilen dem bei Diabetes mellitus beobachteten ähnelt. Der Anstieg erwies sich oft als steil; es fehlten die sonst üblichen beiden Gipfelpunkte der Kurve; der Abfall war verzögert. In anderen Fällen wieder wurde ein steiler und hoher Anstieg mit verhältnismäßig steilem Abfall festgestellt (MOESCHLIN). Der pathologische Kurvenverlauf bleibt meist einige Tage bis zu einer Woche bestehen, um dann wieder normal zu werden.

Als Nachwirkung einer akuten Kohlenoxydvergiftung ist verschiedentlich das Auftreten eines *Morbus Basedow* mit all seinen typischen klinischen Erscheinungen beschrieben worden (BAADER, VANNOTTI, STOCKÉ, SYMANSKI, RAAB, STEMMLER und PARADE). Als Bindeglied zwischen dem Auftreten des Basedow und der Kohlenoxydvergiftung wird eine bei dieser sehr häufige Schädigung des Zwischenhirns angesehen, das auch sonst bei Schädigungen die Entstehung eines Basedow verursachen kann. Tierexperimentelle Befunde (PEISSACHOWITSCH, IGURA, REPLOH) ließen unter und nach Kohlenoxydeinwirkung histologisch faßbare Veränderungen der Schilddrüsenstruktur erkennen, die allerdings ausgeprägter bei wiederholter oder dauernder Kohlenoxydzufuhr waren als bei einmaliger akuter Vergiftung. Die Veränderungen betreffen vor allem das Kolloid der Drüse, das von Vakuolen durchsetzt oder sonst so vermindert sein kann, daß manche Follikel geradezu kolloidfrei erscheinen. Bei akuter Vergiftung wurde außerdem oft eine Hyperämie des Schilddrüsengewebes festgestellt. Gelegentlich wurden neben der Schilddrüsenüberfunktion noch eine Hypotonie und eine Nierenmarkhyperplasie beobachtet, Erscheinungen, die möglicherweise ebenfalls durch eine zentrale Schädigung durch das Kohlenoxyd zu erklären sind. Tierexperimentell wurde auch eine Hemmung des Hypophysenvorderlappens durch die durch Kohlenoxyd indirekt aktivierte Schilddrüse wahrscheinlich gemacht (KANZELMANN und SCHULZE).

Veränderungen der normalen morphologischen Zusammensetzung des **Blutes** als Nachwirkung akuter Kohlenoxydvergiftungen sind recht selten. Die meisten dieser Beobachtungen wurden nach wiederholter Einwirkung kleiner, an sich nicht zu akuter Vergiftung führender Kohlenoxydmengen gemacht (vgl. hierzu den Abschnitt: Chronische Vergiftung). Ein derartiger Fall ist von DITTMAR beschrieben (allerdings handelte es sich da um eine Rauchvergiftung).

Der Kranke hatte in seinem Beruf als Brandmeister bereits wiederholt leichte Rauchvergiftungen überstanden; er erkrankte im Anschluß an eine schwere Vergiftung, die mit länger dauernder Bewußtlosigkeit einherging, an einer echten Polycythämie (Hb. 125%, Ery. 6,91 Mill.) mit Milzvergrößerung, Leukocyten- und Thrombocytenvermehrung und Lymphopenie, die allerdings auch von striären Ausfallserscheinungen und sonstigen vegetativen Störungen begleitet war, was den Schluß nahelegte, die Polycythämie ebenfalls als Folge einer Kohlenoxydschädigung des Zwischenhirns aufzufassen; diese Erklärung hätte um so mehr Wahrscheinlichkeit für sich, als einerseits eine direkte toxische Einwirkung des Kohlenoxyds auf das Knochenmark bisher noch nicht bewiesen ist, andererseits tierexperimentell nach Eingriffen am Zwischenhirnboden Polycythämien erzeugt werden konnten (Castex, Schulhoff und Mathies). Diese Auffassung ist allerdings nicht unwidersprochen geblieben (Rodenacker).

Der Gedanke, die Veränderungen am Stoffwechsel, der inneren Sekretion, am Gefäßtonus, die allgemeinen vegetativen Störungen und die Blutveränderungen, welche meist kombiniert mit anderen zentralnervösen Ausfällen vorkommen und durch ein und dasselbe Gift verursacht sind, auf einen gemeinsamen Nenner zu bringen, hat etwas Bestechendes, um so mehr, als es dabei nicht notwendig wäre, eine an sich unwahrscheinliche, besondere Wirkung des Kohlenoxyds als Gewebsgift anzunehmen und die anoxämische Wirkung des Kohlenoxyds bei der hohen Empfindlichkeit der nervösen Substanz, insbesondere des Hirnstammes, ausreichte, eine plausible Erklärung zu geben.

Nach dem abgewandelten Gedankengang von Dittmar könnte man dann die zahlreichen, scheinbar zusammenhanglosen Störungen in nachfolgendem Schema unterbringen:

Schädigungen des Zwischenhirns durch Kohlenoxyd.

↓	↓	↓	↓	↓	↓
Striäre Syndrome, Hypokinesen, parkinsonähnliche Störungen	Echte Polycythämie mit Milzvergrößerung, Polyglobulie, Leukocytose, Thrombocytose	Vegetative Störungen der Wärmeregulation, Schweiße, Schlaflosigkeit	Grundumsatzsteigerung, (Hyperthyreose bis Basedow), Leberparenchymschäden	Hypophysenhemmung, Hemmung des thyreotropen Hormons	Störungen des Gefäßtonus

Die Tatsache, daß die verschiedenen Syndrome nach akuten Kohlenoxydvergiftungen eigentlich nie ganz isoliert, sondern vergesellschaftet mit einem oder mehreren anderen als Nacherkrankung nach akuter Vergiftung bekannten Ausfallserscheinungen auftreten, könnte die Richtigkeit dieser Auffassung eigentlich nur stützen, da es an sich wenig wahrscheinlich ist, daß sich die diesen Störungen gemeinsam zugrunde liegende Zwischenhirnschädigung immer nur an einer Stelle des Organismus äußern sollte. Auf das *gleichzeitige Bestehen* verschiedener, für die Kohlenoxyd*nach*wirkung typischer Syndrome wurde im allgemeinen nicht genügend deutlich hingewiesen.

Geschlechtsorgane. Im Anschluß an eine akute Kohlenoxydvergiftung wurde zuweilen eine Verminderung der Libido beobachtet: Männer klagten über Impotenz; nur vereinzelt kam es zu abnormer Steigerung des Geschlechtstriebes; bei Frauen kann sich eine Verlängerung der Regelblutungen entwickeln. Daß bei Kohlenoxydvergiftung schwangerer Frauen Schädigungen der Frucht oder Absterben des Fetus infolge Sauerstoffmangels beobachtet wurden, erscheint verständlich.

Am ausgeprägtesten ist die Vielheit der Erscheinungsbilder der Nacherkrankungen im Bereich des **Zentralnervensystems.** Die Art und Weise der nach der akuten Vergiftung auftretenden nervösen Ausfallserscheinungen ist in keiner Weise vorauszusehen, ihre Schwere prognostisch nicht irgendwie sicher zu beurteilen. Die sich unmittelbar an die akute Vergiftung anschließenden, nach einem kürzer oder länger dauernden, mehr oder minder symptomenarmen Intervall oder aber die als sog.

Spätschäden erst nach Monaten, evtl. Jahren, auftretenden Störungen im Zentralnervensystem beruhen alle letzten Endes doch wohl auf Gefäßschäden, die sich als Durchblutungsstörungen, Ischämien, Blutungen und Nekrosen nach einer von vornherein nicht genauer festlegbaren Zeitspanne auswirken können. Die Lokalisation dieser pathologisch-anatomisch nachweisbaren Herde ist so variabel wie bei der multiplen Sklerose, deren klassisches klinisches wie anatomisches Bild bisweilen auch nach einer akuten Kohlenoxydvergiftung beobachtet worden ist (Hilpert). Die Ausdehnung der anatomisch nachweisbaren Schädigung steht oft genug in einem auffälligen Mißverhältnis zu der Schwere der klinisch faßbaren Symptome (Hsü und Ch'eng). Eine Voraussage über Schwere, Art und Lokalisation der nach einer akuten Kohlenoxydvergiftung zu erwartenden Nervenstörungen ist dementsprechend nicht zu machen. Die Symptomatologie der nervösen Störungen ist unübersehbar groß: Psychische, neurologische, durch Schäden des Großhirns oder des Rückenmarks bedingte Ausfallserscheinungen in den verschiedenartigsten Kombinationen und nur selten einmal isoliert vorkommend, machen es schwer, ein wirklich vollständiges Bild der nach Kohlenoxydvergiftungen auftretenden Nervenschäden auch nur annähernd zu zeichnen. Ein solcher Versuch würde den Rahmen der vorliegenden Beschreibung auch weit überschreiten. Grundsätzlich wird man sagen dürfen, daß alle nur denkbaren Kombinationen von Störungen möglich und z. T. auch irgendwann einmal beschrieben sind. Immerhin lassen sich eine Reihe von öfter beobachteten zentralnervösen Veränderungen aus der Vielheit der Möglichkeiten und Beobachtungen herausschälen.

Die im akuten Vergiftungsstadium nach massiver Kohlenoxydeinwirkung auftretenden **neurologischen Syndrome** sind im allgemeinen überall sehr ausführlich beschrieben und in großer Zahl aufgeführt. Im allgemeinen ist jedoch festzustellen, daß das Seltene zu wenig vom Gewöhnlichen, von den am häufigsten auftretenden Störungen getrennt wird. Wenn im folgenden der Versuch gemacht wird, die am häufigsten auftretenden Symptome möglichst deutlich hervorzuheben, so ist es durchaus möglich, daß der eine oder andere Leser auf Grund seiner eigenen Erfahrungen zu anderen Bewertungen kommt, als sie sich im folgenden an Hand einer Vielzahl von Mitteilungen in der Literatur ergeben. Die Beurteilung der Häufigkeit der auftretenden Symptome wird mehr oder weniger vom Zufall und von der Zusammensetzung des Beobachtungsmaterials abhängig sein. Die nachgenannte Aufzählung der Symptome erhebt nicht den Anspruch auf Vollständigkeit; Seltenheiten sind bewußt weggelassen.

Im Nachstadium der Vergiftung treten die ausgesprochenen Herdsymptome im allgemeinen mehr zurück. In der Mehrzahl der Fälle beschränken sich die Nacherscheinungen auf einen Mangel an Initiative, eine vorübergehende, kurz dauernde triebhafte Unruhe oder auf Wochen, ja Monate zurückbleibende neurasthenische Beschwerden, die in Reizbarkeit, Affektlabilität, Kopfschmerzen, Schwindel, Ohrensausen, Mattigkeit, Abgeschlagenheit, Benommenheit, vasomotorischen Störungen mit Parästhesien in den Extremitätenenden, plötzlichen

Schwächezuständen und Ohnmachtsanfällen bestehen. In anderen Fällen wieder finden sich Störungen, die als sog. Zwischenhirnsyndrom mit Schlafstörungen, Apathie, flacher Euphorie, Antriebsschwäche, Denkträgheit und Gedächtnisschwäche verlaufen.

Die zentralnervösen Nachkrankheiten betreffen öfter das Gehirn als das Rückenmark.

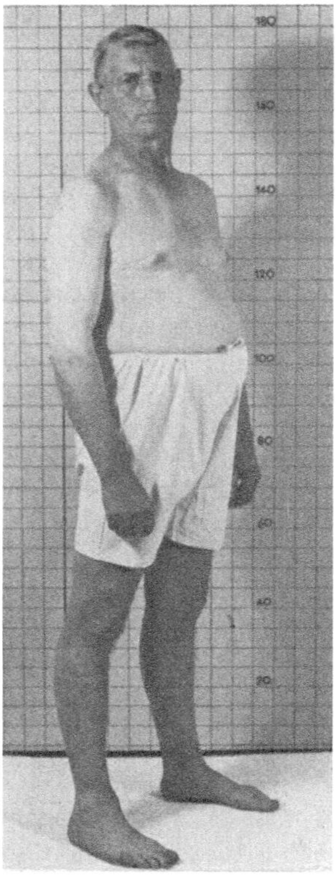

Abb. 16. Eigentümliche starre Haltung bei CO-Ataxie. Breitbeiniger Stand. Genu recurvatum, Lordose der unteren Brust- und der Lendenwirbelsäule, leicht angehobene Unterarme (Dauertonus). Deutliche Akrocyanose der Arme und Beine. [Aus H. DIBELIUS: Dtsch. Z. Nervenheilkunde, Bd. 145 (1938).]

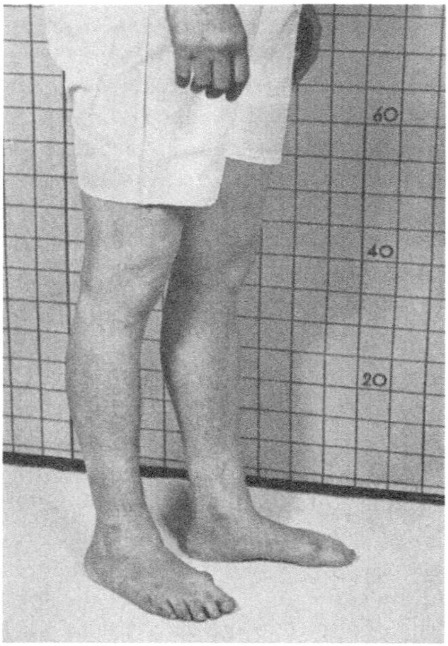

Abb. 17. Leichte CO-Vergiftung. Haltung wie bei Abb. 16, nur weniger ausgesprochen. Geringere Akrocyanose von Armen und Beinen. [Aus H. DIBELIUS: Dtsch. Z. Nervenheilkunde, Bd. 145 (1938).]

Sehr häufig sind die Störungen, welche auf eine **Beteiligung der Stammganglien** zu beziehen sind, an denen sich recht regelmäßig, allerdings oft nur mikroskopisch nachweisbare Veränderungen finden. Die besonders häufige Schädigung des Thalamus, des Globus Pallidus und des Linsenkerns soll mit der ungünstigen Gefäßversorgung dieses Gebietes durch eine Endarterie, die zudem noch in spitzem Winkel nach rückwärts verläuft und zu Gefäßthrombosen disponiert sein soll, zusammenhängen. Nach leichten Vergiftungen wie auch nach schweren, schon frühzeitig in unmittelbarem Anschluß an die Vergiftung oder aber auch erst als Spätschäden auftretend, können diese als Kohlenoxydataxie bezeichneten extrapyramidalen Störungen sehr deutlich, in anderen Fällen aber auch nur bei aufmerksamster Beobachtung wahrgenommen werden. Nur dem geübten Blick ist es möglich, aus dem wirren Gemisch cerebellarer, tabischer und striärer Bewegungsstörungen die striopallidäre Komponente zu erkennen, die sich nicht in der eigentümlich steifen Haltung und der widerstrebenden, unsicheren Bewegungsform erschöpft, sondern oft genug von cerbellarer, mehr areflektorischer oder tabischer Ataxie überdeckt wird. Die Abbildungen illustrieren die eigentümliche starre Haltung der Kohlenoxydataxie. Die Wirbelsäule wird lordotisch steif gehalten; der Körper ist dabei in den Hüftgelenken etwas nach vorn geneigt, die Beine werden auch im Stand breitbeinig aufgestellt, sind in den Knien nach hinten durchgedrückt (Genu recurvatum) und tragen das abnorm nach hinten verlagerte Gewicht des Unterkörpers, während der Oberkörper unbeholfen nach vorn gebeugt ist und die Arme steif und leicht angewinkelt vor den Körper gehalten werden. Besonders deutlich wird die Bewegungsstörung beim Gehen. Der Gang ist taumelnd, unsicher und retropulsierend wie beim Postencephalitiker, dabei breitbeinig unbeholfen; die Schritte sind klein und trippelnd (Pinguingang); nach wenigen Schritten heben sich die leicht angewinkelten, im Ellenbogen steif gehaltenen Arme nach vorne. Während des Gehens tritt die Lordose meist deutlicher hervor. Zuweilen zeigt der Gang eine Mischung von Propulsionstendenz und Rigor mit Bremsung (DIBELIUS). Vergesellschaftet mit diesen mehr oder weniger deutlich ins Auge fallenden Störungen finden sich auch sonst noch Zeichen der Stammganglienschädigung, wie mimische Bewegungsarmut (JAHN), Hypertonie der Muskulatur, Rigor und Sprachstörungen. Diese Ausfallserscheinungen, die auf eine Stammganglienschädigung hinweisen, sind sehr häufig zu beobachten, meist jedoch gleichzeitig vergesellschaftet mit anderen psychischen oder neurologischen Störungen, so daß verschiedentlich versucht wurde, eine Erklärung dafür zu finden. Da die Vielfältigkeit der Ausfallserscheinungen im Bereich des Zentralnervensystems auf kleinen Blutungen, Nekrosen und Erweichungsherden als Folgen von Ernährungsstörungen infolge von Gefäßwandschäden und zum Teil spastischen, zum Teil embolischen Gefäßverschlüssen beruhen soll und die genauere Analyse der scheinbar wahllosen Verteilung der Schädigungsorte ergab, daß am häufigsten die von physiologischen Endarterien versorgten Gebiete betroffen sind, lag es nahe, anzunehmen, die auffällig häufigen Schädigungen des Pallidums

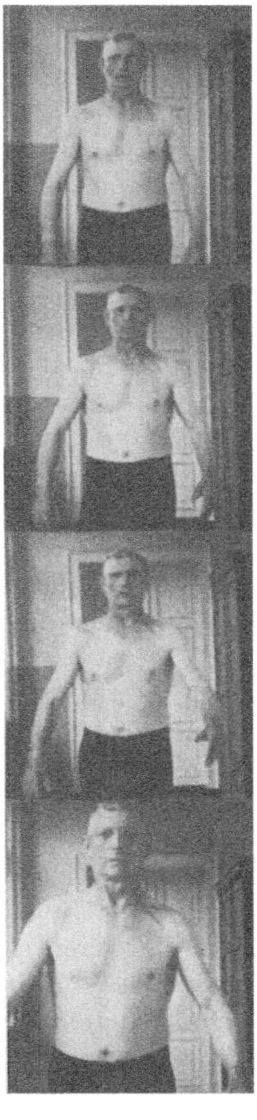

Abb. 18. Ausschnitt aus einer kinematographischen Aufnahme, welche zeigt, wie wenig die steif und nach vorn gehaltenen Arme sich beim Vorwärtsschreiten langsam nach vorn oben heben. [Aus H. DIBELIUS: Dtsch. Z. Nervenheilkunde, Bd. 145 (1938).]

und Striatums, d. h. von Gebieten, auf welche diese Voraussetzungen zutreffen, in dieser Weise zu erklären. Bei Zugrundelegung der WARBURGschen Theorie über Kohlenoxydwirkung, daß es sich nämlich um eine Lähmung des den Häminkomplex enthaltenden und dem Hämoglobin sehr nahestehenden eisenhaltigen Atmungsfermentes handle, würde der besondere Eisenreichtum der Stammganglien ebenfalls eine plausible Erklärung für das besonders häufige Auftreten von Schädigungen dieser Hirnteile abgeben. Die Symptomatologie der Stammganglienschädigungen, wie sie bei der Kohlenoxydvergiftung beobachtet werden, erschöpft sich nicht in den oben beschriebenen Gang- und Haltungsveränderungen. Das für das symptomatische *Parkinson-Syndrom* so charakteristische Zittern kann vorhanden sein oder fehlen wie beim Parkinson sonst auch. Zuweilen leitet Tremor die Parkinson-Veränderungen ein. Manchmal beschränken sich die Zitterbewegungen nur auf eine Körperhälfte, wobei vor allem in den Extremitäten der betroffenen Seite tonische Muskelkrämpfe auftreten können. Auch der Ausfall sonst unwillkürlich mehr oder minder automatisch ausgeführter Bewegungen bzw. Mitbewegungen, z. B. beim Sprechen, die Unfähigkeit, aufeinanderfolgende, einander entgegengesetzte Innervationen vorzunehmen (Adiadochokinese), kompliziertere Bewegungen auszuführen, verschieden lokalisierte neuralgiforme Schmerzen vom thalamischen Typ, Sprachstörungen sowie psychische Veränderungen meist depressiver Art vervollständigen das bunte Bild. In anderen Fällen wieder finden sich katatonieartige Ausfallserscheinungen (HSÜ und CH'ENG). Auf Schädigungen des Hirnstamms sind auch die nach Kohlenoxydvergiftung zuweilen beobachteten Hyperkinesen zu beziehen, die entweder in Form einer sog. Hemiathetose oder aber einer Hemichorea (KESSLER), z. B. bei einer Thalamusschädigung, oder aber als extrapyramidale Hyperkinesen mit choreatischen oder athetotischen Automatismen auftreten.

Zu den Bewegungsstörungen gehören auch die gelegentlich beobachteten Ataxien, die in allen Formen und Schweregraden ausgebildet sein können und dabei auch die Mund- und Sprachmuskulatur in Mitleidenschaft ziehen (NICHOLS und KELLER). Auch kataleptische Zustände, Schreib- und Zeichenstörungen verschiedenster Art wurden beobachtet.

Relativ häufig sind auch **Sprachstörungen**, die meist in Form dysarthrischer Sprachstörungen auftreten. Bei ihnen werden die Buchstaben falsch artikuliert; die Kranken stolpern über die Silben, verstümmeln Worte, oder aber ihre Sprache wird langsam, eintönig, ohne Betonung, schwer, verwaschen, mitunter skandierend. Bisweilen treten auch rein motorisch bedingte Aphasien auf, bei denen zwar das Sprachverständnis erhalten zu sein pflegt, spontanes Sprechen oder Nachsprechen mit Schwierigkeiten verbunden oder ganz unmöglich ist. Zuweilen sind diese motorischen Aphasien mit Hemiplegien verbunden, kommen sowohl in unmittelbarem Anschluß an die akute Vergiftung oder aber auch wenige Tage später, isoliert und als einziges cerebrales Symptom vor. Vereinzelt wurden auch sensorische Aphasien beobachtet; bei dem häufiger beschriebenen LICHTHEIM*schen Typ der sensorischen Aphasie* funktioniert zwar der niedere Sprechapparat; es sind jedoch die assoziativen Verbindungen des sensorischen Sprachgebietes mit denen der allgemeinen Begriffsbildung beschädigt oder ganz unterbrochen. Die Kranken hören den Wortlaut und sprechen ihn auch richtig nach, vermögen aber den Wortsinn nicht voll zu fassen. Sie können auf Diktat richtig schreiben, tun dies aber ohne jedes Verständnis. Oft besteht gleichzeitig ein zwangsmäßiges Nachsprechen gehörter Worte (Echolalie), wobei Perseverationen vorkommen können.

Oft handelt es sich auch um *amnestische Aphasien*, bei denen die Betroffenen im Augenblick nicht die richtigen Worte finden, obwohl sie ihnen sonst zu Gebote stehen. Nur in den seltensten Fällen handelt es sich um ganz reine Symptomenbilder. Meist sind die aphasischen Störungstypen miteinander kombiniert, wobei — entsprechend dem zugrunde liegenden Entstehungsmechanismus der nach Kohlenoxydvergiftungen auftretenden zentralnervösen Ausfallserscheinungen — auch andere sensorische Aphasietypen oder aber auch gemischt motorisch-sensorische Aphasien nebeneinander bestehen können. Je nach der Schwere der zentralen Läsionen bleiben diese Sprachstörungen nur wenige Tage oder Wochen bestehen; nur selten erstrecken sie sich über Monate oder hinterbleiben überhaupt für dauernd.

Reflexstörungen sind, soweit es sich nicht um ausgesprochene Systemerkrankungen als Nachkrankheiten handelt, äußerst selten. Gelegentlich bleibt die Pupillenreaktion auf Licht träge. Zuweilen hinterbleiben in solchen Fällen Anisokorie und Verziehung einer Pupille, die dann später, entrundet und eng, auf Licht überhaupt nicht, auf Konvergenz aber noch prompt reagiert (WERNER, DIBELIUS). Bisweilen bleiben im Anschluß an eine Kohlenoxydvergiftung die Kniesehnenreflexe nicht auslösbar oder es fehlt auf der einen Seite der Achillessehnenreflex bei sonst völlig intakten Reflexen. In anderen Fällen wieder fand sich z. B. eine einseitige Steigerung aller Sehnenreflexe bei gleichzeitigem Fehlen sonstiger nervöser Krankheitszeichen.

Die im Anschluß an akute Vergiftungen auftretenden **Sensibilitätsausfälle** betreffen weniger die mit den üblichen Methoden nachprüfbare Haut-, als vielmehr die Tiefensensibilität, Ausfälle, die vor allem bei passiv oder aktiv ausgeführten Bewegungen deutlich werden. Manchmal verrät schon die von dem Kranken gewählte Lage im Bett eine Störung des Lageempfindens. Mit Fingern, Händen, Armen, Beinen, Füßen oder Zehen ausgeführte Bewegungen werden unrichtig beurteilt. Zuweilen besteht auch eine mehr oder weniger deutliche sekundäre *Stereoagnosie*, bei der die Kranken trotz erhaltener Tastempfindung aus dem Tasteindruck allein das betastete Objekt nicht zu erkennen vermögen.

In seltenen Fällen kommt es auch nach Ablauf von mehreren Tagen und länger infolge der durch die akute Vergiftung gesetzten, sich erst allmählich auswirkenden Gefäßschädigung zu **meningealen Spätblutungen**, die dann, je nach ihrer Lokalisation, zu den verschiedensten Ausfallserscheinungen führen können. Die meisten der erst einige Zeit nach der akuten Vergiftung auftretenden Hemiplegien und Hemiparesen dürften auf derartige Vorgänge zurückzuführen sein.

Auf ähnlichen Vorgängen beruhen offenbar auch die allerdings sehr selten beobachteten **Rückenmarkserkrankungen**, die dann in Form z. B. einer Querschnittslähmung mit kompletter Aufhebung der Sensibilität und Motilität der Beine, Blasen- und Mastdarmstörungen (Zipf), einer spastischen Spinalparalyse mit Spasmen der Beine, pyramidalen Paresen, Kontrakturen, Reflexstörungen und spastisch-paretischem Gang oder aber einer sekundären Syringomyelie mit all ihren typischen Symptomen beobachtet wurden. Guillain und Lereboullet führen die von ihnen beobachtete Syringomyelie auf eine nach der akuten Kohlenoxydvergiftung aufgetretene Blutung im unteren Rückenmark zurück, die sich dann langsam zu einer fortschreitenden Gliose entwickelte. Steiner beschrieb eine akute Myelitis ebenfalls im unteren Teil des Rückenmarks mit Lähmung vor allem der Beine, der Blase und des Mastdarms mit ausgedehntem Decubitus, wobei noch lange Zeit eine Blasenschwäche zurückblieb. Von Rotikansky wurde eine akut verlaufende poliomyelitisartige Rückenmarksschädigung beschrieben. Im ganzen sind spinale Erkrankungen nach akuten Kohlenoxydvergiftungen selten.

Besonderer Erwähnung bedarf die sog. **Kohlenoxydepilepsie**, die von den epileptoiden Krampfanfällen des akuten Stadiums, welche recht häufig sind, streng getrennt werden muß; diese sind wohl mehr als individuelle Reaktionsform des Gehirns gegenüber der Kohlenoxydwirkung aufzufassen und wiederholen sich bei erneuter Gifteinwirkung auch kleinster Mengen regelmäßig. Der sehr seltenen eigentlichen Kohlenoxydepilepsie dagegen liegen Dauerschädigungen im Gehirn (Blutungen, Erweichungsherde) zugrunde, die dann auch ohne neue Kohlenoxydeinwirkung immer wieder epileptische Krampfanfälle auslösen. Vereinzelt mögen auch einmal Spätschäden unter dem Bilde einer symptomatischen Epilepsie auftreten. Gegen den von Scheller beschriebenen Fall, bei dem die Epilepsie etwa 6 Monate nach der akuten Vergiftung auftrat und Brückensymptome in Form eines seit der Vergiftung ununterbrochen, wenn auch abgeschwächt bestehenden Scheitellappensyndroms nachweisbar waren, kann der Einwand erhoben werden, daß das Alter des Patienten (14 Jahre) mehr für eine genuine echte Epilepsie als für eine Kohlenoxydepilepsie spräche. Man wird mit der ursächlichen Verknüpfung einer Epilepsie mit einer vorhergegangenen Kohlenoxydvergiftung immer sehr vorsichtig sein müssen, da die als sicher bekannten Fälle doch sehr selten sind.

Sehstörungen mit Doppeltsehen oder vorübergehender Blindheit sind bei den durch Kohlenoxyd verursachten Hirnschäden öfters zu beobachten. So treten u. a. auch Schäden im Oculomotoriusgebiet mit Lähmungen der Augenmuskeln auf, weiterhin Hemianopsien, konzentrische Gesichtsfeldeinengungen, Rindenblindheit u. a. m.

Netzhautblutungen, Sehnervenentzündungen, Opticusatrophien und das Auftreten einer Stauungspapille im Anschluß an eine akute Vergiftung sind seltene Ereignisse, die einige Tage oder Wochen bestehen bleiben und oft eine starke Verminderung der Sehfähigkeit hinterlassen können. Auch schwere doppelseitige conjunctivale Blutungen (Hegler),

Augenmuskellähmungen durch Blutaustritte in das erkrankte Gebiet (S. KAHOUN, HEINE), Abschilferung des Hornhautepithels bei gleichzeitig bestehendem Herpes zoster des ersten Trigeminusastes und Glaskörpertrübung (SATTLER) wurden gelegentlich beobachtet.

Die vielgenannte **Kohlenoxydneuritis** bzw. *-polyneuritis* ist doch wohl ein selteneres Ereignis, als gemeinhin angenommen wird (BUMKE und KRAPF). Ihr Vorkommen ist zudem recht umstritten. Manche Autoren nehmen an, daß die beobachteten Lähmungen als Drucklähmungen infolge erhöhter Vulnerabilität der Nerven durch Kohlenoxyd aufzufassen sind (SCHELLER). Primär sollen Gefäßläsionen mit nachfolgenden perineuritischen Infiltrationen den Nervenschäden zugrunde liegen. Der Zeitpunkt des Auftretens der neuritisähnlichen Erscheinungen ist verschieden und von der Schwere der akuten Vergiftung unabhängig. Sie können unmittelbar nach der Vergiftung, bisweilen auch erst Wochen oder Monate danach auftreten. Ihre Lokalisation ist wechselnd, doch scheinen Tibialis, Peronaeus sowie der Trigeminus häufiger befallen zu sein als z. B. der Radialis; grundsätzlich sind offenbar neuritische Erscheinungen an allen Nerven möglich. Im Gegensatz zu anderen toxischen Neuritiden tritt die Kohlenoxydpolyneuritis meist nicht symmetrisch auf, was möglicherweise mit der Lokalisation der als Ursache anzunehmenden Gefäßschäden zusammenhängt. Anatomisch fanden sich an den befallenen Nerven Verdickungen, Hämorrhagien und degenerative Veränderungen in allen Graden. Klinisch soll sich die Kohlenoxydpolyneuritis mit heftigen reißenden Schmerzen und in hoher Druckempfindlichkeit der betroffenen Nervenstämme äußern. Die von den befallenen Nerven versorgten Muskeln atrophieren und zeigen dann zuweilen eine deutliche Entartungsreaktion. Sensible Störungen sind selten; manchmal besteht eine gewisse Kältehyperästhesie. Der Verlauf ist oft schubartig. Zuweilen scheint ein Zusammenhang mit den sich an die akute Vergiftung anschließenden Hautschädigungen (Herpes, Pemphigus, Decubitus) zu bestehen. Prognostisch sind die nach Kohlenoxydneuritiden zurückbleibenden Lähmungen nicht sehr günstig zu beurteilen. Sie hinterlassen, auch wenn sie sich weitgehend bessern, Atrophien, Kontrakturen oder Muskelschwächen, wobei auch Rückfälle nach vorübergehender Besserung möglich sind.

Bei den recht häufigen und vielgestaltigen **psychischen Veränderungen** spannt sich der Bogen von leichten, oft übersehenen Wesensveränderungen, die den Eindruck der Neurasthenie erwecken, bis zu den schwersten, bisweilen sehr ausgeprägten und lange bestehen bleibenden Psychosen, die in allen nur vorstellbaren Verlaufsformen beobachtet wurden und welche sowohl im unmittelbaren Anschluß an die akute Vergiftung, als auch erst nach einem längeren symptomenarmen Intervall noch vor den eigentlichen cerebralen Schädigungen auftreten, welche sie mitunter einzuleiten scheinen; sie sind gegenüber endogenen Psychosen manchmal nur sehr schwer exakt abzugrenzen und ihr Verlauf ist oft einem sehr lebhaften Wechsel unterworfen. In manchen Fällen enden die Psychosen rasch mit dem Tode, während sie in anderen langsam zu völliger Verblödung führen oder aber wechselnd stark ausgeprägte Verwirrungszustände hinterlassen, die dann mehr oder weniger schnell und vollständig ausheilen können. Auch hier ist darauf hinzuweisen, daß die psychischen Veränderungen eigentlich nie allein oder isoliert bestehen, sondern mit anderen, insbesondere neurologischen Syndromen vergesellschaftet vorkommen, wenngleich letztere bei sehr alarmierenden psychischen Erscheinungen leicht übersehen werden können. In den leichtesten Fällen beschränken sich die psychischen Ausfälle darauf, daß vorher tüchtige, lebhafte, fleißige und anstellige Leute nach der Vergiftung zu allem zu müde und schlapp, reizbar, affektlabil und unternehmungsunlustig werden. Das Gedächtnis läßt nach, die Kranken vermögen sich nicht mehr zu konzentrieren und werden fahrig und unaufmerksam. Ihre Willenskraft ist vermindert. Oft klagen sie über vasomotorische Erregungszustände, fliegende Hitzen, Wetterempfindlichkeit sowie Schlafstörungen. Auffällig ist die gedrückte, oft ausgesprochen depressive Stimmung; die gesteigerte Selbstbeobachtung, innere Haltlosigkeit, Teilnahmslosigkeit, das verlangsamte und erschwerte Denken, die verlangsamte Reaktion auf äußere Reize, Entschlußlosigkeit und Mangel an Selbstvertrauen runden das bei genügend genauer Untersuchung deutlich gegenüber dem normalen veränderte Bild ab. In manchen Fällen steigert sich der ganze Zustand bis zur völligen Demenz, die dann, vor allem bei individuell-konstitutioneller Veranlagung, für dauernd bestehen bleiben kann. Unter Umständen kann ein derartiger dementer Zustand auch Folge oder aber Beginn einer akuten Psychose sein. Vereinzelt wurden Pseudodemenzen mit lacunären Defekten beobachtet, die eine Reihe von relativ circumscripten Funktionen und Funktionsgruppen geschädigt erscheinen ließen, von einer Schwere, die über den Rahmen der nach Kohlenoxydvergiftung oft vorhandenen Herabsetzung der allgemeinen Leistungsfähigkeit hinausging. Stimmungsschwankungen, Vergeßlichkeit für sonst ganz fest eingefahrene Dinge, wie Geburtsdatum, Versagen bei allereinfachsten Additions- und Multiplikationsaufgaben, Unfähigkeit, die Uhrzeit oder einfache Worte zu lesen, fehlerlos zu schreiben, Bilder zu deuten, wiederholt gestellte Aufgaben wiederzuerkennen, Farben zu bezeichnen, aus mehreren Teilen zusammengesetzte Aufträge oder eine kurze Geschichte wiederzugeben, wurden in derartigen Fällen beobachtet. In der Mehrzahl der Fälle sind die Erscheinungen flüchtig und verschwinden nach einiger Zeit wieder vollständig. In anderen Fällen wieder entwickelt sich aus diesem psychasthenischen Geschehen nach Ablauf von Tagen, Wochen oder Monaten, manchmal unter erneutem Auftreten von Bewußtlosigkeit, Unruhe oder Krämpfen, verstärkter Willenlosigkeit und Apathie eine Psychose. Die Kranken sind apathisch und völlig inaktiv, keiner Gefühlsregung mehr fähig und ganz desinteressiert an den Vorgängen ihrer Umgebung. Ihre Intelligenz ist vermindert oder völlig erloschen und die Patienten bieten das Bild völliger Verblödung. Dieser oft lange Zeit stationäre Zustand kann von Erregungsanfällen und akuten Verwirrungszuständen (s. u.) unterbrochen werden. Die Patienten magern zusehends ab. Der Verlauf ist meist progredient, wenn auch spontane Remissionen auftreten, bis schließlich der Tod die Unglücklichen von ihrem qualvollen Zustand erlöst. Nur in seltenen Fällen kommt es im Verlaufe von Monaten zur Genesung.

Gedächtnisstörungen im Anschluß an akute Vergiftungen sind nicht gerade selten. Die Form ihres Auftretens ist wechselnd. Manchmal beschränken sich die Veränderungen auf einen einfachen Erinnerungsverlust an die Vergiftung und die dabei erlebten Vorgänge (retrograde Amnesie) oder sie erstrecken sich auch auf die nach der Vergiftung erlebten Ereignisse (anterograde Amnesie). Beide Formen kommen auch kombiniert vor. In schweren Fällen sind alle, auch die am besten und am längsten eingefahrenen Erinnerungen erloschen. Zuweilen tritt der Gedächtnisverlust intermittierend auf, wobei einzelne Gedächtnisbilder erhalten bleiben können. Gelegentlich besteht dann gleichzeitig eine ebenfalls vorübergehende Agraphie und Alexie (STÖRRING, SHILLITO, DUNCKER und Mitarbeiter, STELTER u. a. m.).

Sehr häufig sind meist unmittelbar nach der akuten Vergiftung auftretende **akute Verwirrungszustände**, die stundenlang, manchmal auch eine Woche lang andauern können. Überempfindlichkeit gegen Geräusche, Reizbarkeit und motorische Unruhe, rauschartige Zustände und Desorientierung über Raum, Zeit und Personen, Zerstörungsdrang, Wutausbrüche, zuweilen bis zu richtigen Tobsuchtsanfällen gesteigert, sind nicht gerade selten zu beobachten. Kindliche Albernheit, Angstzustände mit Gesichts- und Gehörshalluzinationen, unter Umständen kombiniert mit deliranten Dämmerzuständen und illusionären Verkennungen, bei denen die Kranken an der Wand Fratzen und Gesichter, in den Speisen Würmer und Insekten sehen, bedrohliches Größer- und Kleinerwerden der gesehenen Objekte mit sinnlosen Farbeindrücken oder Geruchshalluzinationen können ein sehr eindrückliches und bedrohliches Zustandsbild formen, an das sich dann grobe ataktische, optisch-agnostische oder räumlich-agnostische Störungen anschließen, die mitunter jahrelang, wenn auch abgeschwächt, bestehen bleiben können. In seltenen Fällen erinnert das ganze Krankheitsgeschehen an eine progressive Paralyse. Bei hierfür individuell disponierten Personen können schizophrene Prozesse nach Kohlenoxydvergiftung in Gang kommen; auch zirkuläres Irresein wurde vereinzelt beobachtet. Häufiger sind ausgesprochen hysteriforme psychische Reaktionen.

Sektionsbefunde: Die Leichen Kohlenoxydvergifteter haben infolge der hellkirschroten Farbe des Kohlenoxydhämoglobins in typischen Fällen ein auffällig frisches Aussehen. Das Gesicht ist rosarot, wie lebendig. Die Haut ist zuweilen über große Strecken hin, z. B. an der Brust, in der Lendengegend oder an den Oberschenkeln, hell- bis himbeerrot verfärbt; die dazwischenliegenden Hautbezirke sind auffällig blaß. Die Totenflecke weisen eine hellrote, manchmal ins Hellviolette spielende Farbe auf. Bei der Eröffnung der Leichen fällt die hellrote Farbe der Schleimhäute, des Blutes und aller von Blut erfüllten Organe auf. Das kohlenoxydhämoglobinhaltige Blut kann mehrere Monate lang seine typische kirschrote Farbe behalten. Im Extrakt von Gehirnbrei sowie im Milz- und Pleuraextrakt Exhumierter ist es noch 3 Monate nach dem Tode gelungen, Kohlenoxydhämoglobin spektroskopisch nachzuweisen.

Makroskopisch findet man, ähnlich wie bei Todesfällen durch Erstickung, zahlreiche, wechselnd große Blutungen in die inneren Organe, in die Zellsubstanz des Gehirns und des peripheren Nervensystems, die durch Gefäßzerreißung, Stauung oder thrombotische Gefäßverschlüsse entstanden sind. Auffällig ist weiterhin die starke Blutfüllung sowohl der arteriellen wie auch venösen Gefäße, besonders im Mediastinum und im Splanchnicusgebiet des Magen-Darm-Kanals. Im rechten Herzen und in den herznahen Venen ist das Blut meist flüssig und nicht geronnen. In den Lungen finden sich zuweilen Zeichen einer terminalen Pneumonie, gelegentlich auch ein Lungenödem; in diesen Fällen sind dann die Bronchien von blutig-hellrotem Schaum erfüllt. Das Herzblut ist rot und flüssig, das Myokard stark fettig, oft fleckenweise degeneriert und brüchig. Häufig sind subendokardiale Suffusionen. Die Ventrikel, vor allem der linke, können stark dilatiert sein. Die Leber erweist sich als hochgradig verfettet, hyperämisch und vergrößert; ihre Struktur ist oft verwischt. Auch die Nieren sind hochgradig gestaut und fettig degeneriert.

Die Blutüberfüllung des Gehirns und seiner Häute springt besonders in die Augen. Alle Arterien und Venen sind strotzend mit Blut gefüllt; das ganze Gehirn erhält hierdurch eine helle, kirschrote Farbe; besonders in der Pia mater lassen sich die Gefäße bis in die äußersten Verzweigungen verfolgen. Oft sind die Hirnhäute und das *Hirn* selbst *ödematös* geschwollen, das Gehirn im ganzen vergrößert, seine Windungen abgeflacht und die Großhirnfurchen verstrichen. Im ganzen Zentralnervensystem finden sich Blutungen, je nach der Überlebensdauer auch mehr oder weniger ausgedehnte Erweichungsherde von Flohstichgröße bis zum großen Hämatom. In den Gehirnen akut Vergifteter, die in der kohlenoxydhaltigen Atmosphäre gestorben waren, traten am auffälligsten Gefäßveränderungen hervor (PANNING). So fanden sich vor allem Bilder der Prästase und Stase, praller Füllung der Gefäße sowie Blutungen, die häufiger in der weißen als in der grauen Substanz lokalisiert waren. Vereinzelt wurde auch bei Spättodesfällen eine *Hirnpurpura* beobachtet. Bisweilen waren Ringblutungen aufgetreten, wie man sie z. B. auch nach Vergiftungen mit Phosgen, nitrosen Gasen, Salvarsan, Arsen, Blei, Phosphor, Quecksilber, Schwefelsäure, Schlangengiften und Veronal gefunden hat. Häufig werden auch symmetrische Erweichungen der Linsenkerne gefunden. Die Degenerationsherde haben meist einen Durchmesser von 1—2 cm und sind bräunlich verfärbt. In der Nähe der Erweichungsherde sind die Gefäße oft thrombosiert. Der Degenerationsprozeß beginnt wahrscheinlich mit einer anämischen Nekrose der vorderen Anteile des Pallidums, die dann bald einbricht und sich mit Blut füllt. Um die nekrotisierten Gefäße herum finden sich wallförmige Leukocytenansammlungen. Die Hauptvorgänge scheinen Autolyse, fettige Degeneration und Nekrose zu sein. Die gleichen Prozesse spielen sich auch in der subcorticalen Zone (in der weißen Substanz und im Putamen) ab, sind dort jedoch oft nicht mit bloßem Auge, sondern nur mikroskopisch zu erkennen. Oft findet sich auch eine diffuse Fibrosis und eine Neubildung von Capillaren unter Zerstörung des architektonischen Aufbaus der Hirnrinde. Gegen die von amerikanischer Seite vertretene Auffassung, daß auch bei fehlendem Kohlenoxydnachweis eine bilaterale Degeneration im Bereich des Globus Pallidus und des Linsenkernes mit Ödem der weichen Hirnhäute und der Hirnsubstanz beweisend für eine Kohlenoxydvergiftung sei, sind wohlbegründete Zweifel laut geworden. Die Ursache der zu den Erweichungsherden führenden Gefäßthrombosen erblickt man in der Asphyxie und dem daraus resultierenden Sauerstoffmangel des Blutes. Die die Basalganglien versorgenden Gefäße biegen hier rechtwinklig ab und sollen deshalb einen Prädilektionsort für Thrombosen darstellen. Mikroskopisch zeigten die wechselnd großen Herde gliöse Vernarbungen und unvollständige Erweichung, Fettresorption und Lymphocytenansammlungen in den Gefäßscheiden, im Gewebe selbst Gliazellvermehrung. In der grauen und weißen Substanz sind die kleinen Gefäße und Capillaren oft thrombosiert, das Gefäßendothel verfettet, aufgequollen und abgelöst, die Intima und Media der Gefäße auch schon bei jungen Individuen hyalinisiert und in gleicher Weise wie einzelne Ganglienzellen verkalkt.

Diagnose: Die Diagnose ist in den typischen akuten Fällen leicht; sie wird sich auf die Anamnese und vor allem auf den objektiven Nachweis von Kohlenoxydhämoglobin im Blut stützen müssen. Von anderen Giften sind vor allem Methyl- und Äthylalkohol, Schlafmittel, narkotisch wirkende Alkaloide, wie Morphin und seine Derivate, und Blausäure auszuschließen. Auch das Vorliegen eines urämischen oder diabetischen Komas muß in die differentialdiagnostischen Erwägungen einbezogen werden. Bei den Nach- und Spätkrankheiten sind Erkrankungen anderer Ätiologie (Schlaganfälle, Epilepsie, Herzkrankheiten usw.) auszuschließen. Dies kann in manchen Fällen außerordentlich schwierig sein, insbesondere dann, wenn die anamnestischen Angaben nicht genügend genau sind, so daß man oft über eine Wahrscheinlichkeitsdiagnose, die alle für die Beurteilung wichtigen Momente gegeneinander sorgfältig abwägt, nicht hinauskommt. Als wichtigstes muß in solchen Fällen eine tatsächlich vorhergehende Vergiftung anamnestisch gesichert werden.

Prognose: Leichte akute Vergiftungen verlaufen bei jungen Menschen meist günstig. Bei mittelschweren und schweren Vergiftungen ist der weitere Verlauf, gleichgültig, ob es sich um junge oder ältere Personen handelt, stets unsicher. Nach lang dauernder Einatmung auch niedriger Konzentrationen muß die Prognose vorsichtiger gestellt werden, als nach kurz dauernder Einatmung hoher Konzentrationen. Verletzungen, insbesondere Verbrennungen, stellen stets eine bedenkliche Komplikation dar. Bei Massenvergiftungen ist es für die Auswahl der zu Behandelnden wichtig, zu wissen, daß nach einmal eingetretenem Atemstillstand die Aussichten auf erfolgreiche Wiederbelebung sehr viel ungünstiger sind.

Therapie: Ziel jeder wirksamen Therapie wird es sein müssen, eine möglichst schnelle Dissoziation des Kohlenoxydhämoglobins herbeizuführen und Herz und Kreislauf über den kritischen Zeitpunkt hinwegzubringen. Man wird unter allen Umständen zumindest für beschleunigte Entfernung aus der kohlenoxydhaltigen Atmosphäre und schnelle Zufuhr von frischer Luft, besser aber eines Sauerstoff-Kohlensäure-Gemisches mit 5—7% Kohlensäure sorgen müssen. Ultraviolette Strahlen sollen die Dissoziation von Kohlenoxydhämoglobin beschleunigen. Unter Umständen wird man daher während der Sauerstoffzufuhr für eine Bestrahlung des Vergifteten mit einer Hanauer Quarzlampe Sorge tragen. Beim Erlahmen oder beim Stillstand der Atmung muß unverzüglich mit künstlicher Atmung eingesetzt werden, die zur Not von Hand, besser aber mit Hilfe automatisch arbeitender Atmungsapparate (z. B. Pulmotor) über lange Zeit fortgeführt werden muß. Notfalls kann man auch Luft oder Sauerstoff-Kohlensäure-Gemische durch weiche, in die Luftröhre eingelegte Schläuche oder Katheter über Stunden hin einblasen (Insufflationsmethode). Gleichzeitig wird man zur Anregung der darniederliegenden Atmung 3—5 mg Lobelin oder Lobeton intravenös injizieren. Bei Schädigungen des Kreislaufs empfiehlt sich die Anwendung eines Gemisches von Cardiazol-Sympatol (K. THIEL). Unnötiger Wärmeverlust ist zu vermeiden. Dabei ist das Einhüllen des Vergifteten in angewärmte Decken mehr zu empfehlen als eine aktive Wärmezufuhr durch Wärmeflaschen, Heizsonnen, Heizkissen oder Lichtbogen. Wenn eine solche nämlich zu stark erfolgt, kann es durch Erweiterung der Hautcapillaren zu ganz plötzlichem Zusammenbruch des peripheren Kreislaufs kommen. Bei drohendem Versagen des Herzens ist Strophanthin (0,3—0,5 mg intravenös) mit 10—20 ccm 5proz. Traubenzucker gemischt anzuwenden. Bei lang dauernder Somnolenz sind, sofern nicht Krampfzustände bestehen, zentral angreifende Analeptica (Cardiazol, Coramin, Azoman, Hexeton) zu injizieren. Bei drohendem Lungenödem sind hochprozentige Traubenzuckerinfusionen (300 ccm der 30—40proz. Lösung), unter Umständen auch Aderlässe, angezeigt. Der Gedanke, bei akuter Kohlenoxydvergiftung durch große Aderlässe Kohlenoxydhämoglobin aus dem Körper zu entfernen, hat viel Richtiges an sich. Man muß sich allerdings klar darüber sein, daß man zusammen mit dem kohlenoxydhaltigen Blut auch viel funktionstüchtiges Oxyhämoglobin entzieht. Neuere Versuche, nämlich gleichzeitige Vornahme reichlicher Aderlässe (mehrmals 300—400 ccm Blut) und ergiebige Bluttransfusionen (400 bis 500 ccm, evtl. mehrmals täglich), hatten ein recht günstiges Ergebnis, doch macht auch diese Behandlungsart die lang dauernde Einatmung eines Sauerstoff-Kohlensäure-Gemisches nicht überflüssig. Auch große Kochsalzinfusionen wurden empfohlen. Von der Verabfolgung zentralangreifender Narkotica (Morphin, Scopolamin, Äther, Chloroform, Barbitursäurepräparate) ist abzuraten, auch dann, wenn heftige Unruhe, Schmerzen oder Krämpfe bestehen. In solchen Fällen ist es besser, den Kranken schonend festzuschnallen. Jede Bewegung ist, da sie den Sauerstoffmangel erhöht, möglichst zu vermeiden. Die Kranken sind in Decken eingehüllt und liegend bei reichlicher Frischluftzufuhr (Kraftwagenfenster öffnen!) bzw. unter Fortsetzung der bereits eingeleiteten Sauerstoff-Kohlensäure-Einatmung zu transportieren. Bei erbrechenden Kranken ist durch Seitwärtslagern des Kopfes und öfteres Auswischen der Mundhöhle dafür zu sorgen, daß Schleim oder Erbrochenes nicht aspiriert wird (Gefahr der Schluckpneumonie). Bei der klinischen Behandlung ist durch kalte Abklatschungen, häufigen Lagewechsel und Atemübungen für eine gründliche Durchlüftung auch der unteren Lungenpartien zu sorgen, um der Gefahr des Entstehens einer Pneumonie entgegenzuwirken. Die Beobachtungszeit und Weiterkontrolle der Kranken darf wegen der Gefahr des Auftretens von Nachkrankheiten oder Spätschädigungen nicht zu kurz bemessen werden. Wiederbeschäftigung an einem kohlenoxydgefährdeten Arbeitsplatz ist wegen der nach Überstehen einer akuten Kohlenoxydvergiftung oft hinterbleibenden gesteigerten Empfindlichkeit gegen Kohlenoxyd zu widerraten. Über die Wirksamkeit der Darreichung von Natriumthiosulfat (10—20 g peroral bzw. 20 ccm der 2proz. Lösung i. v.) sind die Meinungen geteilt. Die eine Zeitlang propagierte intravenöse Darreichung von Methylenblau hat sich nicht bewährt und ist heute im allgemeinen wieder verlassen.

Hilfeleistende Personen, die gezwungen sind, den Vergifteten aus der kohlenoxydhaltigen Atmosphäre herauszubringen, müssen entweder ein von der Außenluft unabhängig machendes, sog. geschlossenes Sauerstoffgerät (Isoliergerät) oder ein Gerät mit Spezialatemfilter (CO-Filtergerät der Drägerwerke, Degea-CO-Gerät) tragen.

b) Zur Frage der chronischen Kohlenoxydvergiftung.

Der Streit um die Frage, ob es eine chronische Kohlenoxydvergiftung gibt oder nicht, ist bis heute noch nicht geschlichtet. Gewerbeärzte und Kliniker bejahen ihre Existenz auf Grund ihrer praktischen Erfahrungen auf das bestimmteste (BAADER, SYMANSKI, GERBIS u. a.), während von pharmakologischer Seite (HEUBNER, HALDANE, ELLINGER, SÜPFLE, HENDERSON usw.) ihr Vorkommen energisch bestritten wird. Man könnte versucht sein, den Standpunkt zu vertreten, daß entscheidende Bedeutung für die Beantwortung dieser Frage den Befunden der Praktiker zuzumessen sei, die auf Grund ihrer Erfahrungen am Menschen am ersten in der Lage sein müßten, klar das typische Vergiftungsbild der chronischen Kohlenoxydvergiftung aufzuzeichnen, das dann vom Theoretiker entsprechend unterbaut werden müßte. Der Theoretiker hätte dann, insbesondere wenn seine bisherige Theorie mit der praktischen Erfahrung, sofern diese nur auf sicherer Grundlage steht, nicht in Einklang zu bringen ist, seine Theorie zu überprüfen und zu versuchen, das praktisch Gesicherte auch theoretisch zu unterbauen und zu erklären.

Tatsächlich liegt das Problem zur Zeit trotz allseitiger Bemühungen immer noch so, daß die Theoretiker einerseits auf ihrer ablehnenden Stellungnahme beharren und recht gewichtige Gründe dafür ins Feld zu führen haben, insbesondere, daß es dem Praktiker bisher noch nicht gelungen sei, ein eindeutiges und klares Vergiftungsbild herauszuarbeiten. Andererseits fällt es den Praktikern bei der Vieldeutigkeit der Symptome des von ihnen als „chronische Vergiftung“ bezeichneten Zustandsbildes zweifellos schwer, die Symptomatologie der chronischen Kohlenoxydvergiftung klar und eindeutig zu umreißen. Die Schwierigkeiten, die hier bestehen, dürfen dabei durchaus nicht unterschätzt werden; aber beim Fehlen einer eindeutigen Symptomatologie ist es gerade in der Praxis schwer, der durchaus unerwünschten Ausweitung der Anwendung des Begriffes der chronischen Kohlenoxydvergiftung zu steuern und ohne Anwendung zeitraubender und mühseliger Bestimmungen des Kohlenoxydgehaltes der Einatmungsluft und des Kohlenoxydhämoglobingehaltes des Blutes, deren Durchführung in *jedem* fraglichen Fall nicht möglich ist, eine sichere Diagnose zu stellen. Es würde den Rahmen der vorliegenden Darstellung weit überschreiten, den Streit der Meinungen in aller Breite und Ausführlichkeit hier darzulegen, um so mehr, als dies schon wiederholt geschehen ist und an dieser Stelle für die Klärung des Problems nichts Wesentliches gewonnen würde. Immerhin scheint es doch wichtig, im folgenden den Stand der ganzen Frage in ihren wesentlichen Zügen zu skizzieren, um auch dem auf diesem verwickelten Gebiet weniger Erfahrenen die Schwierigkeiten klarzumachen, welche bei der exakten Diagnosestellung einer chronischen Kohlenoxydvergiftung zu überwinden sind.

Nach den Ausführungen Ellingers ist eine Vergiftung dann als chronisch zu bezeichnen, wenn nach wiederholter und fortgesetzter Zufuhr kleiner Mengen eines Giftes schließlich Vergiftungserscheinungen auftreten. Diese Mengen müssen so klein sein, daß ihre *einmalige Zufuhr* in den Körper irgendwelche erkennbaren Krankheitssymptome *nicht* hervorruft. Das Auftreten einer chronischen Vergiftung ist einmal möglich durch *Kumulation*, bei der das Gift selbst oder seine schädigenden Abbauprodukte so lange im Körper verbleiben, daß sie sich mit den bei neuer Zufuhr gleichbleibender Konzentrationen addieren, so daß schließlich eine Giftkonzentration entsteht, die sichtbare Organveränderungen hervorruft.

Eine zweite Möglichkeit der chronischen Vergiftung besteht darin, daß unterschwellige Konzentrationen im einzelnen zwar keine klinisch faßbaren Symptome und Veränderungen, jedoch an sich kleine irreversible Zellschädigungen setzen, deren *Summation* schließlich zu einem klinisch faßbaren Ausfall, dem chronischen Vergiftungsbild, führt.

Eine Kumulation ist unter den bisher bekannten, experimentell gesicherten Verhältnissen über das Verhalten des Kohlenoxyds unmöglich, weil der Überschuß an Sauerstoff das Kohlenoxyd immer wieder zur Ausscheidung bringt. Allerdings ist durch neuere Untersuchungen gezeigt worden, daß eine restlose Dissoziation von Hämoglobin und Kohlenoxyd in kohlenoxydfreier Luft nicht mehr ganz sicher erscheint.

Ellinger forderte für die theoretische Anerkennung der Existenz einer chronischen Kohlenoxydvergiftung den experimentellen Beweis, daß das Kohlenoxyd *neben* seiner allgemeinen Erstickungswirkung auch eine spezifische Giftwirkung auf irgendwelche Zellanteile besitzt; die Annahme einer Summationswirkung lehnte er als unwahrscheinlich ab, da derartige Organschädigungen ohne vorangegangene klinische Zeichen leichter Vergiftungserscheinungen kaum entstehen könnten.

Gerade die Summation einzelner, an sich klinisch nicht faßbarer irreversibler Zellschädigungen wird von Praktikern (Symanski, Lewin u. a.) für den wahrscheinlichsten Mechanismus der chronischen Kohlenoxydwirkung gehalten. Auch Heubner, der genau wie Süpfle den Begriff der chronischen Kohlenoxydvergiftung ablehnt und die Wirkung des Kohlenoxyds lediglich in einer Anoxämie erblickt, gibt zu, daß es schwierig ist, die Möglichkeit eines derartigen Vergiftungsablaufes abzustreiten. Eine weitere Möglichkeit zur Erklärung des Zustandekommens des chronischen Vergiftungsbildes ist die Annahme, nach der es vorstellbar sei, daß ein Mensch an seinem Arbeitsplatz fortdauernd kleine Kohlenoxydmengen aufnimmt, die insgesamt während der Arbeitszeit zu einer Erhöhung des Kohlenoxydhämoglobinspiegels im Blut führen, die aber noch unter der Grenze von 20 bis 30% COHb liegt, bei welcher erfahrungsgemäß nach akuter Giftaufnahme die ersten objektiv nachweisbaren Vergiftungserscheinungen auftreten. Sind nun z. B. die Arbeitspausen zu kurz, so daß während dieser Zeit nicht genügend Kohlenoxyd aus dem Hämoglobinmolekül durch den Luftsauerstoff verdrängt werden kann, oder aber werden während der Arbeit vorübergehend höhere Kohlenoxydkonzentrationen eingeatmet, so kann der Betreffende bei fortdauernder Arbeit eine Reihe leichtester akuter Kohlenoxydvergiftungen erleiden, die Krankheitserscheinungen hervorrufen, welche dann als chronisches Vergiftungsbild bezeichnet werden, wobei es sich aber gar nicht mehr um eine chronische Vergiftung handelt. Weiterhin wäre es denkbar, daß die durch die Summe dieser mehrfachen leichtesten akuten Vergiftungen genau wie bei schweren akuten Vergiftungen auftretenden Folge- und Nachkrankheiten das Bild einer chronischen Vergiftung vortäuschen. Dabei besteht durch die als gesichert geltende Tatsache, daß das Überstehen einer akuten Vergiftung eine gesteigerte Empfindlichkeit gegenüber Kohlenoxyd hinterläßt, auch die Möglichkeit, daß im weiteren Verlauf durch noch geringere Kohlenoxydkonzentrationen stärkere Krankheitserscheinungen ausgelöst werden könnten.

Hier nähert man sich aber schon wieder der Auffassung ELLINGERS, der, die chronische Vergiftung ablehnend, feststellte, daß das, was der Kliniker als chronische Vergiftung bezeichnet, sich gewöhnlich als schleichend zum Ausdruck kommende Nachkrankheit einer oder mehrerer akuter Vergiftungen darstellt. Die chronischen Vergiftungen sollen im Grunde ausgesprochen intervalläre Verlaufsformen einmaliger oder wiederholter akuter Kohlenoxydvergiftungen sein, bei denen die akuten Erscheinungen hinter denen der chronisch verlaufenden Nachkrankheiten ganz zurücktreten und sich gerade der klinischen Beobachtung oder anamnestischen Rekonstruktion entziehen. Diese Auffassung ELLINGERS und vor allem den letzten Nachsatz lehnt SYMANSKI im Interesse wirklich Geschädigter als gefährlich und nicht verantwortbar ab.

SYMANSKIS Definition der chronischen Vergiftung setzt eine konstante chronische Einwirkung subtoxischer CO-Mengen (gleichbleibende Mengen von 0,01 bis 0,02 Vol.-% CO, berechnet auf gewöhnliche Luft) voraus, wobei dieser Verfasser eine exakte Abgrenzung der theoretisch denkbaren Vergiftungsmodi im Einzelfall für praktisch nicht möglich und auch nicht nötig hält, da, gleichgültig, wie dieser Vergiftungsmodus im Einzelfall auch gewesen sein mag, für den Praktiker doch der Tatbestand der chronischen Vergiftung in solchen Fällen vorläge, wenn nicht die tatsächliche Lage beim Streit um rein theoretische Vorstellungen zuungunsten des Versicherten und wirklich Geschädigten verändert werden sollte. Diese Auffassung wird natürlich den Theoretiker, der unabhängig von der Zweckmäßigkeit und den praktischen Folgen seiner Untersuchungen aus Erkenntnisdrang arbeitet, nicht befriedigen und er wird diesen für den Praktiker vielleicht tragbaren Kompromiß keinesfalls als Lösung der zur Debatte stehenden Frage anerkennen können.

Auf die Schwierigkeiten, die in vielen Fällen dem Kohlenoxyd noch beigemischten anderen Gase (Schwefelwasserstoff, Benzin-, Benzol-, Metalldämpfe usw.) als eigentlich schädigende Ursache sicher auszuschließen, ist wiederholt hingewiesen worden. Ihre sichere Ausschaltung beim Zustandekommen der dann als chronische Kohlenoxydvergiftung bezeichneten Krankheitserscheinungen ist vor allem in den Fällen schwierig oder ganz unmöglich, in denen die Erhebungen *nachträglich* durchgeführt werden müssen und genauere Analysen des Kohlenoxydgehaltes der Raumluft und des Kohlenoxydhämoglobingehaltes des Blutes der Vergifteten nicht vorliegen.

Hingewiesen sei auch auf die Ergebnisse der Untersucher, die sich bemühten, experimentelle Anhaltspunkte für eine Wirkung des Kohlenoxyds zu finden, die über die bisherige Annahme einer lediglich asphyktischen Wirkung dieses Gases hinausgeht; Erwähnung verdienen in diesem Zusammenhang vor allem die Versuche von WARBURG sowie die von BARKAN und Mitarbeitern. Nach WARBURG bindet sich das Kohlenoxyd nicht nur an das Hämoglobin und an das darin enthaltene Bluteisen, sondern auch an das Eisen des Atmungsfermentes der Zellen selber. Daraus resultierte dann eine reversible Hemmung der Zellatmung. Ob diese experimentellen Erfahrungen jedoch ohne weiteres auf die Verhältnisse beim Menschen übertragen werden können, ist insofern fraglich, als die WARBURGschen Versuche mit so hohen Kohlenoxydkonzentrationen unternommen wurden, wie sie praktisch überhaupt nicht vorkommen.

Nach den Versuchen BARKANS bleibt die Abspaltbarkeit des Bluteisens durch verdünnte Säuren nach dem Überstehen einer Kohlenoxydvergiftung noch längere

Zeit gehemmt. Zudem sollen Pseudohämoglobine existieren, die als Zwischenprodukte auf dem Weg der Gallenfarbstoffbildung aus dem Blutfarbstoff entstehen, deren Affinität zum Kohlenoxyd 800—2000fach größer sei als zum Sauerstoff. Diese Pseudohämoglobine seien an den Stätten des Hämoglobinzerfalls am stärksten konzentriert und begleiteten das leicht abspaltbare Bluteisen. Nach BARKANS Vorstellungen sollen ähnliche Eisenverbindungen hoher Kohlenoxydaffinität auch an bestimmten Stellen des Zentralnervensystems (Gehirn) vorhanden sein. Mit der hohen Kohlenoxydaffinität dieser Pseudohämoglobine sollen die bei chronischer Vergiftung auftretenden Krankheitserscheinungen zu erklären sein, welche durch Kohlenoxydkonzentrationen zustande kommen, die sicher keine irgendwie direkt zellschädigenden Wirkungen entfalten können.

Auch die Frage, ob Konzentrationen von 10—20% Kohlenoxydhämoglobin, die sicher noch keine klinisch erfaßbaren stärkeren Krankheitserscheinungen auslösen, vasomotorische oder anaphylaktische Störungen hervorzubringen vermögen, bei denen das Kohlenoxydhämoglobinmolekül als Eiweißkörper wirkt, der eine echte Anaphylaxie hervorruft, wie das von komplizierten organischen Eiweißstoffen bekannt ist, wurde diskutiert (SYMANSKI).

Gegen die Auffassung, daß Kohlenoxyd lediglich ein asphyktisch wirkendes, sonst aber indifferentes Gas sei, wurden auch die Versuchsergebnisse verwertet, welche die Veränderungen des Blutes und an den Organen, die durch Kohlenoxyd hervorgerufen wurden, mit denen verglichen, die sich nach Sauerstoffentzug (Verminderung des Sauerstoffpartialdruckes) ergaben. Auch hier wurden zweifellos Unterschiede gefunden, doch lassen die Versuchsbedingungen wie auch die sich widersprechenden Versuchsergebnisse nicht immer einen einfachen Vergleich zu.

Insgesamt ist festzustellen, daß sich aus den bisher bekannten experimentellen Daten zwar manche Anhaltspunkte dafür ergeben, daß mit der Erklärung der Kohlenoxydvergiftungserscheinungen als Anoxämiefolge allein nicht alle Wirkungsmöglichkeiten des Kohlenoxyds erschöpft zu sein scheinen, daß aber andererseits aus dem bisher erarbeiteten Material zwingende Schlüsse auf eine andersartige, unter Umständen zusätzliche Wirkung des Kohlenoxyds nicht mit der gleichen Sicherheit gezogen werden können, wie aus den Versuchsergebnissen, die lediglich eine anoxämische Wirkung dieses Gases beweisen.

Wie steht es nun auf der anderen Seite? Ist es den Klinikern und Gewerbeärzten an Hand ihrer praktischen Erfahrungen am Menschen geglückt, ein scharf umrissenes, klares und typisches Bild der chronischen Kohlenoxydwirkung zu zeichnen? Diese Frage ist nicht zu bejahen.

Wenn SÜPFLE eine Diskussion über die Existenz der chronischen Kohlenoxydvergiftung nur dann, und zwar auch in jedem Einzelfall nur für möglich hält, wenn das Vorhandensein von Kohlenoxyd in der Einatmungsluft nicht lediglich behauptet oder vermutet, sondern durch chemische Gasanalysen auch erhärtet worden ist und alle weiteren Umstände, die als Ursache für die beobachteten Gesundheitsschädigungen ätiologisch in Betracht kommen, durch eine in allen Teilen exakte Analyse der Anamnese sicher ausgeschlossen worden sind, so stimmt ihm bis dahin SYMANSKI, der sich sehr eingehend mit dem ganzen Problem der chronischen Kohlenoxydvergiftung auseinandergesetzt hat, ohne weiteres zu. Der Feststellung SÜPFLES aber, daß beim Durchsuchen der einschlägigen Literatur nach Berichten, die diesen Anforderungen genügen, von dem angeblichen Vorkommen der chronischen Kohlenoxydvergiftung nichts Greifbares mehr übrigbleibt, vermag SYMANSKI nicht zu folgen. Ich muß jedoch auf Grund meiner eigenen Literaturkenntnis der Feststellung SÜPFLES, wenn sie auch vielleicht etwas scharf formuliert ist, beistimmen. Tatsächlich fehlen in fast allen Fällen sachgemäße anamnestische Erhebungen, Raumluftanalysen usw., so daß bei weitaus der überwiegenden Zahl der Berichte noch eine ganze Reihe ungeklärter Fragen übrigbleibt, deren Beantwortung für die Entscheidung „chronische Kohlenoxydvergiftung oder nicht“ außerordentlich wesentlich sind. Insbesondere hat man in einer Reihe der Berichte den Eindruck, daß es sich nicht um Folgezustände einer chronischen Kohlenoxydeinatmung, sondern um solche wiederholter leichterer akuter Vergiftungen handelt.

Wenn nun im folgenden versucht wird, an Hand der bisher vorliegenden Berichte das klinische Bild der chronischen Kohlenoxydvergiftung zu zeichnen, so wie es sich aus den Veröffentlichungen vor allem der letzten 10 Jahre ergibt, *so muß nach dem oben Gesagten hinter eine erhebliche Zahl der auf chronische Kohlenoxydeinwirkung bezogenen Krankheitserscheinungen noch immer ein großes Fragezeichen gesetzt werden,* denn nur in den wenigsten Arbeiten ist die Forderung nach einem quantitativen Kohlenoxydnachweis in der Raumluft und der maßanalytischen Bestimmung des Kohlenoxydhämoglobins im Blut erfüllt.

An die Spitze der Beschreibung der angeblich chronischen Vergiftungsfolgen sei die nach dem Urteil SYMANSKIS auch heute noch recht glückliche Darstellung des chronischen Vergiftungsbildes von LEWIN gesetzt, dann eine ausführlichere Zusammenstellung der Symptomatologie mit einigen kritischen Bemerkungen angeschlossen.

LEWIN schreibt: „Im Beginn des Leidens, gewöhnlich nach einer Tagesarbeit, stellen sich Ohrensausen, Kopfschmerzen, Schwindel oder auch Sehstörungen ein; anfangs weichen diese Symptome gewöhnlich schnell, wenn die Gasaufnahme aufhört. Schon das längere Atmen in frischer Luft genügt hierfür. — Zu den häufigen Störungen gehören die vom Magen und Darm ausgehenden: Übelkeit, Erbrechen, Appetitlosigkeit, Verdauungsschwierigkeiten. — Es können sich ferner einstellen Herzklopfen, Schweratmigkeit und Oppressionsgefühl in der Brust. — Die Funktionen des Zentralnervensystems können in weitem Umfange leiden. Sehr häufig sind Störungen des Schlafes derart, daß am Tage, auch bei der Arbeit, Schlafsucht bzw. Betäubungsgefühl und in der Nacht Schlaflosigkeit besteht. Die Änderungen im Charakter bekunden sich durch den Verlust von Aktivität und Energie, Willensschwäche bzw. Willenlosigkeit und Wille ohne Kraftbestehen. Der Kranke ist unentschlossen, unruhig, wechselt oft Absicht und Ausführung von Arbeiten, er wird reizbar und zornmütig. Von subjektiven Störungen der allgemeinen Sensibilität sind die häufigsten und konstantesten Kopfschmerzen in Stirn oder Schläfen, seltener im Hinterkopf. Sie beginnen oft nur mit Schwere im Kopf oder Kompressionsgefühl an den genannten Stellen, hindern den Schlaf, können intermittierend auftreten und weichen in frischer Luft. — Häufig wird über Schwindel geklagt, der bisweilen mit dem Gefühl der Trunkenheit oder Betäubung und Schwäche in den Armen einhergeht. — Das Gedächtnis kann leiden, so daß das Individuum genötigt ist, lange nachzudenken, um sich etwas aus der Vergangenheit ins Gedächtnis zurückzurufen."

Schon aus dieser Beschreibung LEWINS kann man entnehmen, daß es sich um ein wenig charakteristisches Syndrom handelt, das auch andere Ursachen (Exzesse, Überarbeitung, Sorgen, Alter, fokale Infekte usw.) haben kann.

Pykniker und Wohlgenährte sollen gegenüber der chronischen Einwirkung von Kohlenoxyd weniger empfindlich sein als schlanke, asthenische und magere Menschen. Die Haltung des chronisch Vergifteten wird als schlaff, der Gesichtsausdruck als müde beschrieben, die Augen sollen haloniert sein. Das Aussehen ist fahl, blaß- bis blaugrau, manchmal auch etwas gelblich und krank. Die natürlichen Abwehrkräfte des Körpers sollen herabgesetzt, die Voraussetzungen für die Aktivierung latenter tuberkulöser und anderer infektiöser Prozesse dadurch gegeben sein. Oft neigen die Kranken zu starkem Schwitzen.

Initialsymptome: Wenn auch von manchen Autoren eine Gewöhnung an subtoxische Kohlenoxydmengen für möglich gehalten wird und manche Symptome, z. B. die angeblich oft beobachtete Erythrocytenvermehrung, als Zeichen dafür angesehen werden, daß sich der Kranke in einem Übergangs- und Anpassungsstadium befindet, so wird man die in diesem Stadium auftretenden subjektiven Beschwerden, wie Kopfweh, Übelkeit, Erbrechen, Hitzewallungen, Ameisenlaufen, Gedächtnisschwäche und Taumeln, den Initialsymptomen zurechnen müssen. Zunächst sind die Beschwerden leicht, treten kurze Zeit auf, um dann wieder gänzlich zu verschwinden. Allmählich aber nimmt ihre Intensität zu und sie bleiben viel hartnäckiger bestehen. Die Mattigkeit, das Unbehagen, die Benommenheit im Kopf und die Neigung zu Ohnmachten treten anfangs nur am Ende der Tagesarbeit auf, um dann nach Verlassen der kohlenoxydhaltigen Raumluft ziemlich schnell wieder zu verschwinden, sobald nur frische Luft eingeatmet wird. Allmählich aber bleiben die Beschwerden bestehen. Die Kopfschmerzen werden hartnäckiger und äußern sich als lästiges Hämmern und Pochen in den Schläfen. Die Kranken leiden unter Arbeitsunlust, Energielosigkeit und Gedächtnisschwäche, sind nervös, reizbar und leicht erregbar; ihre Stimmungslage ist mißmutig; der Schlaf fehlt ganz oder ist unruhig und nicht erquickend. Die Leute klagen über starke Müdigkeit oder Abspannung, ermüden schon nach kurz dauernder Tätigkeit, sind von innerer Unruhe getrieben und ihre seelische und körperliche Spannkraft nimmt ab, so daß ein Zustand der Inaktivität, einer Apathie mit nervösem Reizzustand, die den Eindruck einer charakterlichen Wesensänderung erwecken, entsteht. Das Gedächtnis läßt nach, die Kranken werden vergeßlich und zerstreut; oft besteht ein ganz unbegründetes Angstgefühl. Ohrensausen, Herzklopfen und das Gefühl allgemeiner Muskelschwäche sind recht häufige Erscheinungen. Zittern und Sehstörungen, die vor allem in einer Abnahme der Sehschärfe bestehen, stellen sich ein.

Atmungsorgane: Die Atmungsfrequenz soll gesteigert, die Atemtiefe vermindert sein. Oft bestehen Beklemmungen über der Brust, die bis zur Atemnot gesteigert sein können (HETZEL). Schon nach geringen Anstrengungen soll oft eine ausgesprochene Kurzatmigkeit bemerkbar werden.

Am **Kreislauf** pflegen objektive Erscheinungen zu fehlen. Gelegentlich wurde über Pulsfrequenzsteigerungen berichtet. Mitunter werden Klagen über Herzklopfen laut.

Relativ oft wird über **Blutveränderungen** berichtet; die Zahl der Mitteilungen über eine deutliche Vermehrung der Erythrocyten, eine etwas geringere des Blutfarbstoffs sind sehr häufig (FORBES, LITZNER, ZIEGLER, BATTLEY, MICHAEL, LÄMPE usw.). In diesen *Polyglobulien* sah man zum Teil Stütz- und Abwehrmaßnahmen des Organismus, eine Art Autoregulation als Antwort auf den chronischen Sauerstoffmangel. Auch wurden sie als Vorstufen mit Überkompensation bezeichnet, die sich bei stärkeren Graden der Gifteinwirkung zu toxischen Begleitanämien fortentwickeln könnten (SCHILLING). So hat FORBES Hämoglobinvermehrungen bis zu 123%, Erythrocytenvermehrungen bis zu 9,677 Mill. Erythrocyten beschrieben und festgestellt, daß bis zu 66% der der chronischen Kohlenoxydwirkung ausgesetzten Arbeiter an Polyglobulien litten. *Derartige Feststellungen sind jedoch mit einer gewissen Reserve zu werten.* Umfangreiche Untersuchungen von SYMANSKI ergaben, daß so hohe Zahlen doch relativ selten zu beobachten sind. Dieser Autor hat sich der Mühe unterzogen, an insgesamt 146 Gaswerksarbeitern, bei denen nach den Betriebsbedingungen eine mehr oder weniger chronische Kohlenoxydeinwirkung zu vermuten war, das rote Blutbild zu untersuchen. Erythrocytenzahlen von 5 Mill. und Hämoglobinwerte von 100% und mehr werden von ihm als Kriterien für das Bestehen einer Polyglobulie verwendet. Auf Grund dieser Bewertung stellt er 36mal, d. h. also in etwa 26% der Fälle, Polyglobulien fest, die er damit „als recht sicheres Kriterium einer mehr oder weniger chronischen Kohlenoxydeinwirkung“ ansieht. Vom rein klinischen Standpunkt aus ist festzustellen, daß die von SYMANSKI als Grenzwert benutzten Zahlen bei der Fehlerbreite der Auszählmethoden, der Abhängigkeit dieser Werte von sonstigen physiologischen Faktoren (Flüssigkeitsaufnahme, Außentemperatur usw.) und der großen Variationsbreite, die diese Werte bei den verschiedenen Individuen schon normalerweise zeigen, *viel zu niedrig sind.* Der eine Mann hatte zudem 5 Jahre vorher eine akute Kohlenoxydvergiftung erlitten. Werte wie 100% Hämoglobin, 5,14 Mill. Erythrocyten, 101% Hämoglobin und 5,2 Mill. Erythrocyten, 103% Hämoglobin und 5,02 Mill. Erythrocyten usw., wie sie SYMANSKI als Ausdruck des Bestehens einer Polyglobulie ansieht, können aber bei Männern unmöglich als Ausdruck einer solchen gewertet werden. Zahlen um 6 Mill. Erythrocyten sind nach SCHULTEN höchstens verdächtig, aber nicht beweisend. In den meisten Polyglobuliefällen liegen die Werte zwischen 7 und 9 Mill. Erythrocyten. Rechnet man unter Zugrundelegung dieser Zahlen die Ergebnisse SYMANSKIS einmal durch, so ergibt sich unter Anlegung eines toleranten Maßstabes, der die Fälle mit 6 Mill. Erythrocyten noch miterfaßt, daß nur bei 7 von 146 untersuchten Arbeitern (= etwa 4,8%), bei Anlegung eines strengeren Maßstabes, der nur die Fälle mit Erythrocytenzahlen über 6,5 Mill. berücksichtigt, daß nur bei 2 Arbeitern (= 1,37% der 146 Untersuchten) tatsächlich eine Polyglobulie bestand. Bei diesem geringen Prozentsatz wird man eine Polyglobulie kaum noch als ein recht sicheres Kriterium für eine chronische Kohlenoxydeinwirkung bezeichnen können.

Auch *Anämien,* meist vom hyperchromen Typ, werden als Folgen chronischer Kohlenoxydeinwirkung und toxischer Schädigung des hämatopoetischen Systems angesehen. Sie sollen bisweilen von Leber- und Milzschwellung (A. JOSS-HUBER) begleitet sein. Auch wurden Anämien vom Typ der Perniciosa (BIEDERMANN, BERGER und GRILL) mit allen klassischen Symptomen der BIERMERschen Anämie beschrieben. Allerdings fehlt in diesen Fällen der objektive Kohlenoxydnachweis in der Einatmungsluft, auch ist die Beweisführung nicht schlüssig. Die z. B. von BERGER und GRILL behauptete Entstehung der Kohlenoxydperniciosa als Folge einer atrophierenden Kohlenoxydgastritis, auf Grund deren es im Verlauf von 7 Jahren zu einer verminderten Bildung des im Magen entstehenden Antiperniciosastoffes gekommen sein soll, erscheint recht gewagt. Auch die Erklärung der im Fall von BIEDERMANN die perniciöse Anämie begleitenden neurologischen Ausfallserscheinungen als Kohlenoxydpolyneuritis ist nicht sehr überzeugend. Auch hypochrome Anämien wurden ursächlich mit chronischer Kohlenoxydeinwirkung verknüpft.

Sehr häufig sollen Krankheitserscheinungen des **Magen-Darm-Kanals** sein. Die Kranken klagen über dyspeptische Beschwerden, oft auch über unangenehmen Geschmack im Mund. Infolge trophischer Störungen, die zu einer Schädigung des Halteapparates der Zähne führen, sollen sonst völlig gesunde Zähne ausfallen. Die Kranken klagen über allgemeines Übelkeitsgefühl, Brechreiz, häufiges Aufstoßen und Appetitlosigkeit sowie mehr oder weniger ausgeprägtes Druckgefühl in der Magengegend. Das Körpergewicht sinkt. Der Stuhlgang soll häufiger ungeformt bis dünn, zeitweilig verstopft, bisweilen auch ausgesprochen durchfällig sein. In manchen Fällen sollen ausgeprägte spastische Magen- und Darmschmerzen bestehen. Gelegentlich wurde auch über den Abgang von Blut bzw. Blutstropfen mit dem Stuhl berichtet, ohne daß klinisch eine faßbare Ursache für diesen Blutverlust zu ermitteln gewesen wäre.

Das **Stoffwechsel**geschehen läßt nach den bisherigen Beschreibungen ernstere Störungen vermissen. Die Alkalireserve soll unverändert sein. Die vereinzelt festgestellten pathologischen Abweichungen der Blutzuckerkurve nach Belastung mit Traubenzucker wurden auf Schädigungen des Zwischenhirns bezogen (DIENER); allerdings knüpfen sich hier bereits Verbindungen zu den Beeinträchtigungen der Stoffwechselfunktion, wie sie bei und nach akuten Kohlenoxydvergiftungen bekannt und gesichert sind (vgl. S. 253 u. 261).

Nieren: Die Störungen im Bereich des Harnapparates, wie häufiges Harnlassen, leichte Eiweißausscheidung und alimentäre Glykosurie, dürften am ehesten als Ausdruck einer zentral-nervösen Dysregulation der Nierenfunktion zu deuten sein.

Vielfältig sind die Erscheinungen im Bereiche des **Zentralnervensystems**, die oft genug mit denen identisch sind, wie sie nach akuten Kohlenoxydvergiftungen beschrieben wurden. So finden sich neben den mehr subjektiven Ausfallserscheinungen, die als Initialsymptome unter das allgemeine neurasthenische Syndrom eingehen, vor allem ataktische Ausfälle, die sich in einem schleudernden, unsicheren, taumelnden, schwankenden Gang bemerkbar machen, wobei die Kranken mit abgestreckten Armen das Gleichgewicht zu halten suchen, Ausfälle, die auf eine zentrale Labyrinthübererregbarkeit zurückgeführt werden. Herabsetzung der Tiefensensibilität, Verminderung des Muskeltonus, zuweilen auch ausgesprochener Rigor mit transitorischen Erscheinungen eines Parkinsonismus mit negativistischen Zügen (katatonischen Akinesen) wurden beschrieben. Oft sollen die Kranken über Schwäche in den Händen, Schmerzen in den Beinen, insbesondere in den Waden, sowie Kribbeln in Händen und Füßen klagen. Auch die Hautsensibilität soll zuweilen herabgesetzt sein. Die Sehnenreflexe werden meist als lebhaft bis gesteigert beschrieben; die Bauchdeckenreflexe wurden manchmal vermißt. Als gröbere Störungen wurden Zittern der Mundwinkel, der Arme und Beine, auf eine Körperhälfte beschränkte klonische Zuckungen der Arme und Beine oder einer Gesichtshälfte, Hemiplegien mit motorischer Aphasie, Facialis- und Glossopharyngeusstörungen beschrieben. Die Pupillen sollen oft ungleich weit sein, auf Licht nur träge reagieren, die Lidspalten Seitendifferenze naufweisen. Psychisch beobachtete man eine Verlangsamung der Denkfunktionen und Merkfähigkeitsstörungen, Ausfälle bis zu Psychosen, die mit Geschwätzigkeit, Rededrang, Hervorstoßen unzusammenhängender Worte, plötzlichem Stimmungswechsel, von Heiterkeitszuständen zu Angst und Gefühl des Bedrohtseins, Sprunghaftigkeit der Gedanken, erhöhter Ablenkbarkeit, Stimmenhören, sinnlosen Handlungen, Sachbeschädigungen, Personenverkennungen gesteigert sein können. Bisweilen wurde im Liquor eine geringe Eiweißvermehrung festgestellt.

Auch an der **Haut** sind Veränderungen beschrieben. So soll bei chronisch Kohlenoxydvergifteten zuweilen ein heftiges Hautjucken, manchmal verbunden mit urticariaähnlichen Quaddelbildungen auf der Haut, vorkommen. Die von LEWIN beschriebenen knötchen- und bläschenförmigen, teils blutfleckigen oder auch geschwürigen Hauterscheinungen dürften kaum noch als Ausdruck chronischer Kohlenoxydeinwirkung zu werten sein. Auch wurden an den Armen und Beinen, besonders an den Unterschenkelinnenflächen lokalisierte, bis handtellergroße, blaurote, blutunterlaufene Stellen mit der chronischen Kohlenoxydvergiftung ursächlich verknüpft.

Insgesamt wird man feststellen müssen, daß das klinische Bild der chronischen Kohlenoxydvergiftung auch heute noch recht uneinheitlich gezeichnet wird. Man muß sich zudem bewußt bleiben, daß bei der überwiegenden Mehrzahl der oben geschilderten Symptome ein klarer Zusammenhang zwischen der chronischen Kohlenoxydeinwirkung und den ihr zugeschriebenen Krankheitserscheinungen noch nicht in zwingender Weise bewiesen ist.

Die **Diagnose** darf sich nach SYMANSKI nie allein auf die subjektiven Klagen und die sehr vieldeutigen somatischen Veränderungen stützen. Neben einer eingehenden und genauen Berufsanamnese, Inaugenscheinnahme der Arbeitsplätze, *Analysen der Luft in den Betriebsräumen*, wird man künftig, um die Frage der chronischen Kohlenoxydvergiftung überhaupt einer weiteren Klärung von der klinischen Seite her zuführen zu können, *darüber hinaus noch quantitative Bestimmungen des Kohlenoxydhämoglobinspiegels im Blut fordern müssen*, um endlich einmal über Vermutungen hinauszukommen. Man wird zugeben müssen, daß da bisher von der Klinik noch vieles versäumt wurde. Dabei wird es zweckmäßig sein, die Bestimmungen des Kohlenoxydhämoglobins im Blut nicht nur im Krankenhaus, sondern auch während der Arbeit des angeblich chronisch Vergifteten unter den bisher herrschenden Betriebsbedingungen festzulegen, wobei man zweckmäßig im Verlaufe eines oder mehrerer Tage Tagesprofile anlegen sollte. Daß darüber hinaus alle anderen ätiologisch in Frage kommenden Faktoren so exakt wie möglich ausgeschlossen werden müssen, ist selbstverständlich.

Die **Prognose** der chronischen Kohlenoxydvergiftung ist durchaus günstig.

Therapeutisch genügt die Entfernung aus der kohlenoxydhaltigen Atmosphäre, Frischluftzufuhr und die Anwendung allgemein roborierender Maßnahmen.

XII. Erkrankungen durch Röntgenstrahlen und radioaktive Stoffe.

Die Wirkungen strahlender Energien auf den Organismus sind wegen der vielfachen Anwendung der Röntgenstrahlen zu diagnostischen und der Röntgen- und Radiumstrahlen zu therapeutischen Zwecken sehr genau bekannt und untersucht. Bei den gewerblichen Schäden, die im folgenden besprochen werden sollen, handelt es sich heute wohl nur noch ausschließlich um Folgeerscheinungen chronischer Strahleneinwirkung, während die nach intensiver örtlicher Bestrahlung auftretenden Haut- sowie Knochen-, Zahn- und Organschäden (= sog. Tiefenschäden) nur noch ganz selten beobachtet werden. Beim Radium können dagegen gelegentlich doch einmal bei unvorsichtiger Hantierung größerer Mengen akute Schäden auftreten.

1. Schädigungsmöglichkeiten und Allgemeines.

Der Kreis der durch ihre berufliche Tätigkeit Gefährdeten ist heute nicht mehr so klein. Er beschränkt sich bei den Röntgenschäden nicht nur auf die Ärzte und ihr Hilfspersonal, insbesondere technische Assistentinnen, Schwestern und Pfleger oder auf Physiker und Techniker, die mit dem Bau von Röntgenapparaturen und Röntgenröhren beschäftigt sind. Gefährdet sind weiterhin Personen in metallurgischen Laboratorien, in denen Röntgenstrahlen zur Untersuchung von Metallen benutzt werden. Meldepflichtig sind lediglich Erkrankungsfälle in den der Unfallversicherung unterliegenden Betrieben. Das sog. Heilpersonal ist ausdrücklich mit einbegriffen.

Die röntgenologische Prüfung von Werkstoffen ist heute überall gang und gäbe. Die angewandten Strahlenenergien liegen meist weit höher als die, welche in der Medizin benutzt werden. In Eisen- und Hüttenwerken bedient man sich der Röntgenstrahlen zur Auffindung von Schweiß- und Nietfehlern. Brücken- und Schiffsbauten, Kanonen, Gewehrläufe, Flugzeugteile, Druckpumpen, Panzerplatten, geschweißte Kessel werden auf Gußfehler, Sprünge, Luftblasen, Verunreinigung durch Schlacken und Bindungsfehler röntgenologisch geprüft. Undichtigkeiten, Gußblasen, Risse, Einschließungen werden röntgenologisch ermittelt. Die Kontrolle der Drahtseile für Förderkörbe erfolgt ebenfalls mit Hilfe der Röntgenstrahlen. Die Reichsbahn und viele andere Betriebe machen die Abnahme wichtiger Aufträge vom Ausfall der Röntgenkontrolle abhängig. In Versuchsanstalten werden die Röntgenstrahlen zur Strukturerforschung von Rohstoffen benutzt. Für hohe Spannungen gefertigte Isolatoren müssen geröntgt werden, um die Bildung von Rissen und Sprüngen auszuschließen, welche beim Brennvorgang leicht zustande kommen. Im Baugewerbe wird nach der Errichtung von Betonkonstruktionen nicht nur die Struktur, sondern auch die Lage der Eisenstäbe und Metallskelette kontrolliert. Zur Erkennung von Fälschungen werden Gemälde und Edelsteine geröntgt. Wissenschaftliche Institute benutzen die Röntgenstrahlen bei der röntgenographischen Spektralanalyse, zur Identifizierung und Trennung von Elementen. In der Kriminalistik werden metallische Gegenstände auf Beschädigungen röntgenologisch untersucht. Der mit diesen Arbeiten beschäftigte Personenkreis ist sich der mit diesen Arbeiten verbundenen Gefahren meist viel weniger bewußt als Personen in medizinischen Betrieben. Auch ist die Expositionszeit meist wesentlich länger, so z. B. bei den jetzt immer häufiger ausgeführten Serienprüfungen des Fertigmaterials.

Kleiner ist der Kreis durch Radium und seine Strahlen gefährdeter Personen. Hierzu gehören alle die Arbeiter, die bei der Gewinnung des Radiums aus den verschiedenen radiumhaltigen Erzen und mit ihrer weiteren Verarbeitung beschäftigt sind.

Es gibt etwa 150 radiumhaltige Erze, von denen die *Uranpechblende* das wichtigste ist. Die reichste Fundstelle in Europa ist das nun wieder zum Reich gehörige Joachimsthal; das dort gefundene Erz enthält auch die höchsten Radiumkonzentrationen. Aus 50 t Erz wird etwa 1 g Radium gewonnen. In den letzten Jahren betrug die Produktion von Joachimsthal etwa 6 g Radium jährlich.

Weitere Fundstellen finden sich in USA. (Utah und Colorado) und vor allem in Katanga in Belgisch-Kongo, wo seit 1927 verhältnismäßig große Erzmengen gewonnen wurden, die in Oolen (Belgien) verarbeitet werden. Das Katangaerz enthält das meiste Radium: aus 40 t Katangaerz wird 1 g Radium gewonnen. Die sonstigen Vorkommen in Südafrika, Madagaskar, Mexiko, Brasilien, Schweden, Norwegen, Portugal, Canada, in der Schweiz und in Italien sind unbedeutend, zumindest schwer auszubeuten (z. B. canadische Vorkommen). Für die Gewinnung der vielfach an Stelle von Radium benutzten Thoriumpräparate dient der vorwiegend aus Indien herbeigeschaffte Monazitsand.

Während berufliche Röntgenschäden infolge der sehr wirksamen Schutzeinrichtungen seltener geworden sind, die auch ohne wesentliche Behinderung der Tätigkeit bei der modernen Bauweise der Röntgenapparate und Anlagen wirksam werden, ist die Durchführung einer durchgreifenden Prophylaxe bei den mit der Herstellung und Verarbeitung radioaktiver Substanzen beschäftigten Arbeitern sehr viel schwieriger. Die mit der Verarbeitung des Uranerzes beschäftigten Arbeiter sind infolge der hohen Verdünnung der strahlenden Substanz noch nicht gefährdet. Erst bei der Anreicherung wird die Konzentration der strahlenden Energie so groß, daß gesundheitliche Gefahren entstehen. Die bei der Gewinnung und Bearbeitung der kleinen, aber hochstrahlenwirksamen Substanzmengen notwendigen Hantierungen machen das Tragen z. B. von Masken und Handschuhen sehr schwierig, da diese bei der Arbeit hindern. Meist handelt es sich hier um so subtile Arbeitsvorgänge, daß ein vollständiger Strahlenschutz unmöglich ist. So treten gewerbliche Schäden auf vor allem bei der Herstellung der verschiedensten medizinisch-therapeutischen radioaktiven Präparate, die aus Radium, Mesothorium und Thorium X gewonnen werden. Bei der Reinigung und Messung, Abfüllung, Wägung und Herstellung dieser Präparate aus der radioaktiven Ursubstanz kommen flüssige, feste und gasförmige strahlenwirksame Verbindungen zur Einwirkung auf den menschlichen Organismus. Abgesehen von gelegentlich vorkommenden Unfällen mit stark konzentrierten Lösungen, bestehen Gefahren auch beim Dosieren der fertigen Präparate, beim Einfüllen derselben in die meist winzigen Schutzhüllen, beim Filtrieren von Lösungen und bei der Herstellung von Thorium X-Stäbchen. Geringere, wenn auch noch immer gefährliche Mengen kommen bei der Fabrikation radioaktiver Binden, Kompressen, Flanells, Kissen und Einlegesohlen, von radioaktiven Salben, von Inhalations- und Trinkapparaten, mit Emanation gesättigter aktiver Kohle, von radioaktiven Nährmitteln in Form von Milchzucker und Schokolade und Badesalzen zu medizinischen und kosmetischen Zwecken zur Wirkung. Radioaktive Präparate und Röntgenstrahlen finden weiterhin bei der technischen Materialprüfung Verwendung.

Gefahren bestehen auch bei der Herstellung radioaktiver Leuchtfarben, die zumeist aus einem Gemisch von Zinksulfat und Radium, Mesothorium oder Radiothorium bzw. Zinksulfid und Radiumbromid oder aber Sidotblende bestehen, die mit Radium, Mesothorium- oder Radiothoriumsalzen oder deren Gemischen getränkt ist und zur Trockne eingedampft wird. Diese Leuchtfarbengemische enthalten bis zu 0,3—0,7 mg Radium in 100 g Leuchtmasse. Das trockene Pulver der Leuchtmasse wird mit Lack verrührt und der Lack mit Pinsel, Spachtel oder kleinen Spritzpistolen auf Uhrzeiger, Zifferblätter von Uhren und sonstigen Meßgeräten aufgetragen. Bei dieser Arbeit ereigneten sich Vergiftungen dadurch, daß die damit beschäftigten Arbeiterinnen leichtsinnigerweise den mit Leuchtmasse getränkten Pinsel mit den Lippen anspitzten. Die aufgenommenen Einzelmengen an wirksamer radioaktiver Substanz waren zwar gering. Mit der Zeit ergaben sich jedoch recht erhebliche Gesamtmengen, die in 6 Monaten insgesamt 6000 γ betrugen.

Radiumpräparate senden α-, β- und γ-Strahlen aus. Nach den Untersuchungen der Amerikaner sollen die α-Strahlen etwa 10000mal schädlicher für das Gewebe sein als die γ-Strahlen.

Die von den Röntgenröhren und radioaktiven Präparaten ausgesandten Strahlen sind einander grundsätzlich sehr ähnlich, wenngleich quantitative Unterschiede bestehen. So sind z. B. die γ-Strahlen der radioaktiven Substanzen kürzer (10^{-7} bis 10^{-11} cm) als die härtesten zur Zeit bekannten Röntgenstrahlen, deren Länge 10^{-8} bis 10^{-9} cm beträgt.

Röntgenstrahlen werden von Kathodenstrahlen beim Auftreffen auf die Wand der Entladungsröhre bzw. auf Körper innerhalb derselben erzeugt, während die Strahlen radioaktiver Substanzen durch den fortdauernden Atomzerfall entstehen. Die Alphastrahlen sind mit zwei positiven Elementarladungen ausgestattete Heliumatome, die im magnetischen Feld geringer, außerdem in entgegengesetzter Richtung wie die negativ geladenen und aus Elektronen bestehenden Betastrahlen abgelenkt werden. Die Gammastrahlen sind im Gegensatz zu den Alpha- und Betastrahlen masselos und stellen reine Wellenbewegungen dar, die im magnetischen Feld überhaupt nicht abgelenkt werden. Die härtesten Gammastrahlen radioaktiver Substanzen werden durch eine 2 cm starke Bleischicht zur Hälfte absorbiert. Eine Eigentümlichkeit der Gammastrahlen, die sich trotz der modernen Schutzmaßnahmen im Röntgenbetrieb unangenehm bemerkbar macht, besteht darin, daß sie beim Auftreffen auf irgendwelche corpusculären Elemente in diesen eine neue, sich diffus nach allen Richtungen verbreitende sog. Sekundärstrahlung hervorrufen, gegen die ein wirksamer Schutz wesentlich schwieriger ist.

Beim Arbeiten mit radioaktiven Substanzen besteht darüber hinaus noch die Gefahr, daß staub- oder gasförmige radioaktive Stoffe, z. B. Radiumemanation, durch Einatmung oder Verschlucken in den Organismus hineingelangen und ihre Strahlung dann dort unmittelbar auf die Zellen einwirkt.

Von den radioaktiven Substanzen kommen praktisch nur die Stoffe der Uran-Radium-Reihe (von diesen vor allem Uran II, Ionium, Radium, Radiumemanation, vielleicht noch Radium D [dessen Strahlung allerdings nur noch wenig intensiv ist]) und die der Thoriumreihe (von dieser nur die ersten Glieder: Thorium, Mesothor 1 und 2, Radiothor und Thorium X, unter Umständen noch Thorium B, dessen Halbwertszeit allerdings nur 10,6 Stunden beträgt) als schädigend in Frage, während die Uran-Actinium-Reihe vorwiegend nur wissenschaftliches Interesse hat. Die Lebensdauer der einzelnen Glieder der Radium- und Thoriumreihe ist außerordentlich verschieden. Gegenüber dem Radium, das eine sehr lange Lebensdauer hat (Halbwertszeit etwa 1700 Jahre), ist die der Radiumemanation sehr viel kürzer: sie beträgt 3—8 Tage: dann ist die Emanation in Radium A zerfallen, dessen Lebensdauer nur 3,2 Minuten beträgt; Radium B zerfällt in 27 Minuten in Radium C, das in 19,5 Minuten zu Radium C 1 zerfällt, welch letzteres unmittelbar in Radium D, ein Bleiisotop mit einer Lebensdauer von 16 Jahren, zerfällt. Auch die schädigenden Wirkungen künstlich radioaktiv gemachter Stoffe sind entschädigungspflichtig.

Zur *Messung* der bei der Röntgenstrahlung frei werdenden Energien hat man heute die früher als Meßeinheit gebräuchliche Hauteinheitsdosis (= 1 HED. ist die Höchstdosis, die der *Haut* auf *einmal* zugemutet werden kann; sie bedeutet die Röntgenstrahlenmenge, die bei einer praktisch homogenen harten Strahlung bei 23 cm Fokus-Hautabstand und einer Größe des Bestrahlungsfeldes von 6×8 cm an der normalen menschlichen Haut (ekzematös oder entzündlich erkrankte Haut ist empfindlicher) nach 8—10 Tagen ein Erythem, nach 3—4 Wochen eine leicht bräunliche Pigmentierung und nach 6 Wochen eine deutliche Bräunung der bestrahlten Stelle hervorruft) durch das internationale Maß der Röntgeneinheiten (= r) ersetzt. Eine HED. entspricht, frei in Luft und bei großem Strahlenkegel gemessen, 600 r.

Zur Messung der radioaktiven Strahlung benutzt man das nach der Entdeckerin des Radiums benannte Curie. Ein Curie ist diejenige Emanationsmenge, die mit 1 g Radium im Gleichgewicht steht. Da das Millicurie (MC = $^1/_{1000}$ Curie) für die normalerweise zu messenden Mengen noch viel zu groß ist, schuf man das *Eman*, dem man die Menge von $1 \cdot 10^{-10}$ g Radium zugrunde legte, bezogen auf 1 l Luft oder Flüssigkeit. In der Medizin rechnet man jedoch nach der aus dem absoluten Maßsystem abgeleiteten *Mache-Einheit* (ME.), die sich ebenfalls jeweils auf 1 l bezieht. Eine ME. ist der tausendste Teil des in elektrostatischen Einheiten gemessenen Ionisationsstromes, den die Alphastrahlen der Emanation bei voller Ausnutzung ihrer Reichweite erzeugen, bezogen auf 1 l. Eine ME. entspricht $3{,}64 \cdot 10^{-7}$ MC oder 3,64 Eman.

Die Strahlenempfindlichkeit der verschiedenen Gewebe ist sehr unterschiedlich. Eine bestimmte Strahlenmenge wirkt auf das eine Gewebe z. B. lediglich funktionshemmend, auf ein zweites vernichtend und auf ein drittes überhaupt nicht in merkbarer Weise. Man kann im allgemeinen sagen, daß junge und unreife Gewebe viel strahlenempfindlicher sind als höher differenzierte und reife, deren Wachstumstendenz mehr oder weniger vollständig erloschen ist. Am strahlenempfindlichsten sind die Zellen im Stadium der Zellteilung. Auch spielen bei der Strahlenempfindlichkeit konstitutionelle Momente und der jeweilige Zustand der Zellen (gesund, krank) eine Rolle. Näherungsweise wird man etwa folgende Reihe der Strahlenempfindlichkeit der Gewebe aufstellen können, mit den strahlenempfindlichsten Zellen beginnend und mit den widerstandsfähigsten Geweben aufhörend:

1. Blutbildende Gewebe (davon in erster Linie die Lymphocyten, dann die polymorphkernigen und eosinophilen Leukocyten. Zu dieser Gruppe gehört auch die hauptsächlich aus lymphoidzelligem Gewebe bestehende Thymus).
2. Basalzellenepithel innersekretorischer Drüsen, insbesondere der Speicheldrüsen.
3. Basalzelliges, spermatogenetisches Epithel der Hoden und Follikelepithel der Ovarien.
4. Basalzellenepithel der Haut, Schleimhäute des Magens und Dünndarms.
5. Alveolarepithelien der Lunge und Epithel der Gallengänge (Leber).
6. Tubulusepithelien der Nieren.
7. Endothelzellen der Blutgefäße, der Pleura und des Peritoneums.
8. Bindegewebszellen.
9. Muskelzellen.
10. Knochenzellen.
11. Nervenzellen.

Bei dieser Aufstellung muß man jedoch festhalten, daß auch die widerstandsfähigsten Zellen nicht völlig unempfindlich gegen die Strahlung sind. Auch sie können geschädigt bzw. zerstört werden, wenn sie nur lange genug einer genügend intensiven Bestrahlung ausgesetzt werden.

Die Strahlenwirkung besteht nach der heutigen Vorstellung in einem Zusammenstoß strahlender Quanten mit den Elektronen in den Atomen und Molekülen der chemischen Zellsubstanz. Dadurch werden die Atome bzw. Moleküle aktiviert. Diese ionisierten oder aktivierten Atome haben die Eigenschaft, sich von den ursprünglichen, nichtbestrahlten Atomen zu trennen. Die Protoplasma-Eiweißmoleküle werden dadurch notwendigerweise verändert und gewöhnlich zu einfacheren Substanzen abgebaut. Diese Abbauprodukte oder Molekülfragmente wirken genau so wie Fremdkörper auf die normale Struktur und Funktion der Zelle. Die Veränderungen treten erst nach einer gewissen Latenzzeit nach der Bestrahlung auf. Diese Latenzzeit kann sehr kurz sein, wenn man nämlich die allerersten Veränderungen, die mit den heutigen Methoden überhaupt noch wahrnehmbar sind, als Kriterium der Strahlenwirkung benutzt; sie ist wesentlich länger, wenn man den Zelltod oder grobe Phänomene wie das Hauterythem als Ausdruck der Strahlenwirkung ansieht. Schon seit langem weiß man, daß kurzwellige Strahlen auf den wachsenden Organismus entwicklungs- und wachstumshemmend wirken. Wahrscheinlich liegt die Ursache in einer durch die Bestrahlung bedingten Zerstörung von Wachstumsstoffen.

Durchsichtiges Protoplasma wird bei Bestrahlung zunächst trüb, dann granuliert, als Ausdruck einer Eiweißveränderung und einer Störung der Verteilung der elektrischen Ladungen, die eine Gerinnung herbeiführt. Dieser Prozeß ist jedoch, wenn nicht allzu hohe Dosen angewandt werden, reversibel. Man hat daran gedacht, daß die Gerinnung durch geringe Mengen Strahlungshitze zustande kommt, die in dem Gewebe durch die Umwandlung kinetischer Energie der Photoelektronen entsteht. Die Kerne der Zellen schrumpfen und verklumpen; in fortgeschritteneren Stadien zerfällt das Chromatin; die einzelnen Stücke schwellen an und füllen den Zellkörper ganz aus. Nach Einwirkung sehr hoher Strahlungsenergie ist das Protoplasma vakuolisiert, die Mitochondrien sind zerbrochen und die Zelle ist tot. Die bestrahlten Kerne sind deutlich aufgeschwollen, das Cytoplasma wie aufgeblasen. Diese Erscheinungen müssen auf einem gesteigerten Vermögen zur Wasserabsorption durch die geschädigte Zellmembran beruhen. Man glaubt, daß durch die intracellulären Veränderungen infolge der Zerlegung von Salzen sowie Eiweiß und Fettstoffen neue Elektrolyte entstehen, so daß das Wasser durch einfache osmotische Vorgänge in die Zelle gelangt. Die Viscosität des Protoplasmas ist nach der Bestrahlung erhöht, die Wasserstoffionenkonzentration vermehrt. Die Zellatmung ist vermindert, das Zellwachstum bereits gestört, bevor die Zellatmung verändert wird. Die Zellteilungsvorgänge sind besonders betroffen. Bereits in der Teilung befindliche Zellen setzen, wenn sie erst während dieses Zeitpunktes von der Strahlung getroffen werden, die Teilung fort, während andere Zellen nicht mehr zur Teilung kommen; sie verlieren zudem ihre Beweglichkeit und gehen zugrunde. Gelegentlich erscheinen sie zunächst noch normal, um erst nach einigen weiteren Teilungen abzusterben. Als Strahleneffekt auf blutversorgte Zellverbände kennt man den Verschluß der Blutgefäße und eine Zerstörung der vasculären Versorgung des Gewebes.

2. Die akute und chronische Wirkung der Röntgenstrahlen und der Strahlen radioaktiver Substanzen.

Man muß theoretisch zwischen der Wirkung lediglich von außen auf den Organismus einwirkender strahlender Energie unterscheiden, wie sie in der Praxis z. B. für den Körper bei Röntgenbestrahlung oder bei ungenügender Strahlenfilterung in sich zwar von der Außenluft abgeschlossener radioaktiver Substanzen auftritt, deren Strahlung jedoch weiter durch die Wände der Behältnisse hindurch wirksam bleibt, und den Fällen, in welchen durch Hantierung mit offenen radioaktiven Körpern diese gas- oder staubförmig oder in gelöster Form in den Organismus eindringen und wo sich die unmittelbar auf die Zellen im Körperinnern einwirkende Strahlung der *einverleibten* strahlenden Substanz zu der Strahlung hinzuaddiert, welche die gelösten bzw. gasförmigen oder festen Substanzen außerdem von außen auf das mit diesen Stoffen beruflich hantierende Individuum aussenden. Die sich beim Eindringen strahlender Körper in den Organismus ergebenden Probleme sind im Abschnitt 3 behandelt. In der Praxis wird es sich bei den Personen, die mit der Gewinnung, Herstellung und Abfüllung radioaktiver Substanzen beschäftigt sind, um Schädigungen durch Strahlen von innen und außen handeln, während die Benutzer dieser Präparate bei der Anwendung dieser Strahlen — abgesehen von der Sekundärstrahlung — nur den von außen kommenden Strahlen so lange ausgesetzt sind, als sie sich in unmittelbarer Nähe der strahlenden Substanz aufhalten; im anderen Fall wird die in den Körper eingedrungene strahlende Substanz auch außerhalb der eigentlichen Arbeitszeit ihre schädigende Wirkung fortdauernd entfalten. In derartigen Fällen sind von vornherein schwerere Schädigungen zu erwarten; auch wird die Prognose sehr viel vorsichtiger gestellt werden müssen.

Wenn auch die Wirkung einer ein- oder mehrmaligen Bestrahlung mit höheren Strahlenmengen gewerblich nur geringere Bedeutung hat, so sei sie im folgenden wenigstens kurz und nur in ihren wichtigsten Erscheinungen dargestellt, da unter den Bedingungen der Praxis sich die akute und chronische Einwirkung von Strahlen miteinander kombinieren kann.

Sowohl nach der Bestrahlung mit Röntgen- wie auch Radiumstrahlen kann der sog. **Röntgen- oder Radiumkater** auftreten, auch bei Personen, die beruflich der Strahlenwirkung ausgesetzt sind. So wurden bei Krankenschwestern, die sich täglich mehrere Stunden lang in Räumen aufhielten, in denen ungenügend abgeschirmte Radiumpräparate aufbewahrt wurden, Krankheitserscheinungen beobachtet, die als Radiumkater zu deuten waren. Dieser ist abhängig vom körperlichen Zustand und der Empfindlichkeit des betreffenden Individuums. Je nach dem Bestrahlungsort, der Bestrahlungslänge und Intensität treten Beschwerden auf, die in starkem Durstgefühl, Geschmacksstörungen (metallischer oder knoblauchartiger Geschmack im Mund), erhöhtem Schlafbedürfnis, Geruch- und Geräuschüberempfindlichkeit, nervöser Reizbarkeit, Kopfschmerzen, Schwindel, zunehmender Appetitlosigkeit, Brechreiz, Erbrechen, Durchfällen oder auch in leichtem Fieber bestehen. Das klinische Erscheinungsbild des Strahlenkaters wurde gelegentlich mit dem der Seekrankheit verglichen. Die Ursache dieser Beschwerden wird im allgemeinen in einer *Vergiftung des Organismus* mit den beim Zerfall des bestrahlten Gewebes frei werdenden, vorwiegend *sauren Stoffwechselprodukten* gesehen. Nach der Bestrahlung setzt regelmäßig eine Acidose ein, der nach 24—48 Stunden eine lang dauernde Alkalose folgt. Während der Bestrahlung sinkt die Milchsäure in den Geweben ab. Die Acetonkörper im Blut vermehren sich stark; vor allem ist die β-Oxybuttersäure oft um 100% und mehr erhöht. Auch der Sauerstoffwechsel ist nach Bestrahlung gesteigert. Der Blutzucker steigt unmittelbar nach der Bestrahlung an und erreicht 3 Stunden später normale, zuweilen auch lang anhaltend unternormale Werte. Der Cholesteringehalt des Blutes sinkt, während der der Leber und Milz steigt. Der Gesamtstickstoff ist in den ersten Tagen nach der Bestrahlung erhöht, später wird die Stickstoffbilanz negativ. Der Reststickstoff steigt nur dann, wenn die Bestrahlung zu einer stärkeren Gewebseinschmelzung geführt hat. Der Calciumspiegel im Blut steigt unmittelbar nach der Bestrahlung an, dann folgt eine langdauernde Hypocalcämie. Dabei kommt es zu einer Ausschwemmung von Calcium und Säuren durch den Urin; anschließend folgt ein Stadium, in dem Calcium und Säuren retiniert werden. Diese Schwankungen gehen den oben beschriebenen p_H-Schwankungen parallel. Der Gehalt der Nahrung an Säuren und Basen beeinflußt den Mineralhaushalt (insbesondere Ca, Mg und Na), damit auch die Strahlenempfindlichkeit.

Im **Blut** führt die Strahlenwirkung zu einer elektrischen Entladung der Kolloide, damit auch zu einer Verminderung ihrer Stabilität. Die oft zu beobachtende Flockung der Kolloide ist offenbar die Ursache der Veränderung der Senkungsgeschwindigkeit der roten Blutkörperchen. Sie wurde verlangsamt, unverändert und wechselnd stark beschleunigt gefunden. Die Oberflächenspannung und Viscosität der Gewebsflüssigkeit wird verändert. Radioaktive Substanzen verursachen eine deutliche Eiweißvermehrung im Blut. Das Verhältnis Albumin—Globulin wird zugunsten des Globulins verschoben.

Das *rote Blutbild* zeigt meist keine wesentlichen Veränderungen. Nur sehr hohe Dosen bewirken eine Verminderung der Erythrocytenzahl, wobei gleichzeitig die Blutfarbstoffwerte mit absinken. Nach DIETEL ist ein entweder im durchstrahlten Gebiet oder aber im Blut selbst entstehender Stoff hierfür verantwortlich zu machen. Im Tierversuch ließ sich nämlich zeigen, daß menschliches Serum, das während eines Strahlenkaters abgenommen wurde, eine Erythrocytenverminderung beim Versuchstier verursacht. Die Erythrocyten selbst sind wenig verändert: relativ oft besteht eine Anisocytose, seltener eine Polychromasie. Gelegentlich finden sich auch basophil punktierte Erythrocyten. Die bei der therapeutischen Anwendung in Frage kommenden Dosen bewirken zunächst eine sehr flüchtige Vermehrung, dann aber eine sehr viel eindrücklichere Verminderung der *Leukocyten*, welch letztere hauptsächlich zu Lasten der Polynucleären geht, so daß meist eine relative Lymphocytose nachweisbar ist. Die *Lymphocyten* sind nach Bestrahlung oft vermindert. Man glaubt, daß die Lymphocyten als junge Zellen weniger strahlenresistent sind. Die anfängliche Lymphocytenabnahme im Verlaufe der Leukopenie ist nach SCHITTENHELM so zu erklären, daß die Stammzellen des blutbildenden Organs, die Jugendformen aller weißen Blutkörperchen lymphoiden Typs, vorübergehend verringert gebildet werden. Die Zellen wandeln sich unter dem Einfluß der Zerfallsprodukte des Blutgewebes, die eine gesteigerte Funktion der Blutzellen überhaupt bedingen, rascher zu Granulocyten mit sog. toxischer Granulation und gehen damit dem Endstadium der Entwicklung und ihrem Untergang schneller entgegen. Dabei kommt es zur Abnahme der Granulocyten im Blut, die noch anhält, wenn die Lymphocyten in günstigen Fällen bereits wieder ansteigen, weil das blutbildende Gewebe bzw. dessen Bestandszellen die Bildung neuen lymphoiden Zellmaterials erneut aufnimmt. Die Normalisierung des Differentialblutbildes erfolgt bei den Polymorphkernigen besonders langsam.

Das **Knochenmark** zeigt 3—4 Stunden nach der Bestrahlung eine deutliche Reaktion: in den Kernen aller weißen Zellen finden sich Pyknosen, zuerst in den Lymphocyten, dann erst in den polynucleären Zellen. Bei genügend hohen Dosen bleiben nur die reifen roten Blutkörperchen in den Markcapillaren intakt. Auch nach intensiver Bestrahlung ist eine Regeneration des Markes möglich.

Milz und Lymphdrüsen reagieren in gleicher Weise: So findet man eine enorme Pyknose der Keime in den Keimzellen, später auch in den sonstigen lymphatischen Geweben. Phagocyten umschließen die Chromatinschollen und 12—14 Stunden nach der Bestrahlung sind nur noch wenige Zellen übriggeblieben. Nach etwa 24 Stunden beginnt die Regeneration, die, sofern nicht tödliche Dosen wirksam werden, vollständig ist.

Die **Schleimhäute des Rachens und der oberen Luftwege** reagieren wie die äußere Haut mit einem reparablen Erythem; allerdings ist die Latenzzeit kürzer, desgleichen die regenerative Phase. Die mit Zylinderepithel ausgestattete Schleimhaut ist weniger strahlenempfindlich als die mit Pflasterepithel versehene; klinisch treten Heiserkeit und Trockenheit der Schleimhäute, zuweilen auch Hustenreiz mit verstärkter Schleimsekretion auf.

In den **Lungen** und an der **Pleura** können infiltrative Prozesse entstehen, die röntgenologisch als fleckige Herde sichtbar werden, während perkussorisch eine Schallverkürzung, auskultatorisch rauhes Atmen festzustellen ist. Das ganze Bild ähnelt klinisch einer zentralen Pneumonie, jedoch pflegen Temperatursteigerungen zu fehlen. Subjektiv klagen die Kranken über stechende Schmerzen, Kurzatmigkeit und Hustenreiz. Später entwickeln sich Verschwielungen und Schrumpfungen des Lungengewebes mit Verziehungen des Herzens und des Mediastinums, wobei Husten und verstärkte Kurzatmigkeit auftreten. Es kommt zur Entwicklung einer Lungenfibrose (sog. Röntgenpleuropneumonitis).

Am **Herzen** verursachen hohe Dosen Nekrosen, fettige Infiltration und Degeneration des Herzmuskels. Der Blutdruck sinkt nach Bestrahlung anhaltend und fortschreitend während der ganzen Dauer der Strahleneinwirkung; zuweilen fällt er auch plötzlich ab; nach 3—4 Tagen erfolgt dann wieder ein Anstieg auf normale Werte, zuweilen auch darüber hinaus.

Der **Magen-Darm-Trakt** ist an und für sich wenig strahlenempfindlich, insbesondere der Dickdarm. Immerhin scheinen schon geringere Dosen an der Magen-Darm-Schleimhaut ein Ulcus hervorzurufen als auf der Haut. Es kommt zu einer katarrhalischen Entzündung mit Blutungen in die Schleimhäute, dann zu einer Schleimhautatrophie, die von einer Verringerung der Salzsäureproduktion begleitet sein kann. Zuweilen treten auch Durchfälle auf. In schweren Fällen kommt es zu einer Verdickung der Darmwand mit Starrwerden des Darmrohres, Geschwürs- und Stenosenbildungen, denen schwere Gefäßschäden und infiltrativ-entzündliche Prozesse zugrunde liegen. Zuweilen besteht eine pseudomembranöse Colitis.

An der **Harnblase** findet man eine Hyperämie und Entzündung der Schleimhaut; klinisch treten die Erscheinungen einer Cystitis auf.

Die **exkretorischen Drüsen** werden im allgemeinen nur durch hohe Dosen geschädigt. Relativ empfindlich sind die Speicheldrüsen, deren Sekretion vorübergehend eingeschränkt sein kann. Nach sehr hohen Dosen kommt es zu völliger Verödung. Die Leberzellen sind wenig empfindlich, während das sezernierende Epithel der Gallengänge leichter geschädigt wird. An den Nieren finden sich bisweilen degenerative Veränderungen; klinisch kommt es zu einem Zustandsbild, das dem der akuten Nephritis ähnelt. Die *Brustdrüse* ist nur im Entwicklungsstadium strahlenempfindlich. Hier kommt es unter Umständen zu Atrophien des Gewebes. Die *Prostata* wird ärmer an sezernierenden Zellen, während das Bindegewebe sich vermehrt.

Wesentlicher sind die Veränderungen der **Keimdrüsen**. Bei den *Hoden* bedarf es nur einer geringen Strahleneinwirkung, um eine Oligonekrospermie, schließlich eine Azoospermie hervorzurufen. Es kommt zu einer langsamen Degeneration des Keimepithels, während das interstitielle Gewebe intakt bleibt. Die innersekretorische Tätigkeit und die Potentia coeundi bleiben infolgedessen erhalten. Nach flüchtiger Strahlenwirkung ist eine Regeneration des Keimepithels möglich. Die geschädigten Hoden sind klein und schlaff. Beim *Ovar* werden zuerst die reifen Follikel zerstört; sind die Dosen genügend hoch, so gehen auch die Primärfollikel zugrunde. Bleiben einige der letzteren intakt, so ist es möglich, daß noch Jahre nach dem Sistieren der Regelblutung die Menstruation erneut in Gang kommt. Makroskopisch sind die geschädigten Ovarien etwas verkleinert.

Die hochdifferenzierten Zellen des **Zentralnervensystems** sind gegen die Strahlenwirkung ziemlich unempfindlich. Bei jugendlichen Individuen sind Reaktionen eher möglich. Hohe Strahlendosen wirken analgetisch. Bei bereits bestehendem Hirndruck kann die Bestrahlung mit hohen Dosen eine reaktive Schwellung der Hirnsubstanz hervorrufen, die durch die weitere Raumbeengung lebensgefährlich werden kann. Bei intensiver Bestrahlung entfernt liegender Gewebspartien kann es durch den Eiweißzerfall zu einer Fernwirkung auf das Gehirn kommen im Sinne einer Eiweißzerfallstoxikose, die sich in Schlaflosigkeit, erhöhter Erregbarkeit, Verwirrungszuständen mit Desorientierung, Halluzinationen und schweren allgemeinneurasthenischen Beschwerden äußert.

An den **Augen** können schon Dosen von 900 r erhebliche Schäden setzen. Neben entzündlichen Erscheinungen an den Lidern und Conjunctiven (Blepharitis, Conjunctivitis) sowie Skleren wurden wiederholt Kataraktbildungen beobachtet. Der **Röntgen-** bzw. **Radiumstar** ist bisher nur bei direkter Bestrahlung des Auges, nie als berufliche Erkrankung, beobachtet worden. Die biologischen Wirkungen der Röntgen- und Radiumstrahlen auf das Auge sind in zwei zeitlich und morphologisch verschiedene Gruppen zu trennen: einmal in flüchtige, kurz nach der Bestrahlung sichtbar werdende Schäden, die in Reizungserscheinungen, im Auftreten von Vorderkammerstaub und in Exsudationen auf der Vorderkapsel und Iris bestehen und die schon am ersten und dritten Tage sichtbar werden, um schnell wieder zu verschwinden. Sie sind streng zu trennen von den Spätschäden der zweiten Gruppe, die in der vorderen Rinde der Linse lokalisiert sind, erst nach Monaten auftreten und langsam fortschreiten, auch dann, wenn die Einwirkung der schädigenden Strahlen aufgehört hat. Hier besteht ein prinzipieller Unterschied zum Feuerstar. Die subkapsulären Trübungen rücken allmählich infolge Neubildung gesunder Fasern von der Kapsel ab. Die Dosen, die einen Röntgenstar verursachen können, liegen wahrscheinlich noch unter 1000 r. Sicherlich bestehen auch hier infolge der individuellen, sehr unterschiedlichen Empfindlichkeit erhebliche Differenzen. Die Veränderungen sitzen, ähnlich wie beim Ultrarotstar der Glasmacher, subkapsulär am vorderen und hinteren Linsenpol; mitunter ist eine Opazität und Gelbfärbung des Linsenkerns beobachtet worden. Beim Radiumstar handelt es sich um die prinzipiell gleichen Schäden. Wimpern und Augenbrauen fallen aus. Sehr hohe Dosen können zur Zerstörung der Retina und zu Glaukom führen. In Tierversuchen erwies sich die Linse als etwa zweimal empfindlicher als die Cornea und Conjunctiva.

Die **Knochen** werden durch hohe Strahlendosen ebenfalls geschädigt. Während die Knochen Erwachsener ziemlich strahlenresistent sind, wird der heranreifende wachsende Knochen viel leichter geschädigt. Am empfindlichsten ist das Periost, das nach intensiver Bestrahlung stark anschwillt, sich verdickt und sich leicht vom Knochen ablösen läßt. Die innere Oberfläche zeigt dann eine hyaline Schicht ohne Zellen. Die normale Schicht der Osteoklasten fehlt. Zuweilen entwickelt sich eine Osteoporose; die Trabekel sind verschmälert und unregelmäßig; das Fettmark ist vermehrt und die Knochen lassen Degenerationserscheinungen erkennen. Die nach hohen Strahlendosen beobachteten Knochenveränderungen bestehen entweder in aseptischen Nekrosen, die nach Infektion zu septischen Nekrosen umgewandelt werden können, oder aber in einer sog. Strahlenostitis (EWING). Nicht ganz selten entwickelt sich später an den Stellen, die ostitisch verändert werden, ein Osteosarkom (BORAKS).

Nach EWING handelt es sich primär um eine Obliteration der in den HAVERSschen Kanälen verlaufenden Gefäße, die von einer Verdickung der Compacta, einer fibrösen Umwandlung des Marks und von vermehrter Brüchigkeit des Knochens gefolgt ist, welch letztere vor allem an den Knochen, die besonderen Traumen oder Belastungen ausgesetzt sind, zu Spontanfrakturen führen kann. Die Callusbildung ist beim strahlengeschädigten Knochen verlangsamt und vermindert.

Am häufigsten und bekanntesten sind die Strahlenschädigungen der **Haut**, die in jedem Fall die Eintrittspforte der Strahlen in den Körper darstellt. Infolge der Absorption und Streuung erhält sie zudem eine höhere Dosis der wirksamen Strahlen als die tiefer gelegenen Gewebspartien.

Bei der Darstellung der Hautschädigungen unterschied man bisher meist zwischen akuten und chronischen Schäden. Diese Einteilung gibt zu Verwechslungen zwischen dem Verlauf der Hauterkrankung und der Länge der Strahleneinwirkung Anlaß. Betrachtet man den Verlauf der Erkrankung an der Haut, so läßt diese Einteilung keine genügend scharfe Trennung der beiden Formen zu, da auch die sog. akuten Hautschäden außerordentlich langwierig verlaufen können. Einem Vorschlage BORDIERS folgend, sollen im folgenden die nach relativ hohen Dosen auftretenden Hautveränderungen in gutartige und geschwürige gegliedert werden. Die schwersten Formen haben heutzutage nur noch historisches Interesse. Sie kommen bei den heute üblichen Schutzmaßnahmen wohl nicht mehr vor. Die nach akuten Bestrahlungen auftretenden Veränderungen sind so gut bekannt und in der einschlägigen Literatur so eingehend beschrieben, daß sie hier nur kurz gestreift seien. Sie spielen bei gewerblichen Schäden auch nur eine untergeordnete Rolle.

Die strahlende Energie der Röntgen- und Radiumstrahlen wird sowohl in der Keimschicht der Epidermis wie auch in der Cutis wirksam. Die Kerne der Zellen werden polymorph und pyknotisch, degenerieren und verlieren die Fähigkeit zur Teilung. In der Epidermis wird primär die Basalzellenschicht geschädigt. Zu dieser Schädigung der Keimschicht treten noch entzündliche Vorgänge hinzu, die in interstitiellem Ödem und Leukocyteninfiltration bestehen. Auch Capillarschäden entwickeln sich, die in einer Gefäßerweiterung und einer Verdickung der Gefäßwände ihren Ausdruck finden. Nach der modernen Vorstellung kommt die Capillarerweiterung dadurch zustande, daß aus den strahlengeschädigten Zellen während längerer Zeit „H-Substanz“ in Freiheit gesetzt wird. Infolge der dauernden Wirksamkeit der H-Substanz bleibt die Gefäßerweiterung bestehen, die Gefäße verlieren die Fähigkeit, sich normal zu kontrahieren; andere Zellen wachsen und füllen das ausgedehnte Netzwerk aus, das die Gefäßwände bildet. Dadurch kommt es zu einer Verdickung derselben. Die Gefäßwände werden undurchlässiger für die ernährende Gewebsflüssigkeit, die für das Wachstum der Zellen notwendig ist. Einige Zellen sterben ab, während andere abnorme Wachstumsformen zeigen.

Bei weiterer Bestrahlung entwickelt sich eine Verdünnung des Rete Malpighii. Nach Zerstörung der Keimschicht sitzt die Hornschicht der Cutis unmittelbar auf. Geht die Hornschicht zugrunde, so liegt die Cutis bloß: ein Strahlenulcus ist entstanden. Die durch die Strahlung in der Haut hervorgerufenen Zellveränderungen können sich überlagern. Hyper- und hypotrophische Stadien wechseln miteinander ab. Vermehrte und verminderte Pigmentierungen entstehen, auch Verdickungen oder ein Dünnerwerden der Haut treten auf. Bei dauernd erhöhter Proliferation der chronisch der Strahlung ausgesetzten Epidermis kann ein Krebs entstehen.

Klinisch unterscheidet man die sog. **Vorreaktion**, die von der eigentlichen Strahlendermatitis abzugrenzen ist. Sie besteht in einem oft nur flüchtig sichtbaren Erythem, das nach einigen Stunden oder Tagen unter leichtem Jucken als blaßrosa bis rot gefärbte, scharf begrenzte Rötung auftritt und manchmal erst nach 8—10 Tagen, ohne irgendwelche Spuren zu hinterlassen, wieder verschwindet.

Die **gutartigen Strahlendermatitiden** entstehen nach Anwendung zu hoher Dosen oder bei ungenügender Strahlenfilterung. In den leichtesten Fällen beschränken sich die Veränderungen auf einen Haarausfall im bestrahlten Gebiet und eine gewisse Gerbung der Haut, Erscheinungen, die nach 2—4 Wochen wieder vollständig verschwinden.

Bei stärkerer Strahleneinwirkung entwickelt sich nach Ablauf einiger Stunden ein Erythem mit deutlicher, auf einer Gefäßerweiterung beruhenden Hyperämie, das keine Schmerzen, bisweilen aber ein geringes Wärmegefühl verursacht (Dermatitis erythematosa). Die Haare des von den Strahlen getroffenen Bezirkes fallen aus und die Haut pigmentiert sich. Das Erythem kann 2—4, manchmal auch 6—12 Wochen bestehen bleiben und dann wieder völlig verschwinden.

In schwereren Fällen wird die Rötung immer stärker und verwandelt sich in ein dunkles Rötlichblau. Die Haare fallen aus, die Papillen der Schweiß- und Talgdrüsen gehen zugrunde. 10—25 Tage nach der Bestrahlung treten heftige Schmerzen auf, vor allem nachts. Auf der geröteten Haut entstehen nun spitze papulöse Erhebungen, die ineinander übergehen, wobei richtige Blasen entstehen (Dermatitis bullosa). Diese Blasen lösen sich ab, so daß die flache und im allgemeinen nicht tiefgehende geschwürige Wundstelle schließlich ganz bloßliegt. Unerträgliche brennende Schmerzen verursachen nun ernstliche Schlafstörungen; die Kranken liegen von Schmerzen gepeinigt die ganze Nacht wach. In den gutartigen Fällen beginnt ungefähr nach 14 Tagen, zuweilen auch erst viel später, die Heilung. Es kommt zur Beruhigung der Schadenstelle, die bis auf eine leichte braune Pigmentierung, die schließlich auch noch im Laufe von Monaten verschwindet, wieder völlig normales Aussehen zeigt.

In der Praxis findet man alle nur denkbaren Übergänge zwischen den hier beschriebenen Hautveränderungen.

Die **geschwürigen Strahlendermatitiden** (Dermatitis necroticans) sind sehr viel schmerzhafter und auch viel ernster zu beurteilen. Sie entstehen meist nach der Einwirkung ganz ungenügend oder gar nicht gefilterter Strahlen. Die Heilung ist äußerst langwierig; sie erfolgt, wenn überhaupt, erst in verzweifelt langer Zeit. Die geschwürigen Strahlendermatitiden unterscheiden sich recht merklich von den schon nach wenigen Tagen auftretenden, oben beschriebenen gutartigen Hautschäden. Es vergeht nämlich sehr lange Zeit, in vielen Fällen handelt es sich um lange Jahre, ehe die ersten Veränderungen auftreten (Spätschäden). Die sehr tief gehenden Ulcera entstehen an früher bestrahlten Stellen durch zusätzlich einwirkende schädigende Einflüsse (Tragriemen- oder Kleiderdruck, kleine Verletzungen usw.). Die Geschwüre sind umfangreicher und tiefgehender als die bei den gutartigen Formen. Meist erfordern sie eine Excision im Gesunden und heilen nur selten unter Zurücklassung atrophischer, mit zahlreichen Teleangiektasien durchsetzter Narben ab. In sehr seltenen Fällen und nach Einwirkung sehr hoher Dosen beginnen die Erscheinungen schon 4—5 Tage nach der Strahleneinwirkung (BOR-

DIER). Der Verlauf der Erkrankung ist genau so protrahiert, die Heilungstendenz genau so gering, wie bei den oben beschriebenen Spätschäden.

Die bei der **chronischen Einwirkung strahlender Energie** auftretenden Schädigungen betreffen in erster Linie das Blut, weiter die Keimdrüsen und die Haut. Die dabei in Frage kommenden Strahlendosen bewegen sich zwischen 0,10 und 0,20 HED. (60—120 r) als ungefähre Menge, nach der Schäden auftreten.

Blut. Bei den über lange Zeit in strahlengefährdeten Betrieben tätigen Personen finden sich fließende Übergänge von den leichtesten Veränderungen bis zu den schwersten Schäden, vor allem in den Blutbildungsstätten. Im allgemeinen besteht eine recht ausgeprägte Parallelität zwischen der wirksamen Strahlungsintensität und der Schwere der Blutveränderungen. Ernstere Schäden sind bei Einhaltung der heute üblichen Schutzvorschriften sicher zu vermeiden und in den letzten Jahren nicht mehr beobachtet worden. Die Schädigungen durch Röntgen- und Radiumstrahlen werden ziemlich einheitlich beschrieben; es bestehen lediglich quantitative Unterschiede: in vielen Fällen war nach Arbeiten mit radioaktiven Substanzen die nachfolgende Knochenmarkreizung etwas geringer als nach der Einwirkung von Röntgenstrahlen. Die Schwere der Blutbildveränderungen und der Knochenmarkreizung ist im wesentlichen abhängig von den Arbeitsverhältnissen und der konstitutionell bedingten Reizbarkeit des Knochenmarks. Bei den leichten Schäden ist das rote Blutbild wenig, oft auch gar nicht verändert. Die deutlichsten Verschiebungen sind bei den gewerblichen Radiumschäden im Differentialblutbild zu finden. Trotz der heute gebräuchlichen Schutzmaßnahmen werden sie auch heute noch bei etwa 30% der gefährdeten Personen festgestellt (AUBERTIN).

Beim **Beginn** der Strahleneinwirkung kommt es *ausnahmslos bei allen Personen*, die beruflich der Wirkung von Röntgen- oder Radiumstrahlen ausgesetzt sind, sehr schnell zu einer Knochenmarkreizung, die sich in einer vorübergehenden geringen Vermehrung der Hämoglobinwerte und Erythrocytenzahl ausdrückt (CAFARATTI). In diesem Stadium läßt sich durch Supravitalfärbung eine erhöhte Erythrocytenregeneration erkennen; Reticulocytenwerte von 2—24 ‰ wurden gefunden, wobei die Reticulocytose bei Röntgenschäden ausgeprägter zu sein scheint als bei Radiumschäden. Zuweilen findet sich auch eine leichte Anisocytose. Der Färbeindex schwankt und wurde zum Teil vermehrt, zum Teil auch vermindert gefunden.

Gleichzeitig tritt eine *mäßige Leukocytose* auf, die Werte bis 12000, ja 14000 Leukocyten erreichen kann (WINTZ, AUBERTIN u. a.) und die nach Ablauf einiger Wochen oder Monate in eine Leukopenie umschlägt. Die strahlende Energie stellt zunächst einen Reiz für die Blutbildungsstätten dar, die mit einer Zellvermehrung im strömenden Blut beantwortet wird. Erst bei einem fortdauernden Einwirken des Strahlentraumas entwickelt sich die für dieses typische Leukopenie.

Genau so, wie es bei den schweren chronischen Strahlenschäden, je nach der individuellen Reaktion, häufiger zu schweren aplastischen Anämien oder aber seltener zum Bild einer myeloischen Leukämie kommen kann (vgl. S. 297), sind auch vereinzelte Fälle beschrieben, in denen es nach jahrelanger Strahleneinwirkung bei dem oben beschriebenen Reizstadium verblieb und fortdauernd eine Leukocytose (bis 36800 Leukocyten) mit Auftreten von Myelocyten und kernhaltigen roten Blutkörperchen im strömenden Blut bestand, die, wenn auch abgeschwächt, noch 10 Monate nach Aufhören des Strahlenreizes und nach Ausscheiden aus dem Betrieb nachweisbar blieb (WINTZ).

Recht konstant findet man das Auftreten *vermehrter Eosinophiler* im strömenden Blut bei Beginn der Arbeit, die bei den der Röntgen- oder Radiumstrahleneinwirkung ausgesetzten Personen anfangs nur selten vermißt wird. Es handelt sich jedoch stets nur um eine vorübergehende Reaktion (Schutzreaktion? WINTZ), die nur da zu beobachten ist, wo noch starke Reparationskräfte wirksam sind. Man ist geneigt, einen Mangel an Eosinophilen in diesem Stadium der Erkrankung bei sonst noch nachweisbarem krankhaften Blutbefund im Sinne einer Regenerationsunfähigkeit und einer Erschöpfung der Blutbildungsstätten als Folge der chronischen Strahleneinwirkung zu deuten (AUBERTIN, SEITZ-WINTZ, BOCH u. a.).

Diese Erscheinungen pflegen nach Unterbrechung der Tätigkeit, auch wenn sie nur kurzfristig erfolgt (Urlaub), wieder zu verschwinden. Nach Ablauf von ein bis zwei Monaten, bei Einwirkung sehr geringer Strahlenmengen oder intermittierender Exposition noch später, entwickelt sich allmählich eine mäßige *Leukopenie*, die im wesentlichen auf Kosten der im Knochenmark erzeugten Elemente, d. h. der neutrophilen Leukocyten, erfolgt. Die Gesamtzellabnahme ist in den meisten Fällen nicht allzu imponierend: meist liegen die Zahlen nur um Tausend unter der Norm. Sehr ausgeprägte Leukopenien sind bei den gewerblichen Schäden ausgesprochen selten und finden sich eigentlich nur in den schweren Fällen. Das Auftreten pathologischer Formen oder unreifer Zellen im strömenden Blut ist etwas Außergewöhnliches. In erster Linie sind die Neutrophilen vermindert, bisweilen bis zu 50% der Normalzahl. Nur vereinzelt ist eine Linksverschiebung mit vermehrtem Auftreten von Stabkernigen und jugendlichen Leukocyten zu beobachten.

Die *Monocyten* sind in vielen Fällen kaum verändert, oft jedoch leicht vermehrt (Monocytose). Bei den kleinen Strahlendosen, wie sie bei gewerblichen Schädigungen im allgemeinen wirksam werden, bleibt der lymphatische Apparat unverändert, zuweilen auch erhöht tätig. In der überwiegenden Zahl der Fälle findet man vorwiegend eine relative Lymphocytose, doch kommt bisweilen auch eine absolute Vermehrung der lymphatischen Elemente vor (GUDZENT und HALBERSTÄDTER). Gelegentlich wurde ein unterschiedliches Verhalten der Lymphocyten, nämlich eine Zunahme der großen und eine Abnahme der kleinen Formen beobachtet (WILLIAMS).

Die *Thrombocyten* sind bei den reversiblen leichten gewerblichen Schäden meist normal, nur bei den schweren Strahlenschäden vermindert.

Die **schweren, irreversiblen Schädigungen des Blutes** haben heute eigentlich nur noch historisches Interesse und kommen nur ganz vereinzelt vor. Sie verlaufen vorwiegend unter dem klassischen Bilde der schweren aplastischen Anämie. Im allgemeinen treten sie überraschend und ohne alarmierende Prodromalerscheinungen ein. Oft genug war der Blutbefund noch kurze Zeit vorher ganz normal. Es kommt zum Schwund aller morphologischen Elemente im strömenden Blut. Das *Knochenmark* bietet, wie alle anderen blutbildenden Stätten auch, das Bild einer völligen Aplasie. Eine ausführliche Schilderung des klinischen Bildes ist bereits bei der chronischen Benzolvergiftung erfolgt (s. d.). Genau wie bei der chronischen Benzolvergiftung werden übrigens auch nach chronischer Strahlenwirkung bisweilen entgegengesetzte Reaktionen beobachtet: lymphatische oder auch myeloische Leukämien, deren klinisches Erscheinungsbild sich von dem wohlbekannten der kryptogenetischen Leukämien nicht unterscheidet.

Die **Schädigungen der Keimdrüsen**. Grundsätzlich handelt es sich bei chronischer Strahleneinwirkung um die gleichen Veränderungen, wie sie nach akuter Strahleneinwirkung beschrieben wurden. Bei Beobachtung der üblichen Schutzmaßnahmen sind Schädigungen der Keimdrüsen heute mit Sicherheit vermeidbar. Leichtfertiger Verzicht auf diesen Schutz mag das relativ gehäufte Auftreten einer Impotentia generandi bei in Strahlenbetrieben tätigen Männern erklären. Die auftretenden Schäden sind bei den bei chronischer Einwirkung in Frage kommenden geringen Strahlenmengen prognostisch vielleicht etwas günstiger zu beurteilen als akute Schäden, die meist irreparabel sind.

Bei weiblichen Röntgenassistentinnen scheinen Menstruationsstörungen vor allem dann nicht ganz selten zu sein, wenn die Strahlen bereits im frühen Alter (17—18 Jahre) wirksam werden. Allerdings ist der Zusammenhang zwischen diesen Regelstörungen und der Strahleneinwirkung noch nicht ganz sicher. Wiederholt ist geltend gemacht worden, daß die weiblichen Keimdrüsen doch sehr tief und geschützt im Becken liegen und daß zu erwarten wäre, daß die darüberliegenden Hautpartien in solchen Fällen ebenfalls Veränderungen erkennen lassen müßten. Andererseits ist zu bedenken, daß die Strahlenempfindlichkeit der Keimdrüsen wesentlich größer ist als die der Haut, so daß ein ursächlicher Zusammenhang nicht ohne weiteres abgelehnt werden kann.

Wenn nach Strahlenschädigungen der Keimdrüsen eine Wiederherstellung und Konzeption erfolgt, so liegt eine Schädigung der später geborenen Kinder im Bereich der Möglichkeit, wenngleich entsprechende Beobachtungen am Menschen noch fehlen. Die weitaus überwiegende Zahl der von vorübergehend durch Strahleneinwirkung steril gewordenen Männern gezeugten Kinder ist völlig gesund. Die wenigen Fälle, in denen man eine Schädigung feststellen zu können glaubte, halten einer scharfen Kritik nicht stand: die ursächliche Wirkung der Strahlen ist in diesen Fällen nicht bewiesen. Theoretisch sind Schäden allerdings möglich, um so mehr, als die Mutationsfähigkeit der Gene in reifen Spermatozoen, Spermatocyten und Spermatogonien wie auch in den Oocyten und Oogonien experimentell erwiesen ist. Bei Frauen, deren Ovarien strahlengeschädigt sind, ist eine Läsion der Erbmasse ebenfalls denkbar. Man weiß, daß es nach Kastrationsbestrahlung gelegentlich doch noch zur Konzeption kam. In diesen Fällen waren Fruchtschädigungen, Aborte, Frühgeburten und vor allem schwere Entwicklungsschäden der Neugeborenen die Folge. An sich wäre es denkbar, daß bei beruflich chronischer Strahleneinwirkung ausgesetzten Frauen ähnliche Schädigungen der Nachkommenschaft auftreten könnten. Dabei liegt der Kern des Problems ganz offensichtlich in der Höhe der wirksam gewordenen Strahlendosis, die sich bei den gewerblichen Schädigungen infolge der Schutzeinrichtungen meist noch in den zulässigen Grenzen halten dürfte. Bei früheren Radiumassistentinnen, die sich dann später verheirateten, wurden bei insgesamt 125 lebenden Kindern immerhin 5 Fälle mit Entwicklungsstörungen festgestellt (NAUJOCKS). Im übrigen liegen sichere Beweise für das Auftreten von Mißbildungen der Nachkommenschaft nach gewerblichen Schädigungen bisher noch nicht vor.

Streng zu trennen von diesen Schädigungen der Erbmasse sind die schweren **Fruchtschäden**, die nach Bestrahlung im Mutterleibe heranreifender Feten beobachtet wurden. Frühgeburten, intrauteriner Fruchttod, Wachstumsstörungen und Mißbildungen (Mikrocephalie, Hypospadie, Idiotie) sind die Folgen der Bestrahlung der heranreifenden Frucht. Genau so, wie man heute jede therapeutische Bestrahlung bei Schwangeren vermeidet, sollte dafür Sorge getragen werden, daß schwangere Frauen der beruflichen Einwirkung von Röntgen- und Radiumstrahlen wenigstens für die Dauer der Schwangerschaft entzogen werden.

Die bei der chronischen Strahlenschädigung auftretenden **Hautveränderungen** unterscheiden sich nicht nur grundsätzlich, sondern schon durch ihre Lokalisation von den nach starker Bestrahlung auftretenden: die chronischen Hautschäden finden sich vor allem an den Händen, bei Radiumarbeitern vor allem an den Daumen, Zeige- und Mittelfingern, besonders auch an den Nagelplatten, an denen eine subunguale Hyperkeratose entsteht, in zweiter Linie auch am Gesicht, am Hals und am Nacken, im wesentlichen also an den unbedeckten Körperstellen. Gewerbliche Radiumschäden der Haut sind schwerer vermeidbar als Röntgenschäden. Sie bestehen in warzenartigen Verdickungen, die immer wieder rezidivieren, vor allem an den Stellen der Hand, die immer wieder mit den Radiumsalzen in Berührung kommen. So finden sich an den Streckseiten der Hände oberflächliche Borken. Die Nägel werden dünn und spröde, die Haare fallen aus. Die Heilung verläuft langsam und unvollständig. Bei der Hantierung mit radiumhaltigen Röhrchen entwickeln sich die Hautveränderungen vor allem an den Endphalangen der Finger innen. Auch nach kurzer Berührung entwickelt sich nach einer Latenzzeit von einigen Tagen eine Rötung und Schwellung der Haut, die Schmerzen verursacht. In den geschädigten Hautpartien kommt es zu quälendem Hitzegefühl und zu einer Schwellung der Fingerspitzen, die hochempfindlich werden. Die Fingerkuppen fühlen sich wärmer an. Zuweilen findet man dicht unter der papierdünnen Haut kleinen Blutungen ähnliche Verfärbungen, die nur allmählich wieder verschwinden. Gelegentlich treten auch lästige ekzematöse Veränderungen an den Augenlidern auf.

Im Gegensatz zu den akuten Schädigungen fehlen in der Haut schwerere Blutgefäßveränderungen. Man findet lediglich eine Hyperämie mit Erweiterung der Blut- und Lymphcapillaren, Veränderungen der Blutverteilung und Epithelhypertrophien mit Verbreiterung der Horn-,

Körner- und Stachelschicht (Hyperkeratosen). Die Haarpapillen, die Schweiß- und Talgdrüsen verschwinden. Gewöhnlich besteht ein interstitielles Ödem des Coriums ohne Leukocyteninfiltration, gleichzeitig eine Atrophie der elastischen Elemente. Die Lymphspalten sind stark verbreitert. Mikroskopisch können bei der chronischen Schädigung die gleichen Veränderungen bestehen wie bei einem Ulcus, was die Tendenz der akuten und chronischen Hautschädigungen erklärt, maligne zu entarten.

Klinisch lassen sich drei Formen bzw. drei Stadien der chronischen Schäden voneinander abgrenzen.

Die *erste und mildeste Veränderung* besteht in einer lang dauernden Rötung und Schwellung der Haut mit Verdickung und rotbrauner Verfärbung. Die Falten sind vertieft, die Epidermis verdickt, die Haare fallen aus; die Fingernägel werden rissig und brüchig und die erkrankte Haut ist überempfindlich gegen alle äußeren Reize (sog. Röntgenhand).

Bei der *zweiten Form* wird die Haut im Laufe der Zeit immer dünner und verliert ihr Pigment; zuweilen erhält sie durch Teleangiektasien, die mit Vorliebe im Gesicht auftreten, und rotbraune Pigmentflecken, die stehenbleiben, ein geradezu geschecktes Aussehen. Da die Talg- und Schweißdrüsen zugrunde gehen, wird die Haut glanzlos, trocken und rissig, von Rhagaden durchzogen. Sie ist abnorm dünn, gespannt und glänzend. Die Finger erhalten ein spindelförmiges, verdünntes Aussehen, das an Sklerodermie erinnert. Bei Jugendlichen sind die Veränderungen besonders auffällig, da ihre Haut ein ausgesprochen seniles Aussehen bekommt. Durch Sekundärinfektion der Risse können sich entzündliche Erscheinungen entwickeln, die dann das ganze Krankheitsbild beherrschen und ändern können. Die Fingerkuppenwölbung und -zeichnung geht oft völlig verloren.

Bei der *dritten Form* der chronischen Entzündung entwickeln sich Hyperkeratosen, die als diffuse, in anderen Fällen aber auch als mehr oder weniger scharf umschriebene Warzenbildungen auftreten. Diese Hyperkeratosen werden allgemein als präcanceröse Bildungen mit Neigung zur malignen Entartung betrachtet. Solange die Veränderungen in lediglich warzigen, nicht rissigen Papillomen bestehen, ist ihre Beseitigung nicht schwierig. Sobald die Hyperkeratose jedoch anfängt, geschwürig und rissig zu werden und heftige Schmerzen zu verursachen, ist höchste Aufmerksamkeit geboten. Es besteht die Gefahr der Bildung von Epitheliomen, die auch Metastasen setzen können, wenngleich es sich meist um relativ gutartige Carcinome handelt.

Bei den **Röntgencarcinomen** sind zwei Formen zu unterscheiden. Es gibt Schädigungen, die sich auf dem Boden von Narbenbildungen entwickeln, welche nach der Einwirkung einmaliger oder seltener, aber sehr hoher Strahlendosen entstanden sind und die bei der gewerblichen Schädigung nur eine geringe Rolle spielen. Sie beginnen oft mit einer lokalen Nekrose und wechselnd starkem Substanzverlust, so daß der Eindruck eines Ulcus entsteht. Diese Geschwürsbildung bleibt dann lange Zeit bestehen, ohne Schmerzen zu verursachen, trotzt aber allen Therapieversuchen. Nach Monaten, Jahren, zuweilen auch nach Spontanheilung und Rezidivierung ändert sich plötzlich das Bild: die Geschwürsränder werden hart, werfen sich auf, wuchern; es treten Schmerzen auf. Ein Epitheliom ist entstanden. Nur selten geht das Carcinom von einem kleinen, warzenförmigen Auswuchs aus und tritt dann oft erst nach Jahren durch Schmerzen klinisch in Erscheinung. Die eigentlichen Röntgencarcinome, die sich im Verlauf längerer Zeit entwickeln (nach HESSE im Durchschnitt nach etwa $4^1/_4$ Jahren, äußerste bisher bekannte Latenzzeit 16 Jahre), entstehen auf dem Boden einer chronischen Röntgendermatitis mit Atrophie, Hyperpigmentierung und Knotenbildung. „Das Strahlencarcinom taucht immer wie eine kleine Insel aus dem Meere, entsteht wie zufällig auf der mehr oder weniger atrophischen Haut, und zwar durchaus nicht immer an den am schwersten veränderten Stellen". Meist sitzt dieses Carcinom auf dem Handrücken oder an den Fingern. Gelegentlich werden auch die unter der erkrankten Stelle liegenden Knochenpartien mit befallen. Die Metastierung erfolgt offenbar nur auf dem Lymphwege. Die ersten Metastasen finden sich daher in den Lymphdrüsen der Ellenbeuge und der Achselhöhle. Mikroskopisch erweist sich das Röntgencarcinom als Plattenepithelkrebs, der infiltrativ wächst und Hornperlen im Stratum corneum erkennen läßt.

3. Schädigungen nach Aufnahme radioaktiver Substanzen in den Körper.

Eingangs wurde bereits angedeutet, daß die bei der Einverleibung strahlender radioaktiver Substanzen in den Körper auftauchenden Probleme sehr viel verwickelter liegen als in den Fällen, in welchen die Strahlung nur von außen auf den Organismus trifft.

Aufnahme, Ausscheidung und Verteilung: Praktisch kommt die *Aufnahme* hauptsächlich durch Einatmung von Radiumemanation oder durch Einatmung des Staubes radioaktiver Substanzen zustande; daß auch die Haut als Aufnahmeorgan für Radiumemanation in Frage kommt, ist zwar experimentell nachgewiesen worden (JANITZKY), doch dürfte die auf diesem Wege in den Organismus eingedrungene Emanationsmenge gegenüber der durch die Lungen aufgenommenen praktisch nicht ins Gewicht fallen; in manchen Fällen erfolgt die Aufnahme peroral, z. B. beim Anspitzen mit radiumhaltiger Leuchtmasse getränkter Pinsel mit den Lippen. Die seltenen Fälle, in denen in Selbstmordabsicht größere Mengen strahlender Substanz aufgenommen wurden, können zwar zur theoretischen Klärung der in Frage stehenden Probleme der Verteilung, Speicherung und Ausscheidung des einverleibten Radiums beitragen, besitzen aber gewerblich nur geringes Interesse. Der Aufnahmeweg scheint im übrigen nur für die erste Zeit nach dem Eindringen in den Organismus bedeutsam zu sein: peroral einverleibtes Radium wird nämlich viel schneller und viel vollständiger ausgeschieden als durch Einatmung aufgenommenes. Nach Ablauf einer gewissen Zeit gleicht sich jedoch der Unterschied der Ausscheidungsgeschwindigkeiten aus.

Die *Ausscheidung* der ins Blut gelangten strahlenden Stoffe erfolgt, sofern sie nicht gasförmig sind, durch den Urin, die Galle, den Darmsaft und den Speichel. Ein nicht unbeträchtlicher Teil wird auch mit der Ausatmungsluft, die dadurch radioaktiv wird, aus dem Körper entfernt. In den Nieren erfolgt die Eliminierung der strahlenden Substanz durch die Epithelien der gewundenen Harnkanälchen; in der Lunge ist eine Abschilferung der mit radioaktiven Stoffen beladenen Zellen nachzuweisen (REGAUD und LACASSAGNE). Nur in den seltenen Fällen, in denen sehr hohe Dosen zugeführt werden, kann es zu einer kumulativ-toxischen Wirkung mit schnellem tödlichen Ausgang kommen, wobei eine stärkere Ausscheidung durch den schnellen Eintritt des Todes unmöglich gemacht wird. Die weitere Ausscheidung des noch im Körper verbliebenen sog. *Restradiums* erfolgt sehr langsam. Nach der Entfernung des zuerst ausgeschiedenen relativ großen Anteils der einverleibten Menge hat das noch im Körper verbliebene Restradium offenbar die Hauptablagerungsstätten erreicht und ist in eine Form übergeführt, die eine stabilere Fixierung im Körper bewirkt.

Verteilung. Das in den Organismus eingedrungene Radium wird mit dem Blutstrom weitergetragen und in den einzelnen Organen ganz verschieden stark abgelagert. Die Untersuchungsergebnisse über die Verteilung der strahlenden Substanz im Körper sind uneinheitlich. Nach den Feststellungen der Amerikaner werden die strahlenden Teilchen vor allem in den Phagocyten, dann in der Leber, in der Milz und im Knochen gespeichert. Die auf den Blut- und Lymphwegen fortgeschafften Teile werden im Reticuloendothel gespeichert und von dort erst im Verlauf von Monaten allmählich entfernt. Die in den Zellen eingeschlossenen strahlenden Partikel geben dauernd Alpha-, Beta- und Gammastrahlen ab, welche nicht nur eine Schädigung der Speicherzellen selber, sondern auch der diesen benachbart liegenden Zellen unter Umständen bis zur völligen Zellauflösung bewirken. 92% der von den Radiumknochendepots ausgesandten Strahlen sind Alphastrahlen; nur etwa 8% entfallen auf Beta- und Gammastrahlen. Nach den Feststellungen RAJEWSKIS haben als Hauptablagerungsstätten in erster Linie Rückenmark, Wirbelsäule und das Knochenmark zu gelten, dann das übrige Knochengewebe. Mit Abstand folgen dann Hirn, Lunge, Leber und Milz; die geringsten Mengen finden sich im Herzen und im Magen-Darm-Kanal; auch in der Muskulatur sind nur Spuren nachzuweisen. Je nach der Länge des Zeitintervalls, das seit der Aufnahme der strahlenden Substanz vergangen ist, ergaben sich in den wenigen bisher untersuchten Fällen erhebliche Unterschiede im Radiumgehalt der einzelnen Organe. Nach den bisherigen Ergebnissen scheint der Schluß berechtigt zu sein, daß die Veränderungen der Radiumablagerung im Körper zeitlich so vor sich gehen, daß nach Ablauf von etwa 3 Jahren ein mehr oder weniger stabiler, bei verschiedenen Individuen annähernd gleicher Zustand erreicht wird. Im allgemeinen weist das Emanierungsvermögen des im Körper fixierten Radiums sehr niedrige Werte auf, wenngleich dieses ebenfalls sehr schwankt (3—50% und mehr), wobei bei kürzeren Verweilzeiten im Körper die Werte höher liegen, jedoch nur in Einzelfällen die Spitzenzahlen erreichen (SCHLUNDT, NERANCY und MORRIS). Das im Körper fixierte Radium scheint unter Mitwirkung der Gewebskolloide in eine wahrscheinlich auch kolloidale und im allgemeinen damit schlecht emanierende Form übergeführt zu werden, die möglicherweise auch die außerordentlich langsame Ausscheidung des Restradiums aus dem Körper bedingt. Nach peroraler Aufnahme beträgt die Restradiummenge nach etwa 3 Jahren nur noch etwa 0,5—0,07% der einverleibten Menge. Die Berechnung des Ausscheidungskoeffizienten des Restradiums zu verschiedenen Verweilzeiten im Körper ergab so kleine Werte, daß die Verminderung der toxischen Wirkung des Restradiums durch seine weitere Ausscheidung für die für den Menschen nach der erfolgten Vergiftung in Betracht kommende Lebensdauer von 20 bis 30 Jahren praktisch belanglos ist. Überschlagmäßig ergibt sich, daß nach peroraler Radiumaufnahme etwa 0,5—1%, nach Einatmung von Radiumemanation etwa 2—5% der eingeführten Menge im Körper fixiert bleiben.

Die Intensität der Giftwirkung des im Körper nur kurze Zeit verweilenden und dann ausgeschiedenen Radiums und die Menge des im Körper verbleibenden Restradiums ist abhängig vom Aufnahmeweg und von der absoluten Menge der eingeführten strahlenden Substanz. Als schädlich gilt bereits eine Restradiummenge von 1 Mikrogramm, das durch Einatmung von etwa 20 Mikrogramm Radiumelement in den Körper gelangt sein muß, damit diese schädliche Restradiummenge erreicht wird. Die früher von FLINN vertretene Ansicht, daß die Annahme von 0,5 bis 1,0 mg Radiumelement je Kilogramm Körpergewicht als Gesamtdosis zu hoch ist, wurde durch neuere Untersuchungen bestätigt. RAJEWSKI schätzt die eine irreparable Schädigung des Gewebes setzende Radiumdosis auf eine Menge, die unterhalb von $1 \cdot 10^{-9}$ g Radium je Gramm Gewebe liegt. Radiumablagerungen von der Größenordnung eines oder einiger weniger Mikrogramme Radiumelement entfalten insbesondere in den Lungen, in der Knochensubstanz und im Knochenmark eine intensive toxische Wirkung. Maßgeblich wird diese tödliche Dosis natürlich von der Ausscheidungsgeschwindigkeit des in den Körper gelangten Radiums beeinflußt sowie von der Zeit, die bis zu einer einigermaßen stabilen Verteilung des Radiums im Körper verstreicht. Da das in den Organismus eingeführte Radium in verhältnismäßig vielen Organen und nicht gleichmäßig abgelagert wird (s. oben), so wird die für die Schädigung eines bestimmten Organs nötige Radiumkonzentration, insbesondere bei Berücksichtigung der unterschiedlichen Strahlenempfindlichkeit der einzelnen Gewebe, beim Wirksamwerden der oben angegebenen Dosen nicht unbedingt erreicht. Als *Normalgehalt des Körpers* an Radium gibt RAJEWSKI nach den bisher vorliegenden Versuchsergebnissen durchschnittliche Werte von der Größenordnung $0{,}5 \cdot 10^{-12}$ g Radiumelement je Gramm Gewebe an. Die Schwankungsbreite dieses Wertes beträgt 0,1 bis $1{,}2 \cdot 10^{-12}$ g Radiumelement. Wird die Verteilung des Radiums im gesunden Organismus mit der bei Vergiftungen beobachteten als gleich angenommen, d. h. 90—99% im Skelet und 1—10% in den inneren Organen, so ergibt sich, daß wahrscheinlich etwa 20% des Körpergewichts mit Radium besetzt sind. Die oben angegebene schädliche Dosis würde somit das 70—90fache des Normalradiumgehaltes des Organismus betragen. Rechnerisch hat sich ergeben. daß als gesamte Radiumtoleranzmenge etwa 6—10 Mikrogramm Radiumelement für den Körper anzunehmen sind, wobei allerdings die Emanierung des im Körper abgelagerten Radiums rechnerisch unberücksichtigt blieb.

Die *akute perorale Aufnahme sehr großer Mengen* strahlender Substanz dürfte gewerblich nur selten, vielleicht einmal bei Unglücksfällen eine Rolle spielen. Als Beispiel sei ein derartiger, von HAMPERL und ROEMHELD besonders gut untersuchter Fall, der die Wirkung in recht eindrucksvoller Weise illustriert, nachstehend in seinen wesentlichen Zügen mitgeteilt.

Eine 26jährige Frau trank früh in Selbstmordabsicht eine Thorium X-Lösung, die 40 Millionen Mache-Einheiten mit etwa $^1/_{200\,000}$ Gewichtsmilligramm Thorium X enthielt. Schon kurz danach trat heftiges Erbrechen ein, das den ganzen Vormittag über anhielt. Im Erbrochenen, im Stuhl und Urin war reichlich radioaktive Substanz nachzuweisen; im Stuhl war die Aktivität so stark, daß die Meßinstrumente versagten. Zunächst stiegen die Leukocyten in den ersten 12 Stunden rapide an (Werte bis zu 21000), wobei gleichzeitig die Lymphocyten fast vollständig verschwanden. Die Blutfarbstoff- und Erythrocytenwerte sind zunächst ebenfalls stark vermehrt. Erst nach 5 Tagen sinkt die Leukocytenzahl unter die Norm und fällt dann weiter ab bis zu extrem niedrigen Werten, die durch keine der angewandten therapeutischen Maßnahmen (tägliche Bluttransfusionen, intravenöse Nucleotratinjektionen usw.) wieder gesteigert werden können. Es besteht eine relative Lymphocytose; dabei sind die absoluten Lymphocytenzahlen ebenfalls stark vermindert. Am 6. Tage treten zum ersten Male im Harn Erythrocyten auf, die sich zunehmend vermehren und wohl auch die Ursache der vom 8. Tage an bis zum Tode nachweisbar bleibenden Albuminurie darstellen. Vier Tage vor dem Tode tritt die Regelblutung 8 Tage zu früh ein. Im Verlaufe der Erkrankung traten mehrere Schübe von harnsauren Salzen im Urin auf als Ausdruck des rasanten Zellkernzerfalls. Zunächst war das Allgemeinbefinden trotz der sehr niedrigen Leukocytenzahlen nach Überwindung des ersten Shocks überraschend gut. Am 7. Tage treten erstmalig Temperaturen auf, die allmählich septischen Charakter annehmen. Am 11. Tage werden zum erstenmal wässerige, stinkende Stühle abgesetzt, die auch Blut enthalten. Vom 12. Tage an setzt ein rapider, unaufhaltsamer, allgemeiner Verfall mit zunehmender Kachexie ein: die Skleren werden subikterisch, die Haut verfärbt sich fahlgrau. Die Blutchemie, der Kreislauf und das rote Blutbild, das schubweise eine Erhöhung der Hämoglobin- und Erythrocytenwerte erkennen ließ, blieben bis kurz vor dem Tode völlig intakt. Erst am 16. Tage stieg der Reststickstoff auf 120 mg% ; Extrasystolen treten auf, die Herzkraft läßt nach. Das Bewußtsein bleibt bis zum Tode völlig erhalten. Bei der *Sektion* ergibt sich als auffälligster Befund eine schwere hämorrhagisch-nekrotisierende Enteritis, wie man sie auch bei der Quecksilbervergiftung sieht. Im Knochenmark finden sich alle Zeichen einer geschädigten Leukopoese: Myelocytenzerfall, atypische, zerbröckelnde Mitosen, Verminderung der reifen Myelocyten, Vermehrung der Normoblasten und Megakariocyten. Die Histiocyten zeigen schwere Veränderungen, die in grobkörniger Entartung und Zerfall des Protoplasmas bestehen. In der Milz und in den Lymphdrüsen findet sich eine Ablösung der Capillar- und Sinusendothelien. Nach der Aufnahme des gelösten Thorium X dürfte der Großteil der Flüssigkeit den Magen durchlaufen haben und schnell in den Darm gelangt sein. Das Erbrechen beruht wahrscheinlich auf einer, wenn auch leichten Strahlenschädigung der Magenschleimhaut. Trotz des Erbrechens und der großen, im Stuhl ausgeschiedenen Menge strahlender Substanz dürfte die im Organismus verbliebene Aktivität die als therapeutische Höchstdosis angenommene Menge von 2 Millionen Mache-Einheiten noch weit überschritten haben. Die nach Resorption der radioaktiven Flüssigkeit in die Blutbahn auftretende Steigerung der Zahl aller geformten Bestandteile des Blutes dürfte als Ausdruck einer Reizung der Blutbildungsstätten zu deuten sein. Wenn im vorliegenden Fall das rote Blutbild bis zum Tode nur geringe Veränderung zeigte, so muß die Wirkung der täglichen Blutübertragungen dabei berücksichtigt werden; immerhin sind tiefer greifende Schädigungen der Erythropoese trotz einer derartig massiven Einwirkung strahlender Energie wenig wahrscheinlich. Wenn der Leukocytensturz erst am 6. Tage nach der Vergiftung im Blutbild deutlich wurde, obwohl die schon gleich zu Beginn einsetzende Harnsäureausschwemmung im Urin eindeutig auf einen erhöhten Zellzerfall hinwies, so muß die Ursache hierfür wahrscheinlich in einer kompensierenden oder überkompensierenden Leukocytenausschwemmung, vielleicht auch in einer Neubildung von Leukocyten, die aber unter der Strahleneinwirkung bald erlahmte, zu suchen sein, wozu auch die autoptisch gesicherte schwere Knochenmarksschädigung paßt.

Die Blutungen im Urogenitalsystem sind im Sinn einer gesteigerten Blutungsbereitschaft gedeutet worden. Die schwere hämorrhagisch-nekrotisierende Enteritis dürfte primär im wesentlichen auf einer durch die Strahlenwirkung hervorgerufenen capillaren Schleimhautblutung beruhen; durch Infektion der lädierten Schleimhaut mit Darmbakterien und durch den Leukocytenschwund dürfte die durch die Blutungen und die Capillarschädigungen bereits geschwächte Schleimhaut schutzlos der Bakterieninvasion preisgegeben worden sein. Eine chemische Schädigung der Darmschleimhaut oder ihrer Capillaren ist bei der geringen in Frage kommenden corpusculären Thorium X-Menge ($^{1}/_{200\,000}$ Gewichtsmilligramm Thorium X) ziemlich sicher anzuschließen.

Schädigungen des **Zentralnervensystems** wurden am Menschen bisher nicht beobachtet. Die im Tierversuch nach Einverleibung hoher Dosen in Wasser gelöster Radiumemanation beobachteten Krankheitserscheinungen (Haltungsanomalien und Krämpfe) haben nur theoretisches Interesse. Da auch das in den Organismus gelangte Radium gesetzmäßig weiter zerfällt, kann es infolge der Kurzlebigkeit des Radiums A—C_1 schließlich zu einer Anhäufung des Radium D, einem Bleiisotop, kommen. VON DER HORST glaubt auf Grund seiner experimentellen Untersuchungen an Ratten und Katzen feststellen zu können, daß die Schädigungen des Zentralnervensystems durch Radium D und Blei identisch seien. Er fand vacuoläre Degeneration der Rindenzellen, der Ganglienzellen der Olive und im Nucleus dentatus, die zum Teil sogar verflüssigt waren und intensive Kernveränderungen und Tigrolyse aufwiesen. Im Bereich der Medulla oblongata fanden sich nur wenig Veränderungen, während die Vorderhornzellen des Hals- und Rückenmarks stärker verändert waren. VON DER HORST schließt aus seinen Versuchen, daß die beobachteten Schäden in der nervösen Substanz nicht der Strahlung des Radiums D, sondern seiner Eigenschaft als Schwermetall ursächlich zuzuordnen seien. Er gibt zwar zu, daß die im Organismus nach Aufnahme von Radiumemanation entstehenden Bleimengen nur winzig seien, glaubt aber, daß infolge der eigentümlichen Verteilung des gleichsam in einer gasförmigen Vorstufe (Radiumemanation) aufgenommenen Schwermetalls dessen Ausscheidung viel geringer sei als nach peroraler Aufnahme, wodurch seine Wirksamkeit erhöht werde. Diese Beweisführung ist allerdings nicht sehr überzeugend, wenn man sich das Mißverhältnis zwischen der relativ hohen Strahlungsintensität des im Organismus entstandenen Radium D und die Winzigkeit seiner tatsächlichen corpusculären Menge, die für seine Wirkung als Blei entscheidend ist, vor Augen hält.

Der *Sektionsbefund* ist in derartigen Fällen nicht so überaus typisch. Eine allgemeine Blutfülle der Organe und Blutungen in die Schleimhäute und in die Parenchyme sind noch die auffälligsten Befunde. In den Organen ist radioaktive

Strahlung feststellbar. Die Nieren zeigen neben einer körnigen Degeneration vor allem Epitheldesquamation. In der Leber finden sich neben fettiger Degeneration hin und wieder kleine entzündliche Infiltrate, die auch in der Umgebung der Gefäße festgestellt wurden. Diese lassen bisweilen eine Proliferation der periadventitiellen Zellen erkennen.

Praktisch wichtiger sind die gewerblich auftretenden **chronischen Schäden** nach dem Eindringen strahlender Substanzen in den Körper.

Initialsymptome: Die ersten Beschwerden treten nach einer schnell vorübergehenden Periode mit gehobenem Allgemeinbefinden und Leistungssteigerung in Form allgemeiner Mattigkeit und Schwäche, Müdigkeit, Arbeitsunlust, Abmagerung und Gewichtsabnahme auf. Die sich hieran anschließenden Schäden entwickeln sich entweder in Form einer Lungenfibrose oder aber häufiger unter dem Bilde einer mehr oder weniger schweren leukopenischen Anämie, die von Knochennekrosen begleitet sein kann. Nach den bisherigen Beobachtungen scheinen die schweren Lungenschädigungen, die dann klinisch das ganze Krankheitsbild beherrschen, vor allem dann aufzutreten, wenn relativ große Mengen radioaktiven Staubes *eingeatmet* werden. Bisher sind nur wenige derartige Beobachtungen mitgeteilt worden (KALBFLEISCH, BELT und DOENECKE).

Bei den Kranken, bei denen sich 2—4 Jahre nach Arbeitsbeginn eine **Lungenfibrose** entwickelte, ist das beherrschende klinische Symptom eine sich allmählich steigernde, bis zum Tode an Intensität immer mehr zunehmende Atemnot, die zunächst nur bei leichten Anstrengungen stört, dann aber auch in Ruhe bestehen bleibt. Husten ist selten; wenn überhaupt, so tritt er als trockener Reizhusten ohne Auswurf auf. Allmählich stellen sich richtige Erstickungsanfälle ein. Perkussorisch findet man über der ganzen Lunge, besonders aber über den Unterfeldern, eine Schallverkürzung. Das Atemgeräusch ist meist verschärft. Zuweilen sind auch einzelne Ronchi und trockene Rasselgeräusche zu hören. Die Atembewegungen der Brustwand werden infolge der starken Elastizitätsverminderung des Lungengewebes weniger ausgiebig. Die Vitalkapazität ist in schweren Fällen extrem vermindert (bis zu 400 ccm). Zuweilen ist ein eigentümlicher, an Stenosenatmung erinnernder Atemtypus mit inspiratorischer Einziehung der Intercostalmuskeln und der übrigen den Thorax bildenden Weichteile, des Sternums und der Rippen in Höhe des Zwerchfellansatzes zu beobachten.

Röntgenologisch sind die Veränderungen der Lunge zunächst nur sehr gering. Erst in späteren Stadien lassen sich kleinknotige, über beide Lungen verteilte Trübungen erkennen, die an acinöse Tuberkel bzw. an die fibröse Induration der Lungenstauung erinnern. In anderen Fällen wieder finden sich streifige Verdichtungen, wie man sie bei cirrhösindurativer Lungentuberkulose oder aber auch nach akuter Strahlenschädigung der Lungen sieht. Über den Spitzen finden sich Verschwielungen. In der Ausatmungsluft kann Emanation nachgewiesen werden.

Die diesen Krankheitserscheinungen zugrunde liegenden **anatomisch-pathologischen Veränderungen** bestehen in einer diffusen Lungenfibrose mit ausgedehnter Schrumpfung der Lungen, so daß ein ausgesprochenes Mißverhältnis zwischen Lungengröße und Thoraxweite entsteht. Die Lungen sind von gummiartiger Konsistenz. Die Blutcapillaren springen wie bei der Stauungslunge in die Alveolarräume vor. Mikroskopisch finden sich eine Verdickung der Alveolarsepten infolge Vermehrung und Verdickung der Elastin-, weniger der Collagenfasern, stellenweise starke capilläre Hyperämie sowie kleine Bezirke mit fibrinöser Hepatisation und Karnifikation. Die Wand der Bronchien, ausgenommen die der kleinsten, zeigt eine Hypertrophie der Muscularis. Die Äste der Art. pulmonalis zeigen in der Media fibröse Veränderungen. Gelegentlich sind umschriebene Pleuraverwachsungen und diffuse Verdickungen der gesamten Pleura zu finden. Die in der Lunge durch Radiumeinwirkung gestorbener Patienten festgestellten bronchopneumonischen Veränderungen sind sicher nicht eine direkte Folge der Strahleneinwirkung, sondern wohl als Ausdruck einer final hinzugetretenen entzündlichen Erkrankung zu deuten, der ursächlich auch die in einzelnen Fällen gefundenen eigenartigen Ablagerungen eines noch nicht näher bekannten Hyalinstoffes zuzuordnen sind, welche sich ungleichmäßig längs den Wänden der Lufträume entlang ziehen (besonders an den Ductus alveolaris), die sich auch auf der Pleuraoberfläche finden und weder mit Fibrin noch mit Amyloid identisch sind.

Durch die Lungenschrumpfung kommt es verständlicherweise zu einer Drucksteigerung und damit zu einer Erhöhung des Widerstandes im kleinen Kreislauf, die eigenartigerweise bei den beiden noch jungen, an einer Lungenfibrose erkrankten und gestorbenen Personen nicht zu klinisch faßbaren Insuffizienzerscheinungen des rechten Herzens geführt hat, obwohl die Autopsie eine Erweiterung der Herzhöhlen, besonders rechts, aufdeckte und eine Muskelhypertrophie des rechten Herzens fehlte.

Die in diesen Fällen beobachteten Wirkungen auf das *Herz* dürften im wesentlichen als Folgeerscheinungen der Lungenfibrose aufzufassen, nicht aber als Ausdruck einer primären Schädigung des Herzens zu betrachten sein.

Auf Grund quantitativer Messungen und eingehender Berechnungen kam Krebs zu der Schlußfolgerung, daß unter Einrechnung der im ersten Vergiftungsstadium von den im Blut kreisenden radioaktiven Teilchen unmittelbar von der Herzinnenhöhle und von den vom Coronarkreislauf aus in den Herzmuskel beförderten strahlenden Teilchen ausgesandte Strahlungsenergie der Zwaardemakersche Schwellenwert ($= 1 \cdot 10^{-6}$ Erg pro Kubikzentimeter Gewebe und Sekunde) zwar eben erreicht wird, daß aber diese Primärwirkung auf das Herz beim Zustandekommen der beobachteten Herzveränderungen nur eine untergeordnete Rolle spielt.

Die Wirkung auf das **Blut** scheint in derartigen Fällen geringer zu sein. Im Blutbild machte sich erst kurz vor dem Tode eine leichte Anämie bemerkbar. Die Leukocytenwerte lagen einige Wochen vor dem Tode mit 8—9000 eher an der oberen Grenze der Norm; auch das Differentialblutbild ließ keine Veränderungen erkennen.

Das **Knochenmark,** das in den beiden bisher bekannten Fibrosefällen allerdings erst nach dem Tode untersucht wurde, ließ dagegen eine deutliche Reaktion erkennen: es war ein zelliges Mark, das sehr viele Normoblasten, vereinzelt mit Kernpyknose, auffallende große rote Vorstufen mit lockeren megaloblastenähnlichen Kernen und Megakariocyten in allen Stadien enthielt; eine Verminderung der myeloischen Zellen, insbesondere der jugendlichen und stabkernigen Leukocyten, war deutlich nachweisbar.

Im übrigen konnten an den Fingern, die bei den Patienten infolge der Hantierung mit Radiumröhrchen der Strahlenwirkung ganz besonders ausgesetzt waren, narbig abgeheilte Geschwüre festgestellt werden.

Bei der *lang dauernden Einatmung von Radiumemanation* sind zuweilen *Blutveränderungen* im Sinne einer myelotoxischen Anämie beobachtet worden (WOLDRICK), wenngleich Alterationen des roten Blutbildes bei den chronischen Strahlenschädigungen ein an sich seltenes Ereignis darstellen.

Inwieweit die örtlichen und betrieblichen Eigentümlichkeiten der Joachimsthaler Gruben und Radiumbetriebe bei diesen von WOLDRICK mitgeteilten Befunden, die zudem ganz vereinzelt dastehen, mitgewirkt haben, ist schwer zu entscheiden.

Die bei peroraler Aufnahme radioaktiver Leuchtfarbe beschriebenen, wechselnd schweren leukopenischen Anämien mit Thrombocytenverminderung unterscheiden sich klinisch nicht von den sich bei chronischen, von außen auftreffenden Strahlen entwickelnden Blutschäden (s. diese). Das Bilirubin im Blut ist gelegentlich vermehrt, die Hämolyse gesteigert, während Senkungsgeschwindigkeit, Serumeiweiß, Gerinnungs- und Blutungszeit in bezug auf die Schwere der Anämie so wechselnde Werte ergeben, daß diese Veränderungen klinisch vorläufig noch nicht verwertbar sind. In späteren Stadien kann es zu Entwicklung einer schweren hämorrhagischen Diathese, dabei zu Blutungen in die inneren Organe und weiterhin zum typischen Bilde der schwersten aplastischen, zuweilen auch einer perniciosaartigen Anämie, in anderen Fällen wieder zu leukämischen Reaktionen kommen, wie sie bei den akuten Bestrahlungsfolgen beschrieben sind.

Das *Knochenmark* enthält in solchen Fällen sehr spärlich Normoblasten und spärliche vereinzelte Erythrocyten. Die Megalocyten sind vermindert; Megaloblasten fehlen völlig. Auch die polymorphkernigen Leukocyten, insbesondere die Eosinophilen, sind stark vermindert, während die Lymphocyten, vor allem die großkernigen, vermehrt sind.

Gewerbliche Schädigungen der **Knochen** sind selten und praktisch bisher nach der Aufnahme strahlender Substanz in den Körper nur in Form von *Kiefernekrosen* nach peroraler Aufnahme beobachtet worden. Die Vorgänge im Knochen scheinen bei chronischer, insbesondere unmittelbar vom Munde her wirksamer Bestrahlung grundsätzlich die gleichen zu sein, wie sie bei den akuten Strahlenschäden der Knochen beschrieben sind. Primär entsteht wohl auch hier zunächst eine aseptische Nekrose, die dann sekundär entweder von außen, d. h. von der Mundhöhle oder den Zähnen her, oder aber auch gelegentlich auf hämatogenem Wege durch Eindringen von Keimen infiziert wird, ein Vorgang, wie er ähnlich ja von der chronischen Phosphorvergiftung her bekannt ist. Die Resistenz strahlengeschädigter Knochen gegen Infektionen ist vermindert, so daß gerade an den Kiefern alle Voraussetzungen für die Entstehung einer infizierten Knochennekrose gegeben sind. Die Sequestrierung geht ausgesprochen langsam vor sich und eine völlige Regeneration des Knochens ist selten. Diese infizierten Knochennekrosen können Ausgangspunkt einer allgemeinen Sepsis werden mit Endocarditis und sonstigen septischen Erscheinungen, wobei die Sepsis dann die unmittelbare Todesursache darstellt. Wenn gleichzeitig infolge der Strahlenwirkung auch noch die granulierten Leukocyten vermindert sind, ist der Organismus schutzlos der Bakterieninvasion ausgeliefert und der Krankheitsverlauf ist in solchen Fällen besonders kurz und heftig. Inwieweit die in späteren Vergiftungsstadien nicht gerade selten auftretenden hämorrhagischen Diathesen im Einzelfall auf die Sepsis oder aber auf die Schädigung der Blutbildungsstätten zurückzuführen sind, dürfte meist nur schwer zu entscheiden sein. Wahrscheinlich sind beide Faktoren am Zustandekommen, wenn auch in jedem Fall in wechselndem Ausmaß, ursächlich beteiligt.

Gewerbliche Schäden des *Zentralnervensystems* nach Einverleibung strahlender Substanzen sind am Menschen bisher nicht beobachtet.

Diagnose, Nachweismethoden radioaktiver Substanzen: Die Diagnose der gewerblichen Schäden wird sich in erster Linie auf die Anamnese und den lang dauernden Kontakt mit strahlenden Energien zu stützen haben. Differentialdiagnostisch sind vor allem die chronische Benzolvergiftung (aplastische Anämie) und die chronische Phosphorvergiftung (Knochennekrosen, Anämien) sowie die ohne äußere erkennbare Ursache auftretenden aplastischen Anämien auszuschließen. Der Nachweis radioaktiver Strahlen im Urin, im Stuhl, in herausgenommenen Zähnen und vor allem in der Ausatmungsluft kann in den Fällen, in denen radioaktive Substanzen in den Organismus aufgenommen sind, die Diagnose stützen.

Der **Nachweis** der strahlenden Substanz kann entweder durch Messung der γ-Strahlen mittels Elektronenzähler, mit der Emanationsmethode, der α- oder aber der γ-Strahlen-Methode erfolgen.

Die *Emanationsmethode* zeichnet sich durch hohe Empfindlichkeit und Meßgenauigkeit aus; sie erlaubt die exakte Bestimmung bis herab zu Mengen von 10^{-12} g Radium pro g Material. Allerdings ist zu ihrer exakten Durchführung eine vollständige Lösung des radioaktiven Stoffes in einer geeigneten, die Emanation nicht absorbierenden Flüssigkeit und nachfolgende Ausreifung der Lösung notwendig. Schwer oder unlösliche Bestandteile in der Lösung können beträchtliche Fehler verursachen. Auch die α-Strahlenmethode erfordert bei ihrer Anwendung gewisse Vorsichtsmaßregeln. Sie besitzt die gleiche Empfindlichkeit wie die Emanationsmethode. Am einfachsten ist die *γ-Strahlen-Methode*, die neben großer Genauigkeit den Vorteil besitzt, daß keine chemische Behandlung des Stoffes erforderlich ist. Ihr Nachteil besteht in einer wesentlich geringeren Empfindlichkeit.

Die geringsten Materialmengen zur Untersuchung erfordern die Methoden, die im Prinzip die Beobachtung des Zerfalls einiger weniger Atome gestatten, d. h. die elektrischen Zählmethoden, wie sie in der modernen Atomphysik Verwendung finden. Es sind dies Ionisationskammern in Verbindung mit HOFFMANNschen Duantenelektrometern oder Proportionalverstärkern, GEIGERsche Spitzenzähler oder GEIGER-MÜLLERsche Zählrohre in besonderen, dem jeweiligen Zweck angepaßten Schaltungen. Man wird sich zweckmäßig bei der Anwendung dieser Nachweismethoden der Hilfe eines mit derartigen Messungen vertrauten Fachmannes bedienen, da die Fehlerquellen bei ungeübter Handhabung zu groß sind.

Therapie: Man wird nach Feststellung der Schädigung vor allem für die sofortige Entfernung von dem gefährdeten Arbeitsplatz sorgen müssen. Sonst ist von den therapeutischen Maßnahmen, die rein symptomatisch bleiben müssen, nicht allzuviel zu erwarten. Empfohlen wurden eine forcierte Calcium- und Vitaminzufuhr, Mittel zur Anämiebehandlung, wie Bluttransfusionen, Leber- und Magenschleimhautpräparate, Verabfolgung von Eisenpräparaten, bei Fällen mit Leukocytenschwund Nucleotratinjektionen. Weiterhin sollen Höhensonnenbestrahlungen und Hochgebirgsaufenthalt günstig wirken. Nach dem Eindringen strahlender Substanz in den Organismus wurden zur Förderung der Radiumausscheidung von den Amerikanern große Dosen Ammoniumchlorid und Phosphorsäure empfohlen (FLINN und SEIDLIN). Knochennekrosen erfordern eine chirurgische Behandlung. Hautgeschwüre sind nach BORDIER am erfolgreichsten durch Koagulation mit Diathermie zu beseitigen. Die Koagulation muß in örtlicher Betäubung in der Tiefe wie in der Breite über die Geschwürsgrenzen hinausgeführt werden. Die koagulierten Flächen sind mit möglichst saugfähigen Stoffgeweben oder mit mehreren Lagen mit 1proz. Phenollösung getränkter Gaze zu verbinden, über die noch ein Baumwollstoff befestigt wird. Bei dem täglichen Verbandwechsel ist die Wunde mit 1proz. Phenollösung oder 7proz. steriler Kochsalzlösung zu spülen (Bordier). Maligne Strahlencarcinome müssen möglichst frühzeitig ebenfalls durch Diathermiekoagulation im Gesunden beseitigt werden, noch bevor eine Metastasierung eingetreten ist.

Das Hauptgewicht ist auf die *Prophylaxe* zu legen. Eine regelmäßige ärztliche Beobachtung, kurze Arbeitszeit, reichliche Bewegung in frischer Luft, regelmäßiger Urlaub, Belehrung sowie entsprechende Schutzeinrichtungen (möglichst rasches Arbeiten mit hochaktiven Stoffen, genügende Entfernung durch Verwendung langstieliger Zangen, Verrichtung besonders gefährlicher Arbeiten durch nur vorübergehend Beschäftigte, möglichst strahlensichere Aufbewahrung, Tragen von Handschuhen usw.) und möglichst regelmäßige elektroskopische Untersuchungen werden die Schäden, wenn auch nicht in allen Fällen ganz verhindern, so doch ihr Ausmaß in erträglichen Grenzen halten können.

XIII. Entschädigungspflichtige Hauterkrankungen.

Die gewerblichen Hauterkrankungen spielen heute eine außerordentlich große Rolle. Zahlenmäßig dürften die durch den Beruf verursachten Hautschädigungen alle anderen beruflichen Schäden weit übertreffen. Eine nur annähernd vollständige Darstellung im Rahmen dieses Buches ist aus räumlichen, sachlichen und ätiologischen Gründen bei der ungeheuren Vielfältigkeit der schädigend wirkenden Stoffe, der Vielzahl der Erscheinungsbilder und der Unterschiedlichkeit der individuellen Empfindlichkeit völlig unmöglich, um so mehr, als bei der Schnelligkeit der Entwicklung der industriellen Fabrikations- und Arbeitsmethoden ständig neue, bisher unbekannte Noxen zur Wirkung kommen, so daß selbst der Versuch einer vollständigen Schilderung ohne räumliche Beschränkung mehr oder weniger zum Scheitern verurteilt wäre, da bis zur Fertigstellung der Darstellung eine Vielzahl von neuen Stoffen sich inzwischen als schädigend erwiesen hätte, die dann nicht berücksichtigt worden wäre. Nachfolgend können daher, besonders was den Abschnitt b betrifft, nur die für die Praxis wichtigsten Daten wiedergegeben werden.

a) Erkrankungen an Hautkrebs oder zur Krebsbildung neigenden Hautveränderungen durch Ruß, Paraffin, Teer, Anthrazen, Pech oder ähnliche Stoffe.

Die hierher gehörigen Hautschäden sind unter der Nr. 13 der Anlage zur III. VO. einzuordnen. Gegenüber der II. VO. von 1929 bedeutet die neue Fassung insofern eine Einengung der Zahl der ursprünglich unter die Ziffer 13 fallenden Hauterkrankungen, als früher auch alle die vielen chronischen und chronisch-rezidivierenden Hautschäden durch die obengenannten Stoffe, die als Ekzem, Comedonen- und Warzenbildungen, Verfärbungen und Photosensibilisierung mit einbegriffen waren, jetzt, d. h. nach Erlaß der III. VO., unter die Nr. 15 der Anlage einzuordnen sind. Die neue Fassung der Ziffer 13 beschränkt nämlich die hierunter fallenden Hautveränderungen ausdrücklich auf die Hautkrebse und ihre Vorstufen (präcanceröse Zustände). Daß sich hier Schwierigkeiten ergeben können, ist klar, da oft auch ekzematöse Veränderungen, die an sich unter die Nr. 15 fallen, im Lauf der Zeit in ein präcanceröses Stadium und schließlich in einen Hautkrebs übergehen können, so daß man Zweifel hegen kann, ob die durch die bei Ziffer 13 genannten Stoffe hervorgerufenen ekzematösen usw. Hautveränderungen unter Ziffer 13 oder 15 zu melden sind. Praktisch ist es aber belanglos, ob diese Erkrankungsformen zunächst unter Nr. 15 und erst nach oder bei Beginn der bösartigen Entartung unter der Nr. 13 gemeldet werden oder nicht (HEBESTREIT-BARTSCH). Da man sich auch auf den Standpunkt stellen kann, daß diese Hautveränderungen als präcanceröses Stadium anzusehen sind, eine exakte Abgrenzung sehr schwierig ist, werden sie gleich hier mit besprochen. Der Begriff „ähnliche Stoffe" darf ja nicht zu eng gefaßt werden: es kommt weniger darauf an, ob sie chemisch den ausdrücklich genannten Stoffen nahestehen oder aus ihren Rückständen gewonnen werden, wie z. B. Vaseline, Asphalt, Masut. Entscheidend ist vielmehr, daß sie mit den namentlich aufgeführten Substanzen auch die *biologischen Wirkungen, d. h. also eine Hautkrebs hervorrufende Eigenschaft gemeinsam haben.* Die früher mit unter der Nr. 13 gemeldeten ekzematösen, acneartigen usw. Hautveränderungen durch hochsiedende, d. h. also die über 300° C siedenden Schweröle, Schmieröle (Maschinen-, Zylinder-, Vulkan-, Bohr- usw. Öle), ferner durch Erdwachs und sonstige Wachsarten, wie Neftigil, Ozokerit und die daraus gewonnenen Stoffe Ceresin, Belmontin, Montanwachs, sowie verschiedene Asphalte hervorgerufenen Schäden sind heute alle unter Ziffer 15 zu melden, sofern nicht Hautkrebsbildungen oder ihre Vorstufen vorliegen.

Ruß ist ein Staub, der bei unvollständiger Verbrennung entsteht und sich aus kleinen Kohlenstoffstäubchen und Teerbestandteilen zusammensetzt, welch letztere vor allem cancerogene Eigenschaften besitzen (vgl. auch S. 311). Er kommt in allen Feuerungseinrichtungen vor. Schornsteinfeger, Heizer usw. sind der Einwirkung des Rußes in Schornsteinen, Öfen und ähnlichen Vorrichtungen besonders ausgesetzt. Der Ruß spielt jedoch auch als Ausgangsstoff für die Herstellung schwarzer Farben (Druckereischwärze, Lithographiefarben), von Tusche, Wichse, Schuhcreme, Feuerwerkskörpern eine wichtige Rolle. Er wird in besonderen Rußfabriken durch unvollständige Verbrennung (Einschränkung der Luftzufuhr) von Mineralölen, Teer, Pech, Harzen, brennbaren Gasen hergestellt. Der durch die unvollständige Verbrennung von Teerölen, Rohanthrazen, Rohnaphthalin oder Acetylen gewonnene Ruß wird in großen Rußkammern gesammelt, die dann durch Arbeiter entleert werden, welche die kaum abgekühlten Kammern betreten, den Ruß mit Holzrahmen zusammenkratzen und ihn in Säcke füllen. Für manche

Zwecke wird der Ruß auch gesiebt. Alle diese Arbeiten sind mit stärkster Staubbildung verbunden. Infolge der starken Verschmutzung der Haut kommt es zu mechanischer und wohl auch chemischer Schädigung der Haut; meist ist die zarte, stark gefaltete Skrotalhaut befallen, in deren Furchen die Rußpartikel besonders leicht hängenbleiben, wobei mangelhafte Reinigung dieser Gegend, Schweißbildung und das Reiben der Kleidung beim Gehen vielleicht noch unterstützend wirksam werden. Die Haut wird brüchig und trocken; allmählich entwickelt sich an der Unterseite und an den Seitenflächen des Scrotums ein schuppendes Ekzem mit Warzenbildungen. Diese Warzen können lange unverändert bestehen bleiben, auch spontan wieder verschwinden; bisweilen vergrößern und vermehren sie sich rasch. In manchen Fällen ulcerieren sie oder entarten bösartig. Die Geschwürsbildungen zeigen eine schlechte Heilungstendenz, verursachen Schmerzen, bluten und entzünden sich. Im allgemeinen gilt der *Scrotalkrebs durch Ruß* als gutartig. Regionäre Drüsenmetastasen kommen vor. Durchschnittlich dauert es 20 bis 25 Jahre, bis sich ein Rußcarcinom entwickelt. Der Rußkrebs kommt nicht nur am Hodensack vor. Er wurde bisweilen auch an der Unterlippe (BEDFORD) und am Unterarm beobachtet. In Deutschland ist der Rußkrebs ziemlich selten. Infolge besonderer Verhältnisse (Arbeitszeit, Arbeitsweise, Vielzahl der Kamine) und wegen des überwiegenden Verbrauchs von Steinkohle ist der Schornsteinfegerkrebs in England wesentlich häufiger.

Paraffin ist ein Kohlenwasserstoffgemisch der Methanreihe. Technisch werden nur die höheren Glieder der Reihe, etwa von $H_{16}C_{34}$ an, d. h. gesättigte Kohlenwasserstoffe von fester Konsistenz, als Paraffine bezeichnet. Paraffin ist vor allem im Rohöl und Steinkohlenteer enthalten. Man gewinnt es durch Destillation von Naphtharückständen, Schwefelkohle und Ölschiefer. Die Schmelzpunkte der Paraffine liegen zwischen 30 und 80° C. Gefährdet sind vor allem die Arbeiter, die mit *ungereinigten* Paraffinen in Berührung kommen: mit den Rohparaffinen und den daraus durch Pressen gewonnenen Dunkelölen und die mit dem Reinigen der Pressen und Destillationsgefäße beschäftigt sind. Rohparaffine sind mit Terpenen, Kreosot und Mineralölen verunreinigt. Bei der Arbeit ist eine Verschmutzung der Hände, Beine, des Gesichts und des ganzen Körpers unvermeidlich. Die Ober- und Unterkleider sind meist von verspritztem Rohparaffin durchfettet, so daß bei ungenügender Reinigung des Körpers und zu seltenem Kleiderwechsel die hautschädigenden Stoffe genügend lange auf diese einwirken können. Dies ist vor allem bei der Destillation von Rohöl, bei der Darstellung und Raffinierung der Paraffine der Fall, z. B. in Braunkohlenschwelereien, Schieferteerschwelereien, in Braunkohlenteerdestillationen usw.; bei der Verarbeitung der fertigen Produkte, z. B. in Kerzengießereien, beim Paraffinieren von Streichhölzern, in der Papier- und Munitionsindustrie als Schutz vor Feuchtigkeit, in der Tonindustrie, wo die Formen mit Paraffin ausgeschmiert werden, ist die Gefahr wesentlich geringer, wenn auch gelegentlich in solchen Betrieben noch vereinzelt Ekzeme vorkommen (BERING-ZITZKE). Bei Paraffinarbeitern treten *Comedonen* und *entzündliche* *follikuläre Veränderungen* auf, die mit Vorliebe im Gesicht, an der Streckseite der Hände und Unterarme, auf der Brust- und Bauchhaut, an den Genitalien, an den Beinen und auf der Kopfhaut sitzen und die durch Verstopfung der Ausführungsgänge der Haut und Drüsen mit Paraffinpartikeln zustande kommen. Das Bild der Hautveränderungen durch Paraffin ist außerordentlich vielgestaltig: Erytheme, Hyperkeratosen, Acne, papulo-vesiculöse Veränderungen, Warzen und papillomartige Bildungen mit und ohne Pigmentierung können isoliert, häufiger aber miteinander kombiniert vorkommen. Die papillären warzenartigen Veränderungen, die zunächst gutartig sind, können maligne entarten, so daß der typische *Paraffinkrebs* entsteht, der in seltenen Fällen auch metastasieren kann. Auch der Paraffinkrebs ist nicht so überaus häufig; er entwickelt sich meist nach 12—20 Jahren auf dem Boden der sog. Paraffinhaut (s. unten) und neigt dazu, an mehreren Stellen gleichzeitig aufzutreten. Meist ist er gutartig. Wie der Rußkrebs tritt er mit Vorliebe am Scrotum auf, doch wurde er auch am Handrücken, am Unterarm, an den Augenlidern, in den Augenwinkeln, selten nur im Gesicht und im Nacken lokalisiert gefunden. Meist handelt es sich um verhornende Plattenepithelcarcinome, vorwiegend vom Stachelzelltyp, doch kommen auch Basalzellencarcinome vor. Experimentell konnten die carcinogenen Eigenschaften des Paraffins durch ZURHELLE nachgewiesen werden.

Die sog. *Paraffinhaut* ist eigentümlich steif, spröde, trocken und rissig; die Epidermis schilfert ab; die Talgdrüsen sind erweitert, ihre Ausführungsgänge verstopft: die Haut ist von stecknadelkopf- bis erbsengroßen Wucherungen bedeckt. Man rechnet die Paraffinhaut zu den präcancerösen Veränderungen.

Als *Paraffinkrätze* bezeichnet man die neben den entzündlichen follikulären Erscheinungen auftretenden, oft sehr ausgebreiteten, chronischen, schuppenden Ekzeme, weiterhin auch die akuten, papulo-pustulösen oder auch vesiculösen Hautentzündungen, die stark jucken und meist auf Hände und Unterarme beschränkt bleiben.

Als **Teer** wird der bei der Destillation von Steinkohle, Braunkohle oder Torf zurückbleibende Rückstand bezeichnet, der die Ausgangssubstanz z. B. für zahlreiche Körper der aromatischen Reihe darstellt, wobei als letzter Rückstand schließlich das *Pech* übrigbleibt. Der Teer stellt chemisch ein sehr kompliziertes Gemenge aus indifferenten, basischen und sauren Substanzen dar. Neben den Kohlenwasserstoffen der aromatischen Reihe enthält er auch solche der aliphatischen Reihe, weiterhin sauerstoff-, schwefel- und stickstoffhaltige Substanzen. Die basischen Substanzen gehören den Pyridin- und Chinolinreihen an; die sauren sind im wesentlichen Phenole. Die verschiedenen Teer- und Pechsorten enthalten unterschiedliche Mengen von cancerogenen Stoffen, die über 350° abdestillieren und die wahrscheinlich zu den hochkondensierten aromatischen Kohlenwasserstoffen gehören. Als sicher krebserregend gelten vor allem das Benzpyren, die Derivate des 1-2-Benzanthracens, das 1-2-5-6-Dibenzanthracen und seine Verwandten, das Cholanthren, vor allem das Methylcholanthren, die Dibenzacridine, das 3-4-Benzphenanthren und sein 2-Methylderivat und viele andere.

Das Methylcholanthren, d. h. der wirksamste cancerogene Stoff, weist sehr nahe Beziehungen zum Grundskelet der Steroide auf. Zur Gruppe der Steroide gehören auch eine große Anzahl wichtiger körperwirksamer, zum Teil körpereigner Stoffe (Cholesterin, Gallensäuren, Hormone [Cortin und Sexualhormone], Vitamin D, Digitaliskörper, Krötengifte usw.). Auch photodynamische Stoffe aus der Acridin-, Anthracen- und Anthrachinonreihe, vor allem aber das Acridin selbst, sind stark hautwirksam und in Pech und Teer bzw. ihren wäßrigen Lösungen enthalten. Die über Teerschädigungen vorhandene Literatur ist so groß, daß sie hier nicht im einzelnen berücksichtigt werden kann und daß auf die Spezialliteratur verwiesen werden muß. Gerade bei der Krebsentstehung spielt die Art des Teers eine große Rolle; die krebserregende Wirksamkeit dürfte abhängig sein vom Gehalt der betreffenden Teerart an cancerogenen Substanzen. Ungereinigter Teer erwies sich wirksamer als gereinigter; Gaswerk- und Wassergasteer erwiesen sich stärker krebserregend als Koksofenteer (HELLER); sog. Vertikalretortenteer, der mehr Kreosot, Pyridin und Säuren enthält, ist stärker cancerogen als der sog. Horizontalretortenteer, der mehr aromatische Verbindungen enthält (WOOD).

Auch das **Anthracen** ($C_{14}H_{10}$) gehört zu den Teerdestillationsprodukten. Bei der fraktionierten Teerdestillation gehen zwischen 300° und 350° C die sog. Schweröle II. Fraktion, die Anthracenöle, über, welche die letzte Fraktion darstellen und die neben flüchtigen Kohlenwasserstoffen noch Phenole, Anthracen und seine Homologen enthalten. Die Anthracenöle werden unter der Bezeichnung *Karbolineum* z. B. als Holzkonservierungsmittel verwendet. Das Anthracen ist ein Isomeres des Phenanthrens; man kann es aus dem Anthracenöl abdestillieren. Es bildet das Ausgangsprodukt für Anthrachinon, Alizarin und die daraus abgeleiteten Farbstoffe.

Mit Teer, Pech, Kreosot, Anthracenöl und Anthracen kommen vor allem Arbeiter in Steinkohlenteerdestillationsbetrieben in Berührung, seltener dagegen Arbeiter in Gaswerken und Kokereien, da der Wechsel der Teervorlagen hier nicht so häufig erfolgt. Bei der Rohölverarbeitung kommen die Naphtha- und Petroleumarbeiter mit Teerdestillationsprodukten in Berührung. Gefährdet sind weiter Arbeiter in Dachpappenfabriken und in der Asphaltindustrie, wo Pech und Pechstaub wirksam werden. In der Teer*farben*industrie sind nur diejenigen Arbeiter gefährdet, die mit den Ausgangsprodukten für Alizarinfarben (Anthracen) und ähnlichen Stoffen zu arbeiten haben. In Imprägnierungsanstalten, in denen Holz mit Karbolineum, Kreosot usw. behandelt wird, entfaltet vor allem Anthracen, in Betrieben zur Herstellung von Isolierband und Isolierplatten aus Pech und Kork wiederum Pech und Pechstaub seine hautschädigende Wirkung. Am stärksten gefährdet sind die Arbeiter in Steinkohlenbrikettfabriken. Hier wird das Pech zum Steinkohlenschrot als Bindemittel zugesetzt. Dazu muß das in den sog. Pechgruben lagernde Hart- bzw. Weichpech zunächst durch die Pechhacker aufgehackt, von den Pechschippern verladen und zu den Pechmühlen geschafft werden; die Pechaufgeber schütten es in die Pechmühlen, die das

Hartpech vermahlen; dann wird das Pechpulver von den Pechmischern mit Kohle vermischt, anschließend das Ganze erhitzt und unter hohem Druck zu Briketts geformt. Gefährdet sind vor allem die Pechhacker und Pechschipper, während der eigentliche Brikettfabrikationsprozeß, der vorwiegend in geschlossenen Apparaturen erfolgt, die Arbeiter weniger gefährdet. Beim Verladen und Befördern der fertigen Steinkohlenbriketts sind ebenfalls vereinzelte Erkrankungen bekanntgeworden. Krebsbildungen der Haut bei Schustern, die ja ebenfalls mit Pech in Berührung kommen, sind etwas Außergewöhnliches und nur ganz vereinzelt bekanntgeworden.

Zu den Teerkrebsen im engeren Sinne, die an sich zusammengehören, da die carcinogenen Stoffe vermutlich immer die gleichen sind, werden die Teer-, Pech-, Brikett-, Anthracen- und Kreosotkrebse gerechnet. Die geringen Unterschiede der verschiedenen Teerkrebse dürften auf dem wechselnden Gehalt der einzelnen Teerprodukte an cancerogenen Stoffen beruhen.

Das *klinische Bild* der verschiedenen Teerkrebse ist ziemlich gleichartig; es ähnelt im übrigen den unter Ruß und Paraffin beschriebenen Krankheitsbildern. Im einzelnen ergibt sich folgendes:

Die durch *Teer* verursachten Hautveränderungen treten selten akut auf; in der überwiegenden Zahl der Fälle entwickeln sie sich chronisch und sind charakterisiert durch Pigmentierung, entzündliche Reaktionen der Haut, Hyperkeratosen und follikuläre Wucherungen. Die sog. *Teerhaut* bietet klinisch etwa das gleiche Bild wie die Paraffinkrätze (s. oben), doch ist bei der Teerhaut die Comedonenbildung augenfälliger. Nach akuten oder subakuten Entzündungserscheinungen entwickeln sich im Gesicht, an den Extremitäten und am Rumpf herdartige fleckige Hautveränderungen, die mit Vorliebe auf der Vorderarmstreckseite, im Gesicht, an den Ohren und an der Nase sitzen, während die mit dichtem Haarwuchs bedeckten Hautabschnitte (Kopfhaar, Bart, Schamhaare) weniger stark mitbefallen sind. Die dem Licht ausgesetzte Haut verfärbt sich schmutzig graubraun. An den Follikeln entstehen Hornpfropfbildungen, durch welche die Haut reibeisenartig rauh wird (sog. *Acne eornea*). Gegenüber der Acne vulgaris unterscheidet sich die Acne cornea durch das Fehlen entzündlicher Veränderungen sowie eitriger Prozesse und auch durch eine härtere Beschaffenheit der Haut. Die schwärzlichen Follikelöffnungen mit zahlreichen Comedonen- und Warzenbildungen sowie die eigentümlichen fleckigen Pigmentierungen in den vom Licht getroffenen Hautbezirken, die meist ringförmig als feines Netzwerk um die Mitte herum, zuweilen auch streckenweise mehr diffus verteilt sind, vervollständigen das klinische Bild der Teerhaut. Die Grundfarbe der Teerhaut spielt zwischen Rot, Schokoladenbraun und einem schmutzigen Graubraun. Bisweilen findet sich auch eine lamelläre Schuppung der Haut, von der die Kopfhaut und die Hautfalten allerdings meist verschont bleiben. Die Pigmentierungen, Verhornungen, Comedonen- und Warzenbildungen, die entzündlichen, hypertrophischen und atrophischen Veränderungen der Haut können sich miteinander kombinieren und bieten dadurch ein sehr wechselndes und buntes Bild.

Der sog. *Teerkrätze* bzw. dem *Teerekzem* begegnet man vor allem bei Arbeitern in Imprägnierungsanstalten, in denen das Holz zum Schutz vor Fäulnis mit Teer, Karbolineum oder Kreosot bestrichen wird. Auch in Betrieben, welche frisch imprägniertes Holz bearbeiten, finden sich bei der Belegschaft die gleichen Hautveränderungen, welche im wesentlichen charakterisiert sind durch Entzündungsvorgänge an den Talgdrüsen, mechanische Verstopfung derselben, weiter durch ringförmige Epithelzellwucherungen um die Follikel herum und eine typische Verfärbung (Melanose), Erscheinungen, die unter dem Bilde einer mehr oder minder juckenden oder brennenden, vorwiegend an den unbedeckten Hautstellen lokalisierten, zum Teil desquamierenden Dermatitis, eines nässenden Ekzems oder aber einer Acne verlaufen. Da die schädigenden Substanzen photodynamisch wirksame Stoffe aus der Acridin-, Anthracen- und Anthrachinonreihe enthalten, andererseits belichtete Hautabschnitte bevorzugt erkranken, scheint die Auffassung doch berechtigt, daß die photodynamische Wirkung des Teeres bzw. seiner Inhaltstoffe bei der Entstehung der ekzematösen Veränderungen und Pigmentierungen ätiologisch eine bedeutsame Rolle spielt (Bering-Zitzke).

Der *Teerkrebs*, der als Teer-, Pech-, Brikett-, Anthracen- und Kreosotkrebs auftritt, entsteht meist aus flachen Warzen, die zunächst jahrelang unverändert bestehen bleiben, um schließlich zu ulcerieren; die Neubildungsprozesse greifen nur selten in die Tiefe über; nur in der Minderzahl der Fälle kommt es zur Metastasierung. Mit Vorliebe entwickelt er sich bei Arbeitern, die mit dem Zerkleinern von Teer, Pech, Asphalt, mit der Imprägnierung von Holz, mit der Gewinnung von Ölgas-, Gasteerpech und mit der Verarbeitung von Braunkohlenteer beschäftigt sind. In der Mehrzahl der Fälle sitzt er am Scrotum, wo er auch am bösartigsten verläuft; er entwickelt sich jedoch auch an unbedeckten Hautstellen, d. h. im Gesicht (Ohren, Wangen, Stirn, Nacken) und an den Armen. Im allgemeinen verlaufen die Teerkrebse gutartig. Im Gegensatz zum Paraffinkrebs werden andere Hautabschnitte seltener befallen. Der Teerkrebs stellt einen verhornenden, geschwürig zerfallenden flachen Plattenepithelkrebs vom Stachelzelltyp dar, der sich fast immer aus Warzen, nie aus papillomatösen Wucherungen entwickelt.

Die Hautveränderungen durch **Pech** sind in ihrer Grundform von den Teerschäden nicht so sehr unterschieden, wenngleich im einzelnen doch gewisse Unterscheidungsmöglichkeiten vorhanden sind. Man kann drei verschiedene Hauptmerkmale der Hauterkrankungen durch Pech hervorheben: 1. Auch hier die bereits beim Teer beschriebenen Pigmentierungen, die als sog. *Pechbräunung* bezeichnet werden, die sehr oft mit einer schmutzigen Gelbfärbung des Skleraweiß der Augen vergesellschaftet ist; auch hier dürften die photodynamischen Wirkungen gewisser im Pech enthaltener Stoffe ursächlich für die Hautverfärbungen verantwortlich zu machen sein. Bei Sonnenbestrahlung der Haut, der besonders Asphaltarbeiter ausgesetzt sind, entwickeln sich an den unbedeckten Hautabschnitten Rötungen, Schwellungen, Spannungsgefühl und Juckreiz, die bei diffuser Belichtung nicht so stark auftreten. 2. *Comedonenbildungen*, die durch Verstopfungen der Follikelöffnungen durch Pechteilchen hervorgerufen werden, wobei entzündliche Veränderungen an den Follikeln meistens fehlen und die vor allem an den Händen, am Hals und im Nacken sowie im Gesicht sitzen. 3. sind die sog. *Pechwarzen* hervorzuheben, d. h. multiple, verrucöse Hyperplasien, die zum Teil wie gewöhnliche Warzen aussehen, zum Teil weicher und mitunter gelappt sind. Die Pechwarzen zeigen eine besondere Neigung zur carcinomatösen Entartung und unterscheiden sich dann weder klinisch noch in ihrem Zellaufbau von Hautkrebsen anderer Genese. Als untere Grenze der Latenzzeit, in welcher sich aus den Pechwarzen Carcinome entwickeln können, nimmt man im allgemeinen fünf Jahre an. Die Pechwarzen sitzen mit Vorliebe am Scrotum, im Gesicht, an Hals und Nacken, an den Händen und Unterarmen. Zuweilen entwickeln sie sich an den Augenlidern, in der Gegend der Augenbrauen und des Mundes. Die Pechkrebse (Brikettkrebse) zeigen im Gegensatz zu anderen Teerkrebsen eine besondere Neigung zu multiplem Auftreten und zu bösartigem Verlauf.

Prophylaktisch ist bei den oben beschriebenen Hautveränderungen größter Wert auf die persönliche Pflege und Sauberkeit zu legen. Es muß auf die regelmäßige Reinigung der Arbeitsanzüge, häufige und gründliche körperliche Reinigung, am besten in Form warmer Brausebäder, gedrungen werden. Auch sind regelmäßige ärztliche Untersuchungen durchzuführen. Besondere Aufmerksamkeit ist bei Pecharbeitern notwendig. Arbeiter mit Pechwarzen sind sofort aus der Pecharbeit herauszunehmen. In der Mehrzahl der Fälle, die an unter die Ziffer 13 der Anlage zur III. VO. zu rechnenden Hautschäden leiden, wird ein Arbeitsplatzwechsel notwendig sein. Die Behandlung der Schäden gehört in die Hände eines erfahrenen Facharztes.

b) Die unter Ziffer 15 der Anlage der III. VO. zu meldenden schweren oder wiederholt rückfälligen Hauterkrankungen, die zum Wechsel des Berufes oder zur Aufgabe jeder Erwerbsarbeit zwingen.

Die Ziffer 15 wurde in der III. VO. neu geschaffen, da es ungerecht erschien, daß nur *die* Hauterkrankungen entschädigt wurden, welche durch ganz bestimmte berufliche Noxen hervorgerufen worden waren, die unter den sog. „Listenstoffen“ aufgezählt waren, während eine viel größere Anzahl von Hautschädigungen, die durch nicht in der Liste aufgeführte Stoffe ursächlich hervorgerufen waren, nicht entschädigt wurden, obwohl ihre Schwere und ihre Rückfälligkeit dem Erkrankten eine weitere berufliche Tätigkeit nicht ermöglichten. Diese Regelung bedeutete eine Härte. Wir wissen heute, daß praktisch jeder Stoff — selbst das Wasser — wie auch physikalische Einflüsse eine Hautschädigung verursachen können. Man hat deshalb den früher beschrittenen Weg, die hautschädigenden Stoffe und Arbeitsgänge aufzuzählen, verlassen, da man da schließlich ins Uferlose gekommen wäre. Im Gegensatz zu früher ist jetzt nicht mehr entscheidend, *welcher* Stoff eine Hauterkrankung verursacht oder bei welchem Arbeitsgang eine solche aufgetreten ist; durch die neue Ziffer und ihre Fassung ist das ganze entscheidende Gewicht auf die durch die Hauterkrankung meßbar verminderte Erwerbsfähigkeit des Erkrankten gelegt. Eine Hauterkrankung — gleich welcher Art und unabhängig von ihrer Entstehungsursache — wird immer dann einen Entschädigungsanspruch genügend zu begründen erlauben, wenn sie durch ihre Dauer und ständige Wiederkehr den Erkrankten zwingt, seinen Beruf zu wechseln oder jede dem Erwerb dienende berufliche Tätigkeit ganz aufzugeben.

Vor allem muß sichergestellt werden, daß *berufliche Einflüsse* die Hauterkrankung verursacht haben. Der Begriff „schwer" soll weniger im medizinischen Sinne als vielmehr unter dem Gesichtspunkt der Auswirkung der Hauterkankung im Beruf und auf sozialem Gebiet gedeutet werden (SCHULTZ und KOEHLER). Die Dauer der Erwerbsunfähigkeit wie auch die Frage, ob es sich um ein chronisches Hautleiden handelt oder nicht, ist für die Entscheidung: entschädigungspflichtige Hauterkrankung oder nicht, belanglos. Auch die Anzahl der Rückfälle ist weniger wichtig. Der behandelnde Arzt wird eine berufliche Hauterkrankung mit Recht dann annehmen dürfen und melden müssen, wenn er festgestellt hat, daß die Hauterkrankung während der beruflichen Tätigkeit begonnen hat, beim Aussetzen der Berufsarbeit abheilt und bei Wiederaufnahme der Arbeit erneut auftritt bzw. sich verschlimmert und der Arbeiter infolge der Schwere der Erkrankung oder der sofort nach Arbeitsbeginn einsetzenden Rückfälle seinen Beruf aufgeben muß. Auch der Begriff des Berufswechsels sollte nicht zu eng gefaßt werden. Nach BAUER (Reichsarbeitsblatt 1937 II, 33) ist der Berufswechsel gleichzusetzen dem Wechsel der beruflichen Tätigkeit, wobei der Beruf aber nicht ohne weiteres mit dem handwerklich gelernten Beruf identifiziert werden darf. Daß im einzelnen trotz der ziemlich weiten Fassung des Wortlautes der Verordnung sich zuweilen recht erhebliche Schwierigkeiten ergaben, hat die Praxis seit der Einführung der III. VO. ergeben. Der behandelnde Arzt wird die endgültige Entscheidung dem Dermatologen oder dem Gewerbearzt überlassen müssen. Dies gilt um so mehr, als bei der Beurteilung der Hautkrankheiten im Hinblick auf ihre Zusammenhänge mit beruflicher Betätigung auch sonst noch zahlreiche Schwierigkeiten bestehen können, die im einzelnen ausführlich hier zu behandeln viel zu weit führen würde. Es muß daher auf die sehr umfangreiche Speziallliteratur verwiesen werden. Die wichtigsten Faktoren, welche bei der Beurteilung berücksichtigt werden müssen, seien ohne Anspruch auf Vollständigkeit nachstehend wenigstens angedeutet.

Bekanntlich gibt es eine Reihe von Menschen, die von Geburt an auf Grund vorwiegend konstitutioneller Momente zu Hauterkrankungen neigen (sog. Ekzematiker) und die infolge der Überempfindlichkeit ihres ganzen Hautorgans auch ohne das Wirksamwerden beruflicher Einflüsse mit ekzematösen Veränderungen erkranken. In solchen Fällen ist dann die Hautüberempfindlichkeit nicht durch die Berufstätigkeit entstanden, weshalb eine Berufskrankheit auch nicht anerkannt und entschädigt werden kann (HEBESTREIT-BARTSCH). Grundsätzlich wird man versuchen müssen, konstitutionell Hautempfindliche von Berufen fernzuhalten, in denen sie mit stark reizend oder schädigend wirkenden Stoffen in Berührung kommen. Seborrhoiker, Menschen mit Neigung zu funktionellen Störungen im Follikelsystem (Acne, Folliculitis), mit dispositionellen Verhornungsstörungen (Ichthyosis vulgaris), Hyperhidrosis, Arbeiter mit verminderter Alkaliresistenz der

Haut, hellblonde Menschen, bei denen erfahrungsgemäß eine erhöhte Neigung zu Hauterkrankungen besteht, sollten von vornherein von Berufen ferngehalten werden, in denen Hauterkrankungen besonders verbreitet sind. Insgesamt ist die angeborene Ekzembereitschaft jedoch selten (SCHULTZ und KOEHLER).

In der überwiegenden Zahl der Fälle handelt es sich um eine erworbene Überempfindlichkeit, d. h. die betreffenden Arbeiter werden durch den beruflichen Umgang mit einer bestimmten Substanz gegen diese sensibilisiert und überempfindlich. Solche Menschen können in allen anderen Berufen, in denen sie der Einwirkung dieser bestimmten Substanz nicht ausgesetzt sind, ohne Behinderung arbeiten. In solchen Fällen wird man durch einen Berufswechsel eine Einbuße der Erwerbsfähigkeit ohne weiteres verhindern können. Die *monovalente* Überempfindlichkeit kann jedoch, wenn der Berufswechsel nicht frühzeitig genug erfolgt, zu einer *polyvalenten* werden, d. h. der Erkrankte reagiert dann auch auf andere, unter Umständen ganz banale Reize (Wasser, Seife usw.) bzw. andere chemische Stoffe ebenfalls mit einem Ekzem. Daß in solchen Fällen dann besondere Schwierigkeiten bei der Beurteilung entstehen, insbesondere bei der Abgrenzung der polyvalenten Überempfindlichkeit gegenüber der konstitutionellen Hautüberempfindlichkeit, ist klar. Nicht in allen Fällen schließt sich — deutlich erkennbar — die polyvalente Überempfindlichkeit an die monovalente an. Hier mittels Testproben die Entscheidung zu treffen, ist Sache des Dermatologen und des Gewerbearztes. Gerade hier sind speziell für die Durchführung und Bewertung des Ausfalls der Teste besondere Erfahrungen notwendig, über die nur der Fachmann verfügt; allerdings haben die Testprüfungen heute, d. h. nach Einführung der III. VO., nicht mehr die große Bedeutung wie früher unter der II. VO., da ja jetzt *alle* durch den Beruf hervorgerufenen Hauterkrankungen unter den obengenannten Voraussetzungen nach der Ziffer 15 der Anlage der III. VO. entschädigt werden, gleichgültig, welche Stoffe die Ursache bilden. Wenn also heute *alle* eine Hautschädigung verursachenden Stoffe einen Entschädigungsanspruch genügend begründen können, so gibt es doch eine Reihe von Substanzen, die erfahrungsgemäß bei der überwiegenden Mehrzahl der Arbeiter, welche mit ihnen beruflich in Berührung kommen, eine Hauterkrankung hervorrufen (sog. primär hautreizende Stoffe). Hierzu gehören z. B. die Ursole (vgl. S. 180ff.), die in exotischen Hölzern vorhandenen Reizstoffe, Benzol und andere Lösungsmittel, schließlich aber auch solche Körper, welche die normale schützende Hautfunktion schädigen und welche die Haut dadurch anfälliger und schädigungsbereiter machen. Hierzu gehören z. B. alle die Haut entfettenden Stoffe, wie Benzin, Benzol, chlorierte Kohlenwasserstoffe, unter Umständen auch physikalische Einflüsse (Wärme und Feuchtigkeit), die eine starke Schweißabsonderung verursachen, so daß die oberste schützende Hornschicht quillt und aufgelockert wird und von dem schädigenden Agens leichter durchdrungen werden kann; durch die Schweißabsonderung wird die Alkaliresistenz der Haut vermindert, wobei es zu sekundärer Ansiedlung von Sproß- und Hefepilzen kommen kann bzw. Dermatomykosen entstehen, die in bestimmten Fällen dann ebenfalls als entschädigungspflichtige Hautkrankheiten anerkannt werden müssen. Die Zahl der Stoffe, die seltener zu Hauterkrankungen führen, ist außerordentlich groß und es ist unmöglich, sie auch nur dem Namen nach einigermaßen vollständig aufzuzählen. Oft sind es mehrere Substanzen gleichzeitig, die bei einem bestimmten Arbeitsgang zusammen verwandt werden und die dann gemeinsam auf die Haut einwirken und die nur bei dieser kombinierten Wirkung eine Hautschädigung setzen (z. B. ein entfettendes Mittel zusammen mit einem oder mehreren an sich schwach hautreizenden Stoffen, die erst nach der Entfettung ihre schädigende Wirkung entfalten können).

Das **klinische Bild** der gewerblichen Hautkrankheiten ist außerordentlich wechselnd und vielseitig. Man unterscheidet zwischen den sog. *Toxicodermien*, die nach Aufnahme des schädigenden Agens in den Organismus unabhängig vom Aufnahmewege (perkutan, peroral oder durch Einatmung) entstehen und die als einfache umschriebene Rötungen, Quaddeln, Knötchen, als hämorrhagische, blasen- und bläschenbildende Hautausschläge auftreten, die sich meist am ganzen Körper lokalisiert finden und für deren Lokalisation der Einwirkungsort der Noxe nebensächlich ist. Hierher gehören z. B. die Dermatitiden oder acneartigen Hautveränderungen, die durch Quecksilber, Arsen, Chlor, Brom, Jod hervorgerufen werden. Soweit die die Toxicodermie auslösenden Stoffe zu den sog. Listenstoffen und die Hauterscheinungen zu dem gesamten Vergiftungsbild gehören, wird man diese, auch wenn sie das einzige deutlich erkennbare Vergiftungssymptom darstellen, unter der betreffenden Ziffer der Anlage der III. VO. melden. Handelt es sich dagegen um Stoffe, die in der Liste nicht besonders aufgeführt sind (z. B. Chlor, Brom, Jod usw.), so wird man, sofern sonst die zur Anerkennung nötigen Voraussetzungen der Ziffer 15 erfüllt sind, diese Toxicodermien darunter melden müssen.

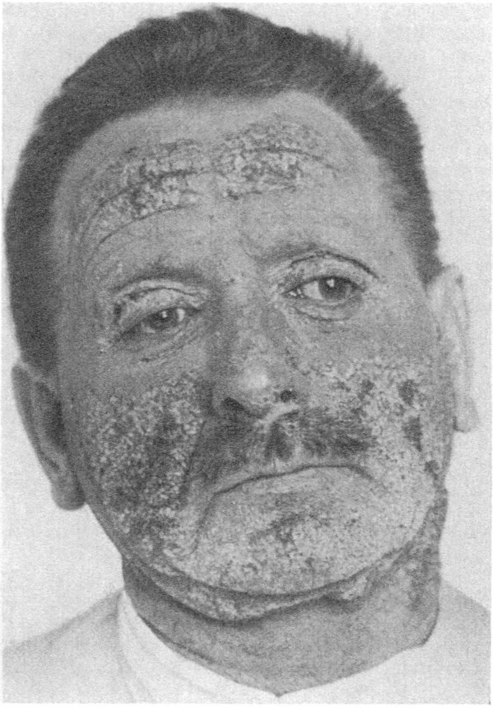

Abb. 19. Mehlekzem. [Aus TELEKY und ZITZKE: Arch. Gew. Path. Bd. 3 (1932).]

In der weitaus überwiegenden Zahl der gewerblichen Hauterkrankungen handelt es sich klinisch um das vielgestaltige Bild des **Ekzems**, also einer auch sonst sehr häufigen, flächenhaften, juckenden, entzündlichen Erkrankung der Oberhaut und des Papillarkörpers, das die echten Schleimhäute stets frei läßt; das Ekzem kann akut und chronisch auftreten, bald nur als Rötung (Eczema erythematosum), bald in Form knötchenförmiger Herde (Eczema papulosum), mit Bläschenbildung (Eczema vesiculosum), mit Eiterbläschen (Eczema pustulosum), als nässendes Ekzem (Eczema madidans), mit Borkenbildung (Eczema crustosum oder impetiginosum) oder mit Abschuppungen (Eczema squamosum). Die Ekzeme sind lokale Veränderungen, die in der überwiegenden Zahl der Fälle auf den Ort der Einwirkung der schädigenden Noxe beschränkt bleiben und sich weder von ihrem Entstehungsort verbreiten, noch an anderen, entfernt liegenden Hautabschnitten aufzutreten pflegen. Mit Vorliebe sitzen die ekzematösen Veränderungen daher an den exponierten unbedeckten Hautabschnitten: an den Händen, Unterarmen, am Hals und im Gesicht, wenngleich sie auch an anderen Körperstellen (Füße, Unterschenkel,

Rumpf) vorkommen. Oft sind auch Nagelveränderungen mit den Ekzemen vergesellschaftet, wobei die Art der Arbeit und der dabei einwirkenden schädigenden Substanzen von erheblicher Bedeutung ist. Bei chronischen Gewerbeekzemen ist die Haut oft verdickt, von Rhagaden durchzogen, licheinfiziert usw. Sekundärinfektionen der Gewerbeekzeme sind selten.

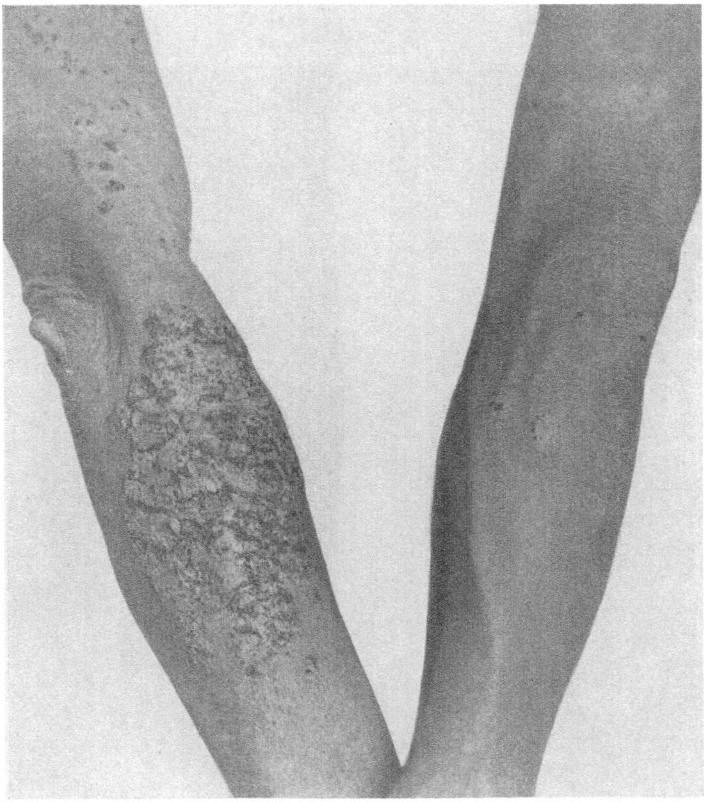

Abb. 20. Typisches Mehlekzem. [Aus TELEKY und ZITZKE: Arch. Gew. Path. Bd. 3 (1932).]

Da es im Rahmen dieses Kapitels unmöglich ist, die vielfältigen, beruflichen Hauterkrankungen auch nur zu nennen und aufzuzählen, geschweige denn, sie zu beschreiben, so seien nur einige wenige, besonders bekannte aus der Vielzahl herausgegriffen. Wegen der Einzelheiten muß auf die umfangreiche dermatologische Fachliteratur hingewiesen werden.

Beim **Bäckerekzem** handelt es sich in der Mehrzahl der in Deutschland beobachteten Fälle um eine allergische Dermatose, die ursächlich vor allem auf die Wirkung der als *Mehlverbesserungsmittel* benutzten *Persulfate* zurückzuführen ist. Ammoniumpersulfat ist in verschiedenen Mehlverbesserungsmitteln enthalten, so z. B. im Porit, im Glutin und Multaglut. Nach den Feststellungen von FRIBOES besteht bei weitaus der Mehrzahl der Bäcker (95% der von ihm untersuchten Fälle) eine Überempfindlichkeit gegen Ammoniumpersulfat. In vielen Fällen ist eine solche auch gegenüber persulfatfreien Mehlverbesserungsmitteln (Novadelox = Benzoylperoxyd + dreifache Menge Calciumphosphat, Elco II = 90% Kaliumbromat + 10% Magnesiumphosphat, Secalit = Calciumphosphat) festzustellen. In solchen Fällen nimmt man an, daß zuerst eine monovalente Überempfindlichkeit gegen Ammoniumpersulfat

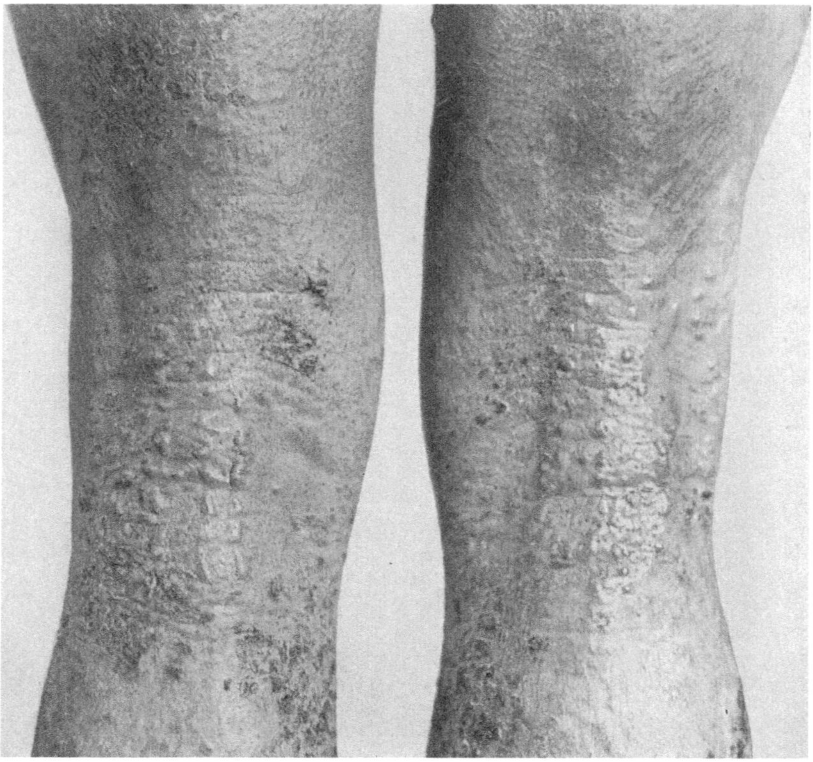

Abb. 21. Mehlekzem. [Aus TELEKY und ZITZKE: Arch. Gew. Path. Bd. 3 (1932).]

sich entwickelte, die dann aber in eine polyvalente umschlug. Allerdings muß berücksichtigt werden, daß das Bäckerekzem auch durch unverbesserte Mehle ausgelöst werden kann; in solchen Fällen muß es sich um ein einfaches Mehlproteinekzem nach langjähriger Sensibilisierung handeln. In einem kleineren Teil der Bäckerekzeme handelt es sich um Dermatomykosen, die unter Beteiligung gewisser Hefen und Epidermophytien in der warmen und feuchten Luft der Backstube besonders günstige Entwicklungsbedingungen finden.

Das sog. **Maurerekzem** gehört in die Gruppe der Zement- und Kalkhautschäden. Maurer sind der Einwirkung von Zement, der aus Calciumcarbonat, Sand und Aluminiumsilicat (= Ton) durch Brennen gewonnen wird, von Beton (= Sand + Zement), Mischungen von Zement und Calciumoxyd sowie von Mörtel (= Kalk + Wasser + Sand) ausgesetzt. Nässe, Kälte, mechanische Verletzungen der Haut durch Zementpartikel und die Ätzwirkungen des Kalks sind Faktoren, die gemeinsam zur Entwicklung der Zement- bzw. Kalkhautschäden führen resp. ihre Ent-

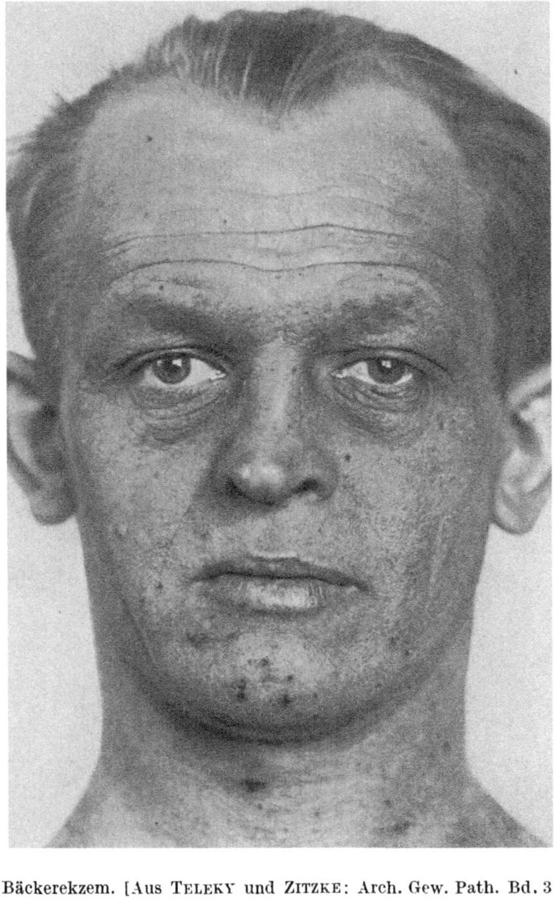

Abb. 22. Bäckerekzem. [Aus TELEKY und ZITZKE: Arch. Gew. Path. Bd. 3 (1932).]

stehung begünstigen und die unter dem Bild des Ekzems (sog. Zementkrätze) oder aber als Verätzungen und Geschwürsbildungen auf der Haut sichtbar werden[1]. Letztere stellen meist nicht sehr tiefe Verätzungen der Haut mit unscharfen Konturen dar, die als sog. „Vogelaugen" (auch Stieglitz genannt) bezeichnet werden, welche vor allem an den Händen und Unterarmen und den sonstigen unbedeckten Hautabschnitten

[1] Auch das verminderte Alkalibindungsvermögen der Haut spielt bei der Entstehung eine Rolle.

sitzen; die Ekzeme erscheinen als stark juckende Knötchen nicht nur auf der unbedeckten Haut, sondern auch am ganzen Körper. Meist be-

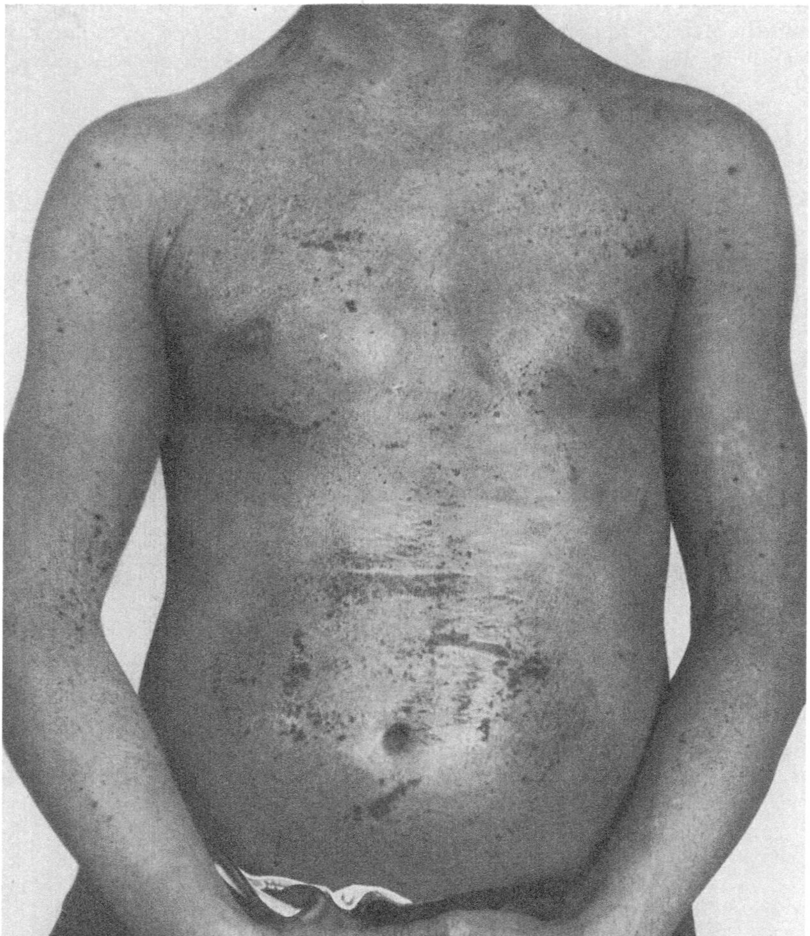

Abb. 23. Bäckerekzem. [Aus TELEKY und ZITZKE: Untersuchungen über das Bäckerekzem. Arch. Gew. Path. Bd. 3, 149 (1932).]

ginnen die ekzematösen Veränderungen mit Excoriationen zwischen den Fingern und an den Handgelenken; erst allmählich entwickelt sich dann das typische Bild des chronischen Ekzems.

Weitverbreitet sind auch die sog. **Düngemittelekzeme** in landwirtschaftlichen Berufen, in denen beim Mischen verschiedener Düngesalze und beim Ausstreuen derselben von Hand die Arbeiter mit den Düngesalzen unmittelbar in Berührung kommen. Von den zahlreichen, zu Düngezwecken verwendeten Salzen ist es vor allem der *Kalkstickstoff*, der Hautveränderungen verursacht, wenngleich auch Superphosphat,

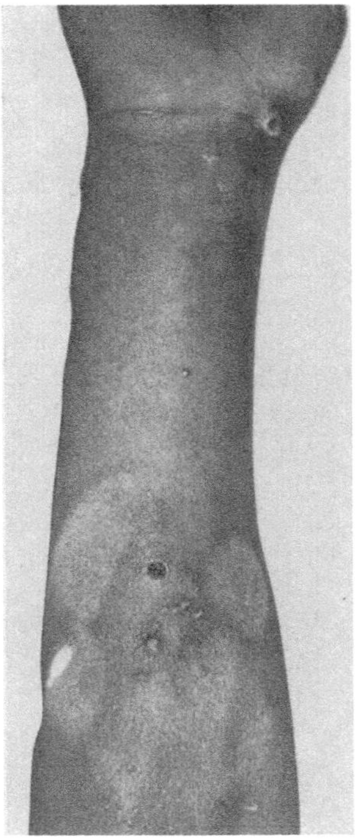

Abb. 24.

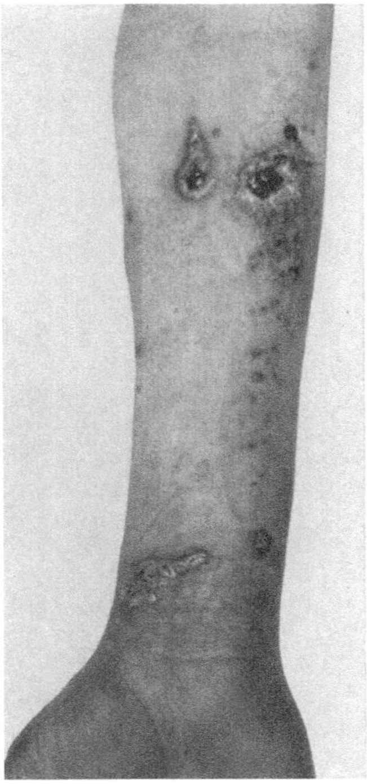

Abb. 25.

Abb. 24. Rechter Vorderarm; derbe Knotchen und Papeln; am Handgelenk ein Vogelauge. [Aus M. OPPENHEIMER und R. LACKENBACHER: Arch. Gew. Path. Bd. 4 (1933).]

Abb. 25. Rechter Vorderarm; Knötchen und Papeln wie bei Abb. 24. Zahlreiche weiße, harte Knötchen; runde und ovale Ulcera mit wallartigem, roten, derben Rand; auf diesem und in der Umgebung Kalkkörnchen. [Aus M. OPPENHEIMER und R. LACKENBACHER: Arch. Gew. Path. Bd. 4 (1933)].

Thomasschlacke und Kalksalpeter solche setzen können. Kalkstickstoff ist ein schwärzliches Pulver, das aus Calciumcyanamid, Schwefelcalcium, pulverisiertem Ätzkalk und Kohlenstoff besteht. Neben Allgemeinerscheinungen, die nach Eindringen von Kalkstickstoffstaub in den Organismus in Form von Atemnot, Herzklopfen, Blutandrang zum Kopf (= Wirkung des Cyanamids) auftreten, entwickeln sich Hauterscheinungen in zwei verschiedenen Formen: einmal *echte ekzematöse Veränderungen* im Sinne einer allergischen Reaktion auf dem Boden einer monovalenten Überempfindlichkeit gegen Calciumcyanamid, zum anderen *Verätzungen*, die auf der lokalen Wirkung des Ätzkalks beruhen. Das

Ekzem tritt akut oder subakut auf, meist nach ein- bis mehrtägiger Einwirkung des Kalkstickstoffs, wobei die Haut sich schwärzlich verfärbt. Zunächst entwickelt sich eine papulöse, vesiculöse oder bullöse Dermatitis mit heftigem Jucken, wobei nässende Flächen und Verkrustungen der Haut entstehen. Durch Kratzen können Mischinfektionen erfolgen; chronische Hautveränderungen sind selten. Die Kalkstickstoffverätzungen kommen durch Eindringen von Kalkstickstoffteilchen, und zwar

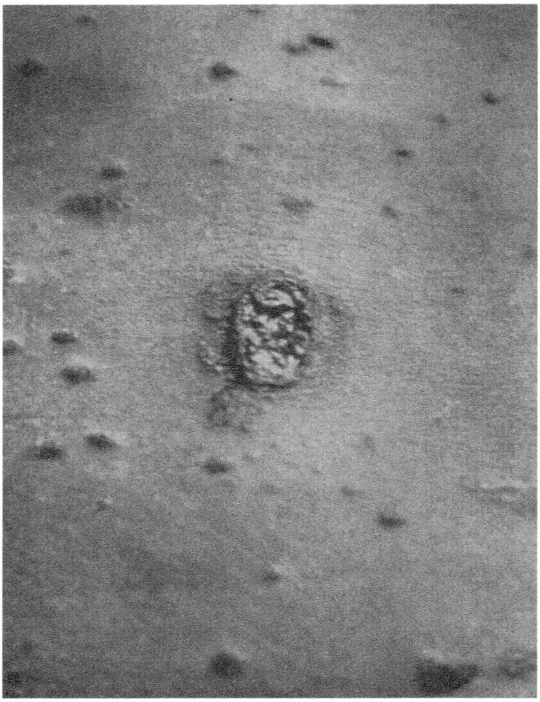

Abb. 26. Kalksalpeternekrose. 24stündige Einwirkung gesättigter Kalksalpeterlösung auf ganz oberflächlicher Erosion. [Aus R. L. MAYER: Arch. Gew. Path. Bd. 3 (1932).]

von Ätzkalk in kleine Hautdefekte zustande, wobei unter Mitwirkung der Feuchtigkeit der Haut der Ätzkalk unter Wärmeentwicklung der Haut an den Einwirkungsstellen Wasser entzieht und das Eiweiß fällt. Klinisch entwickeln sich punktförmige und flächenhafte schwärzliche Hautnekrosen, die abgestoßen werden, wobei tiefgehende, zuweilen recht ausgebreitete Geschwüre vor allem an den Unterschenkeln und Füßen entstehen, die schlecht heilen. *Kalksalpeter* macht ganz ähnliche Verätzungen, für die sein Gehalt an dissoziierbaren Calciumionen ursächlich verantwortlich gemacht wird. Das klinische Bild erinnert an die Tuberculosis cutis verrucosa. Zunächst entstehen dickwandige Blasen, die in der Mitte eine schwarz gefärbte Kruste tragen; nachdem diese abgestoßen ist, entstehen flache Geschwüre, die unter Hinterlassung von hellrosa

Narben abheilen. Gleichzeitig entwickeln sich derbe Knötchen und Papeln, die Bohnengröße erreichen können und die von der Umgebung scharf abgesetzt sind. In ihrem Zentrum wölbt sich dann eine weißliche Spitze vor, aus der spontan ein weißliches bis gelbliches Körnchen abgestoßen wird, das aus phosphorsaurem Kalk besteht. Die Veränderungen sind vor allem an den Unterarmen lokalisiert; sie können bis handtellergroße Herde bilden und heilen unter Hinterlassung unregelmäßig gestalteter Narben ab.

Kalkammonsalpeter kann die gleichen, echt ekzematösen Hautveränderungen verursachen wie Kalkstickstoff, wobei wie bei diesem neben den Hautveränderungen Conjunctivitiden, ekzematöse Schwellungen der Augenlider und der angrenzenden Hautpartien des Gesichts auftreten können.

Bei *Galvaniseuren* sind ebenfalls sehr häufig Hautveränderungen nachzuweisen, die zum Teil auf die Stoffe zurückzuführen sind, welche zur Entfettung der Metalle vor dem eigentlichen Galvanisierungsvorgang benutzt werden (Alkalien, Benzin, Benzol, chlorierte Kohlenwasserstoffe und andere Lösungsmittel), zum Teil auf diejenigen, welche in den Galvanisierungsbädern enthalten sind, deren Zusammensetzung nach der Art der Arbeit (Vergolden, Verchromen, Vernickeln) sehr wechselt.

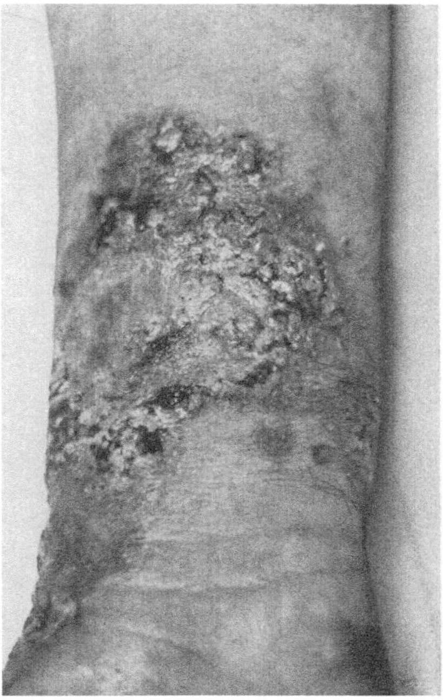

Abb. 27. Kindshandtellergroßer Herd mit zungenförmigem Fortsatz gegen den Daumen. Aufgeworfener, zerklüfteter, mit Kalkkörnchen besetzter Rand, vernarbtes Zentrum; Tuberculosis verrucosa ähnlich. [Aus OPPENHEIMER und R. LACKENBACHER: Arch. Gew. Path. Bd. 4 (1933).]

Mit am häufigsten ist das **Nickelekzem,** das schon sehr schnell nach Arbeitsbeginn auftreten kann. Die klinisch erkennbaren Veränderungen sind als Nickelekzem, Nickelkrätze bzw. Nickeldermatitis vielfach beschrieben worden. Es handelt sich um eine sehr verbreitete und spezifische Überempfindlichkeit gegen das Nickelion, vielleicht auch gegen Nickelsulfat. Die ersten Veränderungen entwickeln sich an den Fingern, Händen und Unterarmen; zunächst stellt sich lästiges Jucken und Brennen ein; bald sprießen follikuläre Papeln von Stecknadelkopfgröße, vor allem zwischen den Fingern, an den Handgelenken und an der Beugeseite der Unterarme auf, begleitet von einem allgemeinen diffusen Erythem und unter Bildung von Bläschen und nässenden Flächen. Die Veränderungen neigen zu peripherer Ausbreitung und zu sehr langwierigem Verlauf. Während des akuten Stadiums können erhebliche Schwellungen des Gesichts und der Augenlider auftreten mit Rötung, papulo-vesiculösen, manchmal auch pustulösen und nässenden Veränderungen und späterer feinlamellöser Abschilferung. Noch während der Behandlung können neue Herde entstehen oder an alten Herden erneut frische Veränderungen auftreten. In leichten Fällen bleiben die Krankheitserscheinungen auf urticarielle und entzündliche Rötungen und Schwellungen

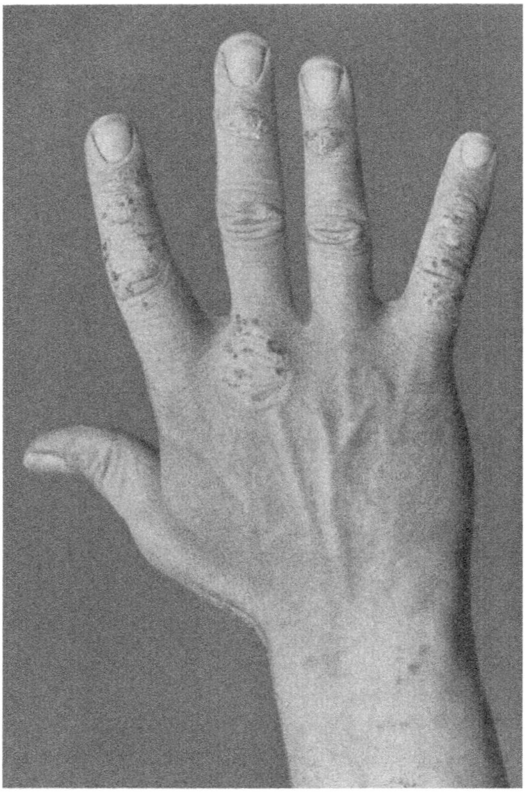

Abb. 28. Chromgeschwüre. [Aus E.W. ENGELHARDT und R. L. MAYER: Arch. Gew. Path. Bd. 2 (1931).]

beschränkt. Die Hautaffektionen neigen sehr zu Rezidiven. Exogene Betriebsfaktoren, wie mechanische Verletzungen der Haut, Entfettung und Maceration der Haut durch andere in den Bädern enthaltene Stoffe, die Temperatur der Bäder, die Spannung und Dichte des angewandten Stroms beeinflussen die Entstehung der Nickelschäden der Haut.

Während **Chromekzeme** bei Galvanisierungsarbeiten, bei denen Chromoxyd, Chromsulfat, Chromchlorid und Chromtrioxyd Verwendung finden, außerordentlich selten sind (hier treten vereinzelt *Chromgeschwüre* auf, ähnlich wie in Chromgerbereien), sind sie im *graphischen* Gewerbe seit Anwendung des Chromkopierverfahrens bei Lithographen häufiger. Im

Gegensatz zu den Chromgeschwüren beruhen die Chromekzeme auf einer echten Sensibilisierung gegenüber Bichromat. Es handelt sich um chronische, meist nur auf die Hände beschränkte Ekzeme von geringer Ausdehnung mit Veränderung an den Follikeln der Fingerstreckseite. Bei den Druckern sind die Chromekzeme an den Fingerendgliedern, Fingerkuppen, am freien Nagelrand und in der Nähe des Nagelbettes lokalisiert. Die Nägel selbst sind oft verfärbt, an ihren freien Rändern verdickt und aufgefasert. Die Sensibilisierung erfordert meist längere Zeit (6—9 Monate) und bleibt gewöhnlich lange bestehen.

Lösungsmittelschädigungen der Haut spielen heute bei der ungeheuer verbreiteten industriellen Anwendung dieser Stoffe eine sehr große Rolle. Unter Lösungsmitteln versteht man flüssige, flüchtige organische Verbindungen, die organische Stoffe bei Zimmertemperatur lösen, ohne sie

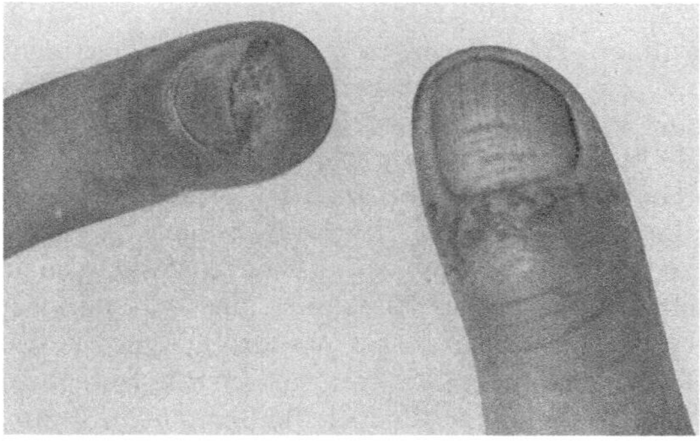

Abb. 29. Ekzem durch Kaliumbichromat bei einem Zinkdrucker (Nachätzen an der Presse, typisch Lokalisation. [Aus E. W. ENGELHARDT und R. L. MAYER: Arch. Gew. Path. Bd. 2 (1931).]

chemisch zu verändern. Hierher gehören die aliphatischen und alicyclischen Kohlenwasserstoffe (Gruppe des Benzins), die aromatischen Kohlenwasserstoffe (Gruppe des Benzols), die gechlorten wie auch andere halogenierte Kohlenwasserstoffe, zahlreiche Alkohole, Ester, Aldehyde, Ketone und Äther, weiter die Glykole und ihre Derivate, hydrierte cyclische Kohlenwasserstoffe und Terpene, schließlich der Schwefelkohlenstoff. Diese Lösungsmittel werden zur Verdünnung und Herstellung der verschiedensten Lacke, Anstrichmittel, Klebestoffe, für Abbeizmittel, Kunstleder, Kunststoffe, zur Herstellung plastischer Massen, von Imprägnierungsmitteln, im Druckereigewerbe, zur Extraktion von Fetten, Ölen, Riechstoffen, als Reinigungsmittel, zur Herstellung von Schuhcreme, Bohnermassen, Poliermitteln usw. verwendet.

Schon auf normaler Haut ist die Wirkung der Lösungsmittel unterschiedlich. Nach H. J. OETTEL ist *eine akute* und eine wechselnd stark ausgeprägte *Nachwirkung* zu unterscheiden. Diejenigen Lösungsmittel, welche die stärkste Nachwirkung zeigen (Benzin, Benzol und seine Homologen und die Terpene), verursachen auch am häufigsten gewerbliche Hautschädigungen, während die nur akut hautreizenden Körper (Äther und Alkohole) bzw. die experimentell an normaler Haut unwirksamen

Lösungsmittel, wie Ester und Ketone, sehr viel seltener Hautschädigungen setzen. Nach OETTEL wirken an der normalen Haut nach dem Schwefelkohlenstoff die gesättigten aliphatischen Kohlenwasserstoffe am stärksten. Das Wirkungsmaximum liegt — wie bei den ungesättigten aliphatischen Kohlenwasserstoffen und Cycloparaffinen auch — jeweils bei der Verbindung mit sieben Kohlenstoffatomen. Ordnet man die Lösungsmittel nach der Stärke ihrer Reizwirkung auf die *normale* Haut in einer Reihe und beginnt man dabei mit dem am stärksten hautreizenden Lösungsmittel, so ergibt sich folgende Aufstellung: Schwefelkohlenstoff, Alkane, Alkylene, Cycloparaffine, aromatische Kohlenwasserstoffe, gechlorte Kohlenwasserstoffe, Äther, Alkohole, Ester und Ketone.

Die durch Lösungsmittel hervorgerufenen Hautschäden treten unter dem Bilde der Dermatitis und des Ekzems auf. Man begegnet allen Graden der Hautaffektion vom einfachen Erythem bis zum chronischen Ekzem; auch wurden Erkrankungen der Schweiß- und Talgdrüsen, Nagelveränderungen, Hyperkeratosen und Pigmentierungen beobachtet. Zuweilen treten auch auf der Haut der Finger, des Handrückens und der Unterarme krätzeartige Veränderungen auf, die in rötlichen, stecknadelkopf- bis linsengroßen Efflorescenzen bestehen, die zum Teil flach, zum Teil etwas erhaben sind, zusammenfließen können und häufig mit Sekretborken bedeckt sind, Veränderungen, die durch dauerndes Brennen, Jucken und Auftreten von schmerzhaften Rhagaden zur Aufgabe der Arbeit zwingen. Der Zeitpunkt des Auftretens der Hautveränderungen nach Arbeitsbeginn ist wechselnd; er hängt ab von der Empfindlichkeit des Einzelindividuums, die zu verschiedenen Zeiten wechselnd groß ist, von der Intensität der Einwirkung und der Art des Lösungsmittels, der Stärke seiner Verunreinigungen und anderen Faktoren. Diabetes, Nieren- und Leberkrankheiten, Basedow, Krankheiten des Magen-Darm-Kanals und Verletzungen der Haut sollen die Empfindlichkeit derselben gegenüber der Wirkung der Lösungsmittel steigern. Die entfettende Wirkung der als Lösungsmittel bezeichneten Stoffe kann nicht die einzige Ursache der immer wieder beobachteten Hauterkrankungen sein, da die Erkrankungshäufigkeit und die Schweren der Veränderungen dem Fettlösungsvermögen der verschiedenen Lösungsmittel nicht parallel geht. Auch eine allergische Reaktion als alleinige Ursache der Hautschäden ist unwahrscheinlich. Die toxische Wirkung der verschiedenen Substanzen spielt ebenfalls eine wichtige Rolle. Die Veränderungen durch Lösungsmittel erstrecken sich auch auf die Schleimhäute.

Die *aliphatischen Kohlenwasserstoffe,* d. h. die Benzine und ihre Homologen, verursachen diffuse, akute wie auch chronische, oft mit erheblichen Rötungen und Ödemen der Haut einhergehende Dermatitiden, die im Gesicht, an den Händen und Unterarmen besonders häufig lokalisiert sind, auch an den Schleimhäuten des Mundes vorkommen und mit Geschwürs- und Blasenbildungen oder erysipelartigen Rötungen einhergehen. Auch kommen nässende, pustulöse und vesiculöse Ekzeme vor. Petroleum und weniger gut gereinigte Benzine machen Hautschäden, die mehr an die durch Schmieröle und Teerdestillationsprodukte verursachten erinnern: Sie bestehen in acneartigen Veränderungen,

Follikulitiden, Comedonenbildungen, follikulären Keratosen, wobei zum Teil auch Pigmentierungen auftreten. Besonders stark wirksam erwies sich das *Sangojol*, ebenfalls ein Erdölprodukt, das oft Ekzeme verursacht.

Die *aromatischen Kohlenwasserstoffe* (Benzol und seine Homologen) verursachen Hautblutungen, Blasenbildungen, Rötungen und Schwellungen der Haut, vesiculäre Dermatitiden und Erytheme, die besonders an den Fingern selbst, in den Digitalfalten und an der Beugeseite der Finger lokalisiert sind und welche sehr heftige Schmerzen hervorrufen können. Auch Nagelveränderungen (Koilonychie), trockene, rhagadiforme Ekzeme und Sensibilitätsstörungen im Bereich der Hautveränderungen wurden beobachtet.

Die *chlorsubstituierten Kohlenwasserstoffe* können sowohl chronische wie akute Hautschädigungen hervorrufen, die als Erytheme, Entzündungen und Blasenbildungen auf der Haut sichtbar werden oder aber unter dem Bilde eines chronischen Ekzems verlaufen. Für einzelne Stoffe, wie z. B. für das Dinitrochlorbenzol, konnte eine spezifische, monovalente allgemeine Sensibilisierung festgestellt werden, die offenbar lange bestehen bleiben kann und die sich unter dem Bild einer Dermatitis, chronisch rezidivierender Gesichtsekzeme, ausgebreiteter Erytheme und Erythrodermien manifestiert (Wedroff).

Wichtige und viel angewandte Lösungsmittel sind auch die *Terpene*, die sehr häufig Hauterkrankungen verursachen. Neben dem Terpentinöl schädigen das Pinen, Limonen und Phellandren akut wie chronisch die Haut schwer, während die Alkohole, Terpinöl, Linalool und Geraniol nur bei chronischer Einwirkung recht wirksam sind. Die akuten Veränderungen bestehen meist in über den ganzen Körper verbreiteten Erythemen, die an das Scharlachexanthem erinnern, in papulösen, ödematösen, bullösen, zum Teil auch urticariellen und stark juckenden Efflorescenzen der Haut. Häufiger noch sind die mehr subakut auftretenden vesiculösen Ekzeme, die als kleine, harte und durchscheinende Bläschen auf der Haut der Hände und Unterarme entstehen und von Rötung der Haut und starkem Juckreiz begleitet sind. Diese Veränderungen bleiben im allgemeinen mehr auf den Einwirkungsort der genannten Lösungsmittel beschränkt. Ein Teil der Autoren führt die Hautveränderungen durch Terpentinöl auf seinen Gehalt an Kienöl (= Holzterpentinöl) zurück. Die viel verwendeten *Terpentinersatzmittel* setzen die gleichen, meist ekzematösen Hautschäden. Zu den Terpentinersatzmitteln gehören Stoffe wie das Hexalin, das Hydroterpin (= hydriertes Kienöl), weiter das Sangajol, das Terapin, das Dapentin, das Tetralin, das Dipenten (= Limonenracemat) u. a. m.

Von den *Estern* sind Hauterkrankungen durch Äthyl-, Amyl- und Butylacetat vereinzelt beschrieben, die ebenfalls als Lösungsmittel für Lacke Verwendung finden.

Die Lösungsmittelschädigungen der Haut zeigen, wenigstens was die akuten Veränderungen betrifft, bei rechtzeitiger sachgemäßer Behandlung eine gute Heilungstendenz, wenn auch Rezidive nach Wiederaufnahme der Arbeit häufig sind. Die mehr chronisch verlaufenden Ekzeme heilen sehr viel schwerer und hinterlassen oft Pigmentierungen, Hautverdickungen und Rhagadenbildungen.

Auch bei der Verarbeitung **exotischer Hölzer** (frühere Ziffer 12 der Anlage der II. VO.) können mehr oder weniger schwere, meist ziemlich akut auftretende Dermatitiden oder auch erythemato-vesiculöse Ekzeme auftreten, die zunächst wohl weniger auf einer Sensibilisierung als vielmehr auf der unmittelbar toxischen Wirkung der Inhaltsstoffe vieler exotischer Hölzer beruhen. Die aus den Stammländern der exotischen Holzarten bekanntgewordenen schweren Allgemeinvergiftungserscheinungen, die in zahlreichen Fällen sogar zum Tode führten, dürften für deutsche Verhältnisse nur eine untergeordnete Rolle spielen. Das liegt daran, daß die im einzelnen meist unbekannten Alkaloide, Harze, ungesättigten Harzsäuren, Wachse und Öle, die in dem Holz enthalten sind und welche die Hautveränderungen verursachen, im frischen Holz in größerer Menge vorhanden sind als in den getrockneten und abgelagerten Stämmen, wie sie in Deutschland im allgemeinen zur Verarbeitung kommen. Immerhin sind Hautveränderungen bei Drechslern, Kunsttischlern, Sägern nicht gerade selten. Während früher nur die chronischen bzw. chronisch rezidivierenden Hautschädigungen durch exotische Hölzer entschädigt wurden, dürften heute auch die mehr akuten Dermatitiden mit erfaßt werden, sofern sonst die Voraussetzungen der Ziffer 15 der III. VO. erfüllt sind, um so mehr, als die gleichen Hauterscheinungen nach erneutem Kontakt mit dem gleichen Holz immer wieder in gleicher Stärke aufzutreten pflegen. Eine vollständige Aufzählung der in Frage kommenden Hölzer ist bei der Vielfalt der verarbeiteten exotischen Holzarten unmöglich, vor allem deshalb, weil ein heilloses, durch den ausländischen wie inländischen Holzhandel verursachtes Durcheinander in der Bezeichnung der verschiedenen Holzsorten herrscht, was Freise u.a. auch für die unter dem Namen *Seidenholz* gehandelten Holzarten demonstriert; unter diesem Namen werden Atlas-, Satin- und sogar Citronenholz sowie eine Unzahl anderer hellfarbiger, nahezu weißer bis goldgelber Hölzer gehandelt, die mit dem eigentlichen Seidenholz gar nichts zu tun haben. Aus der Vielzahl der exotischen Holzarten, bei deren Verarbeitung schwere Hautveränderungen beobachtet wurden, seien wenigstens einige namentlich genannt. Hierzu gehören Teakholz, Satin- und Satinnußbaumholz, Atlasholz, Mahagoni, Palisander, indisches Rosenholz, afrikanisches Eichen- und Nußbaumholz, afrikanisches und ostindisches Ebenholz, Moulaholz, Vocapuholz, Lepachoholz, Citronenholz, Grenadillaholz, Coccoboloholz, Grünherzholz, Jacareùbaholz, Seidenholz, Perobaholz und viele andere.

Auch *einheimische Hölzer* vermögen Hauterkrankungen hervorzurufen. Hautveränderungen wurden beobachtet bei Verarbeitung des Holzes des Goldregens, der Kiefer, Fichte, Eibe, Eiche, Buche, Akazie, Edelkastanie, Rüster. Gefährdet sind alle mit der Verarbeitung der in- und ausländischen Hölzer beschäftigten Personen, wie Tischler, Drechsler, Säger. Eine Entschädigungspflicht besteht natürlich nur insoweit, als die Betriebe bzw. die in ihnen beschäftigten Personen den Bestimmungen der Unfallversicherung unterliegen.

Die Reihe der gewerblichen Hauterkrankungen ließe sich noch beliebig vermehren. Wie bereits erwähnt, wurden hier nur einige wenige, besonders häufige und typische Hauterkrankungen herausgegriffen. Erwähnt sei, daß auch Pilzerkrankungen der Haut (Dermatomykosen usw.) unter bestimmten Bedingungen, wie sie durch die Fassung der Ziffer 15 der Anlage der III. VO. gegeben sind, zu den entschädigungspflichtigen beruflichen Hauterkrankungen zählen. Die bisherigen Erfahrungen seit Inkraftsetzung der bisherigen Verordnung haben gezeigt, daß die Zahl der unter die Ziffer 15 fallenden Erkrankungen die aller anderen Ziffern weit übertrifft.

Angaben über eine **Therapie** der Hauterkrankungen auch nur in Form allgemeiner Richtlinien zu machen, ist im Hinblick auf die Vielfalt der Erscheinungen, die Diskrepanz der Meinungen der Fachärzte über die Behandlung bestimmter Hauterscheinungen und die Unterschiedlichkeit der Reaktion der Erkrankten auf bestimmte therapeutische Verfahren nicht möglich.

Daß bei der Großzahl der Erkrankungen der **Prophylaxe** besondere Bedeutung zukommt, ist überflüssig zu erwähnen. Auch hier ist es unmöglich, ins einzelne gehende Angaben zu machen. Grundsätzlich wird man versuchen müssen, die primär hautüberempfindlichen Individuen von Berufen fernzuhalten, in denen erfahrungsgemäß Hautkrankheiten besonders häufig sind. Durch Verbesserung der Arbeitsmethoden, Verminderung des Kontakts mit hautschädigenden Substanzen, durch Anwendung von Handschuhen, Greifzangen usw., Ersatz besonders stark hautreizender Stoffe durch gleichwertige, weniger schädigende, durch Anhalten zu besonderer persönlicher Reinlichkeit wird man versuchen müssen, die Zahl der Erkrankungen zu verkleinern. Die bisherigen Versuche, durch eine Gerbung der Haut mit gerbsäurehaltigen Salben und Lösungen ihre Widerstandsfähigkeit gegen Schädigungen zu erhöhen, hatten ein uneinheitliches Ergebnis. Bei der Vielfalt der schädigenden Stoffe und bei der Verschiedenartigkeit der einzelnen Arbeitsgänge und der durch sie gegebenen Verhältnisse ist von vornherein nicht zu erwarten, daß ein und derselbe Stoff als Vorbeugungsmittel gegen eine Vielzahl von Hauterkrankungen sich als gleich wirksam erweist. Immerhin scheint der Weg, durch im einzelnen unterschiedliche, den verwendeten Substanzen und speziellen Arbeitsgängen angepaßte „individuelle" Vorbehandlungsmaßnahmen eine Verminderung der Zahl der gewerblichen Hauterkrankungen zu erreichen, gangbar.

Wie man in solchen Fällen vorgehen kann, wurde z. B. von RIEDEL (Klin. Wschr. **1940**, 160) gezeigt. Am Beispiel der Lösungsmittelschäden der Haut in der Lackindustrie wurde von diesem Verfasser dargelegt, daß z. B. durch Zusatz von viscösen Stoffen zu einem an sich hautreizend wirkenden Lösungsmittel (Lösungsbenzol), das aus bestimmten Gründen zur Hautreinigung benützt werden muß, deren unerwünschte Nebenwirkung auf die Haut gemildert oder ganz hintangehalten werden kann. In dem von RIEDEL geschilderten Fall hat im Anschluß an die Hautreinigung mit dem Lösungsbenzol eine solche mit Wasser und milder Seife zu folgen; anschließend muß durch Einfetten der gereinigten Haut die entfettende Wirkung des Lösungsmittels wieder ausgeglichen werden.

XIV. Erkrankungen der Muskeln, Knochen und Gelenke durch Arbeiten mit Preßluftwerkzeugen.

Eine in allen Teilen befriedigende Darstellung der unter die Nr. 16 der Anlage zur III. VO. fallenden Erkrankungen ist recht schwierig, da selbst in Fachkreisen (bei Gutachtern und gerichtlichen Sachverständigen) eine völlige Einigung über die Frage, welche Erkrankungen hierhergehören, noch nicht erfolgt ist. Die hier zu berücksichtigenden Krankheitsbilder sind im allgemeinen so bekannt, daß eine ausführliche Schilderung der verschiedenen klinischen Krankheitserscheinungen, die zudem in jedem Lehrbuch der Chirurgie enthalten ist, nicht notwendig erscheint. Nachstehend soll daher vor allem versucht werden, die bisher sicher als Preßluftwerkzeugschäden erkannten Veränderungen kurz zu skizzieren und diejenigen zu nennen, deren Anerkennung als entschädigungspflichtige Berufskrankheit noch nicht allgemein erfolgt ist. Mehr als in anderen Kapiteln wird daher eine kurze Darstellung der bei Begutachtungen zu berücksichtigenden und der versicherungsmedizinisch wichtigen Gesichtspunkte nicht zu umgehen sein.

Zunächst sei festgestellt, daß als Preßluftwerkzeuge im Sinne der III. VO. alle diejenigen Geräte zu gelten haben, welche *mit Preßluft betrieben* werden, die *tragbar* sind und deren arbeitende Teile eine Schlag-, Druck- oder Drehwirkung ausüben, welche mit einem Rückstoß verbunden ist, dem der Arbeiter mit seinem Arm oder seinem Körper ausgesetzt ist und den er auffangen muß (HEBESTREIT-BARTSCH, BÜRKLE-DE LA CAMP u. a.). Stehende, ortsfeste Preßluftwerkzeuge, mit Preßluft betriebene Spritzpistolen und ähnliche Vorrichtungen gelten in diesem Sinne also nicht als Preßluftwerkzeuge. Von entscheidender Wichtigkeit ist, daß das betreffende Werkzeug eine *fortgesetzte* Erschütterung der haltenden Gliedmaßen bzw. des ganzen Körpers verursacht, wobei gleich betont sei, daß eine nur gelegentliche oder vorübergehende Arbeit mit Preßluftwerkzeugen nicht geeignet ist, die hier in Frage stehenden krankhaften Veränderungen herbeizuführen. Die bei fortgesetzter Bedienung am ehesten Gesundheitsschäden verursachenden Preßluftgeräte sind solche zum Stemmen, Meißeln, Nieten, Bohren, Hämmern, Stampfen und Gußputzen, die eine geradlinige Schlagwirkung haben, weiterhin Borhämmer und von Hand bediente Borhämmer mit Drehbewegungen. Das Ausmaß der den Körper treffenden Erschütterungen wird abhängig sein vom Eigengewicht des Gerätes, seiner Schlagzahl, Hubhöhe und der Schwere des Rückstoßes, welch letztere nicht nur von der Härte des bearbeiteten Materials, sondern auch von der Güte des Werkzeugs und seinem Zustand (Abnützung verstärkt die bei der Arbeit auftretenden Erschütterungen) sowie die Art seiner Bedienung und seines Haltens abhängig ist. Je kräftiger, federnder das Werkzeug gehalten wird, um so geringer ist der erschütternde Rückstoß, während durch zu leichte Haltung infolge sog. „Reflexschläge“ die auftretenden Erschütterungen der Arme noch verstärkt werden. Neben konstitutionellen Faktoren spielt auch die individuelle Art der Handhabung des Gerätes eine Rolle für den Zeitpunkt des Auftretens der Schädigungen, der deshalb außerordentlich wechselnd ist und in manchen Fällen schon nach 2—3 Jahren, in anderen wieder erst nach 25—30 Jahren erreicht wird.

Über die Gewichte, Hubhöhen, Schlagfrequenzen einiger typischer Preßluftwerkzeuge gibt die folgende Tabelle Auskunft (nach den Angaben von KOELSCH).

Gerät	Gewicht kg	Hubhöhe mm	Schlagzahl in der Min.
Stemmhämmer, Meißel	2—6	12—100	900—4000
Niethämmer	9—12	125—260	700—1200
Stampfer	4—15	bis 350	250—800
Borhämmer	bis 15	—	1000—1200

Von Bedeutung scheint weiterhin die ganze Arbeitsweise und die jeweilige Dauer der gleichen Arbeitshaltung zu sein. Im Bergbau, in welchem diese beiden Faktoren einem stärkeren Wechsel unterliegen, scheinen die Veränderungen sich langsamer zu entwickeln. Nach ROSTOCK werden unter der mit Preßluftwerkzeugen arbeitenden Belegschaft im Kohlenbergbau des Ruhrgebiets nur 0,01% durch den Gebrauch der Geräte geschädigt.

Für die recht widersprechenden Ansichten bezüglich der Beurteilung der Frage, ob ein bestimmtes Krankheitsbild als Folge der Arbeit mit Preßluftwerkzeugen anzuerkennen ist oder nicht, ist u. a. die Tatsache verantwortlich zu machen, daß die Auffassungen über den Begriff einer Erkrankung der Muskeln, Knochen und Gelenke oft auseinandergehen. Als Beispiel für die Definierungsschwierigkeiten sei nur folgendes angeführt: Muskelatrophien, welche auf einer Schädigung der die betreffenden Muskeln versorgenden peripheren Nerven durch Arbeit mit Preßluftgeräten beruhen, werden als entschädigungspflichtig anerkannt, da Muskel und versorgender peripherer Nerv als funktionelle Einheit angesehen werden (Entsch. des RVA. vom 29. IV. 1931, Entsch. u. Mitt. **30**, 6), während dies für Erkrankungen der Sehnen verneint wird, da Muskeln und Sehnen nach dem *Sprachgebrauch* verschiedene Begriffe sind (Entsch. des RVA. vom 11. II. 1929, Entsch. u. Mitt. **34**, 359). Vom medizinischen Standpunkt aus ist dies nicht verständlich, denn nach dem *Sprachgebrauch* sind Muskeln und Nerven ja ebenfalls verschiedene Gebilde. Erkennt man einerseits die funktionelle Einheit von Muskel und versorgendem peripheren Nerven an, so ist es völlig unverständlich, daß man dies für den Muskel und seine Fortsetzungen, die Sehnen nämlich, verneint und hier plötzlich den Sprachgebrauch als Kriterium für die Beurteilung zugrunde legt. Eine Vereinheitlichung der für die Beurteilung entscheidenden Gesichtspunkte tut hier dringend not. Das gleiche gilt auch z. B. für Schleimbeutel- und Sehnenscheidenerkrankungen, die BAADER als meldepflichtige Schädigung durch Arbeit mit Preßluftwerkzeugen schildert, während KOELSCH diese Frage verneint, das RVA. in seiner Entscheidung vom 24. VI. 1930 (Entsch. u. Mitt. **27**, 505) ebenfalls ausdrücklich feststellt, daß z. B. der Schleimbeutel des Kniegelenkes nicht zum Gelenk gehöre oder ein Bestandteil desselben sei. Derartige Differenzen in der Beurteilung gibt es viele (s. auch die Frage der Gefäßerkrankungen, Meniscusverletzungen). Eine für alle Teile verbindliche Klärung wäre dringend erforderlich.

Die durch die Bedienung von Preßluftwerkzeugen entstehenden *typischen* Schäden sind vorwiegend an den Gelenken der Arme, insbesondere an den Ellenbogengelenken, sehr viel seltener schon an den Schultergelenken und den übrigen Gelenken des Schultergürtels lokalisiert. ROSTOCK unterscheidet zwei Typen: einmal Kapselschäden der Gelenke, dann Schäden der Gelenkfläche und der benachbarten Knochenteile. Beide Typen können miteinander kombiniert vorkommen. Neben den eigentlichen Erkrankungen der Muskeln, Knochen und Gelenke, die entschädigungspflichtig sind, sei noch auf die *nicht* entschädigungspflichtigen *Allgemeinerscheinungen* hingewiesen, die sich bei Preßluftwerkzeugarbeitern finden. Sie bestehen meist in allgemeinen nervösen Symptomen, Schlaflosigkeit, Gefühl des Zerschlagenseins, leichter Ermüdbarkeit und Zittern der Hände. Daß beim Arbeiten mit Preßluftwerkzeugen durch den dabei entstehenden starken Lärm eine Innenohrschwerhörigkeit auftreten kann, die in den meisten Fällen nicht entschädigungspflichtig ist, sei hier nur erwähnt (vgl. hierzu Kap. 20).

Die eigentlichen Krankheitserscheinungen pflegen frühestens nach zweijähriger Tätigkeit zu beginnen; viele Arbeiter bleiben von Krankheitssymptomen ganz verschont, während andere schon nach einigen Monaten über die ersten Beschwerden klagen. Diese bestehen in Schmerzen vor allem in den Armen, die einem Muskelkater ähneln und die zunächst als sog. „Anfangsschmerz" nach Arbeitsaufnahme und als „Ruheschmerz" nach Beendigung der Arbeit und nachts auftreten, um während der Arbeit wieder zu verschwinden (KOELSCH). Witterungseinflüsse sollen bedeutungslos sein. Allmählich entwickeln sich dann Bewegungsstörungen, die immer deutlicher werden, wobei die Schmerzen abzunehmen pflegen.

Am häufigsten sind **Gelenkschäden in den Armgelenken**, die sich in der Mehrzahl der Fälle als Veränderungen darstellen, wie man sie ähnlich bei der *Arthrosis deformans* antrifft. Schon hier sei darauf hingewiesen, daß besonders darauf geachtet werden muß, ob Zeichen einer *allgemeinen* deformierenden Gelenkentzündung zu finden sind oder ob nur die durch die Arbeit mit Preßluftgeräten der lang dauernden Erschütterung besonders ausgesetzten Gelenke betroffen sind. Im ersten Fall wird eine Folge der Arbeit mit Preßluftwerkzeugen abzulehnen sein (s. Entsch. des RVA. zit. nach HEBESTREIT-BARTSCH, l. c. S. 91). Die Veränderungen setzen sich zusammen aus degenerativen Prozessen, an die sich reparative Vorgänge anschließen und die insbesondere da lokalisiert sind, wo Gelenkkapsel, Periost, Bänder und Muskeln zusammenstoßen. ROSTOCK fand an den Ellenbogengelenken mit Preßluftwerkzeugen tätiger Arbeiter verhältnismäßig oft zwei fast symmetrisch sitzende Knochenwucherungen am Ursprung des Musc. brachialis bzw. an der oberen Umschlagsfalte der Ellenbogengelenkkapsel. Es entstehen Periostwucherungen, Sporn- und Wulstbildungen sowie Verkalkungen. Auch andere Autoren fanden die bereits erwähnten feinen Zackenbildungen an der Ansatzstelle des Musc. brachialis am Ellenbogen, welche am frühesten bei seitlicher Röntgenaufnahme zu erkennen sind. Das Köpfchen der Speiche flacht sich ab und verbreitert sich scheiben- oder pilzartig, wobei wulstige Zacken und ringartige Überhänge am Speichenköpfchen entstehen, die distalwärts wachsen. Auf der Gelenkfläche des Oberarms und der Elle entstehen ebenfalls Randwülste, Spornbildungen und hörnchenartige Henkel mit proximalem Wachstum. Die knorpeligen Gelenkanteile erscheinen aufgefasert, zuweilen auch abgesprengt. Wo ein Olecranonsporn als einzige Veränderung gefunden wird, muß berücksichtigt werden, daß ein solcher auch sonst öfter zu finden und

Arbeit mit Preßluftwerkzeugen nicht einzig und allein Ursache dieser Veränderung ist (Bürkle-de la Camp). Die beschriebenen Veränderungen führen zur Behinderung der Beweglichkeit der Gelenke, vor allem der Beuge- und Streckbewegungen, während die Pro- und Supinationsbewegungen meist viel weniger beeinträchtigt sind (Koelsch), obwohl die Schädigungen nicht nur im Ellenbogen, sondern auch in den oberen und unteren Ellen-Speichen-Gelenken gefunden werden. Relativ häufig ist ein arthritisches Reiben festzustellen, das mitunter jedoch auch fehlen kann. Im *Röntgenbild* überwiegen die Anbauvorgänge: Man erkennt schnabelförmige und Randwulstbildungen, Ausziehungen der Gelenkränder, Unschärfen und Unregelmäßigkeiten der Gelenkkonturen, interkondyloidäre, auf der Vorderfläche des Armknochens am Kapselansatz liegende Auflagerungen und Strukturveränderungen der gelenknahe liegenden Knochenanteile. Ähnliche Schäden wurden gefunden an den Sternoclaviculargelenken (Koelsch), an den Acromioclaviculargelenken (Bürkle-de la Camp), selten am Oberarm-Schultergelenk. Ein derartiger Fall ist von Holzmann beschrieben. Hier handelte es sich um einen Kesselschmied, bei dem sich nach 14jähriger Arbeit mit Preßluftwerkzeugen eine verknöchernde Wucherung der Gelenkkapsel mit Abschliff und Zerstörung des ganzen rechten Schultergelenkkopfes entwickelte. Gelegentlich kommt es auch zu wechselnd großen Wucherungen an Oberarmkopf und -pfanne, die vorwiegend in den nach der Achsel zu gelegenen Gelenkteilen lokalisiert sein sollen (Bürkle-de la Camp). Daß es dabei zu Einschränkungen der Gelenkbeweglichkeit in allen dem befallenen Gelenk überhaupt möglichen Bewegungen und zum Auftreten von Schmerzen kommt, ist verständlich.

Nicht so sehr selten sind diese der Arthrosis deformans ähnlichen Veränderungen mit der Bildung von **freien Gelenkkörpern** vergesellschaftet. Vier Krankheitsbilder sind es im wesentlichen, die zur Bildung von freien Gelenkkörpern führen können: die Chondromatose, die Osteochondritis dissecans, die Arthrosis deformans und die Veränderungen, welche sich durch Arbeiten mit Preßluftwerkzeugen ausbilden. Die knorpeligen Gelenkkörper können frei im Gelenkinnern liegen oder gestielt der Synovialmembran aufsitzen, unter Umständen auch miteinander verwachsen oder auch mit den Gelenkinnenflächen verbunden sein. Die Gelenkkörper können aus abgesprengten oder abgebrochenen oder auch sonstwie losgelösten Knorpel- und Knochenstücken des Gelenkes entstehen. In diesem Fall muß ein dem freien Gelenkkörper entsprechender Knorpel- oder Knochendefekt im Gelenk vorhanden sein. Hierher gehören die bei Arthrosis deformans, Tabes, Syringomyelie, bei der Einwirkung von Traumen, schließlich auch bei der Osteochondritis dissecans entstehenden freien Gelenkkörper. Solche, die *nicht* aus Bruchstücken des Gelenkknorpels oder -knochens entstanden sind, kommen vor bei Tuberkulose (sog. Corpora oryzoidea), als Arthrome und bei der Chondromatose.

Bei der ziemlich seltenen *Chondromatose* entwickeln sich die Gelenkkörper aus der Gelenkinnenhaut und Gelenkkapsel. Sie stellen sich als gestielte Gebilde dar, deren Stiel allmählich immer dünner wird, schließlich ganz verschwindet, so daß ein freier Gelenkkörper entsteht. Typisch ist, daß sie im Gegensatz zu anderen Gelenkkörpern meist in Vielzahl auftreten. Die Chondromatose ist anatomischpathologisch den Geschwülsten zuzuordnen. Bösartige Umbildungen zu Sarkomen der auch histologisch mit den Enchondromen identischen Gelenkkörper kommen vor. Die Ursache ist in einer Entwicklungsstörung zu suchen (Knorpelversprengungen in die Gelenkkapsel infolge einer fehlerhaften Mesenchymdifferenzierung bei der Gelenkbildung). Eine traumatische Entstehung der Chondromatose ist abzulehnen (vgl. auch die Entsch. des RVA. vom 9. XII. 1933 — Ia 9948/32 — Leitf. S. 98). Die Chondromatose kommt zumeist nur bei Erwachsenen in jüngeren Lebensaltern und bei Männern vor. Meist ist nur *ein* Gelenk befallen. Der Verlauf ist ausgesprochen langsam.

Bei der *Osteochondritis dissecans*, die sich mit Vorliebe am inneren Condylus des Oberschenkelknochens und am Capitulum humeri lokalisiert, muß man mit der Anerkennung der Folge eines Traumas bzw. chronischen Traumas (wie bei der Arbeit mit Preßluftgeräten) besonders vorsichtig sein, da nämlich als Ursache des einheitlichen Krankheitsbildes verschiedene Faktoren (Ernährungsstörungen durch Gefäßverschlüsse, blande mykotische Thrombosen, nervöse Gefäßstörungen, endokrine und Wachstumsstörungen wie auch hereditäre Einflüsse) für die Entstehung in Frage kommen. Man wird eine Osteochondritis dissecans nur dann als Folge von Preßluftarbeit ansehen können, wenn sie an einer Stelle des Gelenkes sitzt, die bei der Arbeit mit Preßluftwerkzeugen besonders stark beansprucht wurde (vgl. auch die Entsch. des RVA. vom 6. XII. 1932 — BK. 218/31 — Leitf. S. 100). Man sollte deshalb in jedem Einzelfall *alle* Gelenke durchleuchten. Finden sich dabei auch in anderen, *nicht* von dem Rückstoß des Preßluftgerätes getroffenen Gelenken die typischen Veränderungen, so ist es von vorneherein unwahrscheinlich, daß es sich um eine entschädigungspflichtige Berufskrankheit handelt. Die bei den Arbeiten mit Preßluftwerkzeugen auftretenden freien Gelenkkörper sind meist mit ziemlich weitgehenden Knorpelzerstörungen im Gelenkinnern verbunden (Bürkle-de la Camp). Sie verursachen, vor allem solange sie noch klein sind, durch Einklemmung unter Umständen Streckhemmungen, die recht erheblich sein können, während die Drehbewegungen des Unterarmes meist relativ gut erhalten bleiben. Richtige Einklemmungen sind jedoch ziemlich selten.

Am Handgelenk manifestieren sich die durch Arbeit mit Preßluftwerkzeugen sich entwickelnden Schädigungen entweder als **Mondbeinnekrose** oder **Kahnbeinpseudarthrose.** Auch hier sind die Meinungen hinsichtlich der Anerkennung als entschädigungspflichtige Berufskrankheit geteilt. Das RVA. entschied am 7. X. 1931 (Komp. 1932, S. 9) ablehnend mit der Begründung, daß die Arbeit mit Preßluftwerkzeugen die Mondbeinnekrose, deren Ursache unbekannt ist (vgl. hierzu auch Blencke), nicht wesentlich verursache, während sie Koelsch, Schörcher, Bürkle-de la Camp, Kappis, Rostock u. a. anerkennen, *sofern frühere Unfälle und andere Ursachen ausgeschlossen werden können und die Arbeit mit Preßluftwerkzeugen genügend lange (d. h. mindestens zwei Jahre) ausgeübt wurde.* Man wird daher auch mit der Anerkennung einer Mondbeinnekrose als Berufskrankheit, vor allem in den Fällen, in denen sie doppelseitig oder vor Abschluß des Wachstumsalters auftritt, sehr vorsichtig sein müssen. Man kann annehmen, daß es besonders gelagerte Fälle gibt, in denen Preßluftarbeit zum Mondbeintod führt. *Klinisch* ist das Handgelenk an der Streckseite verdickt; die aktive Beugung und vor allem Streckung, die radiale und ulnare Abduktion der Hand sind eingeschränkt; oft besteht Zug- und Stauchungsschmerz; rasches Zusammendrücken des Handgelenkes von der Beuge- und Streckseite her verursacht einen ruckartigen Schmerz; fast immer ist die Unterarmmuskulatur mäßig atrophiert. Die Schmerzen treten schubweise auf. Röntgenologisch ist das Mondbein unregelmäßig und fleckig gezeichnet; kalkärmere und kalkdichtere Herde wechseln ab. Zuweilen ist auch seine äußere Form verändert: das ganze Mondbein verdichtet und zusammengepreßt. Die Gelenkfläche des Mondbeins und seiner benachbarten Knochen können Veränderungen zeigen, die an eine Arthropathia deformans erinnern. Das histologische Bild entspricht dem von anderen subchondralen bzw. Epiphysennekrosen her bekannten Bild.

Therapeutisch soll man mit der operativen Entfernung nicht allzulange warten, sofern die EM. mehr als 20% beträgt (SCHÖRCHER).

Die durch Arbeit mit Preßluftwerkzeugen am **Kahnbein** auftretenden Veränderungen bestehen vor allem in einer **Pseudarthrose** (ROSTOCK). Warum es durch Einwirkung des gleichen Traumas am Mondbein zu einer Nekrose, am Kahnbein zur Bildung eines falschen Gelenkes kommt, ist unbekannt. Eine Kahnbeinnekrose auf Grund der beruflichen Arbeit ist nur von WETTE (zit. nach ROSTOCK l. c.) beobachtet worden. *Röntgenologisch* ist die Kahnbeinpseudarthrose am besten bei ulnarer Abduktion der Hand und in leichter Dorsalflektion bei der Aufnahme in zwei Ebenen zu erkennen, wenngleich im Beginn der feine Knochenriß leicht übersehen werden kann. Hyperthyreose und schwere Entwicklungsstörungen des Skeletsystems können mit Ursache des Auftretens eines zweigeteilten Kahnbeins sein. Klinisch sind Verwechslungen mit Handwurzelluxationen, perilunärer Luxation, Mondbeinnekrose, Speichenbrüchen und entzündlichen und arthritischen Prozessen in der Handwurzel vorgekommen. Die Behandlung ist konservativ; sie besteht in längerer Ruhigstellung der Hand mit dorsaler Gipsschiene, die den Ellenbogen und die Fingergelenke frei läßt. Mittelhand und Handwurzel werden mittels eines durch die Hohlhand gehenden, an der dorsalen Gipsschiene befestigten Bügels festgestellt.

Als entschädigungspflichtige Krankheit, die durch Arbeit mit Preßluftwerkzeugen entstehen kann, sind noch die **Muskelatrophien** zu nennen, welche auf einer Schädigung der den betreffenden Muskel versorgenden peripheren Nerven beruhen. Das RVA. hat sich in einer Entscheidung vom 29. IV. 1931 (Entsch. und Mitt. **30**, S. 6) auf den Standpunkt gestellt, daß Muskel und versorgender peripherer Nerv als funktionelle Einheit zu betrachten seien und daß Veränderungen am *peripheren* Nerven dann als entschädigungspflichtig anerkannt werden müssen, wenn dadurch ein Muskelschwund im Bereich des von den Rückstößen des Preßluftwerkzeuges getroffenen Gebietes entsteht. Derartige Fälle sind allerdings selten beschrieben. BAADER teilte zwei Fälle mit Atrophie des rechten Pectoralis maior mit, desgleichen BEINTKER und SEYRING, in deren Fällen außerdem noch der Untergrätenmuskel, die Oberarmmuskeln und die Daumen- und Kleinfingerballenmuskulatur von der Atrophie mit ergriffen waren. Im letzten Fall handelte es sich offenbar vorwiegend um die Folgen einer direkten Druckwirkung auf die betreffenden Muskeln (ORATOR). Zuweilen kann die Entscheidung sehr schwierig sein, vor allem dann, wenn nachgewiesene Arbeit mit Preßluftwerkzeugen sich mit konstitutioneller Minderwertigkeit überschneidet. Einen derartigen Fall erwähnt ORATOR (l. c.): schon nach 6 Wochen langer Tätigkeit am Preßluftgerät hatte sich eine Schwäche im rechten Arm mit geringer Muskelatrophie am rechten Oberarm entwickelt. Ausdrücklich sei darauf hingewiesen, daß *primäre* Erkrankungen des Zentralnervensystems, auch wenn sie sekundär zu einer Muskelatrophie führen (z. B. Syringomyelie, spinale Muskelatrophie usw.), auch bei nachgewiesener Arbeit mit Preßluftgeräten *nicht* zu entschädigen sind (Entsch. d. RVA. vom 20. III. 1930, Entsch. u. Mitt. **27**, S. 377; vom 10. I. 1933 — Ia 3954/31 — Leitf. S. 96 und vom 6. XI. 1930 — BK. 1202/30 — Komp. 1930 S. 88 usw.).

Nicht entschädigungspflichtig ist im allgemeinen auch die DUPUYTREN*sche Kontraktur*, die keine Erkrankung der Muskeln darstellt (vgl. Entsch. des RVA. vom 11. II. 1929, Entsch. u. Mitt. **34**, 359), deren Ursache zudem nicht feststeht und die zwar in gewissen Berufen (Lüstierer, Kutscher, Fuhrleute, Maurer) gehäuft als Berufskrankheit vorkommt, aber sicher nicht als eine typische und sichere Folge der Arbeit mit Preßluftwerkzeugen anerkannt werden kann (vgl. NIEDERLAND [hier auch weitere Literatur], ORATOR l. c. S. 145 und A. BÉYONE), wenngleich eine Verfrühung der Manifestationszeit im Sinne einer Verschlimmerung z. B. von ORATOR in gewissen Fällen anerkannt wird. Das gleiche gilt für *Sehnenscheiden-* und *Schleimbeutelentzündungen*, die in der Regel nicht als Unfallfolge anzusprechende Schäden der Muskeln, Knochen und Gelenke darstellen. *Meniscusschäden* des Kniegelenks werden ebenfalls nicht als entschädigungspflichtige Berufskrankheit im Sinne der Nr. 16 der Anlage der III. VO. anerkannt.

Gefäßerkrankungen (Reynaud, Buerger-Vinniwatersche Krankheit) sind *nicht* als Folge der Arbeit mit Preßluftgeräten anzuerkennen, wenngleich das z. B. neuerdings von JUNGHANS (zit. nach BÜRKLE-DE LA CAMP l. c.) im Sinne einer traumatischen endangiitischen Angioneurose propagiert wurde. Die Befunde von JUNGHANS sind insbesondere von A. FIKENTSCHER nicht bestätigt worden. Immerhin sind auch diese Beobachtungen erwähnenswert: Man findet bei Preßluftwerkzeugarbeitern vasomotorische Störungen in den Fingern der Haltehand, Ischämie mit Kribbeln, Pelzigsein und Sensibilitätsstörungen, Blässe und Kälte der Finger (doigt mort) und Bewegungsstörungen, Erscheinungen, von denen der Mittel-, Ring- und Kleinfinger am häufigsten befallen sind. Beim Eintauchen der Hand in kaltes Wasser verstärken sich die Beschwerden; sie verschwinden während der Arbeit. Zuweilen finden sich auch Hyperämie, Wärmegefühl, Cyanose und mehrere Stunden anhaltende Parästhesien und anästhetische Zustände. Die Ursache dieser vasomotorischen Störungen ist noch nicht eindeutig geklärt. Man vermutet, daß die dauernden Erschütterungen bei der Preßluftarbeit eine wichtige ätiologische Rolle spielen.

Grundsätzlich wird es bei allen Gelenkerkrankungen durch Preßluftwerkzeuge gut sein, vor ihrer Anerkennung eine toxische oder infektiöse Arthritis ursächlich auszuschalten, insbesondere auch auf fokale Herde (Wurzelgranulome usw.) zu achten, besonders in den Fällen, in denen röntgenologisch nachweisbare typische Veränderungen fehlen. Sobald einmal Gelenkveränderungen nachgewiesen sind, ist auch dann, wenn sie leicht sind, dafür Sorge zu tragen, daß die weitere Arbeit mit Preßluftgeräten unterbleibt, um ein Fortschreiten der Krankheitsprozesse zu verlangsamen. Nach den Beobachtungen von BÜRKLE-DE LA CAMP ist mit einem wenn auch langsamen Fortschreiten der durch Preßluftwerkzeuge hervorgerufenen Gelenkschäden zu rechnen.

XV. Schwere Staublungenerkrankungen (Silikose).

Allgemeines. Die Staublunge ist eine der wichtigsten und am meisten verbreiteten Gewerbekrankheiten. Unter dem Begriff Staublunge versteht man an sich jede durch Einatmung von Staub enstehende bindegewebige Verdichtung der Lunge (Pneumokoniose). Die verschiedensten Staubarten können zur Entwicklung einer Pneumokoniose führen. Nicht jede Staublunge jedoch ist entschädigungspflichtig. Nach KOELSCH ist zu unterscheiden zwischen der sog. „Verstaubung" der Lunge und der eigentlichen „Staublungenerkrankung" im Sinne der III. VO., die *nur durch die Einatmung kieselsäurehaltigen Staubes* zustande kommt.

Für die biologische Wirksamkeit eingeatmeten Staubes spielen Menge und Löslichkeit der eingeatmeten Partikel eine wichtige Rolle. Staubmengen bis zu 50 mg/m^3 Luft gelten noch als erträglich, solche über 100 mg/m^3 Luft als bedenklich (KOELSCH). Ungiftiger Staub ist, sofern er löslich ist, unschädlich; zu den leicht löslichen Staubarten gehört der Staub von Marmor, Kalkstein, Dolomit. Ist er unlöslich, so wirkt er wie ein Fremdkörper. Zu den harmlosen Staubarten ist der Staub von Steinkohle, Korund, Carborund, metallischem Eisen, das z. B. reichlich im Schleifstaub bei Verwendung von Kunststeinen enthalten ist, Eisenoxyd, offenbar auch von Zinn, Kupfer und Bronze zu rechnen, sofern diese Metalle quarzfrei sind.

Früher hat man der Form der einzelnen Staubteilchen erhebliche Bedeutung zugemessen. Scharfkantiger, rissiger, splitterförmiger und faseriger Staub galt als besonders gefährlich. Diese Auffassung hat heute eigentlich nur noch für die Eigenart des Asbeststaubes Geltung (s. Kapitel Asbestose). Die Form der einzelnen Staubteilchen hat lediglich für das Ausmaß der Reizerscheinungen an den oberen Luftwegen eine Bedeutung. Die Staubteilchen, welche in die Lungen gelangen, sind so klein (meist 0,5—5 μ), daß ihre Form keinen Einfluß mehr auf das Entstehen einer Staublungenerkrankung hat. Entscheidend ist der Gehalt des Staubes an freier krystallinischer Kieselsäure. „Ohne freie Kieselsäure gibt es keine Silikose" (KOELSCH). Die Schwere der Lungenveränderungen ist abhängig von dem Gehalt des Staubes an freier Kieselsäure. Die Veränderungen, welche durch Silicate hervorgerufen werden, sind im allgemeinen wesentlich harmloser, wenngleich gerade in letzter Zeit auch Stimmen laut geworden sind (LUCK und SZCZEPANSKI u. a.), nach denen z. B. der Staub von Talkum, einem Magnesiumsilicat, das bisher als verhältnismäßig ungefährlich angesehen wurde, ebenfalls geeignet scheint, echte Silikosen im Sinne der III. VO. hervorzurufen. Allerdings muß die Einwirkungszeit des Talkumstaubes offensichtlich wesentlich länger sein als die nach Einatmung eines Staubes, der freie Kieselsäure enthält. Genau wie bei der Asbestose werden nach Talkuminhalation die von der Silikose her bekannten schweren, tumorartigen Verschattungen der Lungen nicht erreicht. Ähnliches gilt für ein anderes Magnesiumsilicat, den Speckstein. Fluor scheint die Quarzstaubwirkung zu steigern, metallischer

Aluminiumstaub soll sie vermindern[1]. Bei Kryolith- und Flußspatarbeitern wurden schwere Lungenfibrosen beobachtet. Vielleicht finden chemische Umsetzungen zwischen Kryolith und Kieselsäure statt, welche diese Veränderungen erklären könnten. Inwieweit die Wirkung des Sericits, eines Aluminium-Kaliumhydrosilicats von Bedeutung ist für das Zustandekommen einer Silikose, wie das von JONES behauptet wurde, der die These ablehnte, daß Quarz (freie Kieselsäure) zur Silikose führe, ist zur Zeit noch nicht sicher zu entscheiden. Nach den Untersuchungen von GOSSNER u. a. ist die Sericittheorie von JONES abzulehnen. Genaue Staubanalysen zeigten, daß gerade *die* Arbeiter die geringsten silikotischen Veränderungen aufwiesen, die den sericitreichsten Staub eingeatmet hatten. Die silikotischen Lungenveränderungen waren um so ausgeprägter, je sericitärmer und kieselsäurereicher der eingeatmete Staub war. Auch tierexperimentell lassen sich *nur* mit Quarzstaub, *nicht* aber mit Sericitstaub der menschlichen Silikose ähnliche Lungenveränderungen erzeugen (LEMON und Mitarb., GIESE u. a.).

Wenn auch bisher darauf verzichtet wurde, die bei der Begutachtung auftauchenden Probleme in dem vorliegenden Buch zu berücksichtigen, so müssen bei der Frage der Staublunge doch wenigstens kurz die wichtigsten Überlegungen gestreift werden, die der Gutachter anstellen muß, bevor er eine Staublunge als entschädigungspflichtig anerkennt. Der anzeigende Arzt wird nämlich in jedem Fall die gleichen Überlegungen anzustellen gezwungen sein, wenn er überflüssige Anzeigen vermeiden will.

In der III. VO. wurde der Versicherungsschutz wesentlich ausgedehnt. In den früheren Fassungen der Verordnung wurden Staublungen nur dann als versicherungspflichtig anerkannt, wenn es sich um Erkrankungen handelte, die sich in Betrieben der Sandsteingewinnung, -bearbeitung und -verarbeitung, in Metallschleifereien, Porzellanbetrieben und Betrieben des Bergbaus entwickelt hatten. Die Erfahrungen der letzten Jahre zeigten jedoch, daß damit die Möglichkeiten der Silikoseentstehung bei weitem nicht erschöpft sind und für viele Versicherte trotz Vorliegens einer echten Staublungenerkrankung der Versicherungsschutz ungerechterweise entfiel.

Vor jeder Anzeige einer Staublungenerkrankung muß man sich überlegen, ob es sich in dem vorliegenden Fall wirklich um eine, wie die III. VO. fordert, *schwere* Staublungenerkrankung handelt. Das Röntgenbild allein wird im Einzelfall nicht für den Beweis des Vorliegens einer schweren Staublunge ausreichen; man muß vielmehr fordern, daß durch die koniotischen Lungenveränderungen auch *eindeutige Funktionsstörungen der Atmung* und *sekundär auch des Kreislaufs* hervorgerufen werden. Entschädigungspflichtig ist auch das gleichzeitige Auftreten von Silikose und Tuberkulose. Klinisch und pathologisch lassen sich beide Komponenten oft kaum trennen, so daß für die Beurteilung der Gesamtentschädigung nur die Schwere des gesamten klinischen Krankheitsbildes ausschlaggebend sein kann. Einerseits wird eine Tuberkulose, bei der auch geringe silikotische Erscheinungen nachweisbar sind, nicht ohne weiteres entschädigungspflichtig sein; hierdurch würden nämlich andere Kranken benachteiligt werden, die zwar ebenfalls tuberkulös sind, bei denen aber die geringfügigen silikotischen Veränderungen fehlen, welche den Gesamtzustand nicht wesentlich beeinträchtigen und die auch auf den Ablauf des tuberkulösen Leidens keinen erheblichen Einfluß haben. Andererseits müssen natürlich schwere Lungenerkrankungen, bei denen sich einer vorhandenen Staublungenerkrankung eine Tuberkulose aufgepfropft hat bzw. eine bereits bestehende Tuber-

[1] R. u. F. JÄGER (Arch. Gew. Path. im Druck) konnten in vivo und in vitro zeigen, daß metallisches Aluminium im Gewebe in Lösung geht. Das gelöste Aluminiumion vermag die gelöste Kieselsäure zu fällen, so daß sie nicht mehr auf das Gewebe wirkt.

kulose durch die Silikose in ihrem Verlauf verschlimmert wurde, entschädigt werden. Man wird eine Entschädigung nicht ohne weiteres ablehnen dürfen, weil nachweislich *vor* der Entstehung der Silikose bereits tuberkulöse Prozesse bestanden haben, da der Großteil der Menschen früher oder später bereits einen tuberkulösen Infekt durchgemacht hat. Deshalb wurde in der amtlichen Begründung zu Punkt 17a der Anlage der III. VO. ausdrücklich festgestellt, daß eine schwere Staublungenerkrankung dann anzunehmen ist, „wenn durch ausgedehnte koniotische Bindegewebsneubildungen (Knötchen oder Schwielen) im Lungengewebe — im Röntgenbild in der Form intensiver, mehr disseminierter, kleinfleckiger (sog. Schneegestöber) oder auch diffuser kompakter Verschattungen nachweisbar — eine solche Verminderung der Atemkapazität und Rückwirkung auf den Kreislauf bedingt wird, daß eine erhebliche Beeinträchtigung der körperlichen Leistungsfähigkeit besteht". Zum Punkt 17b wird an gleicher Stelle ausgeführt: „Abweichend von der seitherigen Regelung ist die Entschädigungspflicht beim Zusammentreffen einer Staublungenerkrankung mit einer Lungentuberkulose insofern wesentlich erweitert worden, als in Zukunft nicht mehr der Tatbestand einer schweren Silikose erfüllt zu sein braucht usw. Voraussetzung für die Entschädigung bleibt es, daß die Gesamterkrankung schwer ist, daß erhebliche silikotische Lungenveränderungen nachweisbar sind, so daß ihnen ursächlich ein wesentlicher Anteil an dem Gesamtkrankheitszustande zukommt."

Die Zahl der Betriebe, in denen es zur Entstehung einer Staublunge kommt, ist sehr groß. Als besonders gefährdet gelten Betriebe der Gewinnung, Bearbeitung und Verarbeitung von Naturgestein, Betriebe und Tätigkeiten der Gußputzerei, Sandbläserei und Metallschleiferei, keramische Betriebe (Fein- und Grobkeramik), Porzellan und Glas, einschließlich Herstellung und Verarbeitung feuerfester Steine, Scheuerpulverfabriken und Betriebe des Berg- und Tiefbaus. Grundsätzlich steht fest, daß folgende Gesteine bzw. aus ihnen bestehender Sand geeignet ist, schwere Staublungenerkrankungen hervorzurufen: Quarzit, Quarzitsandstein, Sandstein, Kieselschiefer, Lydite, Grauwacke, Grauwackensandstein, Hornstein (Feuerstein), Quarzitschiefer, Quarzkonglomerate, Kieselkreide, Granite, Quarzporphyre, Quarzganggestein, Talkum, Flußspat, wobei letzterer (= Calciumfluorid) in seinem natürlichen Vorkommen mehr oder weniger ständig von Quarz begleitet ist. Im einzelnen fanden sich Staublungenerkrankungen in folgenden Betrieben: Im Mansfelder Kupferschieferbergbau und im Kohlenbergbau, in welchem vor allem die Gesteinshauer gefährdet sind, wenngleich Silikosen auch bei Bergarbeitern (Kohlenhauern) dann vorkommen, wenn die abgebaute Kohle stark mit kieselsäurehaltigem Gestein durchsetzt ist. Arbeiter auf Sandstein (Sandsteinmetze, Sandsteinbrecher usw.) sind ebenfalls stark gefährdet. Kieselkreide führt seltener zu schwerer Silikose. Steinbrucharbeiter in Grauwackesteinbrüchen (der Quarzgehalt der Grauwacke schwankt zwischen 65 und 75%) sind ebenfalls stark gefährdet. Das gleiche gilt für Quarzschiefer, während Arbeiter in Granitsteinbrüchen (Granit enthält 27—35% Quarz) weniger gefährdet sind, ebenso bei Muschelkalk und Basalt. Sehr viel gefährdeter sind Sandstrahlarbeiter, bei denen sich die Silikose schon in sehr kurzer Zeit entwickeln kann. Auch Gußputzer sind außerordentlich gefährdet. Besonders rasch entstehen Staublungen in Quarzmühlen und in Scheuerpulverfabriken. Bei Metallschleifern ist die Geschwindigkeit der Entwicklung abhängig von der Art des zum Schleifen benutzten Steins. Die auf Sandstein schleifenden Arbeiter sind vor allem dann, wenn sie Naßschleifer sind, stark gefährdet, und zwar eigentümlicherweise mehr als die Trockenschleifer, bei denen sich die silikotischen Veränderungen erst nach längerer Arbeitszeit ausprägen. Diese auffällige schwere Erkrankung der Naßschleifer kommt dadurch zustande, daß beim Naßschleifen der Staub nur scheinbar beseitigt wird. Die beim Schleifen versprühenden feinen Wassertröpfchen sind ideale Träger für die einzelnen Staubpartikel und vermitteln deren Transport in die Lungen. Die Staubnebel reizen die Abwehreinrichtung des Körpers nur wenig und hindern ihre volle Wirksamkeit, so daß beim Naßschleifen der Staub sich gleichsam unmerklich in die Lungen einschleicht. Die zunehmende Einführung des sog. Kunststeins zum Schleifen bedeutet einen wesentlichen Fortschritt, da hier die Gefährdung wesentlich geringer ist und auch nach jahrzehntelanger Arbeit die entstandenen silikotischen Veränderungen sich in mäßigen Grenzen halten. Die mit dem Polieren beschäftigten Arbeiter verrichten als sog. Fein-Pliester ihre Arbeit, wenn sie mit gefettetem Schleifmaterial arbeiten; die Grob-Pliester arbeiten mit trockenem Material. Beide Gruppen erkranken weniger oft und weniger schwer. Insgesamt gelten jedoch die Schleifer als besonders gefährdet, wenngleich die Gefährdung an verschiedenen Orten unterschiedlich ist.

Bei der Herstellung feuerfester Steine muß zwischen sog. Silikastein (= halbsaurer Stein, Quarzschamotte) und Schamottestein unterschieden werden. Bei der Herstellung der Silikasteine sind vor allem die an den Quarzitbrechern beschäftigten Arbeiter gefährdet, während die Former viel weniger häufig erkranken. Bei der Herstellung von Schamottesteinen ist die Gefährdung geringer. Die an den Brechern und Mühlen beschäftigten Arbeiter, die Quarzit und anderes quarzhaltiges Gestein zurichten, sind noch am stärksten gefährdet. Bei der Herstellung von Tonröhren, deren Masse bis zu 40% Quarz enthält, treten silikotische Erscheinungen erst nach länger dauernder Arbeit sowohl bei den Töpfern wie bei den Formern auf. Das gleiche gilt für die Steingutindustrie, wenngleich auch dort in einzelnen Fällen schon nach wenigen Jahren deutliche silikotische Veränderungen auftreten können. In der Porzellanindustrie sind vor allen Dingen die Massemüller und Dreher, gelegentlich auch die Brenner gefährdet und erkranken an Silikose. Im Gegensatz zu diesen besonders gefährdeten Berufen treten zwar leichte pneumokoniotische Veränderungen, meist aber keine Staublungenerkrankungen im Sinne der III. VO. bei Spiegelglasschleifern und -polierern, Graphitarbeitern, Rußarbeitern, Zement- und Kalksteinarbeitern auf. Allerdings wurden neuerdings auch silikotische Veränderungen durch Zementstaub beschrieben (CAFARATTI).

Die Wirkung des kieselsäurehaltigen Staubes und die Reaktion des Lungengewebes.

Wie schon einleitend angedeutet wurde, entfaltet der quarzhaltige Staub eine spezifische Wirkung, die überwiegend an die Anwesenheit freier krystallinischer Kieselsäure gebunden ist. Die morphologisch-mechanischen Eigenschaften des kieselsäurehaltigen Staubes reichen nicht aus, die Schwere der objektiv nachweisbaren Lungenveränderungen zu erklären. Die chemische Wirkung der freien Kieselsäure auf das umgebende Gewebe dürfte trotz der geringen Löslichkeit eine Rolle spielen. Bei der sehr feinen Verteilung des kieselsäurehaltigen Staubes erfolgt möglicherweise eine kolloidale Lösung der freien Kieselsäure in den Körpersäften, die dann, wenn auch in schwacher Lösung, auf das Gewebe einwirkt. Allerdings sind gegen diese Theorie Bedenken geltend gemacht worden (GIEN), daß sie nicht mehr als völlig befriedigend angesehen werden kann. Vorläufig fehlt eine plausiblere Erklärung und das Problem ist noch offen.

Normalerweise gelangt der Staub mit der Einatmungsluft durch die oberen Luftwege in die Bronchien und Bronchiolen, schließlich auch in die Lungenalveolen. Die Bronchialepithelien passen sich insofern an, als die Epitheldecke vielschichtig wird, ihre Flimmerhaare verliert und mehr Becherzellen hervortreten läßt (GROSS). Die Schleimbildung erlaubt offenbar eine bessere Herausbeförderung des Staubes. Möglicherweise ist die bei Quarzarbeitern häufig bestehende Bronchitis auf derartige Veränderungen zurückzuführen (ASCHOFF). Normalerweise wird der Staub in den Lungenbläschen durch sog. Staubzellen aufgenommen und mit diesen Zellen zusammen nach außen entleert. Auch die großen, von den epithelialen Nischenzellen stammenden Phagocyten in den Alveolen beteiligen sich an der Phagocytose und erscheinen in den Staubzellen im Sputum; in ihnen sind dann mikroskopisch Staubkörnchen nachzuweisen (HOESSLIN). Ein anderer Teil des Staubes gelangt in freier Form (AKAZAKI) in die Zellen des Lungengerüstes und wird in den Lymphbahnen nach den Lungenwurzeln hin transportiert. Durch die wenn auch geringe Kieselsäurekonzentration wird die normale Staubabfuhr vor allem durch die Staubzellen verhindert. Die Staubzellen sterben ab, bleiben liegen und verstopfen die Lymphgefäße. Außerdem wird die freie Kieselsäure innerhalb der Lymphbahnen besonders wirksam. Es findet eine Zellvermehrung in der Wand der Lymphbahnen und ihrer Umgebung statt. Der Lymphstrom verläuft von der Peripherie der Lungen in Richtung nach den Lungenwurzeln, in deren Nähe es deshalb zu einer besonders starken Einwirkung der Kieselsäure kommt. Als Reaktion auf die Wirkung entwickeln sich bindegewebszellige Wucherungen, besonders in den Lymphräumen der Adventitia der Gefäße, an den Gefäßteilungsstellen und in der Alveolarwand. Diese zelligen Verstärkungen des Bindegewebes wandeln sich allmählich in ein zellarmes Bindegewebe um, das schließlich grobfaserig hyalin wird. Anfangs bleibt das Lumen der Lymphbahn noch durchgängig, so daß der kieselsäurehaltige Staub bis an die Lungenwurzel vordringen kann. Die Zellen der Lymphsinus beginnen zu wuchern, ebenso die Reticulumzellen in den Marksträngen; allmählich bilden sich zellige, später auch hyaline Bindegewebsknötchen. Als wesentlichstes anatomisch-pathologisches Substrat dieses sog. *Vorstadiums der Silikose* findet sich also eine Bindegewebsvermehrung im Bereich der Lymphbahnen um die größeren Bronchien und Gefäße, insbesondere in der Gegend der Lungenwurzeln, sowie die Bildung bindegewebiger Knötchen in den Lymphdrüsen der Lungen.

Allmählich entwickelt sich dann im *ersten Stadium* infolge der Bindegewebswucherung und Hyalinisierung eine Schicht um die Bronchien, Arterien und Venen, die am Zusammenfluß der einzelnen Lumina miteinander verschmelzen, wodurch Bindegewebsmassen die Gefäße und Bronchien der Lungenwurzeln buchstäblich einmauern. Dadurch werden in Hilusnähe die Lumina der Lymphbahnen allmählich ungangbar. In den

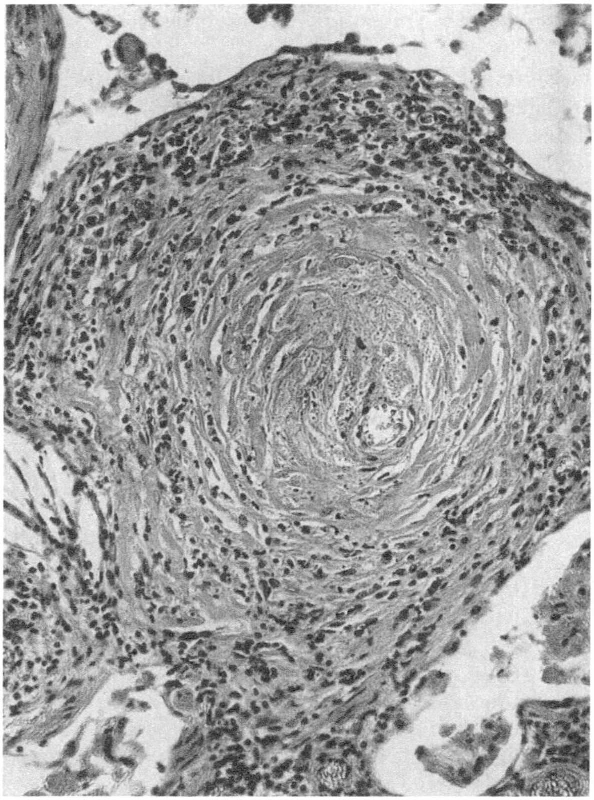

Abb. 30. Beginnende Kapselbildung um die zentrale Hyalinisierung eines frischen silicotischen Knötchens. [Aus GIESE: Verh. Dtsch. Ges. inn. Med. Bd. 48 (1936).]

mehr peripher gelegenen Abschnitten der Lymphbahnen kommt es zu Stauungserscheinungen. In diesen gestauten Bezirken wird die Kieselsäure vermehrt einwirken. Vor allem an den Zusammenflußstellen kommt es zu einer knötchenförmigen Bindegewebswucherung. In manchen Fällen entstehen auch Rückbildungen, die sich dann an die Masse des um die Bronchien, Arterien und Venen vermehrt entwickelten Bindegewebes anlehnen. Inzwischen macht die Entwicklung bindegewebiger Knötchen in den Lymphdrüsen Fortschritte. Die Knötchen fließen zusammen und bilden größere hyaline Knoten (entspricht dem röntgenologischen Stadium I). Im *zweiten Stadium* der Silikose macht der Verschluß der Lymphbahnen weitere Fortschritte. Auch die peripheren Abschnitte der Lunge werden in typischer Weise verändert. Die Knötchen sind herdförmig vergrößert, die Wucherungen des Bindegewebes um die Gefäße und die Bronchien werden immer ausgeprägter und es kommt zu streifenförmigen Bindegewebswucherungen auch in der Peripherie. Dabei nimmt die Zahl herdförmiger bindegewebiger Wucherungen, die immer mehr hyalinisiert werden, stärker zu als die strangförmigen Bindegewebswucherungen.

Im *dritten Stadium* sind die Lymphwege praktisch mehr oder weniger verschlossen. Überall bilden sich in Anlehnung an die im Anfangsstadium entstandenen Stränge herdförmige bindegewebige Knötchen und Ringe, vor allem auch in der Peripherie der Lunge. Es kommt zu größeren Knotenbildungen durch Konfluieren von Einzelknötchen. Die knotigen Schwielen gehen allmählich unter Einbeziehung der dazwischenliegenden Lungenabschnitte ineinander über. Die Ränder dieser Knoten verschmelzen miteinander zunächst durch zelliges, dann allmählich hyalin werdendes Bindegewebe, wodurch die für das dritte Stadium der Silikose typischen großen Knoten entstehen. Die Lymphdrüsen sind hart, z. T. verkalkt und völlig verschwielt. Die großen Knoten des dritten Stadiums sind in typischen Fällen vor allem in den seitlichen Teilen, an der Grenze zwischen Ober- und Mittelgeschoß, lokalisiert; allerdings finden sich viele Fälle, in denen die Knotenbildungen an anderen Stellen der Lungen auftreten. Bei der typischen Verlaufsform liegen die Knoten symmetrisch. Manche Autoren schließen sich dieser allgemein als gültig angesehenen Erklärung nicht an, sondern vertreten die Auffassung, daß zur Ausbildung der für das dritte Stadium typischen Knoten ein wahrscheinlich nach dem zweiten Stadium eintretender zweiter Erkrankungsprozeß hinzukommen muß.

Die silikotische Lunge ist schwerer als die normale. Die Pleura ist oft schwartig verdickt, die beiden Pleurablätter sind strangförmig oder flächenhaft miteinander verwachsen. An der Oberfläche heben sich zahlreiche grauweißliche, oft von schwarzen Höfen umgebene, harte Knötchen ab, die deutlich durchzufühlen sind und deren Größe selten die eines Stecknadelkopfes überschreitet. Beim Durchschneiden des Lungenparenchyms trifft das Messer auf einen knirschenden Widerstand, teilweise auch auf größere Knötchen, die kaum zu durchtrennen sind. Die kleineren Knötchen haben eine graue Farbe. Das Gewebe zwischen den einzelnen Knötchen ist meist verdickt. Zwischen den einzelnen Knoten ist das Lungengewebe oft geschrumpft, so daß die Lunge ein grobhöckeriges Aussehen zeigt. Nicht so sehr selten weisen die weniger beteiligten Lungenpartien ein ausgleichendes Emphysem auf. In sehr schweren Fällen können ganze Lungenlappen in eine graubläuliche, sehr feste, harte, bei Druck oder Schnitt knirschende Masse umgewandelt sein. Das Zustandekommen der emphysematösen Veränderungen wird so erklärt, daß durch die Verschwielung der Lungenlymphdrüsen und Lymphbahnen eine Ernährungsstörung des Lungengewebes resultiert, infolge deren die Wand der noch intakten Lungenalveolen geschwächt wird, die sich dann unter dem mechanischen Einfluß der verstärkten Atmung ausdehnen. Die schwieligen Veränderungen des Lungenparenchyms bedeuten gleichzeitig eine vermehrte Inanspruchnahme des noch intakten Lungengewebes, was sich ebenfalls im Sinne einer Erweiterung der Lungen auswirkt. Hinzu kommt, daß die im Sinne von Narben aufzufassenden Knotenbildungen durch Schrumpfungsvorgänge und gleichzeitige Kompression der zwischen den einzelnen Knoten liegenden Lungenpartien ebenfalls die Entstehung eines Lungenemphysems be-

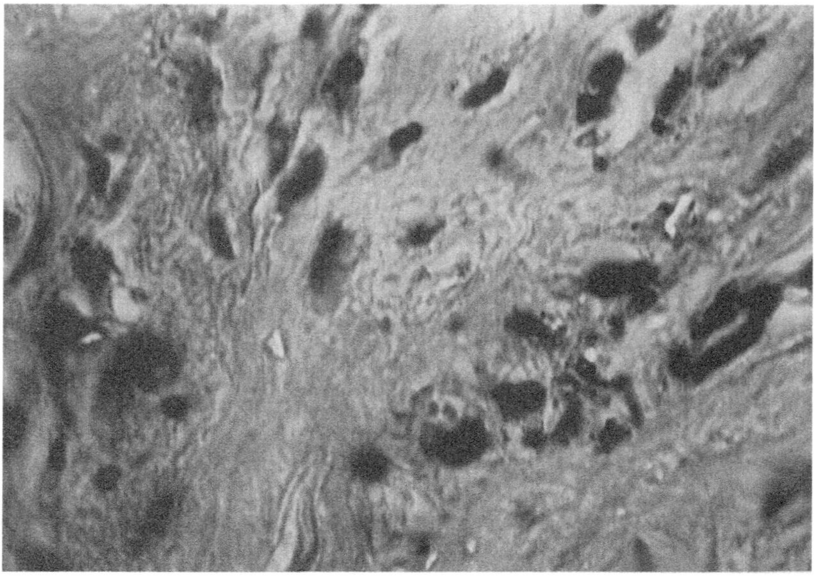

Abb. 31. Quarzsplitter in silikotischem Knötchen. [Aus W. GERLACH und G. GANDER: Arch. Gew. Path. Bd. 3 (1932).]

günstigen. Die narbige Raffung des Lungenparenchyms wird durch ein manchmal traubenartiges, vor allem im Bereich der Spitzen, der Vorder- und Unterränder der Lungen lokalisiertes Emphysem ausgeglichen.

Die Bronchien zeigen infolge der Reizwirkung des Staubes Zeichen der chronischen Bronchitis und des Schleimhautschwundes. Die Schleimhaut ist geschwollen und gelockert, stark gerötet und von graugelblichem Schleim bedeckt. Vor allem in den peripheren Abschnitten der feiner verzweigten Bronchien kommt es zu Erweiterungen, gelegentlich auch zu Verengerungen des Lumens. In vielen Fällen entwickeln sich gleichmäßig zylindrische, mitunter auch sackförmige Bronchiektasen. Die mittleren und kleinen Arterienäste sind durch die Verschwielungen und Knoten oft zusammengepreßt und verdickt. Die Lungen enthalten in ihrer Asche recht bedeutende Kieselsäuremengen zwischen 30 und 60%, gegenüber 13—17% bei normalen Lungen. Das Emphysem und die Kompression der Arterien führen zu einer erheblichen Erschwerung des Lungenkreislaufs. Diese wirkt sich naturgemäß vor allem auf das rechte Herz aus, dessen Muskelmasse sich auf das Doppelte bis Dreifache vermehren kann. In manchen Fällen kommt es auch zu einer Erweiterung und Verhärtung der Arteria pulmonalis.

Das eigentliche anatomische Substrat der Silikoselunge ist das sog. *Silikoseknötchen (silikotisches Granulom).* Histologisch hat es ein recht charakteristisches Aussehen. In seiner Mitte findet sich stets ein in seiner Größe im Einzelfall wechselndes Staubpartikelchen (Steinkorn), das von konzentrisch angeordneten, sehr derben Bindegewebsfasern umkleidet ist, zwischen denen sich manchmal Stein- oder Kohlenstaub, vor allem in den äußeren Abschnitten, befindet. Die größeren Silikoseknötchen sind aus mehreren der oben beschriebenen kleinen Knötchen zusammengesetzt und man sieht dann mehrere Steinkörner als dunkle Punkte, wobei die Bindegewebsfasern der einzelnen Knötchen sich verflechten und achterartige Figuren bilden.

Klinisches Krankheitsbild.

Die bindegewebigen Veränderungen der Lungen, die bei der Einwirkung von freier Kieselsäure entstehen, bedürfen einer längeren Zeit, ehe sie zur Ausbildung kommen. Die Geschwindigkeit ist abhängig von der Menge und dem Quarzgehalt des eingeatmeten Staubes. Im allgemeinen wird man fünf Jahre als Mindestzeit einsetzen müssen, bis die ersten Beschwerden bzw. nachweisbare Krankheitszeichen eintreten. Bei Sandstrahlbläsern und bei Personen, die mit dem Abfüllen von Putzpulvern beschäftigt sind, kann es schon nach zwei bis drei Jahren zur Ausbildung klinisch faßbarer Veränderungen kommen. Bei den Steinhauern in Bergwerken, bei Porzellanarbeitern u. a. beträgt die Entwicklungszeit etwa fünfzehn bis zwanzig Jahre. Die individuelle Disposition spielt offensichtlich ebenfalls eine erhebliche Rolle. Einzelne Arbeiter erkranken sehr schnell, während andere trotz jahrzehntelanger Einatmung quarzhaltigen Staubes stärkere Veränderungen vermissen lassen. Für die Entwicklung der Silikose beim Einzelindividuum spielt das Staubbindungsvermögen der Nase als Teilfaktor eine gewisse Rolle. Auch dürften gewisse erbbedingte Einflüsse von Bedeutung sein, da die Silikose in manchen Familien gehäuft auftritt (LOCHTKEMPER, SCHILLING). In Japan stellte KURODA fest, daß Angehörige der Blutgruppe 0 sehr häufig, solche der Blutgruppe AB dagegen nur selten an Silikose erkranken, eine Beobachtung, welche den Einfluß erbbedingter Faktoren nur unterstreicht. Fettleibige scheinen besonders leicht zu erkranken; der Ernährungszustand vieler Silikotiker ist im allgemeinen auffallend gut, wobei es dahingestellt bleiben muß, ob infolge konstitutioneller Besonderheiten Fettleibige besonders leicht erkranken oder ob die Neigung der Silikotiker zum Fettansatz als Folge der Steinstaubschädigung anzusehen ist. Die meist angeführte Erklärung als exogene, durch die Lebens- und Ernährungsgewohnheiten bedingte Mastfettsucht vermag nicht immer zu befriedigen (SCHLOMKA).

Die **Initialsymptome** sind subjektiv und objektiv außerordentlich vieldeutig und gering. Die ersten Erscheinungen sind eigentlich nur röntgenologisch zu fassen und es gibt Fälle, in denen die Arbeitsfähigkeit noch in keirne Weise vermindert ist und Beschwerden nahezu völlig

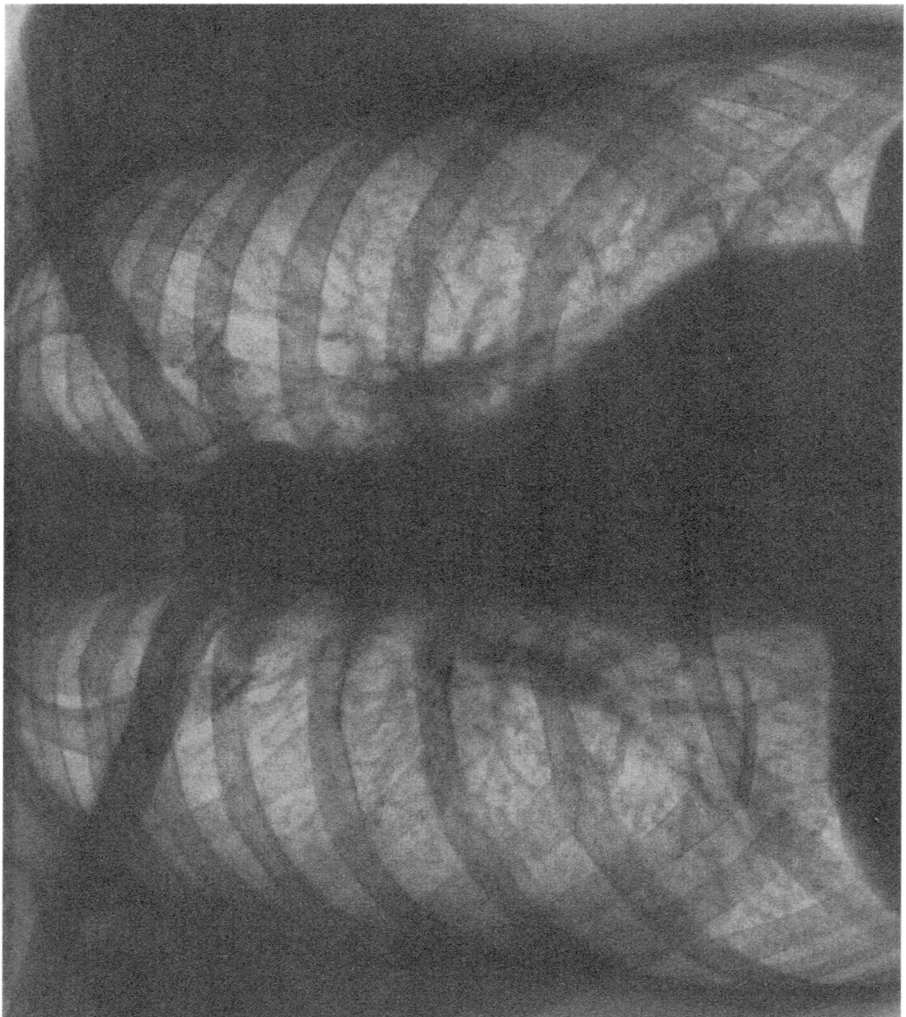

Abb. 32. Silikose I. Die wabenförmige Zeichnung hebt sich in diesem Bild deutlich ab und erstreckt sich ziemlich symmetrisch über beide Lungenfelder. In dem Gesamtbild treten kleinste stecknadelkopfgroße Fleckchen schon hervor. [Aus I. LOCHTKEMPER: Arch. Gew. Path. Bd. 3 (1932).]

fehlen, in denen jedoch röntgenologisch bereits deutliche Zeichen festzustellen sind.

Das **Röntgenbild des Vorstadiums der Silikose** ist gekennzeichnet durch die Zeichen der Fibrose, durch eine verstärkte Strangzeichnung der Lymphbahnen, Bronchien und Gefäße, welche auf den Hilus zuläuft. Die Lungenlymphdrüsen treten etwas stärker als normal hervor. Die Bilder erinnern oft an eine Stauungsbronchitis. Ohne anamnestische

Angaben wird man in diesem Vorstadium der Silikose weder aus dem röntgenologischen noch aus dem klinischen Befund eindeutige Beweise

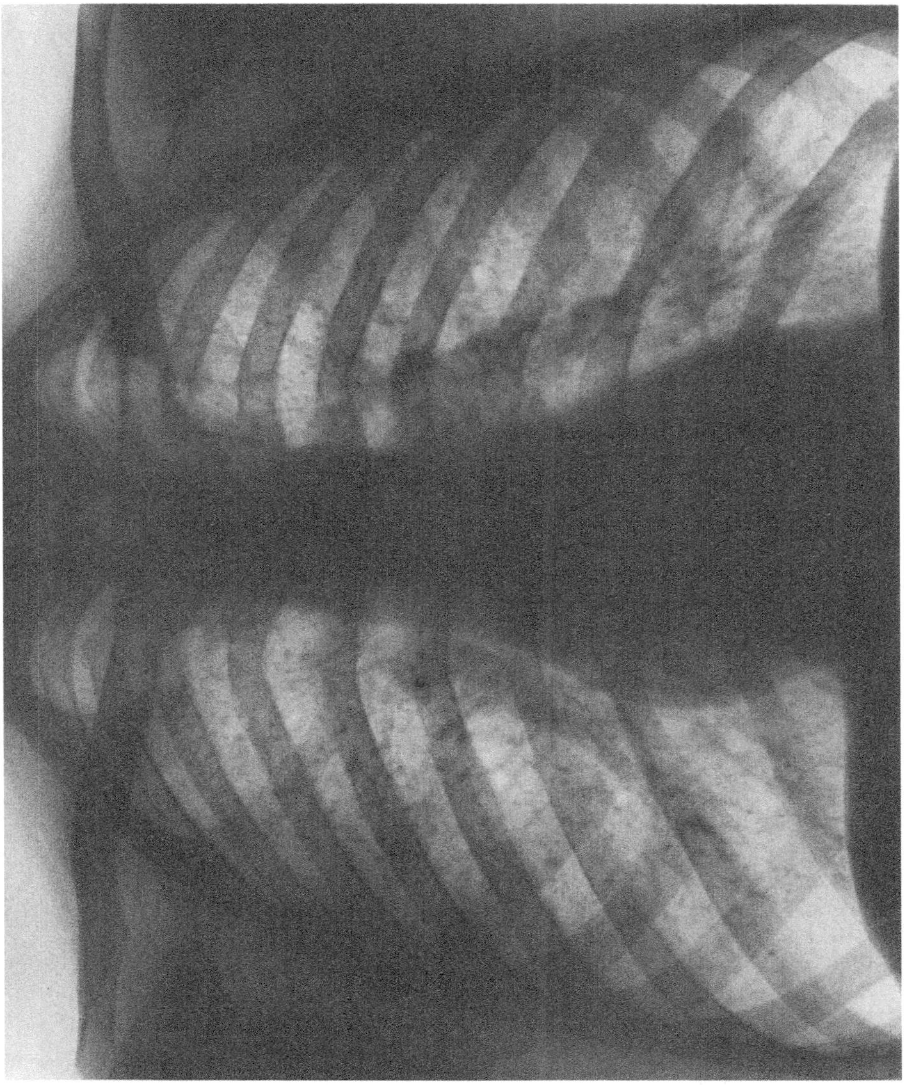

Abb. 33. Silikose II. Neben mittelstark vermehrter, netzförmiger Strangzeichnung sieht man verstreut, besonders in den lateralen Partien, der Ober- und Mittelfelder, feine, vereinzelt mittelgrobknotige und spärlich grobknotige, kalkdichte, silikotische Herdschatten, die rechts wie links in ziemlicher Gleichmäßigkeit angeordnet stehen. Die Kalkdichtigkeit und die symmetrische Anordnung der Fleckschatten ist charakteristisch für die Einwirkung von Staub mit hohem prozentualem Gehalt an freier Kieselsäure. [Aus I. LOCHTKEMPER: Arch. Gew. Path. Bd. 3 (1932).]

für das Bestehen einer Silikose erbringen können. Eine gewisse Vorsicht ist in den Fällen am Platze, in welchen bereits in diesem Stadium über stärkere Beschwerden und eine Verminderung der Arbeitskraft geklagt wird. Die relative Symptomen- und Beschwerdearmut ist für dieses Stadium geradezu typisch. Die zunehmende Aufklärung und die Möglichkeit, in den Genuß einer Rente zu gelangen, führen nicht so sehr selten zu Übertreibungsversuchen.

Im allgemeinen teilt man in Anlehnung an die röntgenologischen und anatomisch-pathologischen Befunde auch klinisch den Verlauf in drei Stadien ein.

Im **ersten Stadium** klagen die Kranken in manchen Fällen über Druckgefühl auf der Brust, Stechen beim Atmen und leichten Husten, vor allem morgens. Das Allgemeinbefinden ist meist noch recht gut. Der perkussorische und auskultatorische Befund ergibt keine typischen Veränderungen. Dabei sei gleich hier darauf hingewiesen, daß der Perkussions- und Auskultationsbefund gerade bei der Silikose meist sehr sparsam ist und in auffälligem Gegensatz zu dem röntgenologischen Befund steht. Da die Staublungenerkrankung immer doppelseitig besteht, versagt in vielen Fällen die vergleichende Perkussion; außerdem werden Dämpfungen häufig durch das gleichzeitig auftretende Emphysem überdeckt. Im ersten Stadium sind Dämpfungen praktisch kaum feststellbar; an einzelnen Stellen findet sich ein wenig verschärftes oder rauhes Atmen; nur selten hört man einzelne, trockene bronchitische Geräusche.

Im *Röntgenbild* ist die netzförmige, teilweise auch wabige Struktur der Lungenzeichnung verstärkt. Typisch sind die verstreuten kleinen Knötchen, die unscharf begrenzt sind und dem Röntgenbild den Charakter einer geringen Körnelung verleihen. Sie sind anfangs vereinzelt und treten dann auf beiden Seiten symmetrisch auf, vor allem in den seitlichen Teilen der Mittelgeschosse und in den oberen Abschnitten der Unterfelder. Ähnliche Bilder kommen bei der Erkältungsbronchitis und bei der Stauungsbronchitis vor.

Im **zweiten Stadium** sind die Beschwerden qualitativ die gleichen wie im ersten Stadium, im allgemeinen jedoch etwas ausgeprägter. Die Kranken klagen über Neigung zu Bronchialkatarrh. Manchmal besteht auch Kurzatmigkeit oder Atemnot schon nach leichteren Anstrengungen. Perkussorisch findet man gelegentlich eine leichte Schallverkürzung, vor allem in der Hilusgegend und in den seitlichen Lungenpartien. Auskultatorisch ist das Atemgeräusch über den gedämpften Bezirken meist etwas verschärft. Rasselgeräusche treten öfter auf. Die Ausdehnungsfähigkeit des Brustkorbes ist im zweiten Stadium noch nicht stärker verändert und nur in seltenen Fällen, wie die Vitalkapazität, vermindert. Die apnoische Pause ist noch nahezu normal. Nur selten findet man schon im zweiten Stadium leichte Veränderungen der Herzfigur. Das Herz wird muskelkräftiger, vor allem im Bereich des rechten Ventrikels; diese Veränderungen sind jedoch perkussorisch in den Fällen kaum faßbar, in welchen das bereits im zweiten Stadium auftretende Lungenemphysem schon stärkere Grade erreicht hat. Dieses ist, vor allem in den Mittelgeschossen und in den Lungenspitzen, besonders aber in den Untergeschossen, sehr deutlich ausgeprägt. Die Arbeitsfähigkeit ist auch im zweiten Stadium im allgemeinen noch wenig beeinträchtigt.

Das *Röntgenbild* zeigt im zweiten Stadium eine Zunahme der zahlreichen bindegewebigen Knötchen. Die ganze Lunge erscheint gleichmäßig getüpfelt (Schneegestöber). Die einzelnen Knötchen sind dichter und schattentiefer. Sie sind symmetrisch angeordnet und vor allem in den lateralen Teilen der Mittelfelder lokalisiert. In manchen Fällen

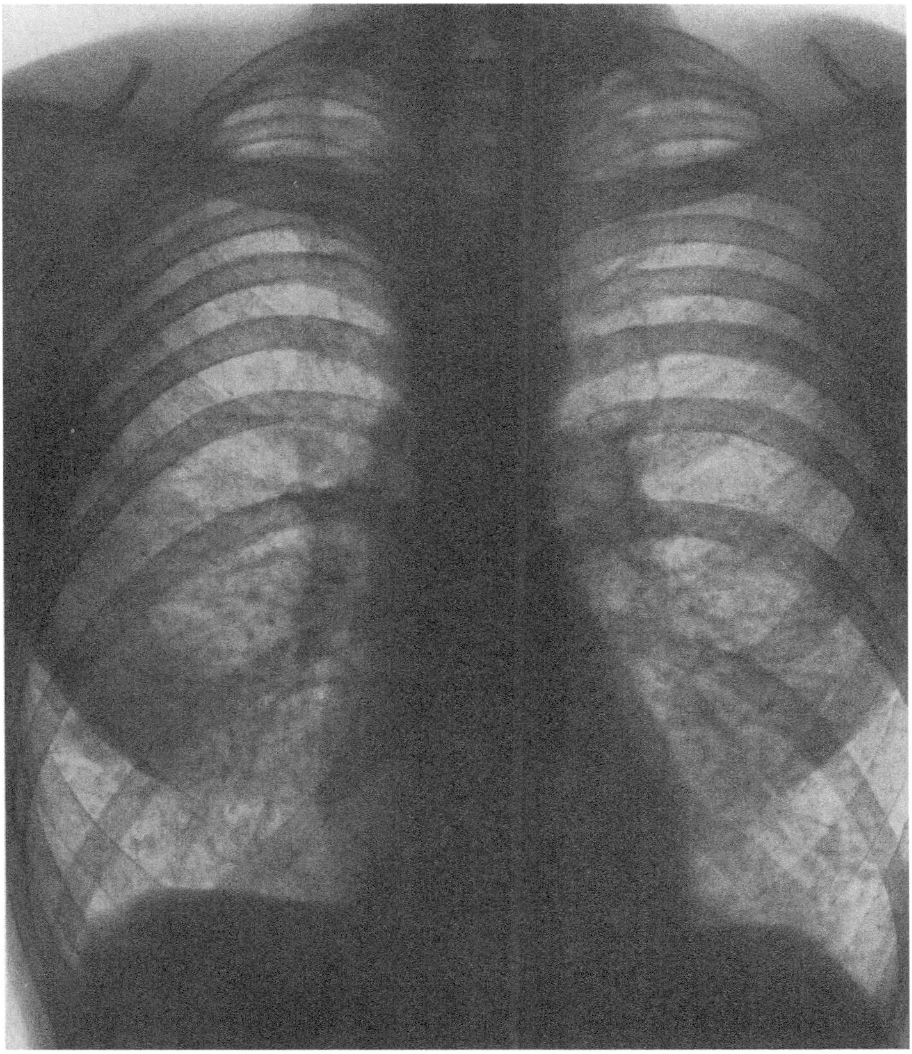

Abb. 34. Silikose II. Dieses Bild zeigt, im Gegensatz zu der symmetrischen disseminierten Tüpfelung in allen Lungenpartien, dichter stehende Fleckelung in den unteren Partien. Die oberen Partien zeigen außer feinster, etwas netzförmiger Streifenzeichnung nichts besonderes. [Aus I. LOCHTKEMPER: Arch. Gew. Path. Bd. 3 (1932).]

kommt es auch infolge Zusammenfließens einzelner Knötchen zum Auftreten gröberer, verstreuter Schattenherde sowie mehr fleckig-streifiger Veränderungen. Die größeren Herdschatten sind ebenfalls noch symmetrisch und mit Vorliebe in den Mittelfeldern und infraclaviculär angeordnet.

Das **dritte Stadium** ist beherrscht von mehr oder weniger starken dyspnoischen Beschwerden. Die Kurzatmigkeit tritt nun auch in Ruhe auf. Die Kranken sind cyanotisch und unfähig, körperliche Arbeiten zu verrichten. Meist besteht ein quälender Husten mit ziemlich zähem, weißlich-glasigem Auswurf. Beim Atmen treten Stiche in der Brust auf. Der Appetit vermindert sich, die Kranken verlieren in manchen Fällen an Gewicht und magern ab, oder aber sie klagen trotz der Appetitlosigkeit auch über eine lästige Gewichtszunahme (SCHLOMKA). Der Brustkorb ist nun starr und faßförmig, die Atembreite deutlich vermindert. Die Vitalkapazität sinkt ab auf Werte unter 3000; sie beträgt in schweren Fällen nur noch 1000 ccm.

Die Verminderung erfolgt vor allem auf Kosten der Komplementär- und Reserveluft. Die Residualluft wird beim Vorliegen eines sekundären Emphysems oft erhöht gefunden (HOLTZMANN, SCHMIDT und GAUBATZ). Eine erhebliche Verminderung der Vitalkapazität ist jedoch bei weitem nicht in allen Fällen nachzuweisen; trotzdem kann die Durchlüftung der Lungen schlecht sein, wenn eine Bronchitis, ein Emphysem oder eine Stenose der Luftwege vorhanden ist. Für solche Fälle wurde die Ermittlung der maximalen Durchlüftung der Lungen durch Feststellung des sog. *Atemgrenzwertes* nach KNIPPING empfohlen. Dieser ist bei der Silikose herabgesetzt. Die Verminderung des Atemgrenzwertes geht bis zu einem gewissen Grade der Schwere der röntgenologisch nachweisbaren Veränderungen parallel, sofern keine Bronchitis oder kein Emphysem besteht. Die Erholungszeit nach Arbeit, gemessen an der Steigerung des Minutenvolumens der Atmung, ist verlängert, das Atemäquivalent, d. h. diejenige Luftmenge, welche der Lunge zur Aufnahme von 100 ccm Sauerstoff zugeführt werden muß, erhöht. Die Dauer der apnoischen Pause ist verkürzt. Für Schwerkranke werden als Durchschnittswert 7 Sekunden (Schwankungsbreite 5—25 Sekunden), für Leichtkranke durchschnittlich 25 Sekunden (Schwankungsbreite 5 bis 30 Sekunden) angegeben (BÖHM).

Immerhin ist bei der Bewertung der Ergebnisse derartiger Atemfunktionsprüfungen, vor allem bei Leichtkranken, Vorsicht am Platze, da die Ergebnisse oft sehr schwanken und abhängig sind vom psychischen Zustand der Kranken und von ihrem Willen. Eine graphische Registrierung des Atmens ist insofern wichtig, als sie Unregelmäßigkeiten und zum Teil seelisch bedingte, rein funktionelle Störungen aufzudecken vermag.

Die *Perkussion* ergibt, besonders in den oberen und mittleren Lungenabschnitten, mehr oder weniger intensive Dämpfungen; über den unteren Lungenpartien, insbesondere am Rande, findet man Schachtelton. Auskultatorisch ist das Atemgeräusch verschärft, meist bronchial, aber abgeschwächt; gleichzeitig hört man mittel- und grobblasige Rasselgeräusche, deren Dichte und Häufigkeit abhängig ist von den das Leiden begleitenden, wechselnd stark ausgebildeten Bronchitiden. Sie sind dann besonders ausgeprägt, wenn, durch die zunehmende Verschwielung und den steigenden Widerstand im kleinen Kreislauf bedingt, das *Herz* erlahmt und Stauungserscheinungen auftreten, die in fortgeschrittenen Fällen allerdings meist auch als Ödeme, Stauungsleber und Cyanose sichtbar werden. Der Puls ist klein und labil. Das Herz ist vor allem nach rechts, in vielen Fällen auch nach beiden Seiten vergrößert. Die Rechtsvergrößerung ist sowohl durch eine Hypertrophie wie auch durch eine Dilatation des rechten Herzens bedingt. Auch die Arteria pulmonalis kann infolge der Druckerhöhung im kleinen Kreislauf erweitert sein. Das macht sich dann röntgenologisch durch eine Vorwölbung des linken Herzrandes in der Conusgegend bemerkbar; röntgenologisch ist eine Verbreiterung des Herzens nach rechts meist erst später festzustellen. Seltener als das große dilatierte Herz findet sich eine langgestreckte schmale Form, die offenbar durch Schrumpfung zustande kommt. Die Herzstörungen sind vor allem in den Fällen mit starkem Emphysem recht ausgeprägt. Die ungenügende Leistung des Herzens wird bei der üblichen Belastungsprobe durch übermäßig lang dauernde Frequenzsteigerung, Kurzatmigkeit und verlängerte Erholungszeit deutlich. Die Verlängerung des Zeitintervalls, in dem die Puls- und Atemfrequenzwerte zur Norm zurückkehren, ist praktisch wichtiger als die absolute Höhe der Frequenzzahlen unmittelbar nach der Arbeit. Nicht so sehr selten finden sich auch *Veränderungen des Elektrokardiogramms.* Von SCHLOMKA wurde ein relativer Rechtstyp festgestellt, der um so deutlicher war, je schwerer die röntgenologisch nachweisbaren Lungenveränderungen waren. Dabei ist allerdings zu berücksichtigen, daß es durch die Schrumpfungsvorgänge an den großen bindegewebigen Knoten in den Lungen — je nach ihrer Lage — nicht nur zu Verziehungen der Luft- und Speiseröhre, der Bronchien und Lungengefäße, des Zwerchfells, zur Deformation der Lunge und zur Entstehung von Bronchiektasen, die zu Blutungen Veranlassung geben können, sondern auch zu Verlagerungen bzw. Verziehungen des Herzens nach links kommt, so daß das Ekg. auch einen Linkstyp aufweisen kann. Im Belastungs-Ekg. sollen ebenfalls Veränderungen (z. B. Abflachung der T-Zacke) nachweisbar sein. Als Zeichen einer Überlastung des rechten Herzens sind, vor allem im dritten Stadium der Silikose, Veränderungen des Venenpulses (Stauungsvenenpuls mit Plateaubildung) nachweisbar (BRÜCKNER). Diese Herzstörungen treten jedoch nur im dritten Stadium auf. Minderleistungen und Formveränderungen des Herzens, die schon im ersten oder zweiten Stadium nachweisbar sind, dürfen nicht ohne weiteres mit den silikotischen Lungenveränderungen ursächlich verknüpft werden; sie sind wohl stets durch primäre Herzerkrankungen, Arbeitshypertrophie und ähnliche Vorgänge zustande gekommen.

Das *Röntgenbild* zeigt im dritten Stadium grobe, flächenhafte Verschattungen des Lungenparenchyms, die in vielen Fällen nahezu symmetrisch auf beiden Seiten, vor allem in den Obergeschossen seitlich oder an der Grenze zwischen Mittel- und Oberfeld lokalisiert sind. Manchmal sind auch vereinzelte oder mehrere unregelmäßig verteilte und unsymmetrische grobe Herdschatten zu beobachten. In anderen Fällen wieder finden sich über die ganze Lunge verteilt scharfrandige, schattentiefe kleine Flecke, wie sie z. B. unter dem Begriff der *Schrotkornlunge* bekannt sind. Diese ist vor allem bei Einatmung von Sandsteinstaub zu

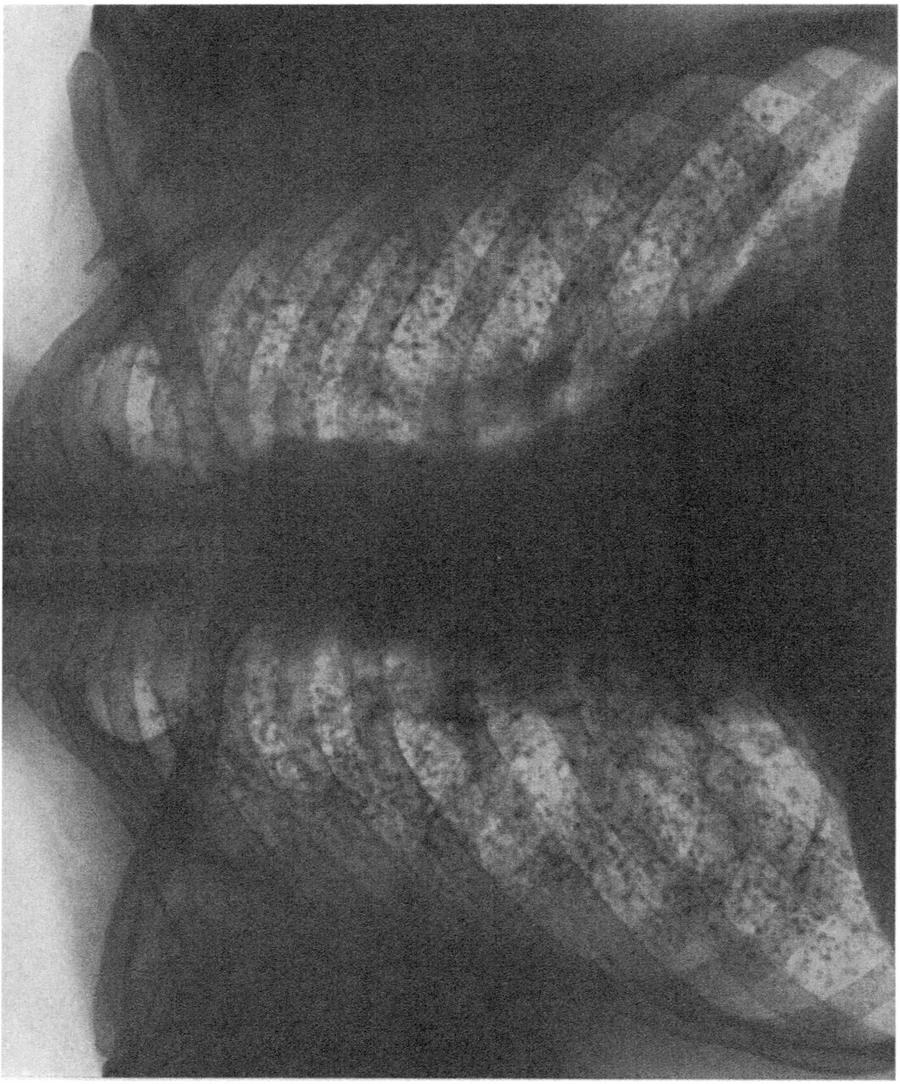

Abb. 35. Silikose III. Die feinen, mittel- und grobknotigen, runden und unregelmäßig gestalteten, kalkdichten Herdschatten finden sich in ziemlich symmetrischer Anordnung rechts wie links. Diese harte Körnelung (Schrotkornlunge nach KAESTLE) ist charakteristisch für die Einwirkung von Staub mit hochprozentualem Gehalt an freier Kieselsäure. Dieses charakteristische Bild zeigt vor allem die gleichmäßige Dissemination von Herdschatten. [Aus I. LOCHTKEMPER: Arch. Gew. Path. Bd. 3 (1932).]

beobachten, insbesondere bei Arbeitern, die mit Sandstrahlgebläse arbeiten. Die für das dritte Stadium der Silikose besonders typischen großflächigen Verschattungen rühren von dicken fibrotischen Massen in der Tiefe des Lungengewebes oder aber von dicken pleuritischen Schwarten her. Die in den Mittel- und Untergeschossen, manchmal auch in den

Lungenspitzen besonders ausgeprägten emphysematösen Veränderungen fallen im Röntgenbild durch ihre besondere Lichtdurchlässigkeit auf, die

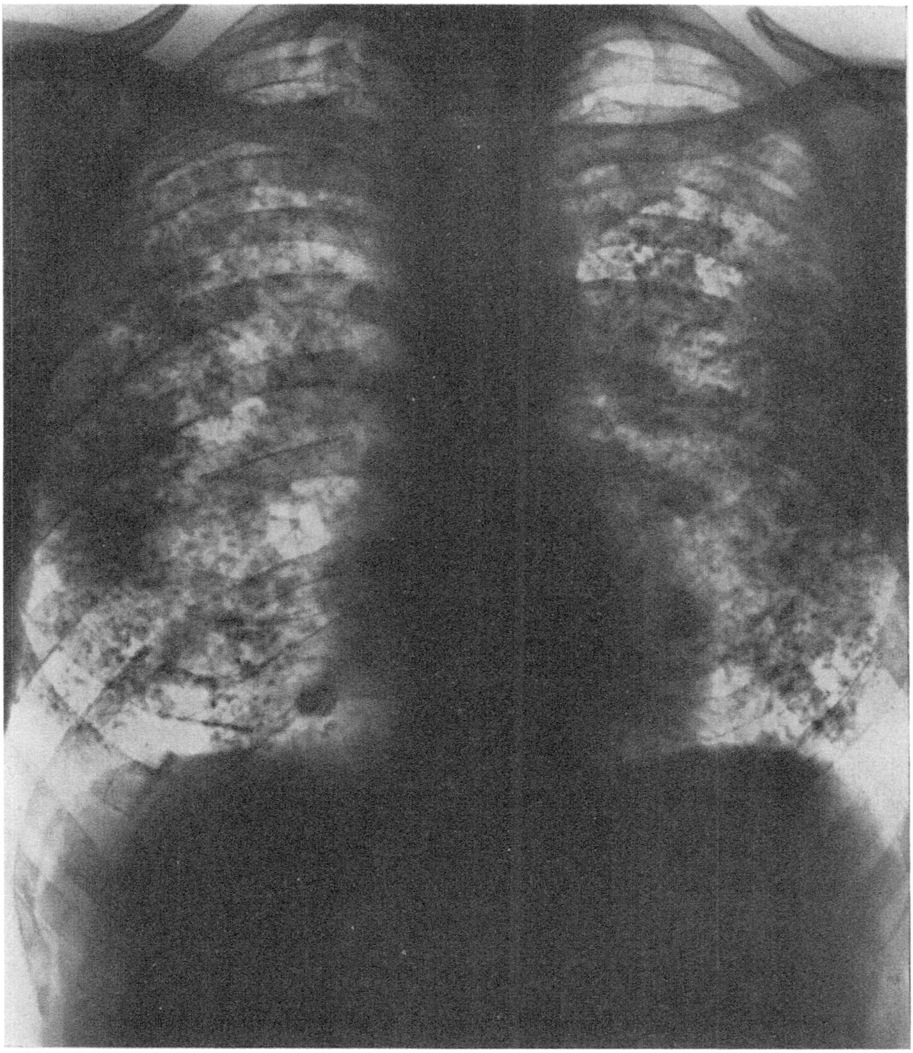

Abb. 36. Silikose III. Die beginnende Ballung von charakteristischen kalkdichten, silikotischen Knoten ist hier besonders typisch. Während ein Teil der kalkdichten Herdschatten noch isoliert zu erkennen ist, sieht man, besonders in den mittleren Partien, deutliches Zusammenfließen, deutliche Ballung der Herdschatten. Neben dieser Ballung ist auch deutliche Schwielenbildung zu sehen. Die untersten Partien sind stark emphysematös. Die Zwerchfellkuppen zeigen kleine unregelmäßige Ausziehungen. [Aus I. LOCHTKEMPER: Arch. Gew. Path. Bd. 3 (1932).]

dann die Körner- und Strangzeichnung verdeckt. In sehr schweren Fällen sind nur ganz kleine Lungenabschnitte noch lichtdurchlässig. Oft bestehen Verwachsungen und Schrumpfungen, die im Gegensatz zu tuberkulösen Veränderungen aber doppelseitig sind. Die nicht silikotisch

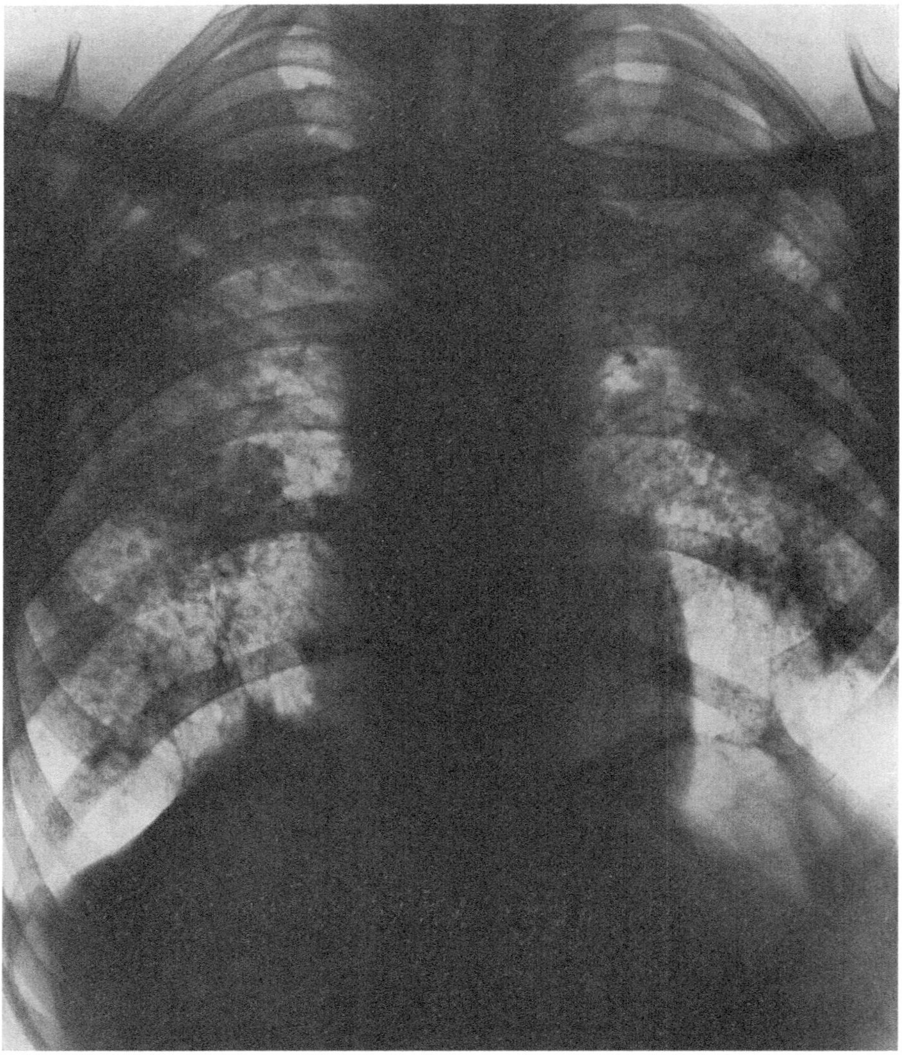

Abb. 37. Silikose III. Die ausgedehnten (tumorartigen), flächenhaften Trübungen sind als große Schwielen anzusprechen. Teilweise erkennt man noch durchscheinend Zusammenfließen von silikotischen Herdschatten, Die unteren Partien lassen ein auffallend starkes Emphysem erkennen. Die zeltförmigen Ausziehungen an den Zwerchfellkuppen sind als besonders charakteristisch hervorzuheben. Aus; I. LOCHTKEMPER, Arch. Gew. Path. Bd. 3 (1932).

veränderten Lungenpartien sind verzogen und verzerrt; von den silikotischen Herden aus ziehen zum Zwerchfell steile Faltungen oder Stränge herab (sog. Regenstraßen). Es kommt zu zeltförmigen Ausziehungen des Zwerchfells. Oft bestehen auch Zipfelbildungen am Herzbeutel. Im Gegensatz zu tuberkulösen Veränderungen verlaufen die Stränge also nicht zur Lungenwurzel hin. Die Hilusdrüsen verschwinden zuweilen im dritten Stadium der Silikose, ein Vorgang, der offenbar auf Schrumpfungsvorgängen beruht. Vereinzelt sind die am Hilus und paroesophageal gelegenen Lymphdrüsen verkalkt, wobei sich röntgenologisch das Bild einer Eierschalenstruktur bietet (LOMMEL, SCHAIRER). Auffällig ist das sog. *Wandern der Steinstaubknoten.* Werden in regelmäßigen Abständen Röntgenuntersuchungen vorgenommen, so scheinen die Knoten durch Narbenzug und Verschmelzung mit benachbarten Knoten ihren Lageort zu wechseln. Die Wanderung der knotischen Bindegewebsverdichtungen ist jedoch nur scheinbar, denn die Verdichtung bleibt im Lungengewebe immer an derselben Stelle, während das Lungengewebe im ganzen, mit den eingeschlossenen Knoten, seinen Sitz in der Röntgenprojektion des Thorax wechselt.

Komplikationen: In manchen Fällen kommt es infolge der Schrumpfungsvorgänge zu Einrissen in die Pleura im Bereiche der Lungenspitzen oder aber zum Platzen von Emphysemblasen, so daß sich ein grobblasiges Lungenemphysem, nicht selten sogar ein *Pneumothorax* entwickelt, der meist kappenförmig über den Spitzen sitzt. In manchen Fällen sind auch die Spitzen homogen getrübt (REICHMANN). Eine *Bronchitis* findet sich in der überwiegenden Zahl aller Silikosen. Ihre Schwere wächst mit der Schwere der silikotischen Lungenveränderungen. Dabei wird man sich hüten müssen, eine schwere Bronchitis bei röntgenologisch nur geringen silikotischen Veränderungen ohne weiteres mit der bestehenden Silikose in Zusammenhang zu bringen. Die Verschwielungs- und Schrumpfungsvorgänge führen häufig zu *bronchiektatischen Erweiterungen,* die jedoch nur in seltenen Fällen durch typische klinische Zeichen (maulvolle Expektoration usw.) bemerkbar werden. Die Schrumpfungsvorgänge an den Hilusdrüsen können *Traktionsdivertikel am Oesophagus* verursachen; auch können silikotische Hilusdrüsen in die Speiseröhre durchbrechen. In manchen Fällen schmelzen die silikotischen Herde auch ohne tuberkulöse Infektion ein; aus den *Einschmelzungsherden* entleeren sich dann schwärzliche Massen von Kohlen- und Gesteinsstaub sowie Zelldetritus; die Einschmelzungen greifen gelegentlich auch auf benachbarte Lungenabschnitte über; es kommt zu *Blutungen, Abscedierungen,* evtl. auch zu einer typischen *Lungengangrän* mit fauligem Geruch des Sputums und elastischen Fasern im Auswurf. Nicht so sehr selten sind *Bronchopneumonien.* Der Tod kann unter den Zeichen der Kreislaufschwäche, einer Allgemeininfektion oder eines Kollaps eintreten. In seltenen Fällen kann beim Entstehen eines Spontanpneumothorax dieser die Todesursache sein, wenn die Atemfrequenz stark eingeschränkt ist. In vielen Fällen sind verbreitete Bronchopneumonien die unmittelbare Todesursache, vor allem dann, wenn der Kreislauf und das Herz durch die Behinderung im Lungenkreislauf schon an der Grenze der Leistungsfähigkeit angelangt sind. Das Erlahmen des hypertrophierten rechten Herzens führt unmittelbar den Tod herbei.

Verlauf: Die drei Stadien der Silikose gehen allmählich ineinander über und es ist im einzelnen Fall oft schwer zu entscheiden, ob man den Befund noch zu dem einen oder schon zum nächstfolgenden Stadium rechnen soll. Im dritten Stadium wird die Atemnot immer stärker. Die Kranken vermögen nicht mehr im Bett zu liegen, sondern sitzen aufrecht mit nach hinten aufgestützten Händen im Bett oder Krankenstuhl; der Gesichtsausdruck ist ängstlich, die Atmung flach und beschleunigt. Je nach dem Zeitpunkt des Entstehens von Komplikationen kann der Tod schneller oder langsamer eintreten.

In seltenen Fällen treten isolierte silikotische Veränderungen an einer beliebigen Stelle der Lungen auf. Die übrigen Partien bleiben mehr oder weniger verschont. So wurde die durch perlschnurartige Einlagerung charakterisierte *Zwerchfellsilikose*, die *Drüsensilikose*, die von einer trachealen Lymphdrüse ausgeht, und auch die *Pleurasilikose* beschrieben, bei der die Staubherdchen ihre Verbindung mit den benachbarten Bronchiolen behalten. In seltenen Fällen finden sich silikotische Herde nicht nur in den Lungen, sondern auch in anderen Organen, z. B. in Leber und Milz.

Im **Blut** soll eine Lymphocytose schon sehr frühzeitig auftreten, die beim Hinzutritt einer Tuberkulose sich jedoch rasch vermindert (Nicol). Bisweilen sind die Hämoglobin- und Erythrocytenwerte — wie bei anderen Herz-Lungen-Erkrankungen auch — erhöht (Schlomka und Nolte). Eine relative Hyperglobulie, bei der die Erythrocytenzahlen im Verhältnis zu der Schwere des Allgemeinzustandes noch nahezu normal bzw. nur wenig erniedrigt sind, spricht dafür, daß die ursächliche Rolle der Staubeinwirkung bei dem ganzen Krankheitsgeschehen überwiegt, vor allem dann, wenn erhöhte Leukocytenzahlen (über 10000) den Verdacht auf das gleichzeitige Bestehen tuberkulöser Veränderungen erwecken. Der Nachweis einer Anämie mit Erythrocytenzahlen unter 4 Millionen muß, auch wenn es sich klinisch und röntgenologisch scheinbar um eine reine Silikose handelt, Verdacht auf die Mitbeteiligung tuberkulöser Vorgänge bzw. einer anderen zusätzlichen Erkrankung erwecken. Im Differentialblutbild findet sich bei reiner Silikose zuweilen eine Lymphopenie, eine Verminderung der Eosinophilen und eine Monocytose (Schlomka und Nolte).

Die *Senkungsgeschwindigkeit der roten Blutkörperchen* ist oft normal oder nur wenig erhöht, auch wenn ausgedehnte und progrediente tuberkulöse Prozesse entstehen. Der Immunitätstiter ist vermindert. Der Kieselsäuregehalt des Blutes ist bei Silikosekranken deutlich erhöht. Kieselsäurewerte bis zu 1,8 mg % gelten noch als normal. Bei Silikotikern finden sich Werte bis zu 4,8 mg % und mehr.

Geübte Untersucher können aus der Art des Röntgenbildes bis zu einem gewissen Grade auf die Art des eingeatmeten Staubes schließen. Einatmung von Sandsteinstaub führt zum Bilde der sog. *Schrotkornlunge*, deren scharfbegrenzte, sehr schattentiefe Herde vorwiegend an der Peripherie, oft ganz subpleural sitzen, während die Lungenwurzeln nur weniger beteiligt sind. Typisch ist auch die *Porzellanstaublunge*, während die Veränderungen durch Granitstaub durch geringere Dichte der Schattenherde, diffusere Verschattung und uncharakteristischere Hilusform gekennzeichnet sind. Beimengungen von Ton und Kalk können an sich scharfe Verschattungen diffuser und weicher machen. Bei der sog. *Mansfelder Staublunge* scheinen Hilusformen und subpleurale Formen vorzuwiegen.

Die **Diagnose** hat sich vor allem auf die Anamnese und auf den Röntgenbefund zu stützen. Im allgemeinen ist die Diagnose der Staublunge an das Röntgenbild gebunden, da das klinische Bild vieldeutig ist und der klinische Befund die röntgenologisch leicht aufzudeckenden schweren Veränderungen nicht voll zu erfassen vermag.

Differentialdiagnostisch müssen vor allen Dingen akute Bronchiolitiden, Miliartuberkulose, Lungenlues, Carcinose und andere Lungentumoren ausgeschlossen werden, wobei besonders darauf hingewiesen sei, daß die Silikose zur Carcinombildung nicht disponiert. Die Röntgenbilder sind nicht selten recht ähnlich, doch wird es in der Praxis nicht allzu schwer sein, an Hand der sonstigen klinischen Befunde und der Anamnese die Differenzierung durchzuführen. Bei der unkomplizierten Silikose ist die Blutsenkung im Gegensatz zu Tuberkulose oder Lungentumoren meist nicht oder nur wenig beschleunigt. Lungentumoren sind im Gegensatz zur Silikose meist nur einseitig ausgebildet. Die übrigen Lungenfelder sind frei. Unter Umständen können silikotische Veränderungen im Röntgenbild einen Mediastinaltumor vortäuschen. Schwierig ist die differentialdiagnostische Abtrennung der sog. *anthrakotischen Oberlappeninfiltrationen*. Es handelt sich da um flächenhafte Verschattungen in den Oberfeldern, die offenbar den Endzustand einer chronisch indurierenden Tuberkulose darstellen. Das Lungengewebe der Umgebung reagiert mit Entzündung, Kollaps, Verödung, Kohlenstaubablagerung, Vernarbungen und Schrumpfungen; meist bestehen auch Verwachsungen und vicariierendes Emphysem; auch bei diesem Prozeß ist das subjektive Allgemeinbefinden wenig gestört. Die Differentialdiagnose gelingt im allgemeinen beim Lebenden nicht, sondern wird erst bei der Sektion möglich.

Prognostisch ist die Silikose ungünstig zu beurteilen. Da sich die Verschwartungs- und Schrumpfungsprozesse auch nach Aufhören weiterer Staubzufuhr meist unaufhaltsam weiter entwickeln, da der einmal im Lungengewebe abgelagerte kieselsäurehaltige Staub weiter wirkt und damit den die Bindegewebswucherung verursachenden Reiz unterhält und das durch die silikotischen Veränderungen einmal für die Atmung verlorengegangene Lungengewebe ein für allemal atmungsuntüchtig bleibt (GRAY), sind die Aussichten einer Wiederherstellung schlecht. Dies gilt vor allem für die Silikose im Stadium III. 50% der Erkrankten sterben innerhalb von 5 Jahren. Im günstigsten Falle kommt der einmal eingeleitete Verschwielungsprozeß wenigstens vorübergehend zum Stillstand. Wenn auch bei der Silikose I und II ein Fortschreiten in einem erheblichen Teil der Fälle zu beobachten ist, so befindet sich doch der überwiegende Teil der Kranken nach 8 Jahren noch im gleichen Stadium wie bei der Feststellung der Krankheit. Der Verlauf ist im allgemeinen um so ungünstiger, je früher im Leben die Silikose auftritt (BÖHME).

In der weitaus überwiegenden Zahl der Fälle entwickelt sich die Silikose weiter, gleichgültig, in welchem Stadium der Betroffene aus der Staubarbeit ausschied. In manchen Fällen kann sich sogar noch viele Jahre später, nachdem der Kranke zu einem Zeitpunkt aus der Staubarbeit ausgeschieden war, in welchem überhaupt noch keine silikotischen Erscheinungen nachzuweisen waren, eine Silikose entwickeln (= latente Silikose).

Die **Therapie** bietet bei den einmal in Gang gekommenen silikotischen Prozessen wenig Aussicht auf Erfolg. Im allgemeinen muß man sich darauf beschränken, die subjektiv quälenden katarrhalischen Symptome — Bronchitis, Husten, Schleimabsonderung — durch geeignete Mittel zu bekämpfen. Bei beginnendem Herzversagen wird man in der üblichen Weise mit vorsichtigen Strophanthingaben, Flüssigkeits- und Kochsalzeinschränkung und Bettruhe den Zeitpunkt des endgültigen Zusammenbrechens des Herzens hinausschieben können. Die versuchsweise empfohlenen Injektionen von 50proz. Natrium cacodylicum i. v., von Introcid und die Anwendung einer aus dem eigenen Sputum hergestellten Autovaccine haben sich nicht durchzusetzen vermocht.

Prophylaktisch wird man Arbeiter mit Mundatmung nach Möglichkeit von der Staubarbeit ausschalten müssen. Besonders muß darauf geachtet werden, daß in staubgefährdeten Betrieben Offentuberkulöse sicher ausgeschaltet werden, da die an Silikose II und III Erkrankten besonders für Tuberkulose disponiert sind. In manchen Gebieten ist in quarzstaubgefährdeten Betrieben die Tuberkulosesterblichkeit etwa 3—5mal so groß wie bei der übrigen männlichen Bevölkerung (vgl. den nachfolgenden Abschnitt). „Ein Offentuberkulöser in einem Staublunge erzeugenden Gewerbe kann ebenso gefährlich sein wie ein Typhusbacillenträger in der Küche“ (MAVROGORDATO). Vor allem ist mindestens alljährlich einmal eine röntgenologische Untersuchung der silikosegefährdeten Arbeiter durchzuführen, wobei man sich nicht auf Durchleuchtungen beschränken darf, sondern Aufnahmen anzufertigen sind. Arbeiter mit beginnender Silikose sind unbedingt von weiterer Arbeit in kieselsäurehaltigem Staub auszuschließen. Jugendliche sollen aus silikosegefährdeten Betrieben möglichst ganz herausgehalten werden.

Tuberkulose und Staublunge.

Wenn die gegenseitigen Beziehungen zwischen Silikose und Tuberkulose auch heute noch nicht eindeutig geklärt sind, so steht doch fest, daß die Silikose sehr häufig mit einer aktiven Tuberkulose vergesellschaftet ist, vor allem in den höheren Lebensaltern. Man unterscheidet eine *Siliko-Tuberkulose* und eine *Tuberkulo-Silikose.* Unter letzterer versteht man eine unter Staubeinfluß besonders stark indurierende Tuberkulose, unter ersterer eine Silikose mit Tuberkulose, wobei die silikotischen Veränderungen überwiegen und wo Tuberkuloseinfektion und Silikose ziemlich frühzeitig und gleichzeitig auf den Organismus einwirkten und gemeinsam das typische Krankheitsbild entwickelten.

An sich kann zu der silikotischen Lymphangitis und Lymphadenitis in jedem Stadium eine tuberkulöse Infektion der Lungen hinzutreten bzw.

von aufflackernden Spitzenherden, häufiger von infraclaviculären Infiltrationen ausgehen; alte abgekapselte Spitzenherde können jedoch auch von einer sich an anderer Stelle entwickelnden Tuberkulose unberührt bleiben. In anderen Fällen ist primär eine Tuberkulose der Lungen (oder auch anderer Organe) vorhanden, zu der sich dann die silikotischen Veränderungen hinzugesellen; doch kommt das ziemlich selten vor. Tuberkulöse Herde neigen unter dem Einfluß kieselsäurehaltigen Staubes besonders zu starker bindegewebiger Reaktion. Man sieht daher überwiegend cirrhotische Tuberkulosen, die jedoch nur selten auszuheilen pflegen. Öfter kommt es zur Bildung größerer tuberkulo-silikotischer Schwielen, die schließlich zerfallen, wobei es dann zu einer starken Ausbreitung der tuberkulösen Veränderungen kommt, bisweilen unter dem Bilde der käsigen Pneumonie. Nur selten heilen sie zu bindegewebigen Knoten aus, bei denen selbst histologisch die Entscheidung schwierig ist, ob eine frühere tuberkulöse Infektion vorgelegen hat oder nicht. In anderen Fällen wieder findet sich in der Mitte der bindegewebigen Kapsel eine aus einem tuberkulösen Entzündungsherd entstandene Nekrose. Die Tuberkulose vermag dabei die ihr eigenen herdförmigen Veränderungen der Lungen herbeizuführen wie sonst auch. Sie ist meist in den Oberfeldern lokalisiert, kommt jedoch auch in allen anderen Lungenabschnitten vor. Nicht gerade selten kann sich eine exsudative Tuberkulose an die silikotischen Veränderungen anschließend entwickeln und dabei die Ränder der Ober- und Untergeschosse vorn oder auch ein ganzes Untergeschoß erfassen.

Der *Verlauf der Tuberkulo-Silikose* kann völlig dem einer gewöhnlichen Tuberkulose gleichen, es kann zu Kavernenbildungen, Hämoptoe usw. kommen. Alte silikotische Knoten können unter dem Einfluß der Tuberkulose der Erweichung verfallen; manchmal kommt es zu kavernösem Zerfall, wobei die Kavernen von silikotischem Gewebe eingeschlossen sind und die Entscheidung, ob die Knoten primär unter dem Einfluß der Tuberkulose entstanden oder als silikotisch zu beurteilen sind, sehr schwierig wird. Es soll nicht geleugnet werden, daß unter besonderen Umständen die Silikose die Entwicklung einer Tuberkulose bis zu einem gewissen Grade eine Zeit lang hemmen kann; die Länge des Bestehens dieses Gleichgewichtszustandes ist jedoch abhängig von der Immunitätslage und der Reaktionsfähigkeit des Erkrankten. Sobald die Tuberkulose einen gewissen Grad erreicht hat, bricht die Abwehrkraft des Körpers zusammen. Wichtig erscheint, festzuhalten, daß es bisher nicht gelungen ist, den Nachweis einer frischen Lungentuberkulose bei bestehender schwerer Silikose zu erbringen; es fanden sich bisher immer nur alte Tuberkuloseherde. Ausnahmen stellen die Fälle dar, in denen sich die Tuberkulose und Silikose ziemlich gleichzeitig entwickelten, so daß selbst bei der Sektion eine Trennung nahezu unmöglich ist. Nur bei der akuten Kombinationswirkung von Staub und Tuberkulose, vor allem bei jüngeren Leuten, die dann oft rasch sterben, sind frische tuberkulöse Veränderungen nachzuweisen gewesen.

Klinisch verläuft die mit Silikose kombinierte Tuberkulose so, daß sich in der silikotischen Lunge tuberkulöse Infiltrate entwickeln, die dann entweder einschmelzen (Kavernenbildung), sich rasch ausbreiten oder sich in Schwielen umwandeln. Bei der tuberkulösen Schwielenbildung besteht die Möglichkeit, daß die Krankheit akut fortschreitet, wobei die Schwielen schnell zerfallen, oder aber daß der Verlauf mehr chronisch ist und erst nach längerer Zeit eine rasch fortschreitende Tuberkulose auftritt. Alte Spitzenherde oder hämatogene Streuherde können den Ausgangspunkt der Tuberkulose darstellen. Sonst unterscheidet sich der klinische Verlauf kaum von dem einer gewöhnlichen Tuberkulose. Immerhin ist der Verlauf einer mit einer Silikose vergesellschafteten offenen Lungentuberkulose doch ungünstiger als der einer offenen Tuberkulose allein. Das Gros der Erkrankten stirbt meist innerhalb von 1—2 Jahren.

In manchen Fällen kann sich die Tuberkulose auch nachträglich zu einer bereits bestehenden stärker ausgeprägten Silikose (sog. „Zusatztuberkulose") gesellen. Dies kann entweder durch Aufflackern alter Herde geschehen oder aber durch Superinfektion. Der Verlauf der Gesamterkrankung nimmt dann akut eine Wendung zum Schlimmeren, wobei die Tuberkulose klinisch das Bild beherrscht. Diese *Zusatztuberkulose* tritt jedoch meist erst mit dem Beginn des Endstadiums der Silikose (der Herzschwäche) auf. Nach B. LANGE können bereits vorher vorhandene Tuberkelbacillen durch Toxine, die bei der Verdauung frischer Tuberkelbacillen entstehen, aktiviert werden im Sinne einer allergischen Reaktion. Bei der Spätinfektion können zwar infolge der durch latente tuberkulöse Herde schon früher erworbenen Immunität die neueindringenden Keime vernichtet werden, doch entstehen dabei Toxine und Zerfallsprodukte, die wahrscheinlich zu einer Auflösung der silikotischen Schwielen und damit zu Aktivierung der abgekapselten Herde führen; gleichzeitig wirken die Toxine jedoch auch aktivierend auf die tuberkulösen Herde, wodurch die Tuberkulose aufflackert und schneller verläuft. Nach HUSTEN ist die endogene Reinfektion das Maßgebliche und der Staublungenkranke stirbt bei Nachlassen der Allergie an seiner Tuberkulose (KOELSCH).

In manchen Fällen können silikotische Herde durch die tuberkulösen Veränderungen überwuchert oder durch Einschmelzung abgeschwächt werden. Die Kranken sind in solchen Fällen über lange Zeit hin noch relativ leistungsfähig. Der Ernährungs- und Kräftezustand ist befriedigend bis zu dem Zeitpunkt, zu dem das Aufflackern der Tuberkulose das Krankheitsbild beeinflußt. Der Gesamtzustand verschlimmert sich akut; die Kranken magern ab und verlieren an Gewicht. In manchen Fällen ist der Gewichtsverlust absolut geringer, als man nach der Schwere der an den Lungen feststellbaren Veränderungen erwartet. Der Ernährungszustand der Silikotiker wird mithin durch das Hinzutreten der Tuberkulose oft auffällig wenig beeinflußt (SCHLOMKA). Es besteht anfangs geringes, später höheres Fieber, genau wie bei der gewöhnlichen Tuberkulose; auch treten nun plötzlich Nachtschweiße auf. Die Senkungsreaktion ist, wie überhaupt beim Hinzutreten tuberkulöser Veränderungen zu einer bereits bestehenden Silikose, stark beschleunigt, wobei man sich vor Augen halten muß, daß diese Senkungsbeschleunigung nicht ohne weiteres als Beweis für das Hinzutreten einer Tuberkulose gewertet werden kann, da einmal auch nicht tuberkulöse Einschmelzungsherde mit erhöhtem Gewebs- und Eiweißzerfall eine Beschleunigung der Blutkörperchensenkung herbeiführen können, andererseits auch Fälle beobachtet wurden, bei denen die Senkung normal oder kaum erhöht war, obwohl ausgedehnte und progrediente tuberkulöse Prozesse bestanden (Schlomka und Nolte). Der Auskultationsbefund ist in solchen Fällen durch das Hörbarwerden reichlicher klingender Rasselgeräusche meist zunächst nur in vereinzelten umschriebenen Bezirken charakterisiert. In manchen Fällen besteht auch eine Hämoptoe, die auch bei unkomplizierter Silikose vorkommen kann (Ickert). Dabei muß darauf hingewiesen werden, daß der Nachweis von Tuberkelbacillen auch beim Vorhandensein von Kavernen sehr häufig nicht oder erst sehr spät gelingt, da die Ausbreitung und Ausscheidung der Tuberkelbacillen durch die silikotischen Schwielen und Narben gehemmt werden kann. Deshalb sind die bei der gewöhnlichen kavernösen Tuberkulose doch recht oft zu beobachtenden tuberkulösen Veränderungen am Kehlkopf und im Darm überhaupt nicht oder relativ spät nachzuweisen. Mitunter gelingt der Tuberkelnachweis im Blut erst durch den Tierversuch (Böhme, Watkins-Pitchford). Unter Umständen kann sich das Hinzutreten einer Tuberkulose zu einer Silikose durch das Auftreten einer Leukocytose von 10000—15000 Leukocyten anzeigen. Werte über 15000 sollen für das Bestehen einer Tuberkulose sprechen, doch schließt umgekehrt das Fehlen einer Leukocytenvermehrung das Bestehen stark aktiver oder ausgedehnter tuberkulöser Prozesse nicht aus (Schlomka und Nolte).

Das **Röntgenbild der Tuberkulo-Silikose und Siliko-Tuberkulose** vermag ohne den klinischen Befund in den meisten Fällen nicht die Entscheidung zu bringen, ob es sich um eine Silikose oder Tuberkulose handelt. Die Tuberkulose kann prinzipiell im Röntgenbild die gleichen Veränderungen zeigen, die bei der Silikose vorkommen. Eine gleichmäßig getüpfelte Form der Silikose mittleren Grades z. B. wird praktisch nur bei gleichzeitiger Auswertung des sonstigen klinischen Befundes von einer Miliartuberkulose abgegrenzt werden können. Besonders schwierig ist die Entscheidung in den mit röntgenologisch diffusen grobfleckigen und mit groben Verdichtungskomplexen verlaufenden Formen. Ganz allgemein kann man lediglich sagen: *Für Silikose* sprechen folgende röntgenologischen Veränderungen: Die Schwielenbildungen der großen Verdichtungskomplexe sind symmetrisch angeordnet und meist in der Peripherie der Ober- und Mittelgeschosse lokalisiert. Diese Schwielen sind vor allem in späteren Stadien sehr schattendicht und ziemlich scharf begrenzt. Die Flecken sind in leichten Fällen regellos in die Mittelfelder eingelagert. Zum Hilus ziehende Stränge pflegen zu fehlen oder sind weniger ausgeprägt als bei Tuberkulose. In den schwersten Fällen sind die großen Knoten vom Hilus isoliert. Durch Schrumpfung der Schwielen kann es zu Strangbildungen kommen, die von den silikotischen Knoten zum Zwerchfell herab ziehen [sog. Regenstraßen (Reichmann)]. Das Zwerchfell kann zipfelig hochgezogen sein. In der Gegend des Hilus und im Verlaufe von Strängen können sich ringförmige, ovale, manchmal auch maulbeerartige Verdichtungen finden. Die Hilusdrüsen sind meist

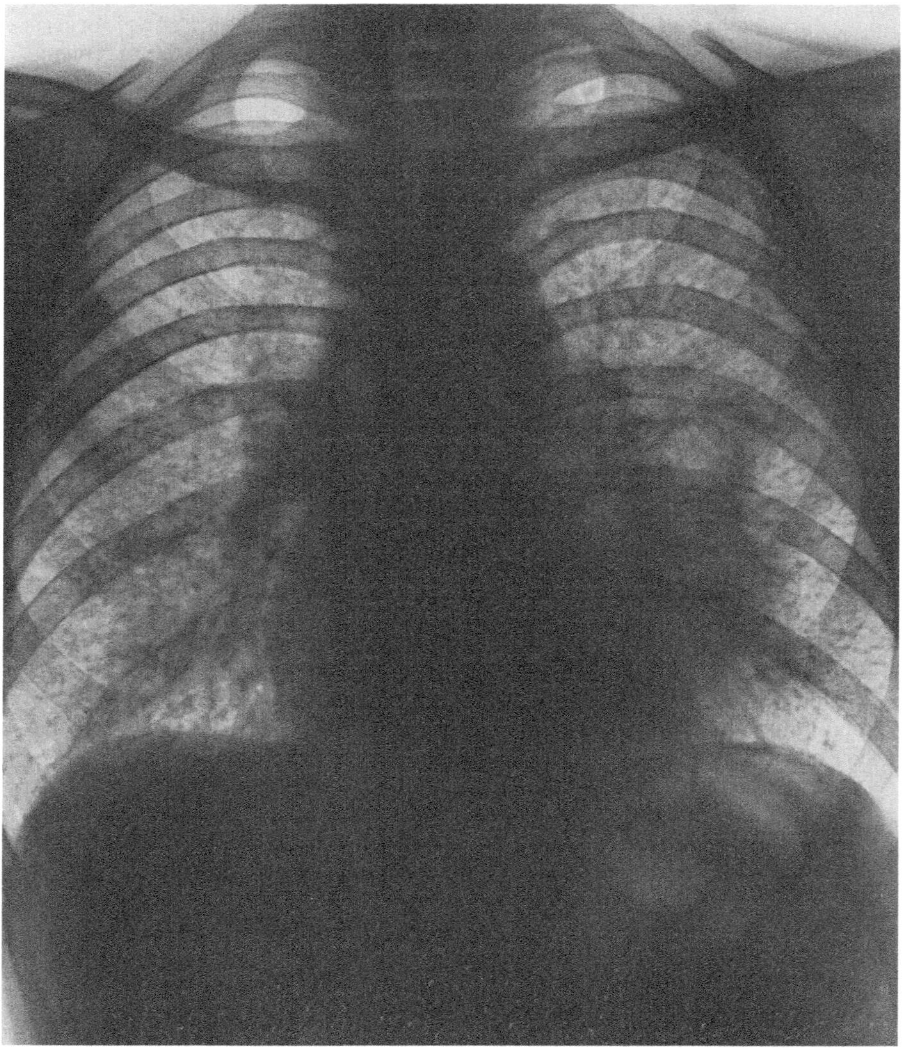

Abb. 38. Schwere Siliko-Tuberkulose. Hier sehen wir das Bild der feinfleckigen Silikose, zu der (Nachweis von Tuberkelbazillen) Tuberkulose hinzugekommen ist. In der vom linken Hilus ausgehenden Infiltration ins Lungengewebe erkennt man auch eine deutliche Einschmelzung. [Aus: I. LOCHTKEMPER: Arch. Gew. Path. Bd. 3 (1932)].

klein, oft nicht nachweisbar. Die Spitzenfelder sind meist frei, die Pleuraverwachsungen relativ häufig. *Für Tuberkulose* spricht eine mehr asymmetrische Anordnung der Verdichtungen, wobei diese einseitig bzw. auf einer Seite stärker ausgebildet auftreten können. Die

Verdichtungen sind unregelmäßig fleckiger, ihre Begrenzung unschärfer. Manchmal sind diese Verdichtungen vorwiegend in den Spitzen loka-

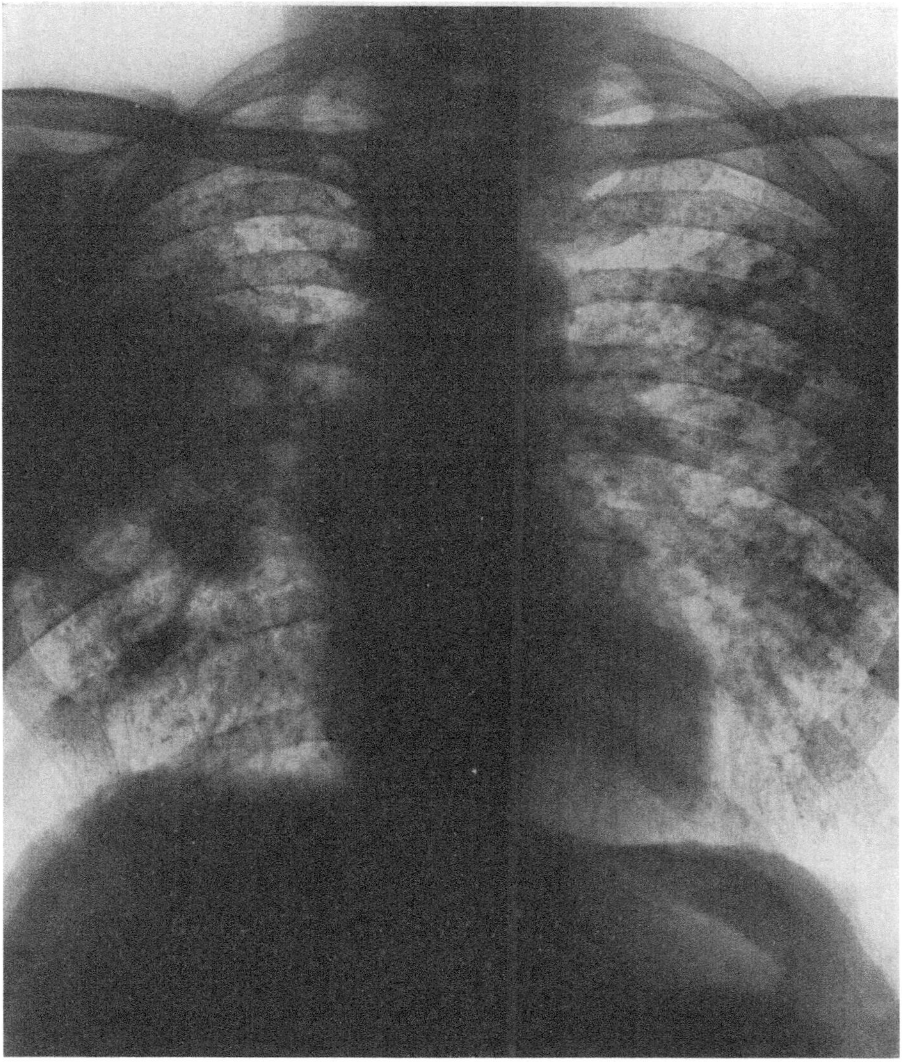

Abb. 39. Schwere Siliko-Tuberkulose III. Nach Vorgeschichte und Klinik war mit Sicherheit eine alte Tuberkulose auszuschließen. Die Art und Anordnung der kalkdichten Herdschatten links sprechen auch mehr für Silikose. Unterhalb des Schlüsselbeins rechts lateralwärts sind noch kleine silikotische Herdschatten zu erkennen. Die diffuse, dichte Trübung in den Mittelpartien rechts läßt eine eindeutige Differenzierung nach Tuberkulose und Silikose nicht zu. Unter Einbeziehung des positiven klinischen Befundes ist die Mitbeteiligung von Tuberkulose aber hier wahrscheinlicher. [Aus: I. LOCHTKEMPER: Arch. Gew. Path. Bd. 3 (1932)].

lisiert und reihenweise zum Hilus hin gerichtet. Ziemlich regelmäßig finden sich bei der Tuberkulose breite Verbindungsstränge zum Hilus, oft in Form eines Keils, dessen Spitze am Hilus liegt. Die Hilusdrüsen selbst sind meist vergrößert und deutlich nachweisbar, die Verwachsungen im Gegensatz zur Silikose mehr flächenartig ausgebildet. Schrumpfungen des Thorax und der Lungen, die bei der Silikose meist doppel-

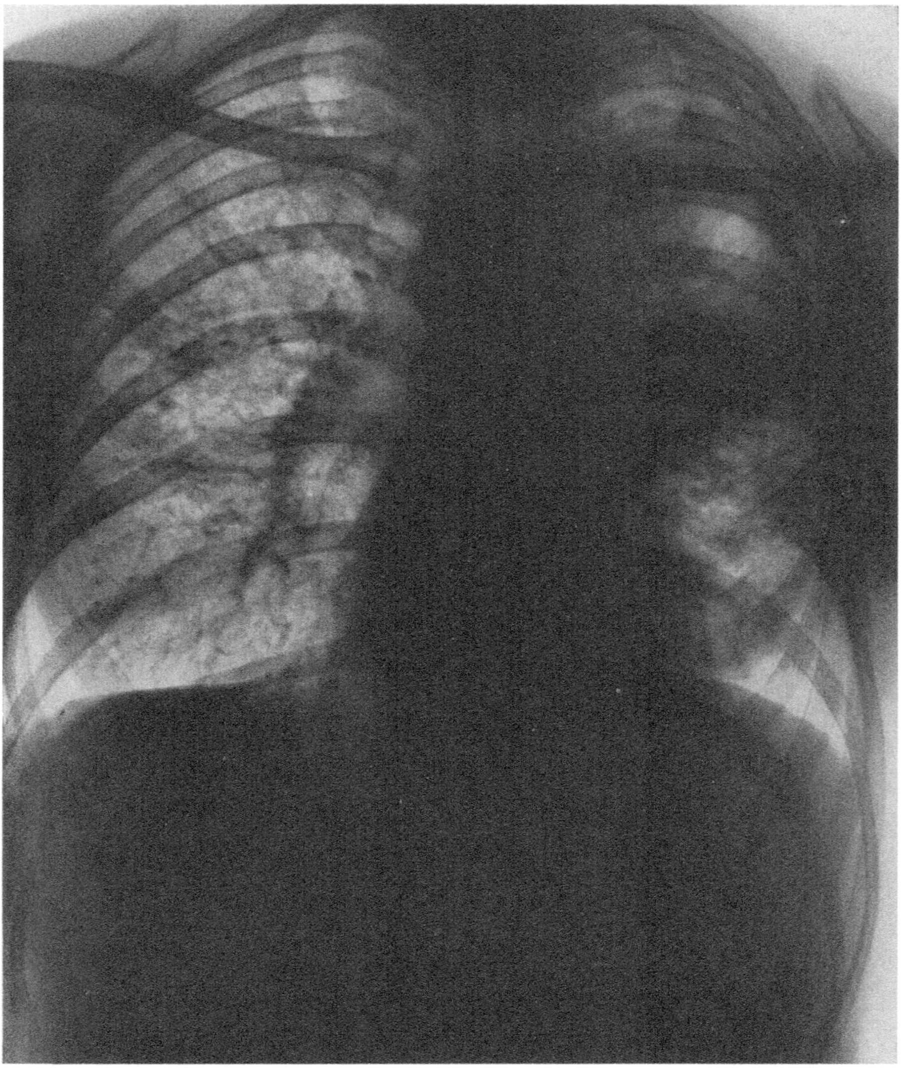

Abb. 40. Tuberkulo-Silikose (Silikose geringgradig, deshalb nicht entschädigungspflichtig). Klinisch wird das Krankheitsbild beherrscht von der Tuberkulose; auch röntgenologisch steht vor allem links das Tuberkulosegeschehen im Vordergrund. Die Art der Veränderungen in der rechten Lunge läßt eine Abgrenzung gegenüber Silikose nicht eindeutig zu. Im Vergleich mit früheren Röntgenbildern war retrospektiv die fortschreitende Entwicklung der Lungentuberkulose klar zu erkennen, so daß eine schwere Staublungentuberkulose abgelehnt werden mußte. Der Befund wurde durch die Sektion bestätigt. [Aus I. LOCHTKEMPER: Arch. Gew. Path. Bd. 3 (1932).]

seitig und nur in geringerem Grade vorhanden sind, sind bei der Tuberkulose vorwiegend einseitig und auch in den Fällen, in denen sie überhaupt nachweisbar sind, viel stärker ausgebildet. Bei der Tuberkulose finden sich Kavernen oft schon sehr frühzeitig, während die silikotischen Höhlenbildungen immer erst im schwersten Stadium auftreten.

Wie häufig Silikose und Tuberkulose vergesellschaftet sind, beweist die Tatsache, daß bei etwa 70% aller staublungenkranken Bergleute, gleichgültig, um welchen Grad der Silikose es sich handelt, bei der Sektion eine aktive Tuberkulose gefunden wurde.

Bei der Meldung einer Tuberkulo-Silikose bzw. Siliko-Tuberkulose wird man sich stets vergewissern müssen, ob die in der Anlage der III. VO. Punkt 17b gegebenen Voraussetzungen erfüllt sind, so daß tatsächlich ein Entschädigungsanspruch gegeben erscheint. Der unter Punkt 17b der Anlage geforderte Tatbestand bejaht *dann* das Vorliegen einer Entschädigungspflicht, wenn bei einer Silikose in Verbindung mit Lungentuberkulose die Gesamterkrankung schwer ist und die Staublungenerkrankung einen aktiv fortschreitenden Verlauf der Tuberkulose wesentlich verursacht hat. Der Begriff „schwer" muß wie bei einer reinen Staublungenerkrankung gedeutet werden, d. h. es muß eine *erhebliche Beeinträchtigung* der körperlichen Leistungsfähigkeit vorliegen (Hebestreit-Bartsch). Wie oben ausgeführt wurde, beeinflussen sich sowohl die Tuberkulose wie die Silikose gegenseitig meist in ungünstigem Sinne. Es wird sich deshalb praktisch meist um einen aktiv fortschreitenden tuberkulösen Prozeß handeln müssen. Inaktive tuberkulöse Prozesse, die neben einer Silikose zu beobachten sind, dürften das Gesamterkrankungsbild nicht erschweren. Die in der Anlage Punkt 17b gewählte Fassung will besagen, daß eine Entschädigung immer dann gewährt werden soll, wenn angenommen werden muß, daß ohne die Silikose der schwere Gesamtkrankheitszustand nicht entstanden wäre. Man wird sich deshalb vor der Meldung einer mit Tuberkulose kombinierten Silikose, wie jeder Gutachter auch, folgende Fragen vorlegen müssen (Hebestreit-Bartsch): 1. Wäre der zu begutachtende Gesamtkrankheitszustand ohne Steinstaubeinwirkung überhaupt nicht entstanden? 2. Wäre der zu begutachtende Gesamtkrankheitszustand ohne Steinstaubeinwirkung nicht so schnell entstanden? 3. Wäre der zu begutachtende Gesamtkrankheitszustand ohne Steinstaubeinwirkung erheblich günstiger verlaufen? Wenn eine dieser Fragen bejaht werden kann, so wird man sich noch die weitere Frage vorlegen müssen, ob der Gesamtkrankheitszustand die körperliche Leistungsfähigkeit *erheblich* beeinträchtigt. Nur dann wird es möglich sein, mit Aussicht auf Erfolg einen Entschädigungsanspruch durchzufechten.

XVI. Schwere Asbeststaublungenerkrankung (Asbestose).

Unter Asbestose im engeren Sinne werden die durch Einwirkung von Asbeststaub im Organismus hervorgerufenen *Lungenveränderungen* verstanden. Versicherungsrechtlich spielen nur sie eine Rolle. Die an der Haut vorkommenden sog. Asbestwarzen dürften kaum eine die Arbeitsfähigkeit vermindernde Schädigung des Organismus hervorrufen.

Die *Asbestwarzen* wurden das erstemal 1930 von russischen Autoren beschrieben. Sie werden als hirsekorn- bis erbsengroße, rundliche bzw. viereckige Papeln in der Epidermis mit rauher Oberfläche und nichtentzündlicher Reaktion geschildert. Sie entstehen offenbar durch Eindringen von Asbestsplitterchen in die Haut. Der Zustand der Haut spielt beim Zustandekommen eine erhebliche Rolle. Weiche Haut begünstigt ihr Auftreten, derbere, evtl. verhornte Handflächen widerstehen der schädigenden Einwirkung der Asbestsplitter mehr. An von Handschweiß angefeuchteten Händen sollen Asbestwarzen häufiger zu beobachten sein. Sie können schon nach relativ kurzer Zeit auftreten. Als Prädilektionsstellen gelten die Fingerbeugeseiten, die Hohlhand und die Fußsohlen. Die Asbestwarzen verursachen Schmerzen beim Arbeiten und Gehen. Die Rückbildung der Warzen erfolgt erst nach Entfernung des Asbestkrystalls. Die befallenen Arbeiter versuchen häufig, die Krystalle durch Auskratzen zu entfernen, was meist mißlingt. Sicherer ist die operative Entfernung. Mikroskopisch sieht man den Asbestkrystall umgeben von einer reaktiven Hyperplasie der Haut. Es findet sich eine überstürzte Epithelwucherung mit Bildung von Riesenzellen; im Stratum papillare erkennt man Infiltrate von Rundzellen und von Polymorphkernigen; in der Cutis finden sich ziemlich kompakte lymphoidzellige Infiltrate. Sehr häufig ist eine ausgeprägte Acanthosis. Das ganze Gebilde ist einer gewöhnlichen Warze sehr ähnlich. Die Warzen pflegen nach dem Aufhören der Asbestarbeit mit der Zeit zu verschwinden. Die Asbestwarzen sind auch in Deutschland recht häufig (WEDLER). Die Arbeiter selber beachten sie im allgemeinen sehr wenig. Wenn man jedoch selbst danach sucht und die Kranken danach fragt, so findet man bei vielen Asbestarbeitern alle Phasen der Warzenbildung an den verschiedenen Hautstellen gleichzeitig. Äußerlich erscheinen sie kleiner als gewöhnliche Warzen. Im Zentrum der Gebilde ist nicht selten der eingedrungene Asbestsplitter als dunkles Teilchen sichtbar. Im Beginn finden sich schwer sichtbare, kaum vorspringende Papeln, die fast nur als festere Knötchen leichter zu tasten als zu sehen sind. Eine frühzeitige Entfernung der Asbestsplitter kann die Warzenbildung verhindern. Im allgemeinen sind Männer und Frauen in allen Teilen der Asbestbetriebe gleichmäßig von den Veränderungen befallen. Die Warzen kommen regellos, einzeln, aber auch in der Vielzahl vor. Ob diese Hautreaktionen lediglich als Fremdkörperreaktion zu deuten sind oder aber auch eine chemische Wirkung des Asbests dahintersteckt, ist bisher noch nicht bekannt. Maligne Entartungen dieser Warzen wurden bisher noch nicht beobachtet. Die Asbestwarzen zeigen keine Beziehungen zu den bei Asbestarbeitern auftretenden Lungenveränderungen. Immerhin kann ihr Auftreten auf die Tatsache aufmerksam machen, daß die Betreffenden den den Asbestbetrieben eigentümlichen Gefahren ausgesetzt sind.

Die Asbestose kommt nur in den relativ wenigen gewerblichen Betrieben vor, in denen das Mineral verarbeitet wird und wo es in Form feinen Flugstaubes auftritt. Unter Asbest versteht man Magnesiumsilicate verschiedener Zusammensetzung. Asbest enthält wechselnde Mengen von gebundener Kieselsäure, Aluminium, Eisen, Kalk und Wasser. Man unterscheidet unter den Asbesten zwei verschiedene große Gruppen: erstens die sog. Hornblende oder den Amphibolaasbest, zweitens den Serpentin- oder Chrysolithasbest. Die Hornblende ist starr und brüchig, sehr widerstandsfähig gegen Säuren, weniger widerstandsfähig gegen hohe Temperatur, reich an gebundener Kieselsäure, Calcium und Eisen. Der Serpentin dagegen ist relativ arm an Calcium, Eisen und Kieselsäure, dafür geschmeidiger, besser löslich und besser verspinnbar, wasserreich und sehr hitzebeständig. Asbest wird entweder versponnen oder durch Bindemittel vereinigt zu feuerfesten Geweben, Isoliermaterial, zu Filtern, Dichtungen, Bremsbelägen, Pappen, Platten und Baumaterial sowie zu Schutzfarben. Für gewöhnlich enthält der Asbest keine freie Kieselsäure. Diese kann jedoch bei manchen Arbeitsgängen durch Zusätze von kieselsäurehaltiger Substanz, evtl. auch beim Brechen des Gesteins auftreten.

Die *Gewinnung* geht so vor sich, daß der Rohasbest in Kollergängen zerkleinert und zerdrückt wird, in sog. Öffnern von den Gesteinsresten abgetrennt, dann aufgelockert und schließlich als sog. Asbestwolle und Asbestwatte Mischungsprozessen unterworfen wird. Die Asbestwolle wird auf Krempelmaschinen zu einem Flor vereinigt, gepreßt, geschnitten, dann auf Spinn- und Spulmaschinen gedreht, gezwirnt und schließlich verwebt. In den meisten Betriebsteilen muß die Arbeit trocken erfolgen, wobei feiner Asbestflugstaub entsteht, der dann eingeatmet wird. Der gefährdete Personenkreis ist in Deutschland relativ klein und umfaßt nur etwa 3000 Personen.

Verhalten im Körper. Die als Flugstaub auftretenden Asbestnadeln sind im Vergleich zum gewöhnlichen körnigen Staub sehr lang und spitz und spießen sich durch die Atembewegungen ins Lungengewebe ein. Mit Ausnahme kleinerer Stücke bleiben die Asbestteilchen am Ort ihres Eindringens liegen und werden nicht verschleppt. Veränderungen der regionären Lymphdrüsen finden sich deshalb fast nicht. Eine bindegewebige Verschwielung des Lymphsystems fehlt daher meistens. Die Asbestnadeln werden vor allen Dingen in den unteren Lungenabschnitten abgelagert, wo sie ihre Hauptwirkung entfalten. Auch in den anderen Lungenabschnitten finden sie sich, wenngleich weniger dicht und mehr verstreut. Sie verursachen rein mechanisch durch Reizung des Lungengewebes eine Fibrose. Bisher ist noch nicht eindeutig geklärt, ob auch eine chemische Wirkung der im Asbest enthaltenen Kieselsäure für die Veränderungen mitverantwortlich gemacht werden muß. Möglicherweise spielen beide Faktoren eine Rolle. In wechselnder Menge finden sich in der Lunge wie auch im Auswurf sog. *Asbestosekörperchen*. Sie stellen teilweise oder ganz mit einem organischen Gel umhüllte Asbestnadeln dar, die durch Einlagerung von körpereigenem dreiwertigen Eisen gelblich bis dunkelbraun gefärbt erscheinen. Ihre Anzahl zeigt keine Beziehungen zu der Schwere der fibrösen Veränderungen in den Lungen. Die Eiweißnatur ihrer Hüllen gilt als erwiesen. Es handelt sich *nicht* um ein Kieselsäuregel. Die Anschauungen über ihr Wesen sind noch geteilt. Manche Autoren wollen einen Abbauvorgang der Asbestnadeln, verbunden mit einer Lösung in den Körpersäften in ihnen erblicken. Andere wieder meinen, daß der Asbest in den Lungen nicht löslich ist und daß das Auftreten von Asbestosekörperchen nicht einmal spezifisch für die Asbestose sei, da man z. B. auch nach Einwirkung von Titanoxyd (TiO_2) als sog. *Rutilnadeln* ähnliche Gebilde in der Lunge gefunden hat.

Maßgeblich für die Schwere der Erkrankung ist die aufgenommene Asbeststaubmenge, die von der Staubdichte und der Dauer der Staubeinatmung abhängig ist. Unter ziemlich gleichen, jedenfalls vergleichbaren Arbeitsbedingungen erkranken die einzelnen Arbeiter ganz verschieden schnell und ganz verschieden schwer. Möglicherweise ist dieses eigentümliche Verhalten in dispositionellen Ursachen begründet. Genaueste Untersuchung hat jedoch bisher noch keine besonderen Anhaltspunkte dafür ergeben, daß ein bestimmtes Alter, das Geschlecht, eine bestimmte Konstitution oder aber Verbildungen des Brustkorbs die Entstehung der Krankheit begünstige. In einzelnen Fällen stellen sich schon nach 3—6 Monaten die ersten Lungenveränderungen ein, die jedoch auf Hyperämie oder aber bronchitischen Vorgängen beruhen und nichts mit einer Fibrose zu tun haben. Deutlichere Krankheitssymptome sind im Röntgenbild meist erst nach mehreren Jahren, vereinzelt und in besonders ungünstigen Fällen frühestens nach 9—10 Monaten nachzuweisen (SAUPE). Der *Verlauf* der Asbestose ist immer langsam und chronisch; akute Verlaufsformen wurden bisher nicht bekannt.

Klinisches Bild: Die *anamnestischen Angaben* sind wenig charakteristisch. Ein gehäuftes Auftreten von Lungenentzündungen oder Pleuritiden, von Neigungen zu Infekten der oberen Luftwege usw. ist nicht festzustellen. Relativ häufig klagen die Asbestgefährdeten über Bronchitiden. Bei Frauen werden die Genitalfunktionen im allgemeinen nicht gestört. Auch größere Gewichtsveränderungen fehlen. Die Befallenen klagen sehr unterschiedlich über Staubbelästigung im Betrieb. Öfters erfährt man, daß Reizungen der Konjunktiven, Gerstenkörner (Hordeoli) und ähnliche Augenerscheinungen auftreten. Häufiger sind Klagen über Kratzen im Hals, Trockenheitsgefühl im Munde, chronische Verschleimung, häufiges Räuspern und Spucken, Fremdkörpergefühl in der Kehle, Druckgefühl auf der Brust, Durst, chronische Pharyngitis und schlechten Mundgeschmack. Die Stimme ist oft rauh und etwas belegt, jedoch nie eigentlich heiser. Von seiten der Lungen sind die subjektiven Beschwerden besonders anfangs stärker als der objektive Befund. Die Angaben über den Beginn der Krankheitserscheinungen sind meist sehr unsicher, da er wenig eindrucksvoll ist. Als wichtigste anamnestische Zeichen sind Husten, Atemnot, Auswurf und Beschwerden in der Brust anzusehen. Nachtschweiße sind selten.

Der **Husten** ist anfänglich ein kurzer, kaum vom Räuspern zu unterscheidender Reizhusten, der sehr regelmäßig, besonders am frühen Morgen auftritt, wenn die Kranken beim Aufstehen aus dem warmen Bett ins Kühle kommen. Abgesehen von morgens auftretendem, losen, nicht selten staubgefärbten Schleim, der nur in sehr kleiner Menge ausgehustet wird, fehlt ein richtiger Auswurf. Nur sehr selten beginnen die Krankheitserscheinungen im Anschluß an einen akuten Infekt der oberen Luftwege; es bleibt dann ein recht lästiger, quälender und hartnäckiger Reizhusten bestehen, der sich nur langsam mindert und in abgeschwächter Form dauernd bestehen bleibt. Allmählich wird der Husten morgens immer anhaltender; die Kranken müssen erst eine gewisse Menge Schleim abhusten, ehe der Hustenreiz verschwindet. Vor allem stellen sich Hustenanfälle beim Verlassen des Hauses infolge der Einwirkung der kühleren Außenluft, nach stärkeren körperlichen Anstrengungen (schnellem Gehen zur Bahn, Radfahren, beim Lachen usw.) ein. Tagsüber sind die Leute fast beschwerdefrei. Erst abends treten wieder Hustenanfälle auf, wenn die Kranken sich ins Bett gelegt haben.

Der Schlaf ist durch Hustenanfälle nicht gestört. Die Kranken werden empfindlicher gegen Luftfeuchtigkeit, Nebel und scharfen Wind. Die Hustenanfälle nehmen allmählich zu, vor allen Dingen morgens und abends, während tagsüber und nachts noch immer Beschwerdefreiheit besteht. Schließlich steigern sich die Hustenanfälle auch nachts: Die Nachbarn werden gestört; die Anfälle erinnern an Keuchhusten; gelegentlich tritt sogar Erbrechen auf. Der Gesichtsausdruck wird ängstlich, die Kranken werden während des Hustens blaurot im Gesicht. Es besteht ein schwerer Ausatmungskrampf; nach den Hustenanfällen sind die Patienten völlig erschöpft. Der Husten ist nächst der Atemnot das bei weitem häufigste Anfangssymptom.

Auswurf ist fast regelmäßig zu finden; er tritt aber nicht selten *wesentlich später als der Husten* auf. Anfangs ist die Auswurfmenge ge-

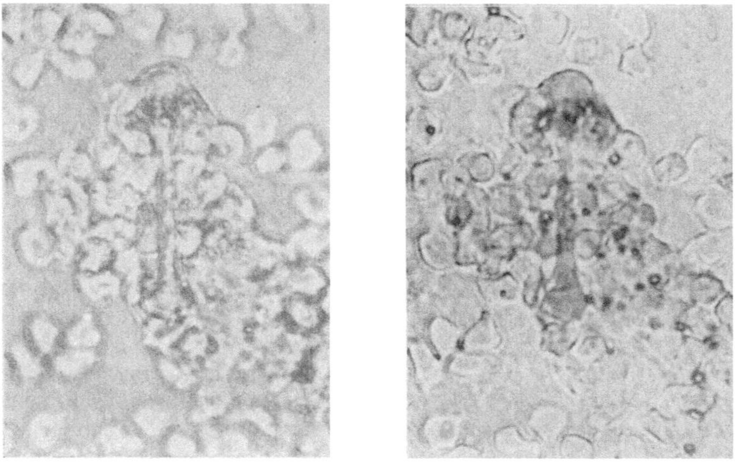

a b

Abb. 41. Asbestosiskörperchen im Abstrich. Unter Deckglas mit verdünnter Salzsäure (HCl konz.: H_2O = 1:1). Abb. b 5 Min. nach Zusatz der Säure. Scharf eingestellt. Infolge des rasch vonstatten gehenden Entzuges des Eisens farblos. [Aus WEGER: Arch. Gew. Path. Bd. 5 (1934).]

ring. Nur mit den morgendlichen Hustenanfällen werden kleine Mengen entleert. Der Auswurf ist zäh, haftet sehr fest, löst sich nur sehr schwer, klebt und ist fadenziehend. Seine Entleerung gelingt deshalb vor allem morgens bei den schwerer Erkrankten nur unvollkommen. In den Anfangsstadien ist das entleerte Sekret wenig charakteristisch, klar und glasig. Das spätere Aussehen dagegen ist typisch: Die Farbe ist rauchiggrau und zeigt mitunter einen Stich ins Gelbliche. Die Zusammensetzung des Sputums ist nicht völlig einheitlich; es ist von dichteren weißlichen Schleimfäden durchzogen. Es weist keinen üblen Geruch auf. Manchmal ist die Konsistenz nahezu geleeartig, so daß sich das Sputum nur in Klumpen aus dem Glas entleeren läßt. Einzelne Ballen lassen sich nicht abtrennen. Nach Zusatz von Antiformin und Laugen wird das Sputum flüssig, sieht grau, nebelfarben und ins Bräunliche spielend aus. Nur wenn gleichzeitig eine eitrige Bronchitis, Bronchiektasien oder tuberkulöse Lungenaffektionen bestehen, wird das Sputum eitrig-schaumig und übelriechend. Blutbeimengungen sind im allgemeinen nicht zu beobachten. Zur mikroskopischen Untersuchung benutzt man am besten den Morgenauswurf. *Mikroskopisch* erweist sich das Sekret als auffällig zellarm, lediglich durchsetzt von Epithelplasmazellen oder Epithelzellen; Leukocyten finden sich nur vereinzelt. Erythrocyten und Eosinophile werden vermißt. Bei der bakteriologischen Untersuchung erweist sich der Keimgehalt als wechselnd, oft als sehr erheblich. Elastische Fasern sind nicht nachweisbar. Dafür finden sich schon wenige Tage oder Wochen nach Beginn der Asbestarbeit *Asbestnadeln* und *Asbestosekörperchen*. Letztere stellen teilweise oder ganz mit einem organischen Gel umhüllte Nadeln dar, welche als Hantel-, Keulen-, Mohrrüben-, Schiffchen-, Spindel-, Trommelschlegel-, Wirbelsäulen- oder Insektenleibform beschrieben werden und eine gelbliche bis dunkelbraune Färbung zeigen. Die Asbestnadeln und Asbestosekörperchen sind regelmäßig, bei genügender Auswurfmenge und eingehender Untersuchung in nahezu allen Fällen nachweisbar (WEDLER), gleichgültig, ob es sich um Frühformen oder Spätformen der Asbestose handelt. Sie finden sich auch noch Jahre nach Beendigung der Asbestarbeit. Der Nachweis der Asbestosekörperchen kann lediglich als Beweis für eine stattgehabte Berührung mit Asbeststaub verwertet werden, nicht aber als Beweis für das Vorliegen einer Asbestose.

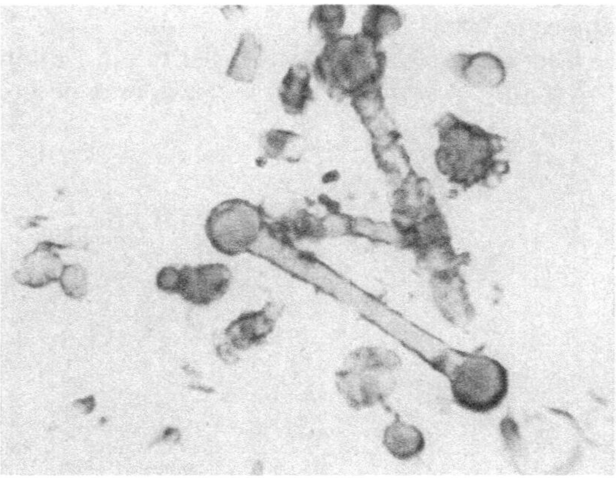

Abb. 42. Asbestosiskörperchen unmittelbar nach Zusatz von H_2SO_4 (1 : 4 Vol. H_2O). [Aus SAUPE: Arch. Gew. Path. Bd. 9 (1939).]

Die **Atemnot** ist zwar nicht regelmäßig das erste, doch wohl aber das absolut *häufigste* Zeichen der Asbestose. Zunächst tritt sie nur als Bewegungs- und Arbeitsdyspnoe auf. Die Kranken geben an, daß sie beim Radfahren, Treppensteigen, Lastentragen, bei Temperaturwechsel, Feuchtigkeit oder starkem Wind kurzatmig werden. In der Ruhe besteht keine Atemnot. In den schweren Fällen tritt Kurzatmigkeit schon beim Gehen auf ebener Erde, beim Aus- und Ankleiden, beim Tragen eines Wintermantels oder einer schwereren Tasche auf. Auch bei den schwer Erkrankten besteht in der Ruhe selten eine Dyspnoe. Dieses Verhalten gilt geradezu als typisch: In der Ruhe besteht keinerlei Atemnot, die dann aber schon bei leichtester Belastung lang dauernd und schwer in Erscheinung tritt. Im Gegensatz zu den früheren Feststellungen wird heute angenommen, daß schon nach ganz kurzer Beschäftigung in einem Asbestbetrieb Atemnot auftreten kann.

Die von den Erkrankten geklagten Brustbeschwerden sind sehr diffus und unklar. Häufig vermögen die Leute nicht recht auszudrücken, welcher Art die Beschwerden sind. Besondere, immer wieder geäußerte Beschwerden fehlen. In den schwereren Erkrankungsfällen stößt man relativ häufig auf Klagen über ein quälendes Einschnürungsgefühl in den unteren Brustkorbabschnitten, über Stiche zwischen den Schulterblättern, über Druck- und Schweregefühl in der Brust bei Ruhe sowohl wie bei Arbeit und über Brennen unter dem Brustbein. Nachtschweiße werden relativ selten beobachtet.

Der *objektive* **Lungenbefund** ist spärlich. Von Kennern wird immer wieder auf die Armut an objektiv nachweisbaren Symptomen hingewiesen und den im Gegensatz dazu stehenden, von den Kranken angegebenen, groben funktionellen Ausfällen. Der Perkussions- und Auskultationsbefund ist zunächst wenig ergiebig. Über den unteren Lungenabschnitten finden sich im allgemeinen Verdichtungssymptome mit bronchitischen Geräuschen, über den oberen Lungenabschnitten die Zeichen einer Lungenblähung. Die Emphysemzeichen können aber auch fehlen. Die Zwerchfellbewegungen sind bei der Durchleuchtung nicht wesentlich eingeschränkt. In den schwereren Fällen ist vor allen Dingen auf den Stand des Zwerchfells und seine Verschieblichkeit zu achten. Perkussorisch finden sich dann einseitige und doppelseitige Dämpfungen, doppelseitige Verdichtungen in den Lungenuntergeschossen sowie Emphysemzeichen in den Obergeschossen. Die Auskultation ist aufschlußreicher. Anfangs findet sich ein doppelseitiges leises, lautes oder verschärftes Atmen. Als typisches Anfangssymptom gilt ein Randkatarrh in den seitlichen und unteren Lungenpartien. In der Gegend der mittleren Axillarlinie, dicht über dem Zwerchfell, hört man dann ein bald mehr im Inspirium oder aber auch im Exspirium wahrnehmbares, dem Entfaltungsknistern ähnelndes, ohrnahes Knistern und Knacken; oft ist nicht sicher zu entscheiden, ob nicht doch ein leises, feines Pleurareiben zu hören ist. Über den übrigen Lungenabschnitten ist meist kein krankhafter Auskultationsbefund zu erheben. Der Randkatarrh ist zunächst oft nur einseitig nachzuweisen, zieht sich dann hinten herum und beschränkt sich lediglich auf die unteren Lungenabschnitte. Die vorderen Abschnitte sind vorerst frei und werden nur in den schwereren Fällen befallen. Allmählich wird das Knistern über den unteren Lungenabschnitten immer dichter; dazwischen hört man einzelne, zähe, ziemlich grobe bronchitische Geräusche, die nach den oberen Lungenabschnitten zu an Intensität abnehmen. Über den befallenen Lungenabschnitten ist das Atemgeräusch meist verschärft und nur selten abgeschwächt. Allmählich nehmen die Verdichtungszeichen über den unteren Lungenabschnitten immer mehr zu; in den basalen Abschnitten schwächt sich das Atemgeräusch als Zeichen für den Beginn einer Emphysembildung langsam ab, vermischt mit einer basalen groben Bronchitis, die sich allmählich auch in den oberen Lungenabschnitten, vor allem in der Bifurkationsgegend ausbildet. In den schwersten Fällen erhebt man den Befund wie bei einer zähen, trockenen, seltener den einer feuchten Bronchitis. Die *Oberfelder* sind *typischerweise immer weniger befallen* als die Lungenbasis; in den vorderen oberen Lungenabschnitten ist fast kein krankhafter Befund zu erheben. Abweichungen sind natürlich möglich. Wichtig ist, darauf hinzuweisen, daß die reine Asbestose im allgemeinen nicht unter den Symptomen eines ausgedehnten Katarrhs einsetzt. Das Verhalten des Stimmfremitus hat kaum diagnostischen Wert. Pleuritische Befunde sind selten und finden sich nur in den schwereren Stadien der Asbestose.

Häufig zeigt der Brustkorb Faßform. Die Dehnungsfähigkeit ist dementsprechend eingeschränkt, die Atemhilfsmuskulatur wird schon frühzeitig bei der Einatmung betätigt. Bei tiefer Inspiration und bei spirometrischer Prüfung besteht häufig eine Neigung zu Reizhusten. Die Vitalkapazität ist in ausgesprochenen Fällen erheblich, bis unter 1000 ccm, vermindert. Bei der Bewertung der Spirometerzahlen soll man sehr vorsichtig vorgehen und nur große Ausschläge diagnostisch verwerten. Auch die Ausdehnungsfähigkeit des Brustkorbes ist deutlich vermindert. Als Richtzahlen gelten die nachstehend angeführten.

Stadium	Ausdehnungsfähigkeit des Brustkorbes in cm	Vitalkapazität Männer	Vitalkapazität Frauen
I	3—5	2,8 L	2,1 L
II	2—3 nie über 4	2,0 L	1,7 L
III	1—2 nie über 3	1,8 L	1,2 L

Als Normalwerte für die Ausdehnungsfähigkeit des Brustkorbes werden für das Alter bis zu 30 Jahren 6—8 cm, für das bis zu 40 Jahren 5—7 cm, bis zu 50 Jahren 4—6 cm, bis 60 Jahre 4—5 cm, über 60 Jahre nicht über 1 cm angegeben. Als Durchschnittswerte für die Vitalkapazität gelten bei gesunden Männern 3,6 L, bei gesunden Frauen 2,6 L.

Das **Herz** zeigt eine auf Hypertrophie und Dilatation des *rechten* Ventrikels beruhende Rechtsverbreiterung, die allerdings klinisch meist weder perkussorisch noch röntgenologisch sicher faßbar ist. Jedenfalls kann man bei der Asbestose *klinisch* nicht von einer typischen Rechtsvergrößerung des Herzens sprechen. In den Fällen, in denen eine solche nachweisbar ist, müssen erst alle anderen differentialdiagnostischen Möglichkeiten ausgeschlossen werden, ehe die Rechtsvergrößerung des Herzens mit der Asbeststaublunge in ursächlichen Zusammenhang gebracht werden kann. Eine Betonung des 2. Pulmonaltones findet sich nur in sehr wenigen Fällen. Auch der sonstige Auskultationsbefund des Herzens ergibt keine krankhaften Abweichungen. Die Ruhepulswerte sind normal. Bei der gewöhnlichen Herzfunktionsprüfung kehrt die Pulsfrequenz auffällig schnell zum Ruhewert zurück, während die Kurzatmigkeit noch längere Zeit weiter zu bestehen pflegt, ein Befund, der differentialdiagnostisch gegenüber Herzerkrankungen verwertet werden kann. Im Elektrokardiogramm findet sich häufig der sog. Linkstyp, seltener der Rechtstyp. Gröbere Stauungserscheinungen, welche auf eine Minderleistung des Herzens bezogen werden können, fehlen. Der Blutdruck zeigt normale Werte. Blutdruckerniedrigungen sind zwar wiederholt beschrieben worden, können jedoch nicht als typische Zeichen einer Asbestlungenschädigung angesehen werden. Wegen der verminderten Lungenleistung findet sich relativ häufig eine auffällige Cyanose der Lippen, die jedoch nicht auf eine verminderte Herzleistung bezogen werden darf. Aus dem oben Gesagten ergibt sich, daß die Ansicht, die noch im Merkblatt der Staatlichen Gewerbeärzte über die Asbestose vertreten wurde, nicht mehr haltbar ist, nach der die Beeinträchtigung der Herzkraft bei der Beurteilung der Schwere der Asbestose zugrunde zu legen sei. Neue, eingehende und sorgfältige ergometrische und spirometrische Untersuchungen (ROEMHELD, KEMPF und WEDLER) zeigten ebenfalls deutlich, daß die körperliche Leistungsfähigkeit durch die Erkrankung der Lungen und die Einengung ihrer Atemreserve begrenzt ist. Die Schwere des klinischen Bildes, ausgedrückt in der Ruhe- und Bewegungsatemnot und der Starre des Brustkorbes, stimmt auffällig überein mit dem Grad der Verminderung der Atemreserve. Bei Schwerkranken ist schon in der Ruhe eine erhebliche Sauerstoffschuld nachweisbar. Die Leistungsfähigkeit der Asbestosekranken wird nicht durch die Verminderung der Kreislaufleistung, sondern durch die Minderleistung der Lungen bestimmt. Infolge der durch die lokale Lungenerkrankung bedingten chronischen Anoxämie bilden sich bisweilen Trommelschlegelfinger aus.

Die Störungen an den übrigen Organsystemen sind, da die Asbestose ja nur eine lokale Lungenerkrankung ist, unbedeutend. Das gilt für allem auch für den Verdauungstrakt, der nur in den seltensten Fällen chronische Störungen zeigt. Ebenso ist es beim **Blutbild**. Die Werte der Hämoglobin-, Erythrocyten- und Gesamtleukocytenzahlen sind normal. Die Veränderungen im Differentialblutbild sind unbeträchtlich, nicht typisch und können auch in fortgeschrittenen Stadien ganz fehlen. Finden sich wirklich gröbere Abweichungen im Blutbild, so muß nach Komplikationen der Asbestose durch Tuberkulose, Tumoren, Infekte oder andere Ursachen gesucht werden. Die **Senkungsgeschwindigkeit** der roten Blutkörperchen ist nur mittelmäßig beschleunigt. Feste Beziehungen zwischen dem Grade der Asbestose und der Stärke der Senkungsbeschleunigung bestehen nicht. Auch schwere Asbestosen lassen eine Senkungsbeschleunigung öfters vermissen.

Die **Röntgenbefunde der Lungen,** die von SAUPE am genauesten untersucht sind, können als recht typisch bezeichnet werden. In Anlehnung an die Erfahrungen bei der Silikose und in Angleichung an die klinische Einteilung unterscheidet man auch röntgenologisch 3 Stadien der Lungenveränderungen. Das Stadium 0—I umfaßt das Vorstadium der Asbestose, die Stadien I, II, III entsprechen der Schwere der Veränderungen. Im allgemeinen sind die Röntgenbefunde unscheinbarer als bei der Silikose. Im Gegensatz zu dieser finden sich die Veränderungen der Asbestose in den unteren zwei Dritteln der Lunge und nehmen nach der Basis hin an Intensität zu. Wenn sich bei der Silikose schematisch jedem Stadium ein vorherrschendes typisches Strukturelement zuordnen läßt — Stadium I gleich vermehrte Streifenzeichnung, Stadium II Knötchenbildung, Stadium III tumorartige Verschattung —, so ist dies bei der

Asbestose nicht der Fall. Die einzelnen Stadien der Asbestose unterscheiden sich nämlich nur durch die verschiedenartig starke Ausprägung und den räumlichen Umfang an sich gleicher morphologischer Veränderungen. Im **Vorstadium** sind die röntgenologisch sichtbaren Veränderungen wenig typisch. Man findet in den Mittel- und Unterfeldern ganz feine, angedeutete Streifenzeichnungen mit ganz zarter Fleckelung in den Komplementärräumen bzw. in den Herzzwerchfellwinkeln. Besonders bei Frauen ist besondere Vorsicht geboten, da Überlagerungen durch die Schatten der Brüste zu Täuschungen Anlaß geben. Genau wie

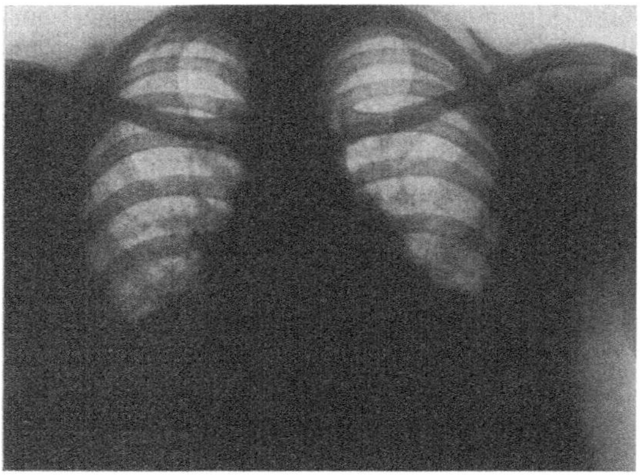

Abb. 43. Asbestose I — (II) Deutliche feinstreifig-netzige Abschattung beider Lungenmittel- und Unterfelder. Sinusgegend weitgehend frei. Kleine bläschenartige Aufhellungen in dem Verdichtungsbereich des Herz-Zwerchfellwinkels. (Aus WEDLER: Klinik der Lungenasbestose. Leipzig 1939.)

im Stadium I der Asbestose ist es mitunter zweckmäßig, Thoraxaufnahmen in Bauchlage anzufertigen, dabei die Mammae seitlich abzudrängen.

Im **ersten Stadium** der Asbestose findet sich röntgenologisch in den Mittel- und Unterfeldern eine noch ziemlich uncharakteristische feinstreifige, feinnetzige Verstärkung und Vermehrung der Lungenzeichnung; in diese sind gleichzeitig kleinste, kaum stecknadelkopfgroße Fleckschatten eingestreut, welche insgesamt jedoch hinter der Streifenzeichnung zurücktreten. Beide Veränderungen kommen nur sehr zart und weich zur Darstellung. Die Lungenwurzeln sind in diesem Stadium noch völlig unverändert. Eine röntgenologisch nachweisbare Beteiligung der Pleura fehlt im allgemeinen; es findet sich lediglich zuweilen eine Verstärkung des Interlobärspaltes rechts. Diese Veränderungen sind nicht immer seitengleich und in einzelnen Abschnitten der Lungen verschieden stark ausgebildet. Manchmal sind die Prozesse mehr entlang den Herzrändern, in anderen Fällen mehr in der Peripherie und entlang den Zwerchfellen, vor allen Dingen in den Sinus costales, am deutlichsten; ein andermal wieder findet sich eine flügelförmig von den Hili nach unten ziehende zarte Verschattung, welche die zwerchfellnahen Abschnitte frei läßt. Die vermehrte Lungenzeichnung löst sich dann allmählich gegen die Oberfelder zu auf, welche gar keine Veränderungen mehr zeigen. In diesem Stadium der Asbestose ist das Röntgenbild nicht ganz einheitlich, sondern wechselt.

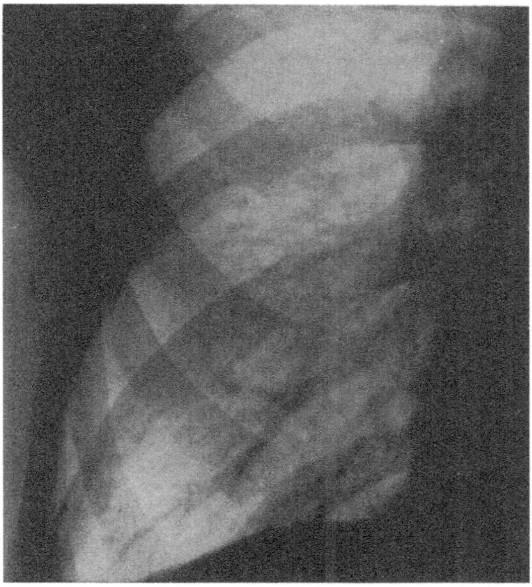

Abb. 44. Asbestose I — (II). (Aus WEDLER: Klinik der Lungenasbestose. Leipzig 1939.)

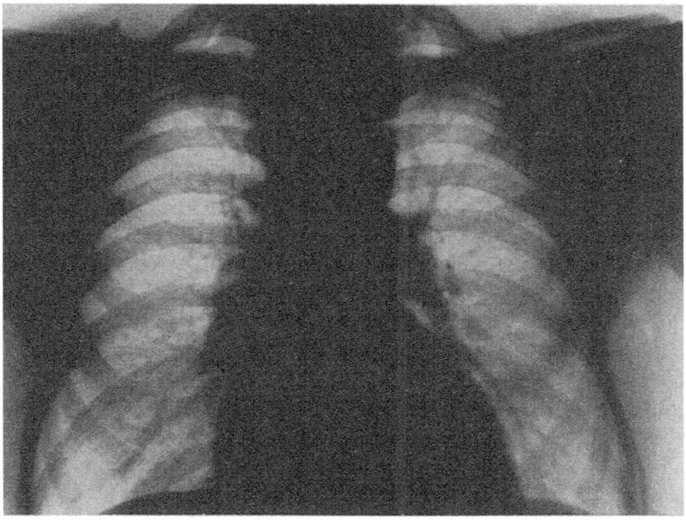

Abb. 45. Asbestose II. Zwerchfellhochstand. Herz quer etwas verbreitert. Von den Mittelfeldern nach unten zunehmende erhebliche Verdichtung, die nach dem ausgeblendeten Abzug in einer dichtstehenden, z. T. wolkig wirkenden, fleckig-streifigen Zeichnungsvermehrung besteht. Leichte Überhellung der Spitzenfelder. (Aus WEDLER: Klinik der Lungenasbestose. Leipzig 1939.)

Das **Stadium II** geht ganz allmählich aus dem ersten hervor. Es ist charakterisiert durch die quantitative Zunahme der oben bereits geschilderten Befunde. Die streifigen Schatten werden zahlreicher und härter, das Netzwerk engmaschiger, die eingestreuten Fleckschatten zahlreicher und dichter. Die befallenen Lungenteile zeigen nunmehr eine beginnende Helligkeitsverminderung und eine allgemeine leichte Verschleierung und Trübung, vor allem in den Mittel- und Unterfeldern und in den herznahen Lungenabschnitten. Die Oberfelder bleiben immer noch frei und zeigen Veränderungen, welche als beginnende Emphysembildung zu deuten sind. Die Zeichnung der Lungenwurzeln wird breiter und kompakter. Die Induration an den Herzrändern verstärkt sich, so daß die Herzsilhouette eine unscharfe Begrenzung aufweist. Einzelne Stellen der Lunge zeigen nunmehr eine recht ausgesprochene Verstärkung der Verschleierung; innerhalb der Abschattungen finden sich nicht selten Emphysembläschen in Form kleiner, rundlicher Aufhellungsherde, so daß das Röntgenbild der Lunge ein schaumiges Aussehen bekommt. Über dem Zwerchfell und in den seitlichen Komplementärräumen finden sich als Ausdruck des Randemphysems deutliche Überhellungen. Die Pleura beginnt in diesem Stadium Verschwielungen am Zwerchfell, in den Komplementärräumen, im Herzzwerchfellwinkel, in den Interlobärspalten, am Herzrand und nach dem Mediastinum zu aufzuweisen.

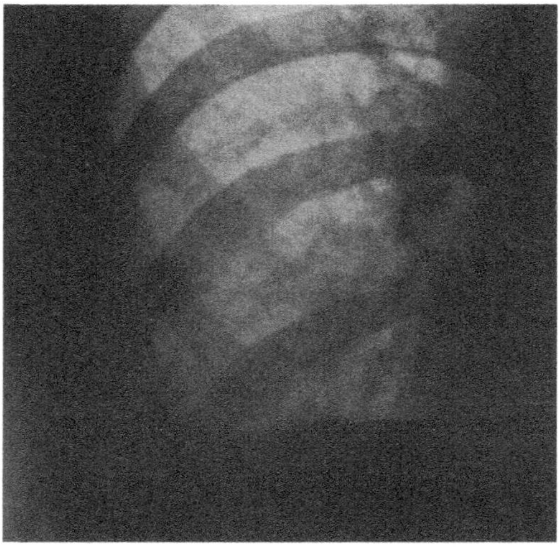

Abb. 46. Asbestose II. (Aus WEDLER: Klinik der Lungenasbestose. Leipzig 1939.)

Im **Stadium III** findet sich eine weitere Zunahme der typischen Verdichtungen mit vermehrter Emphysembildung. Innerhalb der randständigen Lungenabschnitte am Herzen, Zwerchfell, den Lungenwurzeln und Mediastinum ist die Verschattung nur selten so dicht, daß gar keine Lungenzeichnung mehr erkennbar ist. Stärkere tumorähnliche Verschattungen fehlen und finden sich nur in seltenen Fällen bei sehr groben Auflagerungen auf die Pleura oder sekundär hinzugetretenen, größeren pneumonischen Indurationsherden. Das Röntgenbild ist nunmehr sehr typisch. Die Verdichtungen in den unteren Lungenabschnitten heben sich gegen die hellen Oberfelder mit ihrem Emphysem stark ab. Gelegentlich ist die Streifenzeichnung und die Zahl der Fleckschatten rechts mehr ausgeprägt als links; sie ziehen sich dann bis zum Schlüsselbein herauf. Die Pleuraverschwielung nimmt langsam immer mehr zu und dringt bis in die Spitzenfelder vor, die weniger lichtdurchlässig werden. Die Lungenwurzeln sind breit, mitteldicht gezeichnet oder auch grob verschattet, zeigen jedoch keine Kalkeinlagerungen. Die Herzränder sind oft kaum mehr abgrenzbar.

Die Röntgenveränderungen der Asbestose sind örtlich offenbar ähnlich verschieden, wie man das schon von der Silikose her kennt. In

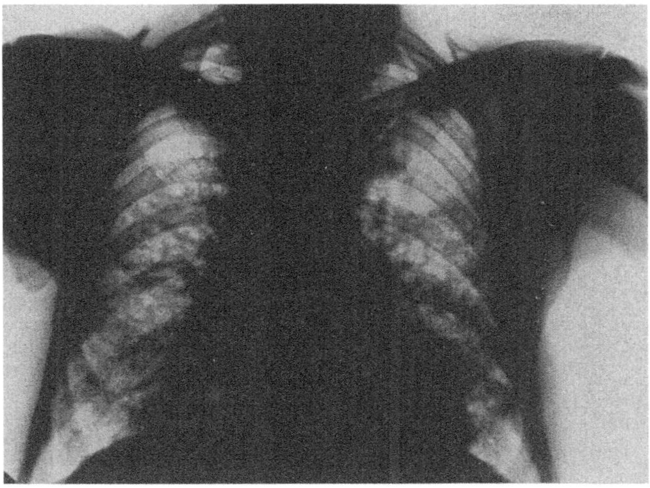

Abb. 47. Asbestose III. Zwerchfell tiefstehend, scharf begrenzt. Leicht links verbreitertes Aortenherz; elongierte geschwungene Aorta. Sehr hart gezeichnete, dichtstehende Fleckung und Streifung der Mittel- und Unterfelder beider Lungen in symmetrischer Anordnung, vom verdichteten Hilus ausgehend. Herzgrenzen unscharf. Basales und apikales Emphysem. — Das Bild gleicht weitgehend einer Silikose. (Aus WEDLER: Klinik der Lungenasbestose. Leipzig 1939.)

manchen Betrieben findet sich mehr verstärkte Streifenzeichnung, in anderen wieder tritt die Fleckschattenzeichnung deutlicher hervor. *Das voll ausgeprägte Röntgenbild der Asbestose ist zwar typisch,* aber *allein nicht strikt beweisend.* Staublungenerkrankungen bei Spiegelglasschleifern, nach Einatmung von Glaswolle- und Schieferstaub, beginnende Silikose, Miliartuberkulose, Lymphangitis carcinomatosa, Lymphogranulom oder Stauungslunge können Anlaß zu Verwechslungen geben. Vor allem in den Anfangsstadien der Asbestose ist die Beurteilung der Röntgenbilder außerordentlich schwierig und nur Kennern möglich. Die röntgenologische Stadieneinteilung deckt sich nicht immer ganz mit dem klinischen Bild. Der Röntgenbefund ist vor allen Dingen im Anfang häufig geringer als der klinische und anamnestische Befund.

Ein Zusammenhang zwischen Asbestlungenerkrankungen und gehäuftem Auftreten der Tuberkulose kann heute noch nicht als gesichert angenommen werden, wenn auch in angelsächsischen Ländern ein solcher immer wieder behauptet worden ist. In Deutschland fehlen jegliche Anhaltspunkte, welche eine solche Annahme gerechtfertigt erscheinen ließen. Anders liegen die Verhältnisse bei dem **Zusammenhang** zwischen **Asbestose** und **Lungencarcinom**. Hier ist ein Zusammenhang jedenfalls nicht ohne weiteres abzulehnen. Allerdings genügen die wenigen, bisher beobachteten Fälle keinesfalls, um einen solchen Zusammenhang, der vor allen Dingen von NORDMANN behauptet wird, als bewiesen und sicher anzunehmen. Hierzu ist die Beobachtungszeit zu kurz.

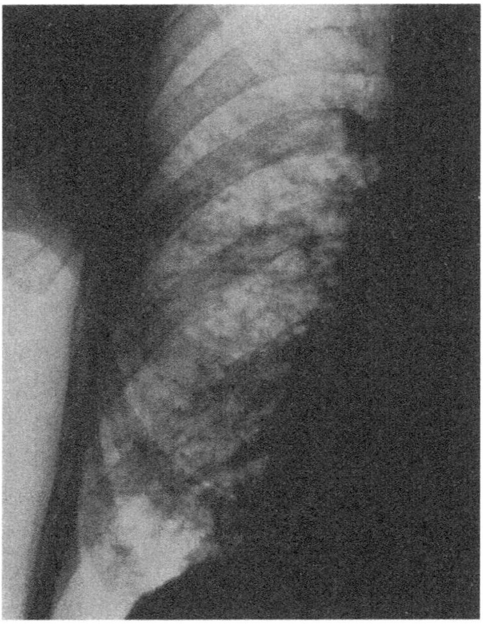

Abb. 48. Asbestose III. [Aus WEDLER; Klinik der Lungenasbestose. Leipzig (1939).]

Nach NORDMANN besteht nämlich bei den wenigen bekannten Fällen eine auffällige Übereinstimmung zwischen dem Zeitpunkt des Beginns der Asbestarbeit und dem Tod durch Lungencarcinom, das merkwürdigerweise vor allem junge Menschen befiel. Dabei schwankt die Zeit der Arbeitsdauer in einem asbestverarbeitenden Betrieb. Die Asbestarbeit kann schon relativ lange vor dem Eintritt des Todes abgebrochen worden sein. Nach den bisher vorliegenden Beobachtungen liegt der Arbeitsbeginn meist 15 bis 21 Jahre zurück. Die Arbeitsdauer schwankt zwischen 7 und 21 Jahren. Das Alter der Gestorbenen lag zwischen 35 und 41 Jahren. Bei der Sektion fanden sich jedesmal verhornende Plattenepithelcarcinome in den Lungenunterlappen. Als charakteristisch wird angegeben, daß es sich meist um multiple metaplastische Plattenepithelcarcinome des Bronchialbaums gehandelt hat, während das sonst viel häufigere Lungenadenocarcinom relativ selten gefunden wurde. Der Grad der gleichzeitig bestehenden Asbestose erreichte nicht immer schwerste Grade, war aber immer deutlich; in den Fällen, in welchen die vorausgegangene Arbeitszeit im Asbest kürzer war, erwies sich die Asbestose der Lungen als sehr massiv. NORDMANN verficht die Ansicht, daß das Lungencarcinom bei Asbestarbeitern als Asbestkrebs aufzufassen und als Berufskrankheit zu entschädigen ist. „Der durch die Asbestosis ausgelöste Wachstumsreiz verursacht die Entwicklung auffällig vieler Riesenzellen und macht eine gleichmäßig entwickelte Verdichtung der Lungen (Fibrose). Bei der Asbestose finden sich auch größere Verödungen des Lungengewebes mit Bronchiektasien und Bronchialepithelwucherungen mitten im Bindegewebe. Damit werden durch die Asbestose Wachstumsprozesse ausgelöst, die auch sonst als Vorläufer von Lungenkrebsen bzw. Organkrebsen überhaupt bekannt sind". (NORDMANN.) Wenn auch heute eine allgemeine Anerkennung dieses Standpunktes noch nicht erfolgt ist, so sollte in Zukunft doch auf derartige Zusammenhänge besonders geachtet werden.

Die **Sektionsbefunde** der voll ausgebildeten Asbestose sind klar unterschieden von denen bei der Silikose, zudem ziemlich einheitlich. Frühformen der Asbestose wurden bisher noch nicht untersucht. Die Lungen sind schwer, derb, zäh und fallen nicht zusammen. Die Pleuren zeigen häufig starke Verwachsungen und Verschwielungen. Die Schnittflächen der Lungen weisen infolge vermehrter Bindegewebsbildung ein streifig-fleckiges Maschenwerk auf. Die Veränderungen finden sich vor allen Dingen in den unteren Lungenabschnitten, während die Obergeschosse weniger stark befallen sind. Im Gegensatz zur Silikose finden sich auf den Schnittflächen fast nie vorspringende Knötchen oder grobe Knoten. Die Hilusdrüsen zeigen keine Veränderungen.

Histologisch fällt die allgemeine, die ganze Lunge umfassende, von der Spitze zur Basis zunehmende Bindegewebswucherung auf, die sich oben auf die Alveolarwände beschränkt, in den unteren Abschnitten jedoch auch die größeren Scheidewände, das peribronchiale und perivasculäre Bindegewebe mitergriffen hat. In den abhängigen Teilen sind die Bindegewebsherde über das eigentliche bindegewebige Lungengerüst hinaus in ursprünglich lufthaltiges Gewebe hineingewachsen, so daß sich das Bild der sog. Kollapsinduration ergibt. In anderen randständigen Teilen findet sich ein meist auf kleinere Abschnitte beschränktes Emphysem. Die Bronchien können durch Gewebsschrumpfung erweitert sein. In dem Bindegewebe finden sich stellenweise Ansammlungen von Lymphocyten und Plasmazellen. Die Alveolarepithelien sind abgeschilfert wie bei einem Desquamativkatarrh und sind zum Teil kugelig oder auch zylindrisch umgewandelt. In den Alveolen liegen reichlich Makrophagen und Riesenzellen. Der ganze Prozeß wurde als chronisch indurierende Pneumonie (FAHR), Lungencirrhose (LOESCHKE) oder Lungenfibrose (KRÜGER, SAUPE) bezeichnet. Als unmittelbare Todesursache kommt meist ein Versagen des rechten Herzens in Frage. Bei der Sektion zeigt sich der rechte Ventrikel gewöhnlich hypertrophiert und dilatiert. Bronchopneumonien und eitrige Einschmelzungen wirken verlaufsbeschleunigend. Die Sektionsbefunde bei der Silikose sind also grundsätzlich von den bei der Asbestose erhobenen verschieden (s. Silikose).

Eine eigentliche **Therapie** fehlt. Entfernung aus dem gefährdeten Milieu und symptomatische Behandlung sind die uns zur Verfügung stehenden therapeutischen Mittel.

Die **Prognose** ist nicht ungünstig.

Unter Versicherungsschutz sind lediglich die schweren Asbeststaublungen gestellt. Nur wenn die Gesamtleistungsfähigkeit erheblich vermindert ist, wird eine Entschädigung gewährt werden können. Eine Entschädigung ist also nur für die Fälle zu erwarten, in denen das Röntgenbild, der auskultatorische und perkussorische Lungenbefund und die Schwere der subjektiven Beschwerden klinisch ein stark mittelschweres bzw. schweres Bild (Stadium II—III) der Lungenfibrose ergeben.

XVII. Erkrankungen an Lungenkrebs.

Erkrankungen an Lungenkrebs werden nur in solchen Fällen entschädigt, in denen der Betreffende *längere Zeit* in einem Betriebe der Chromat*erzeugung* tätig war. Die ersten Beobachtungen wurden durch deutsche Fabrikärzte gemacht (JONAS, BAUKE, ALWENS, PFEIL). Sie stellten nämlich fest, daß bei Arbeitern von alten, zum Teil schon seit Jahren stillgelegten Chromatherstellungsbetrieben gehäuft primäre Lungencarcinomherde auftraten. Bis 1938 sind in Deutschland insgesamt 39 derartige Fälle bekanntgeworden. Daß Chromate, unter denen man die chromsauren Salze z. B. des Natriums, Bleis usw. sowie die Alkalichromate Natrium- und Kaliummono- und -bichromat und Chromalaun versteht, zu Gesundheitsschädigungen wie Hautgeschwüren, Nasenseptumperforationen und Bronchitiden führen können, war schon länger bekannt. Vor allem bei der *Herstellung von Bichromat* wurden *tumoröse Lungenveränderungen* beobachtet. Um welches Zwischenprodukt als cancerogene Noxe es sich handelt, ist bis heute nicht eindeutig geklärt. Jedenfalls ist sicher, daß weder das Ausgangsprodukt, nämlich unlösliches dreiwertiges Chrom in Form des Chromeisensteins, für die Neubildung verantwortlich zu machen ist, noch daß bei der Verwendung der Alkalichromate, z. B. in der Lederindustrie, eine Gefährdung vorhanden ist.

Bei der Bichromatfabrikation wird das dreiwertige Chrom des Chromeisensteins in die sechswertige Stufe des Chromats bzw. Bichromats übergeführt. Im Gegensatz zu der ziemlich unlöslichen dreiwertigen Chromverbindung ist das sechswertige Chrom des Bichromats sehr leicht löslich. Der *Fabrikationsvorgang* ist im wesentlichen folgender:

Der Chromeisenstein wird in der Müllerei und Mischerei zerkleinert. Hierzu werden Erz, Soda und Ätzkalk zunächst fein gemahlen, dann nach gründlicher Vermischung dem sog. Ofenprozeß zugeführt. Die hiermit beschäftigten Arbeiter sind verhältnismäßig wenig gefährdet. Um das dreiwertige Chrom des Chromeisensteins in das sechswertige Chrom des Chromats umzuwandeln, wird das Gemisch im Oxydationsofen unter starker Luftzufuhr auf 1100° erhitzt und dabei oxydiert. Früher wurde das erhitzte Gemisch mit der Hand gerührt und dann auf Halde abgekühlt. Die Hantierung mit der erkalteten Monochromatschmelze erwies sich als besonders gefährlich und die hier arbeitenden Personen erkrankten besonders leicht, was offenbar mit der starken Staubentwicklung beim Hantieren mit der erkalteten Schmelze zusammenhängt. Zur Umwandlung des gewonnenen Monochromats in das gut krystallisierende Bichromat wird das gebildete Monochromat ausgelaugt, wobei sich aller Schmutz der Gangart als Schlamm absetzt, von dem die Monochromatlauge abfiltriert wird. Man benutzte früher offene Filterpressen. Der von diesen aufsteigende Wasserdampf führt Monochromate bzw. Chromsäureanhydrid mit sich. Auch beim Trockenblasen der Preßkuchen entwickeln sich starke Dämpfe, die Monochromat enthalten. Durch Ansäuern der Monochromatlauge wird dann schließlich Bichromat in Krystallen gewonnen. Die Gefährdung in diesem Teil der Fabrikation ist wiederum wesentlich geringer. Da aus den das Bichromat verwendenden Betrieben Krebsfälle bisher nicht bekanntgeworden sind, erscheint es wenig wahrscheinlich, daß das Bichromat selbst die krebserregende Noxe darstellt.

Der Lungenkrebs der Chromatarbeiter ist eine ausgesprochene Alterserkrankung. Die Latenzzeit beträgt 7—47 Jahre. Das Intervall zwischen Ende der Expositionszeit und Beginn der Erkrankung beträgt 0—30 Jahre, da einige noch in Arbeit stehende Arbeiter erkrankt sind. Die Dauer der Expositionszeit beträgt in den bisher bekannten Fällen 4—42 Jahre. Hieraus läßt sich schließen, daß als Vorbedingungen für das Entstehen eines Chromatlungenkrebses eine entsprechend lange Beschäftigung in einem Chromate *erzeugenden* Betrieb nachweisbar sein und daß die Möglichkeit der Einatmung von chromathaltigem Staub gegeben sein muß. Chromarbeiter leiden durch die unmittelbare Reizwirkung des Chroms auf die Schleimhaut der Nase häufig an Entzündungen im Nasen-Rachen-Raum, die sie zur Mundatmung zwingen, was vielleicht für die Entstehung des Chromatkrebses begünstigend wirkt. Die Altersdisposition spielt offensichtlich eine Rolle. Bisher ist nicht bekannt, welche Faktoren noch weiterhin begünstigend wirken, denn es ist auffallend, daß immer nur einzelne Arbeiter aus dem gefährdeten Personenkreis erkranken. Nach den bisherigen Feststellungen ist es wahrscheinlich, daß zum Zustandekommen des Chromatlungenkrebses nicht nur das Chromat, sondern auch die Mitwirkung noch anderer Faktoren notwendig ist. RODENACKER mißt einer Schädigung der Cytochromase ursächliche Bedeutung zu. Wie bei anderen Berufskrebsen dürfte auch beim Chromatkrebs nicht die örtliche Reizwirkung des Chromatstaubes allein, sondern auch die Allgemeineinwirkung des chemischen Agens mitverantwortlich zu machen sein, welche — ähnlich wie bei anderen chronischen Giftwirkungen auch (Teerpinselung, Arsenschädigung) — im Organismus eine Krebsbereitschaft erzeugt (ALWENS, BAUKE, JONAS).

Das **klinische Bild** des Chromatlungenkrebses hat sehr viel Ähnlichkeit mit dem spontanen Lungenkrebs.

Initialsymptome. Der Beginn ist langsam und schleichend. Häufig bestehen bei den Chromatarbeitern hartnäckige Katarrhe der oberen Luftwege. Die Kranken klagen über trockenen, hartnäckigen Husten und zähen, spärlichen Auswurf, über leichte Kurzatmigkeit, seltener auch über neuralgiforme Schmerzen in der Brust und in den Schultern, die auch in die Arme ausstrahlen können. Schon in diesem Stadium, mitunter noch früher, sind recht typische und wichtige Veränderungen im Röntgenbild nachzuweisen. Sie bestehen in meist einseitiger, oft auch doppelseitiger Verdichtung der Hiluszeichnung und Vergröberung der Lungenzeichnung in unmittelbarer Nähe des Hilus (BAUKE und ALWENS). In manchen Fällen kann man auch eine Absetzung und Vergröberung der Hilusdrüsen feststellen, die sich gelegentlich recht erheblich vergrößern können. Manchmal ist eine Verdichtung der peribronchialen und perivasalen Lungenzeichnung nachweisbar, die dann in Form deutlich verstärkter Spitzenbahnen und Hiluszwerchfellstraßen sichtbar wird. Recht oft bestehen auch Zwerchfelladhäsionen. Diese Veränderungen sind sehr häufig kombiniert mit durch die unmittelbare Ätzwirkung des Chromatstaubes hervorgerufenen Nasenscheidewandperforationen, die sich als Folgezustand entzündlicher und ulceröser Prozesse auf der Nasenschleimhaut gebildet haben. Subjektiv bestehen in diesem Anfangsstadium meist nur geringe Beschwerden. Die Leute sind noch voll arbeitsfähig und fühlen sich wohl. Die Hilusveränderungen müssen jedoch als chronisch entzündliche Erscheinungen gewertet werden; dieser entzündliche Reizzustand kann in vielen Fällen in ein präcanceröses Stadium übergehen. Mit diesen Anfangserscheinungen vergesellschaftet sind entzündliche Veränderungen im Bereich des Nasen-Rachen-Raums, die ebenfalls durch die unmittelbare lokale Reizwirkung des inhalierten Chromstaubes hervorgerufen werden. In manchen Fällen bestehen Klagen über Trockenheit und Kratzen in der Nase, im Rachen, im Kehlkopf und in den Bronchien, öfters auch chronische Katarrhe der Luftwege, die mitunter eine nicht unerhebliche Emphysembildung zur Folge haben. Infolge der durch den reizenden Chromstaub immer wiederkehrenden entzündlichen Veränderungen in den Luftwegen kann es dort zu Epithelmetaplasien, zu Plattenepithelbildung und durch gestörte pathologische Regeneration zur Bildung einer Ge-

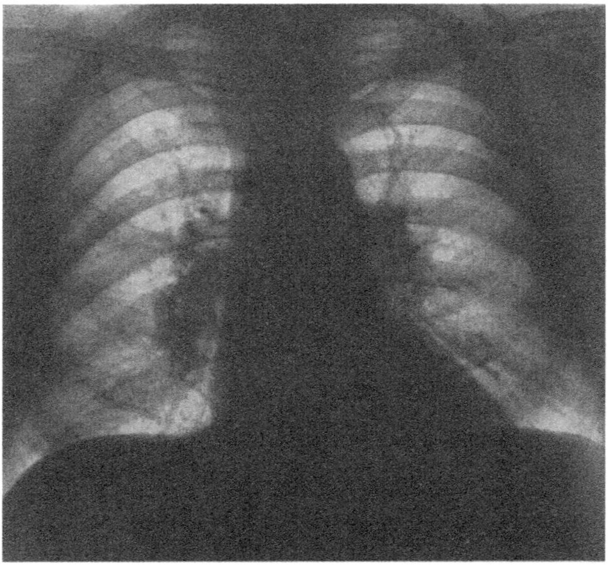

Abb. 49. Verdacht auf praecanceröses Stadium eines Bronchialkarzinoms bei einem 52 Jahre alten, 17 Jahre in Chromatbetrieb tätigen Arbeiter mit großer Nasenscheidewandperforation. Hilusdrüsen bds., besonders rechts, stark vergrößert. Kein Anhaltspunkt für Tuberkulose. [Aus BAUKE und ALWENS. Verh. dtsch. Ges. inn. Med. Bd. 48 (1936).]

schwulstkeimanlage und schließlich zur Tumorentwicklung kommen. Wie schon einleitend bemerkt wurde, hat der Chromatlungenkrebs große Ähnlichkeit mit dem spontan auftretenden Bronchialcarcinom, so daß sich eine ausführlichere Schilderung des wohlbekannten klinischen Bildes erübrigt. Es seien hier nur die **wichtigsten klinischen Erscheinungen** des Bronchialcarcinoms rekapituliert und die Abweichungen des Chromatlungenkrebses besonders hervorgehoben.

Die Anfangserscheinungen und der schleichende Beginn des gewöhnlichen Bronchialkrebses finden sich genau so beim Chromatlungenkrebs. Der **Auswurf** ist nur in seltenen Fällen himbeergeleeartig oder gelegentlich von Blut durchsetzt, meist schleimig-eitrig wie bei einer gewöhnlichen chronischen Bronchitis. Nur selten finden sich im Auswurf Bröckel von Tumorbestandteilen, die durch mikroskopische Untersuchung die Art des Tumors zu erkennen gestatten. Bei rechtssitzenden Bronchialcarcinomen sind relativ häufiger eine mit Kurzatmigkeit einhergehende Venenstauung an Hals und Kopf, Ödeme im Versorgungsgebiet der Vena cava superior sowie Cyanose zu beobachten, während bei linksseitigem Sitz sich in manchen Fällen eine Rekurrensparese entwickelt. Oft ist schon bei der Inspektion eine Schrumpfung des Thorax auf der erkrankten Seite, eine Einziehung der Zwischenrippenräume und ein Zurückbleiben bei den Atembewegungen festzustellen, sofern die

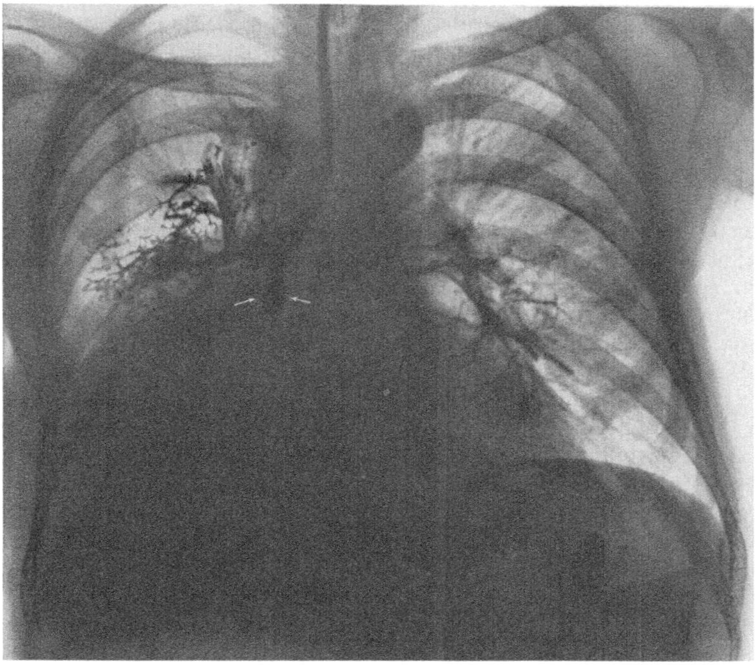

Abb. 50. Bronchographie. Normaler Ober- und Mittellappenbronchus. Unterlappenbronchus sackförmig, mit Jodipin gefüllt; bricht dann mit rundem Ende ab (s. Pfeile). Atelektase in den unteren Abschnitten des rechten Oberlappens. Pleuraerguß und Verschwartungen rechts im Unterfeld. (Aus ALWENS u. JONAS: Arch. Gew. Path. Bd. 7 (1936).]

Pleura beteiligt ist oder eine Atelektase vorliegt. Bei der Entwicklung einer Atelektase findet sich bisweilen ein Zwerchfellhochstand, der allerdings auch durch eine Phrenicusparese verursacht sein kann. Das Zwerchfell der erkrankten Seite erweist sich — vor allem bei der Röntgendurchleuchtung — minder beweglich als das der gesunden Seite. Bei stärkerer Beteiligung der Pleura findet sich nicht selten eine exsudative, häufig sogar hämorrhagische Pleuritis. Im Pleuraexsudat sind dann die typischen Tumorzellen nachzuweisen. Im fortgeschrittenen Stadium finden sich die anfangs fehlenden typischen Dämpfungen und die typischen auskultatorischen Phänomene. Die Tumoranämie und der allgemeine Verfall (Kachexie) setzen beim Bronchialcarcinom relativ spät ein. Im **Röntgenbild** sind die wichtigsten Befunde ein Zwerchfellhochstand infolge Phrenicuslähmung und eine Vergrößerung der mediastinalen Lymphknoten, die wie die viel seltener auftretende Lymphangitis carcinomatosa metastatisch entstehen. Bisweilen kommt es auch zu Bronchusstenose mit einer Atelektase in den versorgten Gebieten. Als besonderes Zeichen einer Bronchusstenose findet sich oft das bekannte respiratorische Mediastinalwandern, bei geringgradigen Bronchusstenosen das sog. Mediastinalschnellen beim HITZENBERGERschen Schnupfversuch. Neben der Atelektasenbildung stehen recht oft pneumonische Prozesse im Vordergrund des klinischen Bildes, die im Anschluß an die Neubildung auftreten und die unter ganz plötzlichem Fieberanstieg und mit Schüttelfrösten einsetzen können, so daß der Eindruck einer croupösen oder Bronchopneumonie entsteht. Zuweilen können chronisch pneumonische Prozesse, die von lang dauerndem, mittelstarken Fieber begleitet sind, das zugrunde liegende Leiden, das Bronchialcarcinom, verdecken. Die Metastasierung des Bronchialcarcinoms erfolgt in die regionären Lymphdrüsen, in die Pleura, die Lungen, die Knochen, das Gehirn, die Leber und ins Rückenmark sowie in die Nebennieren. Trotz starker Metastasenbildung ist der Primärtumor in manchen Fällen sehr klein, so daß das klinische Bild beherrscht ist durch die Ausfälle, welche dieMetastasen hervorrufen: Spontanfrakturen des Knochens, Hirnmetastasen usw., während der Primärtumor erst bei der Sektion entdeckt wird.

Der Chromatlungenkrebs weist demgegenüber einige Besonderheiten auf. Die Erkrankungen treten schon in relativ jüngeren Lebensaltern auf. Die Lokalisation des Chromatlungenkrebses ist etwas anders. Zwar ist auch sonst die rechte Lunge von Lungentumoren öfter befallen (in 62% der Fälle rechts, in 38% der Fälle links), *doch bevorzugt der Chromatkrebs der Lungen vor allem den rechten Unterlappen und den linken Oberlappen.* Er metastasiert fast stets in die regionären Lymphdrüsen und in die Pleuren, manchmal auch in die Lungen selbst, während Metastasen an anderen Stellen seltener sind. Die Reihenfolge der Häufigkeit des Sitzes der Metastasen ist die gleiche wie beim Spontankrebs. Die Nierenmetastasen stehen unmittelbar an zweiter Stelle hinter den Lebermetastasen, was möglicherweise mit einer vermehrten Chromausscheidung durch die Nieren zusammenhängt. Im Urin finden sich in solchen Fällen Erythrocyten.

Diagnostisch wird man zur Aufdeckung der Neubildung die gleichen Wege beschreiten müssen, wie sonst bei der Diagnose des Bronchialcarcinoms. Röntgenuntersuchung, Bronchographie mit Jodipinfüllung, Tomographie sind die wichtigsten diagnostischen Hilfsmittel. Unter Umständen wird man, wenn regionäre geschwollene Lymphdrüsen nicht ohne weiteres zugänglich sind, eine Bronchoskopie mit einer endobronchialen Probeexcision durchführen müssen, was vor allem in den Frühstadien für die Differentialdiagnose gegenüber dem Lymphogranulom von besonderem Wert sein kann. Für das Vorliegen eines Chromatlungenkrebses wird der Nachweis einer länger dauernden Beschäftigung in einem chromaterzeugenden Betrieb und der meistens, wenn auch nicht immer vorhandenen Nasenschleimhautperforationen, manchmal auch von Hautdefekten (Chromgeschwüre) verwertbar sein. Der Chromspiegel des Blutes ist erhöht.

Der **Verlauf** der Erkrankung ist ziemlich rapid. Vom Beginn der ersten Erkrankungserscheinungen bis zum Eintritt des Todes verflossen bei den bisher bekannten Fällen unter günstigsten Umständen 33 Monate. In der überwiegenden Mehrzahl tritt der Tod noch vor Ablauf eines Jahres ein.

Pathologisch-anatomisch unterscheidet sich das Bild des Chromatlungenkrebses makroskopisch nicht von dem des gewöhnlichen Bronchialcarcinoms. Mikroskopisch überwiegen die Plattenepithelcarcinome (47% der Fälle), während kleinzellige Carcinome (26%), Adenomcarcinome (21%) und Neubildungen, die aus entdifferenziertem Tumorgewebe bestehen (6%), wesentlich seltener sind. Das absolute Vorherrschen der in Richtung des Plattenepithels differenzierten Tumoren weist auf die Entstehung aus einer chronischen pathologischen Regeneration hin. Analysen der Tumoren auf Chrom ergaben, daß in dem Tumor selbst kein Chrom nachweisbar war, während in den zentralen Hilusbezirken mehr Chrom nachzuweisen ist als in den Randpartien.

Die **Prognose** ist ausgesprochen schlecht.

Therapeutisch wird man möglichst frühzeitig eine Bestrahlungsbehandlung mit Röntgenstrahlen oder Radium durchführen müssen. Bei der Symptomenarmut im Beginn und bei dem schleichenden Einsetzen der ersten klinisch faßbaren Erscheinungen hat allerdings meistens bereits eine Metastasierung stattgefunden. Die übrige Therapie ist die gleiche wie bei dem gewöhnlichen Bronchialcarcinom.

Prophylaktisch ist eine regelmäßige fortlaufende Röntgenuntersuchung aller gefährdeten Arbeiter notwendig. Hierbei wird man vor allem diejenigen auszuscheiden haben, bei welchen die oben beschriebenen präcancerösen Veränderungen nachzuweisen sind.

XVIII. Erkrankungen der tieferen Luftwege und der Lungen durch Thomasschlackenmehl.

Bei der Umwandlung von Roheisen in Stahl im Bessemer-Verfahren entsteht als wertvolles Nebenprodukt die Thomasschlacke, die im wesentlichen aus phosphorsaurem Kalk besteht, in dem Spuren von Phosphorsäure, Eisen (als Eisenoxyd und Eisenoxydul), Manganoxydul, Kieselsäure, Magnesium und Tonerde enthalten sind. Der phosphorsaure Kalk selbst liegt als Mono-, Di-, Tri- und Tetraphosphat vor. Die in den verschiedenen Hütten gewonnene Thomasschlacke hat eine im einzelnen zwar etwas wechselnde, im ganzen aber doch ziemlich gleichmäßige Zusammensetzung. Nach Jötten ergeben sich für die Erzeugnisse verschiedener Hüttenbetriebe folgende Durchschnittszahlen: SiO_2 = 6,35 bis 8,35; MnO = 6,8—7,96; Gesamt-Fe = 9,02—11,34; P_2O_5 = 16,89 bis 19,85; CaO = 44,15—50,85; MgO = 2,29—4,95; Gesamtschwefel = 1,40—2,25; Sulfidschwefel = 0,13—0,46.

Die bei der Stahlproduktion anfallende Thomasschlacke wird in Thomasschlackenmühlen zu einem mehlartigen Pulver vermahlen, das stark stäubt und meist eine schwärzliche, manchmal aber bis ins Hellgrau spielende Farbe aufweist. Die bei der Stahlerzeugung anfallenden Mengen an Thomasschlacke sind recht erheblich. Die bisherige Höchstproduktion wurde 1929 mit 1886000 t erreicht. Sie dürfte seit 1935, nachdem die produzierte Menge zwischen 1929 und 1934 erheblich abgesunken war, insbesondere aber seit Einsetzen des Vierjahresplanes 1936 mit der starken Erhöhung der Stahlerzeugung in Deutschland ebenfalls wieder erheblich angestiegen sein und heute sicher über 2 Millionen t jährlich liegen.

Die bei der Stahlerzeugung sich an der Oberfläche des flüssigen Metalls ansammelnde, fast weiß glühende Schlacke wird in Form glühender Blöcke auf Halden geschüttet, wo sie unter der Einwirkung der Luft verwitternd zerfällt, ein Vorgang, der durch Anfeuchtung mit Wasser gefördert wird. Von den Halden wird die Thomasschlacke teils maschinell, teils im Handbetrieb abgebaut. Beim Abbau der Halden, beim Zerkleinern größerer Blöcke zum Transport, beim Befördern der Schlacke zu den Mühlen, bei der Entfernung gröberer metallischer Beimengungen in den sog. Bunkern entsteht erheblicher Staub. Dieser besteht nach K. B. LEHMANN aus mittelspitzigen, harten bis mittelharten, teils rundlichen, teils scharfkantigen Partikeln. Die Hälfte des Staubes besteht aus Teilchen von einer Größe zwischen 5 und 50 μ, zu einem Drittel aus solchen von 1—5 μ und zu etwa einem Fünftel aus solchen mit einer Größe von 1 μ und darunter. Die kleineren Staubteilchen, die leicht aufgewirbelt werden und am längsten im Schwebezustand bleiben, gelten als besonders gesundheitsschädlich.

Das beim Mahlen anfallende Thomasmehl wird entweder allein oder nach Mischung mit anderen Düngesalzen in sog. Düngemittelmischereien in großem Maßstab landwirtschaftlich verwendet. Während bei der Gewinnung der Thomasschlacke beim BESSEMER-Prozeß bisher keine Gesundheitsschädigungen beobachtet wurden, treten diese beim Abbau der Halden, beim Transport und Mahlen, sowohl bei der Grobzerkleinerung, wie auch bei der Feinvermahlung der Schlacke in den Thomasschlackenmühlen, beim Mischen mit anderen Düngesalzen, beim Transport des Thomasmehls infolge der Durchlässigkeit oder beim Platzen von Säcken in Häfen, an Umschlag- und Verladeplätzen, in Lagerhallen und in Sacknähereien, in denen Säcke repariert werden, die Thomasmehl enthielten, auf. Der Versicherungsschutz erstreckt sich nur auf den Personenkreis, der in Thomasschlackenmühlen und in Thomasmehltransportbetrieben tätig ist. Von der Hütten- und Walzwerksberufsgenossenschaft sind einheitliche Bezeichnungen für sämtliche in Thomasschlackenbetrieben vorkommenden Arbeitsgänge geschaffen worden, die nachstehend mitgeteilt seien und deren einheitliche Anwendung alle statistischen und sonstigen Feststellungen erleichtert und vereinfacht. Nachfolgend sind hinter der laufenden Nummer die allseits verbindlichen Stammbezeichnungen, in Klammern die sonst noch üblichen Bezeichnungen aufgeführt.

1. Meister, 2. Vorarbeiter, mit der Aufsicht beschäftigt; 3. Schlackenlader, welche die Rohschlacke von Hand laden; 4. Kranführer und Baggerführer, die auf den Schlackenplätzen Krane und Bagger bedienen; 5. Schlackenplatzarbeiter

(Krananhänger, Kipper, Stopper), mit dem Anhängen der Krangehänge, dem Kippen der schlagenden Klötze, der Vorbereitung der Waagenplattformen zur nächsten Füllung beschäftigt; 6. Bunkerleute, die in den Bunkern das Eisen aus der Rohschlacke entfernen; 7. Schlackenfahrer (Führer, Schlepper, Wagenmontierer), die die Wagen zur Mühle vorfahren, sie auskippen und die Wagen zählen; 8. Müller (Mühlenwärter), die die Kugelmühlen bedienen; 9. Schrottfahrer (Siebschrottfahrer, Eisenfahrer, Stahlablasser, Eisenablasser, Grießfahrer, Mühlenreiniger, Kellerarbeiter), die mit dem Abfahren der Eisenabfälle aus den Kugelmühlen und der Reinigung derselben beschäftigt sind; 10. Anschnaller (Sackanhänger oder -abhänger), welche die Säcke auf der Waage befestigen und lösen; 11. Abfahrer (Abnehmer, Verlader, Packer, Stapler, Abstapler, Sackfahrer, Prozentstempler), die die gefüllten Säcke zum Stapel oder zum Waggon befördern; 12. Sackabschließer (Sackrichter, Sacknäher, Sackbinder), welche die Sacköffnungen verschließen; 13. Sackstempler, welche die Firmenbezeichnung auf die leeren Säcke stempeln; 14. Probenehmer, die Analysenproben entnehmen; 15. Maschinenarbeiter (Motorwärter, Schmierer, Reparaturhandwerker), die die maschinelle Anlage instand halten; 16. Hilfsarbeiter, die Reinigungsarbeiten usw. leisten. Die unter 2—9 angeführten Arbeiter kommen mit Rohschlacke, die unter 3—14 angeführten Arbeiter mit Schlackenmehl in Berührung. Die unter 1, 2, 15 und 16 genannten Personen sind im Allgemeinbetrieb tätig. Insgesamt sind also drei große Arbeitergruppen zn unterscheiden: die eine, die mit der Schlacke, die zweite, die mit dem Thomasmehl in Berührung kommt, und die dritte, die die sonst in der Mühle anfallenden Arbeiten verrichtet.

Schon hier sei darauf hingewiesen, daß oft genug angenommen wird, daß zur Begründung des Entschädigungsanspruches, insbesondere bei den in Düngemittelmischereien und beim Transport von Kunstdünger beschäftigten Arbeitern, die Angabe „Umgang mit Kunstdünger" genüge. In solchen Fällen ist der auf das Thomasmehl entfallende Anteil des gesamten Gemisches mengenmäßig unbedingt anzugeben oder aber eine Analyse des betreffenden Kunstdüngers, der als Ursache der Gesundheitsschädigungen angeschuldigt wird, zu veranlassen. Wenngleich in der Landwirtschaft gar nicht so selten bei der Verwendung von Thomasmehl ebenfalls typische Gesundheitsschäden auftreten, so sind diese nach dem Wortlaut der III. VO. *nicht* entschädigungspflichtig. In vielen Fällen gelingt es jedoch dann, wenigstens eine Unfallentschädigung zu ermöglichen.

Die **typischen Krankheitserscheinungen** durch Thomasschlacke bzw. Thomasmehl bestehen in akut auftretenden, sehr schwer verlaufenden bronchopneumonischen oder lobären Pneumonien, welche in einem ganz unverhältnismäßig hohen Prozentsatz auch bei jungen und kräftigen Menschen schnell zum Tode führen, sowie im Auftreten von Reizerscheinungen im Bereich der oberen und tieferen Luftwege.

Aus der Tatsache, daß bei der Thomasschlackengewinnung während des Bessemer-Verfahrens keine Erkrankungen zu beobachten sind, diese vielmehr erst dann auftreten, wenn Thomasschlacke oder Thomasmehl behandelt wird, wird man schließen dürfen, daß der eingeatmete Staub der Thomasschlacke beim Zustandekommen der typischen Schädigungen maßgeblich, wenn auch nicht als einziger Faktor beteiligt ist. Beintker, wie später auch Lenz (l. c. S. 21, 55, 59/60), stellten fest, daß die Erkrankungshäufigkeit von der Menge des regelmäßig eingeatmeten Staubes abhängig ist: Je größer die Staubentwicklung und je schlechter die Staubverhütungs- oder Staubbeseitigungseinrichtungen sind, um so größer wird die Erkrankungshäufigkeit. Von mindestens gleicher Wichtigkeit ist das Hinzutreten einer Infektion. Trotz zahlreicher chemischer, anatomisch-pathologischer, bakteriologischer und tierexperimenteller Untersuchungen (GREIFENHAGEN, ERHARDT, ENDERLEN, KOELSCH, SILBERKUHL, STOCKENIUS, SYLLA, HOLSTEIN, GUNDEL und FISCHER, HOHN usw.) ist die *ätiologische Ursache* der Thomasschlackenpneumonie bis heute noch *nicht in allen Einzelheiten geklärt.* Eine ausführliche Darstellung der verschiedenen Untersuchungsergebnisse und Ansichten würde zu weit führen. Als feststehend kann man heute annehmen, daß nicht ein einzelner, sondern *mehrere gleichzeitig wirksam werdende Faktoren* für das Zustandekommen der schweren Erkrankungen verantwortlich zu machen sind. Neben dem Staub und der Infektion durch Bakterien scheinen Übermüdung, Hunger, Alkoholgenuß, individuelle Disposition, Witterungs- und Erkältungseinflüsse die Entstehung der Thomasschlackenpneumonie zu begünstigen. Der Staub scheint rein mechanisch, vielleicht auch chemisch schädigend auf die Lungen einzuwirken und diese zu einem locus minoris resistentiae zu machen, auf dem die zur Entstehung der Thomasschlackenpneumonie unbedingt notwendigen Erreger einen besonders günstigen Nährboden finden und sich entsprechend stark vermehren. Die sonst für Staubschäden der Lungen typischen Veränderungen — Verdichtungen, Lymphangitiden, peribronchitische Prozesse — sind auch bei jahrelanger Tätigkeit im Thomasschlackenbetrieb äußerst selten. Warum der Staub zufolge der ihm eigentümlichen Zusammensetzung an den Ablagerungsstellen in der Lunge die Widerstandskraft der Schleimhäute gegenüber der bakteriellen Infektion vermindert, ist unbekannt. Da das Thomasmehl bzw. der Schlackenstaub stark alkalisch ist, die Pneumonien verursachenden Pneumokokken auf alkalischen Nährböden besonders gut wachsen, ist vielleicht die Auffassung von HOHN, die sich allerdings nur auf in vitro-Versuche stützt, doch nicht ganz unwahrscheinlich; nach ihr wird die auf den Alveolenschleimhäuten befindliche Flüssigkeit durch den eindringenden Thomasschlackenstaub alkalisiert, so daß die Pneumokokken besonders günstige Entwicklungsmöglichkeiten finden.

Daß die persönliche Disposition ebenfalls eine Rolle spielt, erhellt aus den Beobachtungen von OPITZ, HOLSTEIN, SOMMERFELD u. a. Kräftige, junge Männer zwischen dem 20. und 45. Jahre sind am widerstandsfähigsten. Je länger die Arbeiter im Betrieb sind, um so geringer scheint die Gefährdung zu werden. Hieraus wurde geschlossen, daß die Dauer der Exposition für das Auftreten der Thomasschlackenpneumonie von untergeordneter Bedeutung sei. Zudem wurde festgestellt, daß, je größer der Arbeiterwechsel ist, um so größer auch die Erkrankungsgefahr wird. Diese Beobachtung gilt jedoch *nur* bei Betrachtung der *gesamten* Belegschaften, *nicht* für den *einzelnen* Arbeiter. Beim Einzelindividuum ist im Laufe der Zeit doch mit einer Erschöpfung der Widerstandskraft zu rechnen, da die individuelle Empfindlichkeit infolge der fortgesetzten Reize zunimmt. Arbeiter, die zu Erkrankungen der Luftwege neigen, Frauen und Jugendliche gelten als besonders gefährdet. Nach OPITZ soll die Widerstandsfähigkeit der Thomasschlackenarbeiter gegen Grippeinfektionen stark herabgesetzt sein. Erhebliche ungewohnte Anstrengungen, die Anlaß zu starker Muskelermüdung und Schweißabsonderung sind, sollen die individuelle und vorübergehende Disposition, wie bei anderen Pneumonien auch, erhöhen (AUFRECHT). Auch das Arbeitstempo scheint Einfluß auf die Zahl der Erkrankungsfälle zu haben: bei ruhigem Arbeitstempo ist die Staubentwicklung geringer: die Arbeiter werden nicht überanstrengt, dadurch wird die Widerstandskraft des Einzelindividuums nicht vermindert. Auch der jeweiligen Immunitätslage des einzelnen Arbeiters wird Bedeutung zugemessen.

Bakteriologische Untersuchungen haben keine besonders gearteten Erreger erkennen lassen. Man fand meist Pneumonokokken der Typen I bis III, vorwiegend den Typ II (GUNDEL und FISCHER), Stämme also, die auch sonst bei der croupösen Pneumonie am häufigsten vorkommen (COLE und MOORE, HÄNDEL und NEUFELD, CHRISTENSEN usw.).

Das **klinische Bild** der Schädigungen durch Thomasschlackenstaub ist im wesentlichen charakterisiert durch Reizerscheinungen an den oberen Luftwegen und die sog. *Thomasschlackenpneumonie*. Letztere verläuft immer akut oder subakut: erstere sind in der Mehrzahl der Fälle chronisch.

Die *Reizerscheinungen an den oberen Luftwegen*, d. h. in der Nase, im Nasen-Rachen-Raum, Pharynx und Larynx, sind mit dem Gefühl der Trockenheit im Rachen, mit Husten und mit Brennen der Schleimhäute verbunden; sie sind in Thomasschlackenbetrieben außerordentlich häufig. Nach SCHLECHT leiden nahezu alle Arbeiter an derartigen Krankheitserscheinungen. Einfache Schleimhautentzündungen im Bereich der Nasen-Rachen-Höhle sind das übliche, während die von FISCHER als typisch bezeichneten Nasenscheidewandgeschwüre, die angeblich auch zu Perforationen derselben führen sollen, nicht als charakteristisch anzusehen sind. Auch die von DOSENHEIMER beschriebene schmutzig-graue Verfärbung der Schleimhäute, die von kirschkern- bis linsengroßen, ganz oberflächlichen Geschwürchen bedeckt sein sollen, dürfte wohl zu den Seltenheiten gehören. Als tiefere Luftwege gelten die Abschnitte des Respirationstraktes, die unterhalb des Kehlkopfes liegen. In den meisten Fällen verlaufen die Erkrankungen dieses Abschnittes unter dem Bilde einer mehr oder minder fieberhaften einfachen Tracheitis, die dazu neigt, chronisch bestehen zu bleiben. Nicht so sehr selten erstreckt sich die Schleimhautentzündung nicht nur auf die Trachea, sondern setzt sich bis in die kleinsten Verästelungen des Bronchialbaumes fort, wobei recht typische Bronchopneumonien entstehen, deren klinisches Erscheinungsbild sich von dem allgemein bekannten nicht unterscheidet. Gerade die kleinsten Verzweigungen der Luftröhrenäste erkranken mit Vorliebe, was die Neigung zum Auftreten von Komplikationen erklärt. Bei der chronischen Schleimhautentzündung der unteren Luftwege entwickeln sich im Laufe der Zeit häufig Dauerschäden, wie chronische Bronchitis, Emphysem, zuweilen auch Bronchiektasen.

Die typische und am meisten gefürchtete Form der Thomasschlackenstaubschädigung ist die richtige lobäre Pneumonie, die sich in nahezu allen wesentlichen Punkten klinisch *nicht* von der sonstigen typischen akuten, croupösen Pneumonie unterscheidet, wenngleich die Schwere, der rasche Verlauf und die hohe Sterblichkeit bei der Thomasschlackenpneumonie recht augenfällig sind. Das klinische Bild der gewöhnlichen lobären Pneumonie ist in allen seinen Varianten jedem Arzt so geläufig, daß sich hier eine eingehende Schilderung der Symptome erübrigt.

Auch bei der *Thomasschlackenpneumonie* ist der Beginn meist plötzlich; nach kurz dauernden Prodromalsymptomen setzt das Krankheitsbild stürmisch und akut ein im Gegensatz zu den Fällen, in denen nach einer vorherigen Affektion der Bronchien und der Luftröhre eine Bronchopneumonie entsteht. In den typischen Fällen der Thomasschlackenpneumonie setzen die ersten Symptome scheinbar aus vollster Gesundheit ein. Wie bei der gewöhnlichen lobären Pneumonie treten zunächst oft Schüttelfröste, plötzlicher Temperaturanstieg, Husten, Schmerzen in der Seite und im Rücken auf, welche mitunter auch ins Abdomen ausstrahlen und von den Kranken dorthin lokalisiert werden. Die Patienten werden schnell dyspnoisch und blau; wie bei den schwersten toxischen lobären Pneumonien entwickeln sich bei der Thomasschlackenpneumonie besonders schnell bedrohliche Allgemeinerscheinungen: Kopfschmerzen, Erbrechen, Benommenheit, Sopor, frühzeitig einsetzende deliröse und meningeale Zustände, wie vor allem auch ein Kreislaufkollaps. Meist schon am 3. oder 5. Tage, also sehr frühzeitig, tritt in vielen Fällen bei der Thomasschlackenpneumonie der Tod unter den Zeichen eines schweren Kollaps und völligen Versagens des Herzens ein. In vielen Fällen ist die Pleura beteiligt in Form einer metapneumonischen trockenen, eitrig-fibrinösen oder aber exsudativen Pleuritis; metastatische Pneumokokkenabscesse mit gangränösen Höhlenbildungen und Pneumokokkenmeningitis wurden als weitere Komplikationen beobachtet, bei denen dann unter Umständen auch eine infektiöse Milzschwellung nachzuweisen ist. Eine eindeutige Bevorzugung des einen oder anderen Lappens, in dem sich die pneumonische Entzündung abspielt, ist nicht festzustellen, doch ist hervorzuheben, daß bei der Thomasschlackenpneumonie häufiger als bei der gewöhnlichen lobären Pneumonie *mehrere* Lappen befallen werden, wobei es dann zum Auftreten sog. gekreuzter Pneumonien, zu Atelektasenbildung und zu Kombinationen mit bronchopneumonischen Infiltrationen kommt, welche dann meist in den nichtbefallenen Lappen sitzen. Damit soll jedoch nicht gesagt sein, daß nicht auch in vielen Fällen die Thomasschlackenpneumonie nur auf einen Lappen beschränkt bleibt. Auch die Lösung und Rückbildung der Thomasschlackenpneumonie ist in auffällig vielen Fällen verzögert oder unvollständig. Oft genug wurde beobachtet, daß ein und dasselbe Individuum drei-, ja viermal an einer Thomasschlackenpneumonie erkranken kann.

Das *Sputum* ist meist spärlich; seine Farbe ist meist wenig charakteristisch. Genau wie bei der genuinen Lobärpneumonie in vielen Fällen das typische pflaumenbrühartige Sputum vermißt wird, wechseln auch Farbe, Menge und Beschaffenheit des Sputums bei der Thomasschlackenpneumonie. Die Farbe spielt in allen Schattierungen von Ockergelb über Braun bis zu Grau und Schwarz, wobei bisweilen auch eine leichte blutige Tingierung des Auswurfs, vor allem im Anfang, festgestellt wurde. Offenbar ist die Farbe des eingeatmeten Staubes von maßgeblichem Einfluß auf die Farbe des Sputums. Anfangs ist die Konsistenz des Auswurfs zäh, schleimig; später wird er mehr eitrig, geballt.

Die Feststellung, daß klinisch faßbare, sichere Unterscheidungsmerkmale zwischen genuiner lobärer Pneumonie und Thomasschlackenpneumonie fehlen, wird gestützt durch die von zahlreichen Autoren erhobene Feststellung, daß auch der *anatomisch-pathologische Befund* in beiden Fällen der gleiche ist und typische Unterscheidungsmerkmale fehlen (vgl. STAUB, BOLLINGER, OLLIVE, POTZLER, WILKE, THOREL). Das gleiche gilt für die histologischen Untersuchungsergebnisse. Die chemische Untersuchung der Lunge von Arbeitern, die an einer Thomasschlackenpneumonie gestorben waren, ergab, daß das Lungengewebe keine erhöhten Mengen von Kieselsäure, Calciumoxyd, Eisen oder Phosphorsäure enthielt.

Die Beantwortung der Frage, ob ein Zusammenhang zwischen dem Auftreten einer Lungentuberkulose und der Einatmung von Thomasschlackenmehl als wahrscheinlich anzunehmen ist oder nicht, erfolgte verschieden. Die Mehrzahl der Autoren lehnt einen solchen ursächlichen Zusammenhang ab, ausgenommen in den Fällen, in denen in unmittelbarem Anschluß an eine Thomasschlackenpneumonie eine Lungentuberkulose manifest wird, so daß die Aktivierung eines bisher ruhenden tuberkulösen Herdes wahrscheinlich gemacht werden kann. Die Lokalisation des pneumonischen und des tuberkulösen Herdes ist dabei noch besonders zu berücksichtigen. Andere Autoren (BAUER und GERBIS) vertreten dagegen die Auffassung, daß die Einwirkung von Thomasschlackenstaub in gewissen Fällen die Entstehung tuberkulöser Herde begünstigen könne. Eine Einigung ist bisher noch nicht erfolgt. Immerhin wird man mit der Anerkennung einer Lungentuberkulose als Folge einer Thomasschlackenstaubinhalation ganz besonders vorsichtig sein müssen.

Bei der **Diagnose** wird man sich nach Lage der Dinge in erster Linie auf die anamnestischen Angaben stützen müssen, nach denen ein noch unmittelbar vor Ausbruch der ersten Krankheitserscheinungen stattgehabter Kontakt mit Thomasschlackenstaub nachzuweisen sein muß, so daß der zeitliche Zusammenhang zwischen Arbeit und Einsetzen der ersten Krankheitserscheinungen gewahrt bleibt. Entsprechend der kurzen Inkubationszeit der lobären Pneumonie, die ja nur 2—3 Tage beträgt, wird ein Zusammenhang zwischen der Einatmung von Thomasschlackenstaub und der Entwicklung einer Pneumonie nur innerhalb eines Zeitraumes angenommen werden können, der nicht viel länger als die Inkubationszeit ist. Die *Dauer* der Arbeit mit Thomasmehl bzw. Thomasschlacke ist dabei gleichgültig, da wenige Tage, ja sogar wenige Stunden der Staubeinatmung genügen, um die Entstehung einer Thomasschlackenpneumonie herbeizuführen.

Therapeutisch ist sowohl bei der Behandlung der katarrhalischen Erscheinungen an den oberen und unteren Luftwegen wie auch bei der Thomasschlackenpneumonie genau so zu verfahren wie sonst auch, wobei in jedem Falle der besonders sorgfältigen Pflege des Kreislaufes vom ersten Erkrankungstage an besondere Aufmerksamkeit zu schenken ist.

Die **prophylaktischen Maßnahmen** erstrecken sich in erster Linie auf die Staubbekämpfung; Arbeitsgänge, bei denen eine starke Staubentwicklung unvermeidlich ist, sind technisch so einzurichten, daß der entstehende Staub entweder abgesaugt oder aber seine Einatmung durch staubdichte Abkapselung der Maschinen verhindert wird. Mit Staubbildung einhergehende Arbeiten auf Halden und in Bunkern sind möglichst maschinell, nicht aber durch Anwendung menschlicher Arbeitskraft zu leisten. Wenn auch die Wirksamkeit des Schutzes durch Atemmasken noch problematisch ist, sollte doch durch Tragen von Masken bei vorübergehend mit Staubbildung verbundenen Arbeiten, die durch Menschenhand verrichtet werden müssen, ein Schutz wenigstens versucht werden. Das Vorbinden von Tüchern vor die Mund- und Nasenöffnungen ist ungenügend. Die Beschäftigung weiblicher Personen und Jugendlicher in Thomasschlacken- und Düngemittelbetrieben ist gesetzlich verboten. Alkoholiker, Schwächliche, an Nasen-Rachen-Katarrhen leidende Arbeiter sind bei der Einstellungsuntersuchung auszuschließen. Eine regelmäßige Kontrolle der im Betriebe Beschäftigten durch den Betriebsarzt ist unbedingt notwendig. Für genügende Reinigungsmöglichkeiten, die dem Arbeiter zur Verfügung gestellt werden müssen, für Alkohol- und Rauchverbot während der Arbeit ist zu sorgen. Auf die zum Schutze der Arbeiterschaft erlassenen gesetzlichen Vorschriften, welche den Umgang mit Thomasmehl usw. bis ins einzelne regeln, sei hier nur hingewiesen [vgl. hierzu die Vorschriften der Bundesratsverordnung vom 25. IV. 1899 betr. die Einrichtung und den Betrieb gewerblicher Anlagen, in denen Thomasschlacke gemahlen oder Thomasmehl gelagert wird, die Verordnung vom 3. VII. 1909 (Reichsgesetzbl. S. 543) und die Verordnung vom 23. XII. 1911 (Reichsgesetzbl. S. 1153) sowie die Verordnung vom 30. I. 1931 über die Herstellung, Verpackung, Lagerung und Einfuhr von Thomasmehl (Reichsgesetzbl. **1931**, T. I vom 14. II. 1931)].

XIX. Die Schneeberger Lungenkrankheit.

Die Bedeutung dieser Erkrankung als Berufskrankheit ist nicht allzu groß, da sie nur einen kleinen, in Schneeberg (Sachsen) und seiner Umgebung beheimateten Personenkreis betrifft, der in den dortigen Gruben tätig ist. Zudem ist die Zahl der Belegschaft in den letzten Jahrzehnten beträchtlich zurückgegangen. 1933 waren nur noch 19 Arbeiter und 5 Angestellte beschäftigt. Seit 1926 sind die Gruben bis zum sog. Max-Semmler-Stollen ersoffen.

Die Erkrankung ist unter den Bergleuten des sächsischen Erzgebirges schon seit Jahrhunderten bekannt, und zwar unter dem Namen „Bergkrankheit, Berg- oder Lungensucht", die die Betroffenen meist schon in mittleren Lebensaltern „bergfertig" macht und zum Tode führt. Die schon im Beginn der Neuzeit gegebenen Beschreibungen des klinischen Verlaufes sind zum Teil ganz ausgezeichnet und heben alle wesentlichen Punkte deutlich heraus. Das Krankheitsbild scheint sich im Laufe der Jahrhunderte nicht wesentlich geändert zu haben. Allerdings erfolgte die erste wissenschaftliche Bearbeitung erst 1879 durch Härting und Hesse, die feststellten, daß es sich um maligne Geschwulstbildungen handelte, die nach den damaligen Untersuchungsmethoden als Lymphosarkome anzusprechen waren, welche im allgemeinen vom Lungenhilus auszugehen pflegten. Neuere Untersuchungen ergaben, daß sich diese Auffassung nicht aufrechterhalten läßt. Nach SCHMORL handelt es sich in allen Fällen um *echte epitheliale Neubildungen*, zum Teil sehr kleinzellige Carcinome, die unter Umständen sehr schwer von Lymphosarkomen zu differenzieren sind.

Die Schneeberger Lungenkrankheit gehört zu den Staubinhalationskrankheiten der Lungen, nimmt unter diesen jedoch eine gewisse Sonderstellung ein: sie stellt eine Verbindung zwischen Silikose und Lungencarcinom dar, für dessen Entstehung wahrscheinlich der Radiumgehalt des eingeatmeten Gesteinsstaubes verantwortlich zu machen ist (BÖHME). Die letzte eingehende Untersuchung des ganzen Krankheitsgeschehens erfolgte 1921—1926 durch ROSTOSKI, SAUPE und SCHMORL.

In dem seit 1410 bestehenden Schneeberger Bergbau wird heute vor allem noch Wismut, Kobalt und Arsen gewonnen. Trotz verhältnismäßig guter Erzausbeute sind die hygienischen Verhältnisse nicht ganz befriedigend. Die Bergleute haben allein durch die weiten Anmärsche über die kalten, windigen Höhen des Erzgebirges, wobei sie häufig durchnäßt ihren Arbeitsplatz erreichen, und durch die Befahrung des Bergwerkes auf Leitern, da maschinelle Einrichtungen zur Personenbeförderung nur unzureichend vorhanden sind, schon bis zum Beginn der eigentlichen Bergarbeit eine beträchtliche körperliche Arbeit zu leisten. Die Überwindung der bis zu 300 m betragenden Höhenunterschiede innerhalb des Bergwerkes auf Leitern erfordert selbst für den im Steigen geübten Bergmann 30—45 Minuten. Die Bewetterung ist nach den Ansichten der Fachleute als genügend anzusehen. Immerhin ist die Staubentwicklung bei der Benutzung der allerdings nur stundenweise betriebenen Preßluftbohrhämmer sehr erheblich. Die durchschnittliche Arbeitszeit des Einzelnen als Bergmann betrug 1926, abgesehen von den 1922 und 1923 eingestellten Arbeitern, etwa 25 (10—35) Jahre.

Ätiologie. Wenngleich die Ätiologie der Schneeberger Lungenkrankheit auch heute noch nicht in allen Punkten eindeutig geklärt ist, so dürfte die ursächliche Wirkung der gasförmigen Radiumemanation, die in der Grubenluft enthalten ist, die wesentlichste Rolle beim Zustandekommen der Krankheitserscheinungen spielen.

Die *Beschaffenheit* des in den Schneeberger Gruben auftretenden *Staubes* wurde verschiedentlich untersucht, um auf diese Weise die Ätiologie dieser Krankheit zu klären. Nach älteren Analysen von F. A. HÄRTING und W. HESSE ergab sich für den bei 100° C getrockneten Staub folgende Zusammensetzung: Kieselsäure 51,00, Tonerde 14,65, Eisenoxydul 7,50, Kalkerde 12,85, Magnesia 3,20, Arsenik 0,19, Kobaltnickel 0,08, Glühverlust 9,80 (insgesamt 99,27). Auffällig ist der hohe Gehalt des Staubes an Kieselsäure, welcher die silikotischen Lungenveränderungen bei den Schneeberger Bergleuten ungezwungen erklärt. Aus neueren Analysen ergab sich, daß der beim Bohren auftretende Staub makroskopisch ein sehr feines Pulver von grauer oder rötlicher Farbe darstellt. Mikroskopisch erweisen sich die Staubpartikel als äußerst scharfkantig (SCHUMACHER). Die chemische Untersuchung ließ sulfidische Metallverbindungen (Schwefelkies, FeS_2) und arsenidische Metallverbindungen (Speiskobalt = $CoAs_2$ und Weißnickelkies = $NiAs_2$) erkennen (BRUNCK). Das Bohrmehl enthält viel Quarz und Nebengesteinsbestandteile sowie geringe, von den Bohrern stammende Stahlpartikel. Je nach Lage des Bohrloches wechselt der Arsengehalt des Bohrmehls stark (0—0,45‰). Auf der äußeren Haut und an den Genitalien entfaltet der Gesteinsstaub genau wie auf den der Haut benachbart liegenden Schleimhäuten (Mund) eine reizende Wirkung, mit der die bei der Pocharbeit bei manchen Bergleuten ziemlich häufig vorkommenden Ekzeme in Verbindung gebracht werden. Außerdem wurden in dem Gestein der Schneeberger Gruben, damit auch unter Umständen in dem Bohrmehl, u. a. noch oxydische Erze, Carbonate, Arsenate, Vanadinate und Uranate gefunden. Die radiologische Untersuchung erwies, daß der Radiumgehalt der Bohrmehlproben nur etwas über dem als normal zu betrachtenden Grad liegt (LUDEWIG). Interessant ist in diesem Zusammenhang die Tatsache, daß vereinzelt in den Haaren der Bergleute Arsen mit der GUTZEITschen Probe nachzuweisen war. Wie bereits angedeutet, ist die Strahlenwirkung des Radiums als ursächlicher Faktor offenbar ein wesentliches Moment bei der Entstehung der Schneeberger Lungenkrankheit. In der Grubenluft sind Emanationsmengen von einigen Mache-Einheiten bis zu maximal 50 Mache-Einheiten enthalten, wobei zum Vergleich daran erinnert sei, daß im Oberschlemaer Emanatorium der Emanationsgehalt maximal 22,5 Mache-Einheiten beträgt. Für die Auffassung, daß der Emanationsgehalt der Grubenluft für das Entstehen des Lungenkrebses die ausschlaggebende Rolle spielt, dürften auch Beobachtungen in den Joachimsthaler Gruben verwertbar sein, die nur etwa 30 km von Schneeberg entfernt liegen und in denen die Bergleute gleichfalls einer Bergkrankheit zum Opfer fallen, die ebenfalls als Lungenkrebs erkannt wurde (Hlava, Löwy). Auch in Joachimsthal ergab sich eine Häufung von Lungenkrebsfällen unter den Bergarbeitern, außerdem aber auch bei Radiumfabrikarbeitern, die zum Teil nie in den Joachimsthaler Gruben tätig waren (Šikl und Pirchan). Die Lungenveränderungen der Joachimsthaler Bergleute sind in vielen Punkten denen in Schneeberg analog, wenngleich der Verlauf des Joachimsthaler Lungenkrebses rascher und bösartiger, die Metastasenbildung häufiger ist, während trotz starker Staubentwicklung die pneumokoniotischen Lungenveränderungen wesentlich geringer sind als in Schneeberg. Möglicherweise hängt das mit den in Joachimsthal verwendeten Atemschutzgeräten zusammen, welche in Schneeberg von den Arbeitern meist abgelehnt wurden. Die Höhe des Emanationsgehaltes der Joachimsthaler Grubenluft entspricht etwa der in Schneeberg. Von Bedeutung erscheint die Angabe der Bergleute selbst, daß jeweils nach Entdeckung einer ergiebigen neuen Uranader einige Jahre später die Todesfälle unter ihnen sich häufen. Man hat ausgerechnet, daß bei einer Aktivität von nur 10 Mache-Einheiten im Liter Atmungsluft in 15 Arbeitsjahren 151 200 000 Mache-Einheiten eingeatmet werden, was einem Äquivalent von 55 mg Radiumchlorid entspricht. Für die wichtige ursächliche Rolle der Radiumemanation beim Zustandekommen der Krankheitserscheinungen spricht weiterhin die Tatsache, daß lediglich in den Schneeberger und Joachimsthaler Gruben gehäuft Carcinomfälle beobachtet werden, während sonst nirgends in der Welt ähnliche Beobachtungen gemacht wurden, insbesondere auch nicht in anderen Kobalt- und Arsengruben, so daß geschlossen werden darf, daß die ursächliche Rolle des Arsens bzw. Kobalts sicher nur eine untergeordnete ist. Auch die die Schneeberger Lungenkrankheit begleitende Silikose ist sicher kein wesentlicher Faktor bei der Entstehung des Lungencarcinoms, da heute feststeht, daß die Silikose sonst für die Entstehung von Lungen- und Bronchialkrebsen keine ursächliche Bedeutung hat.

Klinisches Bild: Die Krankheitserscheinungen beginnen ausgesprochen schleichend, zunächst mit häufig sich wiederholenden, allgemeinen Erkältungserscheinungen mit leichtem, später hartnäckigerem Husten, der zähen, schleimig-glasigen Auswurf zutage fördert. Nur selten ist das Sputum weniger zäh und mehr gelblich-eitrig. Zuweilen wird mit dem Auswurf auch ein wenig Blut entleert, das manchmal nur nach anstrengenden Hustenstößen, in anderen Fällen aber auch ohne solche im Auswurf erscheint. Allmählich treten zu diesen, von den Bergleuten oft wenig beachteten Krankheitszeichen Erscheinungen, die als arbeitsbehindernd empfunden werden. Die Erkrankten werden nach körperlichen Anstrengungen, insbesondere beim Absteigen oder Aufsteigen über die Leitern des Bergwerks, kurzatmig. Die Atmung wird geräuschvoll, stridorös. Auch treten bei körperlicher Anstrengung Schweißausbrüche auf. Allmählich nehmen auch das Körpergewicht und die Kräfte immer mehr ab. Bisweilen treten bohrende Schmerzen in der Brust oder im Rücken auf, die von den Erkrankten als „Nörgeln“ bezeichnet werden. In dieser ersten Phase des Krankheitsgeschehens, die etwa 7—20 Jahre lang andauern kann, bleiben die Krankheitserscheinungen lange stationär oder verschlimmern sich nur wenig; dabei können die Klagen über allgemeine Schwäche, in anderen Fällen aber über Atemnot als hauptsächlichstes Symptom bezeichnet werden.

Das *zweite Stadium*, das eigentlich nie ohne länger andauernde Vorboten auftritt, wird mit einer akuten Verschlimmerung der Beschwerden eingeleitet, unter Umständen mit einer Rippenfellentzündung oder anderen Symptomen, welche die Kranken dann „bergfertig" machen. Die Kurzatmigkeit besteht dann auch in der Ruhe; die Kranken sitzen blau und cyanotisch, mit nach hinten aufgestellten Armen und weithin hörbarer Orthopnoe, nach Luft schnappend im Bett. Vereinzelt treten auch Schluckbeschwerden auf. Das zweite Stadium führt innerhalb weniger Monate, längstens nach 4 Jahren zum Tode.

Der *Untersuchungsbefund* ergibt in den fortgeschrittenen Fällen schon bei der Inspektion auffällige, kaum übersehbare Krankheitszeichen. Die Kurzatmigkeit ist so groß, die Atmung so geräuschvoll, daß sie schon in der Ruhe auffällt. Schon bei leichtester körperlicher Anstrengung, wie beim Gang vom Wartezimmer in das Untersuchungszimmer, wird die Atmung flach, frequent und stridorös. Oft bleibt bei tiefer Inspiration die eine Thoraxhälfte deutlich hinter der anderen zurück. Das Sputum ist glasig, zäh und schleimig; himbeergeleeartiges Sputum, das in Lehrbüchern oft als Zeichen eines Lungencarcinoms beschrieben ist, wurde in Schneeberg bei den neueren Untersuchungen niemals festgestellt. Unter Umständen wird man im Auswurf kleine Geschwulstfetzchen finden können, deren mikroskopische Untersuchung dann die Diagnose leicht zu stellen gestattet. Der Ernährungszustand ist meist herabgesetzt und schlecht. Viele der Kranken sind stark abgemagert, die Ober- und Unterschlüsselbeingruben tief eingesunken, die Gesichtsfarbe blaß oder blaßgrau und leicht cyanotisch. Bisweilen ist die Venenzeichnung über der erkrankten Brustseite verstärkt. Vereinzelt sind die Lymphdrüsen in den Supraclaviculargruben oder in den Achselhöhlen geschwollen. Ihre Excision und mikroskopische Untersuchung kann die Diagnose sichern. Perkussion und Auskultation ergeben wechselnde Befunde. Tagweise wechselnd können Giemen und Brummen, evtl. auch rauhes Atmen trotz subjektiven Wohlbefindens, manchmal auch feuchte Rasselgeräusche nachzuweisen sein. In vielen Fällen finden sich bis handtellergroße Schallverkürzungen oder auch massive Dämpfungen, vor allem in den Oberlappen, allerdings nur dann, wenn der Tumor an der Lungenoberfläche lokalisiert ist. Die Lokalisation der Dämpfungen ist verschieden, manchmal paravertebral, in anderen Fällen im Bereiche des ganzen Oberfeldes vorn und hinten. Meist ist die Intensität der Schallverkürzung vorn und hinten auf der erkrankten Seite nicht gleich. Im Bereich der Dämpfungen ist das Atemgeräusch entweder stark abgeschwächt oder ganz aufgehoben. Leises oder abgeschwächtes Bronchialatmen ist selten. Der Stimmfremitus ist stets aufgehoben oder stark abgeschwächt. In vereinzelten Fällen kann trotz fehlender Dämpfung das Atemgeräusch abgeschwächt sein, wobei unter Umständen auch röntgenologisch ein Tumor noch nicht festzustellen ist. In anderen Fällen wieder sind lediglich Zeichen eines trockenen Bronchialkatarrhs festzustellen. Die auskultatorischen und perkussorischen Veränderungen kommen durch Kompression eines Bronchus und dadurch bedingte Atelektasenbildung, vereinzelt auch durch die sich an die Bronchusstenosierung anschließenden pneumonischen Infiltrationen zustande. Gelegentlich kann ein tympanitischer Klopfschall für eine Kavernenbildung innerhalb des Tumors sprechen, sofern die Kaverne weit genug an der Lungenoberfläche gelegen ist. In manchen Fällen entwickeln sich auch pleuritische Exsudate, die nur selten blutig sind und meist eine zwar eiweißreiche, aber rein seröse Flüssigkeit darstellen, die öfters reichlich eosinophile Leukocyten enthält. In späteren Stadien sind regelmäßig auch Zeichen kardialer Insuffizienz festzustellen. Das Blutbild zeigt meist nur eine mäßige Herabsetzung des Blutfarbstoffgehaltes, die nur selten 50% erreicht. Häufig kommt es zu einer Steigerung der Gesamtleukocytenzahl über 10000 bis zu 36000 und mehr. Leukopenien sind selten. Im Differentialblutbild ist bisweilen eine relative Lymphocytose festzustellen. Mitunter findet man eine Eosinophilie. Im Urin fehlen krankhafte Veränderungen. Die Temperatur ist bei unkomplizierten Fällen normal.

Metastasenbildungen in entfernten Bezirken sind verhältnismäßig selten. Metastasen finden sich meist in den regionären Lymphdrüsen, gelegentlich in den Nebennieren und Knochen, wobei es zu Spontanfrakturen kommen kann. Unter Umständen können metastatisch erkrankte Mediastinaldrüsen in den Oesophagus durchbrechen.

Im ersten Stadium der Erkrankung zeigt das *Röntgenbild* vorwiegend die gleichen Veränderungen, wie sie bei der Silikose im ersten und zweiten Stadium zu beobachten sind (vgl. diese). Im zweiten, schneller verlaufenden Stadium sind neben den pneumokoniotischen, meist symmetrisch angeordneten Strukturveränderungen der Lungen Tumorschatten bzw. tumorartige Schattenbezirke zu sehen. Diese Verschattungen können sich auf Teile, zuweilen auch auf das ganze Gebiet eines Lungenlappens erstrecken, wobei allerdings darauf hingewiesen werden muß, daß derartige Verschattungen auch bei reiner Silikose bzw. deren Kombination mit Tuberkulose beobachtet werden können und nicht ohne weiteres als Tumormassen angesprochen werden dürfen. Allerdings kommen die tumorartigen Verschattungen bei der Silikose im Gegensatz zum Lungencarcinom meist in der Mehrzahl vor. Oft nimmt das Krebsgewebe auch nur einen kleineren bestimmten Bezirk ein, verlegt das Lumen eines größeren oder kleineren Bronchus, so daß sich anschließend in dem von dem Bronchus versorgten Gebiet eine ebenfalls als Verschattung imponierende Atelektase oder aber auch pneumonische Veränderungen entwickeln, deren räumliche Beteiligung beim Zustandekommen der im Röntgenbild erscheinenden Verschattungen aus diesen nur unsicher oder aber auch gar nicht abzugrenzen ist. Auch eine bei der Schneeberger Bergkrankheit bisweilen auftretende Pleuritis kann unter Umständen die Diagnose erschweren; manchmal kann eine genauere röntgenologische Untersuchung der Hilusdrüsen und die Fahndung auf Metastasen in diesen diagnostisch weiterhelfen. Die Hilusdrüsen können hühnerei- bis mannsfaustgroße Schattenbildungen zeigen, die oft auffällig scharf gegen das umgebende Lungengewebe begrenzt sind. Die bekannten fingerförmigen Fortsätze der Hilustumoren werden oft vermißt. Der Primärtumor ist häufig so klein, daß er röntgenologisch nicht faßbar ist. Gelegentlich ist die Tumordiagnose lediglich durch den Nachweis entfernter liegender Metastasen im Mediastinum zu stellen, die zu Verziehungen der Trachea oder des Oesophagus führen. In seltenen Fällen wurde das Nebeneinanderbestehen von malignem Tumor, Pneumokoniose und Tuberkulose festgestellt.

Der **Verlauf** des Schneeberger Lungenkrebses ist charakterisiert durch die sich meist über viele Jahre erstreckenden Klagen über Lungensymptome und die dann plötzlich eintretende Verschlechterung, von deren Beginn bis zum tödlichen Ausgang meist ebenfalls verhältnismäßig lange Zeit vergeht. Dabei ist bisher noch nicht sicher entschieden, ob der Zeitpunkt der Entstehung der Neubildung mit dem Eintritt der plötzlichen Verschlechterung zusammenfällt oder ob es sich nur um ein weiteres Stadium seiner Entwicklung handelt. Die anamnestisch angegebenen leichten allerersten Symptome sind ziemlich sicher lediglich auf die Steinstauberkrankung der Lungen und die diese begleitende Bronchitis zurückzuführen. Möglicherweise wächst der Tumor in dem pneumokoniotisch veränderten Gewebe langsamer als andere, in normalem Lungengewebe entstehende Tumoren. Bei dem langsamen Verlauf des Schneeberger Lungenkrebses kommt es nicht so sehr selten vor, daß auch Arbeiter, die bereits seit Jahren aus dem Bergbaubetrieb ausgeschieden sind, noch nachträglich dem Leiden zum Opfer fallen, das sich dann erst in den folgenden Jahren entwickelt. In einem Fall entwickelte sich das Carcinom erst 15, in einem anderen sogar erst 22 Jahre nach Aufgabe der Grubenarbeit (SAUPE).

Pathologisch-anatomisch handelt es sich nach den Feststellungen von SCHMORL, wie bereits gesagt, stets um echte epitheliale Neubildungen. Nach den bisher vorliegenden Untersuchungsergebnissen konnte eine Bevorzugung der rechten Seite, wie sie in den Lehrbüchern oft für Lungencarcinome beschrieben wird, bei der allerdings relativ kleineren Zahl der Schneeberger Fälle nicht gefunden werden. Der Ausgangspunkt der Neubildungen ist, da ausschließlich schon weit fortgeschrittene carcinomatöse Erkrankungen seziert wurden, nicht sicher festzustellen gewesen. In einem Teil der Fälle schien das Carcinom von den größeren Bronchien, in einem kleineren Teil vom Lungengewebe ausgegangen zu sein. Makroskopisch handelt es sich meist um ziemlich derbe Neubildungen, seltener um weichere Tumoren, während richtige Medullarkrebse nur selten gefunden wurden. In den Fällen, in denen der Tumor von den Bronchien auszugehen schien, wucherte er entlang den Bronchialverzweigungen in das peripher liegende Lungengewebe hinein, wobei die Bronchiallymphknoten, die mediastinalen und cervicalen Lymphdrüsen metastatische Veränderungen aufwiesen. Relativ häufig griffen die am Hilus sitzenden Tumoren auf den Herzbeutel über und drückten dabei auf die Lungenvenen, die bisweilen von Geschwulstmassen durchwachsen waren. Gelegentlich können die Tumoren auf das Herz selber übergreifen oder aber in die seitliche Brustwand einwachsen. Beim gleichzeitigen Vorkommen von Carcinom und Lungentuberkulose waren

Beziehungen zwischen beiden Erkrankungen nicht nachzuweisen. Meist handelte es sich um chronisch-produktiv verlaufende Tuberkulosen, die nur selten zu Einschmelzungen und Kavernenbildung führen. Im übrigen spielt die Tuberkulose bei den Schneeberger Bergleuten eine wesentlich untergeordnetere Rolle als z. B. bei den staublungenkranken Bergleuten anderer Bergbaureviere. Der mikroskopische Aufbau der Geschwülste ist recht unterschiedlich. Zum Teil handelt es sich um kleinzellige Tumoren, die zu den Scirrhen zu rechnen sind; in anderen Fällen wurden Plattenepithelkrebse mit und ohne Verhornung gefunden, in anderen wieder als Carcinoma simplex zu bezeichnende Neubildungen, die aus epithelialen Zellen indifferenten Charakters, die von einer auffälligen Vielgestaltigkeit waren, bestanden. Auffallend ist die von SCHMORL entdeckte und von anderen Untersuchern bestätigte Tatsache, daß in 25% der von ihm untersuchten Fälle verschiedene Primärcarcinome in ein und derselben Lunge gefunden wurden. So fanden sich neben dem Haupttumor Geschwulstherde, die einen von ersterem so abweichenden Zellaufbau aufwiesen, daß an dem Vorliegen eines zweiten Primärtumors nicht gezweifelt werden konnte. So fanden sich neben einem Carcinoma simplex Geschwulstherde aus verhornendem Plattenepithel, neben scirrhösen Krebsknoten Herde, die aus verhornendem Plattenepithel bestanden, neben typischen Plattenepithelkrebsen wenig ausgedehnte kleinzellige Tumoren von carcinomatösem Bau, die dann teilweise nebeneinander in den Lymphdrüsen metastasierten; in einem Fall wurde neben einem Plattenepithelcarcinom ein in einem von weißen Gewebszügen durchsetzten, in der Lungenspitze liegenden, verschwielten anthrakotischen Herd eingebettetes, schleimbildendes Zylindercarcinom gefunden. Die Metastasen in den Lymphdrüsen bestanden dabei lediglich aus Plattenepithelien. Damit wurde erwiesen, daß die in den Lungen von Schneeberger Bergleuten sich so häufig entwickelnden Carcinome verschiedenen morphologischen Charakter besitzen und demnach eine Sonderstellung gegenüber den an anderen Orten vorkommenden Lungenkrebsen nicht einnehmen.

Differentialdiagnostisch sind mit tumorartigen Verschattungen einhergehende silikotische Verschattungen, tuberkulöse Veränderungen, die mit silikotischen Veränderungen kombiniert vorkommen können, oft nur sehr schwer und unter Berücksichtigung des klinischen Verlaufes und der anamnestischen Angaben voneinander abzugrenzen. Weiterhin sind chronisch indurierende pneumonische Prozesse, Aktinomykose und pleuritische Prozesse auszuschließen.

Therapeutisch bestehen kaum Möglichkeiten, helfend einzugreifen. Im wesentlichen wird man sich auf palliative Maßnahmen im Endstadium des Leidens, evtl. auch auf eine Stützung des Herzens mit Strophanthin oder Digitalis beschränken müssen. Das Hauptgewicht wird auf **prophylaktische Maßnahmen,** wie Verminderung der Staubentstehung, Vermeidung der so häufigen Erkältungen beim Nachhausegehen in verschwitztem und durchnäßtem Zustand, Wechsel der Arbeitswäsche, wie vor allem auch regelmäßige klinische und röntgenologische Untersuchungen im Abstand von etwa einem Jahr zu legen sein.

XX. Durch Lärm verursachte Taubheit oder an Taubheit grenzende Schwerhörigkeit.

Unter Lärm ist nach einem Vorschlag des Ausschusses für Einheiten und Formeln jeder Schall zu verstehen, der die Stille oder eine bestimmte Schallbeobachtung stört, womit dem Lärm also auch das Kennzeichen des Unerwünschten anhaftet. Weiter gefaßt kann man auch als Lärm jede Ton- oder Geräuschwahrnehmung definieren, welche je nach Art und Intensität als unangenehm oder gar schmerzhaft empfunden wird. Die Stärke der Schallempfindung ist abhängig von der Schallstärke und von der Beschaffenheit des Hörorganes und seinen Eigenschaften, von denen die Frequenzabhängigkeit der Empfindlichkeit besonders wichtig ist; ein sehr tiefer oder hoher Ton muß nämlich eine viel größere physikalische Stärke haben als ein Ton mittlerer Höhe. Als Töne imponieren *regelmäßige* Schwingungen, deren Zahl pro Sekunde genau festliegt. Die Empfindlichkeit des menschlichen Ohres für Lautstärkenunterschiede beträgt jeweils ein Phon. Lärm besteht aus Tönen und Geräuschen, welch letztere durch *unregelmäßige* Schwingungen hervorgerufen werden. Die Leistungsfähigkeit des menschlichen Ohres ist nach oben und unten begrenzt (hohe Töne bis zu 20000 Schwingungen/sec, tiefe Töne etwa 15—18 Schwingungen/sec). Zur *Messung* der Lautstärke dient der Normalschall (E) mit dem Ton 1000 Hertz (Hz), bezogen auf den Schwellenwert dieses Tones, der eben noch hörbar ist ($= E_0$). Als Lautstärkeeinheit dient das Phon $= 10 \times \log E/E_0$. Nach dem für Sinnesorgane, also auch für das Ohr, gültigen WEBER-FECHNERschen Gesetz ist die in Phon gemessene Empfindungsstärke proportional dem Logarithmus der Reizstärke, d. h. der Schallintensität. Geräusche von der Lautstärke 0 Phon sind gerade nicht mehr hörbar. Die obere Empfindlichkeitsgrenze, bei welcher der akustische Eindruck mit Schmerzen verbunden ist, liegt bei 130 Phon. In Amerika wird die Lautstärke in Dezibel (= db) gemessen. Beim Vergleich zweier Lautstärken stimmen die Dezibel- und Phonwerte praktisch miteinander völlig überein. Um einen Begriff von verschiedenen Lärmstärken zu geben, seien nachfolgend einige bekannte Lärmzahlen angeführt.

Freie Landschaft	20— 30	Phon
Schreibmaschinenlärm	40— 50	,,
Versammlungen usw.	50— 60	,,
Starker Straßenlärm etwa	80	,,
Motorrad mit Schalldämpfer	75— 90	,,
Preßluftbohrer etwa	90	,,
Webereien mit schweren Webstühlen	80—100	,,
Motorradfahrer ohne Schalldämpfer um	100	,,
Nietarbeiten und Kesselschmieden	100—120	,,
Flugzeugmotorenlärm 6 m vom Propeller	110—120	,,
Motorenprüfstände	120—130	,,
Grenze der Schmerzempfindung	130	,,

Zur objektiven Messung von Geräuschen bedient man sich in der Praxis am besten des von Siemens & Halske zusammen mit dem Hertz-Institut konstruierten Geräuschmessers (vgl. Arbeitsschutz **1933**, 224; Gesdh.ing. **1934**, 567).

Im allgemeinen treten Schädigungen des Gehörorganes erst bei dauerndem Lärm über 70 Phon auf. Derartiger Lärm wird nun jedoch nicht nur in den in der III. VO. ausdrücklich genannten Betrieben der Metallbearbeitung und Metallverarbeitung wirksam, auf die sich der Versicherungsschutz beschränkt, sondern auch in anderen Betrieben, z. B. in mechanischen Webereien, in Mühlenbetrieben, insbesondere in Gesteinsmühlen, in Bergwerken, bei der Arbeit mit Preßluftwerkzeugen, beim Abklopfen von Kesselstein. In solchen Lärmbetrieben auftretende Gehörschäden sind jedoch bisher vom Versicherungsschutz nicht miterfaßt und werden deshalb nicht entschädigt. Entscheidend für die Frage, ob für einen aufgetretenen Gehörschaden eine Entschädigung gewährt werden kann oder nicht, ist die Feststellung, ob in dem betreffenden Lärmbetrieb Metall be- oder verarbeitet wird. Dies wird z. B. für Hochofenbetriebe, Seilbahnen und Kesselreinigungsarbeiten verneint.

Eine vollständige Aufzählung der Lärmbetriebe in der Metall ver- und bearbeitenden Industrie ist faktisch unmöglich. Einige der wichtigsten seien nachstehend genannt (nach A. PEYSER): Starker Lärm entsteht bei der Anwendung pneumatischer, durch Luftdruck, Preßluft oder Elektrizität angetriebener Schlagzeuge, die zum Nieten, Stampfen, Meißeln, Richten und Treiben in Metallbearbeitungsbetrieben vielfach und oft in größerer Zahl (z. B. auf Schiffswerften) benutzt werden. Die Schlagfrequenz dieser Hämmer geht bis zu 600 Schlägen/min. Die Resonanz der bearbeiteten Hohlkörper spielt dabei eine den Lärm verstärkende Rolle. Nieter, Gegenhalter, Kesselklopfer, Verdichter, Stemmer, Armaturenschlosser sind besonders gefährdet. Bei der Nagel-, Nieten-, Schrauben- und Bolzenfabrikation entsteht durch die Anhäufung der Hammerwerke in ein und demselben Raum starker Lärm. Auch bei der sog. Nagelputzerei in den Rollkammern, Roll- oder Rummelfässern zum Blankmachen der Nägel, durch die Anwendung von Schlag- und Stanzmaschinen zur Herstellung von Nägeln, Nieten, Schrauben, Bolzen, Muttern, beim Betrieb von Nietmaschinen, die 1500—2000 Schläge/min machen, weiter in automatischen Schrauben- und Mutterdrehereien entsteht erheblicher Lärm; in Schneidereien, Schlägereien, in Hammer-, Stanz-, Fall- und Preßwerken, in Metall- und Goldschlägereien verursachen bis zu 12 kg schwere Hämmer mit einer Schlagfrequenz bis zu 1000 Schlägen/min, in Blechschlag- und Richtmaschinen mit 1500 bis 2000 Schlägen/min, beim Schmieden von Schlag- und Hackmessern benutzte sog. Breithämmer, Vierschlaghämmer in Blechspannhämmereien starken Lärm. Der Betrieb von zur Metallarbeit benutzten Werkzeugmaschinen (Fräs-, Hobel-, Bohr- und Drehbänke, Sägen, Scheren, Stanzen, Pressen, Druck-, Schleif- und Poliermaschinen, Drahtzug- und Drahtverarbeitungsmaschinen), die Herstellung von Drahtgeweben ist stets mit erheblichem Lärm verbunden. Beim Schleifen von Blechen, beim Abgraten von Eisen an Schmirgelsteinen, beim Abfräsen bzw. Rundrichten der Schleif- und Schmirgelsteine, während der üblichen Arbeit beim Feilenschmieden, beim Abschleifen des alten Hiebes und Schlagen des neuen, beim Walzen und Hämmern von Metallen ist starker

Lärm unvermeidlich. In Gießereien und Putzereien verursachen Formrüttelmaschinen, Luftstampfer, Luftmeißel, Putztrommeln heftigen Lärm, der auch bei der Herstellung und Reparatur von Schiffen, Kesseln, Lokomotiven, Waggons, Tanks, Förderwagen, Brücken, Behältern aller Art, Rohren, bei der Benutzung von Loch-, Bohr-, Krempel- und Bördelwerken, bei Eisen-, Stahl-, Messing-, Kupfer- und Nickelblecharbeiten, in Schlossereien, Klempnereien, Spenglereien, Kupferschmieden, Kraftwagen- und Flugzeugfabriken, Blattgoldschlägereien, Stecknadelfabriken und in Alteisen verwertenden Betrieben nicht zu vermeiden ist.

Betriebe mit einem *regelmäßigen* Arbeitsgeräusch von 70 bis 90 Phon gehören eigentlich bereits zu den richtigen Lärmbetrieben. Lärmbetriebe im engeren Sinne sind solche mit einem regelmäßigen Arbeitsgeräusch von 90 Phon und mehr. Als *Großlärmbetriebe* gelten solche mit einem Betriebslärm von 100 bis 130 Phon. Von den Metall be- und verarbeitenden Betrieben gelten als besonders gefährdet die Sensen-, Nagel-, Hammer- und sonstigen Schmiede, die Gußputzer, die Nieter mit Preßlufthämmern, die mit der Fabrikation von Drahtstiften, dem Drehen von Schrauben und in Bronzestampfereien beschäftigten Arbeiter, während bei der Kesselschmiederei durch den Übergang zum Schweißen die Erkrankungshäufigkeit geringer geworden ist.

Die als Berufskrankheit anerkannte *Lärmschwerhörigkeit* stellt die typische Schädigung des Ohres durch eine *chronische* übermäßige Schalleinwirkung dar. Hieraus geht hervor, daß der Zeitfaktor, d. h. also die Einwirkungsdauer, und zwar die tägliche wie auch die Beschäftigungsdauer im Lärmbetrieb überhaupt, neben der Lärmstärke und der individuellen Empfindlichkeit für die Entstehung der Lärmschwerhörigkeit und die Schnelligkeit ihres Auftretens eine besondere Rolle spielt.

Praktisch wichtig für die Entscheidung, ob eine entschädigungspflichtige Berufskrankheit vorliegt oder nicht, ist noch die Definition des Begriffes Taubheit und der an Taubheit grenzenden Schwerhörigkeit für die versicherungsrechtliche Beurteilung. Maßgebend ist die *totale* Hörfähigkeit auf *beiden* Ohren. Als Taubheit wird eine völlige Aufhebung des Hörvermögens für artikulierte Sprache auf *beiden* Ohren bezeichnet. Eine an Taubheit grenzende Schwerhörigkeit ist dann anzunehmen, wenn *gewöhnliche* Umgangssprache mit beiden Ohren aus 1 m Entfernung, vom besser hörenden Ohr über 25 cm Entfernung nicht mehr verstanden wird. Daraus ergibt sich, daß auch *einseitige* Taubheit eine Meldung erfordert. *Nicht* als Berufskrankheit entschädigt werden *akute* Schädigungen des Hörorganes.

Die chronische Schallschädigung der Ohren besteht in degenerativen Veränderungen des Innenohres, die allmählich fortschreiten und die sich in der Mehrzahl der Fälle doppelseitig entwickeln. Neben den Veränderungen am Hörorgan selbst treten noch durch den Lärm bedingte *Allgemeinerscheinungen* auf, die als sog. **Lärmkrankheit** bezeichnet werden. Die Entwicklung der Lärmschwerhörigkeit ist ziemlich charakteristisch, schleichend, gleichmäßig zunehmend und nur selten sprunghaft. Dabei merkt der Betroffene selbst von der Verminderung seiner Hörfähigkeit gerade in den Anfangsstadien der Erkrankung zunächst wenig oder nichts. In den meisten Fällen führen erst schwerere Veränderungen im Innenohr den Kranken zum Arzt, die sich ihm durch Schwierigkeiten beim Verkehr mit der Umwelt und in Hörschwierigkeiten beim Verstehen der gewöhnlichen Umgangssprache bemerkbar machen. Daß die Verminderung des Sprachgehörs dem Geschädigten zuweilen erst recht spät zum Bewußtsein kommt, liegt zum Teil daran, daß regelmäßiges Arbeiten im großen Lärm die dort Beschäftigten zu lautem Sprechen zwingt. Interessant ist die von GLIBERT mitgeteilte Beobachtung, daß manche Arbeiter in Lärmbetrieben die Fähigkeit haben, eine Unterhaltung miteinander mit fast normaler Stimme zu führen, während zugleich ein Dritter, Gesunder, der nicht an den Lärm gewöhnt ist, infolge der starken Geräusche von der Unterhaltung kein Wort versteht.

Die Lärmschwerhörigkeit entwickelt sich meist erst nach langjähriger Tätigkeit im Lärmbetrieb. Die ersten Verständigungsschwierigkeiten stellen sich zwischen dem 15. und 20. Arbeitsjahr ein. Vereinzelt lassen sich bei intensivem Dauerlärm schon nach 2—3 Jahren deutliche Hörstörungen nachweisen, wobei neben der Intensität des Dauerlärms auch konstitutionelle Momente (sog. Konstitutionsschwache) für die Schnelligkeit ihres Auftretens wichtig sind (GRADENIGO, ROEPKE, KAYSER). Typisch für die berufliche Lärmschwerhörigkeit ist ihr Auftreten schon in verhältnismäßig sehr frühem Lebensalter, in welchem die Altersschwerhörigkeit sicher noch keine Rolle spielt.

Neu in den Lärmbetrieb eintretende junge Arbeiter empfinden den Lärm zunächst als störend, bei erheblicher Lärmstärke sogar als schmerzhaft. Die Betreffenden sind nach kurzer Zeit wie benommen, der Kopf und die Ohren sind eingenommen. Zunächst hellt sich das Ohr während der Ruhepausen bzw. während der Nacht wieder auf; später bleibt diese Vertäubung dauernd bestehen. In den meisten Fällen tritt nach Überwindung der anfänglichen Schwierigkeiten eine subjektive Gewöhnung an den Betriebslärm ein, wenngleich darauf hingewiesen sei, daß manche Arbeiter den Aufenthalt im Lärmbetrieb überhaupt nicht auszuhalten vermögen. In vielen Fällen ist das Allgemeinbefinden gestört. So treten nervöse Funktionsstörungen der Atmung, der Herztätigkeit (Frequenzerhöhung, Extrasystolen) oder auch nervöse Verdauungsstörungen, als Zeichen erhöhter nervöser Erregbarkeit Reflexsteigerungen, Tremor der Hände, erhöhte allgemeine Reizbarkeit, Schlafstörungen und seelische Depressionen auf. Über das Vorkommen störender Ohrengeräusche, die nur in den Arbeitspausen als unangenehm empfunden werden, sind die Meinungen geteilt. Manche Untersucher haben sie beobachtet, während andere ihr Fehlen bzw. ihre Seltenheit als geradezu typisch für die chronischen Hörschädigungen durch Lärm bezeichnen.

Nach den Richtlinien für eine einheitliche Hör- und Gleichgewichtsprüfung für Begutachtungen (A. HERMANN: Sitzgsber. dtsch. Ges. Hals-, Nasen-, Ohrenärzte, Kongreß, Würzburg 1934), die auch für derartige Untersuchungen und nicht nur für Begutachtungen maßgebend sein sollten, muß die Hörprüfung mittels Flüster- und Umgangssprache so ausgeführt werden, daß der Patient den Untersucher nicht sehen kann und daß er bei Dissimulation nicht vom Munde ablesen kann. Zunächst ist jedes Ohr einzelnen zu prüfen. Die Ausschaltung des anderen Ohres geschieht entweder durch Anwendung einer BARANYschen Lärmtrommel oder einfacher durch Schütteln: auf die angefeuchtete Watte im verstopften Ohr wird der Zeigefinger der assistierenden Person fest aufgesetzt, die unter festem Druck schüttelnde Bewegungen ausführt. Anschließend ist das Hörvermögen für Flüster- und Umgangssprache nach Luftdusche, schließlich das binaurale Satzgehör zu prüfen, das für die Beurteilung der Schwerhörigen im Umgang mit ihrer Umwelt ausschlaggebend ist. Weiterhin wird der WEBERsche, SCHWABACHsche und RINNÉsche Versuch mit unbelasteter Stimmgabel vorgenommen. Dabei sollte beim RINNÉschen und SCHWABACHschen Versuch die Schwingungsdauer der bei der Untersuchung benutzten Stimmgabel für Luft- und Knochenleitung im Vergleich zum normal Hörenden stets angegeben werden. Die untere Tongrenze ist mit belasteter Stimmgabel, um Obertöne auszuschließen, die obere Tongrenze mit Monochord zu bestimmen, wobei die Zahl der Doppelschwingungen angegeben werden muß. Mit der c^5-Stimmgabel ist die quantitative Hörfähigkeit festzustellen; dabei muß die Schwingungsdauer der Stimmgabel im Vergleich zum normal Hörenden angegeben werden. (Näheres über evtl. notwendig werdende Gleichgewichtsprüfungen s. bei HERRMANN l. c.)

Die **genauere otologische Untersuchung** ergibt meist einen normalen Spiegelbefund des Trommelfells, das gut beweglich ist und nur in vereinzelten Fällen Einziehungen erkennen läßt. Die Ohrtrompeten sind meist durchgängig. Die *Funktionsprüfungen* zeigen das Bild der progredienten labyrinthären Schwerhörigkeit, die meist, wenn auch nicht immer, doppelseitig ist. Die Knochenleitung erweist sich als verkürzt, die Hörfähigkeit für Flüstersprache vermindert und die obere Tongrenze als herabgesetzt; die Perzeption für Luftleitung ist nach der oberen Grenze zu verkürzt (A. PEYSER). Wiederholt wurde jedoch darauf hingewiesen, daß nicht so sehr selten ein Hinaufrücken auch der unteren Tongrenze zu beobachten ist, so daß eine „konzentrische Einengung" der Tongrenzen resultiert (MAUTHNER). Allerdings muß dann mit entsprechend tiefen Stimmgabeln (C_1 [32]) geprüft werden (PEYSER). Da auch bei gewöhnlichem Betriebslärm oft genug intensive, schrille und unerwartete Schallreize entstehen, kann es unter Umständen auch zu klonischen Krämpfen der Binnenmuskulatur des Ohres bei Lärmarbeitern kommen, die sich dann in rhythmischem störenden Knacken äußern, doch liegen hierüber nur vereinzelte Angaben vor (PEYSER).

Echte vestibuläre Störungen sind im Bilde der beruflichen Lärmschwerhörigkeit im Gegensatz zum akuten akustischen Trauma *ausgesprochen selten.* Bei ihrem Nachweis ist es besonders wichtig, hereditäre Einflüsse, Infektionen, Vergiftungen, Neurosen, Angiospasmen und arteriosklerotische Veränderungen soweit als irgend möglich auszuschließen. Immerhin wurden vereinzelte Fälle beobachtet.

Über **anatomisch-pathologische Befunde** bei gewerblichen Binnenohrschädigungen sind nur vereinzelte Angaben vorhanden. In sehr fortgeschrittenen Fällen wurde ein Schwund des ganzen CORTIschen Organs festgestellt. Sicher ist jedenfalls, daß die anatomisch faßbaren Schädigungen im ganzen peripheren Neuron des Nerv. cochlearis beiderseits lokalisiert sind. Die kontinuierliche Schalleinwirkung mit überwiegendem lauten Luftton führt zu einem Zerfall der Sinneszellen des schallaufnehmenden Neurons, an den sich dann ein fortschreitender Zerfall der peripheren Nervenfasern und Ganglien im Ganglion cochleare anschließt. Endlich kommt es auch zu Rückbildungsprozessen im Stützapparat des CORTIschen Organs, wobei die krankhaften Veränderungen regelmäßig nur in den *unteren* Windungen angetroffen wurden.

Was nun die Frage betrifft, welche Rolle der vor allem von WITTMAACK behauptete erhebliche Einfluß des sog. *Bodenschalles* füt die Entwicklung der eben beschriebenen Veränderungen spielt, die dann durch die Wirkung des Bodenschalles, vor allem in den oberen Windungen des CORTIschen Organs bei gut erhaltenem und unverändertem Stützapparat lokalisiert sein sollten, und was den sich daraus entwickelnden Streit betrifft, inwieweit nämlich der Bodenschall überhaupt für die Entstehung der beruflichen Lärmschwerhörigkeit verantwortlich zu machen sei, so liegen die Dinge so, daß durch die von LANGENBECK ausgeführten umfangreichen quantitativen und kritischen Untersuchungen sichergestellt ist, daß eine Schädigung des Gehörorgans durch den Bodenschall über die Knochenleitung sicher abgelehnt werden kann. Schon früher hatten sich SIEBENMANN und seine Schüler, weiter YOSHII, HÖSSLI, V. EYCKEN, später BARTH, BECK und HOLZMANN gegen die Auffassung WITTMAACKS ausgesprochen und dessen Befunde nicht reproduzieren können. Es sind zwei Arten der Bodenschallwahrnehmung möglich: einmal eine direkte durch Körperleitung über das Skeletsystem und die Schädelbasis zum Labyrinth und zweitens eine solche durch Luftleitung, da jeder Bodenschall auch Luftschall erzeugt. Nach den quantitativen Untersuchungen von LANGENBECK bleibt selbst unter den ungünstigsten Verhältnissen, nämlich bei tiefsten Frequenzen, die Körperleitung mehr als eine Zehnerpotenz unter der Luftleitung der durch den Bodenschall erzeugten Schwingungen. Bei normal Hörenden kommt eine Schallschädigung nach den von LANGENBECK ausgeführten Messungen durch Vermittlung der Knochenleitung überhaupt nicht in Frage. Selbst bei leitungsschwerhörigen Kranken ist eine Labyrinthschädigung im Lärmbetriebe auf dem Wege über die Knochenleitung kaum möglich. Damit erübrigen sich auch die bisher immer geforderten Schutzmaßnahmen gegen Bodenschalleinwirkungen (Filzpantoffeln, Filzmatten usw.) zum Schutze der Lärmarbeiter, es sei denn, man will die vom Arbeiter als besonders unangenehm empfundenen Bodenerschütterungen beseitigen, die sicher seine Leistungsfähigkeit — wie auch Lärm überhaupt — vermindern und deren Verringerung sich in einem besseren Allgemeinbefinden und in besserer Leistungsfähigkeit bemerkbar machen wird.

Die **Schutzmaßnahmen** zur Verhinderung der Entwicklung der Lärmschwerhörigkeit können daher auf eine Verminderung des Luftschalles beschränkt bleiben. Den prophylaktischen Maßnahmen ist um so mehr Aufmerksamkeit zu schenken, als die Therapie der Lärmschwerhörigkeit bisher ziemlich aussichtslos ist. Bei frühzeitiger Erkennung ist ein schneller Arbeitsplatzwechsel nützlich, da eine lang dauernde bzw. gänzliche Unterbrechung der Lärmeinwirkung das Fortschreiten der Hörstörungen wenigstens verzögert.

Differentialdiagnostisch kann die Abgrenzung gegenüber anderen Formen der Innenohrschwerhörigkeit zuweilen recht schwierig sein. Nicht immer ist eine exakte Trennung gegenüber der Altersschwerhörigkeit möglich. Genaue Aufnahme der Anamnese, der Nachweis langjähriger Lärmarbeit und das Auftreten der ersten Hörstörungen vor dem 50. Lebensjahr lassen mit größerer Wahrscheinlichkeit, sofern weitere sichtbare Altersveränderungen fehlen, eine Altersschwerhörigkeit ausschließen. Auch die Otosklerose, die durch Lärmeinwirkung wahrscheinlich verschlimmert wird (Peyser), weiterhin Lues, Infektionskrankheiten, die Einwirkung gewerblich wichtiger Gifte (Blei, Quecksilber, Benzol, Kohlenoxyd) sowie Arteriosklerose müssen ausgeschlossen werden. Besonders schwierig liegen die Fälle, in denen doppelseitige Mittelohrveränderungen zur Schwerhörigkeit geführt haben und in denen geklärt werden muß, ob diese oder die Lärmarbeit im wesentlichen die Ertaubung verursacht haben.

Prophylaktisch ist zu fordern, daß Einstellungsuntersuchungen vorgenommen werden, um Arbeiter mit Innenohrschwerhörigkeit, Innenohrerkrankungen oder erblicher Belastung von Lärmberufen von vornherein auszuschließen. Mittelohrprozesse sollen einen gewissen Schutz gegenüber der Lärmeinwirkung darstellen, da bei ihnen der schalleitende Apparat die auftretenden Schwingungen schlechter leitet. Grundsätzlich soll für ausreichende Ruhepausen gesorgt werden. Die Frühdiagnose ist durch regelmäßige Untersuchungen zu erstreben. Eine Verminderung des Betriebslärmes ist nach Möglichkeit zu versuchen. Die Isolierung des Körpers gegen Bodenschwingungen wird vom Arbeiter zwar als wohltuend empfunden und wird seine Arbeits- und Leistungsfähigkeit steigern, die Entwicklung der Lärmschwerhörigkeit jedoch nicht verhindern können. Der Verschluß der Ohren durch Watte, Wachs oder Ohropax ist ungenügend. Zur Zeit sind die von Perwitzschki und Lanig konstruierten Hörschutzkapseln, welche die ganze Ohrmuschel bedecken und mit einem Bügel getragen werden, am meisten zu empfehlen.

XXI. Der graue Star (Feuerstar, Glasmacherstar).

Der Feuer-, Schmelzer- oder auch Glasmacherstar (= Ultrarotstar) ist auch heute nicht gerade selten und wird noch immer bei 4,5% der in Glasmacherbetrieben beschäftigten Arbeiter festgestellt (Stiewer). Durch die III. VO. wurde der Versicherungsschutz erweitert; er erstreckt sich heute nicht nur wie früher auf die Glashütten, sondern auch auf die Betriebe der Glasbearbeitung bzw. -weiterverarbeitung (z. B. Glasbiegereien), weiterhin auch auf Eisenhütten und Metallschmelzereien, in denen erhebliche Mengen weiß- oder rotglühender Massen verarbeitet werden, wie z. B. an Hochöfen, Martinöfen, Stahlöfen, weiter auf Feuerarbeiter an elektrischen Graphit-, Ferrosilicium- und Chromöfen, auf Puddeleien, wie überhaupt alle Betriebe, in denen Metallmassen bis zum Schmelzgrad erhitzt werden. In der Metallindustrie sind vor allem Gießer, Schmiede und Schmelzer gefährdet. Schmiede müssen z. B. bei der recht häufigen Arbeit des Schweißens sehr genau auf die Farbnuance der Weißglut achten, um den für das Schweißen günstigsten Augenblick zu erhaschen; beim Autogenschweißen sind sie der Einwirkung kurzwelliger ultraroter Strahlen ganz besonders ausgesetzt.

Wesentlich für die Entstehung des Feuerstars sind Zeitdauer und Häufigkeit der Einwirkung der ursächlich wirkenden „penetrierenden" Ultrarotstrahlen. In der Glasindustrie z. B. ist die Gefährdung weitgehend abhängig von der Tätigkeit: am stärksten gefährdet sind die sog. Hohlglasmacher, die infolgedessen viel häufiger erkranken als Tafelglasmacher, welche in größerer Entfernung von der glühenden Glasmasse arbeiten; im Gegensatz zu den vorgenannten sind die Schmelzer der schädigenden Strahlung nur intermittierend ausgesetzt und erkranken entsprechend seltener. Im allgemeinen entwickeln sich die ersten Krankheitszeichen nach längerer Einwirkung der strahlenden Noxe, in den weitaus meisten Fällen frühestens erst nach 10—20 Jahren, wenngleich einzelne Fälle auch schon nach 1—2jähriger Tätigkeit beobachtet wurden. Die unterschiedlichen Arbeitsbedingungen sowie die stark wechselnde Empfindlichkeit des Einzelindividuums sind offensichtlich mitbestimmend für den Zeitpunkt des Auftretens der ersten Krankheitserscheinungen. Bei *Glasmachern* erkrankt infolge der besonderen Arbeitsbedingungen und der mit der Arbeit verbundenen eigentümlichen Schrägstellung (bei Rechtshändern linke Seite vorn, rechte Seite schräg zurück, bei Linkshändern umgekehrt) meist zuerst das linke Auge, wie überhaupt der Feuerstar in typischen Fällen immer *einseitig* beginnt und ein doppelseitiger Beginn stets den Verdacht auf das Vorliegen einer ätiologisch anderen Starform (Altersstar, Diabetes usw.) erwecken muß. Typisch für den Feuerstar ist sein Auftreten in relativ frühem Lebensalter.

Als **schädigende Ursache** wurde *früher* neben der Hitzeeinwirkung auch die ultraviolette Strahlung angesehen, die von der glühenden Masse ausgeht. Diese Auffassung ist falsch, wie durch die überzeugenden Untersuchungen von A. Vogt und seinen Schülern nachgewiesen werden konnte. Durch Aufnahme der Vergleichsspektren der glühenden Glasmasse und des zerstreuten Tageslichtes wurde nämlich festgestellt, daß die von der Glutmasse ausgesandte Ultraviolettstrahlung gegenüber der bei trübem Winterhimmel im Tageslicht nachweisbaren verschwindend gering und nur in Spuren nachweisbar ist, so daß, wenn die Ultraviolettstrahlung eine ursächliche Rolle spielte, die Glasmacher hinsichtlich der Einwirkung des Ultravioletts unter unvergleichlich günstigeren Verhältnissen vor der Glasglut arbeiteten, selbst wenn sie ständig in diese hineinsähen, als solche Arbeiter, die dem gewöhnlichen Tageslicht ausgesetzt sind. Zudem gelang es in Tierexperimenten nie, durch ultraviolette Strahlung einen Star zu erzeugen.

Vogt und Mitarbeiter konnten nun zeigen, daß — wie heute auch allgemein anerkannt wird — die *ultrarote* (Wärme-) *Strahlung sicher als Ursache des Feuerstars anzusehen ist.* Allerdings sind nach ihrer biologischen Wirkung zwei Arten von Ultrarot zu unterscheiden: einmal ein relativ langwelliges, die Augenmedien *nicht* durchdringendes Ultrarot, dessen Wellenlänge über 2400 Millimikra liegt und das in der Tränenflüssigkeit und Hornhautoberfläche absorbiert wird und dabei Wärmegefühl, unter Umständen auch Conjunctivitiden erzeugt, wie man sie bei Bäckern, Heizern und ähnlichen Berufen gelegentlich beobachtet; zum anderen das kurzwelligere, sog. „penetrierende" Ultrarot mit einer

Wellenlänge zwischen 750 und 2400 Millimikra, welches die Augenmedien ziemlich vollständig durchdringt, wobei als gefährlichste Wellenlängen die zwischen 700 und 1500 Millimikra liegenden anzusehen sein dürften (VOGT). Penetrierendes Ultrarot wird von der glühenden Masse erst dann in größeren Mengen emittiert, wenn die Temperatur 1000° C erreicht bzw. überschreitet. Dieses kurzwellige Ultrarot passiert ohne Absorption Hornhaut und Vorderkammer des Auges und wird am stärksten durch die Linse (FRANZ, KLUG, ASCHKINASS, SCHLÄPFER, BERNER u. a.), noch mehr aber durch die Iris, im Augenhintergrund durch das Pigmentepithel und die Aderhaut absorbiert. Mit diesem penetrierenden Ultrarot gelang es auch tierexperimentell, Star zu erzeugen, wobei im Tierversuch genau so wie beim Feuerstar die erste Trübung in der hinteren axialen Rinde der Linse auftrat. Dabei wurde noch festgestellt, daß der Ultrarotstar dort zuerst auftritt, wo das Strahlenbündel die Linse trifft (also in der vorderen Rinde) und wo es dieselbe verläßt (hintere Rinde), während sich der Linsenkern als verhältnismäßig widerstandsfähig erwies. Diese Veränderungen ließen sich nicht nur bei einmaliger Anwendung relativ hoher Dosen ultraroter Strahlen erzeugen, sondern auch dann, wenn zahlreiche kleine, immer wieder angewandte Ultrarotdosen appliziert wurden, so daß im Tierversuch die gleichen Verhältnisse, nämlich eine Summierung der Einzelschädigungen, nachgeahmt wurden, wie sie beim beruflichen Feuerstar wirksam werden (MEESMANN, PERNET-BERNER u. a.).

Klinisch ist die *frühzeitige Erkennung* nur durch Spaltlampenuntersuchung möglich. Es gelang VOGT, an Menschen, bei denen aus anderen Ursachen (Tumoren) therapeutische Ultrarotbestrahlungen durchgeführt wurden, die dadurch in der Linse gesetzten Schädigungen fortlaufend zu verfolgen. Dabei ergab sich im wesentlichsten das Folgende: Zunächst tritt eine feine, wolkige und flächenhaft ausgebreitete subkapsuläre Trübung im Bereich der bestrahlten Linsenstellen auf, die allmählich immer dichter wird (= homogen umschriebene Rindenkatarakt); dann treten feinste flache und glänzende Vakuolen auf; dabei ist in der Trübung eine deutliche horizontale Faserstreifung zu erkennen; die Trübung sitzt in der oberflächlichen subkapsulären Schicht und dehnt sich von hier nach der Tiefe zu in die mittlere Rinde hinein aus. Allmählich rückt sie dann insgesamt von der Kapsel weg und in die Tiefe vor, ein Vorgang, der durch die subkapsuläre Apposition klarer Fasern zu erklären ist.

Der *typische Sitz* des Feuerstars in dem im Bereich der Pupille liegenden Teil der Linse ist dadurch bedingt, daß die wirksame penetrierende Ultrarotbestrahlung von der durchbluteten Iris abgefangen wird. Das Auftreten am hinteren Linsenpol kommt durch die Brechung der Strahlung in der Linse und ihre dadurch bewirkte Konzentrierung auf ihre hinteren Abschnitte zustande, wobei allerdings darauf hinzuweisen ist, daß beim Feuerstar genau wie bei der Cataracta complicata (z. B. bei schweren Bulbuserkrankungen) *die Trübungen subkapsulär am hinteren und vorderen Linsenpol zuerst auftreten.* Oft genug wurden die Verhältnisse so dargestellt, als ob die subkapsulären Trübungen nur am hinteren, nicht auch am vorderen Linsenpol aufträten; diese Darstellung ist unzutreffend: VOGT weist ausdrücklich darauf hin, daß die Trübung hinten zwar kräftiger ist und der hintere Pol stärker reagiert, daß aber bei der Spaltlampenuntersuchung auch häufig und fühzeitig am vorderen Linsenpol eine Trübung nachweisbar ist. Bisweilen ist eine vermehrte Gelbfärbung der hinteren Subkapsulärtrübung zu finden, wie sie dem Alter des Erkrankten durchaus noch nicht entspricht und die von VOGT als Ausdruck eines Kernstars gedeutet wird, welcher auf einer vermehrten Absorption des penetrierenden Ultrarots besonders im *alternden* Kern beruht. Fälle von Kernstar bei Glasmachern wurden u. a. auch von KRAUPA und ROLLET beschrieben. Die in manchen Fällen zu beobachtende Abnahme der sagittalen Linsendicke ist offenbar mit der in solchen Fällen festzustellenden Sklerose der Linse in Zusammenhang zu bringen. Glaskörper und Iris bleiben von krankhaften Veränderungen frei.

Außerordentlich bedeutsam ist die beim Glasmacher-, Schmiede- und Gießerstar relativ häufig zu beobachtende *Loslösung der Oberflächenlamelle*, der sog. **Feuerlamelle** (Solutio laminae superficialis), die ausschließlich bei Angehörigen dieser Berufe beobachtet wird. Auch dieser Veränderung liegt, wie bei der Linsenpoltrübung, als Ursache die Wirkung der in Linse und Iris absorbierten penetrierenden Ultrarotstrahlung zugrunde. Besondere Bedeutung gewinnt der Nachweis der Feuerlamelle als *Frühsymptom:* Nach VOGT kann die Lamellenablösung schon erfolgt sein, *bevor* normalerweise irgendeine Linsentrübung am hinteren Pol nachzuweisen ist; dies ist besonders bei Gießern der Fall. Die Feuerlamelle ist zwar in vielen, jedoch nicht in allen Fällen von Feuerstar festzustellen; bei jugendlichen Individuen fehlt sie ganz. Das Durchschnittsalter der Fälle, in denen sie gefunden wurde, beträgt 55,2 Jahre (42—59 Jahre; vgl. VOGT, ELSCZNIG, KULIK, FLEISCHER, ROTTER, KRAUPA, SCHNEYDER). Die untere Altersgrenze ihres Auftretens liegt mit 42 Jahren erheblich tiefer als bei der sich in der gleichen Kapselgegend abspielenden sog. *senilen Abschilferung*, welche eigentlich nur bei Personen über 60 Jahren vorkommt, zudem genetisch und morphologisch von der Feuerlamelle exakt abzutrennen ist. Die *senile Abschilferung* (Exfoliatio senilis) stellt zwar eine Loslösung derselben Schicht dar; diese zerfällt aber nach der Ablösung in opake Fetzchen und Schüppchen, welche frei im Kammerwasser schwimmen und an allen Rauhigkeiten, z. B. am Pupillarsegmentsaum, an den Kolobomschenkeln, auf der Pupillenscheibe, an der Rückfläche der Hornhaut oder den Pupillarfäden hängenbleiben und die, da sie nur schwer resorbiert werden können, eine Verstopfung der Abflußwege, unter Umständen auch ein typisches Glaukoma capsulare herbeiführen können. Im Gegensatz dazu ist die *Feuerlamelle* ein zusammenhängendes, flächenhaftes, glasklares Gebilde, das an der Basis stets festsitzt und mit einem freien Ende in der Vorkammer flottiert. Die für die senile Exfoliatio typischen weißen Häutchen und Fetzchen besitzen ein feines, weißliches Korn; sie sind zudem sehr brüchig und zerreißlich; diese Eigenschaften fehlen bei der flächenhaften Ablösung der Feuerlamelle entweder ganz oder sind nur ganz schwach angedeutet; bei dieser ist mithin die normale Festigkeit weitgehend erhalten geblieben, was bei der senilen Abschilferungslamelle nicht der

Fall ist. Dieses unterschiedliche Verhalten liegt darin begründet, daß — wie eingehende histologische Untersuchungen ergeben haben — die an sich variable Dicke der Feuerlamelle die bei seniler Abschilferung zu beobachtende ganz erheblich übertrifft. Die elastische, zähe und zusammenhängende Feuerlamelle flottiert im Kammerwasser; da sie spezifisch schwerer ist als dieses, bewegt sie sich bei Bulbusschwankungen. Die viel dünnere senile Abschilferungslamelle dagegen schwebt infolge der ihr eigenen, im Vergleich zum Volumen viel größeren Oberfläche im Kammerwasser und zirkuliert frei mit ihm. Die Feuerlamelle stellt eine durch grobe exogene Schädigung bedingte und in die Tiefe greifende Zerstörung dar, während die senile Abschilferung sich auf die feinsten Oberflächenlamellen beschränkt. Die intensive Streifung der Feuerlamelle läßt vermuten, daß das penetrierende Ultrarot in erster Linie auf die die einzelnen Lamellenschichten zusammenhaltende Kittsubstanz schädigend wirkt. Gemeinsames Merkmal der senilen Abschilferung und der Feuerlamelle ist die Lage der Rißstelle, die in einer peripheren, intermediären Zone liegt, und zwar retroiridial in der Gegend des Zonulaansatzes. Auch bei der Feuerlamelle kann, wie bei der senilen Exfoliatio, zuweilen eine Pupillarscheibe erhalten und von der Kontinuitätstrennung verschont bleiben; bei der Feuerlamelle besteht jedoch eine ausgeprägtere Opazität der Pupillarscheibe. Die von der senilen Abschilferung, welche sich meist auch auf das übrige retroiridiale Gebiet erstreckt und die meist mehrere Schichten umfaßt, und von der Feuerlamelle bevorzugte Abrißstelle mit konzentrischem Verlauf der Risse liegt im übrigen an einer Stelle, die für Rißbildungen prädisponiert erscheint, da auch die Risse der Zonulalamelle in dieser Gegend lokalisiert sind. Hierbei sei gleich darauf hingewiesen, daß die für den Feuerstar typische Ablösung der Feuerlamelle öfters fälschlich mit der der *Zonulalamelle* identifiziert worden ist. Die Ablösung der Zonulalamelle, die viel zarter und gleichmäßiger als die Feuerlamelle ist, stellt aber genau wie die senile Abschilferung ein in sich geschlossenes, unabhängiges Bild dar, wobei festzuhalten ist, daß eine Kombination dieser drei Krankheitsbilder nie beobachtet wurde. Eine völlige Ablösung der Feuerlamelle, die an sich denkbar erschiene, wurde bisher ebenfalls noch nicht beobachtet. Ein weiterer, diagnostisch verwertbarer Unterschied zwischen

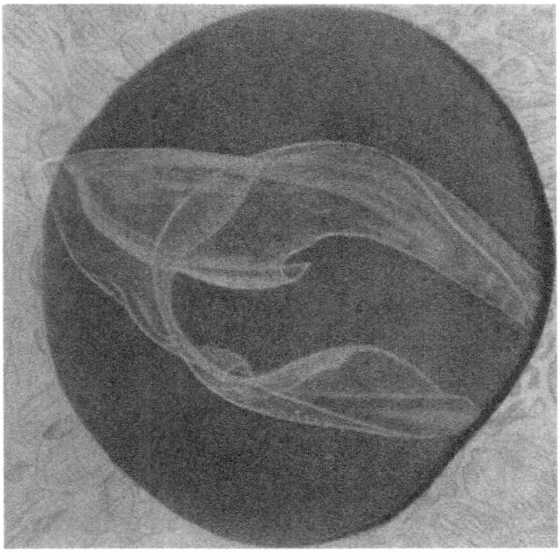

Abb. 51. Feuerlamelle.
(Aus: VOGT, Spaltlampenatlas, Springer, Berlin.)

seniler Abschilferung und Feuerlamelle liegt darin, daß bei ersterer fast immer die peripheren Partien festhaften und das freie Ende axialwärts gerichtet ist, während bei der letzteren das freie Lappenende an der Peripherie frei schwebt.

Auf eine bei Glasmachern besonders häufige, wenn auch nicht spezifische Veränderung sei noch kurz hingewiesen. Es handelt sich um die von REHSTEIN und SCHLÄPFER entdeckte, oberflächliche feine *Strahlenkranztrübung*, deren genaue Lage zur Kapsel noch nicht sicher ermittelt ist. Wahrscheinlich stellt sie *keine* suprakapsuläre Veränderung dar, da die Trübung im vorderen Linsenspiegelbezirk verschwindet.

Für die **Diagnose** ist hervorzuheben, daß nicht alle bei Glasmachern, Schmieden und Gießern auftretenden Stare ohne weiteres als Berufsstare aufgefaßt werden dürfen. Die Differentialdiagnose muß andere Starformen, die nicht entschädigungspflichtig sind (Diabetes, Trauma, myostatische Dystrophie, Tetanie, Star bei Naphthalinarbeitern usw.), vor allem aber den Altersstar ausschließen, wobei eine eventuell in der Familie nachweisbare Anlage zum Altersstar berücksichtigt werden muß. Einseitigkeit des Stars bei Glasmachern, rötlichbraune Verfärbung der Wangenhaut und der Umgebung des erkrankten Auges, ein relativ frühzeitiger Beginn, der subkapsuläre Sitz der Trübung am vorderen, stärker ausgeprägt am hinteren Linsenpol im Bereich der Pupille, die Loslösung der Kapsellamelle sowie die anamnestischen Angaben dürften die wichtigsten Punkte sein, auf welche sich die Diagnose stützt. Ob ein beginnender Altersstar durch Ultrarotstrahlung im Fortschreiten beschleunigt oder zum mindesten begünstigt wird, ist bisher noch nicht geklärt.

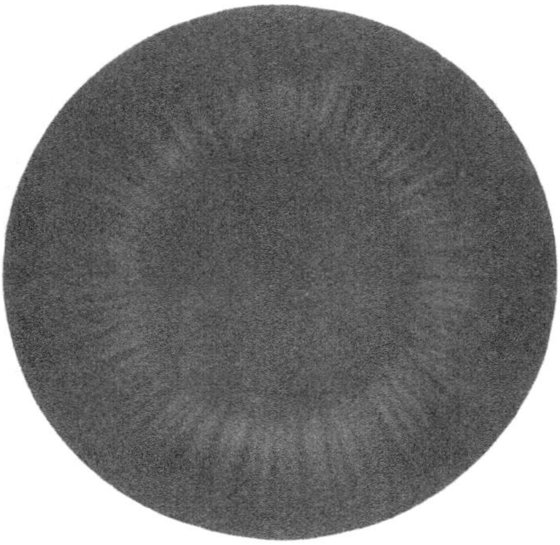

Abb. 52. Strahlenkranztrübung.
(Aus: VOGT, Spaltlampenatlas, Springer, Berlin.)

Therapeutisch kommt nur die operative Entfernung der Linse und das Tragen einer Starbrille in Frage.

Prognostisch sind die Aussichten beim Feuerstar, sofern er frühzeitig erkannt und die weitere schädigende Einwirkung der penetrierenden Ultrarotstrahlung durch rechtzeitigen Arbeitsplatzwechsel verhindert wird, nicht ganz ungünstig. Zum Unterschied von anderen, durch exogene Strahlung bedingten Staren (Röntgen- und Radiumstar vgl. S. 292), welche nach Auftreten der ersten Schädigung auch dann weiterschreiten, wenn eine Strahleneinwirkung nicht mehr stattfindet, kommt der Feuerstar nach Entfernung aus dem gefährlichen Milieu zum Stillstand. Eine Rückbildung der einmal entstandenen Veränderungen erfolgt nicht. Die Frühdiagnose ist daher von größter Bedeutung.

Prophylaktisch ist das Tragen von Brillen zu empfehlen, die entweder aus Eisenoxydulglas oder aber aus blauen (Kobalt-) Gläsern bestehen. Beide Glassorten absorbieren nach den Messungen von A. VOGT das kurzwellige Ultrarot in hohem Maße, vor allem in der gefährlichsten Wellenbreite zwischen 700 und 1500 Millimikra. Regelmäßige Spaltlampenuntersuchungen der Augen der gefährdeten Arbeiter könnten ein frühzeitiges Erkennen des Feuerstars ermöglichen und die Entstehung schwerer Fälle verhindern.

XXII. Die Wurmkrankheit der Bergleute (Hakenwurmkrankheit).

Entschädigungspflichtig sind nur Wurmkrankheiten, die durch *Ankylostoma duodenale* hervorgerufen werden; andere Wurmkrankheiten sind auch bei Bergleuten *nicht* entschädigungspflichtig. Die Ankylostomiasis spielt zwar heute keine erhebliche Rolle mehr und im letzten Jahrzehnt wurden bis 1935/36 überhaupt keine Erkrankungen mehr gemeldet bzw. entschädigt. Seit Ingangsetzung des Vierjahresplanes (1936) war man jedoch genötigt, in zunehmendem Maße ausländische Arbeiter (Italiener und Angehörige der südosteuropäischen Länder, vor allem Polen und Ungarn) auch in Bergwerken einzusetzen. Bei der Untersuchung der Neuangestellten ergab sich, daß z. B. in den Monaten März bis November 1939 bei durchschnittlich 1,48% der eingestellten Ausländer Ankylostomaeier festgestellt werden konnten. Bei 149 untersuchten Italienern waren immerhin 2,68% Träger von Hakenwurmeiern, bei 1463 aus Südosteuropa stammenden Arbeitern 1,3% (A. WINKLER). Von der Reichsregierung wurde daher am 21. VI. 1939 verfügt, daß alle *unter Tage* beschäftigten Arbeiter, die nicht Reichsdeutsche sind bzw. aus den neuerworbenen Gebieten Großdeutschlands stammen, auf Ankylostomiasis zu untersuchen sind. Wenngleich die Zahl der Wurmträger im Vergleich zu den Zahlen der subtropischen und tropischen Länder nur außerordentlich gering ist, wo die Verseuchung der Bevölkerung so groß ist, daß die Hakenwurmkrankheit eine der schwersten Plagen überhaupt im Tropengürtel darstellt und neben Malaria und Tuberkulose die absolut am stärksten verbreitete Seuche ist (ZEISS und RODENWALD), so sollte den Ergebnissen dieser 1939 durchgeführten Untersuchungen doch Aufmerksamkeit geschenkt werden, um so mehr, als die Verhütungsmaßnahmen bei der geringen Erkrankungszahl in den letzten Jahren etwas lascher gehandhabt worden sind (HEBESTREIT und BARTSCH). Nur so wird es gelingen, den Erfolg der seinerzeit von H. BRUNS durchgeführten Abwehr- und Verhütungsmaßnahmen, welche die Zahl der im Ruhrbergbau und im Aachener Gebiet in den Jahren 1903/04 erkrankten etwa 20000 Bergleute auf Null herunterdrückten, aufrechtzuerhalten und ein Wiederansteigen der Erkrankungszahlen auch unter den jetzigen Umständen zu verhindern.

In Mitteleuropa wurde die schon den alten Ägyptern bekannte, in den Tropen noch heute weit verbreitete, in Süditalien auch bei der Landbevölkerung vorkommende Hakenwurmkrankheit durch Arbeiter eingeschleppt, die am Bau des Gotthardtunnels beteiligt waren.

Versicherungstechnisch ist es von Bedeutung, daß der Nachweis von Eiern der Ankylostoma bzw. der Würmer selbst nicht genügt, um einen Entschädigungsanspruch zu begründen. Diese sog. „Wurmträger“

Abb. 53. Ankylostoma duodenale. Oben Männchen von der Bauchseite, unten Weibchen von der Seite, Ca. 7/1. (Nach LOOSS).

werden nicht entschädigt, es sei denn, daß z. B. durch Anwendung von Wurmmitteln zur Beseitigung der Ankylostomaeier Gesundheitsschäden auftreten. Eine Hakenwurmkrankheit ist nur dann entschädigungspflichtig, wenn schwerere Allgemeinsymptome (Anämie usw.) nachzuweisen sind.

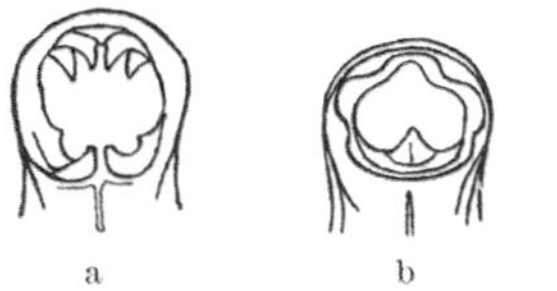

Abb. 54. a) Kopf von Ankylostoma duodenale. b) Kopf von Necator americanus.

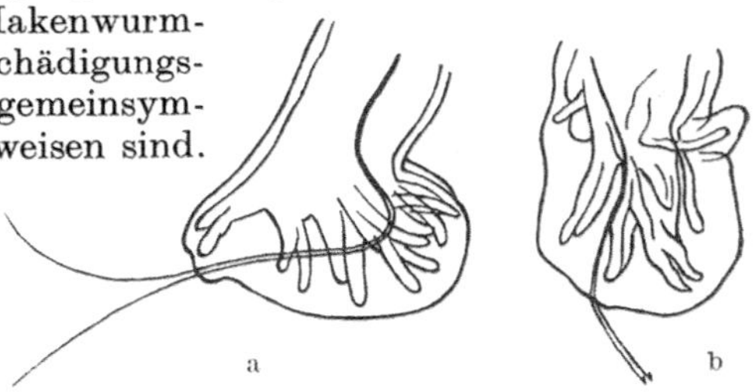

Abb. 55. Bursa, a) von Ankylostoma duodonale. b) von Necator americanus. (Nach LOOSS).

Der *Erreger* ist die *Ankylostoma duodenale* (in Amerika der vom Ankylostoma nur wenig verschiedene Necator americanus), der Hakenwurm. Die Männchen sind 8—10 mm lang, 0,4—0,5 mm dick, die Weibchen 10—13 mm lang, 0,3—0,5 mm dick. Die zum Rücken gerichtete, chitingepanzerte und schräggestellte Mundöffnung ist mit vier hakenförmigen, nach innen gebogenen Zähnen bewehrt, von denen die äußeren oft noch je ein akzessorisches Zähnchen tragen. Bei den Männchen öffnen sich Darm und Geschlechtsorgane in die Bursa copulatrix; ihr Leibesende ist trichterartig ausgebuchtet und durch mehrere Rippen gestützt. Die beiden sog. Spiculae endigen borstenartig mit einfacher glatter Spitze. Die rosafarbenen Weibchen tragen ihre Vulva am Anfang des zweiten Körper-

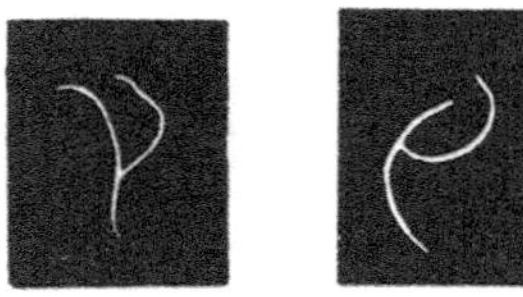

Abb. 56. Hakenwurm-Pärchen in Copula. a) von Ankylostoma duodenale. b) von N. americanus. Ca. 1/1. Die kleineren Männchen sitzen der Genitalöffnung der Weibchen auf, deshalb links hinter, rechts vor der Körpermitte des Weibchens.

drittels; ihr Schwanz ist konisch geformt und mit einer winzigen Spitze versehen. In Kopulationsstellung bilden die Tiere eine Y-artige Figur. Die Eier sind 60—40 μ groß, farblos und dünnschalig. Frisch abgelegte Eier enthalten 2—8 granulierte Zellen, länger abgelegte Eier mehr Zellen oder aber auch schon Larven.

Epidemiologie und Übertragung: Der Kreislauf der Hakenwurminfektion spielt sich zwischen den beiden Polen: erkranktes Individuum und Verseuchung des Bodens ab. Aus den mit dem Stuhl des Erkrankten abgesetzten Eiern entwickeln sich innerhalb von 2 Tagen rhabditisartige kleine Larven, die sich in Bergwerken von Kohlebestandteilen ernähren und innerhalb von weiteren 2 bis 3 Tagen auf 2—3fache Größe heranwachsen; dabei häuten sie sich. An diese erste Häutung schließt sich eine zweite, nicht völlig vollendete an: die Larven bleiben in der alten Haut wie in einer Scheide stecken (= encystierte Larven); dieses *filiforme, gescheidete Larvenstadium,* in welchem die Larven etwa 0,5 mm lang sind,

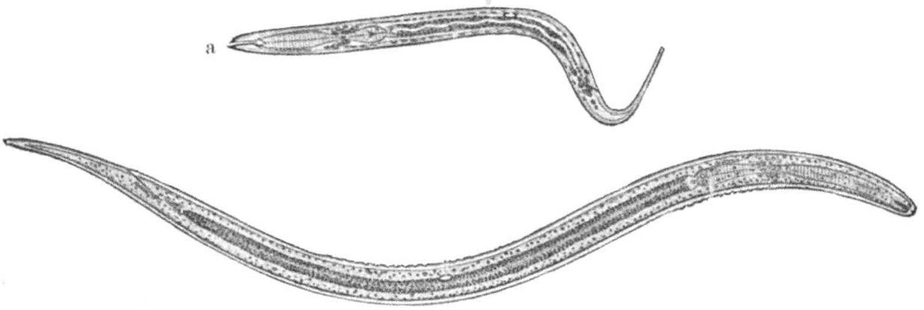

Abb. 57. a) Larve von Ancylostoma duodenale kurz nach dem Ausschlüpfen. Ca. 100/1. b) Infektionsreife („enzystierte") Larve von Ankylostoma duodenale. Ca. 100/1.

ist für den Menschen infektiös. Die für die Entwicklung der Larven günstigen Bedingungen sind Wärme (25—30° C), Feuchtigkeit, Sauerstoffzutritt und lockeres Erdreich, während starke Besonnung ihre Entwicklung hemmt. Diese günstigen Entwicklungsbedingungen finden sie in Mitteleuropa besonders in warmen Gruben oder Tunnelbauten; die gescheideten Larven klettern aus dem Gemisch von lockerer Erde, feuchtem Sand bzw. Kohlenstaub und Kot an den Grubenhölzern empor und bilden, sich massenhaft an freien Ausläufern des Holzes ansammelnd, feine weiße Zöpfchen (ZEISS und RODENWALD). Grubenarbeiter arbeiten meist mit entblößtem Oberkörper. Berühren sie nun mit diesem eines der kleinen weißen Gebilde, so gelangen die Larven massenhaft auf die Haut; sie bohren sich, wie LOOS zuerst zeigte, innerhalb weniger Minuten in die Haut ein, wobei sie ihre Scheide verlassen, und gelangen entlang den Haarfollikeln in die kleinen Hautvenen, von wo aus sie mit dem Blutstrom durch das rechte Herz die Lunge erreichen. Hier verlassen sie die Blutbahn, brechen in die Alveolen durch und geraten auf die Schleimhäute der Bronchiolen und Bronchien bis hinauf in Trachea und Larynx. Von dort wandern sie in die Speiseröhre und von da weiter in den Darm, wo sie sich vor allem im Duodenum, noch mehr aber im oberen Jejunum ansiedeln. Dieser Weg (sog. Loosscher Weg) ist der häufigste. Nur ein sehr kleiner Teil der Larven dringt von der Lunge aus in die Arterien und gerät damit in den großen Kreislauf und mit diesem in die verschiedensten Organe, u. a. auch in den Darm, wo sie sich ansiedeln (= sog. SAMBONscher Weg). Die Infektion von der Haut aus ist praktisch am wichtigsten, wenngleich auch eine Infektion auf peroralem Wege möglich ist (FÜLLEBORN, YOKOGAWA), wobei die Larven direkt in den Darm gelangen; die Passage durch die Lungen ist mithin für die Fortentwicklung der Larven nicht unbedingt nötig; die perorale Infektion spielt jedoch gegenüber der percutanen nur eine untergeordnete Rolle. Sie verläuft im allgemeinen leichter (YOKOGAWA). Im Darm häuten sich die Larven nach etwa 5 Tagen und haben nun eine Länge von etwa 3 mm erreicht. Schon ist eine provisorische Mundkapsel vorgebildet. Nach Ablauf weiterer 14 Tage erfolgt eine letzte Häutung; die Würmer sind nun auf eine Länge von 4—8 mm herangewachsen und 0,12—0,14 mm dick; nach 21 Tagen sind sie geschlechtsreif. 4—6 Wochen nach der Infektion legen die Weibchen massenhaft Eier, die dann mit dem Kot des Wurmträgers nach außen entleert werden. Der ganze Entwicklungsgang innerhalb des Wirtskörpers bis zum Auftreten der ersten Eier im Kot dauert 45—50 Tage.

Pathologie: Die erwachsenen, geschlechtsreifen Würmer beißen sich in der Darmschleimhaut, insbesondere in der Tiefe ihrer Falten fest, wobei sie einen Schleimhautpfropf in die Mundkapsel einsaugen, dessen Zellen sie aufnehmen (Looss). Diese Bißstellen machen lokal keine allzu schweren Schäden, wenn auch mikroskopisch eine zentrale Schleimhautnekrose mit scholligem und homogenem Zellzerfall sichtbar wird. In der Umgebung der Bißstellen kommt es zu kleinen Blutaustritten ins Gewebe. Da die Ankylostoma eine gerinnungshemmende hirudinartige Substanz absondert (Loeb und Smith), kommt es an den Bißstellen auch durch Verletzung kleiner Gefäße zu Blutungen. Da die Würmer ihre Bißstellen wechseln, ist die Zahl der durch die Bisse gesetzten Blutungen im allgemeinen erheblich größer als die der Würmer. Nur in sehr schweren Fällen dringen die Würmer in tiefere Schleimhautschichten bzw. in die Submucosa vor, wo sie dann im Innern kleiner bluterfüllter Cysten sitzen. In solchen Fällen ist die Schleimhaut auch verdickt, ödematös, das Stroma von eosinophilen Zellen durchsetzt; dabei kommt es auch zu produktiven Prozessen (Fibroblastenwucherungen) und zur Bildung Charcot-Leydenscher Krystalle. Diese Veränderungen sind meist irreversibel und können auch nach Abtreibung der Würmer noch Beschwerden machen (Rotter).

Das Eindringen einzelner Würmer in den Darm macht meist keine klinisch faßbaren Symptome; erst wenn 50—60 Würmer sich im Darm angesiedelt haben, treten Krankheitserscheinungen auf. Körper- und Ernährungszustand, Rasse, Dauer und Modus der Infektion (plötzliche oder allmähliche Verseuchung) sind hierbei von entscheidendem Einfluß. Während man früher geneigt war, auch die Hakenwurmanämie ursächlich auf von den Würmern abgesonderte Toxine zurückzuführen, vertritt man heute allgemein mehr die Auffassung, daß die dauernden Blutverluste aus dem Darm als Ursache der Anämie anzusehen sind; dabei wird einmal mehr der von den Würmern selbst aufgenommenen Blutmenge, von anderen Untersuchern wieder der aus den Bißstellen erfolgenden, lang dauernden Nachblutung mehr Gewicht für die Entstehung der Anämie beigelegt, wobei die letztere Annahme doch wohl mehr Wahrscheinlichkeit für sich hat. Der Organismus beantwortet den Blutverlust mit vermehrter Blutneubildung; schließlich sind die Eisenreserven des Körpers so erschöpft, daß nur noch blutfarbstoffarme, minderwertige Erythrocyten gebildet werden. Für die Entstehung des bei akuten Erstinfektionen auftretenden Fiebers, von Wachstumsstörungen bei wurmkranken Jugendlichen, von Parenchymdegenerationen der Leber und Milz, die eigentlich nur in den Tropen beobachtet werden, sind doch wohl von den Hakenwürmern produzierte Toxine verantwortlich zu machen.

Klinisches Krankheitsbild: Die *ersten Erscheinungen*, die von den Patienten allerdings meist übersehen werden, machen sich an der Eintrittsstelle der Larven bemerkbar, also an der Haut: bei Bergarbeitern am Oberkörper, an den Händen, Armen, beim Barfußgehen evtl. auch an den Füßen. An der Eintrittsstelle der Larven sprießen flohstichartige Papeln auf, die stark jucken. Abgesehen von ganz schweren Fällen, in denen eine größere Zahl von Larven in den Organismus eindringt und in denen eine Dermatitis auftritt, die an einen urticariaähnlichen Ausschlag erinnert und an welche sich nach 1—2 Wochen dann ernstere Krankheitserscheinungen anschließen, sind die *Initialsymptome* wenig alarmierend. Sie bestehen in Klagen über starke Müdigkeit, vor allem in den Beinen, Arbeitsunlust, Verminderung der Leistungsfähigkeit und in dyspeptischen Beschwerden, wie Aufstoßen, Druckgefühl in der Magengegend, Appetitlosigkeit, Übelkeit, mitunter Erbrechen, Leibschmerzen, Mattigkeit, Druckgefühl im Kopf und zunehmender Blässe. Die Zahl und die Schwere der von den Kranken vorgebrachten Klagen nehmen langsam und allmählich zu. Nur in schweren Fällen setzen im Anschluß an die Hauterscheinungen auffälligere Symptome ein: infolge der Passage der Larven durch die Lungen entwickeln sich eine Bronchitis mit Husten, weiter Halsschmerzen, oft auch Heiserkeit; gleichzeitig tritt intermittierendes Fieber auf; die Kranken klagen über eine akut einsetzende allgemeine Schwäche, über heftige Schmerzen im Rippenwinkel sowie Durchfälle, die bisweilen blutig tingiert sein können. Dabei ist meist eine beträchtliche Leukocytose sowie vor allem auch eine Eosinophilie im Blut nachzuweisen. Bei stärkerem Larvenbefall und Verschleppung der Larven in den großen Kreislauf werden kleine Blutungen in den Nieren, im Gehirn und in der Netzhaut der Augen beobachtet.

Allmählich verstärken sich die an sich uncharakteristischen und vieldeutigen Anfangsbeschwerden, welche bei sporadischem Auftreten der Ankylostomiasis leicht falsch gedeutet werden können, immer mehr. Das **voll ausgebildete klinische Bild** ist vor allem durch eine sich ziemlich schnell entwickelnde hypochrome mikrocytäre Anämie und die Zeichen einer an Schwere ständig und schnell zunehmenden Kreislaufdekompensation gekennzeichnet. Die Gesichtsfarbe wird fahl, der Gesichtsausdruck leidend, die Schleimhäute sind blaß und schlecht durchblutet. Schwindel und Herzklopfen setzen ein. Infolge der allgemeinen Schwäche wird der Gang unsicher und behindert. Zeichen eines vermehrten Blutzerfalls (Bilirubinämie und Subikterus) fehlen. Je nach der Stärke der Larveninvasion erreicht die Anämie in einzelnen Fällen extreme Grade bis zu 0,8 Mill. Erythrocyten und 11% Hämoglobin (Kusui). Die Skleren sind porzellanweiß. Im strömenden Blut treten Normoblasten, bisweilen auch basophil punktierte Erythrocyten auf; es bestehen Anisocytose, Poikilocytose, in der Rekonvaleszenz auch Polychromasie. Die Gesamtleukocytenzahl ist bei schleichendem Verlauf wenig verändert und liegt meist an der oberen Grenze der Norm. Das Differentialblutbild zeigt eine ungeheure Eosinophilie, unter Umständen bis zu 92% (Ruge, Mühlens, zur Verth) bzw. 62% (Kusui) bei gleichzeitiger erheblicher Abnahme der Segmentkernigen, während jugendliche Formen der granulierten Leukocyten fehlen. Stabkernige, Basophile und Lymphocyten sind wenig verändert, während die Monocyten oft etwas vermindert sind. Die Senkungsgeschwindigkeit der roten Blutkörperchen ist zumeist erheblich beschleunigt. Je nach der Schwere der Anämie machen sich in wechselnder Stärke als Begleitsymptome schnelle Ermüdbarkeit, erhöhte Reizbarkeit und Nervosität quälend bemerkbar. Die Erscheinungen am Magen-Darm-Kanal bestehen in Druck- und Völlegefühl in der Magengegend, Erbrechen, unregelmäßigem Stuhlgang, vom Leib in den Rücken ausstrahlende, jedoch *nicht* kolikartige Schmerzen, Übelkeit, Heißhunger, Gier nach sauren und stark gewürzten Speisen, Gewichtsabnahme und im Auftreten von okkultem Blut im Stuhl, doch treten diese Erscheinungen meist gegenüber der Kreislaufdekompensation und der schweren Anämie mehr in den Hintergrund des klinischen Bildes.

Die *Kreislaufdekompensation* beherrscht in ausgeprägten Fällen das ganze Krankheitsgeschehen. Subjektiv werden Herzklopfen, Pulsbeschleunigung und Kurzatmigkeit besonders unangenehm empfunden. In manchen Fällen bestehen doppelseitige Stauungstranssudate in den Pleurahöhlen, welche dann den perkussorischen Nachweis der meist bestehenden Herzerweiterung völlig unmöglich machen. Oft findet sich ein Stauungsascites. Gesichts-, Bauchdecken-, Knöchel- und Beinödeme, eine Betonung des 2. Pulmonaltons sowie eine Stauungsalbuminurie vervollständigen das Bild der schweren Dekompensation. Akzidentelle systolische Geräusche über dem Herzen, Nonnensausen und Fehlen des Cruraltons sind wohl im wesentlichen mehr Ausdruck der schweren Anämie und der damit verbundenen Viscositätsänderungen im Blut. Die Klagen über Schwindel und das Auftreten von Ohnmachtsanfällen dürften vorwiegend als Ausdruck einer Kreislaufschwäche bzw. einer ganz ungenügenden Durchblutung des Gehirns zu deuten sein. Hypästhesien und Parästhesien an den Fußsohlen und Unterschenkeln, vor allem prätibial sowie am Unterbauch wurden beobachtet, wobei es unsicher ist, ob diese Sensibilitätsausfälle wie auch die Reflexstörungen, die in Abschwächung, Aufhebung, zuweilen auch Steigerung vor allem der Kniesehnenreflexe bestehen, zum eigentlichen Bild der Ankylostomiasis zu rechnen oder aber als Ausdruck einer durch die Wurmerkrankung manifest werdenden Beriberi zu deuten sind. KUSUI beschrieb eine Opticusneuritis. Die Resistenz der an der Hakenwurmkrankheit Leidenden gegen Infektionen, wie Pneumonien (FISCHER), Tuberkulose, Typhus, Amöbenruhr (RUGE, MÜHLENS, ZUR VERTH), ist vermindert. Bei Männern entwickelt sich in schweren Fällen eine Impotenz, während bei Frauen Menstruationsstörungen, Aborte und Frühgeburten vorkommen sollen. Bei zu spät einsetzender oder ungenügender Behandlung entwickelt sich eine schwere Kachexie; interkurrente Infekte oder aber die Schwere der nicht mehr mit dem Leben vereinbaren Anämie führen schließlich zum Tode.

Die **Diagnose** stützt sich auf den Nachweis der Würmer selbst oder aber der Ankylostomaeier, der bei geringem Befall oft genug negativ ausfällt und daher stets mehrfach versucht werden muß.

Als **Nachweismethode** ist die allgemein bekannte Vorschrift von TELEMANN, besser noch die Methode von FÜLLEBORN geeignet, bei der eine kleine Stuhlprobe mit der 20fachen Menge einer konzentrierten Kochsalzlösung zu einer feinen Emulsion verrieben wird, welche dann 20 Minuten lang stehenbleibt. Mit einer

Öse wird nun das Oberflächenhäutchen auf einen Objektträger gebracht, das die Wurmeier enthält. Dann wird mikroskopiert. In schwierigen Fällen kann man versuchen, die Larven aus dem eierhaltigen Stuhl zu züchten. Hierzu werden gleiche Teile Stuhl und Tierkohle mit etwas Wasser verrieben; die Mischung wird 5 Tage im Brutschrank bei 28—30° C gehalten. Schüttet man nun angewärmtes Wasser auf die Mischung, so wandern die Larven sofort in dieses aus; das Wasser wird zentrifugiert; die Larven können im Bodensatz mikroskopisch nachgewiesen werden (BAADER).

Die **Prognose** ist bei den in Europa vorkommenden Fällen günstig, so daß immer eine volle Wiederherstellung der Arbeitskraft erreicht werden kann.

Therapeutisch ist in jedem Fall, in welchem Ankylostomaeier im Stuhl nachgewiesen werden, eine energische Wurmkur durchzuführen,

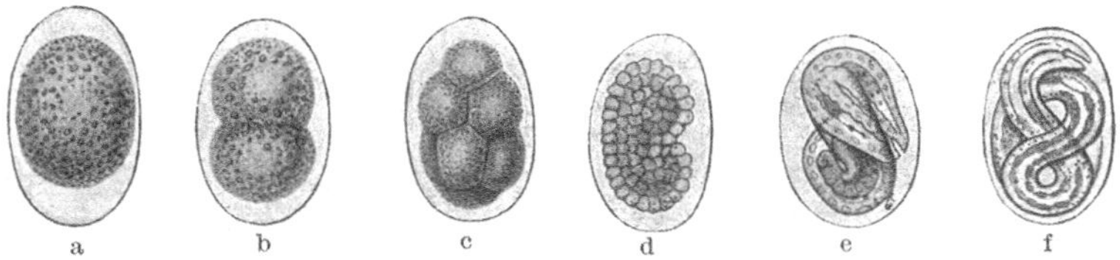

Abb. 58. Entwicklung des Ankylostomaeies. Die Stadien a—d finden sich in frischen, e—f in älteren Stühlen. (Nach LOOSS.)

die evtl. wiederholt werden muß. Bei sehr schwer und in ihrer allgemeinen Widerstandsfähigkeit stark geschwächten Erkrankten ist bei der Dosierung der Wurmmittel besonders vorsichtig zu verfahren. In solchen Fällen ist durch vorherige Beseitigung der Herzschwäche durch Gaben von Digitalis oder Strophanthin sowie Flüssigkeits- und Kochsalzentzug, wie auch der Anämie, die mit Eisen, Arsen oder aber auch kleinen Bluttransfusionen zu bessern ist, zunächst das Allgemeinbefinden so weit zu heben, daß die Durchführung einer Wurmkur gewagt werden kann. Am besten bewährt haben sich Chenopodiumöl, Ascaridol und Tetrachlorkohlenstoff. Die Dosierung für Erwachsene ist folgende: Bei Obstipation ist in jedem Fall vorher abzuführen. Vom Oleum chenopodii werden morgens auf nüchternen Magen 3mal 0,5 ccm mit je einer Stunde Abstand, insgesamt also 1,5 ccm gegeben. Zwei Stunden nach der letzten Dosis werden 18 g Ricinusöl und 2 g eines salinischen Abführmittels verabreicht. Eine Wiederholung der Kur darf nicht vor 10 Tagen erfolgen. Chenopodiumöl ist kontraindiziert bei organischen Herz- und Nierenleiden, bei Schwangerschaft und Krampfbereitschaft. Ascaridol wird in gleicher Weise verabfolgt, nur beträgt die Dosis 3mal je 0,3 ccm, d. h. insgesamt 0,9 ccm Ascaridol. Bei der Anwendung von Tetrachlorkohlenstoff dürfen nur ganz reine Präparate verwendet werden, z. B. Necatorina-Merck oder Seretin-Bayer. Erwachsene erhalten 3 ccm Tetrachlorkohlenstoff in Wasser, Milch oder in einem salinischen Abführmittel. Die Anwendung von Tetrachlorkohlenstoff ist kontraindiziert bei Alkoholismus, Leberkrankheiten, Kachexie und Spulwurmbefall. Tetrachlorkohlenstoff und Chenopodiumöl können auch kombiniert gegeben werden: SOPER empfiehlt für Erwachsene 1,8 ccm Tetrachlorkohlenstoff + 0,6 ccm Oleum chenopodii (bzw. 0,4 ccm Ascardiol) gleichzeitig mit einem salinischen Abführmittel. Keines der genannten Wurmmittel ist für den Organismus ganz indifferent. Vergiftungen sind sowohl durch Tetrachlorkohlenstoff wie auch durch Oleum chenopodii zustande gekommen.

Prophylaktisch sind die Wurmkranken und die Wurmträger durch systematische Stuhluntersuchungen zu ermitteln. Befallene müssen evtl. zwangsbehandelt und bis zur Heilung von der Arbeit unter Tage ferngehalten werden. Auf die Bereitstellung und *Benutzung* wasserdichter Abortkübel mit dicht schließendem Deckel, welche regelmäßig entleert und gereinigt werden, ist unbedingt zu dringen. Die Standorte der Abortkübel sind zweckmäßig zu zementieren. Mit Larven verunreinigter Boden kann durch Begießen desselben mit konz. Kochsalzlösung (pro Quadratmeter 500 g Kochsalz in 2,5 l Wasser gelöst) entseucht werden.

XXIII. Die Ziffer 25 und 26 der Anlage der III. VO. vom 16. 12. 36.

Eine ausführliche Darstellung der unter die Ziffern 25 und 26 fallenden Erkrankungen an dieser Stelle erübrigt sich, da die hierunter fallenden Krankheitsbilder dem Kliniker wie auch dem Praktiker größtenteils ganz geläufig sind, zum anderen ihre eingehende Darstellung in Hand- und Lehrbüchern der inneren Medizin oder der Infektions- und Tropenkrankheiten oft genug und in aller Breite erfolgt ist, welche überall zugänglich sind. Wenn mithin die klinischen Bilder keiner besonderen Darstellung bedürfen, so ergeben sich hinsichtlich des Umfanges des Kreises der Versicherten öfters Unklarheiten, desgleichen in bezug auf die Definition des Begriffes „Tropenkrankheiten“, so daß über diese Punkte nachfolgend das Wichtigste mitgeteilt sei.

Die Ziffer 25 der Anlage zur III. VO. umfaßt **Tropenkrankheiten, Fleckfieber** und **Skorbut**. Als Tropenkrankheiten sind alle den Tropen und Subtropen eigentümlichen und infolge der besonderen klimatischen und anderen Verhältnisse in den genannten Gegenden besonders häufig vorkommenden Erkrankungen zu verstehen. In den meisten Fällen wird die Entscheidung, ob es sich um eine Tropenkrankheit handelt oder nicht, keine Schwierigkeiten bereiten. Malaria, Schwarzwasserfieber, Amöbenruhr, Gelbfieber, Pappataccifieber, Maltafieber, Rückfallfieber, Pest, die Leishmaniosen, die Frambösie, Lepra, die tropischen Wurmkrankheiten wie Ankylostomiasis, Bilharziosis und die Filarienerkrankungen, weiter die tropischen Hautkrankheiten (Roter Hund, Ringwurm- und Schuppenringwurmerkrankungen) gehören hierher. Typhus ist keine Tropenkrankheit. Bei der Bacillenruhr liegen die Dinge verwickelter. Je nach Lage des Falles kann auch sie unter Umständen ebenfalls unter Ziffer 25 fallen. Auch Rezidive von Tropenkrankheiten (z. B. bei Amöbenruhr, Malaria) sind entschädigungspflichtig. Das Fleckfieber ist deshalb besonders genannt, weil es keine typische Tropenkrankheit ist, sondern vor allem in den Mittelmeerländern und in Osteuropa vorkommt, wo der Kreis der Versicherten bei der Ausübung seines Berufes diesen Infektionen ausgesetzt ist. Der Versicherungsschutz erstreckt sich nur auf die Angehörigen der Betriebe der Seeschiffahrt, der Luftfahrt und diejenigen den Versicherungsbestimmungen der Unfallversicherung unterworfenen Personen, die im Ausland beschäftigt sind: z. B. Angestellte von Firmen, die in deren Auslandsvertretungen tätig sind, z. B. Monteure großer Werke, die Maschinen und Brücken in tropischen Ländern aufstellen. Wichtig ist, daß auch dann Entschädigungen gewährt werden, wenn die Versicherten nicht in dienstlicher Eigenschaft, sondern in eigenen Geschäften an Land waren (z. B. Landurlaub der Seeleute zur Erholung, bei Vergnügungen, zur Erledigung persönlicher Einkäufe usw.) und die sich dabei die Erkrankung zuzogen. Liegt dagegen ein ausgesprochen schuldhaftes Verhalten vor (z. B. Nichtbeachtung der Quarantänevorschriften, Verkehr mit Erkrankten), so wird eine Entschädigung *nicht* gewährt.

Die Ziffer 26 der Anlage der III. VO. erfaßt die **Infektionskrankheiten** bei einem ziemlich großen Personenkreis, der beruflich in Krankenhäusern, Heil- und Pflegeanstalten, Entbindungsanstalten sowie sonstigen Anstalten, die Personen zur Kur und Pflege aufnehmen, in Einrichtungen und Tätigkeiten der öffentlichen und freien Wohlfahrtspflege, im Gesundheitsdienst sowie in Laboratorien für naturwissenschaftliche und medizinische Untersuchungen und Versuche beschäftigt ist. Der Versicherungsschutz erstreckt sich jedoch nur auf diejenigen Infektionskrankheiten, die *nach dem 30. VI. 1928* entstanden sind [Entsch. des RVA. **26**, 27 (1930)]. Schwierigkeiten ergeben sich vor allem bei Beantwortung der Frage, ob der Erkrankte dem Kreis der versicherten Personen zugehört oder nicht. Diese Frage ist stets zuerst zu klären. Dieser setzt sich zusammen aus Ärzten, Schwestern, technischen Assistentinnen, Pflegepersonal, Fürsorgeangestellten, dem Laboratoriumspersonal und den für die Aufrechterhaltung des betreffenden Betriebes nötigen Hilfsarbeitskräften (Hausmädchen) usw. Auch die in Versorgungskrankenhäusern, Versorgungskuranstalten und in orthopädischen Versorgungsstellen tätigen Angestellten und Arbeiter, weiter die Zahntechniker, die Angehörigen von Sanitätskolonnen, die Desinfektoren, die bei Hauptversorgungs- und Versorgungsämtern tätigen Personen gehören ebenfalls zu den Versicherten, sofern an diesen Stellen auch eine ärztliche Behandlung stattfindet. Auch die Fleischbeschauer unterliegen den Bestimmungen der Unfallversicherung. Das gleiche gilt für Pflichtassistenten. Hier ist allerdings bei den Krankenhäusern, die der Eigenunfallversicherung der betreffenden Stadt, Provinz usw. unterliegen, besonders die Frage zu prüfen, ob sie einen Arbeitsplatz ausfüllen oder nicht. Die Berufsgenossenschaft für Gesundheitsdienst und Wohlfahrtspflege erkennt die Versicherungspflicht der Pflichtassistenten allgemein an, während sie bei Famuli die Frage, ob ein Arbeitsposten ausgefüllt wird, eingehend prüft. Ordensschwestern, Diakonissen und Rotkreuzschwestern unterliegen der Versicherungspflicht und damit dem Versicherungsschutz nur dann, wenn sie durch ihre Gemeinschaft nicht versorgt sind.

Von der Verordnung *nicht* erfaßt sind die Angestellten von Schlachthäusern, Sanitätsschlachthallen, Wasserwerken, öffentlichen Abortanlagen, der Müll- und Fäkalienabfuhr, der Friedhöfe, Krematorien,

Abdeckereien, Tiervernichtungsanstalten, Badeanstalten, Sportplätze und öffentlichen Apotheken. Besondere Aufmerksamkeit verdient die Beantwortung der Frage, ob eine Infektion wirklich durch berufliche Einflüsse oder aber durch solche des täglichen Lebens entstanden ist. Dies gilt insbesondere für die Anerkennung einer Lungentuberkulose, da hier in vielen Fällen eine Ansteckung außerhalb der beruflichen Tätigkeit viel mehr im Bereich des Möglichen liegt. Eine Anerkennung wird nur dann erfolgen können, wenn die durch den Beruf bedingte Infektionsgefahr das übliche Maß im täglichen Leben übersteigt. Gleichgültig ist es, ob beim Zustandekommen der Infektion ein nachweisbares Selbstverschulden vorliegt oder nicht. Der Entschädigungsanspruch bleibt davon unberührt.

Bacillenträger, welche durch die Tatsache, daß sie infolge der Bacillendauerausscheidung für bestimmte Tätigkeiten nicht zu verwenden sind und eine meßbare Verringerung ihrer Erwerbsfähigkeit (Geldeinbuße) erleiden, genießen auch dann, wenn sie selbst nicht eigentlich krank sind, den Versicherungsschutz.

Eine vollständige Darstellung der im Einzelfall zuweilen außerordentlich verwickelten versicherungsrechtlichen Fragen würde den Rahmen dieses Buches überschreiten. Im Einzelfall wird es ratsam sein, sich mit dem in diesen Dingen besonders bewanderten, zuständigen staatlichen Gewerbearzt in Verbindung zu setzen.

Literaturverzeichnis.

Blei.

Allgemeines: ARNOLDSON, M., u. G. HAUSSER: Bericht über den 8. internat. Kongress für Unfallmed. u. Berufskrankh. Frankfurt a. M. **2**, 806. Leipzig: Thieme 1939. — AUB, J. C., L. T. FAIRHALL, A. S. MINOT and P. REZNIKOFF: Lead Poisoning. Medicine **4**, 1 (1925). — BAADER: V. intern. Kongr. Unfallheilk. u. Berufskrankh. Budapest **1928**, 411. — BROWN, E. W.: J. industr. Hyg. a. Toxicol. **8**, 113 (1926). — BÜTTNER, E.: Farbenchemik. **9**, 120 (1938). — CHAJES: Med. Klin. **1928**, 835. — DAGNER u. KRIETZ: Danz. Ärztebl. **1937**, Nr 6/7. — ENGELSEN, H.: Ber. über den 8. Internat. Kongr. f. Unfallmed. u. Berufskrankh. **2**, 1088 (1939). — ERDÖS: S. v. V. **5**, C 17, 11 (1934). — FAIRHALL, L. T.: Publ. Health Rep. **54**, 1636 (1939). — FAIRHALL, L. T., u. P. A. NEYL: Publ. Health Rep. **53**, 1231 (1938). — FLINN, R. H.: U. S. Publ. Health Bull. **1939**, Nr 244. — FLURY, F., in: Heffters Handb. d. experimentellen Pharm. **3**, 3, 1575 (1934). — FUCHS-BRUNS-HAUPT: Med. Welt **1938**, 1049. — GANT, C. A.: Industrial Med. **7**, 608 (1938). — HANSEN: Lübeck, Allg. Krankenhaus, Klin. Demonstrat.-Abend 30. 11. 1939. Ref. in Dtsch. med. Wschr. **1940**. — HUMPERDINCK, K.: Arch. Gewerbepath. **9**, 13 (1938). — JOHNSON, T. A.: Pennsylvania med. J. **40**, 741 (1937). — KASAHARA: Klin. Wschr. **1934**, 1646. — KASAHARA u. NOSEN: Z. Kinderheilk. I. Mitt. **55**, 577 (1933); II. Mitt. **55**, 583 (1933). — KÖTZING, E.: Ärztl. Sachverst.ztg. **1937**, H. 18, 243. — KRANENBURG, W. R. H., u. J. J. WALLIEN: Nederl. Tijdschr. Geneesk. **1936**. 3715 u. 3722. — KRASSO: Wien. klin. Wschr. **1927**, 45. — LEDERER, E.: Arch. Gewerbepath. **7**, 331 (1936). — LÜTHY, F.: Z. Unfallheilk. u. Berufskrankh. **34**. 34 (1940). — MAKARITSCHEWA u. GLADJOLEWICZ: Z. ind. Hyg. **1934**. — MONIER-WILLIAMS, G. W.: Rep. on Publ. Health and Med. Subjekts Nr 88. Min. of Health, London 1938. — MONTEGROSSI, G.: Med. Lav. **1939**, 11. — NUSSBAUM, H. H.: Inaug.-Diss. Bonn 1935. — PECK: Lancet **227**, 129 (1934). — PENTSCHOW u. KASSOWITZ: Krkh.forsch. **8**, H. 5/6. — PEREIRAS, R.: Amer. J. Dis. Childr. **1939**. 443. — PFEIL: Klin. Wschr. **1935**, 765. — PRANGE: Dtsch. med. Wschr. **1928**. 2105. — RENNERT, H.: Med. Klin. **1938 I**, 508. — REPLOH, H.: Med. Klin. **1940 II**, 891. — ROST: S. v. V. **8**, C 32, 41 (1937). — RUSSELL, A. E.: Publ. Health Service Bull. **1933**, Nr 205. — SCHMIDT, P., u. F. WEYRAUCH: Die Bleivergiftung im Lichte moderner Forschung. Jena: Fischer 1933. — SCHÜTZ, H. J.: Arch. Gewerbepath. **9**, 198 (1938). — SHIELDS, J. B., H. H. MITCHELL and W. A. RUTH: J. industr. Hyg. a. Toxicol. **21**, 7 (1939). — SIMON: Boll. soc. ital. Biol. sper. **14**, 130 (1939). — SMITH, F. L., T. K. RATHMELL u. G. E. MARCIL: Amer. J. clin. Path. **8**, 471 (1938). — SPATER: Zbl. Hyg., N. F. **1931**, 108. — Statistik Frankreich: Presse méd. **1937**, 2. — TELEKY, L.: Wien. klin. Wschr. **1936**, 273. — WEBER, A.: Z. ärztl. Fortbildg **34**, 555 (1937).

Wirkungsmechanismus und Bestimmungsmethoden: ANTONIONI, E. Med. Lav. **31**, 181 (1940). — BECK, H., u. G. STRAUBE: Klin. Wschr. **1939 I**, 242. — BEHRENS, B.: Arch. f. exper. Path. **109**, 332 (1924). — BEHRENS, B., u. A. BAUMANN: Z. exper. Med. **92**, 252 (1933). — BEHRENS, B., u. H. TAEGER: Z. exper. Med. **96**, 282 (1935). — BOHNENKAMP, H., u. LINNEWEH: Dtsch. Arch. klin. Med. **175**. 157 (1933). — CALVERY, H. O.: J. amer. med. Assoc. **111**, 1722 (1938). — COLELLA: Fol. med. (Napoli) **1937**, 20. — EMMINGER, E., u. G. BATTISTINI: Virchows Arch. **290**, 492 (1933). — FAIRHALL, L. T., and R. R. SAYERS: Publ. Health Rep. **54**. 2016—2019 (1939). — GELMANN, J.: Dtsch. Arch. klin. Med. **163**, 1 (1929). —

GLIBERT: Extrait d. Rapp. Ann. de l'Imp. du Travail 1906. — GRANT, R. L., H. O. CALVERY, E. P. LAUGH u. H. J. MORRIS: J. of Pharmacol. **64**, 446 (1938). — HANSEN, K. K., WÜLFERT u. E. KVALHEIM: Norsk. Mag. Laegevidensk. **98**, 253 (1937). — KEHOE, R. A., F. THAMANN and J. CHOLAK: J. industr. Hyg. a. Toxicol. **15**, 306—319 (1933). — KOWALOFF, L.: S. v. V. **10**, A 783, 63 (1939) — Amer. J. Dis. Childr. **56**, 764 (1938). — KRAFT-STRÖM, H. K. WÜLFERT u. O. SYDNES: Biochem. Z. **290**, 382 (1937). — KRAUS, J.: Z. exper. Med. **95**, 434 (1935). — LOWNDES, J.: Thom. Hosp. Rep. **1**, 44 (1936). — MELNICK, J. L., u. G. R. COWGILL: Proc. Soc. exper. Biol. a. Med. **38**, 899 (1938). — MILLET: J. of biol. Chem. **83**, 265 (1929). — MINO, A. S.: Physiologic. Rev. **18**, 554 (1938). — MIYASAKI, S.: Arch. f. exper. Path. **150**, 39 (1930). — NICOLETTI, F.: Arch. di Antrop. crimin., Suppl.-H. **57**, 536 (1937). — PARRI, LELLI u. MICHELI: Rass. Med. industr. **9**, 167 (1938). — REITH, J. F., u. C. P. DIJK: Nederl. Tijdschr. Geneesk. **1939**, 1584 u. dtsch. Zusammenfassung 1591. — SCHMIDT, P.: Z. ärztl. Fortbildg **32**, 710 (1935). — SCHMITT, F., u. H. TAEGER: Z. exper. Med. **101**, 21 (1937). — SCHMITT, F., u. W. BASSE: Arch. exper. Path. **189**, 169 (1938). — SCHRADER: Ärztl. Sachverst.ztg **1936**, 77. — SCHULER: Arbeitsmedizin Bd. XIII. Leipzig: Joh. Ambr. Barth 1940. — SEELKOPF u. TAEGER: Z. exper. Med. **91**, 539 (1933). — SHIELS: D. O.: Med. J. Austral. **1936**. — SHIELDS, J., H. H. MITCHELL u. W. A. RUTH: J. industr. Hyg. a. Toxicol. **22**, 199 (1940). — SOBEL, A. E., H. YUSKA, D. D. PETERS u. B. KRAMER: J. of biol. Chem. **132**, 239 (1940). — TAEGER, H.: Erg. inn. Med. **54**, 459 (1938) — Klin. Wschr. **1933 II**, 1613. — TAEGER, H., u. F. SCHMITT: Z. exper. Med. **100**, 717 (1937). — TEISINGER, J.: Z. exper. Med. **98**, 520 (1936) — Biochem. Z. **277**, 178 (1935) — Presse méd. **1938** Nr 34. — TOMPSETT, S. L., u. A. B. ANDERSON: S. v. V. **10**, A 810, 153 (1939).

Kasuistik: ALTMANN, O., u. K. NOWOTNY: Wien. klin. Wschr. **1936**, 613. — BARATH, J.: Orvosképzés **25**, Kétly-Sonderheft, 168 (1935). — BARTLEMAN u. DUKES: S. v. V. **7**, A 594, 63 (1936). — BAUMEISTER: S. v. V. **2**, A 129, 97 (1931). — BEAUMONT u. WYBURN-MASON: S. v. V. **10**, A 782, 61 (1939). — BLACKMAN, S. S.: Bull. Hopkins Hosp. **61**, 1 (1937). — CARRIEU, M., R. CABANNES, J. FOURCADE u. A. BLAVOUX: Rev. d'Hyg. **60**, 454 (1938). — CHALMERS, J. N. M., u. S. L. TOMPSETT: Lancet **1**, 994 (1938). — CONTURAT: Presse méd. **1936**, 89. — DIVRY u. EVRARD: Bull. méd. **1936**, 231. — DUY: S. v. V. **7**, A 580, 29 (1936). — EHRHARDT, W.: Arch. Gewerbepath. **9**, 407 (1939). — ERDÖS u. ASZTALOS: S. v. V. **6**, A 526, 147 (1935). — GENOUX, P.: Arch. Méd. soc. et Hyg. etc. **2**, 569 (1939). — GERBIS, H.: Zbl. Gewerbehyg., N. F. **12**, 155 (1935). — GERLACH, FR.: Diss. Berlin 1939. — GRAY, J., u. J. GREENFIELD: Industrial Med. **7**, 317 (1938). — HARTMANN, J.: Münch. med. Wschr. **1937 I**, 252. — HEEREN, R. H., u. H. B. FUNK: Publ. Health Rep. **52**, 8 (1937). — JORDANS, ZIJLMANS u. BROSS: S. v. V. **7**, A 641, 189 (1936). — KOELSCH: Münch. med. Wschr. **1939**, 67. — KÖTZING: S. v. V. **5**, B 45 (1934). — KRAUEL: S. v. V. **8**, A 689, 131 (1937). — KRUSE u. FISCHER: S. v. V. **2**, A 124, 81 (1931). — MAJO, U. DE: Rass. Med. industr. **1936**, H. 5. — MITNIK, P. I., u. D. A. SCHEVELUHIN: Gig. Truda i. t. d. **14**, 38 (1936). — NOSU, S., u. H. FUJII: J. of Dis. Childr. **1939**, 443. — NYFELDT, A.: Ugeskr. Laeg. **99**, 283 (1937). — PAPPE, U. DE: Med. Lav. **29**, 157, 306, 332 (1939). — PERNICE: S. v. V. **5**, A 454, 167 (1934). — PRETI, L.: Med. Lav. **28**, 33, 65 (1937). — REUTER: S. v. V. **3**, A 224, 117 (1932). — SCHÖN: Münch. med. Wschr. **1937**, 1035. — SCHRETZENMAYR: S. v. V. **5**, A 408, 31 (1934). — SCHULZ: S. v. V. **6**, A 553, 207 (1935). — SCHWARZ, L.: S. v. V. **1**, B 10, 41, B 13, 59, B 15, 67 (1930); **9**, B 87, 41 (1938). — SINGER, A., u. J. ADLER-HERZMARK: Wien. klin. Wschr. **1936**, 440. — SOEWARNO: S. v. V. **1**, A 84, 191 (1930). — STAEHELIN, R.: Med. Ges. Basel 10. II. 1938; Med. Klin. **1938**, 694. — STIEFLER u. TENSCHERT: S. v. V. **4**, A 304, 17 (1933). — VIETHEN: S. v. V. **2**, A 167, 189 (1931). — WEIGELDT: S. v. V. **1**, A 4, 9 (1930). — WILLIAMS, H. B.: S. v. V. **10**, A 781, 57 (1939) — J. amer. med. Assoc. **112**, 534 (1939).

Porphyrinurie: BANDOW: Strahlenther. **61**, 664 (1938). — CARRIÉ, C.: Med. Welt **1936**, 1109. — FIKENTSCHER, R.: Biochem. Z. **249** (1932). — DUESBERG, R.: Münch. med. Wschr. **1932 II**, 1821. — GELMANN, I.: Münch. med. Wschr. **1929 I**, 532. — HARBITZ, F.: Arch. int. Med. **33**, 632 (1924). — LIEBIG, H.: Arch. f. exper. Path. **125**, 16 (1927). — MASSA, M.: Med. Lav. **16**, 211 (1925). — MASSA, M., e G. BATTISTINI: Pathologica (Genova) **25**, 28 (1933). — MERTENS, E.: Klin. Wschr.

1937, 61. — OTTO, H.: Arch. Gewerbepath. **8**, 655 (1938). — PUTNOKY, J., u. ST. SYGMEGY: Arch. Gewerbepath. **8**, 570 (1938). — ROTH, E.: Z. klin. Med. **129**, 123 (1935). — SCHÄFER, M.: Reichsarb.bl. **18**, III, 175 (1938). — SCHREUS, H. TH., u. H. G. CHRIST: Dermat. Z. **74**, 14 (1936). — SCHREUS, H. TH.: Strahlenther. **61**, 649 (1938). — SCHREUS u. CARRIÉ: Z. klin. Med. **123**, 330 (1933). — SPÜHLER, O.: Schweiz. med. Wschr. **1940**, 17, 369. — VANNOTTI, A.: Helvet. med. Acta **6**, 658 (1939). — VIGLIANI: Arch. Gewerbepath. **5** (1934). — VIGLIANI, E. C.: Rass. Med. appl. Lav. industr. **5**, Nr. 4 (1934) — Rass. Med. industr. **7**, 355 (1937) — Arch. ital. Mal. profess. **1**, 185 (1938) — Arch. Sci. med. **65**, 423 (1938).

Blutbild: GOCHER, T. E. P.: Northwest Med. Seattle **36**, 98 (1937). — GUARESCHI, G.: Giorn. Clin. med. **18**, 1034 (1937). — HENNING, N., u. H. KEILHACK: Dtsch. med. Wschr. **1939**, Nr 17; **1940**, 323. — KLIMA u. SEYFRIED: Fol. haemat. (Lpz.) **57**, 283 (1937). — KOST: Arch. Gewerbepath. **3**, 42 (1932). — MEEK, S. F.: J. industr. Hyg. a. Toxicol. **22**, 401 (1940). — MONTEGROSSO, G.: Med. Lav. **30**, 1 (1939). — MÜLLER, A. H.: Klin. Wschr. **1938**, 1183. — PFEIL, E.: Ges. f. inn. Med. 52. Kongr. Wiesbaden 1940, S. 382. — SCHMIDT, P.: Festschrift Nocht, S. 554. 1937. — SCHÖNAUER, S.: Ber. über den 8. internat. Kongr. für Unfallmed. u. Berufskrankh. Frankfurt a. M. **2**, 1094 (1939). — SHIELS, D. O.: Med. J. Austral. **1**, 847 (1936). — WINKLER, A., u. H. WIESBROCK: Z. Hyg. **1939**, 433. — WINKLER, U.: Med. Klin. **1937**, 637.

Leber und Nieren: BAZZANO, S.: Med. Lav. **1936**, Nr 14. — FELLINGER, K.: Arch. Gewerbepath. **7**, 414 (1936). — KOELSCH: Jkurse ärztl. Fortbildg. **1927**, 35. — MINOPRIO, L., u. G. TACCANI: Rass. Med. appl. Lav. industr. **9**, 380 (1938). — SCHMIDT-KEHL: Münch. med. Wschr. **1933**, 2003. — SCHOEN: S. v. V. **2**, A 125, 83 (1931) — Med. Klin. **1937**, 848. — VALLERY-RADOT, P., G. MAURICE u. J. LEMANT: Bull. Soc. méd. Hôp. Paris, III **54**, 76 (1938). — WEIL, M. P. u. V. OUMANSKY: Ann. Méd. **43**, 195 (1938). — ZADEK: Dtsch. med. Wschr. **1939**, 1336.

Magen-Darm-Kanal: COLUMBE, J.: J. of Dis. Childr. **1939**, 442. — CSÉPAI, C.: Mschr. Unfallheilk. **1938**, Nr 8 — J. industr. Hyg. a. Toxikol. **20**, 521 (1938). — GUTZEIT: Münch. med. Wschr. **1928**, 1623. — OTTO, H., u. F. KUHLMANN: Klin. Wschr. **1939**, 1081. — QUAGLIA, F., u. E. VIGLIANI: Rass. Med. industr. **7**, 359 (1936). — RENOTO, M.: Med. Lav. **28**, 363 (1938). — SCHERK: Med. Klin. **27**, 397 (1931). — SCHOLL: Paradentium **2**, 86 (1930). — SEITZ: Med. Welt **1932**, 979. — SNAPPER, J: Klin. Wschr. **1922**, 657.

Gefäßsystem, Blutdruck: BELKNAP, E. L.: J. amer. med. Assoc. **104**, 205—210 (1935) — J. industr. Hyg. a. Toxicol. **18**, 380 (1936). — BOURGUIGNON: Soz. Med. **1927**, 153. — CARPENTER: Münch. med. Wschr. **1929**, 151. — GERBIS: Ärztl. Sachverst.ztg. **1930**. — GÜNTHER, G. W.: Dtsch. med. Wschr. **1938 II**, 1146. — KÖTZING: S. v. V. **4**, A 381, 231, A 382, 235 (1933). — KOUKINE, N.: Méd. Trav. **7**, 125 (1935). — LEDERER: S. v. V. **3**, A 223, 115 (1932). — OTTO, H., u. G. HAHN: Klin. Wschr. **1939**, 1101 — Z. klin. Med. **136**, 61 (1939). — PAL: Dtsch. med. Wschr. **1930**, 2205. — RUTISHAUSER, E.: Virchows Arch. **297**, 119 (1936). — TELEKY, L.: J. industr. Hyg. a. Toxicol. **19**, 1 (1937). — VELICOGNA, A.: Med. contemp. (Torino) **4**, 95 (1938); **5**, 714 (1939).

Innere Sekretion: REINHART, K.: Arch. Gewerbepath. **9**, 80 (1938). — VANOTTI, A.: Dtsch. Arch. klin. Med. **178**, H. 6 (1936). — VIGLIANI, E.: Arch. Gewerbepath. **5**, 185 (1934).

Zentralnervensystem und Sinnesorgane: BASSI, U.: Ärztl. Sachverst.ztg **43**, 249 (1937). — BEINTKER: S. v. V. **7**, B 74, 53 (1936). — BIEMOND, A., u. S. VAN CREFELD: Nederl. Tijdschr. Geneesk. **1939**, 16. — BLACKMANN, S. D.: Amer. J. Dis. Childr. **1939**, 217. — BLATT: Klin. Mschr. Augenheilk. **68**, 482 (1931). — BOSHER, B.: Arch. of Neur. **34**, 994 (1935). — BOURGUIGNON: La chronaxie chez l'homme. Masson & Co. 1923. — BROWN, J. E., u. E. E. SMITH: J. Pediatr. **10**, 656 (1937). — CHRISTIANI, V.: S. v. V. **10**, A 780, 53 (1939). — Diss. Göttingen 1937. — CONE, W., C. RUSSEL and R. HARWOOD: Arch. of Neur. **31**, 236 (1934). — CORNWALL, L. H.: Bull. neur. Inst. N. Y. **5**, 28 (1936). — DUENSING, F.: Dtsch. Z. Nervenheilk. **143**, 297 (1937). — FOZ, A.: Bol. Inst. psiquiatr. Fac. Ci. méd. Rosario **6**, 47 (1934). — GERAGHTY: S. v. V. **9**, A 722, 21 (1938). — GRÖTSCHEL: Arch. Gewerbepath. **3**, 25 (1932). — HOF: Dtsch. Z. Nervenheilk. **117** u. **119** (1931). — HOLSTEIN: Arch. Gewerbepath. **2**, 676 (1931). — KIRA, TJOAN-SIOE: Trans.

far-east. Assoc. trop. Med. Hong-Kong **2**, 371 (1935). — KÖRNEY: Dtsch.Z. Nervenheilk. **122**, 18 (1931). — LANE, R., and F. H. LEWY: J. industr. Hyg. a. Toxicol. **17**, 79 (1935). — LANGEN, C. D.: Meded. Dienst Volksgezdh. Nederl.-Indie **23**, 11 (1934). — LESCHKE: S. v. V. **3**, B 29, 19 (1932). — LEVINSON, A., u. L. H. HARRIS: J. Pediatr. **8**, 315 (1936). — LEWY, F. H.: J. industr. Hyg. a. Toxicol. **17**, 13 (1935). — LOBECK, E.: Graefes Arch. **135**, 165 (1936). — LÖWENSTEIN, F.: Inaug.-Diss. Basel 1934. — LUDWIG, H., u. M. ROTTENBERG: Klin. Wschr. **1936 I**, 119. — NETZLEY, R. E.: California Med. **46**, 306 (1937). — NIEDERLAND: S. v. V. **2**, A 127, 87 (1931). — RAPAPORT, M., u. A. S. KENNEY: J. amer. med. Assoc. **112**, 2040 (1939). — ROEDER, F.: Med. Klin. **1937**, 1680. — ROTTENBERG, M.: Diss. Basel 1936. — SACHER: Mschr. Ohrenheilk. **61**, H. 7. — SCHMITT, F., u. W. BASSE: Klin. Wschr. **1937**, 65. — SORIANO, F., u. J. MALBRAN: Rev. Assoc. méd. argent. **49**, 849 (1936). — SPOTA: B. B.: Arch. med. leg. **8**, 175 (1938). — STÄMMLER: Verein südd. Psych. u. Neurol. Breslau 12. VI. 1926 — Klin. Wschr. **1929**, 1210. — STEFAN, H.: Ärztl. Sachverst.ztg. **1936**, 259. — STEINMANN, S. E.: Amer. J. Physiol. **126**, 261 (1939). — STRECKER, H.: Diss. Jena 1936. — TAEGER, H.: S. v. V. **9**, A 723, 23 (1938). — VILLAVERDE, J. M. DE: An. Acad. méd.-quir. espan. **20**, 17 (1933). — WEISER, J.: Arch. Gewerbepath. **5**, 445 (1934). — WELLER: Exp. prod. Arch. int. Med. **39**, 27. — ZAPEL: S. v. V. **3**, A 288, 279 (1932).

Knochen: ASKANAZY: Schweiz. med. Jb. **1932**. — BARTH: Virchows Arch. **281**, 146. — CAFFEY, J.: Amer. J. Dis. Childr. **55**, 798 (1938). — KADEN: Diss. Leipzig 1937. — KRAFT u. KATO: Fortschr. Röntgenkde. **1933**. — PLAATS-KEYZER, V. D.: Trans. far-east. Assoc. trop. Med. Hong-Kong **2**, 897 (1935). — RUTISHAUSER: Arch. Gewerbepath. **3**, 300 (1932).

Therapie: CAPELLI, F.: Med. Lav. **1938**, 43. — FELLINGER, K.: Med. Klin. **1936**, Nr 18. — GRAY, J., u. J. GREENFIELD: Industrial Med. **8**, 507 (1939). — HADJIOLOFF, CHR.: Arch. Gewerbepath. **10**, 360 (1940). — HESSE, E.: Klin. Wschr. **1940 I**, 104. — HESSE, E., u. L. ZEPPMEISEL: Klin. Wschr. **1937 II**, 1027. — HOLMES, H. N., K. CAMPBELL u. E. J. AMBERG: J. Labor. a. clin. Med. **24**, 1119 (1939). — NEUMANN, A.: Ther. Gegenw. **1938**, 149. — SALATINI, MOLFINO u. MAZZANTINI: Med. Lav. **5** (1937). — SCHMITT, F., u. H. LOSSIE: Dtsch. Arch. klin. Med. **182**, 200 (1938). — SCHRETZENMAYR, A., u. G. BAUER: Z. exper. Med. **98**, 478 (1938). — SEGHINI, C.: Med. Lav. **31**, 241 (1940). — TAEGER, H.: Klin Wschr. **1937 II**, 1613. — TOMPSETT, L. S.: Brit. J. exper. Path. **20**, 512 (1939).

Bleitetraäthyl.

BORDAS, F.: Ann. d'Hyg. **11**, 669 (1933). — CESARIS DEMEL, V. jr., D. CORBI u. V. CONSTANZI: Pathologica (Genova) **25**, 685 (1933). — COSTE, F.: Arch. Mal. profess. **1**, 281 (1938). — DUVOIR, M., u. F. COSTE: Semaine Hôp. Paris **10**, 423 (1934) — Méd. Trav. **1935**, Nr 6. — ELRIDGE, W. A.: Report 1929, Chemical Warfore Service, Edgewood Arsenal. Medical Research Bericht Nr 29 v. 5. X. — FERRANTI, F.: Riv. Clin. med. **38**, 449 (1937). Ref. in Zbl. Neur. **89**, 341 (1938). — FLURY, F., in: Heffter-Heubners Handbuch der exper. Pharm. **3**, T. 3, 1602ff. Berlin: Springer 1934. — ISCHOK, G.: Presse méd. **36**, 1127 (1928). — KEHOE, R. A.: J. Labor. a clin. Med. **12**, 554 (1927) — J. amer. med. Assoc. **85**, 108 (1925) — Nat. Safety News **29**, 19 (1934) — Ethyl G. m. b. H., Berlin NW, 7. III. 1937. — KEHOE, R. A., u. W. F. MACHLE: Veröff. Kettering-Laboratorium für angew. Physiol. Berlin: Springer 1939. — KEHOE, R. A., u. J. THAMANN: Amer. J. Hyg. **13**, 478 (1931). — KEHOE, R. A., F. THAMANN u. J. CHOLAK: J. industr. Hyg. and Toxicol. **16**, 100 (1934); **18**, 42 (1936). — LAVES, W.: Dtsch. med. Wschr. **1939 II**, 1746. — LHERMITTE, KULIKOWSKY u. TRELLER: Rev. neur. **41 II**, 622 (1934). — LIND, G.: Ugeskr. Laeg. **1936**, 318 — Hosp.tid. **78**, 769 (1935). — MACHLE, W. F.: J. amer. med. Assoc. **105**, 578 (1935). — MASON, E. C.: J. Labor. a. clin. Med. **6**, 427 (1921). — MASON, E. C., R. R. SAYERS, A. C. FIELDNER, W. P. YANT u. B. D. H. THOMAS: Bericht des U.S. Bureau of Mines an die General Motors Research Corporation und die Ethyl Gasoline Corporation 1927. — MORIZAKI, H.: Psychiatr. et Neur. japonica **42**, 572. — NORRIS, CH., u. A. D. GETTLER: J. amer. med. Assoc. **85**, 818 (1925). — SELMAN, J. J., u. Z. T. Wirtschafter: Ohio State med. J. **33**, 167 (1937). — STÖRRING, E.: S. v. V. **10**, A 823 (1939) —

Dtsch. Z. Nervenheilk. **148**, 262 (1939). — SZCZEPANSKI: Reichsarb.bl. **1939**, T. III, 209. — TAEGER, H.: S. v. V. **11**, A 828, 5 (1940). — VALENTIN, H.: Plomb Tétra-éthyl et Hyg. industr. Paris 1936. — ZANGGER, H.: Schweiz. med. Wschr. **1925**, 26.

Phosphor.

Theoretische Arbeiten: FISCHLER, F.: Münch. med. Wschr. **1941 I**, 62. — HEFFTER-HEUBNER: Handbuch der exper. Pharm. **3**, 1. Teil. — ITO u. KUNITARO: Ref. in Ber. Physiol. **43**, 429 (1928). — LICHTWITZ: Klin. Chemie. 2. Aufl. Berlin: J. Springer 1930. — MICHAELIS, P.: Arch. Gewerbepath. **7**, 477 (1936). — ROSENTHAL u. MEYER: Arch. f. exper. Path. **91**, 246 (1921). — SEEL: Arch. f. exper. Pathol. **1928**, 213. — STUBENRAUCH, v.: Slg klin. Vortr. **1910**, 303. — VACIRCA, F.: Sperimentale **95**, 11 (1941). — ZENNIK: Z. exper. Med. **70**, 1 (1930).

Kasuistik: BACMEISTER u. REHFELD: S. v. V. **1**, A 6, 13 (1930). — BLUMENTHAL, S., u. A. LESSER: S. v. V. **9**, A 760, 161 (1938). — BOEGER, H.: Diss. Bonn 1938. — BROCKS, H.: Ugeskr. Laeger **1936**, 1134. — BUZZO, A., R. E. CARRATALA u. C. L. CARBONESCHI: Archivas Med. leg. **1938**, H. 2. — JUNIUS: Klin. Mbl. Augenheilk. **1939**. — LIEBSCHER: S. v. V. **5**, A 460, 187 (1934). — MICHAELIS: Fortschr. Med. **1925**, Nr 21. — RABL, R.: Virchows Arch. **245**, 542 (1923). — SCHWARZ: S. v. V. **1**, B 9, 39 (1930). — SEDLMEYER: S. v. V. **4**, A 306, 21 (1933). — SONTAG: S. v. V. **9**, A 761,167 (1938). — TAKEYA-SIKO: Fukuoka Acta med. **30** (1937) — Mschr. Psychiatr. **109**, 113 (1939). — VALLARDI: Zbl. Gewerbehyg. **3**, 1 (1915). — ZEYNEK u. SCHALLY: S. v. V. **2**, A 117, 67 (1931).

Phosphorwasserstoff.

Theoretische Arbeiten: DIETZ: Württemberg. Korrespondenzbl. **22**, H. 7, 52. — EULENBURG: Lehrbuch der schädigenden und giftigen Gase. 1865. — HÜHNEFELD: Horns, Nasser u. Wagners Arch. f. med. Erfahrungen **56**, H. 2, 789. — JOKOTE: Arch. f. Hyg. **49**, 275 (1904). — LEWIN: Med. Klin. **1917**, 1353 — Gifte und Vergiftungen. 1929. — MEISSNER, R.: Z. exper. Med. **42**, 267 (1924). — MÜLLER, W.: Arch. f. exper. Path. **195**, 184 (1940). — WOLFF: Uffelmanns Hyg. Jber. **16**, 354.

Kasuistik: DOLT, H., u. Ch. HARRES: Dtsch. med. Wschr. **1909**, 252. — EICHLER: S. v. V. **5**, B 43, 23 (1934). — GESSNER, O.: S. v. V. **8**, B 79, 13 (1937). — MUNTSCH, Zit. bei ZERNIK: Erg. Hyg. **14**, 160 (1933). — NÖLDEKE: Zit. bei FLURY: Anz. Schädlingskde. **13**, 26 (1937). — REBMANN: Z. Gesdh.techn. **1933**, 279. — STRAUB: S. v. V. **1**, A 51, 115 (1930).

Quecksilber.

ADLER: S. v. V. **1**, A 66, 145 (1930). — ALMKVIST: Arch. f. exper. Path. **82**, 221. — ASCHOFF: Path. Anatomie 1923. — BAADER, E. W., u. E. HOLSTEIN: Gewerbliche Quecksilbervergiftung. Berlin: Rich. Scholtz 1933. — BALÁSZ, J.: S. v. V. **4**, C 14, 37 (1933); **5**, A 417, 55 (1934). — BERNER, O., u. E. JENSEN: Nord. med. Tidskr. **16**, 1656 (1938). — BIONDI: Arch. Gewerbepath. **2**, 754 (1931). — BLUM: S. v. V. **8**, A 703, 181 (1937). — BODNAR, J., Ö. SZÉP u. B. WESZPRÉMY: Biochem. Z. **302**, 384 (1939). — BORINSKI: Klin. Wschr. **1931**, 4. — BUCK: Arch. Gewerbepath. **5**, H. 2 (1934). — CALLAWAY, J. L.: Arch. Dermat. **36**, 62 (1937). — CHRISTIANSEN, H. M. KROGH u. M. NIELSEN: Nature (Lond.) **138**, 626 (1937). — CRINIS, DE: Mschr. Psychiatr. **62**, 307. — DEBRÉ, R.: C. r. soc. Biol. Paris **125**, 518 (1937). — DÉROBERT: Ann. Méd. lég. etc. **17**, 219 (1937). — DEUTSCH: Münch. med. Wschr. **1928**, 201. — DIMITRI, V., u. F. M. CIA: Archivos Med. leg. **1939**, Nr 1. — DRÜGG: Dtsch. med. Wschr. **1939**, 1637. — DUNAJEWSKY u. PEISSACHOWITSCH: Arch. Gewerbepath. **1** (1930). — ERCKLENTZ, W., u. K. WOTZKA: Ther. Gegenw. **1935**, 533. — ERDÖS: S. v. V. **1**, A 64, 141 (1930). — ERKELENZ: Med. Klin. **1929**, 1643. — FAZEKAS: S. v. V. **6**, A 490, 65 (1935). — FELDHOF: Chemik.-Ztg **1926**, Nr 75. — FELLINGER, K., u. F. SCHWEITZER: Arch. Gewerbepath. **9**, 269 (1938). — FLEISCHMANN: Dtsch. med. Wschr. **1928**, 304. — FLURY-ZANGGER: Lehrbuch der Toxikologie. Berlin: J. Springer 1928. — FRANCIONI, G.: Rass. Med. appl. Lav. industr. **6**, 110 (1935). — FÜHNER: S. v. V. **4**, B 38, 33 (1933). — FÜHNER u. PIETRUSKY: S. v. V. **7**, B 64, 1 (1936). — FULDE, W.: Med. Klin.

1936 I, 664. — GLATZEL: S. v. V. **7**, A 579, 27 (1936). — GREENWALD, H. M., u. S. JAKOBSON: J. Pediatr. **11**, 540 (1937). — HALBORN, P., u. P. CAMUS: Dtsch. Z. gerichtl. Med. **32**, 40 (1939). — HEINICKE: Zieglers Beitr. Chir. **45**, 197 (1909). — HERRMANN: S. v. V. **8**, A 656, 55 (1937). — HERTZ: Klin. Wschr. **1929**, 541. — HESSE: Arch. f. exper. Path. **144** (1929). — HOLSTEIN: S. v. V. **1**, A 65, 143 (1930) — Med. Welt **1929**, 1290 — Zbl. Gewerbehyg. **1930**, 293. — HOLSTEIN, E.: Zbl. Gewerbehyg., N. F. **14**, 249 (1937). — HOLTZMANN: Arch. f. Hyg. **106**, 6. — HOPMANN: Zbl. Gewerbehyg. **12** (1927). — HUBRICH: Zbl. Chir. **1931**, 1335—1337. — JACOBI: S. v. V. **1**, A 5, 11 (1930). — JANSON: Med. Welt **1929**, 49. — KAYSSI, A. I., u. E. S. HAWKINS: 1. internat. Kongr. gerichtl. u. soz. Med. **1938**, 587. — KÄMPER: Diss. Münster 1938. — KÄRBER: S. v. V. **10**, A 822, 199 (1939). — KAUFMANN u. ROTHSCHILD: S. v. V. **2**, A 168, 195 (1931). — KLUGE, H., H. TSCHUBEL u. A. ZITEK: Z. Unters. Lebensm. **76**, 321 (1938). — KOCH: Med. Klin. **1937**, 1559. — KOELSCH: Arch. Gewerbepath. **8**, 113 (1937). — KORANYI: Klin. Wschr. **1935**, 753; **1937**, 855. — KORANYI, A.: Z. exper. Med. **96**, 116 (1935). — KULKOW: Z. Neur. **125**, 1 (1930). — LESCHKE: Münch. med. Wschr. **1931**, 1909. — LEWIŃSKI: S. v. V. **9**, A 743, 99 (1938). — LICKINT, F.: Münch. med. Wschr. **1938**, 799. — MEYER: S. v. V. **1**, A 67, 147 (1930). — MICHAUD: Schweiz. med. Wschr. **1935**, 189. — MOLL: S. v. V. **10**, A 811, 157 (1939). — MONAKOW: Dtsch. Arch. klin. Med. **183**, 155 (1938). — MONTZKA: S. v. V. **5**, A 416, 53 (1934). — MÜLLER, R., u. K. SCHEINER: Arch. exper. Path. f. **180**, 718 (1936). — NANU-MUSCEL, I., et V. CIOCALTEU: Bull. Acad. Méd. Paris III **114**, 854 (1935). — NEAL, P. A.: Amer. J. publ. Health **28**, 907 (1938). — PICK: S. v. V. **7**, 642, 191 (1936). — PIERACCINI: Med. Welt **25** (1931). — REUTER: S. v. V. **3**, A 224, 117 (1932). — ROSENTHAL: Diss. München 1929. — ROST: S. v. V. **8**, C 38, 21 (1937). — ROTH, E., u. N. v. SZENT-GYÖRGYI: Klin. Wschr. **1937 I**, 895. — ROTH, G.: Schweiz. med. Wschr. **1937**, 27. — RYBAL u. STERN: S. v. V. **3**, A 196, 43 (1932). — SAVELLINI, A. G., u. A. LUCACCINI: Rass. Med. industr. **9**, 573 (1938). — SAVELLINI, A. G.: Rass. Med. industr. **10**, 552—561 (1939). — SCHEURER, O.: S. v. V. **7**, A 643, 193 (1936). — SCHLINGMANN: Med. Welt **1939**, 33. — SCHWEITZER, F.: Arch. Gewerbepath. **9**, 169 (1938). — SCHWITTAY, A. M.: Amer. J. Dis. Childr. **1939**, 615. — SLATINEANU, A., I. BALTENEANU, M. SIBI, V. MÂRZAU u. Z. PARACHIVESCO: Bull. Acad. Méd. Paris, III. s. **118**, 195 (1937). — SOLLMANN, T., u. N. E. SCHREIBER: S. v. V. **7**, A 644, 195 (1936) — Arch. int. Med. **57**, 46 (1936). — SPROCKHOFF, H., u. H. C. BUHRMESTER: Med. Klin. **1937 I**, 408. — STARKENSTEIN: Klin. Wschr. **1932**, 169 — Toxikologie. Berlin: Urban u. Schwarzenberg 1929. — STARY, Z., u. W. LORENZ: Med. Klin. **1937**, 635 — STARY: S. v. V. **8**, A 657, 9 (1937). — STOCK: Z. angew. Chem. **39**, 15, 461 (1926); **24** (1928); **25**, 999 (1929) — Klin. Wschr. **1931**, 10 — Naturwiss. **23**, 25 (1931). — STOCK, A.: Arch. Gewerbepath. **7**, 388 (1936) — Zahnärztl. Rdsch. **48**, 371 (1939) — Biochem. Z. **304**, 73 (1940). — STOCK, A., u. F. CUCUEL: Angew. Chem. **47**, 801 (1934) — Naturwiss. **22**, 390 (1934). — STOCK, A., u. N. NEUENSCHWANDER-LEMMER: Ber. dtsch. chem. Ges. **71**, 550 (1938). — SZÉP, Ö.: Biochem. Z. **307**, 79 (1940). — TALBOTT, J. H., F. S. COOMBS u. W. V. CONSOLAZIO: Arch. int. Med. **60**, 301 (1937). — TALLENBERG, D. G.: Arch. Gewerbepath. **7**, 305 (1936). — TIMM: Z. exper. Med. **88**, H. 1/2. — TRAUB, E. F., u. R. H. HOLMES: Arch. of Dermat. **38**, 349 (1938). — v. TROSSEL: S. v. V. **3**, A 195, 41 (1932). — VANOTTI: Arch. Gewerbepath. **8**, 166 (1937). — WEGER: Arch. Gewerbepath. **1**, 1 (1930). — ZANGGER: Münch. med. Wschr. **1931**, 44. — ZEYNEK u. HAUROWITZ: S. v. V. **2**, A 115, 63 (1931). — ZIELER, K.: Med. Klin. **1937**, 634.

Arsenvergiftung.

Pharmakologie und Wirkungsmechanismus: FONZÉS-DIACON: Ann. Méd. lég. etc. **15**, 793 (1935). — ITALLIE, L. VAN: Pharmaceut. Weekbl. **74**, 206 (1937). — KEESER, in: Heffter-Heubner Handbuch der exper. Pharm. **3**, 484 (1927). — KEESER, E.: Handbuch der exper. Pharm. (Heffter-Heubner), Ergänzungswerk **3** (Literatur). Berlin: Springer 1937. — KNELL, E.: Arch. f. exper. Path. **181**, 292 (1936). — LANG, S., u. J. STARKER: Z. exper. Med. **92**, 98 (1933). — LANGECKER: S. v. V. **2**, C 5, 19 (1931). — MASONYI, L.: Klin. Wschr. **1938**, 1480. — NONNENBRUCH, W., Z. STARY, A. BAREUTHER u. H. THELEN: Arch. f. exper. Path.

180, 437 (1936). — OELKERS, H. A.: Klin. Wschr. **1937**, 1204. — OELKERS, H. A., u. E. VINCKE: Arch. f. exper. Path. **182**, 499 (1936). — ORESTANO u. ABBATE: Arch. internat. Pharmacodynamie **56**, 1 (1937). — RISI: Arch. f. exper. Path. **188**, 400 (1938). — ROTH, O.: Festschrift f. H. Zangger **1935**, 44. — SCHWARZ, L., u. W. DECKERT: Arch. f. Hyg. **115**, 268 (1936). — TATUM: Ann. Rev. Physiol. (Stanford University) **2**, 371 (1940). — TRUFFERT, L.: Arch. Mal. profess. **1**, 221 (1938).

Kasuistik: AKITA u. KONDO: Fol. pharmacol. jap. **26**, 49 (1938). Ref. in: Chem. Abstr. **33**, 2996 (1939). — ARZT, L.: Wien. klin. Wschr. **1937**, 1565. — BAADER: Med. Welt **1929 II** — S. v. V. **1**, A 47, 107 (1930). — BECK u. KULCHAR: Arch. f. Dermat. **40**, 1 (1939). — BEÖTHY, V.: S. v. V. **5**, A 461, 189 (1934). — BERTSCHINGER: Fol. haemat. (Lpz.) **57**, 194 (1937). — BOHNENKAMP, H.: Ber. 8. intern. Kongr. Unfallmed. u. Berufskrankh. 1938 Frankfurt a. M. **2**, 1069. — BRODSKIJ, B. S.: Vestn. Oftalm. **11**, 898 (1937). — BUCCERI, F.: Arch. di Antrop. crimin. **57**, Suppl.-H., 289 (1937). — BÜLBRING u. BURN: Quart. J. Pharmacy **11**, 67 (1938). — BÜRGI: S. v. V. **4**, A 325, 69 (1933). — BUHTZ u. GRONOVER: S. v. V. **4**, A 327, 81 (1933). — BUIS, J.: Nebraska State Med. J. **22**, 302 (1937). — BUMKE u. KRAPF in: Handbuch der Neurologie Bd. 12 u. 13. Berlin: Springer 1935/36. — BUTZENGEIGER: Klin. Wschr. **1940 I**, 523. — CALVERY: J. amer. med. Assoc. **111**, 1722 (1938). — CANIZORES, O., u. E. W. THOMAS: Canad. publ. Health J. **30**, 193 (1939). — CANNON, A. B.: N. Y. State J. Med. **36**, 219 (1936). — CLELAND: S. v. V. **7**, A 595, 65 (1936). — CORMIA: J. invest. Derm. **1**, 199 (1938). — CORNWALL, L. H.: Bull. neur. Inst. N. Y. **5**, 28 (1936). — CRIMES: J. amer. med. Assoc. **107**, 1160 (1936). — CRISTOL, P., J. RAVOIRE u. C. BÉZÉNECH: Rev. d'Hyg. **1939**, 363. — DAINOW: Ann. de Dermat. **10**, 139 (1939). Ref. in: Chem. Abstr. **33**, 5067 (1939). — DÖRLE, M., u. K. ZIEGLER: Z. klin. Med. **112**, 237 (1929) — S. v. V. **1**, A 48, 109 (1930). — DUNCKER: Z. orthop. Chir. **68**, 300 (1938). — EAGLE: J. of Pharmacol. **66**, 423, 436 (1939). — EPSTEIN, E.: J. amer. med. Assoc. **109**, 117 (1937) — Arch. of Dermat. **36**, 964 (1937). — FASSRAINER, S.: Zbl. Chir. **1936**, Nr 1. — FELFAND: J. Allergy **7**, 254 (1936). — FINE u. BARKAN: Amer. J. Ophthalm. **20**, 44 (1937). — FONT-RÉAULX, P. DE: Gaz. méd. France **43**, 73 (1936). — FORST, W.: Münch. med. Wschr. **1939**, 1393. — FROHN, W.: Münch. med. Wschr. **1938**, 1630. — FÜHNER, S. v. V. **2**, B 25, 59 (1931); **5**, B 49, 53 (1934). — GALLOWITSCH, P.: Münch. med. Wschr. **1937**, 1138. — GENKIN: S. v. V. **6**, A 489, 63 (1935). — GILLERT, E.: Dermat. Wschr. **1936 II**, 996. — v. GLAHN, FLINN u. KEIM jr.: Arch. of Path. **25**, 488 (1938). — GOLDBERG: Amer. J. Syph. **23**, 79 (1939). — GOLZ, H. H.: Amer. J. Syph. **23**, 344 (1939). — GRAFFAR, M.: Presse Méd. **45** (1937). — GRIESBACH: Öff. Gesdh.dienst Tl A **1939**, H. 22, 705. — GUTHMANN, H., u. H. HARTMANN: Arch. f. Hyg. **169**, H. 4, 579 (1939). — HADJIOLOFF, CH.: Dtsch. med. Wschr. **1940 I**, 459. — HALTER: Klin. Wschr. **1936**, 52 (Literatur). — HAWKING, HENELLY u. QUASTEL: J. of Pharmacol. **59**, 157 (1937). — HAWKING: J. Pharmacol. **59**, 123 (1937). — HAWKING, HENNELLY u. WALES: J. of Pharmacol. **64**, 146 (1938). — HAY, A. R.: Dtsch. Z. gerichtl. Med. **32**, 127 (1939). — HEEREN, R. H., u. H. B. FUNK: Publ. Health Rep. **52**, 8 (1937). — HERRMANN: S. v. V. **8**, A 681, 89 (1937). — JACOBI: S. v. V. **1**, A 8, 17 (1930). — INGRAHAM: J. amer. med. Assoc. **112**, 1537 (1939). — ITALLIE, L. VAN, u. A. J. STEENHAUER: Pharmaceut. Weekbl. **74**, 231 (1937). — KADIN: Arch. of Dermat. **37**, 797 (1938). — KAMPELMANN: Arch. f. exper. Path. **184**, 139 (1937). — KANDEL u. LE ROY: Arch. int. Med. **60**, 864 (1937). — KATHE: Klin. Wschr. **1937**, 109. — KENTAMYSCHEFF, A. J., u. E. K. LUKINA: Sovet. Dermat. **55** (1935). — KESTEN, B. M.: Arch. of Dermat. **38**, 198 (1938). — KOCHMANN: S. v. V. **2**, A 169, 197 (1931). — KÖTZING: S. v. V. **1**, A 83, 189 (1930); **6**, B 54, 17 (1935). — KONSCHEGG, LIEB u. ZACHERL: Dtsch. Z. gerichtl. Med. **28**, 458 (1937). — KNOWLES, F. C., u. W. W. BOLTON: Pennsylvania med. J. **41**, 370 (1938). — LAMB u. BLAKELEY: New England J. Med. **217**, 353 (1937). — LIEBERMEISTER: S. v. V. **1**, A 46, 105 (1930). — LISI: Giorn. ital. Dermat. **80**, 347 (1939). — LONGLEY, CLAUSEN u. TATUM: J. of Pharmacol. **66**, 24 (1939). — MANCUSO, J. A.: J. amer. med. Assoc. **107**, 607 (1936). — MARINESCO, G., u. N. VASILESCO: Paris méd. **1937 I**, 237. — MATRAS: Wien. klin. Wschr. **1939**, 413. — MATRAS, A.: Ärztl. Sachverst.ztg **1939**, 71 — Arch. f. Dermat. **176**, 603 (1937) — Med. Klin. **1940**, 1273.

— Maver u. Voegtlin: Amer. J. Canc. **29**, 333 (1937). — Mayer, J. S.: J. amer. med. Assoc. **109**, 1793 (1937). — Mayer, L. R.: Handbuch der Haut- und Geschlechtskrankheiten **4**. 1930. — Mean: Schweiz. med. Wschr. **1938**, 785. — Medvei: S. v. V. **6**, A 552, 205 (1935). — Mees, R. A.: Nederl. Tijdschr. Geneesk. **80**, 312 (1936). — Melczer, N.: Arch. f. Dermat. **175**, 501 (1937). — Michels u. Höfer: Klin. Wschr. **1933**, 591. — Miescher u. Schnitzer: Schweiz. med. Wschr. **1939**, 82. — Milian, G.: Paris méd. **1935 I**, 200. — Miyaji, S.: Zbl. Chir. **1935**, 2063. — Moench, L. M.: N. Y. State J. Med. **36**, 1029 (1936). — Maxon: Science (N. Y.) **88**, 81 (1938). — Moore, Woods, Hopkins u. Sloan: J. amer. med. Assoc. **111**, 385 (1938). — Mühlens: S. v. V. **4**, A 310, 33 (1933). — Opitz: S. v. V. **2**, A 110, 53 (1931). — Oppenheim: S. v. V. **1**, A 49, 111 (1930). — Pein, v.: Münch. med. Wschr. **1938 I**, 565 — Dtsch. Arch. klin. Med. **186**, 200 (1940) — Hippokrates **12**, 253 (1941). — Pickardt: Inaug.-Diss. Berlin 1930 — S. v. V. **3**, A 222, 113 (1932). — Ristić: S. v. V. **2**, A 170, 199 (1931). — Robinson, S. S.: Arch. of Dermat. **34**, 251 (1936). — Rodenacker, G.: Med. Klin. **1940**, 1080. — Rost: S. v. V. **8**, C 38, 21 (1937). — Ruttin, E.: Acta oto-laryng. (Stockh.) **23**, 414 (1936). — Sack, Georg: Fol. haemat. (Lpz.) **64**, 129 (1940). — Saupe: Arch. Gewerbepath. **1**, 582 (1930). — Schlipp, H.: Diss. Jena 1938. — Schöndorf: S. v. V. **9**, A 745, 105 (1938) — Z. klin. Med. **133**, 713 (1938). — Schrader u. Wiegand: S. v. V. **7**, A 620, 133 (1936). — Schüssler, B.: Fortschr. Ther. **1936**, 528. — Schwarzacher u. Gronover: S. v. V. **3**, A 190, 27 (1932). — Sicault u. Messerlin: Bull. med. Off. internat. Hyg. publ. **29**, 992 (1937). — Siemens u. Simon: Münch. med. Wschr. **1937**, 1444. — Simon: Nederl. Tijdschr. Geneesk. **80**, 3141 (1936). — Simons, R. D. G. P.: Nederl. Tijdschr. Geneesk. **81**, 1913 (1937). — Soffer, Dantes u. Sobotka: Arch. intern. Med. **60**, 509 (1937). — Stockmann: Edinburgh med. J., N. s. **27**, 1 (1921). — Stone, P. H.: East African med. J. **14**, 389 (1938). — Straube: Dtsch. med. Wschr. **1939 I**, 334 — S. v. V. **10**, C 54, 33 (1939). — Symanski: S. v. V. **10**, B 93, 1 (1939). — Tanzi: Arch. Sci. med. **63**, 401 (1937) — Boll. soc. ital. Biol. sper. **12**, 387 (1937) — Atenea parm. **10**, 246, 253 (1938) — Arch. ital. Med. sper. **2**, 319 (1938). — Tilling: Dtsch. med. Wschr. **1926 II**, 2126. — Tzanck u. Lewi: Bull. Soc. franc. Dermat. **46**, 751 (1939). — Uhlenhut, Ziegler u. Heger: Klin. Wschr. **1934 II**, 1698. — Unseld: S. v. V. **6**, A 555, 213 (1935). — Vamos u. Böhm: Arch. f. Dermat. **176**, 245 (1937). — Versari: Riforma med. **53**, 1443 (1937) — J. amer. med. Assoc. **109**, 2108 (1937). — Vöhringer, W.: S. v. V. **8**, A 698, 167 (1937). — Wagner: S. v. V. **5**, B 50, 59 (1934). — Wall, La, u. Harrison: S. v. V. **6**, A 473, 13 (1935). — Weiser, J.: S. v. V. **7**, A 622, 138 (1936). — Zimmermann u. Remy: Arch. Gewerbepath. **7**, 486 (1936). — Zolezzi, G.: Med. Lav. **29**, 97, 129 (1938).

Arsenencephalopathie: Bellesini, C.: Med. Lav. **31**, 271 (1940). — Blitsh, C.: Mil. Surgeon **80**, 385 (1937). — Hansen, A. H.: Mil. Surgeon **81**, 344 (1937). — Hegler: S. v. V. **2**, A 174, 209 (1931). — Jordan, J. W., u. H. L. Traenkle: Arch. of Dermat. **36**, 1158 (1937). — Kuehn, C.: Amer. J. Obstetr. **36**, 122 (1938). — Milian, G.: Rev. franc. Dermat. **13**, 386 (1937).

Arsenwasserstoff.

Wirkungsmechanismus: Flury u. Zernick: Schädliche Gase. Berlin: Springer 1931 — Heffters Handbuch **3**, I (1926). — Fretwurst: Z. klin. Med. **123**, 703 (1933). — Fretwurst, Horwitz u. Rosenbaum: Z. klin. Med. **123**, 703 (1933). — Führer: Naunyn-Schmiedebergs Arch. **92**, 288 (1922). — Gebert, Fr.: Biochem. Z. **293**, 157 (1937). — Heubner, W.: Zangger-Festschrift, S. 827. Zürich 1934. — Heubner u. Meyer: Biochem. Z. **206**, 212 (1929). — Heubner, W., u. K. Wolff: Arch. f. exper. Path. **181**, 149 (1936). — Joachimoglu: Naunyn-Schmiedebergs Arch. **85**, 32 (1930). — Jung, Fritz: Biochem. Z. **302** H. 5—6, 294. — Kiese, M.: Naunyn-Schmiedebergs Arch. **186**, 337 (1937). — Kiese, M., u. H. Bertram: Arch. f. exper. Path. **181**, 150 (1936). — Labes: Arch. f. exper. Path. **127**, 125 (1926); **131**, 322 (1928). — Meissner: Z. exper. Path. u. Ther. **13**, 284 (1913). — Meyer u. Heubner: Biochem. Z. **206** (1929). — v. Oettingen: Naunyn-Schmiedebergs Arch. **80**, 289 (1917). — Stadelmann, A.: Arch. f. exper. Path. **16**, 221 (1883). — Thauer, R.: Naunyn-Schmiedebergs Arch. **176**, 531 (1934). — Ubitzki: Arch. f. Hyg. **73**, 1 (1910). — Wolff, K.: Biochem. Z. **288**, 79 (1936).

Kasuistik: BUCHNER, A.: Toxikologie, S. 399. Nürnberg 1922. Zit. nach HEFFTER: Vjschr. gerichtl. Med. **55**, 1 (1928). — BAADER, E. W.: S. v. V. **6**, A 565, 239 (1935). — BERTAM, v., u. FRETWURST: Z. klin. Med. **121** (1932). — DASSEL, v.: Zbl. Gewerbehyg. **1933**, 107. — DIBBARN: S. v. V. **4**, A 308, 27 (1933) — Med. Klin. **1932**, 1178. — FIRKET, J.: Ann. Méd. lég. etc. **16**, 122 (1936). — FIRKET, J., C. BATTA u. E. LECLERC: Ann. Méd. lég. etc. **16**, 126 (1936). — FÜHNER u. PIETRUSKY: S. v. V. **4**, B 33, 9 (1933). — GARMSEN: S. v. V. **8**, A 675, 67 (1937). — GEBERT, F.: Biochem. Z. **293**, 157 (1937). — GERBIS: Münch. med. Wschr. **1925**, 1378. — GILLERT, E.: S. v. V. **7**, A 604, 89 (1936). — GRASSMANN: Arch. Gewerbepath. **1**, 197 (1930). — HEGLER: S. v. V. **2**, A 173, 205 (1931). — HEIM, HÉBERT: Zbl. Gewerbehyg. **1908**, 222. — HENZE: Klin. Wschr. **1938 I**, 24. — HEUBNER, W.: S. v. V. **2**, A 171, 201 (1931). — HILTERHAUS, H.: Arch. Gewerbepath. **6**, 70 (1935). — HOFFER: Z. Gewerbehyg. **1**, 179 (1910). — HOLZKNECHT: S. v. V. **1**, A 50, 113 (1930). — HOPPMANN: Zbl. Gewerbehyg. **1926**, 3. — JÄGER: Münch. med. Wschr. **1925**, 1035. — JOACHIM: Dtsch. Arch. f. klin. Med. **100**, 51 (1910). — KNACK: Klin. Wschr. **1931**, 1798. — Koch: Metall u. Erz **1931**, 249. — KOGAN: Naunyn-Schmiedebergs Arch. **161**, 310 (1931). — KOELSCH: Zbl. Gewerbehyg. **8**, 121 (1921). — KÜNKEL, F., u. H. SAAR: S. v. V. **8**, A 704, 185 (1937). — LÖNING: Zbl. inn. Med. **1931**, 838 — S. v. V. **4**, A 307, 23, B 34, 15 (1933). — MACHT: S. v. V. **1**, A 45, 103 (1930). — MEYER, S.: Arch. Gewerbepath. **2**, 256 (1931). — NUCK u. JAFFÉ: Arch. Gewerbepath. **3**, 496 (1932). — REISS, VON DER, u. BUCKOW: Dtsch. med. Wschr. **1929**, 1081. — SCHLEUSING u. SEELKOPF: S. v. V. **4**, A 309, 29 (1933). — SCHRADER: Dtsch. Z. gerichtl. Med. **21**, 342 (1933) — S. v. V. **5**, C 18, 19 (1934). — SCHWARZ: S. v. V. **9**, B 83, 1 (1938). — SPÄTH u. SOIKA: S. v. V. **2**, A 172, 203 (1931) — Med. Klin. **1931**, 1388. — SPANGENBERG, A., u. K. KÖTZING: Zbl. Gewerbehyg., N. F. **12**, 200 (1935).

Mangan-Vergiftung.

BAADER: Münch. med. Wschr. **1931**, 2102 — Dtsch. med. Wschr. **1932**, 1189. — Arch. Gewerbepath. **9**, 477 (1938). — BAADER, E. W.: Gewerbekrankheiten. Berlin u. Wien: Urban u. Schwarzenberg 1932 — Zbl. Gewerbehyg. **1932**, H. 1 — Verh. dtsch. Ges. inn. Med. Wiesbaden 1933 — S. v. V. **6**, A 493, 73 (1935) — Arch. Mal. profess. **1**, 104 (1938). — BEINTKER: Zbl. Gewerbehyg. **1932**, H. 9.— BICKERT: Arch. Gewerbepath. **4**, 674, 689 (1933). — BRYAN, A. W.: Arch. of Neur. **37**, 1448 (1937). — CANAVAN, M.: Arch. of Neur. **32**, 501 (1934) — S. v. V. **5**, A 465, 197 (1934). — COCHARD, JAQUIE u. BALGAIRIE: Méd. Trav. **9**, 52 (1937). — DODEL u. MAINO: C. r. Soc. Biol. Paris **112**, 1619 (1933). — DRAGONETTI, M.: Rass. Med. appl. Lav. industr. **9**, 94 (1938). — EHRISMANN: Dtsch. med. Wschr. **1939**, 1281, 1605. — EHRISMANN, O.: Z. Hyg. **122**, 171 (1939). — EMBDEN: Münch. med. Wschr. **1927**, 2040. — FEIL, A.: Presse méd. **1937 II**, 1593. — FLINTZER: Arch. f. Psychiatr. **93**, 41 (1931). — FREISE: Arch. Gewerbepath. **8**, 672 (1937). — GÄRTNER, H.: Ther. Gegenw. **1941**, 26. — HILPERT: S. v. V. **1**, A 35, 81, C 1, 1 (1930) — Münch. med. Wschr. **1929**, 1359. — JAKSCH, v.: Münch. med. Wschr. **1901**, 612. — KAPPER: Arbeitsschutz **1937**, Nr 2. — KOELSCH: Handbuch der Berufskrankheiten. Jena: G. Fischer 1935. — LANGECKER, in: Handbuch der exper. Pharm. **3**, 2 (1934). — LECLERCQ: Arch. Gewerbehyg. **1934**, 337. — LESCHKE: Münch. med. Wschr. **1932**, 141. — LEVIN: Lehrbuch der Toxikologie. 1929. — LISI, DE L.: Riv. Pat. nerv. **54**, 349 (1939). — LOEBE, C. V.: J. f. Psychol. **47**, 220 (1936). — MEYER: S. v. V. **1**, A 34, 79 (1930). — MOSHEIM: Klin. Wschr. **1932**, 1989. — SCHWARZ: Z. Gewerbehyg. **1925**, 16 — S. v. V. **1**, B 7, 33 (1930); **3**, B 28, 15 (1932); **7**, B 65, 5 (1936). — STADLER: Z. Neur. **154**, 62 (1935). — STARKENSTEIN: Klin. Wschr. **1932**, 1697. — SYMANSKI: Öff. Gesdh.dienst **1940**, 390. — VOSS: Arch. Gewerbepath. **9**, 453 (1939). — VOSS, H.: Arch. Gewerbepath. **9**, 464 (1939). — WÄTJEN, v. WOLFF u. JÄGER: Arch. Gewerbepath. **2** (1931). — ZANETTI, E.: Med. Lav. **31**, 217 (1940). — ZANETTI, G.: Med. Lav. **31**, 176 (1940). — ZOLEZZI, G.: Med. Lav. **9** (1937).

Manganpneumonien.

BAADER: Ärztl. Sachverst.ztg. **1937**, 75; **1939**, Nr 19 — Med. Welt **1939**, 476. — BAUER, H. H.: Diss. Berlin 1938. — BOEMKE: Ber. über den 8. internat. Kongr.

für Unfall- u. Berufskrankh. Frankfurt a. M., S. 1038. Leipzig: Thieme 1939. — BÜTTNER: Ärztl. Sachverst.ztg **1939**, 45, 257 — Ber. über den 8. internat. Kongr. für Unfall- u. Berufskrankh., Frankfurt a. M. **2**, 1022. Leipzig, Thieme 1939. — BÜTTNER u. ELSTAD: ebd. — BÜTTNER u. LENZ: Arch. Gewerbepath. **7**, 672 (1937) — S. v. V. **8**, A 654, 1 (1937). — DANTIN, GALEGO: Zit. nach BAADER: Ärztl. Sachverst.ztg **1937**, Nr 6. — EHRISMANN: Z. Hyg. **117**, 662 (1935). — ELSTAD: Ber. über den 8. internat. Kongr. für Unfallmed. u. Berufskrankh. Frankfurt a. M. 1938 **2**, 1014. Leipzig: Thieme 1939. — FREISE, F. W.: Arch. Gewerbepath. **4** (1933). — GUNDEL u. FISCHER: Z. f. Hyg. **120**, 66 (1937). — GUNDEL u. HEINE: Arch. Gewerbepath. **9**, 248 (1938). — JÖTTEN: Dtsch. med. Wschr. **1939**, 409. — JÖTTEN u. POPPINGA: Arch. f. Hyg. **115**, 61 (1935). — JÖTTEN u. REPLOH: Ber. über den 8. internat. Kongr. für Unfallmed. u. Berufskrankh. Frankfurt a. M. 1938 **2**, 1082. — JÖTTEN, REPLOH u. HEGEMANN: Arch. Gewerbepath. **9**, 314 (1938). — LENZ, A.: Arbeitsmed. **1936**, H. 2. — SCHOPPER: Arch. f. Hyg. **104**, 166. — SCHÜTZ, OTTO: Gasmaske **11**, H. 3 (1939). — THIESS, EVENSEN: Zit. nach BAADER: Ärztl. Sachverst.ztg. **1937**, Nr 6. — VIGLIANI, E. C.: Fol. med. (Napoli) **23**, 451 (1937). — WENIG: Diss. Bonn 1938.

Benzolvergiftung.

Allgemeines: ENGELHARDT u. ESTLER: Arch. f. Hyg. **114**, 249—260 (1935). — ESTLER: Arch. f. Hyg. **114**, 261—271 (1935) — Toxikologie und Hygiene der technischen Lösungsmittel. 1938. — FLURY-ZERNIK: Schädliche Gase, S. 283. Berlin: Julius Springer 1931 — Chemik.-Ztg. **56**, 149 (1932). — GUEFFROY u. F. LUCE: Arch. Gewerbepath. **8**, 426 (1938). — LAZAREW, BRUSSILOWSKAJA u. LAWROW: Biochem. Z. **242**, 377—384 (1931). — LAZAREW, BRUSSILOWSKAJA, LAWROW u. LIFTSCHITZ: Arch. Hyg. **106**, 112—122 (1931). — PÉRONNET: J. Pharmacie, VIII. s. **21**, 505—513. — SCHMIDTMANN: Klin. Wschr. **1930**, 2106. — SCHRENK, H. H., W. P. YANT u. R. R. SAYERS: J. amer. med. Assoc. **107**, 849 (1936). — STEINER: J. of Immun. **27**, 525—530 (1934). — VIGLIANI: Ber. über den 8. internat. Kongr. für Berufskrankh. Frankfurt a. M. **2**, 825ff. Leipzig: Thieme 1939. — WEISSENBERG: Diss. Würzburg 1904. — WÖRNER: Diss. Tübingen 1934.

Aufnahme, Verteilung, Ausscheidung: BAUMANN u. HERTER: Hoppe-Seylers Z. **1**, 165, 166 (1877/78). — BRACK: Z. Neur. **118**, 4, 530 (1929). — BREWER u. WEISSKOTTEN: J. med. Res. **35**, 71—78 (1916/17). — DAUTREBANDE: Arch. internat. Pharmacodynamie **44**, 394—413 (1932/33) — C. r. Soc. Biol. Paris **119**, 314—316 (1935) — Festschrift Zangger **2**, 846—849 (1935). — FUCHS u. v. SOOS: Hoppe-Seylers Z. **98**, 11—13 (1916). — GADASKIN: Biochem. Z. **198**, 149—156 (1928). — GUEFFROY: Diss. Hannover 1934. — JAFFÉ: Münch. med. Wschr. **1914 I**, 175—180 — Hoppe-Seylers Z. **98**, 11—13 (1916). — JOACHIMOGLU: Biochem. Z. **70**, 93—104 (1915). — JORDI, A., u. F. LEUTHART: Helvet. med. Acta **6**, 652 (1939). — JOST, H.: Arch. Gewerbepath. **3**, 791 (1932). — JUVALTA: Hoppe-Seylers Z. **13**, 26—31 (1889). — LEHMANN, K. B.: Arch. f. Hyg. **72**, 307—326 (1910). — NAHUM u. HOFFE: J. of Pharmacol. **50**, 336—345 (1934). — THIERFELDER u. KLENK: Hoppe-Seylers Z. **141**, 30—32 (1924). — TSCHERNIKOW, GADASKIN u. GUREWITSCH: Arch. f. exper. Path. **154**, 222—227 (1930). — TSCHERNIKOW, GADASKIN u. KOWSCHAR: Arch. f. exper. Path. **161**, 214—228 (1931). — YANT, SCHRENK, SAYERS, HORVARTH and REINHART: J. industr. Hyg. a. Toxicol. **18**, 69—88 (1936).

Akute Vergiftung. Kasuistik: DIMMEL: Arch. Gewerbepath. **4**, 414—464 (1933). — KOPPENHÖFER, G. F.: Arch. Gewerbepath. **6**, 417 (1935) — S. v. V. **7**, B 66, 9 (1936). — SAENGER: Mschr. Psychiatr. **82**, 108 (1932). — SYMANSKI, H.: Med. Welt **1938**, 1249. — VRANA, K.: Amtl. Z. Arb.Unfall-Vers. Anstalten in Prag u. Brünn, Januar 1936.

Hautschäden: FLANDIN u. ROBERTI: Bull. Soc. méd. Hôp. Paris **38**, 58 (1922). — MAYER, R. L.: Schr. ges. Geb. Gewerbehyg., N. F. **30** (1930). — OETTEL, H.: Arch. f. exper. Path. **183**, 641—696 (1936). — SCHWARZ: S. v. V. **7**, B 73, 47 (1936). — TOEGEL: Dtsch. Mil.arzt **2**, 69—71 (1937).

Chronische Benzolvergiftung.

Allgemeines: Bormann: G.: Arch. Gewerbepath. **8**, 194 (1937). — Fellinger, K.: Arch. Gewerbepath. **9**, 88 (1938). — Friemann: Arch. Gewerbepath. **7**, 178 (1936). — Glibert, D.: Rev. Path. et Physiol. Trav. **12**, 413 (1936). — Hagen, J.: Reichsarb.bl. **18** (III) 150 (1938). — Székely, K.: Beitr. gerichtl. Med. **13**, 70 (1935).

Kasuistik: Albrecht: Mschr. Psychiatr. **82**, 108 (1932). — Capellini: Med. Lav. **31**, 265 (1940). — Cobet, R.: Münch. med. Wschr. **1938**, 1049. — Dimmel: S. v. V. **5**, A 462, 191 (1934). — Duvoir, M., L. Pollet, B. Kreis u. J. L. Greene: Ann. Méd. lég. etc. **15**, 692 (1935). — Erhardt, W.: Zbl. Gewerbehyg., N. F. **13**, 10 (1936). — Engelhardt, W. E.: S. v. V. **2**, C 6, 23 (1931). — Hamilton: Arch. of Path. **11**, 434 (1931). — Holstein, E.: Med. Welt **1937**, 391. — Humperdinck, Karl: Arch. Gewerbepath. **10**, 437 (1939). — Lainer, F.: Klin. Wschr. **1937**, 1435. — Lamy, M., P. Kisselet, L. Pierquin: Bull. Soc. méd. Hôp. Paris, III. s. **54**, 1116 (1938). — Lederer: Arch. Gewerbepath. **3**, 535 (1932). — Löwy: Med. Klin. **1926**, 11. — Mitnik u. Genkin: Arch. Gewerbepath. **2**, 457—478 (1931). — Pabst: S. v. V. **8**, A 715, 219 (1937). — Petri, L.: Med. Lav. **27**, 65 (1936). — Schneider: S. v. V. **2**, A 157, 165 (1931). — Vigliani, E. C.: Münch. med. Wschr. **1939**, 115. — Vigliani u. Giannini: Rass. Med. appl. Lav. industr. **8**, 376 (1937). Ref. in: Zbl. Gewerbehyg. **25**, 145 (1938). — Weil, P. E., u. A. Aschkennasy: Sang **12**, 151 (1938). — Yant, Schrenk u. Patty: J. industr. Hyg. a. Toxicol. **18**, 349—356 (1936).

Blutschäden, Knochenmark: Beyer: Z. exper. Med. **91**, 410—416 (1933). — Bonamono: Pathologia (Genova) **23**, 159—161 (1931). Ref. in: Kongreßzbl. inn. Med. **61**, 731 (1931). — Cabot: Boston med. J. **197**, 521—524 (1927). — Cain, A., R. Cattan u. S. Hertz: Bull. Soc. méd. Hôp. Paris, III. s. **54**, 530 (1938). — Delore u. Borgomano: J. Méd. Lyon **1928**, 227—233. — Dieckhoff: Arch. Gewerbepath. **3**, 549—554 (1932). — Duke: Arch. int. Med. **11**, 100—120 (1913). — Fellinger, K.: Arch. Gewerbepath. **9**, 88 (1938). — Floret: Zbl. Gewerbehyg. **14** (N. F. 4), 371 (1927). — Gall, E. A.: Arch. of Path. **25**, 315 (1938). — Glibert: Rev. Path. et Physiol. Trav. **12**, 413—446 (1936). — Hamilton: Arch. of Path. **11**, 627 (1931). — Heitzmann: Arch. Gewerbepath. **2**, 515—525 (1931). — Hultgren: C. r. Soc. Biol. Paris **95** (II), 1060—1063. — Hunter u. Hanflig: Boston med. J. **197**, 292—299 (1927). — Kern, B.: Münch. med. Wschr. **1938**, 28. — Klima, R.: Wien. klin. Wschr. **1937**, 201. — Lamy, M., P. Kissel u. L. Pierquin: Sang **13**, 467 (1939). — Larionow: Arch. exper. Zellforsch. **19**, 16—32 (1936). — Lignac: Krkh.forsch. **6**, 97—130 (1928); **9**, 403—453 (1932) — Klin. Wschr. **1933**, 109. — Meyer u. Schneider: Arch. Gewerbepath. **4**, 414—464 (1933). — Mignolet, F.: Sang **13**, 268 (1939). — Miller, V. W.: Northwest Med. **37**, 43 (1938). — Müller: Beitr. path. Anat. **86**, 273—286 (1931). — Nikulina, M., u. A. Titowa: Arch. Gewerbehyg. **5**, 201 (1934). — Penati, F., u. E. C. Vigliani: Rass. Med. appl. Lav. industr. **9**, 345 (1939). — Rohner, Baldridge u. Hansmann: Proc. Soc. exper. Biol. a. Med. **23**, 223—225 (1925/26). — Schilowa: Fol. haemat. (Lpz.) **42**, 297—309 (1930). — Schmidtmann, M.: Arch. Gewerbepath. **9**, 719 (1938). — Silberberg: Virchows Arch. **267**, 483—550 (1928). — Stodtmeister, R.: Dtsch. Arch. klin. Med. **182**, 459 (1938). — Székely: Beitr. gerichtl. Med. **13**, 70—84 (1935). — Wallbach: Fol. haemat. (Lpz.) **43**, 340—381 (1931); **49**, 241—267 (1933) — Z. exper. Med. **82**, 40—52, 53—70 (1932); **87**, 340—358, 359—381 (1933). — Weil, Pierre-Emile: Bull. Soc. méd. Hôp. Paris **48**, 193—198 (1932). — Woronow: Virchows Arch. **271**, 173—190 (1929).

Magenstörungen. Schädigung der Keimdrüsen: Arnoldsohn u. Hausser: Ber. über den 8. intern. Kongr. für Berufskrankh. Frankfurt a. M. **2**, 860. Leipzig: Thieme 1939. — Hett: Ber. über den 8. internat. Kongreß für Berufskrankh. Frankfurt a. M. **2**, 887. Leipzig: Thieme 1939. — Zolezzi, G.: Med. Lav. **9** (1938).

Vitamin C-Wirkung: Friemann: Arch. Gewerbepath. **7**, 278—283 (1936). — Hagen, J.: Arch. Gewerbepath. **8**, 541 (1937) — Ber. über den 8. internat. Kongr. für Berufskrankh. Frankfurt a. M. **2**, 888. Leipzig: Thieme 1939. — Libowitzky, O., u. H. Seyfried: Wien. klin. Wschr. **1940**, 543. — Meyer, A.: Z. Vitaminforsch. (Bern) **6**, 83 (1937).

Xylol und Toluol.

ADLER-HERZMARK: Zbl. Gewerbehyg. **16**, 97—101 (1929). — ADLER-HERZMARK u. SELINGER: Arch. Gewerbepath. **4**, 486—490 (1933). — BATCHELOR: Amer. J. Hyg. **7**, 276—298 (1927). — BAUMANN u. HERTER: Hoppe-Seylers Z. **1**, 265, 266 (1877/78). — ENGEL: Vortrag Jahrestagung der Arbeitsgemeinschaft der amtlichen deutschen Gewerbeärzte, 13. V. 1932. — ENGELHARDT u. ESTLER: Arch. f. Hyg. **114**, 249—260 (1935). — ESTLER: Arch. f. Hyg. **114**, 261—271 (1935). — FORDAY, A.: Orvosképzés **25**, 93 (1936). — FÜHNER u. PIETRUSKY: S. v. V. **5**, B 40, 1 (1934). — GUEFFROY: Diss. Hannover 1934. — HAUSSER, MOLITOR u. ARNOLDSON: Ber. über den 8. internat. Kongr. für Berufskrankh. Frankfurt a. M. **2**, 869. Leipzig: Thieme 1939. — KAHLE, S.: Arch. f. Hyg. **1938**, 67. — KNOPP u. GEHRKE: Hoppe-Seylers Z. **146**, 63—71 (1925). — LEVITT, J.: J. amer. med. Assoc. **107**, 608 (1936). — LITZNER u. EDLICH: S. v. V. **3**, A 398, 9 (1932). — Med. Klin. **1932**, 1741. — NENCKI u. GIACOSSA: Hoppe-Seylers Z. **4**, 325—338 (1880). — RAMBOUSEK: Gewerbliche Vergiftungen, S. 261. Leipzig 1911. — ROSENTHAL-DEUSSEN: Arch. Gewerbepath. **2**, 92 (1931) — S. v. V. **6**, A 485, 49 (1935). — PANSE u. BENDER: S. v. V. **5**, A 458, 179 (1934). — SACK: S. v. V. **10**, B 98, 41 (1939). — STOCKÉ: Zbl. Gewerbehyg. **16** (N. F. **6**), 355—359 (1929).

Höhere Homologe.

FILIPPI: Zit. in HEFFTER: Handbuch der experim. Pharm. **1**, 882. Berlin: Springer 1923. — FLURY-ZERNIK: Chemik.-Ztg **56**, 149 (1932). — HULTGREN: C. r. Soc. Biol. Paris **95** (II), 1068—1070 (1926). — LAZAREW: Arch. f. exper. Path. **143**, 223—233 (1929). — NENCKI u. GIACOSA: Hoppe-Seylers Z. **4**, 325—338 (1880). — RAMBOUSEK: Concordia (Berl.) **17**, 448—453 (1910). — THIEME: Diss. Würzburg 1935.

Nitro- und Amidoverbindungen des Benzols oder seiner Homologe und deren Abkömmlinge.

Methämoglobin, Verdohämochromogene, Innenkörper: BARKAN: Klin. Wschr. **1937 II**, 1265. — BARKAN u. SCHALES: Hoppe-Seylers Z. **253**, 83 (1938) — Science (N. Y.) **90**, 616 (1939). — BENSLEY, RHEA u. MILLS: Quart. J. Med. **31** (N. s. **7**), 325 (1938). — DIECKMANN: Arch. int. Med. **50**, 574 (1923). — ELLINGER, PHILIPP: Hoppe-Seylers Z. **111**, 86 (1920). — ENGEL: Klin. Wschr. **1940**, 1177. — EVELYN u. MALLOY: J. of biol. Chem. **126**, 655 (1938). — GELINSKY: Naunyn-Schmiedebergs Arch. **195**, 460 (1940). — HAUROWITZ: Med. Klin. **1929**, 1894. — HAVEMANN, R., u. W. HEUBNER: Biochem. Z. **299**, 222 (1938). — HAVEMANN, R., F. JUNG u. B. v. ISSEKUTZ jr.: Biochem. Z. **301**, 116 (1939). — HAVEMANN, R., u. K. WOLFF: Biochem. Z. **293**, 399 (1937). — HEUBNER, W.: Erg. Physiol. **43**, 9 (1940) — Klin. Wschr. **1940 I**, 265, 289, 328. — HEUBNER, W., u. LO-SING: Naunyn-Schmiedebergs Arch. **188**, 143 (1937). — HEUBNER, W., R. MAIER u. H. ROHDE: Naunyn-Schmiedebergs Arch. **100**, 149 (1923). — HEUBNER u. MÖBUS: Naunyn-Schmiedebergs Arch. **190**, 223 (1938). — HEUBNER, W., u. H. MÖBUS: Verh. dtsch. pharmak. Ges. 1938. — HEUBNER, W., u. GEORG SCHWEDTKE: Arch. f. exper. Path. **184**, H. 1 (1936). — HIJMANS VAN DEN BERGH u. ENGELKE: Klin. Wschr. **1920**, 1930. — HIJMANS VAN DEN BERGH u. REVERS: Dtsch. med. Wschr. **1931**, 706. — HITZENBERGER: Wien. Arch. inn. Med. **23**, 85 (1933). — ISSEKUTZ, B. v.: Naunyn-Schmiedebergs Arch. **193**, 551, 567 (1939). — JUNG: Klin. Wschr. **1940**, 1016 — Biochem. Z. **304**, 37 (1940) — Naunyn-Schmiedebergs A. **192**, H. 4/5, 465; **194**, 16 (1939); **195**, 208 (1940) — Naturwiss. **28**, 264 (1940) — Biochem. Z. **305**, 248 (1940). — KUHN, RICHARD, u. WEYGANDT: Ber. dtsch. chem. Ges. **69**, 1969 (1936) — Z. angew. Chem. **49**, 503 (1936). — LABES, N.: Dtsch. Z. gerichtl. Med. **12**, 549 (1928). — LEMBERG: Perspectives in Biochemistry (Festschrift für Hopkins), herausgeg. von NEEDHAM u. GREEN, S. 145. Cambridge 1937. — LIPSCHITZ: Hoppe-Seylers Z. **109**, 189 (1920) — Z. Gewerbehyg. **11** (1927). — LIPSCHITZ u. OSTERROTH: Pflügers Arch. **205**, 354 (1924). — LIPSCHITZ u. WEBER:

Hoppe-Seylers Z. **132**, 251 (1923). — MEIER, ROLF: Diss. Göttingen 1923 — Naunyn-Schmiedebergs Arch. **100**, 128 (1923); **110**, 241 (1925). — MEYER: Biochem. Z. **166**, 202 (1925). — MEYER u. REICHHOLD: Klin. Wschr. **1926**, 1692. — MICHAELIS u. SALOMON: Naturwiss. **1930**, 566. — RIEDEL, HERBERT: Naunyn-Schmiedebergs Arch. **191**, 609 (1939). — SCHNAPPER: Dtsch. med. Wschr. **1925**, 648. — SCHWEDTKE GEORG: Naunyn-Schmiedebergs Arch. **188**, 121, 130 (1937). — SCHWEDTKE, GEORG, u. LO-SING: Naunyn-Schmiedebergs Arch. **188**, 138 (1937). — THUNBERG: Skand. Arch. Physiol. **29** (1917). — WARBURG, O. u. E. NEGELEIN: Ber. dtsch. chem. Ges. **63**, 1816 (1930).

Innenkörperbildung: DOMARUS, A. v.: Naunyn-Schmiedebergs Arch. **58**, 319, 323 (1908). — EHRLICH: Verh. Kongr. inn. Med. **2**, 33, 39f. (1892). — EHRLICH u. LINDENTHAL: Z. klin. Med. **30**, 427 (1896). — FREIFELD, SCHILOWA u. L. LUDWINOWSKY: Fol. haemat. (Lpz.) **56**, 333 (1937). — FRIEDSTEIN, DORA: Fol. haemat. (Lpz.) **12**, 239 (1911). — HEINZ: Virchows Arch. **122**, 100 (1890) — Beitr. path. Anat. **29**, 299 (1901) — Handbuch der exper. Path. u. Pharm. **1**, 406f. Jena: G. Fischer 1905 — Med.-naturwiss. Arch. **1**, 527 (1908. — HEUBNER, W.: Klin. Wschr. **1937**, Nr 6. — HUBER: Virchows Arch. **126**, 241 (1891). — LANGEN, DE: Festschrift für Nocht **1937**, 258. — MOESCHLIN, SVEN: Schweiz. med. Wschr. **1940**, 786. — NAEGELI, OTTO: Blutkrankheiten, 5. Aufl., S. 113. Berlin: Springer 1931. — RIESS: Berl. klin. Wschr. **1882**, 785 — Naunyn-Schmiedebergs Arch., Suppl.-Bd. **1908**, 460 (Schmiedeberg-Festschrift). — ROHR, K. Das menschliche Knochenmark. S. 162. Leipzig: Georg Thieme 1930. — SCHILLING, V.: Verh. 39. Kongr. inn. Med. Wiesbaden **1927**, 341 — Z. klin. Med. **18**, 709 (1928) — Klin. Wschr. **1929**, 2417 — Med. Welt **1933**, 509 — Das Blutbild, 9./10. Aufl., S. 107 u. 422. Jena: G. Fischer 1933. — SCHRÖDER: Fol. haemat. (Lpz.) **48**, 1 (1932). — SCHULTEN, HANS: Klinische Hämatologie, S. 119 u. 211. Leipzig: Georg Thieme 1939. — SWJATSKAJA, A.: Z. exper. Med. **52**, 150, 157 (1926). — TALLQVIST, T. W.: Experimentelle Blutgiftanämien. S. 98ff. Helsingfors 1900. — WINOGRADOW: Virchows Arch. **190**, 92 (1907). — ZADEK u. BURG: Fol. haemat. (Lpz.) **41**, 333 (1930).

Nitroverbindungen.

ADLER: S. v. V. **6**, A 547, 195 (1935). — GERBIS: S. v. V. **3**, A 228, 125 (1932). — HEUBNER: Zbl. Gewerbehyg. **2**, 409 (1914). — LEINOFF, H. D.: New England J. Med. **215**, 191 (1936). — OLSEN: Med. Klin. **1918**, 589. — SCHNEIDER: Veröff. Med.verw. **39**, 771 (1933). — SCHULZE: S. v. V. **1**, A 3, 7 (1930). — VIGLIANI: Ber. über den 8. internat. Kongr. für Berufskrankh. u. Unfallmed. Frankfurt a. M. Bd. 2. Leipzig: Thieme 1939. — VOLL: S. v. V. **7**, 617, 125 (1936).

Nitrophenol und Nitrotoluol: BALÁZS: S. v. V. **10**, A 801, 121 (1939). — BOARDMANN, W. W.: J. amer. med. Assoc. **105**, 108 (1935). — COURTOIS-SUHHIT: Arch. Mal. profess. **1**, 294 (1938). — DAVIS, W. T.: Med. Ann. Distr. Columb. Wash. **6**, 246 (1937). — DICKMEISS: S. v. V. **7**, A 590, 55 (1936). — EICHERT, H.: Bull. Hopkins Hosp. **58**, 378 (1936). — GOLDMANN, A., u. M. HABER: J. amer. med. Assoc. **107**, 2115 (1936). — GUTZEIT: Münch. med. Wschr. **1937**, 1724. — HESSING, E. E.: Arch. of Ophthalm. **17**, 513 (1937). — HILL, H. E.: Indiana State Med. Assoc. J. (Indianapolis) **29**, 67 (1936). — HITCH, I. M., u. F. W. SCHWARTZ: J. amer. med. Assoc. **106**, Nr 25 (1936) — S. v. V. **7**, A 649, 213 (1936). — HORNER, W. D.: Arch. of Ophthalm. **16**, 447 (1936). — IMERMAN, ST. W., u. C. P. IMERMAN: S. v. V. **7**, A 635, 175 (1936). — LEHMANN u. SCHMIDT-KEHL: Arch. f. Hyg. **1927**, H. 7 u. 8. — LESCHKE: S. v. V. **3**, A 278, 245 (1932). — MÜLLER, BUSCHKE u. GUREWITZSCH: Klin. Wschr. **1934**, 20. — POOLE u. HAINING: S. v. V. **5**, A 449, 153 (1934). — PURVINE, R.: J. amer. med. Assoc. **107**, 2046 (1936). — RUNDLES, W. Z.: Michigan State Med. Soc. J. Grand Rapids **34**, 777 (1935). — SÉDAN, J.: Dtsch. Z. gerichtl. Med. **32**, 42 (1939). — SPAETH, E. B.: Amer. J. Ophthalm. **19**, 320 (1936). — TAINTER u. WOOD: S. v. V. **5**, A 448, 151 (1934). — TARSITANO, F.: Clin. med. ital. **69**, 117 (1938). — VOGT. A.: Schweiz. med. Wschr. **67**, 873 (1937). — WAGNER: S. v. V. **7**, C 30, 9 (1936). — WELTON, C. B.: Illinois med. J. **73**, 72 (1938). — WHALMAN, H. F.: Southwest. Med. Phoenix (Ariz.) **20**, 381 (1936) — Amer. J. Ophthalm. **19**, 885 (1936).

Amidoverbindungen.

BELBERG, J.: Arch. Méd. leg. **6**, 207 (1936). — BELLESINI, E.: Med. Lav. **1938**, 104. — BOCK: Münch. med. Wschr. **1929**, 915. — BONZANIGO: S. v. V. **3**, A 229, 127 (1932). — BRACKMANN u. H. FORKER: Arch. Gewerbepath. **8**, 16 (1937). — BRYCE, W. F.: Virginia Med. Monthly **66**, 47 (1939). — CURSCHMANN: Münch. med. Wschr. **1921**, 195. — DAAK, L.: Zahnärztl. Rdsch. **1936**, Nr 49, 171. — FISCHER-WASELS: Klin. Wschr. **1927**, 1025, 1073. — FREI: S. v. V. **4**, A 312, 37 (1933). — GENKIN u. ORTSCHINSKI: Münch. med. Wschr. **1929**, 916. — GENKIN u. RASCHEWSKAJA: Zbl. Gewerbehyg. **1932**, 29. — HAUROWITZ: S. v. V. **7**, A 592, 59 (1936). — HESSE, FRANKE u. HERING: Klin. Wschr. **1935**, 1425. — ISRAELS: S. v. V. **6**, A 486, 53 (1935). — KEESER: S. v. V. **6**, B 63, 75 (1935). — KOELSCH: Zbl. Gewerbekrkh. **5**, 103f., 185 (1917). — KÖTZING: S. v. V. **3**, A 277, 243 (1932). — LOEPER, M., P. SOULIÉ u. E. MARCHON: Bull. Soc. méd. Hôp. Paris **52**, 1003 (1936). — MANGILI: S. v. V. **4**, A 384, 243 (1933). — MEIER: S. v. V. **5**, A 434, 99 (1934). — MÜLLER: S. v. V. **3**, A 230, 129 (1932). — NADEL, A.: Dermat. Wschr. **103**, 1607 (1936). — NORMAN, J.: Vestn. Chir. **56**, 20 (1938). — PÉRIN, L.: Ann. Hyg. publ., N. s. **15**, 365 (1937). — PETERS, H. R., u. M. S. SACKS: Ann. int. Med. **12**, 2032 (1939). — RAALTE, H. G. S. VAN, u. A. VAN MEETEREN: Nederl. Tijdschr. Geneesk. **84**, 2037 (1940). — RASCHEWSKAJA: Zit. nach Dtsch. Z. gerichtl. Med. **19**, H. 1 (1932). — REICHEL: S. v. V. **5**, A 403, 21 (1934). — RITTER u. KARRENBERG: S. v. V. **1**, A 23, 53 (1930). — SALMI, T.: Duodecim (Helsinki) **53**, 270 (1937). — SCHÄR: Dtsch. Z. Chir. **226**, H. 2. — SCHEELE u. STOLZ: Z. Urol. **1927**. — SCHMIDT-KEHL u. WASKEWITSCH: Arch. f. Hyg. **102**, 192 (1929). — SCHWOERER u. THORNER: S. v. V. **3**, A 231, 131 (1932). — SIEBERT: Feierabend **1927**, 105. — STRAUBE: S. v. V. **4**, A 313, 39 (1933). — Münch. med. Wschr. **1932**, 745. — TAEGER, H.: S. v. V. **7**, A 584, 41 (1936).

Halogenkohlenwasserstoffe der Fettreihe.

BAADER: Ber. über den 8. internat. Kongr. für Unfallmed. u. Berufskrankh. Frankfurt a. M. **2**, 811. Leipzig: Georg Thieme 1939. — ENGELHARDT: S. v. V. **4**, C 10, 1 (1933). — ÉTIENNE-MARTIN: Méd. Trav. **10**, 151 (1938). — GREENBURG, L., M. R. MAYERS u. A. R. SMITH: J. industr. Hyg. a. Toxicol. **21**, 29 (1939). — ISENSCHMID, R.: Schweiz. Arch. Neur. **44**, 288 (1939). — LAPIDUS: Arch. f. Hyg. **102**, 124 (1929). — PFLESSER: Arch. Gewerbepath. **8**, 591 (1938).

Methylchlorid: BAKER, H. M.: J. amer. med. Assoc. **88**, 1137 (1927). — BIRCH: S. v. V. **6**, A 499, 85 (1935). — COLLIER: S. v. V. **7**, A 623, 141 (1936). — DUVOIR, M., u. MICHEL GAULTIER: Bull. Soc. méd. Hôp. Paris, III. s. **56**, 732—735 (1941). — FLURY u. KLIMMER: S. v. V. **10**, B 99, 45 (1939). — GERBIS, H.: Münch. med. Wschr. **1914 I**, 879. — KEGEL, MACNALLY u. POPE: S. v. V. **2**, A 176, 215 (1931) — J. amer. med. Assoc. **93**, 353 (1929). — KIONKA, H.: Arch. internat. Pharmacodynamie **7**, 475 (1900). — LEHMANN, K. B.: Arch. f. Hyg. **74**, 1 (1911). — LEHMANN, K. B., u. L. SCHMIDT-KEHL: Arch. f. Hyg. **116**, 131 (1936). — MERZBACH, L.: Z. exper. Med. **63**, 383 (1928). — NUCKOLLS, A. H.: Underwriters Labor. Rep., Miscellan. Hazards **1933**, Nr 2375. — ROTH, O.: Schweiz. Z. Unfallheilk. **17**, 169 (1923). — SAYERS, R. R., W. P. YANT, B. G. H. THOMAS u. L. B. Berger: U. S. Publ. Health Bull. **1929**, Nr 185. — SCHWARZ, F.: Dtsch. Z. gerichtl. Med. **7**, 278 (1926). — SCHWARZ, F., u. H. ZANGGER: Zbl. Gewerbehyg. **3**, 246 (1926). — WEINSTEIN: S. v. V. **8**, A 707, 139 (1937). — WHITE, J. L., u. P. P. SOMERS: J. industr. Hyg. a. Toxicol. **13**, 273 (1931).

Methylbromid: ADLER-HERZMARK: Zbl. Gewerbehyg. **14**, 161 (1927). — BEYNE u. GOETT: Arch. Méd. nav. **124**, 409 (1934). — BING: Schweiz. Rdsch. Med. **1910**, H. 38, 1167. — CADÉ u. MAZEL: Bull. Soc. méd. Hôp. Paris **47**, 722 (1923). — DUVOIR, FABRE u. LAYANI: Ber. über den 8. internat. Kongr. für Unfallmed. u. Berufskrankh. Frankfurt a. M. 1938, **2**, 258. Leipzig: Thieme 1939 — Bull. Soc. méd. Hôp. Paris. Seduta 34 (1937). — FLORET, E.: Zbl. Gewerbehyg. **3**, 146, 188 (1915). — GLASER, E.: Dtsch. Z. gerichtl. Med. **12**, 470 (1928). — GLASER, E., u. S. FRISCH: Arch. f. Hyg. **101**, 48 (1929). — GOLDSCHMIDT, E., u. E. KUHN: Zbl. Gewerbehyg. **8**, 28 (1930). — JAQUET: Dtsch. Arch. klin. Med. **71**, 370 (1901). — JOACHIMOGLU: Dtsch. med. Wschr. **1930**, 785. — MACKIE, D. B.: J. Econ. Entonol. **31**, 70 (1938).

— Meixner, K.: Beitr. gerichtl. Med. **8**, 10 (1928). — Merzbach, L.: Z. exper. Med. **63**, 383 (1928). — Morsier u. Steinmann: Rev. of industr. Accidents and Disability. Bern 1936. — Oettingen, W. F. v.: J. industr. Hyg. a. Toxicol. **19**, 349 (1937). — Oppermann: S. v. V. **4**, A 351, 157 (1933). — Schwarz, F.: Schweiz. Z. Unfallmed. **249** (1928). — Steiger, O.: Münch. med. Wschr. **1918**, 753. — Tietze: S. v. V. **6**, A 498, 83 (1935). — Tietze, A.: Arch. Gewerbepath. **4**, 733 (1933). — Zangger, H.: Rev. méd. Suisse rom. **57**, 25 (1937).

Tetrachlorkohlenstoff: Adler, F. H.: Clinical physiol. of the eye. New York: MacMillan u. Co. 1933. — D'Annella u. Tourenc: S. v. V. **9**, A 738, 87 (1938). — Asada, T.: Mitt. med. Akad. Kioto **16**, 284 (1936). — Baader: Ber. über den 8. internat. Kongr. für Unfallmed. u. Berufskrankh. Frankfurt a. M. 1938 **2**, 815. Leipzig: Thieme 1939. — Becher: S. v. V. **1**, A 10, 21 (1930). — Brandt, A.: Arch. Gewerbepath. **3**, 335 (1932). — Browning, E.: Toxicity of Industrial organic solvents. London: His Majesty's Stationary Office 1937. — Butsch, W. L.: J. amer. med. Assoc. **99**, 728 (1932). — Caldemeyer, S. E.: Missouri State med. Assoc. J. **33**, 387 (1936). — Cantarow, A., H. L. Stewart u. D. R. Morgan: J. of Pharmacol. **63**, 153 (1938). — Chatron, M.: Bull. Soc. Chim. biol. Paris **16**, 405 (1934). — Daubenspeck, G. W.: Illinois med. J. **72**, 274 (1937). — Davis, G. C., u. H. A. Hanelin: Industrial Med. **6**, 24 (1937). — Desoille, H., u. G. Antoine: Ann. Méd. lég. etc. **16**, 155 (1936). — Dudley, S. F.: J. industr. Hyg. **17**, 93 (1935). — Duvoir, M., Guitbert et H. Desville: Ann. Méd. lég. etc. **13**, 533 (1933). — Erickson, C. C., G. P. Heckel u. R. E. Knutti: Amer. J. Path. **14**, 537 (1938). — Francke, E.: Z. exper. Med. **104**, 405 (1938). — Franco, S.: N. Y. State J. Med. **36**, 847 (1936). — Gautier, C., u. Mitarb.: Bull. Soc. méd. Hôp. Paris **1933**, 1638. — Graham, W. H.: Lancet **1**, 1159 (1938). — Groth: S. v. V. **10**, A 819, 185 (1939). — Hagen, J.: S. v. V. **10**, A 814, 169 (1939). — Haigler, F. H.: Nav. Med. Bull. (Washington) **30**, 137 (1932). — Hausmann u. Helly: Rev. Suisse Acc. Trav. **23**, 50 (1929). — Henggeler, A.: Schweiz. med. Wschr. **1931 I**, 223. — Heyl, H. L.: J. Pediatr. **9**, 662 (1936). — Hohage, E.: Diss. Marburg a. d. L. 1937. — Humperdinck, K.: Zbl. Gewerbehyg. **1936**, Nr 4 — Reichsarb.bl. **16** (N. F.) III, 26 (1936). — Koelsch, F.: Zbl. Gewerbehyg. **4**, 69, 312 (1916). — Lamson, P. D., u. R. Ring: J. of Pharmacol. **29**, 191 (1926). — Lattes: S. v. V. **5**, A 435. 103 (1934). — Lehmann, K. B., u. L. Schmidt-Kehl: Arch. f. Hyg. **116**, 131 (1936). — Leoncini, F.: Rass. Med. appl. Lav. industr. **5**, 6 (1934). — Löwy: S. v. V. **7**, A 569, 5 (1936). — Löwy, J.: Arch. Gewerbepath. **6**, 157 (1935). — Mauro, G.: Med. Lav. **197** (1930). — McGuire, L. W.: J. amer. med. Assoc. **99**, 988 (1932). — Minot, A. S., and J. T. Cutler: Proc. Soc. exper. Biol. a. Med. **26**, 138 (1928). — Moller, K. O.: J. industr. Hyg. a. Toxicol. **15**, 418 (1933). — Oelkers u. Fiedler: Naunyn-Schmiedebergs Arch. **195**, 117 (1940). — Pagnietz, Ph., A. Plichet et N. K. Koang: Presse méd. **40**, 1146 (1932). — Peery, T. M.: Arch. of Path. **26**, 923 (1938). — Poindexter u. C. H. Greene: J. amer. med. Assoc. **102**, 2015 (1934). — Robbers: S. v. V. **9**, A 725, 37 (1938). — Scheurlen, v., u. H. Witzky: Zbl. Gewerbehyg., N. F. **12**, 60 (1935). — Schütz, H.: Arch. Gewerbepath. **7**, 452 (1936); **9**, 4 (1938). — Smetana, H.: Arch. int. Med. **63**, 760 (1939). — Smith, H. F., u. C. P. Carpentier: J. industr. Hyg. a. Toxicol. **18**, 277 (1936). — Smyth, H. F., u. H. F. Smyth jr.: J. amer. med. Assoc. **107**, 1683 (1936). — Thermann: S. v. V. **10**, A 825, 211 (1939). — Tietze: S. v. V. **6**, A 498, 83 (1935). — Tsubouchi, G., u. R. Kurukawa: Acta med. Nagasakiensia **1**, 48 (1939). — Wirtschafter, Z. T.: Amer. J. publ. Health **23**, 1035 (1933). — Wurm, E.: Arch. Gewerbepath. **2**, 767 (1931). — Young, C.: Canad. med. Assoc. J. **35**, 419 (1936). — Zangger, H.: Arch. Gewerbepath. **1**, 77 (1930).

Äthylchlorid: Davidsohn, B. M.: J. of Pharmacol. **26**, 37 (1925). — Lazarew, N. W.: Naunyn-Schmiedebergs Arch. **141**, 19 (1929). — Lehmann, K. B., u. L. Schmidt-Kehl: Arch. f. Hyg. **116**, 131 (1936). — Nuckolls, A. H.: Underwriters Laborat. Rep. Miscellan. Hazards **1933**, Nr 2375. — Redwitz, v.: Münch. med. Wschr. **1938 I**, 497. — Sayers, R. R., u. W. P. Yant, B. G. H. Thomas and L. B. Berger: U. S. Publ. Health Bull. **1929**, Nr 185. — Sayers, R. R., W. P. Yant, C. P. Waite and F. A. Patty: U. S. Publ. Health Rep. **45**, 225 (1930).

Tetrachloräthan: BENZI, T.: Ber. Physiol. **35**, 179 (1926). — BOIDIN, L., L. ROUQUÈS et G. ALBOT: Bull. Soc. méd. Hôp. Paris **54**, 1305 (1930). — FEIL, A., et R. HEIM DE BALSAC: Progrès méd. **51**, 306 (1924). — JUNGFER: Zbl. Gewerbehyg. **2**, 222 (1914). — KOELSCH, F.: Münch. med. Wschr. **1915 II**, 1567. — LEHMANN, K. B., u. L. SCHMIDT-KEHL: Arch. f. Hyg. **116**, 131 (1936). — LEJEUNE, E.: Arch. Gewerbepath. **5**, 174 (1934). — LÉRI, A., et BREITEL: Bull. Soc. méd. Hôp. Paris **1922**, 1406. — LUTZ, G.: Arch. Gewerbepath. **1**, 740 (1930). — MEERSSEMAN, F., L. PERROT et E. FRANQUE: C. r. Soc. Biol. Paris **117**, 934 (1934). — MINOT, G. R., and L. W. SMITH: Arch. int. Med. **28**, 687 (1921). — OHNESORGE: S. v. V. **1**, A 78, 177 (1930) — Dtsch. med. Wschr. **1930 I**, 961. — PARMENTER, D. C.: J. industr. Hyg. a. Toxicol. **2**, 456 (1920/21); **5**, 159 (1923/24). — PLÖTZ, W.: Biochem. Z. **103**, 243 (1920). — SCHIBLER, W.: Schweiz. med. Wschr. **1929**, 1079. — SCHWANDER, P.: Arch. Gewerbepath. **7**, 109 (1936). — ZANGGER: S. v. V. **5**, A 464, 195 (1934). — ZOLLINGER, F.: Arch. Gewerbepath. **2**, 298 (1931).

Trichloräthylen: BAADER: Ber. über den 8. intern. Kongr. für Unfallmed. u. Berufskrankh. Frankfurt a. M. 1938 **2**, 818. Leipzig: Thieme 1939. — BREDNOW u. Knorre: S. v. V. **7**, A 602, 85 (1936). — BRÜNING: S. v. V. **2**, A 178, 219 (1931). — EICHERT: S. v. V. **7**, A 630, 163 (1936). — EICHERT, H.: J. amer. med. Assoc. **106**, 1652 (1936). — ENGELHARDT: S. v. V. **4**, C 1 (1933). — GERBIS: Arch. f. Gewerbepath. **7**, 421 (1936). — GROETSCHEL, H.: Ber. über den 8. internat. Kongr. für Unfallmed. u. Berufskrankh. Frankfurt a. M. 1938 **2**, 915. Leipzig: Thieme 1939. — GÜNTHER, G. W.: Med. Welt **1935**, Nr 51, 1834. — HAMILTON, H.: J. industr. Hyg. a. Toxicol. **1934**, 218. — HANSEN: S. v. V. **7**, A 624, 143 (1936). — HANSEN, E. HART: Ugeskr. Laeg. **1936**, 862. — HOFFMANN: Med. Welt **1937**, Nr 12. — HOLSTEIN, E.: Rass. Med. appl. Lav. industr. **6**, 105 (1936) — Zbl. Gewerbehyg., N. F. **14**, 49 (1937). — JENSENIUS: S. v. V. **9**, A 741, 95 (1938) — Ugeskr. Laeg. **1938**, 691. — JOACHIMOGLU, G.: Berl. klin. Wschr. **1921 I**, 147. — JORDI, A.: Schweiz. med. Wschr. **1937**, 1238. — ISENSCHMIDT, R., u. E. KUNZ: Schweiz. med. Wschr. **1935**, 530. — KUNZ u. HAUSCHMIDT: Klin. Mbl. Augenheilk. **94**, 577 (1935). — LUCE: Med. Welt **1937**, 502. — MARX u. LANGECKER: S. v. V. **9**, B 88, 49 (1938). — PFREIMBTER: S. v. V. **4**, A 299, 5 (1933). — PIES: S. v. V. **10**, A 800, 119 (1939). — STÜBER, K.: Arch. Gewerbepath. **2**, 184 (1931).

Schwefelkohlenstoff.

ABE, M.: Jap. J. med. Sci., Trans. VIII. Int. Med. etc. **3**, 1 (1933). — ANTONINI, A., u. G. TAMBURINI: 6. intern. Kongr. gewerbl. Unf. u. Berufskrankh. Genf **1931**, 689 — Med. Lav. **22**, 321 (1933). — ASCARELLI: Med. Lav. **24**, 231 (1933). — AUDO-GIANOTTI: Rass. Med. appl. Lav. industr. **3**, 434 (1932); **5**, 446 (1933) — Pensiero Medico **19**, 643 (1936). — BAADER, E. W.: Med. Klin. **1932 II**, 1740 — S. v. V. **4**, A 387, 249 (1933) — Ber. über den 8. intern. Kongr. für Unfallmed. u. Berufskrankh. Frankfurt a. M. 1938 **2**, 815. Leipzig: Thieme 1939. — BAADER, E. W., u. W. WEISE: Reichsarb.bl. **1931**, III, 240. — BALTHAZARD, V.: Hyg. Trav. **1933**. — BASHORE u. STANLEY: Bull. Nr 46 d. Occupational disease prevention division. 1938. — BAUMANN, C.: Z. Neur. **166**, 568 (1939). — BIANCHI: Med. Lav. **1938**, 213. — BONHÖFER: Mschr. Psychiatr. **75**, 195 (1940). — BREZINA: Zbl. Hyg. **25**, 679 (1931). — CAPITOLO, G.: Rass. Med. appl. Lav. industr. **6**, 117 (1935). Zit. Dtsch. Z. gerichtl. Med. **27**, 166 (1935). — CARROLL, F. D., u. P. E. IRELAND: Arch. of Otolaryng. **21**, 459 (1935). — CHIRI: Med. Lav. **1930**, 156. — CUNEO: Med. Lav. **2**, 403 (1934). — CUNEO, A.: XI. congr. naz. d. Med. del Lav. **1934**, 375 u. 407. — DANTIN-GALLEGO, J.: Arch. Gewerbepath. **8**, 124 (1937). — DELPECH, A.: Union méd. **10**, 265 (1936). — DEMANN u. ADELSBERGER: Glückauf **75**, 556 (1939). — DEVOTO, L.: Arch. Gewerbepath. **5**, 429 (1934). — DIDONNA, P.: Prevenzione igienica del solfocarbonismo. Securitas **1935**, S. 1 u. 29. — ENGELHARDT: S. v. V. **4**, C 15, 51 (1933). — FLORET: Zbl. Gewerbehyg. **1930**, 309. — FLURY-ZERNIK: Schädliche Gase. Berlin: Springer 1931. — GALLEGO, J.: Arch. Gewerbepath. **8**, 124 (1937). — GORDY, S. T., u. M. TRUMPER: J. amer. med. Assoc. **110**, 1534 (1938). — GROSS: Med. Klin. **1933**, 1095. — HAGER: Klin. Mbl. Augenheilk. **92**, 117 (1934). — HAMILTON, A., u. F. H. LEWY: Ber. über den 8. internat. Kongr. für Unfallmed. u. Berufskrankh. Frankfurt a. M. **2**, 804. Leipzig:

Thieme 1939. Siehe auch: Survey of Carbon disulphide and Hydrogen Sulphide Hazards in the Viscose Rayon Industry, August 1938. — HARROWER, J. R., u. P. H. WILEY: J. industr. Hyg. a. Toxicol. **19**, 486 (1937). — HEGEL, K.: Z. angew. Chem. **39**, 431 (1926). — HERGT: Zbl. Gewerbehyg. **1930**, 234. — HOLMSEN: Acta med. scand. (Stockh.) Suppl. **34**, 164. Zit. Dtsch. Z. gerichtl. Med. **16**, 368. — HOLSTEIN, E.: Ärztl.Sachverst.ztg **41**, 113 (1935). — HORTSCH: Veröff. Volksgesdh.dienst **419**, 671 (1937). — HUEPER, C. C.: J. industr. Hyg. a. Toxicol. **18**, 432 (1936). — HUNTER, A. W.: J. industr. Hyg. a. Toxicol. **22**, 231 (1940). Ref. in Zbl. Gewerbehyg. **28**, 77 (1941). — JESSER, H., u. E. THOMAE: Chemik.-Ztg **63**, 133 (1939). —KOELSCH, F.: Handbuch der Berufskrankheiten. Fischer 1935. — KÖTZING: S. v. V. **4**, A 388, 251 (1933). — KROLL: Münch. med. Wschr. **1937**, 283. — LAUDENHEIMER: Die Schwefelkohlenstoffvergiftung. Leipzig 1899. — MASSIONE, R.: Med. Lav. **29**, 7 (1933). — MAURELLI, C.: Securitas (Milano) **1934**, 169. — McDONALD, R.: Arch. d'Ophthalm. **20**, 839 (1938). — MIURA, M., u. T. TOMIOKA: Psychiatr. et Neur. japonica **42**, 695 (1938). — NEBULONI: Med. Lav. **22**, 301 (1931). — NECTOUX et GALLOIS: Bull. Soc. Ophthalm. Paris **1931**, Nr 9, 750. Zit. nach Dtsch. Z. gerichtl. Med. **19**, 189. — NEITZEL: Reichsarb.bl. **1932**, Tl III, 3, 101. — NOLTE, W.: Zbl. Gewerbehyg. **1931**, 118 u. 132. — OBATA: Acta Soc. ophthalm. jap. **41**, 116 (1937). — PENNETTI, G.: Riforma med. **46**, 1427 (1930). — PIZZINI: Ber. über den 8. internat. Kongr. für Unfallmed. u. Berufskrankh. Frankfurt a. M. 1938 **2**, 1110. Leipzig: Thieme 1939. — PORCARO, D.: Ginecologia (Torino) **1**, 311 (1935). — PRETI, L.: Med. Lav. **1936**, 2. — QUARELLI, G.: Med. Lav. **1930**, 58, 247 — Policlinico **37**, 413 (1930) — Rass. previd. soz. **21**, 10 (1934). — QUARELLI, P. G.: Paris méd. **1**, 533 (1937). — RANELLETTI, A.: Arch. Gewerbepath. **2**, 664 (1931). — RANKINI: Brit. med. J. **1936 II**, 6. — RASTELLI, G.: Med. Lav. **31**, 157 (1941). — RODENACKER: Zbl. Gewerbepathol., II. F. **1930**, 18 — Ber. über den 8. internat. Kongr. für Unfallmed. u. Berufskrankh. Frankfurt a. M. 1938 **2**, 1112. Leipzig: Thieme 1939 — Arbeitsmedizin. H. 12. Barth. — RODENACKER, G.: Zbl. Gewerbehyg. **8**, 17 (1931). — SCAGLIONI, C., u. F. RICOTTI: Med. Lav. **31**, 169 (1940). — SCHMID: Klin. Mbl. Augenheilk. **94**, 108 (1935). — SCHRAMM: S. v. V. **10**, A 826, 213 (1939). — SCHRAMM, H.: Med. Klin. **1940**, 213 — Dtsch. med. Wschr. **1940**, 180. — TANAKA TSADASU: Nagasaki Igakkwai Zassi **16**, 2689 (1938); dtsch. Zusammenfassung 2701. — VELICOGNA, A., u. A. GERMANO: Med. Lav. **1934**, 49. — VELICOGNA, A., u. A. VIZIANO: Policlinico **39**, 297 (1931) — Med. Lav. **1932**, 365. — VIZIANO, A.: Med. Lav. **24**, 241 (1933). — VOLTMER u. NUCK: Reichsarb.bl. **3**, H. 5, 21 (1933). — WARNECKE: Zbl. Gewerbehyg. **18**, 1 (1941). — WEISE, M.: Arch. Gewerbepath. **2**, 664 (1931); **4**, 219 (1933). — WIENER, J.: Arch. f. Hyg. **67**, 93 (1908). — WILEY, P. H.: J. industr. Hyg. a. Toxicol. **18** (1936). — ZANGGER: Arch. Gewerbepath. **1**, 77 (1930). — ZEHNDER: Klin. Wschr. **1937**, 554.

Schwefelwasserstoff.

BANYAI, A.: Orv. Hetil. **1935**, 1291. — DREVS, JOACHIM: Ärztl. Sachverst.ztg **46**, 177—181 (1940). — FISCHER u. STARKENSTEIN: S. v. V. **3**, B 31, 27 (1932). — HAMILTON, A., u. F. H. LEWY: Ber. über den 8. internat. Kongr. für Unfallmed. u. Berufskrankh. Frankfurt a. M. 1938 **2**, 804. Leipzig, Thieme 1939. — HARTMANN, K.: Klin. Mbl. Augenheilk. **1938**, 510. — HELLFORS, A.: Münch. med. Wschr. **1938**, 1149. — HERTZ: S. v. V. **3**, A 287, 277 (1932). — HORTSON, W.: Veröff. Volksgesdh.dienst **47**, H. 8 (1937) — Kompaß **1937**, H. 4. — JAENSCH, P. H.: Med. Klin. **1930**, 955. — JUNG, F.: Biochem. Z. **302**, 294 (1939). — KEILIN: Proc. roy. Soc. Lond. B **113**, 393 (1933). — KLAUER: Münch. med. Wschr. **1936**, 2590. — KRAHNSTÖWER: Zbl. Gewerbehyg., N. F. **1928**, 245. — LANGE: S. v. V. **6**, A 563, A 233 (1935). — MALOFF, G. A., G. NIKOLAJEW u. E. I. RUDENKO: Arch. internat. Pharmacodynamie **56**, 232 (1937). — MICHEL: J. of biol. Chem. **126**, 323 (1938). — POHL, J., in: Heffter-Heubner Handbuch der experim. Pharm. **3**, 1. Tl. — SCHMITT, F.: S. v. V. **6**, A 527, 149 (1935). — SPANGENBERG u. KÖTZING: Zbl. Gewerbehyg., N. F. **12**, 200 (1935). — TELEKY: S. v. V. **3**, A 274, 237 (1932).

Kohlenoxyd.

Allgemeines: BLOMFIELD, J. J., u. H. S. ISBELL: Publ. Health Rep. **1217**, 750 (1928). — BLUCKWOOD, J. D., u. E. B. ERSKINE: U. S. nav. med. Bull. **36**, 44 (1938).

— Bock, J., in: Heffter-Heubner: Handbuch der exper. Pharm. **1**. Berlin: Springer 1923. — Budelmann, G.: Med. Klin. **1938 II**, 1064. — Engel, H.: Med. Welt **1938**, 911. — Forbes, W. H.: J. industr. Hyg. a. Toxicol. **3**, 1921. Zit. nach Zbl. Gewerbehyg. **10**, 62 (1922) — J. industr. Hyg. a. Toxicol. **19**, 598 (1938). — Freemann: Neuropath. Philadelphia: Sanders Comp. 1935. — Hausen, K.: Dtsch. med. Wschr. **1939**, 39. — Hoffmann, W.: Zbl. Gewerbehyg., N. F. **13**, 207 (1936). — Hotz-Jenny, M.: Diss. Zürich 1939. — Katz, J.: Statistik von Leipzig 1928—1930. Pharmaz. Ztg. **1936**, 830. — Koch, F.: Med. Welt **1936**, 405. — Licht, E.: Sperimentale **91**, 35 (1937). — Litzner, C.: Med. Klin. **1936**, Nr 19. — Mayer, R.: Industr. Bull. **17**, 317 (1938). — McNally, W. D.: Amer. J. med. Jurisprud. **1**, 89 (1938). — Müller: Med. Klin. **1938**, 1527, 1487, 1523. — Neumann: Ber. über den 8. intern. Kongr. für Unfallmed. u. Berufskrankh. Frankfurt a. M. 1938 **2**, 1157. Leipzig: Thieme 1939. — Overhoff: Virchows Arch. **1933**, 784. — Petersen, S.: Nord. med. Tidskr. **10**, 1507 (1935). — Petri, Else: Pathologische Anatomie und Histologie der Vergiftungen. In: Hencke-Lubarsch Handbuch der speziellen pathol. Anatomie **10**. Berlin: Springer 1930. — Reploh, H.: Vertrauensarzt u. Krk.kasse **4**, 193 (1936). — Sayers, R. R., u. S. J. Davenport: Publ. Health Bull. Nr 195. Washington 1930. — Spitta: Med. Klin. **1935 II**, 1595, 1631. — Symanski, H.: Neuere Erkenntnisse über die akute und chronische Kohlenoxydvergiftung. Arbeitsmedizin H.5. Herausgeg. von E. W. Baader, M. Bauer u. E. Holstein. Leipzig: Joh. Ambr. Barth 1936 — Zacchia, II. s. **1**, 221 (1937). — Wollberger, H.: Diss. Heidelberg 1935. — Yant, W. P., J. Chornyak, H. H. Schenk, F. A. Patty u. R. R. Sayers: Publ. Health Bull. Nr 211. Washington 1934.

Wirkungsmechanismus: Barkan, G.: Handbuch der normalen u. path. Physiol. **6**, 114 (1928). — Fol. neuropath. eston. **15/16**, 269 (1936) — Dtsch. med. Wschr. **1938 I**, 638. — Barkan u. Berger: Naunyn-Schmiedebergs Arch. **136**, H. 5 u. 6. — Barkan, G., u. O. Schales: Hoppe-Seylers Z. **246**, 181 (1937). — Breitenecker, L.: Dtsch. Z. gerichtl. Med. **29**, 187 (1937) — Beitr. gerichtl. Med. **14**, 98 (1938) — Wien. klin. Wschr. **1939**, 486. — Brondum, H. W., u. G. B. Ray: J. industr. Hyg. a. Toxicol. **19**, 320 (1937). — Diringshofen, H. v.: Luftf.med. **3**, 216 (1939). — Henderson, Y.: Münch. med. Wschr. **1935**, 1672. — Henderson u. Haggard: J. amer. med. Assoc. **77**, 1065 — J. industr. Hyg. a. Toxicol. **137**, 379 (1921) — J. of Pharmacol. **16**, 11, 198 — J. of ing. a. industr. Chem. **14**, 223 (1922). — Hôdyô u. S. Wehrli: Dtsch. Z. gerichtl. Med. **27**, 111 (1936). — Reploh, H., u. M. Bredtmann: Arch. f. Hyg. **116**, 31 (1936). — Schulze, E.: Klin. Wschr. **1937**, 427. — Tscherkess: Arch. f. exper. Path. **138**, H. 1—4. — Voit, K., u. H. H. Schmidt: Münch. med. Wschr. **1935 II**, 1393.

Bestimmungsmethoden: Buresch, H.: Arch. Gewerbepath. **5**, 210 (1934). — Buresch, H., u. V. Luniatschek: Arch. Gewerbepath. **7**, 182 (1936). — Gigon, A., u. M. Noverraz: Schweiz. med. Wschr. **1937 II**, 1154; **1940 II**, 836. — Hartmann, H.: Erg. Physiol. **39**, 413 (1937). — Laser, H.: Biochem. J. **31**, 1677 (1937). — Loeper u. Mitarb.: Presse méd. **1936**, 101. — Loeper, M., u. J. Tonnet: Bull. Soc. méd. Hôp. Paris **55**, 312 (1939). — Matthes, K., u. F. Ross: Naunyn-Schmiedebergs Arch. **191**, 391 (1939). — May, J.: Arch. Gewerbepath. **8**, 21 (1937); **10**, 97 (1940). — Oettel, H.: Naunyn-Schmiedebergs Arch. **190**, 233 (1938) — Klin. Wschr. **1938 II**, 1019. — Ranke u. Seydel: Veröff. Heeressan.wes. **108**, 200 (1939). — Schmidt, O.: Z. klin. Med. **136**, 151 (1939). — Scholten, C.: Dtsch. Z. gerichtl. Med. **30**, 292 (1939). — Seydel, F.: Dtsch. Mil.arzt **4**, 223 (1939).

Akute Vergiftung.

Kasuistik: Barac u. Dor: S. v. V. **7**, A 576, 21 (1936). — Baetzner, K.: Diss. Hamburg 1937. — Beck, W. V.: Ärztl. Sachverst.ztg **43**, 117 (1937). — Behrens: S. v. V. **2**, A 131, 105 (1931). — Bomz, N. R., u. P. Drinker: J. industr. Hyg. a. Toxicol. **18**, 461 (1936). — Brunner, J.: Wien. klin. Wschr. **1939**, 1116. — Decurtins: S. v. V. **2**, A 133, 109 (1931). — Ernst, C.: Med. Welt **1936**, 562. — Eskelund: S. v. V. **7**, A 625, 149 (1936). — Flury u. Naumann: S. v. V. **9**, B 84, 9 (1938). — Fühner: S. v. V. **10**, B 95, 13 (1939). — Fukuzawa, O., u. T. Inouye u. H. Tsukamoto: Psychiatr. et Neur. japonica **43**, 108 (1939). —

GETTLER u. MATTICE: J. amer. med. Assoc. **101**, 92 (1933). — GRIESAU: S. v. V. **7**, A 575, 17 (1936). — GRONEMEYER: S. v. V. **10**, A 799, 115 (1939). — HAMMES: S. v. V. **8**, C 43, 81 (1937). — HERZOG: S. v. V. **6**, B 58, 43 (1935). — HETZEL, K. W.: Draeger-H. **1937**, Nr 189. — HEYMANNS, C. H., J. J. BOUCKAERT, F. JOURDAN, S. J. G. NOVAK u. S. FARBER: Arch. of Neur. **38**, 304 (1937). — HOLZER, F. J., u. W. LAVES: Beitr. gerichtl. Med. **14**, 171 (1938). — HUBER, A. J.: Jb. Kinderheilk. **145**, H. 2 (1935). — JAHN: S. v. V. **4**, B 36, 23 (1933). — ISRAELSKI u. LUCAS: S. v. V. **1**, A 59, 131 (1930) — Klin. Wschr. **1930**, 978. — ITALLIE, v., u. STEENHAUER: S. v. V. **3**, A 221, 111 (1932). — KÖTZING: S. v. V. **2**, A 103, 37 (1931). — KÜSTER: S. v. V. **6**, A 528, 151 (1935). — MARCUS, H.: Sv. Läkartidn. **1939**, 997. — MARTIN, H. A.: Ohio State Med. J. **34**, 1251 (1938). — MARTLAND: S. v. V. **5**, C 25, 85 (1934). — MAY, J.: Zbl. Gewerbehyg., N. F. **17**, 58 (1940). — MILOVANOVIĆ: S. v. V. **3**, A 268, 221 (1932). — NIPPE: S. v. V. **6**, A 472, 11 (1935). — OETTEL: S. v. V. **9**, A 717, 1, A 736, 77 (1938). — PIETRUSKY: S. v. V. **1**, B 14, 61 (1930). — REUTER: S. v. V. **6**, A 471, 9 (1935). — RÜHL, A., u. P. LIN: Dtsch. med. Wschr. **1936**, Nr 13. — RUFF, S.: Luftf.med. **1**, H. 2 (1936). — RUHL u. PEHJUNGLIN: Dtsch. med. Wschr. **1936**, 493. — SARTORI: S. v. V. **1**, A 58, 129 (1930). — SCHERER: Z. Neur. **1934**, 632. — SCHILLING: S. v. V. **8**, B 81, 31 (1937). — SCHRADER: Dtsch. med. Wschr. **1938**, 1337. — SCHWAN: S. v. V. **6**, A 478, 29 (1935). — STÄMMLER: Med. Welt **1929**, 1288. — STORM v. LEEUWEN: S. v. V. **2**, A 118, 69 (1931). — STRAUB: S. v. V. **3**, A 269, 225 (1932). — SYMANSKI: S. v. V. **9**, B 86, 33, B 92, 75 (1938); **10**, B 96, 17 (1939). — WINTER, J.: Arbeitsschutz, Reichsarb.bl. **1937**, Nr 4. — WOLLEK, B.: Arch. Kinderheilk. **117**, H. 4, 257 (1939) — Münch. med. Wschr. **1939**, 1443. — WRIGHT-SMITH, R. J.: J. industr. Hyg. a. Toxicol. **21**, 24 (1939).

Nachkrankheiten.

Herz, Gefäße, Muskeln, Haut: BECK, H. G.: Amer. J. med. Jurisprud. **1**, 177 (1938). — BECK, H. G., u. G. M. SUTER: J. amer. med. Assoc. **110**, 1982 (1938). — BREWER, N. R.: Amer. J. Physiol. **120**, 91 (1937). — DUVOIR, M., L. POLLET, J. CHENEBAULT u. R. TOURNEVILLE: Bull. Soc. méd. Hôp. Paris **55**, 747 (1939). — FLURY, F., u. W. LINDNER: S. v. V. **9**, B 85, 21 (1938). — KNOFLACH, J. G.: Zbl. Chir. **22** (1938). — KRÖTZ: Dtsch. med. Wschr. **1936**, 1365 u. 1414. — LECHLEITNER: S. v. V. **4**, A 323, 63 (1933). — LITZNER: Med. Klin. **1936**, Nr 19. — MIURA, H.: J. of exper. Med. **29**, 586 (1936). — MONAIMI, J.: Med. Ges. Steiermark, Sitzg v. 15. III. 1940, Graz. — NAGEL, H. G.: Dtsch. med. Wschr. **1937 I**, 301. — PARADE, G. W., u. H. FRANKE: Dtsch. Arch. klin. Med. **185**, 294. — STEARNS, W. H.: Amer. Heart J. **15**, 434 (1938). — STEINMANN, B.: Z. Kreislaufforsch. **29**, 281 (1937). — SYMANSKI, H.: Ärztl. Sachverständ.ztg **44**, 183 (1938). — SZARVAS: Med. Klin. **1939**, 981. — WEICKSEL: Mschr. Unfallheilk. **1938**, Nr 11. — WINDERLICH, E.: Mschr. Unfallheilk. **46**, 434 (1939). — ZIEGLER: Dtsch. med. Wschr. **1936 I**, 389.

Blut und Knochenmark: BASSI: Med. Lav. **1936**, Nr 7. — BECK, H. G.: Kongreßzbl. inn. Med. **89**, 275 (1937). — BERGER, H., u. H. GRILL: Fol. haemat. (Lpz.) **54**, 398 (1936). — BIEDERMANN: Fol. haemat. (Lpz.) **61**, 186 (1938). — CHEVALLIER u. MOUTIER: Bull. Soc. méd. Hôp. Paris (III) **55**, 189 (1939). — CACCURI, S.: Haematologica (Pavia) Arch. **23**, 165—175 (1941). — DITTMAR: Dtsch. med. Wschr. **1939**, 500. — HUMPERDINCK: Arch. Gewerbepath. **8**, 464 (1937). — LITZNER: Arch. Gewerbepath. **2**, 749 (1931). — MACH, R., u. M. NAVILLE: Schweiz. med. Wschr. **1939 I**, 553. — MIURA, H.: Tohoku J. exper. Med. **30**, 16, 49 (1936).

Stoffwechsel, innersekretorische Drüsen, vegetatives Nervensystem: BAADER, E. W.: Arch. Gewerbepath. **7**, 227 (1936). — BRAESTRUP, A.: Nord. Med. (Stockh.) **1940**, 51—52 u. engl. Zusammenfassung 52. — KAMPELMANN, F., u. S. SCHULZE: Naunyn-Schmiedebergs Arch. **184**, 152 (1937). — MOESCHLIN, S.: Acta med. scand. (Stockh.) **102**, 140 (1939). — PEISSACHOWITZ: Virchows Arch. **272**, 223 (1930). — RAAB: Wien. klin. Wschr. **1934 II**. — REPLOH, H.: Arch. f. Hyg. **120**, 244 (1938) — Fol. med. (Napoli) **25**, 23 (1939). — SCHULZE, E.: Klin. Wschr. **1937**, 427. — STAEMMLER, M., u. G. W. PARADE: Klin. Wschr. **1939 II**, 1049 u. 1480. — VANOTTI: Dtsch. Arch. klin. Med. **178**, H. 6 (1936).

Zentralnervensystem: AJURIAGUERRA, J., u. G. DAUMÉZON: Paris méd. (II) 189 (1937). — BREITENECKER, L.: Dtsch. Z. gerichtl. Med. **30**, 299 (1939). — COHEN, L. H.: J. of Neur. **17**, 41 (1936). — DADAY u. MATHON: Ann. méd.-psychol. **95**, 771 (1937). — DANCEY, T. E., u. G. E. REED: Canad. Med. Assoc. J. **35**, 47 (1936). — DIBELIUS, H.: Dtsch. Z. Nervenheilk. **145**, 131 (1938). — FRACASSI, LAMBUSCHINI, GRAZIANU: Rev. argent. Neurol. **1**, 436 (1935). — GUILLAIN, G., u. J. LEREBOULLET: Paris. méd. **1936 II**, 227. — HEILMEYER, L.: Lehrbuch der speziellen Phys. Jena: Fischer 1937. — HILPERT: S. v. V. **1**, A 60, 133 (1930). — HSÜ, Y. K., u. Y. L. CH'ENG: Brain **61**, 384 (1938). — JACOB, H.: Z. Neur. **167**, 161 (1939). — KAYSER, H. W.: Naunyn-Schmiedebergs Arch. **192**, 625 (1939). — KESSLER, M.: Nervenarzt **5** (1937). — KISSINGER: Münch. med. Wschr. **1935**, 717. — LAST u. MEYER: S. v. V. **4**, A 324, 67 (1933). — NEUBURGER, F.: Beitr. gerichtl. Med. **13**, 85 (1935). — NICHOLS, J. C., u. M. KELLER: Amer. J. Psych. **93**, 1063 (1937). — NIELSEN, J. M., u. SAMUEL D. INGHAM: Bull. Los Angeles neurol. Soc. **5**, 185—191 (1940). — PANNING, G.: Dtsch. Z. gerichtl. Med. **24**, 194 (1935). — PLATH, W.: Dtsch. med. Wschr. **1938 II**, 1543 — S. v. V. **10**, A 798, 113 (1939). — REICHHARDT: Münch. med. Wschr. **1935**, 759. — RIX u. EHRHARDT: Zbl. Path. **66**, Erg.-H. 97 (1937). — ROTH, N., u. N. HERMANN: Amer. J. Psychiatry **95**, 1359 (1939). — SCHELLER, H.: S. v. V. **8**, A 678, 77 (1937). — SCHEMBRA, F. W.: Med. Klin. **1938 II**, 1521. — SCHLIERSMANN: Z. Neur. **163**, 656 (1938). — SHILLITO, F. H., C. K. DRINKER u. TH. J. SHAUGHNESSY: J. amer. med. Assoc. **106**, 669 (1936). — STELTER: Draeger-H. **1938**, 194. — STENGEL u. ZELLERMEYER: Mschr. Psychiatr. **95**, 213 (1937). — STÖRRING: Z. Neur. **158**, 420 (1937). — TITECA, J.: Ann. méd.-psychol. **94** II, 595 (1936). — WALTHER: Diss. Zürich 1938. — ZIPF, H.: Dtsch. Z. Nervenheilk. **142**, 39 (1937). — ZIPRKOWSKI, L.: Dtsch. Z. gerichtl. Med. **32**, 128 (1939).

Auge: COBET u. STERN: Med. Klin. **1930**, 517. — KAHOUN, S.: Ceškoslov. Ofthalm. **3**, 126 (1937). — KOCH, F.: Med. Welt **1936**, 1995. — KOELSCH, P.: Münch. med. Wschr. **1935**, 717.

Therapie: COT, C.: Les asphyxies accidentelles. Paris 1931. — DRINKER, C. K.: J. industr. Hyg. a. Toxicol. **18**, 637 (1936). — HENDERSON, Y.: J. amer. med. Assoc. **101**, 261 (1933); **103**, 834 (1934) — Atmung, Erstickung, Wiederbelebung. Leipzig: Joh. Ambr. Barth 1941. — KOCH, K. G.: S. v. V. **10**, A 774, 33 (1939) — Münch. med. Wschr. **1939 I**, 126. — LEGGE, R. T.: Rocky Mountain Med. J. **35**, 34 (1938). — NICLOUX, M., u. R. LEGENDRE: Bull. Acad. Méd. Paris **112**, 652 (1934). — REINWEIN, H.: Ther. Gegenw. **78**, 289 (1937). — SCHEITZ, F.: Wien. med. Wschr. **1936**, Nr 13. — TELEKY, L.: Wien. klin. Wschr. **1936 I**, 641 u. 679. — THIEL: Zbl. Gewerbehyg. **1937**, 23 — Z. exper. Med. **100**, 1 (1936). — WOICHENBERG, v.: Dtsch. med. Wschr. **1929**, 830.

Chronische Kohlenoxydvergiftung.

BARKAN u. BERGER: Naunyn-Schmiedebergs Arch. **136**, H. 5 u. 6. — BECK, H. G.: J. amer. med. Assoc. **107**, 1025 (1936). — BOEDICKER: Arch. f. Hyg. **107**, 5/6. — BRÄUER, D.: Diss. Basel 1938. — BURESCH, H.: Zbl. Hyg. **117**, 153 (1935). — ELLINGER: S. v. V. **2**, B 17, 3 (1931). — FÜHNER: Ärztl. Sachverst.ztg **1939**, 178. — GERBIS, H.: Dtsch. med. Wschr. **1935 I**, 991. — GRASREINER: Dtsch. Mil.arzt **2**, 243 (1937). — GRASSBERGER: Die chronische Kohlenoxydvergiftung. Wien u. Leipzig: Moritz Perthes 1935. — GRASSBERGER, K.: Wien. med. Wschr. **1935 II**, 733 u. 761. — HETZEL, H.: Draeger-H. Nov.- u. Dez.-H. **1935**. — HEUBNER, W.: Klin. Wschr. **1937 I**, 168. — HOLM: S. v. V. **2**, A 132, 107 (1931). — HOTZ-JENNY, M.: Diss. Zürich 1938. — HVAL, E.: Med. Rev. **53**, 449 (1936). Zitiert nach Kongreßzbl. inn. Med. **89**, 277 (1937). — KOLLICK, E. M.: J. of Physiol. **87**, 41 (1936). — PALUCH, E., u. F. SEKURACKI: Med. doswiadcz. i spol. **23**, 518—527 u. engl. Zusammenfassung 527 (1938). Zit. nach Kongreßzbl. inn. Med. **106**, 4 (1940). — RIX: Klin. Wschr. **1931**, 527. — SCHICK, P.: Reichsarb.bl. **18**, Tl III, 177 (1938). — SÜPFLE, K.: Dtsch. med. Wschr. **1934**, 1263; **1935 I**, 994. — SYMANSKI: S. v. V.

Röntgenschäden.

Allgemeines: ASBECK: Dtsch. med. Wschr. **1938 II**, 1479. — BEUTEL: Strahlenther. **45**, 344. — FLASKAMP: Strahlenther., Sonderbd. **12** (1930). — ZINCK, K. H.: Med. Klin. **1940**, 1038.

Röntgenkater: ANZILOTTI: Radiol. med. **25**, 641. Ref. Zbl. Radiol. **28**, 583. — BERENSTEIN: Röntgenprax. **4**, 1014 (1932). — BURGHEIM: Strahlenther. **27**. Zit. bei HESSE: Dtsch. med. Wschr. **1936 II**, 1174. — FREUND: Strahlenther. **58**, 694 — Fortschr. Röntgenstr. **56**, 247. — GERMER: Med. Welt **1937**, 1642. — GRASHEY: Strahlenther. **41**, 39 (1931). — HESSE: Dtsch. med. Wschr. **1936 II**, 1174. — KÖHLER: Fortschr. Röntgenstr. **53**, 490 (1936). — MEMMESHEIMER: Strahlenther. **16**. Zit. bei HESSE: Dtsch. med. Wschr. **1936 II**, 1174. — PANKOW: Zit. bei GURNIAK: Med. Klin. **1934 II**, 1461. — WILLMS: Strahlenther. **47**, 503 (1933). — WINTZ: Zit. bei GURNIAK: Med. Klin. **1934 II**, 1461.

Blut und Knochenmark: AUBERTIN: J. belge Radiol. **21**, 148 (1932). — BOSCH, H.: Strahlenther. **45**, 503 (1932) — Habil.-Schrift Erlangen 1938. — BRINNITZER: Strahlenther. **52**, 699 (1935). — GUDZENT u. HALBERSTÄDTER: Dtsch. med. Wschr. **1914**, Nr 13. — KAPLAN: Radiology **26**, 47 (1936). — KOLTA u. FÖRSTER: Strahlenther. **21**, 644. — HAYER: Strahlenther. **50**, 193 (1934). — JOVIN u. GINGOLD: Bull. Acad. Méd. Roum. **8**, 274, 283 (1939). Ref. Zbl. Radiol. **30**, 547. — MAINGOT-GIRARD-BOUSSER: Sang **12**, 569 (1938). Ref. Zbl. Radiol. **28**, 361. — MARDERSTEIG: Strahlenther. **59**, 609; **61**, 107; **64**, 311 (1939). — MOLDAWSKY: Fol. haemat. (Lpz.) **36**, 145 (1928). — RICHMANN: Radiology **25**, 433 (1935). — TORELLI: Radiol. e Fis. med. I, N. s. **2**, 476 (1935). Ref. Zbl. Radiol. **22**, 343. — WEITZ: Klin. Wschr. **1938**, 1579.

ANGELO: Strahlenther. **65**, 163 (1939). — GAVAZZENI u. MINELLI: Strahlenther. **5**, 309 (1914). Zit. bei BOSCH: Habil.-Schrift 1938, S. 16. — LORENZ: Z. ärztl. Fortbildg **32**, 202 (1935).

Herz: ENGLMANN: Fortschr. Röntgenstr. **50**, Kongr.-H. 40/41 (1934). — FAUST: Strahlenther. **43**, 749 (1932).

Lunge: BAUER: Strahlenther. **64**, 249 (1939). — DESJARDINS: Amer. J. Roentgenol. **36**, 61 (1936). — DOWNS: Amer. J. Roentgenol. **36**, 61 (1936). — ENGELSTAD: Acta radiol. (Stockh.) **14**, 655 (1933). — LANDAU: Z. Tbk. **65**, 212 (1932). — SCHAIRER, E., u. E. KROMBACH: Strahlenther. **64**, 267 (1939).

Darm: BUHTZ: Strahlenther. **64**, 291 (1939). — FISCHER-WASELS: Strahlenther. **13**, 333 (1922).

Geschlechtsorgane: BERNHART: Strahlenther. **58**, 470 (1937); **61**, 385 (1938). — BORAK: Strahlenther. **45**, 751 (1932). — DYROFF: Stahlenther. **45**, 657 (1932). — KIRCHHOFF: Strahlenther. **61**, 184 (1938). — MARTIUS: Zbl. Gyn. **1934**, 786. — MARTIUS-KÖNIG: Med. Welt **1938**, 947. — MEYER: Fortschr. Röntgenstr. **48**, Kongr.-H. 111 (1933). — NÜRNBERGER: Strahlenther. **45**, 700 (1932). — SCHUBERT: Röntgenprax. **13**, H. 1 (1941). — STUBBE: Med. Welt **1934**, 60.

Fruchtschäden: ANAU: Atti 14. Congr. pediatr. ital. **1930**, 659. — APERT u. LICHTENBERG: Bull. Soc. Pédiatr. Paris **31**, 306 (1933). Ref. Zbl. Radiol. **17**, 59. — ENGELKING: Klin. Mbl. Augenheilk. **94**, 151 (1935). — FAERBER: Jb. Kinderheilk. **139**, 33 (1933). — GOEKE: Zbl. Gynäk. **1937**, 2010. — GREPPI: Boll. Soc. ital. Pediatr. **5**, 77 (1936). — KAPLAN: Amer. J. Obstetr. **23**, 426 (1932). — NEWCOMET: Amer. J. Roentgenol. **36**, 338 (1936).

Knochen: BAENSCH: Röntgenprax. **4**, 716. — DALBY: Amer. J. Obstetr. **32**, 50 (1936). Ref. Zbl. Radiol. **24**, 215. — REGAUD: Zit. bei BLASS: Fortschr. Röntgenstr. **49**, 430 (1934). — RYFFEL: Schweiz. med. Wschr. **1933 I**, 351. — SCHIFFBÄUMER: Zbl. Gynäk. **1933**, Nr 34, 2004.

Muskeln: ENGELMANN: Fortschr. Röntgenstr. **48**, Kongr.-H. (1933). — FRANK: Fortschr. Röntgenstr. **48**, 718 (1933). — SCHWARZ, G.: Kongr. Wiener Ges. Röntgenkunde. Fortschr. Röntgenstr. **48**, 718 (1933). — WINDHOLZ: Kongr. Wiener Ges. Röntgenkunde. Fortschr. Röntgenstr. **48**, 718 (1933).

Zentralnervensystem: FISCHER-HOLFELDER: Dtsch. Z. Chir. **227**, 475 (1930). — LOREY u. SCHALTENBRAND: Strahlenther. **44**, 1932 — Nervenarzt **8**, 62 (1935) — Mschr. Kinderheilk. **68**, 106. — MARKIEWICZ: Z. Neur. **152**, 548 (1935).

Auge: AULAMO: Klin. Mbl. Augenheilk. **86**, 473 (1931). — CREMER: Verh. 3. internat. Kongr. Radiol. **1931**, 726. — ERGGELET: Ber. dtsch. ophthalm. Ges. **245** (1930). — GRZEDZIELSKI: Klin. Mbl. Augenheilk. **95**, 360 (1935). — HESSBERG: Zit. bei ENGELKING: Klin. Mbl. Augenheilk. **94**, 151 (1935). — HOFFMANN: Z. Augenheilk. **73**, 214 (1931). — JESS: Z. Augenheilk. **83**, 160 (1934). — KLAUBER: Klin. Mbl. Augenheilk. **97**, 522 (1936). — LEBENSSOHN: Amer. J. Ophthalm., III. s. **15**, 953 (1932). Ref. Zbl. Radiol. **14**, 807. — LEBENSSOHN u. GRIFFORD: Amer. J. Ophthalm., III. s. **15**, 958 (1932). — PETER: Graefes Arch. **125**, 428 (1930). — ROHRSCHNEIDER: Ber. dtsch. ophthalm. Ges. **1932**, 448 — Dtsch. med. Wschr. **1932 II**, 1126 — Arch. Augenheilk. **106**, 221 (1932). — VOGT: Klin. Mbl. Augenheilk. **85**, 321 (1933).

Hautschäden: BORDIER, H.: Strahlenther. **56**, 205 (1936). Siehe auch PALUMBO: Strahlenther. **56**, 318 (1936). — BRAY, S.: Brit. J. Radiol. **12**, 312 (1939). — BÖHMER: Arch. f. Dermat. **164**, 106 (1931). — DEUTICKE: Röntgenprax. **11**, 519 (1939). — FISCHER: Frankf. Z. Path. **27**, 105 (1922). — KAPLAN: J. amer. med. Assoc. **102**, 595 (1934). — MIYAMURA: Jap. J. of Dermat. **30**, 361 u. dtsch. Zusammenfassung 43 (1930). Ref. Zbl. Radiol. **9**, 331. — MONTGOMERY-VICELLI: Brit. J. Dermat. **45**, 241 (1933). — MULSOW: J. amer. med. Assoc. **96**, 1030 (1931). Ref. Zbl. Radiol. **11**, 471. — SAUERBRUCH: Fortschr. Röntgenstr. **31**, 317 (1923). — SCHOCH: Dermat. Wschr. **85**, 51, 1736 (1927); **97**, 1723 (1933). — WILSON u. BRUNSCHWIG: Surgery **2**, 607 (1937). Ref. Zbl. Radiol. **26**, 580.

Radiumschäden.

AUBERTIN: C. r. Soc. Biol. Paris **58**, 217 (1905). — BELT, T. H.: Frankf. Z. Path. **42**, 170 (1931). — BELT u. DOENECKE: Frankf. Z. Path. **42**, 160 (1931). — BORDIER, H.: Strahlenther. **56**, 205 (1936). — DAUTWITZ, in Ullmann: Handbuch der Schädigungen der Haut durch Beruf u. gewerbl. Arbeit. — DOENECKE, F.: Frankf. Z. Path. **42**, 161 (1931). — EVANS, R. D.: Amer. J. publ. Health **23**, Nr 10 (1933) — Amer. J. Roentgenol. **37**, 293 (1937) — 22. Jb. Ver. Naturwiss. Braunschweig 1933. — FLECKSEDER, R.: Wien. klin. Wschr. **1937** (1006). — FLINN, FREDERIC B.: Arch. physic. Ther. with Internat. Abstr. Offic. J. amer. Congr. of physic. Ther. **13**, Nr 8 (1932). — GETTLER, A. O., u. C. NORRIS: J. amer. med. Assoc. **100**, 400 (1933). — HAMPERL, H.: Virchows Arch. **298**, 376 (1936). — HAMPERL u. ROEMHELD: S. v. V. **8**, A 660, 15 (1937). — HERRING, A. J.: J. Obstetr. **46**, 301 (1939). — HEVESY, v., u. PANETH: Lehrbuch der Radioaktivität. 2. Aufl. Leipzig. — VAN DER HORST, L.: Dtsch. Z. Nervenheilk. **151**, 63 (1940). — JAGIC, SCHWARZ u. SIEBENECK: Berl. klin. Wschr. **1911**, 1220. — JANITZKY, A.: Balneologe **2**, H. 3 (1935). — JANITZKY, A., A. KREBS u. B. RAJEWSKY: Strahlenther. **61**, 254 (1938). — IMONYE, K., u. A. KREBS: Strahlenther. **61**, 269 (1938). — KALBFLEISCH: S. v. V. **8**, A 661, 27 (1937). — KREBS, A.: Z. Kreislaufforsch. **28**, 701 (1936). — LÖHE: Virchows Arch. **209**, 156 (1912). — MARTLAND: S. v. V. **2**, A 122, 77 (1931). — MEISTER, W.: Zbl. Gewerbehyg. **1935**, 54. — MOLDAWSKY: Fol. haemat. (Lpz.) **36**, 195 (1928). — MORRIS, J. P.: J. industr. Hyg. a. Toxicol. **20**, 36 (1938). — NEITZEL, ERICH: Arbeitsmed. Abhandlungen über Berufskrankheiten und deren Verhütung. H. 1. 1935. — NIELSEN: Acta radiol. (Stockh.) **13**, 825 (1932). — PALUMBO: Strahlenther. **56**, 318 (1936). — RAJEWSKY, B.: Strahlenther. **56**, 703 (1936). — REDING, R.: Strahlenther. **56**, 149 (1936). Siehe auch: BACLESSE, F.: Strahlenther. **56**, 198, 199 (1936). — SAUNDERS, TH. S., u. H. MONTGOMERY: J. amer. med. Assoc. **110**, 23 (1938). — SCHITTENHELM, A., in: Lehrbuch der inneren Medizin, 4. Aufl., S. 775. 1939. — SCHLUNDT, BARKER u. FLINN: Amer. J. Roentgenol. **21**, 345 (1929). — SCHLUNDT, H. J. N. NERANCY u. J. J. MORRIS: Amer. J. Roentgenol. **30**, 515 (1933). — SIMON: Radiol. Rdsch. **2**, 4 (1934). — SPINDLER, v.: Dtsch. med. Wschr. **1929**, 1417. — STOKLASA, JUL.: Dtsch. Ärzteztg. **1933**, Nr 358. — TELEKY, L.: Wien. klin. Wschr. **1937 I**, 619. — TÖNGES, E., u. H. H. KALBFLEISCH: Frankf. Z. Pathol. **50**, 100 (1936). — WEIL u. LACASSAGNE: Zbl. Gynäk. **1927**, 2311. — WOLDRICH: S. v. V. **2**, A 123, 79 (1931). — WOLF, P. M., u. N. RIEHL: Z. techn. Physik **1931**, Nr 4. — ZINCK, K. H.: Med. Klin. **1940**, 1038. — ZWAARDEMAKER, H.: Strahlenther. **20**, 215 (1925).

Hautschädigungen.

ABRAMOWITZ, E. W., u. W. B. SWARTS: Arch. of Dermat. 37, 441 (1938). — ADAMS, J. M., u. F. L. IRBY: Arch. of Dermat. 32, 573 (1935). — AIELLO: Med. Lav. 1, 6 (1928). — BALBI, E.: Bull. Sez. region. Soc. ital. Dermat. 3, 216 (1936). — BEEK, C. H.: Nederl. Tijdschr. Geneesk. 81, 472. — BEINTKER: Dtsch. med. Wschr. 1928 I, 528. — BERING, F., u. E. ZITZKE: Berufliche Hautkrankheiten. Leipzig: L. Voss 1935 (Literatur). — BIEDERMANN, J. B.: J. amer. med. Assoc. 106, 2236 (1936). — BIRNBAUM: Schles. dermat. Ges. Breslau 19. II. 1927. Zbl. Hautkrankh. 24, 588 (1927). — BLACKWOOD, J. D.: J. amer. med. Assoc. 61, 1048 (1913). — BLASCHKO: Berl. dermat. Ges. Sitzg v. 20. V. 1913. Dermat. Z. 20, 811 (1913). — BOGDANOVIC, J.: Sovet. Vestn. Venerol. i Dermat. 3, 334 (1934). — DU BOIS: S. v. V. 3, A 226, 121 (1932). — BONNEVIE, P., u. V. GENNER: Nord. med. Tidskr. 10, 1777 (1935). — BREZINA, E., u. L. TELEKY: Internationale Übersicht über Gewerbekrankheiten. H. 8—10. Berlin: Julius Springer 1921/22. — BRUNSTING, L. A., u. D. H. WILLIAMS: J. amer. med. Assoc. 106, 1530 (1936). — BURCKHARDT, W.: Arch. f. Dermat. 1938, 1. — CANZONI, M.: Schweiz. med. Wschr. 1937, Nr 9. — CARRATALA, R. E., u. C. QUERRE: Rev. Med. leg. y Jurisprud. méd. 2, 19 (1936). — CARRIÉ, C.: Dermat. Wschr. 1940, 29, 619. — CHORAZAK, TADEUSZ: Dermat. Wschr. 1935 I, 255. — CORD, CAREY, P.-MC.: J. amer. med. Assoc. 86, Nr 26, 1979 (1926). — CORNIA, F. E.: J. amer. med. Assoc. 107, 429 (1936). — ENGELHARDT, W.: Arch. f. Dermat: 169, 236 (1934). — FASAL: Wien. dermat. Ges., Sitzg v. 16. III. 1933. — FELLNER, Wien. dermat. Ges., Sitzg v. 21 II. 1929. — FESSLER, S.: Wien. dermat. Ges. Sitzg 20. VI. 1929. Zbl. Hautkrankh. 32, 179 (1930). — FLANDIN, CH.: Bull. Soc. franc. Dermat. 44, Nr 2, 315—324 (1937). — FLORET: Zbl. Gewerbehyg., N. F. 3, 7 (1926). — FÖRSTER, H. R., u. L. SCHWARTZ: Arch. of Dermat. 39, 55 (1939). — FREISE: S. v. V. 7, C 29, 1, C 33, 61 (1936); 8, C 37, 13 (1937). — FÜHNER: S. v. V. 1, A 1, 1 (1930). — GALEWSKY: Dermat. Wschr. 1922 I, 273. — GILLERT, E.: Gasschutz 6, 163 (1936). — GLASER, E.: Die Schädigungen der Haut durch Beruf und gewerbliche Arbeit 2, 226. Leipzig: L. Voss. — GREZE u. HOREAU: Arch. Mal. profess. 1, 315 (1938). — HAGEN: S. v. V. 10, A 820, 191 (1939). — HARNAPP, O.: Zbl. Gewerbehyg., N. F. 11, 41 (1932). — HAUSER, G.: Presse méd. 1938 I, 295. — HELLER, J.: Die Schädigungen der Haut durch Beruf und gewerbliche Arbeit 3, 40. Leipzig: L. Voss 1926. — HESSE: S. v. V. 1, A 22, 51 (1930). — HEUBNER, WOLFG.: Arch. Pharmaz. u. Ber. dtsch. pharmaz. Ges. 1934, 379. — HOFFMANN, S. J., u. H. RATTNER: J. amer. med. Assoc. 107, 494 (1936). — JANSSEN: S. v. V. 1, B 6, 27 (1930). — KAMMER, A. G., u. R. H. CALLAHAN: J. amer. med.)Assoc. 109, 1511 (1937). — KARRENBERG u. KLÖVEKORN: S. v. V. 4, A 301, 9 (1933). — KILE, R. L.: J. Allergy 7, 376 (1936). — KOCHMANN, M.: Heffters Handbuch der experim. Pharm. 1, 151. Berlin 1923. — KOELSCH, F.: Jkurse ärztl. Fortbildg 1918, H. 9 — Die Schädigungen der Haut durch Beruf und gewerbliche Arbeit 1, 303. Leipzig: L. Voss 1926. — KOUBAREFF, M.: Zbl. Gewerbehyg. 9, 231 (1939). — KUBAREQ, M. W.: Sovet. Dermat. 3, 93 (1934). — LAZAREW, BRUSSILOWSKAJA u. LAWROW: Arch. Gewerbepath. 2, 641 (1931). — LEBDUŜKA, J., J. PIDRO u. F. POKURY: Vojen. zdrav. Listy 14, 324 (1938). — LEWIN, L.: Virchows Arch. 112, H. 1. — MAYER, L. R.: Arch. Gewerbepath. 3, 808 (1932). — MAYER, R. L.: Jadassohns Handbuch der Haut- u. Geschlechtskrankheiten 4/2. Berlin: Julius Springer 1933. — MAYERS, M. R., u. M. G. SILVERBERG: J. industr. Hyg. a. Toxicol. 20, 244 (1938). — MAZZETTI, L.: Giorn. Med. mil. 80, 749 (1932). — MERLE, E.: Ann. Méd. lég. etc. 9, 139 (1929). — MICHAEL: Zbl. Hautkrankh. 29, 144 (1929). — MOSER, L.: Zbl. Gewerbehyg., N. F. 8, 305 (1931). — MUMFORD, P. B.: Brit. med. J. 1925, 607. — MUNKWITZ, G.: Arch. Gewerbepath. 8, 83 (1937). — NILES, H. D.: J. amer. med. Assoc. 110, 363 (1938). — OETTEL, H. J.: Arch. exper. Path. 183, 641 (1936). — PARKHURST, H. J., u. J. A. LUKENS: J. amer. med. Assoc. 112, 837 (1939). — PAUTRIER, L. M.: Bull. Soc. franc. Dermat. 39, Nr 9, 1545 (1932). — PERUTZ, A.: Arch. f. Dermat. 152, 617 (1926) — Die Haut und Geschlechtskrankheiten 2, 483. Wien u. Berlin: Urban & Schwarzenberg 1926. — PFLESSER: Arch. Gewerbepath. 8, H. 5 (1938). — RANKINE, D.: Brit. med. J. 1936, Nr 3939. — RIEDEL, H.: Klin. Wschr. 1940, 159. — SACHS, O.: Jadassohns Handbuch der Haut- u. Geschlechtskrankheiten 14/I, 220 (1930). — SCERBAKOV, I.: Zbl. Hautkrankh. 44, 329 (1933).

— SCHEURLEN, v.: Zbl. Gewerbehyg., N. F. **10**, 191 (1933). — SCHÖNFELDER, W.: Med. Klin. **1936**, 1617. — SCHWANDER, PAUL: Arch. Gewerbepath. **7**, 109 (1936). — SCHWARTZ, L.: Amer. J. publ. Health **26**, 586 (1936) — Arch. of Dermat. **37**, 650 (1938). — SCHWARZ: S. v. V. **1**, B 5, 25 (1930). — SIROTA, L.: Zbl. Hautkrankh. **51**, 208 (1935). — SPINNER, J. R.: Med. Welt **1935**, Nr 14. — ULLMANN, K., in: ULLMANN, OPPENHEIM, RILLE: Die Schädigungen der Haut durch Beruf und gewerbliche Arbeit **2**, 226. Leipzig: L. Voss 1926. — VARGA, ALADA v.: Dermat. Wschr. **1936**, H. 1—4. — WANDERER, E.: Wien. klin. Wschr. **1940**, 33. — WEDROFF, N.: Arch. Gewerbepath. **6**, 179 (1935). — WEDROFF, N. S., u. A. P. DOLGOFF: Arch. Gewerbepath. **7**, 428 (1936). — WERNER: S. v. V. **3**, A 242, 157 (1932). — WINTERFELD u. ZERWICK: S. v. V. **4**, B 37, 29, C 12, 17 (1933). — ZINSSER: Frühjahrstagg Vereinig. rhein.-westf. Dermat. Köln, 6. III. 1927. Ref. Zbl. Hautkrkh. **23**, 337 (1927). — ZITZKE, E.: Dermat. Wschr. **1934 II**, 1379; **1935 I**, 447.

Schäden durch Preßluftwerkzeuge.

BAADER, E. W.: Gewerbekrankheiten. S. 96. Berlin: Urban & Schwarzenberg 1931. — BEINTKER: Arch. Gewerbepath. **1**, 374 (1930) — Reichsarb.bl. **1938**, Tl III, 96. — BÉYONE: Rev. de Chir. **54**, 351 (1935). — BLENCKE: Zit. nach WETTE: Mschr. Unfallheilk. **42**, 585 (1935). — BÜRKLE DE LA CAMP, in: FISCHER-MOLINEUS: Das ärztliche Gutachten im Versicherungswesen 1. Leipzig: Joh. Ambr. Barth 1939 — Med. Welt **1937 II**, 1348. — CURSCHMANN: Münch. med. Wschr. **1911 I**, 767. — GERBIS: Amtl. Jahresberichte der Gewerbemedizinalräte. 1936. — GROTJAHN: Arch. Gewerbepath. **1**, 687 (1930). — HAEHNER: Mschr. Unfallheilk. **1930**, 12. — HAMILTON: Arch. Gewerbepath. **1**, 348 (1930). — HEBESTREIT-BARTSCH: Die Berufskrankheiten in der Unfallversicherung. Berlin-Lichterfelde: Langenwort. — HENNIG u. GALLINEK: Arch. orthop. Chir. **34**, 149 (1934). — HOLZMANN: Arch. orthop. Chir. **35**, 221. Zit. nach BAADER: Zbl. Gewerbehyg. **1926**, N 8/9; **1926**, 285. — JUNGHANS: Arch. orthop. Chir. **1937**, 421 — Arch. klin. Chir. **188**, 466 (1937). — KAPPIS: Zbl. Chir. **1923**, 1782. — KOELSCH: Med. Welt **1928 II**, 1885 — Handbuch der Berufskrankheiten **1**. Jena: Fischer 1935 — Jkurse ärztl. Fortbildg **1935**, 1. — LANGE: Münch. med. Wschr. **1937 I**, 121—124, 163—167. — LEHMANN: Med. Welt **1933 I**, 537. — LIECHTI u. FLEISCHMANN: Radiologica clin. (Basel) **8**, 321 (1939). — LINDE: Münch. med. Wschr. **1932 II**, 2009. — LINOW: Mschr. Unfallheilk. **41**, 81 (1934). — LÖHR: Zbl. Chir. **1930**, 2888. — MCLAREN, J. W.: Lancet **1937 II** (1926). — MEISS: Mschr. Unfallheilk. **40**, 453 (1933). — MEYER-BRODNITZ u. WOLLHEIM: Zbl. Gewerbehyg. **1929**, 270. — ORATOR, V., in: FISCHER-MOLINEUS: Das ärztliche Gutachten und Versicherungswesen **1**, 144. Leipzig: Joh. Ambr. Barth 1939. — RATSCHOW: Balneologe **2**, 256 (1935) — Erg. inn. Med. **48**, 261 (1935). — REGENSBURGER: Zbl. Chir. **1934**, 2707. — RIESENFELD-HIRSCHBERG: Zbl. Gewerbehyg. **1928**, 14. — ROSTOCK: Arch. f. Orthop. **29**, 281 — Mschr. Unfallheilk. **1931**, 338 — Arch. klin. Chir. **162**, 69 (1930) — In: KOENIG-MAGNUS: Handbuch der ges. Unfallheilk. **2**, 89, 103 u. 106. Stuttgart: Enke 1933 — Arch. orthop. Chir. **33**, 449 (1933) — Mschr. Unfallheilk. **41**, 73 (1934) — Med. Klin. **1936 I**, 314 — Fortschr. Röntgenstr. **55** (Kongr.-H.), 21 (1937). — SEYRING, Arch. Gewerbepath. **1**, 359 (1930). — SCHÖRCHER: Münch. med. Wschr. **1936**, Nr. 33, 1366; Nr. 34, 1406, Nr 35, 1441; Nr 36, 1486; Nr 37, 1526 — Arch. f. Orthop. **38**, 362 (1937).— TELEKY: Med. Welt **1931 I**, 646. — THIELE: Münch. med. Wschr. **1938 I**, 988. — THIELE u. REINHARD: Med. Welt **1938 II**, 1207.

Staublungenerkrankungen (Silikose).

ATTENBERG: Internat. Mitt. Bodenkde. **2** (1912). — BEINTKER, E.: Med. Welt **1938**, 345. — BERGERHOFF, W.: Arch. Gewerbepath. **7**, 156 (1936); **8**, 339 (1937); **9**, 167 (1938). — BÖHME, A.: Arch. Gewerbepath. **9**, 22 (1938). — BUCKUP: Arbeitsmed. **1939**, H. 11. — BÜTTNER, H. E.: Verh. dtsch. Ges. Kreislaufforsch. **1936**, 242. — CACCURI, S., u. L. DI PRISCO: Fol. med. (Napoli) **26**, 7—20 (1940). — CHAMPMANN, E. M.: J. amer. med. Assoc. **98**, 1452 (1932). — COLE, L. G., u. W. G. COLE: Radiology **33**, 261 (1939). — COLE, L. G., u. W. GREGORY: J. amer. med. Assoc. **113**, 1216 (1939). — CONROZIER, N., u. J. MAGNIN: Méd. Trav. **9**, 165 (1937) — J. de Radiol. **21**, 433 (1937). — DENNY, J. J., W. D. ROBSON and D. A. IRWIN: Canad. med. Assoc. J. **37**, 1 (1937); **40**, 213 (1940) — Industrial Med. **8**, 133 (1939).

— DERDACK: Zbl. Gewerbehyg., N. F. **15**, 167 (1938). — DRINKER, THOMSON u. FINN: J. industr. Hyg. a. Toxicol. **10**, Nr 1 (1928). — ERNST, E. C.: Radiology **30**, 285 (1938). — FRIMANN-DAHL, J.: Norsk Mag. Laegevidensk. **98**, 178 (1937) — Nord. Med. (Stockh.) **1939**, 2221. — GARDNER, L. U.: Ann. int. Med. **10**, 166 (1936) — J. industr. Hyg. a. Toxicol. **19**, 111 (1937) — J. amer. med. Assoc. **111**, 1925 (1938); **114**, 535 (1940) — Industrial Med. **9**, 45 (1940). — GAUBATZ, E.: Beitr. Klin. Tbk. **95**, 186 (1940) — Fortschr. Röntgenstr. **61**, 233 (1940) — Dtsch. med. Wschr. **1940 I**, 464 — Dtsch. Tbk.bl. **14**, 202 (1040). — GAUBATZ, ERWIN: Arbeitsmed. Abhandlungen über Berufskrankh. u. deren Verhütung **1941**, H. 17. — GERSHON-COHEN, J., u. L. COHEN: J. amer. med. Assoc. **112**, 602 (1939). — GERSTEL, G.: Arch. Gewerbepath. **6**, 87 (1935); **8**, 277 (1938). — GIERING, J. F., u. R. CHARR: J. amer. med. Assoc. **113**, 574 (1939). — GIESE, W.: Beitr. path. Anat. **94**, 442 (1934) — Verh. dtsch. Ges. inn. Med. Wiesbaden **1936**, 107 — Klin. Wschr. **19**, 558 (1940). — GOSSNER, B.: Reichsarb.bl. **16**, 234 (1936). — HAGEN, J.: Arch. Gewerbepath. **9**, 621 (1939). — HASS, G.: Zbl. Gewerbehyg., N. F. **14**, 101, 175—177 (1937). — HAYNES, F.: J. of Hyg. **31**, 96 (1931). — HEDENSTEDT, ST.: Acta tbc. scand. (Københ.) **14**, 265 (1940). — HOCHSTETTER: Dtsch. Tbk.bl. **12**, 34 (1938). — HUMPERDINCK, K.: Dtch. Arch. klin. Med. **184**, 156 (1939). — JÖTTEN, in: Handbuch der ges. Unfallheilk. von Koenig-Magnus. Stuttgart 1933 — Med. Welt **1936**, 1685 — Arbeitsschutz **1940**, 252. — JONES, W. R.: J. of Hyg. **33**, 308 (1933). — KAESTLE, C.: Radiol. Rdsch. **5**, 61 (1936). — KASTEN, W.: Arch. Gewerbepath. **9**, 337, 346 (1939). — KETTLE, E. H.: Brit. med. J. **2**, 281 (1932). — KETTLE, H. E., u. R. HILTON: Lancet **1932 I**, 1190. — KILGORE, E. S.: J. amer. med. Assoc. **99**, 1414 (1932). — KOPPENHÖFER, G. F.: Virchows Arch. **297**, 271 (1936). — KÜCHEMANN: Ärztl. Sachverst.ztg **43**, 187 (1937). — LANZA, A. J.: Radiology **30**, 294 (1938). — LAUCHE, A.: Verh. dtsch. path. Ges. **26**, 107 (1931). — LETTERER, M.: Verh. dtsch. Ges. Kreislaufforsch. **1938**, 400. — LOCHTKEMPER, A.: Arch. Gewerbepath. **3** (1932) — Verh. dtsch. Ges. inn. Med. **48**, 154 (1936) — Vertrauensarzt u. Krk.kasse **5**, 145 (1937). — LOMMEL, F.: Dtsch. med. Wschr. **1939 I**, 871. — MARTIN, E.: Méd. Trav. **9**, 149 (1937). — MATTHIAS: Z. Berg-, Hütten- u. Salinenwes. **83** (1935). — MATZ, PH. B.: Amer. J. Roentgenol. **40**, 848 (1938). — MAVROGORDATO, A.: J. of Hyg. **1936 I**, 611, 4; **1936 II**, 1, 5 u. 59. — MCDONALD, G.: Lancet **1930 II**, 946. — MIDDLETON, E. L.: Lancet **1936 I**, 611. — MOORMAN, LEWIS J.: Amer. Rev. Tbc. **42**, 412 (1940). — MORDASINI, E.: Dtsch. Tbk.bl. **14**, 135 (1940). — MOTTURA, G.: Giorn. Accad. Med. Torino **101**, 315 (1938) — Trattato italiano do anatomia pathologica **2**/2, 159 (1940) — Rass. Med. industr. **12**, 76 (1941). — NAESLUND, C.: J. industr. Hyg. a. Toxicol. **22**, 1 (1940). — NUCK, K., u. W. SZCZEPANSKI: Arbeitsmedizin. H. 9. Leipzig: Joh. Ambr. Barth 1939. — POLICARD u. A. DUFOURT: Ann. Méd. **41**, 183 (1937). — PUDER, S.: Tuberkulose **19**, 511 (1938). — RABSON, S. R.: Bull. Inst. Min. a. Med. **1939**, 415. Ref. in: J. industr. Hyg. a. Toxicol. **22** (Abstr.), 38 (1940). — REICHMANN, V.: Med. Welt **1937**, Nr 44; **1938**, 346 — Med. Klin. **1937 I**, 226. — SAUERTEIG, H.: Zbl. Gewerbehyg., N. F. **15**, 297 (1938). — SCHAIRER, E.: Arch. Gewerbepath. **10**, 37 (1940). — SCHILLING: Fortschr. Röntgenstr. **28** (1935) (Kongreßber.). — SCHLOMKA, G.: Med. Welt **1939**, 287 u. 357. — SCHLOMKA, G., u. J. CHRIST: Z. Kreislaufforsch. **30**, 637 (1938). — SCHLOMKA, G., K. NAUMANN u. A. BECHSTEIN: Klin. Wschr. **1938 II**, 999. — SELTER, H., u. P. WEILAND: Arch. Gewerbepath. **8**, 71 (1937). — SILBERKUHL, W.: Mschr. Unfallheilk. **46**, 82 (1939). — SOKOLOFF, M. J., u. J. T. FARRELL jr.: J. amer. med. Assoc. **112**, 1564 (1939). — SOMMER, F.: Mschr. Unfallheilk. **45**, 74 (1938). — SWEANY, H. V., J. D. PORSCHE u. J. R. DOUGLAS: Arch. of Path. **22**, 593 (1936). — SYLLA, A.: Med. Klin. **1939 I**, 79. — SYMANSKI, H.: Zbl. Gewerbehyg., N. F. **16**, 139 (1939) — Ärztl. Sachverst.ztg **45**, 169 (1939). — TELEKY, L.: Wien. med. Wschr. **1936 II**, 1351 u. 1381. — THOMPSON, L. R., e BRUNDAGE, D. K.: J. industr. Hyg. a. Toxicol. **11**, 167 u. 182 (1929). — TITUS, A. G.: J. industr. Hyg. a. Toxicol. **19**, 138 (1937). — UDLUFT u. HELMERS: Reichsarb.bl. **1937**. — VIGLIANI, E. C.: Rass. Med. industr. **12**, 61 (1941). — WÄTJEN, J.: Nova Acta Leopoldina (Halle) **1936** — Dtsch. med. Wschr. **1937**, 581. — WITHOUSE, A. G. R.: J. industr. Hyg. a. Toxicol. **19**, 590 (1937); **20**, 556 (1938). — WIESINGER, A.: Vertrauensarzt u. Krk.kasse **5**, 151 (1931) — Fortschr. Ther. **12**, 653 (1936). — WIGAND, R. Z.: Z. klin. Med. **133**, 446 (1938). — WINTERER, R.: Arch. Gewerbepath. **10**, 24 (1940). — ZORN, O.: Beitr. Klin. Tbk. **94**, 544 (1940).

Asbestose.

BAADER, E. W.: Dtsch. med. Wschr. **1939 I**, 407. — BEGER, P. J.: Arch. Gewerbepath. **6**, 357 (1935). — BIASI, W. DI: Med. Welt **1937**, 1234 — Arch. Gewerbepath. **8**, 139 (1937). — HORNIG, F.: Z. Krebsforsch. **47**, 281 (1938). — MOTTURA, G., u. E. FAGIANO: Rass. Med. industr. **11**, 233 (1940). — NORDMANN, M.: Z. Krebsforsch. **47**, 288 (1938). — ROEMHELD, L.: Dtsch. med. Wschr. **1940**, Nr 25, 688. — ROEMHELD, L., H. KEMPF u. H. W. WEDLER: Dtsch. Arch. klin. Med. **186**, 53 (1940). — SAUPE: Arch. Gewerbepath. **9**, 401 (1939). — SHULL, J. R.: Radiology **27**, 279 (1936). — STONE, J. M.: Amer. Rev. Tbc. **41**, 12 (1940). — VIEGENER, TH.: Z. Tbk. **82**, 295 (1939). — VIGLIANI: Rass. med. **11**, 1 (1940). — WEDLER, H. W.: Arbeit und Gesundheit. Sozial-med. Schriftenreihe a. d. Gebiet des Reichsarbeitsministeriums. Herausg. von MARTINECK. H. 34. Leipzig: Georg Thieme 1939.

Chromatkrebs der Lungen.

ALWENS u. BAUKE: Verh. 48. Kongr. dtsch. Ges. inn. Med., Wiesbaden, Sitzgsber. **1936**. — BAUKE u. JONAS: Arch. Gewerbepath. **7**, H. 3 u. 4 (1936) — Münch. med. Wschr. **1936**, 485. — BOOS: Boston med. J. **93**, 757. Vgl. auch EICHLER: Heffter-Heubners Handbuch der experim. Pharm. **3/3**, 1503 (1934). — FAZEKAS: S. v. V. **6**, A 494, 75 (1935). — GERBIS: Zbl. Gewerbehyg. **1924**, 10. — HÄMEL: S. v. V. **2**, A 175, 211 (1931). — LUIGI: Rass. Med. appl. Lav. industr. **1935**, Nr 3. — MAURO: Rass. Med. appl. Lav. industr. **1935**, Nr 6. — PFEIL: Dtsch. med. Wschr. **1936**, 1197. — WIETHOLD: S. v. V. **5**, A 453, 165 (1934).

Thomasschlackenpneumonie.

BAUER-ENGEL-KOELSCH u. KROHN: Arbeit u. Gesundheit. Schriftenreihe zum Reichsarb.bl. H. 12. — BAUER u. GERBIS, in: Handbuch der ärztl. Begutachtung von Lininger, Weichbrodt u. Fischer **1**, 237 (1931). — BEINTKER: Med. Welt **1935**, Nr 8. — BÖCKER, T.: Ärztl. Sachverst.ztg **1928**, Nr 9. — DOSENHEIMER: Vereinsbl. pfälz. Ärzte **4**, Aug. 1888. — ERHARDT: Festschrift zur Feier des 50jähr. Bestehens des Vereines pfälz. Ärzte. Frankenthal 1889. — ENDERLEN: Münch. med. Wschr. **1892**, Nr 49. — FISCHER: Weyls Handbuch der Hyg. Teil: Anorg. Betriebe. — GREIFENHAGEN: Inaug.-Diss. Würzburg 1890. — GUNDEL u. FISCHER: Z. Hyg. **120**, 1 (1937). — HOLSTEIN: Reichsarb.bl. **1937**, Nr 11. — HOLSTEIN, E., u. O. MAU: Arbeitsschutz **1937**, 99. — JÖTTEN: Klin. Wschr. **1939**, 518. — KAHLSTORF, A.: Dtsch. Arch. klin. Med. **184**, 166 (1939). — LENZ, A.: Arbeitsmedizin **1936**, H. 2. — LEYMANN: Arbeiterschutz **1927**, Nr. 1. — OLLIVE: Gaz. Méd. Nantes **1887**. — OPITZ: Z. Med.beamte **1916**, H. 15 — Zbl. Gewerbehyg. **8** (1920) — Vjschr. ger. Med. III. F. **57**, H. 1. — POTZLER, G.: Reichsarb.bl. **1931**, III. Tl — Inaug.-Diss. Erlangen 1933. — SCHLECHT: Dtsch. Vjschr. öff. Ges.pflege **1896**. — SILBERKUHL, W., in: Handbuch der ges. Unfallheilk. von König-Magnus. Stuttgart 1933. — STILLER: Arbeitsschutz **1931**, Nr 2. — WEIL, P.: Ärztl. Sachverst.ztg **1931**, Nr 2.

Schneeberger Lungenkrankheit.

ASSMANN: Med. Klin. **1924**, H. 50/51. — BERBLINGER: Med. Klin. **1931**, H. 37. — BEYREUTHER, H.: Virchows Arch. **250**, 230 (1924). — FINE u. JASO: J. amer. med. Assoc. **105** (1935). — HÄBLER: Dtsch. Z. Chir. **231**, 323. — HÄRTING u. HESSE: Vjschr. gerichtl. Med., N. F. **30**, 296 (1879); **31**, 102 u. 313 (1879). — HERZ, F.: Med. Klin. **1930**, 1666. — HNATEWYTSCH, BOHDAN (Lemberg): Inaug.-Diss. Leipzig 1929. — LÖWY, JULIUS: Extrait des Comptes rendues de la IVe Réunion de la Commission internat. d. maladies professionelle (Lyon 3—6 avril 1929). C. r. **6**, 384 (1929). — PELLER, S.: Human Biol. **11**, 130 (1939). — PIRCHAN u. SICKL: J. of Canc. **16**, Nr 4 (1932). — ROSTOSKI, SAUPE u. SCHMORL: Z. Krebsforsch. **23**, H. 4/5 (1926). — SAUPE, E.: Zbl. inn. Med. **54**, 825 (1933) — Med. Welt **1928 II**, 1600 u. 1630 — Z. Krebsforsch. **23**, H. 4/5 (1926) — Fortschr. Röntgenstr. **60**, 163 (1939). — SCHMIDTMANN u. LUBARSCH: Henke-Lubarsch Handbuch der spez. pathol. Anatomie, Abschn. Staubeinatmungskrankheiten. — WEBER, F. A.: Arb. Reichsgesdh.amt **1926**.

Lärmschwerhörigkeit.

BARTH: Z. Hals- usw. Heilk. **28**, 357 (1931). — BECK: Handbuch der ges. Unfallheilk. **2**, 241 (1933). — BECK u. HOLZMANN: Arbeit u. Gesundheit. Schriftenreihe d. Reichsarb.bl. Berlin: Reimar Hobbing 1929. — BRUZZI u. MELAN: 12. ital. Kongr. Arbeitsmed. Neapel. Fol. med. (Napoli) **1936**, 19. — GLIBERT: Bull. serv. méd. trav. Brüssel **1920**, Nr 1, 33. — GREIFENSTEIN, A.: Münch. med. Wschr. **1940 II**, 1345. — HAGGARD, H. P.: J. industr. Hyg. a. Toxicol. **7**, 113 (1925). — HEBESTREIT-BARTSCH: Berufskrankh. in der Unfallheilk. S. 104. Berlin: Langewisch 1937. — HERRMANN, A.: Sitzgsber. Ges. dtsch. H.N.O.-Ärzte, Kongr. 1934, Würzburg. — KOELSCH: Handbuch der Berufskrankheiten **1**. Jena: Fischer 1935 — Jkurse ärztl. Fortbildg **1935**, 1 — Jbeitr. ärztl. Fortbildg **1939**, 24. — LANGENBECK: Z. Hals- usw. Heilk. **30**, 609 (1932). — PERWITZSCHKY: Med. Welt **1939 II**, 1453 u. 1475. — PERWITZSCHKY u. LANIG: Z. Hals- usw. Heilk. **41**, 178. — PEYSER, A.: Berlin: Enslin 1931 — Handbuch der Hals- usw. Heilk. **8**, Gehörorgan 3, 267 (1925). — ROEPKE: Die Berufskrankheiten des Ohres und der oberen Luftwege. Wiesbaden: J. F. Bergmann 1902. — SCHMÜCKER u. PFANDER: Münch. med. Wschr. **1936 I**, 184. — SIEBENMANN: Passow-Schaefers Beitr. **19**, 38 (1917). — WEYRAUCH: Med. Klin. **1937 I**, 853. — WITTE: Militärarzt **1937**, 128. — WITTMAACK: Schr. 3. internat. Kongr. Gewerbekrkh. Herausg. von L. TELEKY. Wien 1918. — HÖLDER, A.: Beitr. Anat. usw. Ohr usw. **9**, H. 1/2 (1916) — Passow-Schaefers Beitr. **19**, 1 (1917) — Arch. Ohr- usw. Heilk. **102**, H. 1/2, 130, 157 (1931).

Feuerstar.

ASCHKINASS: Ann. Physik, N. F. **55**, 104 (1895) — Z. Psychol. **11**, 44 (1896). — BERNER: Graefes Arch. **119**, 368 (1927). — BÜCKLERS, M.: Graefes Arch. **117**, 1 (1926). — EBNER, v.: Zit. nach Koellikers Handbuch der Gew.-Lehre. Leipzig: Wilhelm Engelmann 1902. — ELSCHNIG: Klin. Mbl. Augenheilk. **69**, 732 (1922) — Arch. Augenheilk. **100**, 760 (1929). — ELSCHNIG, WEILL u. LEVY: Annales d'Ocul. **163**, 748. — FLEISCHER: Klin. Mbl. Augenheilk. **78**, 890 (1927). — GINELLA, A.: Graefes Arch. **114**, 483 (1924). — KRAUPA: Arch. Augenheilk. **98** (Beiheft), 112, 135 (1927). — KUBIK: Klin. Mbl. Augenheilk. **70**, 327 (1923). — MEYER, F.: Graefes Arch. **115**, 473 (1925). — MÜLLER, H.: Graefes Arch. **114**, 503 (1924). — PERNET-BERNER: Graefes Arch. **119**, 368 (1927). — ROLETT: Arch. f. Ophthalm. **46**, 5 (1929). — ROTTER: Klin. Mbl. Augenheilk. **76**, 71 (1926). — SCHLÄPFER: Graefes Arch. **119**, 22 (1927) — Klin. Mbl. Augenheilk. **85**, 185 (1930). — SCHLÄPFER, H., VOGT u. MOTSCHAN: Klin. Mbl. Augenheilk. **84**, 664 (1930). — SCHNEYDER, W. F.: Graefes Arch. **116**, 471 (1926). — TRÜMPY, E.: Graefes Arch. **115**, 495 (1925). — VOGT, A.: Graefes Arch. **81**, 155, 160 (1911); **83**, 99 (1912) — Klin. Mbl. Augenheilk. **84**, 1 (1930); **86**, 545 u. 736 (1931) — Lehrbuch und Atlas der Spaltlampenmikroskopie des lebenden Auges II. Tl: Linse und Zonula. 2. Aufl. Berlin: Springer 1931 (Literatur).

Sachverzeichnis.

GPSR Compliance

The European Union's (EU) General Product Safety Regulation (GPSR) is a set of rules that requires consumer products to be safe and our obligations to ensure this.

If you have any concerns about our products, you can contact us on ProductSafety@springernature.com

In case Publisher is established outside the EU, the EU authorized representative is:

Springer Nature Customer Service Center GmbH
Europaplatz 3
69115 Heidelberg, Germany

Batch number: 10844669

Printed by Printforce, the Netherlands